清远市飞来峡管理区志

(1995-2001)

《清远市飞来峡管理区志》编修委员会 编

方志出版社
Publishing House of Local Records

图书在版编目（CIP）数据

清远市飞来峡管理区志：1995—2001/《清远市飞来峡管理区志》编修委员会编．
—北京：方志出版社，2019.5
ISBN 978-7-5144-3748-5

Ⅰ．①清… Ⅱ．①清… Ⅲ．①区（城市）－地方志－清远—1995—2001
Ⅳ．①K296.54

中国版本图书馆 CIP 数据核字（2019）第 174194 号

清远市飞来峡管理区志（1995-2001）

编　　者：《清远市飞来峡管理区志》编修委员会
责任编辑：冯　松

出 版 者：方志出版社
地址　北京市朝阳区潘家园东里 9 号（国家方志馆 4 层）
邮编　100021
网址　http://www.fzph.org
发　　行：方志出版社图书经销中心
电话（010）67110500
设计排版：清远福祥印刷厂有限公司
经　　销：各地新华书店
印　　刷：清远福祥印刷厂有限公司

开　　本：889×1194mm　1/16
印　　张：35.625　**插页：**2.75
字　　数：926 千
版　　次：2019 年 5 月第 1 版　　2019 年 5 月第 1 次印刷
印　　数：0001 ～ 1000 册

ISBN　978-7-5144-3748-5　　**定价：**380.00 元

《清远市飞来峡管理区志》编修委员会

顾　　问　曾贤林

主　　任　黄卫星

副 主 任　欧　勇　谭建成

成　　员（按姓氏笔画排序）

孔宪君　邓翠萍　王耀国　刘龙山　刘年强　刘泽和　李司俭　邱泽军

陈坚英　陈运镜　陈茂奕　利国振　陆神才　张细珠　杨德银　郑从导

罗琼标　徐觉荣　高常立　梁伟赟　郭建廉　梁金鉴　梁润江　植东林

蔡少玲　魏振龙

编辑部

主　　编　罗琼标

总　　纂　莫祖扬

编　　辑　莫剑波　林仙营　李国兴　李积勇　李　凯

工作人员　梁雪梅　袁少丽　陈慧舟　李春美

领导考察调研

2000 年 3 月 21 日，水利部副部长朱登铨（前排中）视察飞来峡管理区移民新村

（来自档案）

1996 年 9 月 18 日，省人大常委会主任林若（右 4）视察飞来峡水利枢纽工程（刘轶懿 摄）

1997 年 11 月 11 日，省委副书记黄华华（中）到飞来峡管理区砂糖橘基地调研，区委书记欧勇（右 1）、区长谭建成（左 1）陪同 （黄育良 摄）

1998 年 4 月 6 日，省人大常委会主任朱森林（前排中）到飞来峡管理区视察时与市、区领导合影 （来自档案）

1999 年 7 月 23 日，省委常委、副省长欧广源（左 3）到库区移民家中了解情况，清远市委副书记谭继祖（右 2）、区委书记欧勇（右 3）等陪同　　（黄育良 摄）

1999 年 7 月 23 日，省委常委、副省长欧广源（左 3）察看砂糖橘基地，清远市委副书记谭继祖（左 4）、区委书记欧勇（右 4）、区长谭建成（右 2）等陪同　　（黄育良 摄）

省长卢瑞华（前排左 1）到飞来峡管理区调研，清远市委书记梁戈文（前排左 2）、区长谭建成（前排右 2）等陪同 （黄育良 摄）

1997 年 12 月 7 日，清远市委副书记钟旭城到飞来峡管理区了解农业基地建设情况，区委书记欧勇（右 1）、副书记徐觉荣（左 2）陪同 （黄育良 摄）

1998年9月2日，清远市委书记梁戈文（左2）、市长柳锦州（右2）到飞来峡管理区砂糖橘基地调研，区委书记欧勇（右1）、区长谭建成（左1）陪同　　（黄育良　摄）

1999年4月16日，清远市委常委、纪委书记邹学军（右3）、副市长冯国德（左3）等在飞来峡了解砂糖橘种植情况　　（黄育良　摄）

2001年5月28日，清远市委副书记、市长陈用志（左2）到飞来峡区黎溪镇检查移民安置工作。市政府秘书长欧勇（右2）、区委书记黄卫星（左1）、区长谭建成（右1）陪同
（来自档案）

党务政务

1995 年 9 月 8 日，清远市飞来峡管理区成立大会召开 （刘轶懿 摄）

1995 年 9 月 8 日，省委常委、副省长欧广源在清远市飞来峡管理区成立大会上讲话
（来自档案）

1995 年 9 月 8 日，省、市领导欧广源（左 6）、骆雁秋（左 8）、陈权（左 10）等为飞来峡管理区成立剪彩　（刘轶懿　摄）

1995 年 9 月 8 日，飞来峡管理区区委、区管委、区纪委正式挂牌　（来自档案）

1998 年 2 月 23 日，飞来峡管理区 1997 年总结表彰大会召开

（黄育良 摄）

1998 年 9 月 11 日，中共清远市飞来峡管理区代表会议召开

（来自档案）

1998 年 12 月 17 日，飞来峡库区库底清理工作现场会在黎溪镇召开

（来自档案）

2000 年 3 月 15 日，干部群众了解升平镇竹园村村务公开情况　　（黄育良 摄）

2000 年 9 月 22 日，区长谭建成调研砂糖橘生产情况　　（黄育良 摄）

2000年11月8日，区委书记黄卫星（前排右2）、区长谭建成（前排左3）参加清远市旅游招商经贸洽谈会　　（黄育良 摄）

2000年12月20日，区委书记黄卫星（右1）到连江口网箱养鱼基地了解情况　　（黄育良 摄）

2001年1月22日，区委书记黄卫星（右2）、区长谭建成（左2）、区委常委魏振龙（左1）等实地了解乡村公路建设情况　　（黄育良 摄）

2001 年 2 月 12 日，全区三级干部大会召开，表彰一批种养能手

（黄育良 摄）

2001 年 2 月 23 日，区旅游局与投资商举行合作经营水上飞机项目签字仪式，区委书记黄卫星（左 3）、区长谭建成（右 4）、区委副书记徐觉荣（右 3）、副区长陈运镜（右 2）和李司俭（右 1）等出席

（黄育良 摄）

2001 年 6 月，飞来峡管理区纪念中共建立 80 周年报告会暨表彰大会召开　　（来自档案）

2001 年，区委常委杨德银（右 2）、副区长植东林（右 3）在连江口大桥建设现场了解情况 （黄育良 摄）

区委书记欧勇（右 4）、副区长植东林（左 2）等到升平镇了解粮食生产情况
（黄育良 摄）

区委副书记徐觉荣（左 2）到移民家中了解情况 （黄育良 摄）

区召开公安工作会议，会议由区委常委、公安局长陆神才（中）主持 （黄育良 摄）

移民工作

1995 年 11 月 14 日，飞来峡库区第一个农村移民后靠安置试点（连江口小樟管理区）动员大会召开 （来自档案）

1996 年 8 月 27 日至 29 日，飞来峡管理区举办移民工作团学习班 （来自档案）

1996 年 11 月 26 日，区长谭建成（右 5）与升平、黎溪、连江口、水边 4 镇分别签订移民迁安承包协议书

（来自档案）

1997 年 10 月 15 日，清远市副市长黄伙荣（中）与区长谭建成（左 1）签订移民搬迁承包补充协议

（黄育良 摄）

1998 年 1 月 16 日，全区 1997 年度移民工作总结会议召开

（来自档案）

1998 年 11 月 4 日，区检查组在黎溪镇检查移民迁安工程　　（来自档案）

1999 年 1 月 19 日，区移民安置工作团总结表彰大会召开　　（来自档案）

升平镇横石圩原貌（来自档案）

升平移民新圩镇（来自档案）

黎溪旧镇全貌　　（黄育良 摄）

黎溪旧镇拆迁现场　　（黄育良 摄）

黎溪移民新圩镇（来自档案）

建设中的黎溪镇大湖、湖溪移民新村（来自档案）

连江口镇旧貌 （来自档案）

连江口移民新圩镇 （来自档案）

水边圩旧貌　（来自档案）

水边移民新圩镇　（来自档案）

历史瞬间

1994 年 1 月 18 日，广东省清远飞来峡水利工程移民开发局挂牌　　（来自档案）

1994 年 10 月 18 日，广东省飞来峡水利枢纽工程奠基典礼举行　　（来自档案）

1995 年 9 月 8 日，区举行连江口北江大桥奠基典礼（来自档案）

1995 年 9 月 8 日，区举行黎溪北江大桥奠基典礼（来自档案）

1997 年 12 月 28 日，区举行飞来峡环库公路开工典礼（来自档案）

2001 年 5 月 29 日，黎溪新镇举行食水工程通水仪式　　（黄育良 摄）

2001 年 5 月 29 日，区委书记黄卫星（左）、区长谭建成（右）为黎溪新镇食水工程通水　　（黄育良 摄）

1998 年 11 月 6 日，水边镇举行新办公大楼落成庆典，副市长黄伙荣（右 10）、区委书记欧勇（右 8）等市、区领导参加。（黄育良 摄）

1996 年 11 月 1 日，正在建设中的飞来峡水利枢纽大坝（刘轶懿 摄）

1998 年 8 月 28 日，飞来峡水利枢纽工程北江截流仪式现场之一　　（黄育良 摄）

1998 年 8 月 28 日，飞来峡水利枢纽工程北江截流仪式现场之二　　（黄育良 摄）

1998 年 8 月 28 日，飞来峡水利枢纽工程截流现场　　（黄育良 摄）

1997 年 7 月 5 日，升平镇社岗管理区的水灾情景　　（黄育良 摄）

1997 年 7 月 5 日，黎溪旧镇的水灾情景　　（黄育良 摄）

1998年7月29日，升平镇移民坐渡轮过北江　（黄育良 摄）

2000年9月15日，新建成的黎溪大桥　（黄育良 摄）

建设中的连江口大桥　（黄育良 摄）

移民在库区捕鱼　　（黄育良 摄）

农业生产

1996 年 7 月 5 日，黎溪镇抛秧示范基地早造生长情况 （刘轶懿 摄）

1996 年 7 月 5 日，连江口镇林业一隅 （刘轶懿 摄）

1998 年 7 月 14 日，升平镇竹园村移民种植的旱稻喜获丰收　　（黄育良 摄）

2000 年 6 月 14 日，富有特点的升平镇竹园村乌鬃鹅　　（黄育良 摄）

2000 年 9 月 13 日，升平镇竹园村养鱼基地。 （黄育良 摄）

2000 年 11 月 15 日，连江口镇网箱养鱼基地 （黄育良 摄）

升平镇竹园村蔬菜基地一角　　（黄育良 摄）

水边镇笋干　　（黄育良 摄）

升平镇砂糖橘基地　（黄育良 摄）

已成熟的砂糖橘　（黄育良 摄）

水边镇冬瓜基地种植的大冬瓜　（黄育良 摄）

1996 年 6 月 23 日，升平镇举办建镇 10 周年龙舟赛　（来自档案）

1997 年 1 月 19 日，连江口镇举行小樟希望小学奠基典礼　（来自档案）

1998 年 12 月 24 日，区委区管委举行文艺会演　　（黄育良 摄）

1999 年 6 月 1 日，飞来峡管理区举办第二届中小学生艺术节　　（黄育良 摄）

1999 年 9 月 25 日，全区普九工作总结会议召开　　　（刘轶懿 摄）

升平中学学生在老师指导下做化学实验　　　（黄育良 摄）

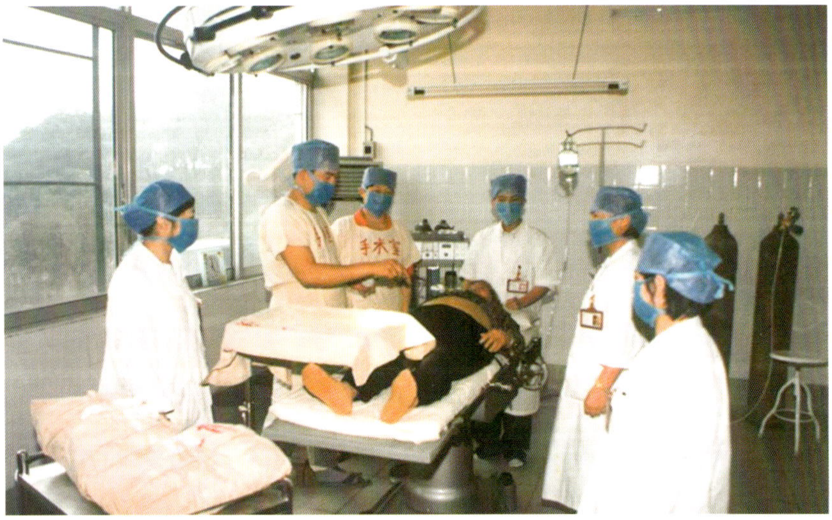

升平镇卫生院为患者做手术　　　（黄育良 摄）

升平镇移民新村儿童在幼儿园
（黄育良 摄）

新建成的升平中学 （来自档案）

新建成的连江口小樟小学
（来自档案）

生态风光

1996 年 7 月 4 日，浈阳峡　　（来自档案）

1996 年 8 月 7 日，水边温泉　　（来自档案）

1996 年 8 月 7 日，黎溪镇大湖风光
（来自档案）

1999 年 10 月 22 日，黎溪镇白水寨风光。
（黄育良 摄）

2000 年 11 月 20 日，飞来峡库区风光（黄育良 摄）

黎溪库湾风光（黄育良 摄）

飞来峡水利枢纽工程大坝风光

（黄育良 摄）

连江口将军石 （黄育良 摄）

追梦的足迹　深刻的记忆

——写在《清远市飞来峡管理区志》脱稿之际

黄卫星　谭建成

清远市飞来峡管理区是为了集中做好广东省最大的水利工程——飞来峡水利枢纽工程的移民安置工作，经广东省人民政府批准，于 1995 年 9 月 8 日正式成立的县级管理区，下辖原属清新县管辖的升平镇和原属英德市管辖的黎溪镇、连江口镇和水边镇 4 个建制镇。

飞来峡水利枢纽工程建设，是省委、省政府为保障广州、佛山等珠三角重要城市的防汛安全，保卫改革开放成果而作出的重大战略决策。而涉及其中的移民安置工作，不但事关水利枢纽工程的成败，更关乎移民的生产生活和库区的长治久安。作为广东省历史上规模最大、涉及人数最多的移民安置工程，并且要按照省委“六年工期，五年完成”的部署，在 5 年时间内完成坝区与库区 4 万多群众的搬迁安置，其涉及面之广、难度之高可想而知。自飞来峡管理区成立之日起，区委、区管委和各级党组织，根据国家的有关法律与政策，在省市的大力支持下，紧紧依靠全区干部群众，围绕“迁得出、稳得住、富得起”的目标，在学习借鉴各地水库移民安置经验教训的基础上，既注重立足本地实际，又充分考虑库区的长远发展，特别是为适应农村城镇化发展的需要，创造性地制定“以集中安置为主”“以圩镇安置和后靠安置为主”的方针与模式，高质量地推进移民安置工作。同时，充分发挥库区资源优势，积极引导移民发展种养业，促进多形式就业，探索出了一条移民安置与扶贫开发有机结合的路子。比如，对于土地或山地未淹没的移民，引导他们规模化种植林果，提高土地产出效益；对于耕地被淹和就地后靠安置的移民，引导他们在库湾开展网箱养鱼；在圩镇安置的移民，则引导和帮助他们外出务工，或就地从事二、三产业，解决生产生活出路问题。到飞来峡管理区撤销时，全区果树尤其是砂糖橘种植面积比设区前有了大幅增长；利用库湾开展的网箱养鱼也成片成规模发展了起来。绝大部分移民通过搬迁安置，改善了生产生活条件，摆脱了贫困，开始走上了致富之路。由于飞来峡管理区的移民安置工作取得很好的成效，因此得到省委、省政府和国家水利部的充分肯定。1997 年 5 月，水利部在成都召开“在建大型水利水电工程移民管理工作交流研讨会”，水利部要求飞来峡管理区派员到会作创新移民安置模式的经验介绍。可以说，飞来峡管理区在移民安置方面的成功实践，有力推动了库区的经济发展，有效保障了库区的和谐稳定。飞来峡管理区撤销至今已17年多，飞来峡库区未发生过大规模移民上访事件，证明飞来峡管理区的移民安置模式是经得起历史考验的。

飞来峡库区移民安置任务能够全面而顺利的完成，离不开飞来峡管理区各级干部的辛勤付出。其中，飞来峡管理区直属行政单位有100多名干部，一部分是从清远市直、清新县和英德市抽调过来，一部分是从全国各地公开招聘而来，平均年龄只有30多岁，正是风华正茂、干事创业的大好时期。飞来峡管理区成立初期，干部职工的办公和生活条件十分艰苦，没有自来水厂，饮用的是只经过简单过滤的北江河水，特别是下雨天，北江成了“黄河”，水管里流出的都是黄泥水，洗澡倒无所谓，但无法饮用，干部职工需要自掏腰包买桶（瓶）装水喝，或用明矾来澄清水后再饮用；区委、区管委和区直8大办（委）同升平镇政府的干部职工共用一幢办公楼，干部职工几个人合住一套房，区领导与干部职工一起在公共食堂打饭吃，大家互相打趣“重新过起了集体生活”。这种状况持续了一年多后，干部职工的工作和生活条件才有所改善。

飞来峡管理区的干部，在艰苦环境中，在移民安置一线的大熔炉里，经受锤炼、展示才干，用青春和热血，谱写出无愧于时代的“飞来峡精神”：**一是有理想，有追求，永远跟党走。**大家信念坚定、对党忠诚，为了建设飞来峡水利枢纽工程和做好移民安置，义无反顾、全力以赴，把满腔热情化作用不完的干劲，努力做好每一项工作；当整合行政资源需要撤销飞来峡管理区时，区直干部又不讲价钱，服从组织安排，愉快地到新单位报到上班，而且很快融入新的单位，成为单位的骨干。**二是不怕苦，能吃苦，耐得住寂寞。**大家把艰苦的工作环境当作是考验、磨炼自己的最好机会，快乐地对待艰难困苦，而且想尽千方百计克服之、战胜之，不断地创造、改变环境，建区一年多就建起了办公楼、宿舍、饭堂等设施。**三是不保守，敢创新，工作不服输。**面对建区先天不足的困难条件，从区班子成员到区、镇两级干部，大家都有一股不服输的精气神，敢于亮剑，大胆探索，创新工作思路和工作方法，较好地完成了市委市政府交给的各项任务特别是移民安置任务，有力地推进了全区的经济社会发展。**四是讲团结，不内耗，营造好氛围。**飞来峡干部虽然来自四面八方，但目标一致，领导、干部、职工团结一心，不分天南地北，大家互相尊重、平等对待，有问题一起商量，有活一起干，有困难一起上，不用担心勾心斗角，你防我、我防你，全区上下其乐融融。**五是不贪腐，风气正，经得起考验。**从飞来峡管理区成立之日起，区委、区管委就加强反贪防腐廉政教育和制度建设，并且区领导率先垂范，一身正气，不贪不占，始终抵制住各种诱惑，虽然有大量的工程建设项目、巨额的工程款项，但大家都经得起考验，把资金用到移民安置和生产建设中，没有出现群体性的贪污受贿案件。

2001年9月，因飞来峡水利枢纽工程竣工运行及4万多库区移民安置已基本完成，以及行政资源整合的需要，上级党委政府决定撤销飞来峡管理区。当年10月底，区直398名干部职工对口分流到清远市直机关和英德市、清新县（现清新区）的机关事业单位工作，4个镇的干部则在原来岗位上继续工作。撤区后的原飞来峡管理区干部，在新的工作岗位上，继续将“飞来峡精神”发扬光大，勇于担当、敢于作为、不断成长。在撤区后17年间，原飞来峡管理区党政班子成员中，有1位升任副厅级领导干部，有9位由副处级升为正处级领导干部；在科级以下的干部中，先后有33位成长为处级领导干部，其中3位担任了县（市、区）党政“一把手”。时光荏苒，或许当年一起奋斗的许多细节都已模糊，但是那段意气风发、激情燃烧的青春岁月，已镌刻在每一位飞来峡人心里，成为漫漫人生当中一段弥足珍贵的记忆和财富。

虽然飞来峡管理区的历史只有短短6年多，但其是广东特别是清远历史上独特的、不可或缺的记忆。2015年，为及时全面地搜集保存飞来峡管理区的历史资料，全面回顾和总结飞来峡库区移民安置工作的成绩与经验，为清远市乃至全省、全国移民安置工作提供有益的借鉴，经清远市人民政府领导同意，成立《清远市飞来峡管理区志》编委会，同时成立编辑部，并确定具体编修工作由清远市史志学会承担，正式启动了本志的编修工作。现在，经过编委会和编辑部近4年的共同努力，终于克服种种困难，编修出一部90万多字、比较全面系统介绍飞来峡管理区的各项工作特别是移民安置工作的志稿，这是原飞来峡管理区全体干部职工可喜可贺的大事，也是我市史志工作和文化事业的一件喜事。在本志即将付梓出版之际，我们衷心感谢为本志的编修付出智慧和汗水的同志们，包括各位组织者、参与者和支持者。我们期待本志出版后，在有助于各级领导、专家学者和广大读者全面系统了解飞来峡管理区历史的同时，也能为清远和飞来峡库区经济社会建设提供启示和借鉴。

是为序。

2018年12月28日

（黄卫星同志系清远市人民政府党组成员，原市政协副主席、原飞来峡管理区区委书记；谭建成同志为原飞来峡管理区委副书记、区长，市民政局原党组书记、局长）

凡 例

一、指导思想。本志以马克思列宁主义、毛泽东思想、邓小平理论、“三个代表”重要思想、科学发展观和习近平新时代中国特色社会主义思想为指导，坚持辩证唯物主义和历史唯物主义的立场、观点和方法，以求实存真、客观全面为编纂原则，具体记述飞来峡管理区的工作，特别是移民工作。

二、记述时限。本志具体记述飞来峡管理区从1995年9月成立到2001年10月撤销近7年间的情况。为了较为全面地反映飞来峡水利工程的来龙去脉和移民工作的全貌，大事记适当上溯和下延。

三、体例体裁。根据飞来峡管理区的特点和主要工作任务，以及资料情况，本志以编、章、节、目为基本层次，以类系事，除概述、大事记和附录外，分设各镇概况、移民安置、农业·林业、水利、城乡建设、国土·环保、财政·税务·审计、区委·区管委、组织人事、宣传·统战·群团、计划·统计·物价、公安·武装、民政·扶贫·社会保险、教育·卫生、计划生育、人物简介等17编。体裁包括传统的述、记、志、传、图、表、录，以志为主。

四、机构名称。党政组织、社会团体、企事业等机构与职务、身份的名称均以当时的标准名称为准，多次使用的名称首次用全称，然后用简称。如中国共产党简称“党”或“中共”，中国共产党员简称“党员”，中共广东省委员会、广东省人民政府、中共清远市委员会、清远市人民政府、中共飞来峡管理区委员会、飞来峡管理区管理委员会对应简称“省委”“省政府”“市委”“市政府”“区委”“区管委”，广东省清远飞来峡水利工程移民开发局简称“飞来峡工程移民局”。

五、地名人名。正文一般使用“清远”“市”代称“清远市”，用“区”代称“飞来峡管理区”。人名直书姓名，或在姓名前冠以职务。

六、数字和标点单位。本志记述的数字书写遵照《出版物上数字用法》（GB/T15835—2011），除习惯用语、专用名词外均用阿拉伯数字，大部分数据来自区各部门的总结、汇报；不同部门和不同时期的数据，有些存在不一致的情况，因无法核准哪个比较准确，所以在志书中保留原貌。表格的编号数字先后为编序号、章序号和表顺序号。标点符号、计量单位分别执行国家标准《标点符号用法》（GB/T15834—2011）、《国际单位制及其应用》（GB3100—1993）和《有关量、单位、符号的一般原则》（GB3101—1993）。为了尊重当地的历史和习惯，计量单位有的沿用传统的单位，如亩、公斤、斤、公里。

七、关于纪年。清代及清代以前，用中国历史纪年（皇帝年号），括注公元纪年，如，明嘉靖十四年（1535年）。民国时期，用民国纪年，括注公元纪年，如民国4年（1915年）。中华人民共和国成立后直接用公元纪年。

八、人物录入范围和内容。在人物简介编收录原飞来峡管理区区委、区管委任职的部分人员；在附录中收录原在飞来峡管理区党政机关工作、撤区后至2018年12月间升任为副处级以上干部的相关人员。主要内容是介绍所录人物的基本情况和工作经历。

目　录

第二编　移民安置

第七编　财政　税务　审计

第八编　区委　区管委

第九编　纪检　监察

第十编　组织　人事

第十一编　宣传　统战　群团

第十二编　计划　统计　物价

第十三编　公安　武装

第十四编　民政扶贫　社会保险

第十五编　教育　卫生

第十六编　计划生育

概　述

Gai　Shu

一

北江，这条母亲河，千百年来在养育着清远人民的同时，也因经常发生洪灾，给清远人民造成巨大的创伤和财产损失，严重威胁着广州市的安全。特别是在白庙以下河段，洪灾尤为严重。有关北江水灾的记载，最早是汉初的5月和8月，洪水最大时上涨至禺峡，即今飞来峡。元代至元二十七年（1290年）8月，由于清远水灾损失惨重，因此免交田租。明嘉靖十四年（1535年）和三十年（1551年）的5月，因为大水，导致山崩、河溢。

在清代，北江清远段有记载的特大洪涝灾害共4次：道光十二年（1832年）夏，洪灾湮没田舍无数，引发大饥荒；道光十四年（1834年）5月，洪水造成石角围溃决，同样引发饥荒；光绪三年（1877年）3月13日的洪水，导致石角堤崩决百余丈、早稻杂粮失收，夏秋又发生了两次水灾，当年出现9.5万多“饥民”；光绪四年（1878年）3月，石角堤再度崩塌，修复时间历时近一年、用银8万余两。

民国时期，北江特大水灾更为频繁。民国4年（1915年）7月，北江洪水泛滥，清城最高水位为14.88米，石角基围崩决，广州市受浸，花县、南海、三水及番禺县大部分田园变汪洋；清远县受浸耕地77.25万亩（其中浸死农作物46.12万亩），倒塌房屋4.93万间，受灾群众21.53万人，米价暴涨3倍，被称为“乙卯大水王”。民国20年（1931年）6月、7月间，石角、黄岗等堤围共崩决43处，缺口长640多丈，火车停开，电报中断，塌屋200多座，清城附近河面沉船12艘，清远县溺毙、饿死约2000人，受灾群众2.6万多人。侨港清远公会会长兼筹赈会会长朱汝珍发动侨港乡亲捐款4万多元，支持家乡救灾。民国22年（1933年）3月和7月，清远连续两次水灾，朱汝珍在香港共募捐5万多元，支持家乡修复堤围等水利设施。民国36年（1947年）6月，清城最高水位为14.02米，大望底、黄岗、飞水、清东、清西等基围崩决30多处，受浸耕地37万多亩、受灾乡镇39个、受灾人口9.2万人、冲塌房屋1700多间、死亡260人。据不完全统计，石角围自清康熙末年（1722年）至民国26年（1937年）的200多年中，曾决堤或漫顶18次，洗狗潭、三岭仔、沙坤基、下灵洲、夹仓尾、墟头、墟尾等段都曾发生过决堤。

中华人民共和国成立后，洪水并没有收敛，照样灾情频发。1953年6月3日，清城洪峰水位14.08米，损失很大。1955年7月，清城最高水位14.56米，清远县59个乡受灾，水稻受浸17.36万亩，倒塌房屋1249间，淹死9人。1959年5月中旬至6月下旬，清远县共崩塌堤围78条（段），淹浸村庄97条、塌屋543间、死亡7人，淹浸早稻13万亩，有4800多户、15100多人受灾。1962年7月，清城最高水位达14.03米，洪水四涨四退，龙塘围崩决，清远县农作物受浸15.5万多亩，其中失收八成以上的早稻有7.07万亩，冲毁耕地1.1万多亩，塌屋573间，死亡28人。1964年6月，清城最高水位达15.18米，清远县决堤17条，农作物受浸19.5万亩，受灾人口20多万人，致死5人。广东省人民委员会派飞机空投救生圈及饼干救援被洪水围困的受灾群众。1968年6月，清城最高水位15.85米，处于15米以上高水位达105个小时，清远县城不少单位、工厂企业及仓库被淹，受灾公社15个、大队172个，被洪水困在山上的群众1万多人，死亡34人。决堤18宗，崩水库1个，塌屋7215间，受灾农田30万亩。特别是1982年5月和1994年6月的特大洪灾，最为触目惊心、刻骨铭心。1982年5月12日，清城最高水位15.88米，为有水文记载以来的最高峰，北江大坝被山洪冲毁，清远县城除总工会等少数地段外其余均受淹浸，县人民政府门口水深1.56米，31个公社、镇、场受灾，其中24个受重灾，受灾人口47.95万人，死亡206人，失踪16人，受伤17700人，有25.83万人被洪水围困，倒塌、损坏民房 3.17 万间，其中 98 条自然村的房屋全部冲毁。1994 年 6 月 20 日，清远市区最高水位 16.34 米，百年不遇，惊动了国家和省领导。7 月 9–10 日，中共中央政治局常委、国务院副总理朱镕基亲临清远考察灾情。1997 年 5 月 7 日至 8 日，清远再次遭受特大洪涝袭击，飞霞风景区飞来寺第十九福地以下整面山体滑坡，建于南朝梁普通元年（520 年）的飞来寺前殿、大雄宝殿、东坡亭、六祖殿等多处景点被完全冲毁，9 名僧人居士遇难，飞霞景区遭到严重毁坏。

世世代代深受北江洪涝灾害的清远人民，最大的心愿是能根治北江水灾，用人类的智慧和能力来征服北江这条巨龙，使之更好地造福于人类。清城被称为“凤城”，就是源于古人和凤凰合力拯救受北江洪灾围困民众的传说。从某种意义上来说，这一传说就是古代清远人民深受洪涝灾害的诉说，也是对根治北江水灾愿望的表达。

二

自古以来，北江人民特别是清远人民不但有根治北江水灾的强烈愿望，并且千百年来一直在付出，在行动，在探索。

从现有的史料看，古代清远人抗击和防范北江洪灾主要方式是筑坝围堤。元代以前，修筑了哪些堤坝，现既无遗存，也没有记载，因此无据可考。现有史可查的，是明朝先后修筑了上围堤〔今清东围飞来峡西口北江南岸至青榄海段，始筑于明正德元年〔1506 年〕，民国时期改称为下山围〕、中围堤〔今清东围青榄海至七星岗东段，始筑于明嘉靖二年〔1523 年〕，民国时期改称为长村围〕、下围堤（今清东围三角至赤岗段处，始筑于明弘治八年〔1495 年〕，民国时期改称为同和围〕，清代修筑了清平围（今石角镇大燕下与新圩之夹界处，又称石角围，由夹仓尾、三岭仔、沙地基、洗狗潭、上灵洲、白瓦寨等段连成，全长 4712 米，堤高 5 米至 8.25 米，基面宽 3.5 米至 4.8 米。清代建成后经历了 10 多次被冲毁或部分冲毁的遭遇，因此清平围是经过数十次的修复与加固逐步形成的），民国时期修筑有清北围及德和围。

新中国成立后，中共清远县委和县人民政府领导和组织群众，经过 30 多年的努力，已建成堤围 65 条，其中北江两岸及其支流 51 条，滨江两岸 14 条，形成以北江大堤清远段、清西围、清东围、清城联围、北寮围、清北围、飞水围为主体的防洪防灾体系。清远建市后，通过继续实施省人大会议通过的江河整治议案，在进一步新建堤围的同时，对原堤围进行全面达标加固、除险加固建设，使堤围的防洪防御能力进一步提高。其中，1988–2003 年，先后进行北江干堤按 50 年一遇洪水标准除险加固，清东围、清西围、飞水围、大厂围达标加固，安丰围、龙塘围部分堤段加固。市区清东围七星岗至文塔寮（即小市段）实行堤围路结合改造建设，清城联围沿江干堤结合上、下廓街拆迁改造，加高培厚堤身，使堤围提高到 50 年一遇洪水标准，并分别成为新城区的北江路、旧城区的沿江路。

虽然防洪设施得到不断的改进，防洪防灾能力在不断提高，但还没能从根本上摆脱洪涝灾害的威胁，北江人民特别是生活在北江中下游的人民，以及企事业单位、机关和团体，在特大洪水面前，依然无法预防，依然损失惨重。为此，党和政府逐步把兴建飞来峡水利枢纽工程的问题摆上议事日程。1976 年，省水电设计院提出兴建飞来峡水利枢纽工程的规划报告。1978 年 2 月，省水电设计院在《广东省北江飞来峡水利枢纽选点报告》中，提出“把下游防洪问题作为开发北江流域中兴利除害的主要目标”。1978 年 8 月，水利部部长钱正英亲临飞来峡现场了解情况，对兴建飞来峡水利枢纽工程的规划方案发表了肯定意见，她说：“因为保卫广州重要，这个工程要搞。”“北江与西江比较，先上北江，因为北江直接威胁广州。飞来峡与乐昌峡比较，先上飞来峡，要解决洪水问题，在广东境内解决。”同年9月，广东省有关部门向国务院上报的《广东省珠江三角洲商品粮基地建设规划（草案）》中，把飞来峡水利枢纽工程列为根治北江的关键工程，并计划在“六五”后期上马；12月，省计委向国家计委上报飞来峡水利枢纽工程设计任务书，请求列入国家计划，于1982年开始兴建。1980年，省水电设计院再次提出北江下游防江规划及飞来峡水利枢纽坝址选择报告。1980年5月16日至26日，水利部珠江水利委员会（下简称珠委）和省计委、农委、水利电力厅4个单位的10名专家组成调查组，由珠委副主任王一民带队，先后同韶关地委、行署的主要负责人马一品、涂锡鹏，英德县委、革委会主要负责人白庆祥、朱卓民，以及地、县水电局的有关人员，就防治北江洪水的重要性、防洪工程方案、土地淹没、人口迁移安置等问题交换意见和看法，并到规划中飞来峡水库水淹没区，即英德黎溪、连江口、大站、望埠等公社实地察看，征求部分公社领导的意见，并于5月28日完成《关于兴建飞来峡水利枢纽问题的调查报告》；7月4日，珠委、省水电厅就飞来峡工程问题，向习仲勋并省委作书面汇报。同年9月22日，省委常委会听取珠委和省水电厅关于飞来峡工程的汇报，韶关地区、英德县、清远县派有关人员参加会议；11月4日至6日，珠委主持召开北江中下游防洪规划方案汇报会议。由于当时有关各方对兴建飞来峡工程问题特别是兴建飞来峡工程的得失问题还存在较大分歧，尽管珠委和省水电厅主张早日上马，但没能如愿。清远建市后，这个问题再次列入各级党委政府的议事日程，1992年国务院批准兴建飞来峡水利枢纽工程。1993年6月21日，中共中央政治局委员、省委书记谢非，省委常委、副省长欧广源，以及省计委、省水电厅、珠委等有关部门负责人到清远考察，重点研究北江综合治理和飞来峡水利枢纽工程建设问题。接着省人民政府决定成立省飞来峡水利工程建设领导小组，欧广源任组长，指定由省水电厅负责工程实施，组建省飞来峡水利工程建设总指挥部。1994年10月18日，飞来峡水利枢纽工程正式奠基动工。1998年8月28日10时20分，飞来峡水利枢纽工程大江截流成功。1999年10月8日，飞来峡水利枢纽工程全面建成，举行试运行仪式，4台14万千瓦贯流式水轮发电机组全部发电，实现工程建设总目标。这一浩大工程的建成，使北江中下游的防洪抗灾能力达到百年一遇的水平，当地人民基本上摆脱了洪涝灾害的困扰。

三

飞来峡管理区，因飞来峡水利枢纽工程和移民而生。做好移民工作，是设立飞来峡管理区的主要原因、主要目的和主要任务。飞来峡管理区成立后，区委、区管委会及区直部门的主要工作、主要精力，是开展移民工作，一切为了移民，一切依靠移民。

根据飞来峡水利枢纽工程建设规划，工程淹没涉及清新、英德两县（市）11个镇55个管理区，淹没土地4万多亩，淹没房屋100多万平方米，被淹没需迁移安置移民近4万人，受影响近3万人，其中清新县的升平镇和英德市的黎溪镇、连江口镇、水边镇移民较为集中、移民人口较多、移民搬迁任务较重。同时，这4个镇的圩镇处于淹没区内，需重新选址、规划和建设。

1995年4月6日，为加强领导，集中人力、财力、物力，统筹规划部署库区的移民安置工作，清远市人民政府向省政府呈报《关于要求设立飞来峡区的请示》，要求批准设立飞来峡区。7月6日，广东省人民政府作出批复，同意设立清远市飞来峡管理区，为县处级单位，作为清远市政府的派出机构，飞来峡库区移民人口较多、移民搬迁任务较重的清新县升平镇和原英德市黎溪镇、连江口镇、水边镇，区委区管委驻地设在升平镇。9 月 8 日，清远市飞来峡管理区正式挂牌成立。新成立的飞来峡管理区，位于北纬 23° 46′ ～24° 12′ 和东经 113° 05′ ～113° 21′ 间，下辖 4 个镇 44 个管理区，人口 10.1 万人，面积 810 平方公里。

飞来峡水利枢纽工程移民搬迁安置工作，由清远市政府总承包，并与省政府签订协议，清远市政府则与飞来峡管理区、英德市政府签订分包协议书，飞来峡管理区、英德市政府又分别与各有关镇政府签订分包协议书。根据枢纽工程建设总目标“六年工期，五年完成”的要求，移民安置工作严格按年计划推进。

飞来峡管理区成立后，区委和区管委根据省政府 1995 年 9 月 26 日颁布的《广东省飞来峡水利工程移民安置办法》等政策性文件及与清远市政府签订的承包协议，一方面邀请有关专家制定移民安置规划，开展农村移民安置点勘测设计工作，另一方面出台《清远市飞来峡管理区库区淹没实物指标补偿标准》，快速推开移民搬迁安置工作。同时，区委和区管委结合广东与飞来峡的实际，借鉴石灰岩山区的移民经验，广泛征求听取移民对象的意见，并取得上级支持后，按照“迁得出，安得稳，富得起”的目标要求，创新迁移安置的方式方法，以长远的眼光和超前的意识谋划移民安置工作，制定以圩镇安置、集中安置、离乡不离土安置为主，后靠安置、投靠亲友安置、自理安置同步进行的工作思路，大力开展移民搬迁安置工作。

1999 年 7 月，经过近 5 年的努力，飞来峡水利枢纽工程建设移民搬迁安置工作基本结束，共完成移民迁安 40484 人（不包括整体搬迁到广州市番禺区揽核镇的省属横石木材厂员工家属 1397 人），其中飞来峡管理区所辖 4 镇 38175 人（升平镇 8147 人、黎溪镇 16143 人、连江口镇 11970 人、水边镇 1915 人）、占当时全区人口 10.8 万人的 35.3%、占全库区移民人口的 94.3%，其他 2309 人；圩镇安置 24634 人，后靠安置 6723 人，投靠亲友安置 259 人，自理安置 4240 人，生产安置 4628 人。移民迁移安置总投入经费为 169585.029 万元。

在搬迁安置工作中，在圩镇建成升平、黎溪、连江口、水边和英城仙水塘 5 个安置点，其中升平新圩安置点安置 1355 户 5787 人，黎溪新圩安置点安置 2077 户 11267 人，连江口新圩安置点安置 1216 户 6516 人，水边新圩安置点安置 204 户 940 人，英城镇仙水塘安置点安置 25 户 124 人。在农村建成 14 个后靠安置点，其中升平镇 1 个（黄洞安置点，安置 195 户 801 人）、黎溪镇 3 个（塘壁岭和办产塘安置点，安置大湖行政村的移民 460 户 2329 人；冬瓜岭安置点安置湖溪行政村的移民 362 户 1768 人；拐塘和黄鱼沙安置点，安置铁溪行政村拐塘和黄鱼沙村小组移民 51 户 252 人）、连江口镇 9 个（小樟行政村坑口和蕉园安置点，安置 57 户 257 人；小舍行政村枫树坪安置点，安置 13 户 92 人；银坑行政村苟塘山安置点，安置 10 户 67 人；下步行政村长岭安置点，安置 7 户 35 人；三井行政村南北田和矛步安置点，安置 27 户 170 人；连江行政村鹅坑安置点，安置 13 户 76 人；城樟行政村大樟坝安置点，安置 92 户 594 人；初溪行政村庙岭山安置点，安置 10 户 67 人；南坑上坑和群联鹤树山安置点，安置 26 户 121 人）、黄岗镇 1 个（万公桥安置点，安置 11 户 55 人）。在移民安置点建设中，实行移民住房区统一规划，房屋全部为砖与钢筋水泥混合结构；街道全面实现硬地化水泥路面；供水、供电与电信服务得到保障；城镇防洪能力达到“50 年一遇洪水”标准，排水、排污系统完备；库周环库公路与北江大桥的兴建，打通了整个库区对外交通通道；医疗卫生机构与中、小学及幼儿教育的功能配套齐全；商业、饮食、邮电、电信、银行、交通运输及文化娱乐等服务功能基本齐全；日用品及肉菜副食品市场基本配套。2003 年 9 月 1—3 日，受省政府委托，由省水利厅主持，省财政厅、省审计局、省国土资源厅、省环保局、珠江水利委员会等单位组成飞来峡水利工程征地移民迁安工作竣工验收委员会，在清远市召开验收会议，通过听汇报、现场查看和查阅项目档案资料，认为市政府按照与省政府签订的有关协议，基本完成飞来峡水利工程移民征地迁安工作任务，同意通过竣工验收，创造了被国家水利部充分肯定、得到广大移民拥护、并被实践证明行之有效的“飞来峡模式”。

同时，为了帮助移民致富，区委和区管会借助省政府出台的水利枢纽工程移民后期扶持政策规定，在“扶持”的同时，注重“造血”，推动移民调整生产结构与经济布局，尽快地恢复与发展生产，大力发展砂糖橘种植和库湾养殖，走出一条可行的致富之路。1999年，迁入墟镇的移民年人均收入达到2290元，比搬迁前1994年的1740元高出550元，并高于淹没线上同区域同期农民年收入2174元的水平。飞来峡管理区撤销前后，库区移民养鸡规模已经达到千万只规模，成为清远鸡的主要来源地之一；砂糖橘种植也形成较大的规模，成为清远砂糖橘的重要产地之一。

飞来峡库区移民搬迁安置工作基本完成后，飞来峡管理区又面临新的起点、新的选择。2001年3月30日，清远市委市政府曾同意组建清东县方案。后经综合考虑，决定撤销飞来峡管理区。2001年9月18日，区委、区管委召开全区领导干部会议，区委书记黄卫星通报市委、市政府关于区域板块调整的决定，代表区委、区管委提出4点要求：⑴统一思想，清除杂音，全力配合市委、市政府做好“板块调整”工作；⑵严守岗位，严守职责，确保当前各项工作的正常运转；⑶加强领导，建立机构，协助市委、市政府工作组作出科学、可行而又能反映全区干部利益的调整方案；⑷严明纪律，加强检查，确保平稳过渡。并成立区撤区领导小组，配合市工作组的工作。2001年10月9日，清远市委市政府召开工作会议，通过撤销飞来峡管理区的方案，并成立撤区工作小组，迅速开展清理财产、账目交接工作。同年10月15日，全体干部职工参加在市会展中心召开的清远市撤销飞来峡管理区动员大会。是月底，飞来峡管理区398名干部分别被安置到清远市直机关和英德市、清新县相关单位工作，撤销飞来峡管理区的工作得以快速而圆满地完成。

飞来峡管理区从成立到撤销，虽然只有短暂的7年，但这段难忘的历史特别是卓有成就地开展库区移民安置工作的壮举，将与飞来峡水利枢纽工程一样，永远镌刻在历史的长河中，闪耀着不朽的光芒。

大事记

Da Shi Ji

1976–1994 年

1976 年　广东省水电设计院提出兴建飞来峡水利枢纽工程的规划报告。

1978 年 2 月　广东省水电设计院在《广东省北江飞来峡水利枢纽选点报告》中，提出“把下游防洪问题作为开发北江流域中兴利除害的主要目标”。

1978 年 9 月　广东省向国务院上报《广东省珠江三角洲商品粮基地建设规划（草案）》中，把飞来峡水利枢纽工程被列为根治北江的关键工程，并计划在“六五”后期上马。

1978 年 12 月　广东省计委向国家计委上报飞来峡水利枢纽工程设计任务书，要求列入国家计划，于 1982 年开始兴建。

1979 年 8 月　水利部部长钱正英亲临飞来峡现场了解情况，对兴建飞来峡水利枢纽工程的规划方案发表肯定意见，她说：“因为保卫广州重要，这个工程要搞。”“北江与西江比较，先上北江，因为北江直接威胁广州。飞来峡与乐昌峡比较，先上飞来峡，要解决洪水问题，在广东境内解决。”

1980 年　广东省水电设计院再次提出北江下游防洪规划及飞来峡水利枢纽坝址选择报告。

1980 年 5 月 16 日至 26 日　水利部珠江水利委员会和广东省计委、农委、水电厅 4 个单位的 10 名专家组成工作组，由水利部珠江水利委员会副主任王一民带队，先后同韶关地委、行署的主要负责人马一品、涂锡鹏，英德县委、革委会主要负责人白庆祥、朱卓民，以及地、县水电局的有关人员，就防治北江洪水的重要性、防洪工程方案、土地淹没、人口迁移安置等问题交换意见和看法，并到规划中的飞来峡水库水淹没区，即英德黎溪、连江口、大站、望埠等公社实地察看，征求部分公社领导的意见。

1980 年 5 月 28 日　广东省调查组完成《关于兴建飞来峡水利枢纽问题的调查报告》。

1980 年 7 月 4 日　水利部珠江水利委员会、广东省水利电力厅呈报《请广东省委尽快决定兴建飞来峡水利枢纽工程》的报告，并就这一问题，向省委第一书记习仲勋和省委作专题汇报。

1980 年 9 月 22 日　省委常委会听取水利部珠江委员会和省水电厅关于飞来峡工程的汇报，韶关地区、英德县、清远县派有关人员参加会议。

1980 年 11 月 4 日至 6 日　水利部珠江委员会主持召开北江中下游防洪规划方案汇报会议。

1992 年　国务院批准兴建飞来峡水利枢纽工程。

1993 年 6 月 21 日　中共中央政治局委员、省委书记谢非亲临飞来峡选址。

1993 年下半年　广东省人民政府决定成立广东省飞来峡水利工程建设领导小组，省委常委、副省长欧广源担任组长，指定由省水电厅负责工程实施，组建省飞来峡水利工程建设总指挥部，由省水电厅厅长关宗枝任总指挥。

1993 年 12 月 31 日　《清远市人民政府关于飞来峡水利工程库区管理和群众搬迁有关事项的通告》发布，明确库区管理范围和管理规定，吹响飞来峡水利枢纽工程移民工作号角。

1993 年 12 月　清远飞来峡水利工程移民开发局开始筹建。筹建工作由广东省水电厅副厅长、飞来峡水利工程建设副总指挥邱诗忠负责，市政府副秘书长、移民局负责人钟梅坤、黄杰泰等具体抓筹建。

1994 年 1 月 10 日　清远市机构编制委员会批复：设立清远市飞来峡水利工程移民开发局（同年 1 月 24 日，经市编委批复更名为：广东省清远飞来峡水利工程移民开发局），为正处级事业单位，定编 30 名，经费由省投资的移民经费中解决。移民开发局代表清远市人民政府具体负责组织实施飞来峡水利枢纽工程的移民安置工作。

1994年1月18日　上午10时，为修建有史以来广东省投资规模最大的水利枢纽工程而成立的广东省飞来峡水利工程建设总指挥部、广东省飞来峡水利工程总公司、广东省清远飞来峡水利工程移民开发局、广东省清远飞来峡水利工程移民经济发展总公司，在笔架新村举行挂牌仪式。仪式由工程建设总指挥部副总指挥邱诗忠主持，副总指挥李树坚介绍上述4个挂牌办公单位的情况和工作概况。清远市市委书记骆雁秋、市长陈权、市政协主席刘策等一百多人出席挂牌仪式。中国新闻社清远分社、南方日报、羊城晚报、清远电台和电视台等新闻单位到现场进行采访报道。

1994年1月21日　上午，广东省清远飞来峡水利工程移民开发局（简称飞来峡工程移民局）召开第一次职工会议，到会干部职工12人。副总指挥邱诗忠到会讲话，要求：⑴明确任务。3年左右安排好4万多移民，搞好移民开发，管好用好移民经费。⑵配合珠委在6月底前把库区情况落实清楚，做到心中有数。⑶抓紧组建移民经济实体，力争一年见效。

1994年3月初　飞来峡工程移民局从市、县、镇三级及有关单位抽调100名干部组成库区实物普查队，在英德市举办培训班，组织普查队员学习《飞来峡水利工程淹没实物普查细则》，邀请珠江水利委员会和广东省水利厅的专家讲课。其间，特别挑选几个有代表性的移民村进行实地示范操作。接着，所有的普查工作队员均驻扎到各个移民村，开展比较全面系统的普查登记工作。在近1年的时间内，完成6000多户近50000人口的登记、超过100万平方米的房屋丈量、登记51374.81亩各类土地、清点零星果木17万株、登记一大批公共设施和专业设施等工作，为移民安置工作打下坚实基础。

1994年3月15日至16日　飞来峡工程移民局分别在清新县升平镇和英德黎溪镇、连江口镇召开迁、改建镇址的规划设计方案论证会，邀请市、县各有关单位的领导和专家对3镇的规划设计方案作审议。

1994年4月20日至21日　飞来峡工程移民局分别在清新与英德召开会议，原则上通过升平镇和黎溪镇的迁建新镇规划方案。

1994年5月22日　全国政协副主席叶选平到升平坝址视察，清远市市委书记骆雁秋、人大常委会主任蔡森林、市长陈权、政协主席刘策和副总指挥李树坚陪同。

1994年5月24日，清远市人民政府任命钟梅坤为广东省清远飞来峡水利工程移民开发局局长，黄杰泰任副局长。

1994年6月9日　观音山移民经济基地第一个项目——观音山水泥厂举行奠基典礼，清远市委副书记赵伯杰，副市长、副总指挥邱诗忠和钟梅坤、黄杰泰等领导参加典礼。观音山水泥厂计划投资6000万元，年产425#普通硅酸水泥20万吨，预计1995年6月投产。

1994年6月14日　广东省副省长凌伯棠到升平坝区视察，副市长、副总指挥邱诗忠，清远市人大常委会副主任梁时坚和飞来峡工程移民局局长钟梅坤等陪同。

1994年8月27日　坝区升平移民新墟镇正式进场开工，进行“三通一平”工作，首期开发0.6平方公里。至1997年7月竣工。

1994年9月9日　在英德召开为期两天的飞来峡水利工程移民安置规划工作会议，各市、县、乡镇主管移民工作的领导以及各有关单位的100多人参加会议，研究如何加快移民安置规划的步伐，以确保5年内建成飞来峡水利枢纽工程。钟梅坤就移民安置规划的指导思想、主要思路、步骤、任务等作了发言，邱诗忠作题为《抓紧抓好移民安置规划，确保飞来峡水利工程建设顺利进行》的会议总结报告，清远市市委书记骆雁秋、副书记赵伯杰参加会议并作重要指示。

1994年9月13日　从清远市农委、农业局、林业局、畜牧水产局、乡镇企业局等单位抽调13人组成移民规划工作组，开始对升平、黎溪、连江口3个镇的26个管理区逐村逐户进行意向调查，编制移民安置规划草案。

1994年10月18日　飞来峡水利工程奠基典礼在坝址所在地升平镇举行。水利部副部长张春园、对外经济贸易部副部长石广生，广东省四套班子领导张高丽、凌伯棠、黄浩等，省军区领导岑华，清远市五套班子领导骆雁秋、蔡森林、陈权、刘策、赵伯杰、樊贵宝、赖泽南、邹学军、陈偶盛、杨瑞先、邱诗忠、刘容秀，以及广州、佛山和省直及清远市直有关单位领导出席。奠基仪式由省委常委、副省长欧广源主持，工程总指挥、省水电厅厅长关宗枝介绍工程总体情况，省长朱森林作重要讲话。上午10时多，中共中央政治局委员、省委书记谢非宣布：飞来峡水利工程正式开工!

1994年11月10日　移民规划碰头会在清远市明霞宾馆召开，会议由副市长、副总指挥邱诗忠主持，珠委设计院、省测量大队、省水电监理有关专家，市、县移民局和清新、英德两市（县）以及升平、黎溪、连江口镇主管移民工作领导，3镇规划工作组组长参加会议，研究下步规划工作的开展，就规划工作中所碰到的具体问题进行议论。

1994年12月26日　清远市政府任命蔡保平为飞来峡工程移民局副局长。

1994年12月28日　上午，全国八届人大常委会和省人大常委会山区工作组代表，在飞来峡工程移民局会议室听取钟梅坤所作的移民工作情况汇报。下午，代表们前往坝址所在地的升平镇视察工程和移民新墟镇的建设情况。

1995年

1月6日　清远市市长陈权、副市长邱诗忠在飞来峡工程移民局会议室听取飞来峡工程移民局和英德、清新两市县主管移民工作的领导，升平、黎溪、连江口3镇规划工作组组长，坝、库区10个镇党委书记关于移民安置规划工作的汇报。陈权对移民安置规划工作提出6点要求。

1月11日　黎溪新镇建设指挥部成立，施工队伍正式进场开工进行“三通一平”，新镇首期开发面积1平方公里，至1998年6月竣工。新镇移民点共安置移民2077户11267人，其中原圩镇居民有792户4199人，农村移民入圩镇1285户7068人。

2月9日　清远市政府在升平镇召开移民工作汇报会，市四套班子领导骆雁秋、蔡森林、陈权、赵伯杰、杨瑞先、邱诗忠、刘策、黄伙荣、陈偶盛等听取一年来移民工作的情况汇报，并作指示。省水利工程建设监理、总指挥部移民部、市县移民机构，以及英德、清新两市县及升平、黎溪、连江口5镇主管移民工作的领导共50多人参加。

3月17日　经清远市编委同意，设立广东省清远观音山移民经济发展基地办公室，为正科级事业单位、定编15名，实行企业管理。

4月5日　广东省人大常委会副主任凌伯棠在副市长、副总指挥邱诗忠、市人大常委会副主任陈偶盛、飞来峡工程移民局局长钟梅坤等陪同下，对飞来峡工程进行实地考察，并听取工程施工和库区移民等方面的情况汇报。

4月6日　为加强领导，集中人力、财力、物力，统筹规划部署库区内的安置工作，加强地方政府对飞来峡水利工程建设的支持和配合，促进移民地区的繁荣发展和长治久安，清远市人民政府向省政府呈报《关于要求设立飞来峡管理区的请示》，要求批准设立飞来峡管理区。

4月27日　清远市政府在市明霞宾馆召开移民安置规划工作汇报会，英德、清新两县市主管移民工作领导，市县移民局局长，规划工作组组长以及珠委、监理、总指挥部移民部、横石木材厂等单位领导参加会议。会议由副市长、副总指挥邱诗忠主持。

7月6日　广东省人民政府作出《关于设立飞来峡管理区的批复》，同意设立清远市飞来峡管理区，为县处级单位，作为清远市政府的派出机构，管辖清新县的升平镇、英德市的黎溪镇、连江口镇、水边镇。

7月18日　为搞好设立飞来峡管理区的筹建工作，由清远市副市长、副总指挥邱诗忠、副市长黄伙荣带队，飞来峡工程移民局和市财政局、民政局、编委、法制局等部门领导，前往珠海、惠州、南沙经济技术开发区参观和学习。

8月7日　清远市委市政府批准成立飞来峡管理区筹建工作领导小组，组长为赵伯杰，副组长为邱诗忠、黄伙荣、钟梅坤，成员为吴克、王开华、雷新镜、林社金、徐觉荣、植东林、龚石武、黄亚全、李金盛。

8月29日　清远市机构编制委员会批准设立飞来峡管理区内设下列机构：区党委、区管委办公室（含民政、信访、档案、保密、体改、法制、台办、外事、无委、武装），组织人事办公室（含组织、人事、劳动、纪检、监察、党校、党史、工会、共青团、妇女，并负责人大、政协的联络工作），移民安置办公室，农林水办公室（含农业、林业、水利水电、乡镇企业、畜牧水产、”三防”、气象、计划生育），宣传教育办公室（含宣传、文化、教育、卫生、科技、体育、广播电视、新闻），规划基建委员会（含建委、规划、设计、环保、房管、交通、公路、通信、航运、能源），经济建设委员会（含计划、经委、旅游、外经、财贸、商业、供销、粮食、口岸、统计、审计、物价、矿产资源），都为正科级单位。同时，批准设立：清远市公安局飞来峡管理区分局、清远市工商行政管理局飞来峡管理区分局、清远市国土局飞来峡管理区分局、清远市地方税务局飞来峡管理区分局、清远市财政局飞来峡管理区分局。

8月29日　飞来峡水利工程移民安置总承包协议书签字仪式在清远市迎宾馆举行。广东省人民政府与清远市人民政府签订《广东省飞来峡水利工程征地移民迁安总承包协议书》。省委常委、副省长欧广源，省水利厅厅长关宗枝，清远市市长陈权、副市长、副总指挥邱诗忠、副市长黄伙荣及有关单位的领导参加签字仪式。欧广源和陈权代表双方在总承包协议书上签字。

9月1日　为确保飞来峡水利枢纽工程如期竣工，省政府召开飞来峡水利枢纽工程现场办公会议，广东省省长朱森林，省委常委、副省长欧广源参加会议。清远市市委书记骆雁秋在会上表示，有关移民的迁安问题，要继续努力，狠抓关键，突破难点，积极主动做好库区移民的动员、迁安和管理工作，保证工程进度不因此而受影响。

9月5日　清远市委市政府批准：成立“中共清远市飞来峡管理区委员会”，钟梅坤、谭建成、郑从导、徐觉荣、张细珠、陆神才任常委，钟梅坤任书记，谭建成、郑从导、徐觉荣任副书记；成立“中共清远市飞来峡管理区纪律检查委员会”，张细珠任书记；成立“清远市飞来峡管理区管理委员会”，谭建成任区长，郑从导、徐觉荣、植东林、龚石武任副区长。

9月8日　清远市飞来峡管理区举行正式挂牌成立仪式。会议由清远市政府副市长、副总指挥邱诗忠主持，省委常委、副省长欧广源，省人大常委会副主任凌伯棠，省军区司令员温玉柱，省直有关部门领导孙道华、江东海等，清远市四套班子领导骆雁秋、蔡森林、陈权、刘策等，清远军分区领导，以及清远市直有关单位，清新县、英德市主要领导和部分港澳同胞应邀请出席挂牌仪式。欧广源做重要讲话。同时，举行连江口、黎溪北江大桥等12项工程奠基仪式。省广播电视台、《南方日报》《羊城晚报》和清远市电视台、清远日报社等新闻单位派出记者到会采访。

9月22日　清远市国家税务局飞来峡管理区分局成立。

9月26日　广东省人民政府颁布《广东省飞来峡水利工程移民安置办法》，对飞来峡水利工程库区移民安置的方针、原则、办法、补偿标准、移民经费的使用与管理，以及淹没区与移民区的管理、优惠措施、奖励与处罚办法等作了具体的规定。

9月29日　飞来峡管理区召开第一次三级干部会议，区党政班子成员、各镇党委书记、镇长和管理区书记、主任以及区直各单位领导出席会议。会议明确全区经济发展的基本思路和主要任务。

10月3日　受15号台风影响，北江和小北江上游连降暴雨，飞来峡管理区内水位急剧上涨，洪水托顶浸堤，出现历史上罕见的秋季洪涝灾害。据调查和统计，全区受灾管理区15个，受灾自然村45个，受灾群众8940人，受灾浸房屋4336间，受灾晚稻13930亩，经济作物10981亩，冲坏道路25公里，水利设施102宗，造成直接经济损失2690.3万元。

10月4日　飞来峡管理区移民办正式接管原英德飞来峡工程移民局管辖下的黎溪、连江口、水边3镇及原清新县移民局管辖下的升平镇的移民安置工作。

10月11日　区管委同意成立升平新镇建设指挥部和黎溪新镇建设指挥部。

10月15日　受台风影响，北江和小北江上游地区连降暴雨，飞来峡管理区内水位再次上涨，受灾管理区29个、自然村150个，受浸晚稻14152亩，受浸房屋3370间，冲毁水渠18米，冲坏公路21公里，直接经济损失272.5万元。

10月18日　清远市委印发《关于清远市飞来峡管理区委、管理委员会领导班子成员分工的批复》。

10月23日　清远市工商局飞来峡管理区分局挂牌成立。

10月25日　飞来峡管理区召开征兵工作会议，张细珠常委主持会议，谭建成区长作动员讲话。是年圆满完成征兵任务。

10月26日　区委区管委发文，成立区机构编制委员会。

10月　飞来峡管理区通过向社会公开招聘和到人才市场上招聘的办法，向社会公开招聘24名具有大专以上学历的专业技术干部。

11月2日　第一次区管委班子会议召开，明确领导分工等4大问题。会议由区长谭建成主持。

11月13日　区移民办确定库区第一个农村后靠移民安置试点单位——连江口镇小樟管理区，并印发《连江口镇小樟管理区移民安置试点工作计划》。

11月14日　飞来峡管理区移民办在连江口镇小樟管理区召开移民安置试点工作现场会，拉开库区农村移民安置工作序幕。

11月15日　广东省省委副书记黄华华一行在清远市市委书记骆雁秋、区委书记钟梅坤、区长谭建成等的陪同下，视察区移民新村及工业区，了解移民安置工作进展情况。

11月17日　上午，连江口镇小樟管理区移民安置试点工作会议在连江口镇移民办公室召开，区委书记钟梅坤、区长谭建成出席会议并分别讲话。

11月27日　下午，飞来峡管理区第一次干部职工大会召开。会议由副书记徐觉荣主持，区长谭建成作动员报告，要求全体干部职工振奋精神、艰苦创业，当好飞来峡管理区的“开荒牛”。

11月　区移民办邀请河海大学专家组12人对库区4镇的移民安置规划报告（初稿）进行论证后，提交《广东省北江飞来峡水利枢纽工程库区飞来峡管理区农村移民安置规划咨询报告》。

11月　区移民办聘请韶关勘察设计院测量规划组技术人员对专家组论证后的农村移民安置点进行勘测设计工作。

12月5日　全区经济工作会议召开，区党政班子成员、各镇党委书记、镇长、区直各单位主要负责人出席会议。区长谭建成作讲话，部署“九五”期间全区的经济工作，提出总的经济指标，对农业、工业、第三产业、文教卫生事业、基础设施建设及财贸等工作也提出方向性意见。

12月5日　区编委批复，同意成立清远市飞来峡管理区农业技术推广中心，同时挂区种子公司的牌子，为副科级事业单位，定编3名，隶属区农林水办领导和管理，经费以自筹为主，财政给予定额补贴。

12月5日　区编委批复，同意设立清远市飞来峡管理区林业局，为正科级行政单位，内设办公室（含计财、人事）、生产股（含森工、营林）、林政股。定编15名，其中行政编制4名，事业编制11名（4名行政编制中，2名由区农林水办调剂，2名由林业局自筹经费解决）。

12月5日　区编委批复同意设立区社会保险事业局、区民政局、区农业局。

12月11日　飞来峡管理区计划生育局成立。

12月11日　区编委同意区经委设立飞来峡经济发展公司。

12月15日　飞来峡管理区编委办公室成立。区编委同意设立林业局。

12月18日　区林业局挂牌成立。

12月18日　清远市计委同意区经委合资创办清远飞穗纤维板有限公司。

12月19日　由飞来峡管理区移民办编制的《移民工作简报》第一期印发，以后每月出版一期，主要是宣传移民安置政策和反映移民工作情况。

12月19日　区移民办起草的《清远市飞来峡管理区库区淹没实物指标补偿标准》，经区管委讨论通过后，以区管委名义正式颁布。

12月20日　区人民群众来信来访办公室挂牌成立，在区民政局内办公，二块牌子一套人马。

12月21日　清远市外经委同意区经委所报的“清远飞穗纤维板有限公司”合同、章程；起草拟定区外引内联投资项目优惠办法并由区委颁布，区编委同意区经委设立计划统计局、外贸总公司、招商局、生产资料公司、烟草公司、食品公司、物价局7个下属单位。区编委同意设立区卫生局、区教育局、区粮食储备局。

12月21日　区编委批复，同意成立清远市飞来峡管理区森林防火办公室，在林业局挂牌。

12月27日　移民经济发展总公司所属企业观音山水泥厂举行点火仪式。

12月　飞来峡管理区烟草公司成立，为全民所有制企业，同时挂清远市飞来峡管理区烟草专卖局的牌子。

12月　连江口镇小樟行政村移民后靠安置试点工程动工。至次年12月，小樟村57户257人移民已全部迁入新居，试点工程圆满完成。

是年　全区总面积809.7平方公里，人口101109人。

1996年

元旦前后　区直机关举办庆元旦运动会，比赛项目有篮球、拔河、象棋等项目。

1 月 4 日　年终总结会议召开，总结 1995 年工作。省水电厅副厅长、清远市副市长、副总指挥邱诗忠，区党政班子成员、各镇党委书记、镇长、区直各单位主要领导出席会议。区委书记钟梅坤在会上总结 1995 年工作，明确 1996 年工作的指导思想、主要任务与措施。邱诗忠在会上对移民工作提出三点要求：⑴加强移民资金的使用和管理；⑵重视农村移民工作；⑶加强移民工程的施工管理。

1 月 25 日　经区组织部门同意成立清远市飞来峡民安有限公司，为企业单位，归口区移民办管理。

1 月 26 日　全区三级干部会议召开。区党政班子成员，各镇党委书记、镇长，管理区支部书记，区直各委、办、局主要负责人共 90 多人出席会议。会议由区委副书记、常务副区长徐觉荣主持。会议主题是动员发展“三高”农业，特别是发展种果业。区委书记钟梅坤在讲话中提出“九五”期间全区“三高”农业发展的“六个一”目标：即种植各类水果 10 万亩，种笋竹 10 万亩，种蒿水竹 10 万亩，发展藜蒴等速生丰产林 10 万亩，发展库湾养殖 1 万亩，保持耕地 10 万亩。

1 月　连江口新镇动工建设，至 1998 年 12 月竣工。新镇移民点共安置移民 1216 户 6516 人，其中原居民 629 户 3349 人、农村入圩镇移民 587 户 3167 人。

2 月 6 日　成立区招标、投标委员会，区委副书记、常务副区长徐觉荣任主任，区委常委、纪检书记张细珠、副区长植东林任副主任，办公室设在区规划基建委员会，戴强任办公室主任，邱泽军任办公室副主任。

2 月 6 日　区卫生局、防疫站、计生局同时正式挂牌成立。

2 月 6 日　区劳动服务公司挂牌成立。

2 月 6 日　区社会保险事业局正式挂牌，办公地点在升平银英公路旁临时办公。4 月 1 日搬迁到升平镇中行大厦四楼。

2 月 9 日　上午，区委常委会召开，决定成立区移民资金管理使用领导小组，组长谭建成，副组长徐觉荣、郑从导，成员张细珠、植东林，明确移民资金的管理实行大的管理、小的放开、集体讨论，领导“一支笔”审批的原则。

2 月 13 日　区党政班子成员及各委、办领导组成 4 个春节慰问团，分别慰问驻区省属单位、区属部分企业、离退休干部及五保户、军烈属。

2 月　为带动库区移民发展“三高”农业，根据区委区管委的统一部署下，区移民办建成一个示范果场，种植砂糖橘、黄榄、荔枝共 103 亩。

3 月 7 日　全区春季计生工作会议召开。区、镇主管计生的领导，区直各委、办、局主要负责人出席会议。区长谭建成在会上对 1996 年的计划生育工作及春季计生集中服务活动进行部署。

3 月 8 日　区房地产局、房地产公司、矿产管理局正式挂牌成立。

3 月 18 日　物价局、物价所、统计局、生猪屠宰管理领导小组办公室和外贸有限公司、食品公司、生资公司正式挂牌成立。同日，区编委同意设立区旅游事业管理局。

4 月 3 日　飞来峡管理区计划统计局公章启用。

3 月 18 日　区编委批复，同意成立清远市飞来峡管理区畜牧水产局，为正科级事业单位，编制 3 名，同时挂畜牧水产公司牌子。

3 月 27 日　飞来峡管理区移民水产养殖有限公司成立，归口农林水办管理。

3 月 28 日　区粮食局正式挂牌成立。

3 月 29 日　区教育局成立，租赁中国银行三楼整层改建作为办公室和干部宿舍。

3 月 30 日　移民安置规划咨询报告论证会在飞来峡工程移民局会议室召开。邱诗忠、钟梅坤及珠江委员会、水利工程指挥部、飞来峡管理区党政班子、各级移民机构负责人等参加论证会。

4月2日　区委常委会议决定，为确保当年完成移民迁安一万人以上的任务，要认真抓好三个圩镇建设，升平、黎溪争取年内全面完成移民安置任务，连江口11月份要全面开展三通一平和部分迁移工作；抓好25个管理区的移民规划论证和选址工作，规划一个，论证一个，成熟一个，搬迁一个，巩固一个，完善一个。同时，尽快制订一个可供操作的实施细则，确保移民工作顺利进行。

4月2日　区交通局挂牌成立。

4月9日　区水利局挂牌成立。

4月16日　清远市市委书记骆雁秋一行在区委书记钟梅坤、区长谭建成等的陪同下，视察区的"三高"农业工作。骆雁秋对区委、区管委发动机关干部筹资50万元，发展千亩连片的优质水果示范点，带动全区"三高"农业的发展的做法给予肯定。

4月16日　陆神才兼任清远市公安局飞来峡管理区分局局长。

4月17日至18日　在清远市建委会议室，召开《清远市飞来峡管理区升平镇总体规划》进行专题评议会。副市长张鑫光、区委书记钟梅坤、区长谭建成、副区长植东林及上海同济大学专家出席评议会。专家组及有关人员在听取规划方案介绍及对规划范围进行现场勘察后，对《总体规划》进行慎重的评议，最后一致同意予以通过。

4月23日　全区反腐败工作会议召开。

4月23日　省戏曲艺术团送戏下乡，由著名笑星杨达带队，先后到连江口镇、升平镇演出，吸引数千群众看戏。

4月23日至24日　全区三级干部会议召开。区党政班子领导，各镇党委书记、镇长、纪检书记、中学校长、教办主任，区直各委、办、局主要负责人，各管理区支部书记及飞来峡工程移民局领导共86人出席会议。会议主要内容是传达省、市有关会议精神，研究和部署当年的移民迁安、廉政建设和普及九年制义务教育等工作。会议由副区长龚石武主持，区长谭建成、纪检书记张细珠、移民办主任黄国擎、教育局局长曾志权分别就区反腐纠风、移民安置、"普九"工作作了讲话或发言，区委书记钟梅坤作总结发言。

4月29日　下午，区召开党政班子座谈会，欢送郑从导调往花都市工作。

5月6日　清远市公安局飞来峡管理区公安分局正式挂牌成立。

5月7日　中共中央政治局委员、广东省委书记谢非，省委常委、副省长欧广源一行在省水电厅厅长兼飞来峡水利枢纽工程总指挥关宗枝、清远市市长梁戈文、飞来峡水利枢纽工程总监理及区委书记钟梅坤、区长谭建成等陪同下，视察建设中的飞来峡水利枢纽工程及移民新村，亲切慰问战斗在建设第一线的干部、职工，到升平镇北寮移民新村的移民家中了解生产、生活情况。

5月7日　省物价局局长蒋善利一行9人，在清远市常务副市长黄武君、市物价局局长卢超群、区委常委张细珠陪同下，到区物价局了解编制、机构、人员、经费等情况，鼓励在困难的情况下认真做好工作，表示由省物价检查所给予经费支持，要求清远市物价局同区管委协调好关系，力争早日解决区物价局的编制、经费等问题。

5月8日　区召开1996年夏季计生集中服务活动动员会，安排部署全区的夏季计划生育集中活动。区委书记钟梅坤等出席会议并作讲话。各镇负责计划生育工作的领导，计生办主任及区直各部门领导参加会议。

5月13日　区委党校设立。

5月16日　为加强移民资金的内部审计工作，经区委研究，同意区移民办成立移民资金使用内部审计科，为副科级事业单位。

5月16日　区总工会、中国共产主义青年团飞来峡管理区委员会、区妇女联合会成立。

5月17日　魏振龙从清远市委组织部调到飞来峡管理区工作，任区委常委。

5月17日　《清远市飞来峡管理区建设工程招标、投标试行办法》颁布，对区内建设工程的招标投标有关机构与职责、范围与条件、程序、招标工作的管理及罚则等作了具体的规定。

5月20日　区委、区管委邀请省政协、省民主促进会、华农大、华师大等单位的教授、学者以及华农大国土资源与环境科学系师生约30多人，对区的地形、地质、地貌进行全面的考察论证。时间为1个月。

5月21日至24日　区组成检查组，对各镇的“三高”（高产、高质、高效益）农业进行抽样检查。1996年春，全区共种水果15565亩，上造抛秧面积占水稻播种面积的60.7%，名列全市第二，全区投入水利方面的资金共151万元。

5月27日　经省人民政府批准，成立清远飞龙货运有限公司。

6月　水边镇圩镇移民安置工程动工建设，至1998年6月竣工。共安置移民204户940人，其中原居民96户338人，农村移民入圩镇108户602人。

6月10日　区经委向区委借款注册飞来峡经济发展公司等6家国有独资公司。

6月17日　孔宪君任区长助理。

6月20日　区龙舟队参加清远市龙舟竞赛，获第五名。

6月22日至23日　区委、区管委在升平镇政府五楼（区政府暂借临时办公）举行“三高”农业规划论证会，经专家组评审，通过区“三高”农业规划报告。出席会议的专家学者有：省政协副主席、民进广东省委员会主委、华南农业大学园艺系教授李金培，华农大教授倪耀源、徐英宝，华农大副教授谢文华、李映强、杨关福，华农大讲师梁中龙、黄应丰，华师大生物系讲师王春，民进广东省委员会副处长刘朝荣、马乃骏，南海水产研究所养殖研究室助理研究员喻达辉。区委书记钟梅坤、区长谭建成和党政班子全体成员，以及农办、移民办等单位干部职工参加会议。会上，钟梅坤、谭建成先后作了讲话；到会的专家、学者就飞来峡管理区的社会经济状况、地质、地貌、气候、水文、植被、土壤等自然环境因素进行综合分析与评价，分析农业综合开发的现状、存在问题，提出今后开发的战略设想和建议，为区发展“三高”农业提供了基础资料和科学依据。

6月28日　区委召开纪念中国共产党成立75周年暨表彰大会，对升平镇等农村基层党组织、孔宪君等8名优秀党员及优秀党务工作者进行表彰。

6月29日　清远市新华书店飞来峡分店挂牌成立。

6月　广东省水电厅成立“水库移民安置政策研究课题组”，区移民办黄国擎、华红云、石辉成为课题组成员。

6月至7月　根据库区移民工作的实际，区移民办与飞来峡工程移民局共同派出工作人员到库区各镇进行为期两个月的实物指标查漏补缺工作。

7月10日至14日　区管委组织区直有关单位负责人、区直机关水果基地领导小组成员和各镇主管农业的副书记或副镇长组成的学习考察组一行17人，前往高州、从化两地参观学习发展水果业的经验。

7月26日　上午，区委常委会决定，为加快移民安置工作，成立区移民安置工作团，由谭建成任团长，徐觉荣、张细珠、陆神才、魏振龙、植东林任副团长，下设四个分团，升平分团由植东林任团长，李计全、傅立全、罗琼标任副团长，分团成员由两委办、组织人事办、升平镇抽调人员组成；黎溪分团由魏振龙任团长，陈廷康、唐建琪、陆国基任副团长，分团成员由宣教办、农林水办、黎溪镇抽调干部组成；连江口分团由张细珠任团长，黄亚全、宋善浩、梁伟赟、邱泽军任副团长，成员由纪检、建委、连江口镇抽调干部组成；水边分团由陆神才任团长，黄灶养、余镜珠任副团长，成员由移民办、水边镇、公安分局抽调干部组成。移民安置工作团的主要任务和各项职责，由区移民办负责制订，总团设立办公室，由黄国擎任主任，江汉良、华红云任副主任。

7月28日　《广东清远飞来峡度假村详细规划》评审会在飞来峡工程移民局会议室召开。清远市建筑设计院副总建筑师李德祥、区委书记钟梅坤、区长谭建成等领导出席评审会。该规划是由清华大学建筑学院专家组编制而成，论证规划点是北江右岸黄洞旅游区。经专家、领导论证，该规划予以通过。

7月　飞来峡管理区召开1996年计划生育工作会议，区长谭建成在会上对全年计生工作和春季集中服务活动作了工作安排部署。参加会议人员：各镇负责计划生育工作的领导，计生办主任及区直各部门领导。

8月13日　飞来峡移民工程实行招投标，并举行第一次招投标会议。

8月14日　飞来峡管理区第一次工程招标发布会召开，招标项目是区行政会议中心的“三通一平”，总工程量为填挖土石方617万立方米。发布会共有省内外43家建筑施工单位参加。

8月16日　省委副书记张帼英在清远市市委书记骆雁秋、市长梁戈文等陪同下，视察飞来峡管理区移民新村及飞来峡水利枢纽工程建设工地，听取区委书记钟梅坤关于水利工程建设进展情况及移民安置工作情况汇报并做重要讲话。

8月19日　区审计师事务所设立。

8月22日　飞来峡管理区计划生育领导小组和计划生育“三结合”工作协调小组成立，区长谭建成任组长，办公室设在区计生局。

8月27日至29日　区举办移民工作团学习班。明确移民工作团的任务是协助当地党委、政府开展移民安置工作，直至移民工作全面完成。

8月28日　孔宪君任副区长。

8月28日　区供销社、生资公司正式挂牌成立。

8月29日　设立清远市审计局飞来峡管理区分局、清远市交通委员会飞来峡交通局。

8月29日　区召开“普九”捐资动员大会，区直机关干部职工共捐资34390元。

9月3日　区委、区管委从区直机关抽调干部113人组成的移民工作团，分成4个团，进驻升平、黎溪、连江口、水边4镇，库区大规模移民迁安工作全面展开。

9月9日　区委、区管委召开区成立一周年座谈会。区党政班子成员、各委、办主要负责人和各镇、管理区派出的代表出席座谈会，总结一年来的工作，共商今后发展大计。

9月9日　区举办建区一周年“农行杯”男子篮球赛，4个镇都派队参加，共有7支队参加比赛，升平镇队获冠军。

9月9日　飞来峡中学挂牌，区委书记钟梅坤、市教委副主任谭炳和等出席挂牌仪式暨飞来峡首期招生开学典礼。学校是租借广东省横石木材厂子弟学校的全部场地。首期招生高一新生89人（两个班）。

9月13日　为了深化投资体制改革，保持合理的投资规模，区统计局以市场需要为重点，按照国家产业政策的要求，对全区所有建设项目进行一次全面的清查，并对新建设项目进行严格的审核。

9月18日　省人大常委会主任林若在清远市市委书记骆雁秋、区长谭建成等陪同下，视察建设中的飞来峡水利工程、黎溪新镇及黎溪北江大桥，听取区长谭建成对全区“三高”农业、移民安置等工作汇报，并做重要讲话。

9月23日　在飞来峡管理区召开移民工作汇报会，清远市副市长黄伙荣参加。会议总结前段移民工作的开展情况和存在的问题，并对下步移民工作的开展提出具体要求。

9月24日　省、市“普九”评估验收组到区进行“两基”评估验收。

9月　区组织移民安置宣传工作放电影小分队，深入库区各镇的管理区、移民村放电影，宣传移民政策及库区移民工作形势。

9月　为规范驻镇工作团成员在驻镇期间的组织、学习、工作和生活，区移民工作团制订《关于移民安置工作团下乡工作的有关规定》。

9月　区移民办与总指挥部、飞来峡工程移民局、工程建设监理共同编制《飞来峡管理区移民安置进度总体计划》。

9月　《清远市人民政府关于飞来峡水利工程移民安置若干问题的暂行规定》颁布，明确规定移民投亲靠友安置的条件和办法。

10月8日　区管委临时办公大楼落成，区机关办公室搬入新楼办公。

10月23日　飞来峡交通局挂牌成立。

10月28日　飞来峡管理区审计分局正式挂牌成立。

10月　区移民办把省、市、区有关移民政策编印成《移民安置工作政策汇编》小册子，共印12000册，发至区直委、办、局、干部、职工及各镇管理区、村、干部人手一册，移民户一册。

11月11日　清远市副市长黄伙荣代表市政府与飞来峡管理区、英德市政府、省横石木材厂分别签订《广东省飞来峡水利工程清远市飞来峡管理区征地移民迁安承包协议书》《广东省飞来峡水利工程英德市征地移民迁安承包协议书》《广东省飞来峡水利工程横石木材厂征地移民迁安承包协议书》，以协议的形式明确各级的职责、任务。

11月20日　飞来峡管理区委招待所正式挂牌成立。

11月26日　区长谭建成代表区管委会与所属升平、黎溪、连江口、水边4个镇镇长签订《广东省飞来峡水利工程征地移民迁安承包协议书》。

11月27日　为发展“三高”农业项目，区组织升平、黎溪、连江口、水边4个镇的书记、镇长到广州市太和镇和龙水库网箱养鱼基地、燕塘奶牛场、三水市特种鱼类养殖基地、蔬菜生产基地等地参观学习。

11月　为反映库区移民安置工作的实际情况，区邀请珠江电影制片公司短电部的技术人员到区拍摄纪录片《北江耀明珠，峡江起宏图》。

11月　库区新建的重点交通工程项目——黎溪北江大桥和连江口北江大桥同时动工兴建，并分别于2000年4月、2002年1月竣工。总造价超过4000万元。

12月8日　由区统计局负责组织实施的全国第一次基本单位普查工作经过几个月的努力，顺利完成省、市交付的任务。

12月13日至15日　全区教育工作会议召开，会场设在升平中心小学，各镇分管教育领导、中小学校长、教办主任参加。

12月25日　区宣教办与升平镇政府签订接管升平有线电视协议书，宣教办补偿14.5万元给升平镇政府，从1997年1月1日起升平镇有线网络的设备和用户全部统一归宣教办管理。

12月26日　区委书记钟梅坤因车祸逝世，终年47岁。

12月27日　区党政班子民主生活会召开。

12月27日　区审计局召开年终总结会议。

12月30日　区纪检监察办公室（同时挂党风廉政建设办公室牌子）、政法统战民政办公室（同时挂统一战线工作部、民政局、人民群众来信来访办公室的牌子）、行政接待科设立。

12月31日　区召开经济工作会议，各镇镇长、区直各单位领导参加。区长谭建成在会上作一年来经济工作总结。

12月　为加快库区移民搬迁进度，根据总指挥部、飞来峡工程移民局、区管委的要求，由区移民办起草的《关于加快库区移民迁安奖励办法》，经区管委研究同意实施。

是年　全区人口10.5万人。国内生产总值2.85亿元，比上年增长3.84%；工业总产值9500万元，比上年增长81.96%；农业总产值2.65亿元，比上年增长12.28%；粮食总产4.21万吨，比上年增长8.87%；农村人均年纯收入1585元，比上年增长16.8%；财政收入1159万元，比上年增长14.2%。完成区的发展总体规划及25个管理区的安置规划，确定移民村村址，各移民点的工作已全面铺开；组织并完成需重新迁建的升平、黎溪两镇的“三通一平”工作及宅基地的平整、兴建工作，并已安排移民建房；完成连江口、水边两镇政府新址的规划、论证工作。全年共完成土石方1300万立方米、市政道路工程35079米、排水管道41700米、9个移民点新址（包括镇政府新址）的“三通一平”工程、3643户宅基地分配，2208户移民已建好房屋，1.4万人已迁入新居。

1997年

1月1日　区长谭建成主持召开的农口线有关问题协调会议决定，从1997年1月1日起，农业局及农技推广中心从农林水办公室划开，推广中心为独立核算、自负盈亏的副科级事业单位。农业局的牌子挂在农技推广中心，全面履行农业局的职责。推广中心的工作（含农技站人员）人事关系全部归农业局管理。

1月1日　第一次全国农业普查在当日入户登记，区统计局及有关部门将3万多张普查表，经过多次反复抽样全面核实无误后，全部通过光电录入机录入完毕。

1月8日　第一次区委常务扩大会议召开，推荐中共十五大代表和省党代会代表候选人名单。

1月8日　区审计局召开1997年工作计划会议，确定是年度审计项目。

1月19日　香港洋务工会小樟希望小学在连江口镇小樟管理区移民新村奠基。参加奠基仪式的有香港洋务工会主席黄柏胜、副主席邓家坤、王作濂、梁昌全先生等一行36人。清远市市委书记骆雁秋、副市长廖斌及市教委、科委、总工会有关领导，广东省总工会国际部部长陈龙贤，区长谭建成，区委副书记、常务副区长徐觉荣，区教育局及连江口镇党政主要领导出席奠基仪式。小樟希望小学占地11724平方米，总建筑面积2320平方米，总造价约为人民币150万元，由香港洋务工会捐资40万元港币及市、区、镇、小樟管理区自筹部分资金解决。

1月20日　香港商人陈德良捐赠水边中心小学港币55万元。

1月21日　陈运镜从英德市人民政府调任飞来峡管理区副区长，分管工业工作。

1月28日　区委、区管委召开全区三级干部会议。区党政班子成员，区直各委、办、局主要负责人，各镇党委书记、镇长，各管理区支部书记出席会议。会议由区委副书记、常务副区长徐觉荣主持。区长谭建成总结1996年全区移民安置及经济工作情况，部署1997年的经济工作、移民安置、扶贫攻坚、党的建设和群众团体的建设、精神文明建设及反腐倡廉等工作。

1月　1996年度全区宣传、文化、广播电视系统工作总结会召开。

2月28日　中国建设银行清远市分行飞来峡第二支行正式挂牌成立。

2月　审计分局正式开展审计工作，进行“同级审”。

3月5日　清远市政府副秘书长欧勇兼任飞来峡管理区区委书记。

3月11日　区委、区管委召开全区三级干部会议。区党政班子成员，区直各委、办、局主要负责人，各镇党委书记、镇长，各管理区支部书记出席会议。会议由区长谭建成主持，区委副书记、常务副区长徐觉荣，副区长孔宪君等分别就区的基层组织建设、扶贫攻坚、“三高”农业的发展及移民安置工作作了部署。区委书记欧勇在讲话中提出1997年工作的总思路，并明确1997年的主要措施和任务。

3月13日　全区抽调各级干部407人，组成39个工作队进驻特困管理区，实行“千干扶千户”。同时，明确区党政班子成员挂钩扶持点与区直各委、办、局对口扶持的特困管理区，立下军令状，全面展开扶贫攻坚战。

3月16日　区统计局全面开展建设项目执法监察检查，规范投资建筑市场。

3月18日　升平镇旧横石等管理区移民300多人，“以不给足生活费为由”在区机关办公楼门口（银英公路）截拦南北来往的车辆，造成车辆堵塞4～5小时。后经公安出面成功调解，并追究组织者的责任。

3月19日　区扶贫捐资动员大会召开。区党政班子成员，各镇镇长，区直各委、办、局主要负责人，驻区金融部门，省、市驻区扶贫工作队队长和区扶贫工作队队长参加会议。会议由区委副书记、常务副区长徐觉荣主持，发动全区各单位及干部、职工为特困管理区、特困户捐款。全区4个镇、60个单位、2100名干部、职工共捐款71.7万多元，其中集体捐款60多万元，个人捐款11.7万元。

3月20日　共青团清远市飞来峡管理区第一次代表大会召开，共有60名团员代表出席会议。会议选举产生共青团清远市飞来峡管理区第一届委员会，选举梁润江为第一届委员会书记。区委书记欧勇、区长谭建成等到会致辞表示祝贺，并对团员青年提出希望与要求。

4月2日　全区计划生育工作会议召开，区长谭建成作了讲话。参加会议人员：各镇党委书记、镇长，分管计生工作的领导和计生办主任，区直机关单位的主要领导。

4月10日　全区反腐保廉工作大会召开。区党政班子成员，区直各委、办、局主要负责人出席会议。区委常委、纪委书记张细珠在会上作讲话。

4月15日至16日　飞来峡管理区妇女第一次代表大会召开，共有53名妇女代表出席会议。会议选举产生了妇联第一届执行委员会，选举陈坚英为第一届执行委员会副主席。清远市妇联副主席沈仲群、区委书记欧勇、区长谭建成到会致辞表示祝贺，并对今后的妇女工作提出希望与要求。

4月24日　国家计委副主任陈耀帮视察飞来峡水利枢纽工程。

4月28日　区举办第一期档案业务学习班，参加人数45人，并到省级档案达标单位——清远市中级人民法院参观学习。

4月28日　清远市机构编制委员会同意将原市环境保护局飞来峡分局改为飞来峡管理区环境保护局，隶属区领导和管理。

5月18日至24日　区移民办主任黄国擎参加水利部在成都召开的“在建大型水利水电工程移民管理工作交流研讨会”。

5月27日　飞来峡工程移民局在清远市交委召开飞来峡环库公路修建会议。

5月30日　区经委属下公司飞安经济技术建设公司、农业生产资料公司、飞康食品公司由国有独资转制为有限责任制公司。

6月1日　连江口镇小樟管理区"香港洋务工会小樟希望小学"竣工落成，清远市委骆雁秋书记，区委书记欧勇，副书记、常务副区长徐觉荣，区教育局的领导以及香港洋务工会主席黄柏胜先生等参加落成典礼。

6月1日　区屠宰场竣工并正式投入使用，原升平屠宰场日屠宰量由原来12头上升到18头。

6月3日　全区计划生育工作会议召开。区委书记欧勇、区长谭建成等区党政班子成员，各镇主管计生工作的领导，区直各委、办、局主要负责人出席会议，总结全区"夏季计生集中服务月"的工作情况，部署下阶段计生工作。据统计，全区在"夏季计生集中服务月"中共完成"四术"1844例，占全年任务的52.31%，其中二女户结扎124例，占全年任务的82.67%，超额完成市下达的任务。

6月13日　区党政班子民主生活会召开，清远市委常委李松柏到会指导。

6月23日至24日　区直机关举办"迎回归贺七一"乒乓球赛，报名参加比赛的党员、干部共38人，经多轮角逐，产生男子单打和女子单打前三名。

6月25日　广州黄埔新港海关人员一行10人在处长吴穗、邓南光、陈欣进带领下，为升平镇社岗管理区的陈何宽肇纪念学校捐献现金5万元、电脑3台、电子琴4台、音响8台、书包550只、教师公文包30只、图书一批的教学用品，合计价值约12万元。区委副书记、常务副区长徐觉荣，飞来峡工程移民局副局长蔡保平及清远市教委副主任黎沛棋等领导出席捐赠仪式。

6月25日　区委举行"迎香港回归报告会"，区委书记欧勇作报告。区党政班子成员及直机关干部、职工130多人出席报告会。

7月3日　区有61名健儿参加清远市第一届运动会，陆四珍获50米蝶泳第一名、50米自由泳第三名、50米蛙泳第三名；陆国武获50米蛙泳第二名、100米蛙泳第二名、50米自由泳第三名、50米蝶泳第三名；梁少芬获女子标枪第二名；张学勇获围棋第三名。

7月3日至15日　北江上游连降大到暴雨，造成大小江河水位急剧上涨，洪水泛滥成灾，最高水位水边34米、超警戒线8米；升平22.8米，超警戒线4.8米；连江口28.72米，超警戒线5.72米；黎溪26.21米，超警戒线3.71米，降雨量337.5毫米，接近1994年的水位，属20年一遇。4个镇45个管理区，其中43个管理区617个自然村74542人受灾，一度被洪水围困人口达4万余人，住房倒塌611户3050人，全倒户77户463人。倒塌房屋3413间，其中住房913间；受灾农作物4154公顷，其中绝收面积2899公顷；冲毁水利陂、桥梁、电站、路基等直接经济损失1970万元。冲毁水陂458宗，山塘1个，损坏水利设施3处，泵站和作物面达4154公顷，其中绝收2899公顷，直接经济损失19700多万元。

7月5日至6日　清远市市委书记骆雁秋等在区委书记欧勇、区长谭建成等陪同下，到水边、连江口、黎溪视察洪水灾情。其中6日下午，在水边镇召开抗洪救灾现场会，骆雁秋对各镇党委、政府及各级干部提出要求。

7月11日　区召开救灾复产动员大会。区党政班子成员，区直各单位主要负责人，各镇党委书记、镇长出席会议。区委书记欧勇作动员讲话，部署全区救灾复产与重建家园工作。会后，短期内抢修水利陂头476宗，水渠4.45万米，公路95.6公里，桥梁102座，修复农田1357亩，房屋8072间，为住房全倒户建房294间，修复供电线路14.9公里，通信线路14.55公里。

7月16日　清远市市长梁戈文、副市长黄伙荣等到连江口、黎溪等地视察灾情，区委书记欧勇、区长谭建成等陪同。

8月1日　区环保局成立大会召开，举行正式挂牌成立仪式。参加单位和领导：省环保局副局长李治燕；清远市建委系统党委副书记刘国华，清远市环保局局长刘事祯，副局长王昌浩、蔡世明，纪检组长张济民；飞来峡水利枢纽工程建管局办公室主任王华林；区委书记欧勇，区长潭建成，区委常委魏振龙，副区长植东林等。

8月6日　区委书记欧勇在区环保局《关于我区开展环境保护工作的报告》中批示："区环境保护局业已成立，此报告提出开展环保工作的意见，请两委办拟文转发各镇及区直单位执行。关于设立区环境保护委员会以及关于作出加强环境保护工作的决定，请环保局代拟文稿送区管委经区长办公会议决定下发。"

8月18日　区工会第一次代表大会召开，共有61名工会代表出席会议。会议选举产生飞来峡管理区总工会第一届委员会，选举罗琼标为总工会第一届委员会主席。清远市总工会主席罗春义、区委书记欧勇、区长谭建成到会致辞表示祝贺，并对工会今后的工作提出希望与要求。

8月19日　区机构编制委员会批准成立飞来峡管理区环境监测站。

8月23日　区秋季计划生育集中服务活动总指挥部成立，区委书记欧勇任总指挥，办公室设在区计生局。

8月23日　下午五点三十分，在银英公路30.5公里处（飞来峡水电工区二局加油站），广州农药厂一辆运输农药车发生交通事故引发翻车泄漏乐果约2.5吨，造成出事地点局部地区、小溪及北江河水的污染。清远市自来水厂停水约10小时，未引起人畜伤亡。市、区环保局、广州农药厂及有关单位及时对污染进行监测和采取应急处理措施，污染于出事后10～14天后基本消除。

9月5日　经区研究决定成立"清远市飞来峡管理区环境保护委员会"，主任委员徐觉荣（副书记、常委副区长），副主任委员植东林（副区长）、傅立全（两委办副主任）、徐向东（环保局长），委员张远平（建委副主任）、陆国基（宣教办副主任）、余镜珠（移民办副主任）、陈桂森（农林水办副主任）、涂永良（经委副主任）、吴秀群（副科长纪检员）、胡志强（交通局副局长）、李慧萍（卫生局副局长）、杨运良（财政分局局长）、许又峰（公安分局副局长）、梁鉴明（国土分局副局长）、李理招（工商分局副局长），办公室主任徐向东，副主任黄继煌。

9月8日　区统计局组织力量，对全区各镇的无电村、无电户进行全面调查，并将调查结果和规划上报给上级计委，请求给予解决缺口资金。

9月9日　区党政班子成员与38个区直机关驻区企事业单位负责人分成5个慰问团，分赴升平、黎溪、连江口、水边四镇及飞来峡中学慰问教师，并送上慰问金31100元。同时，对涌现的一批尊师重教先进单位、师德建设先进单位、先进个人及教书育人优秀校长、优秀教师进行表彰、奖励。

9月11日　省民族歌舞团送戏下乡到连江口镇演出。

9月16日　经区长办公会议讨论通过关于下发《清远市飞来峡管理区关于切实加强环境保护的决定》的通知，发至各镇人民政府、区直各单位。

9月　为了加强对移民工程的领导，加强对移民工程的建设管理，加快移民工程进度，区成立"移民工程质量监督及进度检查小组"，孔宪君副区长任组长，区移民办主任黄国擎任副组长。每月对全区移民工程进行全面检查、通报。

9月至10月　区先后在连江口镇、黎溪镇、升平镇、水边镇举办农村党员、基层干部实用技术培训班，共有410名党员干部参加培训。培训内容：种果、养殖技术等。

9月下旬至10月上旬　区环保局按区管委的要求同省环保局氡防治中心一起，对区会议中心及行政区规划建设地方进行放射性摸底调查、监测调查，于10月28日写出调查报告送区委。经调查，共有60个放射性点、10多万平方米。

10月15日　清远市副市长黄伙荣代表市政府分别与飞来峡管理区、英德市政府签订《广东省飞来峡水利工程征地移民迁安承包协议书补充协议》。

10月28日　区环境保护委员会第一次会议在区直机关办公楼四楼会议室召开。参加人员：副书记徐觉荣，副区长植东林，两委办副主任傅立全，环保局长徐向东，建委办邱泽军，宣教办副主任陆国基，移民办副主任余镜珠，农林水办副主任陈桂森，财政分局杨英豪，经委副主任涂永良，工商局副局长李理招等。会上，徐觉荣宣读成立《清远市飞来峡环境保护委员会》文件，讨论通过"飞来峡环境保护委员会"主要工作职责，研究贯彻执行区管委会《关于切实加强环境保护的决定》的措施，听取徐向东自环保局成立以来工作情况汇报，并对下一步工作作了安排。

10月　为加快移民经济的发展，解决移民搬迁后生产出路问题，区管委制定《关于加快移民经济发展的决定》，对区移民"三高"农业的发展从任务、目标到优惠政策等都作明确的规定。

10月　为解决升平移民区的食用水问题，区自来水公司向区移民办借建自来水厂周转金680万元，10月31日双方签订《周转金管理合同》，并到广东省清远市公证处办理公证手续。

11月11日　省委常委、宣传部部长于幼军在清远市市委常委、宣传部部长赖泽南、市委常委刘林松、区委书记欧勇、区长谭建成及飞来峡水利工程建设管理局局长李粤安等陪同下，视察建设中的飞来峡水利工程及飞来峡管理区，对库区今后的发展提出要求。

11月13日　区畜牧水产局正式挂牌。参加挂牌仪式的有省、市、有关部门的领导及区领导等60多人。区畜牧水产局正式从区农林水办划出。

11月25日　全区纪检监察工作业务学习班举办。各镇纪委委员、各单位纪检监察员共36人参加。

12月17日　省水利厅副厅长彭泽英带领省扶贫攻坚验收小组一行5人到区检查扶贫工作情况，在升平、黎溪、连江口、水边4镇共抽查20户特困户。据检查统计，1997年全区共落实扶贫资金357.1万元，帮助驻点农村管理区开发扶贫项目87个，投产项目总产值456.3万元，纯收入97.4万元，15个管理区实现脱贫达标，2269户绝对贫困人口均纯收入超过1000元的有2224户，占绝对贫困户的98%，绝对贫困人口9076人中，已解决温饱的有8890人。绝对贫困人口比例缩减在1%以内，通过省扶贫攻坚验收小组的检查验收，被评为优秀，得分111分。

12月22日　省文物考古研究所李岩一行，在黎溪镇大湖管理区鸡坑山遗址进行考古研究，历时近一个月时间，挖掘有价值石器一批。

12月25日　全区圆满完成第一次全国基本单位普查工作。

12月26日　水边镇政府因建设马槽坑水电站，向区移民办借周转金100万元，当日双方签订《周转金管理合同》，并到广东省清远市公证处办理公证手续。

12月28日至29日　飞来峡管理区"工行杯"青年歌手卡拉OK大赛在横石木材厂礼堂举行，共有19名选手进入决赛，工行系统的陈耀清获第一名。这是建区以来举办的最大型的文化活动，到场观众近两千人，场面十分热烈。

12月30日　全区累计完成水位线下移民迁安3535户16782人。其中升平镇1769户7458人，黎溪镇1540户8170人，连江口镇193户967人，水边镇33户187人。

12月　区移民办协助珠影完成反映移民工作的纪录片《北江耀明珠，峡江起宏图》的拍摄工作。

是年　全区人口105093人。国内生产总值3.012亿元，比1996年增长9.47%；工业总产值5800万元，比1996年减少38.9%；农业总产值3.61亿元，比1996年增长36.22%；粮食总产3.6万元，比1996年减少14.49%；农村人均年纯收入1816元，比1996年增长14.57%。移民安置工作取得突破性进展，已确定的22个移民安置点全面动工，其中有6个点全面建成搬迁。在珠江水利委员会确定的水位线以下必迁移民28243人中，已搬迁3502户16715人，占必迁移民总任务的59.2%；已建好房屋基础的有777户，可安排4402人搬迁；正在建房屋基础的有545户，预计可安排3071人；完成库区和坝内各类被水利枢纽工程淹没的44230亩土地的丈量征地工作，与移民签订搬迁承包合同共2840户13600人；区自来水厂已建成投产。

1998年

1月4日　区房管局连江口综合楼招标。

1月5日　区常委扩大会议召开，推荐出席省第八次党代会代表候选人。各镇党委书记、纪委书记、委办局主要领导及区党政班子成员参加。

1月6日　区110KV变电站土建工程议标会议召开。

1月12日　区建委召开连江口大桥合同签订商谈会。

1月13日　新区建设指挥部第二次全体会议召开。

1月15日　区委召开全区反腐败工作会议，各镇党委书记、镇长、纪委书记，区直各单位负责人、十大办全体干部共136人参加。

2月9日　区委、区管委召开黎溪大桥转体会议和大湖、湖溪移民现场会。

2月23日　区委、区管委召开1997年度总结表彰大会，区党政班子成员，委办局及各镇党政领导，管理区支书、主任参加。

3月2日　全区教育工作会议在区五楼会议室召开，副区长孔宪君作报告，区教育局长曾志权布置1998年的工作，宣教办刘东桂作大会总结。参会人员：各镇分管教育的领导、教办主任、中学校长、中心小学校长，飞来峡中学负责人。

3月8日　原属区宣教办主办主管的区印刷厂改为飞来峡中学印刷厂，并改属区教育局管辖。

3月9日　利国振从佛冈调入任副区长，分管邮电、供电、交通。

3月10日　北江上游连降暴雨，河水急剧上涨，升平镇水位从18米升为22米，黎溪水位从22.5米升为24.48米，连江口从23米升为24米，水边镇从26米升为34米。经济损失171万元。

3月10日　飞来峡工程移民局在飞来峡管理区召开银英公路护坡协调会议，确定护坡工程青苗补偿的标准，按珠委规定的标准补偿。

3月11日　区委、区管委成立建县筹备工作领导小组。

3月25日　“岭南杯”达标及质量、安全检查会议在区直机关办公楼四楼会议室召开。

3月31日　水边镇办公楼、宿舍楼招标会召开。

3月31日　区长办公会议通过《清远市飞来峡管理区建筑材料放射性控制防护办法》。

3月31日　区物价局联合工商分局，对全区各经营单位、个体工商户实行明码标价制度。

4月3日　区举行黎溪大桥合龙和转体仪式，清远市人大常委会主任陈权、副市长黄伙荣、区委书记欧勇等领导参加。

4月6日　省人大常委会主任朱森林、清远市人大常委会主任陈权等一行到区视察，区委书记欧勇汇报工作。

4月8日至16日　清远市卫生局组织的卫生三下乡医疗队到区各乡镇开展义诊活动。医疗队由市中医院的内科、外科、儿科及妇产科专家共6人组成，其间共诊治疑难病患者346人。

4月13日　清远市政府在飞来峡管理区召开库区随迁人口工作会议，欧勇主持会议，副市长黄伙荣对随迁人口处理方案及8月底前全面完成水位线下移民搬迁做了重要指示。

4月18日　省环保局局长王荫昆在清远市环保局局长刘事祯、副局长曾汉波陪同下到区环保局视察指导工作并到枢纽工程了解情况，区委书记欧勇汇报区环保工作。

4月18日　升平镇、黎溪镇和区建委、环保局联合颁发《飞来峡管理区各镇村镇建设委员会环境保护职责》。

4月23日　区委、区管委召开全区计划生育工作会议。区长谭建成主持会议。参加会议人员：各镇书记、镇长和分管计生工作的领导。

4月24日　全区规划、房屋产权办理协调会议在建委五楼会议室召开。参加人员：各镇主管城建工作副镇长、城建办主任、房管站长，区建委和房管局干部职工。

4月30日　库底清理工作从即日开始，在飞来峡工程移民局召开的库底清理设计技术交底会议上，珠委设计院把清理的要求、计划、注意事项、技术指标等做了具体说明，欧勇就如何搞好库底清理工作提出具体的要求。

5月6日　下午，区委常委会召开，决定：成立移民经济开发公司，专门负责移民经济开发及“三高”农业工作的管理与技术指导，帮助种养专业户解决资金及农业生产中遇到的技术问题；将建县当作区的头等大事来抓，由区长谭建成具体负责抓。

5月7日　区农村集体资产清产核资工作领导小组成立，领导小组办公室设在区农林水办。全区集体资产清产核资工作全面开展。

5月8日　清远市副市长廖斌带工作组到区检查金融及防汛工作。

5月9日　香港城北拱轮社团到连江口镇中心小学、小樟小学赠送价值3万元的书籍。该社社长刘汉铭先生，清远市统战部副部长吕增，区委副书记徐觉荣、副区长孔宪君及连江口镇领导、师生100多人参加捐赠仪式。

5月20日　区管委在连江口镇召开“三高”农业现场会，各镇主管农业的副书记（或副镇长）及农口线各单位主要领导15人参加。会议期间，与会人员参观连江口镇小樟400亩连片蔬菜基地。清远市农委主任李巧荣到会并讲话。

5月29日　升平镇码头重新招标预备会议召开。

5月　飞来峡工程移民局组织人员赴黄河小浪底水利工程参观学习移民建档工作。

5月27日至29日　区环保局开始对乡镇一级征收排污费宣传、登记。其中27日至28日到黎溪，29日到连江口镇。同时开展排污情况调查。

6月1日　飞来峡水利枢纽工程水库库底清理工作全面展开。至1999年1月完成。共计房屋拆除839845平方米，填平、消毒厕所（包括积肥池）4723个，消毒坟墓5789穴，消毒拆除牛猪栏91100平方米，砍伐清理各类林地6462.3亩（其中灌木林1049亩、竹林地5247.3亩、果园166亩），清理医疗站23处，拆除灯塔

48座、电线杆2020杆、桥涵86座。

6月4日　省环保局资源处和有关专家到区对水库水源资源与放射性物质课题进行调查研究。

6月5日　升平镇码头护岸投标会议召开。

6月30日　区计生局将流动人口计划生育证明下放到各乡镇计生办办理。

7月14日　飞来峡水利工程库底清理承包协议在区4楼会议室签订。副市长黄伙荣代表清远市政府分别与飞来峡管理区、英德市签订协议。

7月16日　由区移民办与水边镇合作兴建的水边马槽坑移民水电站建成发电。

7月23日　区召开连江口镇圩改造规划会议。

7月28日　区召开连江口镇圩改造工程会议。

7月30日　上午，全区卫生工作会议召开，参加人员：区委书记欧勇、区长谭建成、副区长孔宪君，清远市卫生局长张平，各镇镇长、副书记（副镇长）、卫生院长，以及清远市农村医疗工作队员共20多人。会议传达全国、全省、全市卫生工作会议精神；总结回顾全区两年来卫生工作的经验、存在问题，提出今后卫生工作的目标、任务及推行农村合作医疗工作的要求。

8月13日　为庆祝飞来峡管理区成立三周年，区委、区管委实施“五个一工程”：一个报告会、一本书、一台戏、一本画册、一个电视片。

8月17日　早上7：50分左右，一辆粤FM1464加长车东风汽车（5.5吨），运载12吨纯苯（大油罐），在连江口移民新村银英公路（交警中队进入连江第一渡桥过后150米处）侧翻。事故发生后区环保、公安人员前往现场，预防泄漏污染和防火，与公安、交警及时将渗漏处塞住。因抢救及时，只渗出几十斤纯苯，没有发生严重污染事故。

8月28日　省飞来峡水利枢纽工程截流。中共中央政治局委员、中共广东省委书记李长春等出席北江截流仪式。

9月1日　为贯彻落实粤府办〔1998〕13号文精神，进一步整顿农村用电和电价管理，切实减轻农民负担，在区管委的统一领导下，区物价局和升平镇政府、区经委、清远电力工业局飞来峡供电所各司其职、共同协作，制订出《升平镇农村用电和电价管理暂行办法》和《升平镇农电管理总站管理暂行办法》，并实行全镇农村统一电价。据统计，全镇一年可减轻农民负担40万元。

9月3日　区召开库底清理会议，副区长孔宪君和水库指挥部、区移民办、区卫生局、区环保局等单位正副职参加。会议明确库底清理工作的任务、职责、要求。

9月3日　区环保局开始组织开展对库区清理、卫生消毒（主要是拆房子、竹木、厕所）等工作的环保监测。

9月8日　区委、区管委召开建区三周年纪念会，区委书记欧勇作报告。

9月11日　区党代表会议召开，选举欧勇等7人为清远市第三次党代会代表。

9月16日　区“五个一”工程工作会议召开。

9月21日　全区18～35岁育龄妇女破伤风类毒素常规免疫接种工作会议召开。参加人员：各镇主管卫生工作的领导、卫生院长、防保组长、妇幼组长共20多人。会议传达卫生部、省卫生厅、市卫生局关于全国消灭新生儿破伤风工作的行动计划，要求各镇按区定的实施计划完成18～35岁育龄妇女破伤风类突击接种工作。

10月22日　省政协主席郭荣昌一行到区视察并参观省飞来峡水利枢纽工程。

11月2日　清远市卫生局组织妇幼保健院专家对区的产科建设进行考评，并对考评时发现的问题提出整改意见。

11月11日　省军区原司令员张巨慧等4位将军到区参观省飞来峡水利枢纽工程。

11月19日　黎溪镇湖溪小学规划现场会召开。

11月27日　省政协副主席李金培带政协委员40人到区视察水利、旅游工作，并参观省飞来峡水利枢纽工程。

11月　区移民办与省移民办合股兴建的500亩砂糖橘基地全面运作。

12月1日　区委办、区管委办组织开展全区档案综合管理大检查。33个正科单位受检。

12月2日　区委办、区管委办举办全区信息员学习班。

12月10日　省水利厅厅长关宗枝在区委书记欧勇陪同下到连江口、黎溪镇视察移民工作。

12月20日　区举行纪念改革开放20周年文艺晚会，区委书记欧勇作重要讲话。

12月21日至22日　清远市农委副主任何永和带领市"减负"工作领导小组一行3人，对区的1998年"减负"工作进行检查验收。经过"听、看、访"等形式的结果表明：全区的"减负"工作达到省、市的要求，市检查组表示满意。

12月24日　区卫生系统举办首届男子篮球赛，升平、黎溪、连江口、水边镇卫生院组队参加比赛，通过两天的赛时，升平镇卫生院取得冠军。

12月　飞来峡库区线下移民搬迁工作基本完成。

12月底　从1995年1月开始进行的省属横石木材厂整体搬迁安置到广州市番禺区揽核镇的工作全面完成，包括全厂员工和家属1397人。投建安置补偿资金共8482.3万元。

1999年

1月12日　新区建设工作会议召开。

1月13日　区委、区管委召开移民安置工作团总结表彰大会。会后，移民安置工作团结束。

1月19日　区延长土地承包工作会议在区五楼会议室召开。参加会议的有区长谭建成，各镇主管农业的副书记（副镇长）、经管站站长及区农林水办全体人员。会后全区的延长土地承包工作全面铺开。

1月20日　区延长土地承包工作领导小组成立，区长谭建成任组长。

1月25日　区旅游码头投标会议召开，区宏达公司中标。

2月5日　召开区委区管委办公楼、水厂工程协调会议，协调解决区管委与升平镇债权债务问题。

2月9日　经总指挥部、珠委、工程监理、各级移民机构组成的库底清理检查验收小组仔细检查，英德、飞来峡两市（区）的库底清理工作已经全面完成，验收合格。

2月10日　经过几个月的艰苦工作，区环保局按时按质做好飞来峡水库工程库底清理监理、监测工作，并对各个管理区进行逐个的验收，撰写与报送环境调查报告书，基本完成这项工作任务。

2月　梁伟赟任区委常委。

3月1日　连江口镇下步村5个村民小组83人越级到省政府上访，要求该村随迁人口迁入连江口圩。区有关部门认真做好上访群众的说服解释工作。

3 月 9 日　区农技推广中心转发《关于下达湘莲、巴西陆稻种植任务的通知》，决定当年在全区继续推广种植湘莲和巴西陆稻。

3 月 10 日　区建设工作会议召开，各镇主管副镇长、城建办主任、下属各单位负责人及机关人员参加。

3 月 11 日　黎溪镇湖溪村委会坑尾、松树兜村民小组 40 多村民上访省政府，反映由于建库致使该村孩子入学、就医难等问题。当晚，由区委副书记徐觉荣到省政府接回村民。

3 月 16 日　飞来峡工程移民局与区审计分局一起，开始对库区移民资金的使用情况进行全面审计。

3 月 16 日　根据上级部署要求，区统计局成立相应的组织实施机构，着手开展第五次人口普查的前期工作。

3 月 17 日　随迁人口安置试点工作在连江口城樟村展开。

3 月 19 日　全区反腐败工作会议召开。参加会议人员：各镇镇委书记、镇长、副书记、纪委书记和区直各单位负责人共 60 人。

3 月 20 日　区行政会议中心抽沙工程招标会召开，区宏达、市合益、水电建安、城区水运中标。

3 月 23 日　区召开 1999 年计划生育工作会议。参加会议人员：区分管领导，各镇镇长、主管计生工作领导、镇计生办主任，区计生局领导。

3 月 29 日　飞来峡工程移民局和区移民办组成档案工作检查组对库区移民档案归档工作的完成情况进行全面检查。

3 月 30 日　水位线下移民的适时搬迁，确保飞来峡水利枢纽工程当天的下闸蓄水投入试运行。

4 月 1 日　区脱贫奔康总指挥部成立，办公室设在农林水办，全面开展脱贫奔康工作。

4 月 2 日　清远市人大常委会主任陈权、副市长黄伙荣、区委书记欧勇等参加飞来峡水利枢纽工程船闸首航仪式。

4 月 8 日　连江口镇红溪、银坑、南坑等 6 个村委 700 多村民，因大坝下闸农田受浸等问题到镇政府上访，毁坏政府招牌、办公用具。区委书记欧勇当即赶到现场制止事态的进一步恶化。下午清远防暴队进驻连江口镇。

4 月中旬　区向省、市人大提交《要求对飞来峡管理区实施对口扶持》《要求核减飞来峡管理区农业税计征基数》等提案。

4 月 22 日　全区教育工作会议召开，区教育局长曾志权布置 1999 年教育教学工作，各股室负责人谈有关业务工作，副区长孔宪君作讲话。参加会议的有各镇分管教育的副书记或副镇长、教办主任、中学校长、中心小学校长。

5 月 4 日　《清远市飞来峡管理区饮用水源保护办法》经区长办公会议讨论通过，发给各镇人民政府、区直各单位执行。

5 月 4 日　1999 年中专、中师、高职中、技校招生考试工作会议在区教育局会议室召开，布置中招考试工作，副区长孔宪君到会并作讲话。参加会议的有各镇教办主任，中学校长及分管负责招生的教导主任。

5 月 14 日　飞来峡工程移民局与黎溪镇签订《广东省飞来峡水利工程库区黎溪镇铁溪支线输电线路迁改建工程承包协议书》。

5 月 18 日　清远市政府在区召开移民工作会议，研究解决移民工作中的遗留问题。清远市市长柳锦州、副市长黄伙荣参加会议并作讲话。

5 月 26 日　区委、区管委召开全区三级干部会议，全面部署脱贫奔康工作。

6月3日　全区环保工作会议在区会议室召开，学习江泽民总书记在中央人口、资源、环境工作座谈会的重要讲话，学习朱镕基总理九届人大二次会议《政府工作报告》的摘要。区环保局局长徐向东传达上级环保工作会议精神和有关文件精神。副区长植东林提出要求，清远市环保局副局长曾汉波提出4点贯彻落实意见。

6月7日　飞来峡工程移民局与区签订《广东省飞来峡水利工程库区乡村便道恢复承包协议书》。

6月7日　区规划基建委领导与省水电三局商谈黎溪大桥造价问题。

6月8日　飞来峡工程移民局召开环库公路建设协调会议。

6月14日　省审计厅派出的审计小组对飞来峡水利工程移民资金进行全面审计。

6月28日　通过清新县法院强制执行，省水利水电二局把所欠的排污费、滞纳金209934元交到区环保局。

6月底　区举行“七一”大唱廉政歌的活动。

7月12日　升平镇井洼村移民基础开标会议召开。

7月19日　通过申请清新县法院强制执行，省水利水电机施公司交纳排污费118726元给区环保局。

7月20日　区个体私营经济工作会议暨表彰会议在区管委五楼会议室召开，部署区个体私营经济发展问题，表彰先进代表。

7月21日至22日　省委常委、副省长欧广源到区视察移民工作，实地察看区移民办千亩砂糖橘移民生产示范基地，到升平、黎溪、连江口3镇了解移民迁安和移民生产安置情况，区委书记欧勇、区长谭建成、副区长孔宪君等陪同。

7月26日　区委书记欧勇一行上午到连江口镇处理移民群众上访问题，下午到黎溪镇湖溪村的松树兜、坑尾村处理群众上访问题。

7月27日至28日　清远市人大常委会主任骆雁秋一行5人，在区委书记欧勇陪同下到区连江口小樟村等地，调研移民经济发展和旅游发展情况。

8月2日　区党政班子民主生活会召开。

8月13日　区彻底清理镇村两级不良债务工作领导小组成立。

8月19日　水利水电二局和机施公司分别交纳申请法院执行以后的排污费3.8万元和3万元给区环保局。

8月19日　区召开生猪屠宰管理联席会议，决定从8月1日起全区生猪购销税费征收项目和标准按清府〔1999〕42号文件规定执行。

8月20日　区农林水办起草的《中共飞来峡管理区委关于确保全区2001年实现脱贫奔康的决定》，经区委、区管委联席会议讨论通过，下发至全区正科级以上单位。

8月　省水利厅厅长关宗枝到区视察移民生产安置工作，同意拨款100万元解决区移民办千亩砂糖橘示范基地及部分乡镇移民水果基地、水利设施配套经费问题，并就工程10月初建成试运行前要做好的移民工作提出具体要求。区委书记欧勇等陪同。

8月至9月　由区移民办等单位组成的区随迁人口界定及其安置试点工作组赴连江口镇城樟开展随迁人口试点工作。试点工作得到省、市、区各级领导的高度评价，领导满意，专家满意，群众满意。此后，试点经验在全区铺开，久拖不决的随迁人口界定及其安置工作局面得以突破。

9月1日　升平镇农村到户电价降到每千瓦时0.99元，黎溪镇农村到户电价也降到每千瓦时1元以下，分成3个档次计收电费，最高每千瓦时0.99元，最低每千瓦时0.79元。

9月14日　区委召开落实党风廉政建设责任制动员大会。

9 月 18 日　清远市教师住房建设评估验收小组到区检查验收，省教育厅处长欧广德、清远市教育局副局长谭炳和一行 8 人先到区四楼办公室，听副区长孔宪君代表区管委作教师住房建设汇报，然后小组成员查看有关资料，并到升平中学看现场。检查组认为飞来峡管理区完成省下达的教师住房任务，同意向省申报。

9 月 28 日　区工商税收联系会议在区经委办公室召开，主要调查了解区工商、税务管理现状及存在的问题和困难。会后，区经委在调查的基础上写成调研报告，研究制订有关措施。

9 月 28 日　水边镇流寨犁头咀小学奠基，副区长孔宪君、区教育局局长曾志权、香港鲍思高基金会代表，韶关、英德天主教爱国会的神父、修女一行 10 多人出席典礼。该校征地 2961 平方米，计划建一幢有 3 层、12 间课室、12 间教师工作用房的教学楼，总投资 82 万元，全部由香港鲍思高基金会捐助。

9 月 29 日　晚上 00：30，在升平与江口的交界处发生翻车渗漏浓盐酸约 1 吨事故，造成环境污染。

9 月 30 日　飞来峡 BP 阿莫科希望小学竣工剪彩。该校由省团委牵线，由 BP 阿莫科石油公司捐资 25 万元，区、镇、村群众集资 28 万元，新建一幢三层教学楼 12 间课堂，建筑面积 970 平方米，区长谭建成、省团委希望办主任林万松、BP 阿莫科石油公司总裁郑干本先生等人出席剪彩仪式。

10 月 7 日　黎溪镇大湖村民、学生 128 人，因不愿和湖溪小学合并，到省教育厅集体上访。8 日，省教厅、市教育局派人到黎溪调查了解情况。

10 月 8 日　中共中央政治局委员、中共广东省委书记李长春出席飞来峡水利枢纽工程建成试运行仪式。

10 月　王耀国任区委常委。

11 月 2 日至 3 日　全区改造薄弱学校工作会议在升平中学六楼会议室召开，区教育局局长曾志权作关于飞来峡管理区改造薄弱学校工作意见的报告，副区长孔宪君到会作讲话。参加会议人员：各镇分管教育的副书记或副镇长，教办正副主任，40 所薄弱学校的校长或副校长。会议期间，组织与会人员再次到云浮市新兴县参观学习。

11 月 3 日　黎溪镇铁溪支线输电线路迁改建工程通过验收。

11 月 10 日　升平段输电线路迁改建工程通过验收。

12 月 13 日　区统计局开展《飞来峡管理区国民经济和社会发展“十五”规划和 2015 年远景目标》的编制工作。次年 5 月 26 日，编制工作完成。

12 月 24 日　在升平中学举办区首届中学生田径运动会，运动会设高、初中男女子 100 米、200 米、400 米、800 米、1500 米、3000 米、5000 米，110 米栏，100 米栏及跳高、跳远、三级跳远、铁饼、标枪、铅球等项目。4 个镇的初级中学和飞来峡中学 5 个体表队 190 名运动员参加角逐，经过两天的紧张比赛，升平中学获得 20 枚金牌，12 枚银牌，13 枚铜牌，总分 175 分，获团体总分第一名；连江中学获 3 枚金牌，6 枚银牌，6 枚铜牌，总分 65 分，居团体第二名；黎溪中学获 2 枚金牌，7 枚银牌，5 枚铜牌，总分 49 分，居团体第三名；水边中学获一枚铜牌，总分 8 分。

12 月 29 日　经区长办公会议研究决定，同意下发《飞来峡管理区 2000 年工业污染源达标排放工作方案》，并抄报市政府，抄送市环保局。

2000 年

1 月 4 日　清远市委副书记谭继祖带领由市农委、市农业局等单位组成的检查组一行 8 人到区指导检查，对区 1999 年的农业农村工作给予充分肯定。

1 月　区移民办下属民安公司综合楼建成投入使用。

1 月 10 日　省物价局批准飞来峡管理区价格事务所获得第三批价格评估机构资格证书。

1 月 21 日　区管委会印发《飞来峡管理区城市区域环境噪声标准适用区域划分方案》的通知。

2 月 28 日　上午，全区党风廉政建设工作会议召开，区委书记欧勇到会讲话。参会人员：各镇党委书记、党群副书记、纪委书记和区直机关各部门负责任人共 75 人。下午，召开全区纪检监察工作会议。参会人员：各镇纪委书记、副书记、各单位（区直）监察员共 40 人。

2 月　国家水利部移民局局长李天碧到区视察移民工作，区委书记欧勇等陪同。

3 月 21 日　国家水利部副部长朱登铨一行在清远市副市长黄伙荣、区委书记欧勇等陪同下，视察飞来峡移民工作。朱登铨对飞来峡管理区移民工作的模式给予充分的肯定。

4 月　由区移民办、飞来峡工程移民局、珠江委员会、飞来峡枢纽工程监理会、区建管局组成的联合工作组赴黎溪调研增加随迁指标的工作。

4 月　区移民办召开库区移民生产安置工作现场会。

5 月　区移民办与连江口合股兴办的“得月山庄”移民经济发展项目开业经营。

5 月　区委、区管委开展“三讲”学习教育。

6 月 8 日　全区纠风工作会议召开，传达省、市 2000 年纠风工作会议精神，区委副书记徐觉荣到会并讲话。参会人员：各镇副镇长、纪委书记和区直各单位主要负责人共 52 人，

6 月 20 日　省纪委副书记、监察厅长江青莽一行 6 人到区检查指导工作。

6 月　为规范库区移民土地补偿费的管理，区移民办印发《飞来峡管理区土地补偿费管理办法》。

7 月　区移民办与区审计局、飞来峡工程移民局成立联合工作组，对库区 4 镇移民资金进行审计。

8 月 8 日　区第五次人口普查工作会议在区管委办公楼五楼召开，副区长陈运镜出席会议。

8 月 28 日　区统计局组织各乡镇有关人员 16 人，在区管委招待所进行第五次人口普查工作业务培训。

8 月　黎溪镇移民先后两次（人数每次一百多人）到省政府上访。

9 月 4 日至 14 日　由工程监理、珠委设计院、飞来峡工程移民局和库区移民、卫生、环保、国土等单位组成的验收小组，对库区 11 个乡镇的移民安置工作进行分项验收。

9 月初　区委书记欧勇（兼飞来峡工程移民局局长）调任清远市政府任秘书长，清远市委副秘书长、办公室主任黄卫星接任区委书记（兼飞来峡工程移民局局长）。9 月 7 日，在区五楼会议室进行新、老书记工作交接。清远市委副书记兼组织部部长谭继祖、副市长黄伙荣和区党政班子领导、10 大办（委）负责人等参加。

9 月 11 日　省环保局、市环保局和区管委、环保局长领导与有关人员共 10 多人对水利枢纽工程建成后的环境问题进行检查，主要检查石场、联土场的植被覆盖和移民新村、镇的生活污水排放情况等。

9 月 19 日　区纪委召开全区纪检监察工作会议，小结半年来工作，部署下半年后四个月的工作。参会人

员：区直分管纪检会副职的领导、监察员，镇纪委书记、副书记等共 80 人。

9 月 27 日　上午，区召开移民验收工作会议。会议由副区长孔宪君主持，珠江水利委员会、省飞来峡水利枢纽工程建管局、移民工程监理公司等单位领导和区长谭建成参加会议并先后讲话。区委书记黄卫星就如何做好总验收的各项准备工作、抓好落实讲了话。

9 月 28 日　区委书记黄卫星、区长谭建成等参加飞来峡环库公路工程竣工验收暨接管仪式。

9 月 30 日　全区副科以上干部大会召开，区委书记黄卫星布置近期工作。

10 月 20 日　省环保局副局长李治燕会同省林业局、水利厅领导到飞来峡枢纽工程建设管理局召开飞来峡水利枢纽工程环境保护问题现场协调会议，对水利工程建成后存在的环境影响问题进行协调，形成会议纪要报省政府。

10 月 25 日　《人民日报》记者到区采访，区委书记黄卫星介绍飞来峡工程移民安置的情况和存在的问题。

10 月 31 日　清远市外经委决定撤销清远飞穗纤维板有限公司的批准证书。

10 月　全区掀起大抓移民征地验收准备工作的高潮。

11 月 1 日　全国第五次人口普查工作在当日子夜零点展开，区统计局组织人员完成入户登记工作。

11 月 1 日　省委党校厅级干部读书班学员到区参观考察。

11 月 1 日　下午，区委、区管委在飞来岛度假村举办旅游招商推介会。

11 月 2 日　全区“两大会战”现场会在连江口镇召开，参观下步村砂糖橘基地和洞一、洞二村民小组开垦耕地种植蔬菜点。

11 月 2 日　区委书记黄卫星向《羊城晚报》记者介绍湾区网箱养鱼的效果和做法。

11 月 7 日　在清远市旅游招商经贸洽谈会上，省长卢瑞华参观了飞来峡管理区的展位并听取区委书记黄卫星的旅游招商工作汇报后，给予充分肯定。8 日，香港客商与升平镇签订投资开发国际旅游疗养院的合作协议。

11 月 14 日　省人大资源保护委员会主任陈之泉、清远市人大常委会主任骆雁秋一行 10 多人到区检查移民区环保问题情况。先后察看移民区（升平镇）排污情况，黎溪镇湖溪、大湖移民点排污口。副区长植东林等陪同。

11 月 21 日　在黎溪镇召开随迁人口会议，讨论研究新增 393 人随迁指标的安置问题。参加会议的有珠委、飞来峡工程移民局和区领导等。

11 月 29 日　上午，区委、区管委在连江口镇召开全区网箱养鱼现场会，各镇镇长、分管领导、养殖专业户代表和有网箱养鱼条件的村党支部书记共 40 多人参加。

11 月　清远市政府秘书长欧勇、飞来峡工程移民局刘丁、区移民办主任黄国擎等前往佛山参加省水利厅召开的会议，讨论飞来峡临时淹没补偿办法（征求意见稿）。

12 月 7 日　全区教育工作会议召开，区委书记黄卫星、区长谭建成出席并分别讲话。

12 月 20～21 日　由省、市扶贫办组成的验收组一行 13 人，到区检查验收“两大会战”工作。区委书记黄卫星，区长谭建成，区委常委梁伟赟等陪同。经过“两大会战”，14 个村的公路全部开通，总长 123 公里；为 2038 户贫困户造地 828 亩，改造地 808 亩，建造蓄水池 122 个，发展水果和经济作物 2855 亩。

12 月 26 日　区委、区管委在飞来岛度假村举办“飞来峡一日”活动，邀请清远市直机关 80 个处级单位的领导出席，区委书记黄卫星向来宾介绍飞来峡管理区的发展情况。

12月31日　区物价局对涉农收费首先进行清理整顿，先在升平镇试点，对升平镇及其所属单位的涉农收费项目全部公布。

12月　杨德银任区委常委，李司俭任副区长。

12月　区移民办征地移民验收工作等6个书面报告完稿。

2001年

1月2日　晚上，区机关召开新世纪联欢晚会。

1月3日　全区签订计划生育责任书现场会在升平镇竹园管理区召开，各镇长和分管计生副镇长、计生办主任参加。

1月4日　清远市市委书记梁戈文到区调研。上午考察升平镇社岗村陆辉南果园和连江口镇的库湾养鱼。下午召开调研汇报会，区长谭建成、区委书记黄卫星先后作工作情况汇报。梁戈文要求重视做好移民资金归垫工作，围绕增加移民收入广辟门路，加快脱贫致富步伐，同时明确提出创造条件加快体制改革，力争撤区建县。

1月8日　清远市工作组对区2000年工业污染源达标工作进行考核验收，通过听汇报，查看资料，看现场，工作组认为工作报告、技术报告、档案资料完善齐全。副区长植东林等人陪同。2月7日，清远市政府同意通过考核验收。

2月12日　全区三级干部大会召开，总结2000年工作，表彰全区十大种养能手。

2月12日　下午，区党政班子召开会议，研究撤区建县和银英公路改造问题。

2月19日　区党政班子会议研究决定，组织区、镇500名干部下到全区每一个村，察民情、听民意、解民困，以新的作风将问题解决在基层。

2月23日　上午，区管委同深圳逸航公司签订在飞来峡发展水上飞机旅游的项目，并商谈下一步在清远开展航空旅游事宜。

2月23日　区委在五楼会议室召开全区党风廉政建设和反腐败工作会议，传达中央、省市纪委全会精神及江泽民、李长春等领导讲话精神；总结2000年全区党政工作，部署2001年工作。参会人员：区党委班子全体领导，镇委书记、主管纪检副书记、纪委书记（或副书记），区直部门正副职领导，共109人。

3月29日　清远市市委书记梁戈文，副书记、市长柳锦州率领市直有关部门主要领导到区召开现场办公会议，市人大常委会副主任杨熙俊，副市长黄伙荣、冯家政、刘运标出席。现场会集中研究解决飞来峡管理区提出的撤区建县问题、银英公路扩建问题、农村电网改造问题和连江口大桥建设资金缺口问题。会议一致通过启动撤区建县工作，同意将清城区源潭镇作为县城选址。区委书记黄卫星等领导参加会议。

3月30日　区在连江口召开交通安全现场会，区长谭建成、副区长孔宪君分别讲话，区交通分局和连江港负责人介绍、分析全区交通安全情况，并提出整改方案。参会人员：各镇镇长、分管教育和分管交通安全的副书记（副镇长）、教办主任、中小学校长80多人。

4月2日　中纪委专员余华荣、处长徐良仙，省纪委主任黄长彬一行到区检查指导工作，并到飞来峡大坝参观。

4月21日　民政部副部长范宝俊到清远视察，区委书记黄卫星汇报撤区建县的有关工作进展情况，争取支持。

4月27日　广西壮族自治区人大常委会副主任张敦颙一行在清远市人大常委会副主任陈偶盛陪同下到区参观。

4月28日　由区旅游局和深圳逸航公司合作的水上飞机在升平镇正式启航。

4月28日　下午，清远市副市长黄伙荣主持召开飞来峡撤区建县筹备领导小组成员会议，决定从市直有关部门抽调干部组成办公室，并落实有关材料的准备和报送工作。

5月13日　美国佛罗里达州水务局首席科学家古滨河和珠江水产研究所专家到区察看库湾养鱼情况，区委书记黄卫星陪同。

5月13日　省委统战部副部长欧阳冬陪同由曾宪梓太太率领的香港中华总商会太太团来区参观。

5月17日　清远市市长陈用志到区调研，区委书记黄卫星在连江口镇向陈用志一行简要汇报工作。

5月19日　清远市党政班子联席会议讨论机构改革中飞来峡管理区的编制问题。区委书记黄卫星列席会议。

5月28日　清远市市长陈用志到区调研，听取区委书记黄卫星、区长谭建成的工作汇报后，陈用志要求一要认真总结成功的经验和做法，二要认真解决存在的矛盾和问题，同意将撤区建县的有关材料先上报。

5月29日　黎溪镇举行食水工程建成启用仪式，区委书记黄卫星出席并讲话。该工程解决了黎溪镇1.5万居民的饮用水问题。

6月6日　区委常委会通过对四镇党政主要领导的调理方案：李文献任升平镇党委书记、徐耀其任镇长，梁润江任黎溪镇党委书记、杨焕其任镇长，陆前锋任连江口镇党委书记、钟朝本任代镇长，陈坚英任水边镇党委书记、左元华任代镇长。

7月6日　清远市副市长刘晓捷率市委、市政府调研组来区调研飞来峡区体制问题，调研组成员包括市委副秘书长刘炬尧、市政府副秘书长梁积福。调研组分别听取区党政班子成员和各镇党政一把手、机关部门主要领导的意见。

7月11日　省公安厅厅长梁国聚到飞来峡水利枢纽工程考察，区委书记黄卫星、省建管局局长黄尧陪同。

7月16日　召开区委、区管委班子成员会议，区委书记黄卫星要求班子成员要正确对待当前的改革，稳定思想、稳定队伍、思想不散、工作不松。

7月17日　中山大学党委书记李延保到访飞来峡管理区。

7月23日　由台商姜金利先生投资开发的社岗温泉举行奠基仪式，清远市市委书记梁戈文，市政协主席黄武君，市委常委、常务副市长冯国德等出席。区委书记黄卫星在奠基仪式上讲话。

8月1日　区对各镇使用移民资金情况进行为期2个月的大检查。

9月10日　连江口镇教师新村落成，区委书记黄卫星等参加剪彩仪式。

9月14日　全区农业产业化工作会议召开，区长谭建成传达市的会议精神，区委书记黄卫星作报告。

9月14日　下午，区委、区管委班子全体成员到市参加板块调整领导小组成员会议，副市长黄伙荣传达市委、市政府关于板块调整的决定：撤销飞来峡管理区，将黎溪、水边、连江口三镇划回英德市，将升平镇划回清新县。为确保调整工作顺利进行，市委、市政府成立领导小组，由市委书记梁戈文任组长，市长陈用志任常务副组长，副书记欧广、副市长黄伙荣任副组长。

9月17日　清远市委副书记欧广召集市直有关部门领导会议，研究飞来峡管理区撤销问题。区委书记黄卫星参加。会议决定成立撤区工作组，组长由市政府副秘书长万康伦担任，副组长由市委组织部副部长冯锦全、市民政局长文北成和市财政局副局长林文钊担任，下设综合组、组织人事组、财政税务组和农村与移民组，人员从市直有关部门抽调。

9月18日　全区领导干部会议召开，各镇党政一把手和区直副科以上单位主要领导参加。区委书记黄卫星通报市委、市政府关于区域板块调整的决定，代表区委、区管委提出4点要求。

9月19日　由市政府副秘书长万康伦任组长的撤区工作组30多人进驻飞来峡管理区，立即开展各项撤区工作。

10月9日　清远市市委书记梁戈文、市长陈用志听取撤区工作组的情况汇报，通过撤销飞来峡管理区方案。随后，开展清理财产、账目交接工作。

10月15日　下午，清远市委、市政府在市国际会展中心礼堂召开撤销飞来峡管理区动员大会。市长陈用志主持全议，市四套班子领导成员和市直副处以上干部、飞来峡管理区全体干部，英德、清新、连州、佛冈等县（市）有关领导共800多人参加。会上，副市长黄伙荣宣读省政府关于撤销飞来峡区的批复，市委副书记欧广宣布市委、市政府的撤区方案，市委书记梁戈文作动员讲话。

10月26日　清远市委召开飞来峡管理区领导干部安置会，会议由市委副书记谭继祖主持。

10月27日　下午3时30分，区委书记黄卫星、区长谭建成同区班子成员一道摘下区委、区管委的牌子。

10月底　全区共安置398人，其中处级干部16人，科级干部75人，一般干部162人，工人146人；市直单位安置355人，县（市、区）安置43人（英德21人，清新16人，佛冈5人，连州1人）。

2003年

9月1～3日　经广东省人民政府组织的专家验收委员会对飞来峡水利工程征地移民迁安工作进行验收审定：认为清远市人民政府按照与广东省人民政府签订的有关协议，完成了飞来峡水利工程移民征地迁安任务，同意通过竣工验收。

第一编　各镇概况

Di Yi Bian　　Ge Zhen Gai Kuang

第一章 升平镇

历史沿革

升平镇于1986年建镇，从清远县江口镇划出横石、黄洞、北寮、升平、社岗、竹园6行政村和螺塘村的回龙、礼龙、回二、黄竹兜4个自然村（组建为共星村），以及横石圩、天堂林场归升平镇管辖。镇人民政府驻在京广铁路升平站附近横石圩，归清远县管辖。1988年清远市成立后，属清郊区（清新县）管辖。1995年8月，飞来峡管理区成立，升平镇划入飞来峡管理区管辖，为飞来峡管理区区委、区管委所在地，是飞来峡管理区的政治、经济、文化教育中心。2001年10月，飞来峡管理区撤销，升平镇划归清新县管辖。（2004年5月14日，升平镇与清远市清城区江口镇、高田镇一同撤并，新成立为飞来峡镇，镇人民政府所在地设在升平圩）

1988年，升平圩圩镇面积为0.15平方公里，当时全镇街道约为658米，主要建筑物有镇政府办公楼、卫生院、小学、供销社、粮所等。1995年8月，升平圩为飞来峡管理区区委、区管委所在地，圩镇面积开始增容。升平圩逢公历1、4、7为圩日。

2000年，升平镇政府有行政编制数39个，当年实有干部职工97人，已过渡为公务员的有36人，其中科级人员16人（书记1名、人大主席1名、副书记2名、其他党委委员4名、人大副主席2名、副镇长4名、科级协理员2名）、其他干部20名。有事业编工勤人员6个。基层站所实有工作人员25名，其中财政所4名、派出所6名、计生服务所3名、水电所7名、畜牧兽医所2名、文化教育站3名。此外，有职工36名，其中固定工26名（国家职工10名、企业职工16名）、合同工10名。

飞峡峡管理区成立时，升平镇下辖黄洞、横石、社岗、北寮、升平、竹园、共星7个管理区和升平社区。1996年5月，从北寮行政村划出移民新村和部分自然村成立北新社区。2001年10月，飞峡峡管理区撤销时，下设黄洞村、社岗村、北寮村、升平村、共星村、竹园村和横石社区、北新社区、升平社区。

1995年至2001年升平镇领导班子成员：

书　记　植东林（副区长兼任，–1997.10）
　　　　谢金友（1997.10–1999.2）
　　　　罗琼标（1999.2–2001.6）
　　　　李文献（兼任人大主席，2001.6–）

副书记　李计全
　　　　谢金友
　　　　林富强
　　　　陆前锋
　　　　徐耀其
　　　　谢汝兴

委　员　谭应强

周赴国

黄秀兰（女）

黄瑞华（纪委书记，-2001.10）

刘泽和（1999.2-）

黄善强（兼武装部长）

人大主席　黎柏洲（兼任党委委员）

人大副主席　周锡球

梁子平（由副镇长转任）

镇　长　李计全

陆前锋（1999.2-2001.6）

徐耀其（2001.6-　）

副镇长　梁子平

陈记钊

徐耀其

谢汝兴

周赴国（由党委委员转任）

黄秀兰（由党委委员转任）

何诚威（1999.3-）

地理位置

升平镇地处北江中下游，距广州市区 90 公里、广州白云国际机场 65 公里、清远市区 37 公里、南海约 200 公里。京广铁路、银英公路、北江航道纵贯全镇，北江航道可长年通航 500 吨轮船，水陆交通便利，交通条件优越。飞来峡管理区管辖期间，升平镇东邻佛冈县民安镇，南接清新县江口镇，西连清新县高田镇，北与黎溪镇接壤。全镇总面积 94.3 平方公里。

自然条件

升平镇地形属丘陵山区，境内地势自西北向东南倾斜，北高南低，以高丘陵地貌为主，兼有小平原地貌，平原多分布于北江两岸的南部区域。自然土壤为花岗岩发育而成，平原土质为沙黏沉积土和红壤土，山地土质以红壤、赤红壤为主。

境域靠近北回归线，属典型的南亚热带季风气候区，季风明显，雨量充沛，冬无严寒，夏无酷热，气候温和湿润，年平均气温在 19℃～22℃之间，常年无霜期在 250 天以上，年日照时数 1600 小时以上，年积温 4500℃～8000℃之间。

境内降水丰富，是清远乃至广东省降雨量较大的地区之一，多年平均降雨量多为 2600 毫米以上，降雨量时空变化不均匀，降雨量主要集中在每年 4–9 月的汛期，约占全年降雨量的 80%，而且多为大雨、暴雨；多年平均水面蒸发量的变化幅度不大，约在 1200～1300 毫米之间，多年平均干旱指数为 0.6～0.7，年降雨量大于年蒸发量，一般只有 30%左右的年降雨量消耗于地表水体蒸发、土壤蒸发与植物蒸腾，70%左右的年降雨量形成径流，水源充沛；年平均湿度为 72%～78%左右。

资　源

矿产资源　镇内矿产资源丰富，有硅、钼、金、白泥、瓷砂、萤石矿、灰铜矿、青麻石、石英石、硫铁矿、花岗岩、稀土等矿产资源。其中，作为陶瓷用材的瓷砂、白泥蕴藏量较多。

森林资源　境内山地属酸性土质，有利于林木生长，森林资源丰富，山林总面积 75000 多亩，盛产松、杉、笋竹、杂木等林产品。多年来，森林生态一直保持良性循环。1995 年，全镇发出砍伐许可证上的林木砍伐数量为 300 立方米，砍伐面积 275 亩，练山 3800 亩，林业收入 234654 元。1999 年，对 1000 多亩已成熟或老残林进行更新改造，火烧迹地还林 2520 亩，其中种植速生丰产林（尾叶桉）1650 亩、笋竹 200 亩、马尾松 600 亩、杉 70 亩；在社岗、升平、竹园营造生物防火林带 3 条，在水文站至办冲小学段营造防火林带 1 条，全长 15.1 公里。

水力资源　广东省最大的水利枢纽工程——飞来峡水利枢纽工程大坝坐落升平镇内，飞来峡库区控制流域面积 34097 平方公里，占北江流域面积的 73%，水库总库容 19.04 亿立方米，发电装机容量 14 万千瓦，是北江流域综合治理的关键工程。工程建成后年发电量约为 5.5 亿千瓦时。

土地资源　辖区总面积 94.3 平方公里。2000 年统计，全镇有耕地面积 15278 亩，其中水田 13060 亩、旱地 2218 亩，山林 75965 亩；2001 年统计，有耕地面积 13153 亩，山地 74785 亩，其中已开发 25 度以下山坡地 2100 亩，未开发 25 度以下山坡地 12000 亩。

人口资源　2000 年初统计，全镇总人口 24101 人（其中移民 7889 人），其中农业人口 21109 人、非农业人口 2992 人。同年 10 月统计，全镇常住人口 24215 人，因超生、非婚生等原因，待定为常住户口人数的有 1325 人。2001 年 12 月统计，全镇总人口 24780 人，其中农业人口 20429 人、居民人口 4351 人。另外，升平籍旅居海外华侨及港澳台同胞 10998 人，其中港澳同胞 9728 人、台湾同胞 640 人。

计划生育

1995–2001 年间，升平镇采取常年抓与突击抓相结合的方法，依靠计生专业队伍和基层干部的力量，实行承包责任制，抓计划生育工作，每年均完成计划生育工作任务。

1995 年，落实“四术”1004 例，其中男女结扎 336 例，一孩上环 337 例，纯二女结扎 29 例，征收计划生育费 18.3 万元。

1996 年，落实“四术”945 例，其中男女结扎 313 例，一孩上环 337 例，人流引产 280 例，纯女结扎 15 例，征收计划生育费 18.3 万元。1997 年，落实“四术”949 例，其中男女结扎 301 例、，一孩上环 361 例，人流引产 283 例，出生率比上一年同期降低 1.72%，计划生育率比上一年同期提高 9.28%，多胎率比上一年同期降低 5.18%，出生率、计划生育率和多胎率三项指标均达到上级下达的任务指标；征收超生子女费 19 万元。1998 年，落实“四术”705 例，其中男女结扎 197 例，人流引产 263 例，出生率比上一年同期降低 2.21%，计划生育率比上一年同期提高 5.92%，多胎率比上一年同期降低 2.52%，出生率、计划生育率和多胎率三项指标均达标；征收超生子女费 19.5 万。1999 年，镇计生服务所配套结扎手术器械、人流机、B 超机等设备，具备结扎、人流、查环查孕和医治手术后遗症能力；举办婚育知识学习班 4 期，参加人数 360 人；全镇有 274 对夫妇领取“独生子女优待证”，完成总任务的 98.6%；落实“四术”585 例，其中纯女户结扎 30 例，出生率、多胎率、计生率、自增率分别为 13.17‰、3.24%、80.88%、9.18‰，共征收计划生育费 47.94 万元。2000 年，全镇已婚育龄夫妇人数有 4408 对。按区域分，社岗 720 对、黄洞 655 对、升平 322 对、北寮 510 对、北新 239 对、竹园 571 对、共星 322 对、升平居委会 720 对；按孩子数分，无孩 316 对、一孩 1057 对、二孩 1610 对、三孩 1425 对。是年，计生工作下移至村级，全年完成”四术”总数 441 例，其中结扎 122 例（纯女结扎 21 例）、上环 237 例、人流引产 82 例。全年出生小孩 292 人，其中计划内一孩 198 人、计划内二孩 49 人、计划外二孩 42 人、多孩 3 人。出生率 11.22‰，自增率 6.53‰，计划生育率 84.59%，综合节育率 89.95%，三查（查孕情、查环情、查病情）率 92%。2001 年，镇政府重点开展“三查一治”工作和“三栏两室”（计划生育宣传栏、报刊栏和阳光计生政务公开栏和村级计生办公室、计生服务室）建设，完成”四术”总数 480 例，人口出生率、自增率分别下降到 11.23‰和 7.18‰。

移民安置

国家“八五”计划的重点工程飞来峡水利枢纽工程的水库大坝坝址设在升平镇内，水利工程建设期间，升平镇委、政府按工程进度，组织进行移民搬迁、安置。移民工作涉及 3 个管理区、1 个圩镇、15 条村庄，受淹面积 32 平方公里，淹没房屋 25 万平方米。征用淹没耕地 10361 亩（不含飞来峡管理区征用），其中水田 4755 亩，旱地 3049.4 亩，其他农用耕地 1878 亩，荒地 679 亩。至 2000 年底，共拆迁房屋 28667 间，拆迁房屋 25 万平方米，移民安置 1945 户 8147 人，其中：横石圩必迁 518 户 2066 人（圩镇 332 户 1293 人，自理 186 户 773 人），北寮村必迁 386 户 1546 人、随迁 57 户 258 人（圩镇 404 户 1678 人，横石火车站自理 39 户 126 人），黄洞村必迁 315 户 1349 人（后靠黄洞 195 户 801 人，甲洲村入圩镇 120 户 548 人），横石村必迁 476 户 2154 人（圩镇 454 户 2074 人，自理 22 户 80 人），坝区随迁 193 户 774 人（圩镇 45 户 194 人、自理 148 户 580 人）。

升平镇移民工作开展较早，从 1995 年起，镇政府成立移民工作领导小组、移民工程指挥部，由党政第一把手挂帅，抽调 30 多名精干人员，联同区派驻工作队一起组成移民安置工作团开展移民安置工作。1995 年，移民工作以移民“迁得出、安得稳、富得起”为指导思想，规划北寮管理区、横石管理区两个移民安置试点，安置移民 172 户 743 人。截至是年 12 月底，升平镇完成石碑坑、大平角、石角围、格江 4 个村的二次搬迁和移民安置工作，安置移民 172 户 743 人。年间，升平镇实施第二期移民开发区基础工程建设，完成抽沙工程量 102.5 万立方米；实施黄洞移民开发区基础工程建设，完成土方工程量 36.24 万立方米。

1996 年初，升平实施新镇建设“三通一平”工程。1996 年 4 月 23 日，升平镇第一批移民迁入新居，升平新镇建设“三通一平”任务接近完成。至 8 月底止，全镇农村安置的移民点全部确定，农村移民点建设大面积动工，该移民全部获宅基地分配，其中近 8000 人开始建房。至 9 月 25 日，全镇完成宅基地分配的移民有1615户，占移民户总数的82%，其中已建好房屋的移民有474户；移民区“三通一平”工程全面完成，共完成土方工程量256万立方米，沙方工程量102万立方米，处理宅基地基础工程30万立方米，完成移民房屋基础工程1769套（户），完成住宅区道路建设9.2公里；完成排水系统11.3公里；已完成房建1606户，建筑面积18.5万平方米。

至11月1日，横石管理区有222户移民完成拆除旧屋，其中有190户移民搬进新居，占总搬迁户的80%。至12月底止，全镇完成房屋建设的移民累计1606户，建房面积18.5万平方米，有6795人搬迁入新居，完成全镇移民总任务的91%。是年，移民区“三通一平”工程完成土方256.5万立方米、沙方102万立方米、住宅区道路建设9.2公里、排水系统建设11.3公里、处理宅基地基础工程30万平方米、移民房屋基础工程1769套（户）。至1997年3月18日，按《移民搬迁奖励办法》，有1441户移民、14个村委会的干部受镇政府奖励，总资金累计500万元。

至1997年3月18日，全镇搬迁移民1724户7249人（除井洼村、旧三村45户外），其中签订到户搬迁承包合同书的有1306户。至3月底，全镇完成搬迁移民1769户。下半年间，该镇开展人口搬迁安置查漏补缺工作，查漏补缺总人口483人。至9月28日，全镇完成7680人的搬迁（包括查漏补缺总人口），剩下的45户209人未搬迁。至11月20日；剩下未搬迁的45户移民选址工作尚未进行，移民工程预算工作缓慢，移民资金的投放量与工程进度要求不符。是年，全镇使用移民资金80万元，其中横石管理区50万元、黄洞管理区20万元、北新社区10万元，用于移民发展“三高”农业，还引进玩具、装饰等厂3家，解决600多名移民就业。

1998年，移民工作以开展库底清理、安置人口查漏补缺、基础工程建设为主，镇政府印发1400多份的关于库底清理的通告，投入清理资金63万元。8月31日统计，清理位于库底的果园87亩、林地248亩、竹林555亩，清理房屋及其建筑物20多万平方米，迁出位在水位线下的坟墓975穴，清理厕所、猪牛栏等一批；开展人口搬迁安置查漏补缺工作，查漏补缺总人口483人；投资350万元，对左、右岸移民新村市场、井洼移民基础工程进行建设。12月底，完成分配宅基地126套。是年，全镇使用移民土地资金185万元，其中横石居委会130万元，黄洞管理区40万元，北新社区15万元，用于发展“三高”农业，同时引进玩具、装饰等加工厂共8家，安置500多名移民就业。

1999年，镇政府加大对移民安置工作的投入：⑴拨款150万元，兑现当年移民搬迁后的生活补贴和其他补偿。⑵投入资金60多万元，对库底进行清理和卫生消毒工作。⑶对横石、黄洞的输电、通信线路进行迁改对黄洞中心村进行重新规划，规划总用地面积24608平方米，宅基地面积7435平方米。⑷完成移民村建房项目。是年底，井洼、旧三村移民房屋全部竣工，68户移民搬迁入住；完成旧横石一村、旧横石二村44户移民宅基地分配工作。⑸投资5万多元，对移民区街道进行美化，在北新移民区街道安装路灯14盏，补种绿化树苗1000多株。⑹新建一个容纳15万吨的垃圾填埋场，扩建6个垃圾堆放点。

至1999年12月底，升平镇井洼、旧三村移民搬迁安置人口建房工程全部竣工，68户移民搬迁入住；旧横石一村、旧横石二村44户完成移民宅基地分配工作。

2000年，移民安置转入收尾阶段。⑴完成移民资金归垫工作。至9月，共归垫移民资金622.908万元，其中区下拨社岗公路补偿款313.3080万元。资金的主要用于：①镇中学、中心小学教师房改资金、卫生院职工房改资金209.6万元。②镇移民生产发展资金100万元。③兑现部分集体房补偿款、基础设施补偿款、拖欠的部分工程款共100万元。⑵解决移民生活生产安置问题。镇政府农业部门引导移民利用剩余山地发展“三高”农业，如横石居委将北江岸的2300亩山地统一规划，连片开发，全部种植玉桂；谢炳炽等7户移民回乡养殖山地鸡，年内鸡出栏量突破 100 万只。⑶完成移民档案归档工作。按照《飞来峡水利工程移民档案分类方案》，镇政府设移民安置、土地征用、移民工程、移民资金、文书档案 5 大类档案，共立卷 406 卷，装册 82 盒。

基础设施建设

1995−2001 年，飞来峡管理区、升平镇政府对升平的公路、码头、桥梁、楼房、水利等方面的基础设施进行建设，镇容镇貌逐步改善。

1995 年，移民开发区新集镇第二期工程动工开建，完成投入资金 3122 万元。新建升平中学、升平中心小学的教学大楼、教工宿舍楼、学生宿舍楼共 7 幢，当年投入资金 1192 万元。新建升平卫生院门诊大楼、住宿大楼共 7 幢，投入资金 500 万元。改造竹园、共星通镇公路，投入资金 55 万元。建设黄洞管理区大平角灌站，解决 1500 多亩的农田灌溉，投入资金 130 多万元。建设镇有线电视网络，投入资金 30 万元。1996 年，建成移民房屋基础工程 1769 套，建设移民区住宅区道路、排水系统。投入 10 多万元资金，建设升平中学、中心小学、升平医院的配套设施。投资 20 多万元，建设竹园管理区通佛冈县过境公路。1997 年，镇政府投入资金 200 多万元：⑴迁建升平排灌站。⑵加固黄洞管理区 2100 米长的堤围。⑶维修改装升平、黄洞排站的排洪设备。⑷修复横石堤围，维修一批年老失修的小型水利工程。1998 年，升平镇承包建设飞来峡水库环库公路建设工程，工程长 12.511 公里，至是年底，完成挖土、填土工程 10.334 公里，占总工程量的 83%，其中黄洞路段 5.273 公里、完成任务的 100%，横石路段 7.238 公里、完成任务的 70%；铺设涵洞 27 个，其中黄洞路段 15 个、横石路段 12 个。是年，镇政府投资 360 万元，兴建升平港口，完成勘测、设计、招投标后，项目于 6 月 15 日动工兴建，9 月底完工。1999 年，镇政府主要是开展交通道路、水利工程建设。交通道路建设方面：①全部完成飞来峡水库环库公路路基、路面建设；②完成升佛公路至条石村的四级公路建设；③完成黄洞至高田的水泥路、大河潦乡间便道建设。水利工程方面：全年完成水利工程项目 17 宗，清淤土（沙石）方 9500 立方米、石方 620 立方米，主要工程包括：①恢复社岗、北寮、竹园的灌溉水坡 3 座；②整治社岗、竹园排涝坑 2 条，共 5.5 公里；③完成自流灌溉渠道 3 条，共 2.9 公里；④新建硬底化渠道 7 条，总长 3.8 公里；⑤对黄洞电排站的进行增容改造工程、对升平电排站机组水叶配套进行更换；⑥完成对黄洞仙人石水库溢洪道降低改造工程。2000 年，修复当年“8・14”特大暴雨冲毁的坑堤 7 宗，完成土方 1050 立方米；在社岗、北寮村修建永久性坡头 2 座；修复黄洞、共星的排灌硬底化自流灌溉渠道 5 条，总长度 780 米，农田受益面积为 1500 亩。投资 12 万元，完成升佛公路至社岗草花坪等 3 条道路建设，全长 4 公里。2001 年，镇政府重点打造东片区域。⑴公路建设。投资 83 万元，建成仙人石至连珠江水库等 3 条道路，全长 5 公里，全镇初步形成“二纵四横”的公路主体网络。⑵水利建设。投资 18 万元，完成黄洞、升平村电排站的维修增容改造；投资 131 万元，开挖土石方工程 2.5 万立方米，铺砌护坡 980 米，护坡斜面 16660 平方米，完成黄洞河堤加固工程。⑶邮电通信基础设施建设。投资 52 万元，扩容新装电话 968 台，全镇城乡电话交换机容量达 3550 门。⑷市政基础设施建。投资 18 万元，在镇街道新装路灯 23 盏、绿化地面 3000 平方米、改造下水道 890 米。是年，墟镇亮化率 83.4%。⑸中心村建设。竹园村、黄洞村在中心村建设中，与旅游资源的开发、农房改造、文明小康村建设结合起来，初具规模。⑹文化设施建设。投资 100 万元，建成文化站和文化广场，占地面积达 1500 平方米。

经济发展概况

境内交通、通信、供水、供电等基础设施完善。全镇实现村村通公路，邮电通信形成城乡一体化，固定电话装机产容量3040门，移动电话用户占全镇总人口的30%，长途业务可直拨世界195多个国家和地区，横石厂电信分局建有无线电话通信信号差转发射规塔，无线通信信号覆盖全镇，光纤有线电视进入农村千家万户，IP电话、无线寻呼、数据通信全面开通，宽带网络、声讯业务、业务信箱、视聆通、传真存储转发、INTERENT、邮政快件等通信业务覆盖全镇。供水设施完备，建有自来水厂一座，日供自来水2500吨；供电设施完备，全镇各村均通电。

飞来峡设区以来，升平镇委、镇政府紧紧抓住国家“八五”计划重点工程飞来峡水利枢纽工程建设的重大机遇，实施“农业稳镇，工业立镇，科教兴镇，旅游旺镇”四大发展战略，打造升平镇特色的工农业、旅游业，城镇品位有大幅提升，城乡面貌日新月异，民生事业协调发展，移民安居乐业。发展“三高”农业，山地鸡、砂糖橘[1]、黑皮冬瓜等特色种植项目日益规模化，1998年，农村总收入6463万元，其中种植业总收入1434.5万元，农村人平纯收入2317元。1999年，完成农网改造，农村总收入8113万元，其中种植业总收入1792.5万元。农村人平纯收入2667元。

2000年，镇政府财政总收入870万元，其中预算内财政收入268万元、上级补助收入41万元、预算外财政收入315万元、自筹资金收入198万元、其他项目收入48万元；财政支出851万元，其中支持农村生产76万元、农村水利事业费支出47万元、文教卫生事业费支出335万元、抚恤和社会福利救济费支出45万元、其他部门事业费等支出348万元。镇政府固定资产原值378万元，其中房屋建筑队物265万元、交通工具45万元、办公设备68万元，固定资产净值370万元。是年，镇政府欠债14711000元，借出款513000元。

升平镇的社会总产值、工农业总产值、工业总产值、农业总产值、四级工业总产值、四级企业总产值、农民年人均纯收入、吸引外资投资等多项指标，均超过区内各镇的平均水平，总体经济实力一直排在飞来峡管理区各镇之首。

表1-1-1　　1995-2001年升平镇经济发展主要数据一览表

数据\年度			1995	1996	1997	1998	1999	2000	2001
社会总产值（亿元）			1.5	2.091	2.261	2.349	2.54	2.7	3.14
工农业总产值（亿元）			1.17	1.31	1.54	1.72	1.9		2.5
其中	农业总产值（万元）		7069	7841	8474	10692	11800	12858	14200
	工业总产值（万元）		4656	5286	6895	6500	7200		10800
	其中	镇属工业总产值万元）	1786	1960					
四级企业总产值（亿元）			0.861	1.37	1.413	0.920	1.04	1.44	
镇属企业总产值（亿元）			0.178	0.693	0.717	0.65			1.06
吸引外资（亿元）			0.5					0.8	2.9

[1]本地通用“砂糖桔”，本志根据有关要求，统一用规范名称“砂糖橘”。

续表

数据\年度	1995	1996	1997	1998	1999	2000	2001
农民年人均纯收入（元）	1646	2049	2190	2317	2667	2937	3403
地税征收税款（万元）		131					
国税征收税款（万元）		76.8	22.6	31.9			
农行、信用社存款余额（万元）	5180	3589	5767	5496	3598		13000
农行、信用社贷款余额（万元）	4752						2600
农行、信用社回收贷款（万元）		865	830	50			
农业税征购入库（万公斤）	96	33.85	30.5	31		40.2	23.37
一般预算财政收入（万元）					538	268	440
劳力输出（人次）							3909
劳务纯收入（万元）							1597
商品销售总额（万元）	252.7	209.5					
注册个体户数			487			280	290

主要工矿企业简介

清新县水泥厂　为股份制企业，位于飞来峡管理区升平镇银英公路边。1994 年 6 月 18 日正式投入生产，工程建设投资 400 万元。主要从事水泥与水泥包装材料的生产、销售。1994 年，年产水泥 8 万吨，产值 3200 万元，年税利 28.8 万元。1995 年，水泥生产量 11.6 万吨。1996 年，新增一条水泥生产线，水泥生产能力增至 16 万吨。是年，水泥生产量 13.7 万吨。1997 年，水泥生产量 15 万吨。

清新县升平化工厂　升平镇独资企业，工程建设投入 220 万元，1994 年竣工，1995 年投产。1995 年，产值 440 万元，纯利润 190.8 万元，税利 22 万元。

横石装卸队　在升平镇旧横石车站，主要从事货物装卸、搬运。1996 年，装卸队收入 90 万元。1998 年，总收入 78.5 万元。

升平红砖厂　全镇有大中型砖厂 12 间。其中，2000 年，移民红砖厂年产销红砖 1000 万块，总产值 130 万元，产品供不应求。

农业基地和名优特产

飞来峡设区后，升平镇委、镇政府调整农业结构，发展以“粮、果、菜、鸡、鱼”为主的“三高”农业，形成农业的 5 大基地：万亩优质谷生产基地，以砂糖橘为龙头的 1.5 万亩水果生产基地，5000 亩无公害蔬菜生产基地，清远鸡、清远乌鬃鹅为主的“三鸟”养殖基地，5000 亩北江网箱养鱼基地。其中，清远鸡、砂糖橘、黑皮冬瓜等农产品畅销市内外。

优质谷生产基地　主要集中在北寮、升平、竹园 3 个管理区（村），其中连片 500 亩以上的优质谷基地

有13个。1995-2001年，通过引进优质品种，推广良种良法，采取抛秧栽培，推广绿色防控等种植模式，粮食增产增收效果明显。

1995年，全镇投入“三高”农业贷款130万元，其中镇政府贴息60万元。全镇水稻种植20104亩（种植优质杂交水稻12360亩，占水稻种植总面积61%），总产7579吨。其中，早造9751亩、总产3677吨，优质谷的品种有优土4480、广优四；晚造10353亩、总产3902吨，优质谷的品种有博优903、博优3550、博优501、博优210、博优晚3、汕二优2335、优土1280。1996年，种植优质杂交水稻14684亩，占水稻插植总面积的70%。是年，各村开始采取抛秧和水稻丰收菌的应用技术种植，早、晚造抛种面积4910亩，占水稻插种总面积的21.6%。据镇生产办测产统计，采用抛秧技术种植的稻田，比手工插植的同类稻田，平均亩产增加24.8公斤；采用水稻丰收菌应用技术种植的稻田，比未采取水稻丰收菌技术种植的同类稻田，平均亩产增加18.2公斤。1997年，全镇种植杂交水稻16643亩，其中采取软盘抛秧和水稻丰收菌应用技术种植的早、晚造稻田共12600亩，占水稻总种植面积的70%；使用水稻丰收菌应用技术种植的稻田4000亩，占水稻种植面积27%。经镇生产办测产统计，采取抛秧种植的稻田，比手插植的同类稻田，平均亩产增加30公斤；采取水稻丰收菌技术的种植稻田，比未采取水稻丰收菌技术的同类稻田，平均亩产增加25公斤。1998年，全镇水稻种植总面积18270亩，与上一年同期对比面积减少1230亩，但总产增加1722吨，亩产增加130公斤，总产量8063吨，平均亩产441公斤，平均亩产超历史水平。其中，种植杂优良种稻谷16092亩（早造6800亩、晚造9292亩）。1999年，全镇全年水稻种植17880亩，其中优质谷种植16092亩、采用抛秧技术种植13890亩、推广“富农家丰收菌”稻田面积1750亩，分别占水稻种植总面积的90%、78%、10.3%。是年，收获粮食总产7823吨，比上一年减产，减产原因：①春旱影响。年降雨量为1500毫米，比正常年降雨量少600毫米至800毫米，历史上罕见。②秋洪内涝。飞来峡水库多次泄洪，北江河水沿社岗河倒灌，社岗、北寮、北新、竹园、共星、黄洞、升平7个村的优质谷生产基地，受浸水稻面积3490亩，基本失收，直接经济损失52万元。是年，优化水稻品种结构，利用山地试种巴西陆稻170亩，获得成功。2000年，镇政府以市场为导向，以科技为依托，以经济效益为中心，调整农业产业结构，调减粮食种植面积。当年全镇粮食种植面积为13735亩，较上一年减少4145亩。其中，优质谷种植面积9089亩，成功试种“丰八占”，平均亩产430公斤，较普通谷增产13公斤，价格比三级谷高15元/担，平均每亩增加收入15元；引进并确立中优4480、化优99、丰八占等为主要品种，水稻抛秧率92%，全年粮食平均亩产为417公斤，较上一年增加9公斤；8月，因暴雨受灾，晚造水田受浸面积6095亩，部分亩产减少。2001年，种植优质水稻10818亩，占全镇水稻播种面积的98%，比上一年增长23%。其中，种植优质谷“丰八占”4620亩，总产1801.8吨，产值198.2万元，利润119万元。是年全镇粮食总产5100吨。

砂糖橘生产基地 《柑桔栽培学》（1977年华南农学院编）载，10月桔又名砂糖橘，20世纪90年代后期，广东省大多数10月桔主产区的桔子都改称为砂糖橘，只有清远市的少数地区仍沿用砂糖橘的称谓。升平的气候、土壤条件适合种植砂糖橘，飞来峡北江两岸，冰糖橘树到处可见。砂糖橘品种特性属柑桔属，是宽皮柑桔的一种优良品种。砂糖橘树冠圆锥状、圆头形、冠幅4～5米，树高4～5米，根系发达，分布均匀，主干光滑、褐色，枝梢萌发能力强，果实成熟期11月下旬至2月成熟，果实近圆形、果小、橙红色，单果重40～80克，果皮簿且脆，皮厚0.2厘米左右，果肉橙黄色，可溶性固形物含量16%，固酸比48.5，柔嫩、多汁、清甜化渣、有蜜味、无籽，单果平均种子数2～3粒，大果偶有4～5粒种子。一般嫁接苗植后第三年开始投产，单株产量3年生5～7.5公斤，4年生15-20公斤，5年生20～25公斤，6年生30～40公斤，丰产期最高可达100公斤。大面积生产，一般亩产2000公斤，最高的达5000公斤以上。

升平的砂糖橘主要集中的社岗、黄洞、竹园、共星等管理区（村），尤其是社岗，面积最大和产量最高。1995–2001年，砂糖橘产量逐年递增。在每年12月至次年2月的砂糖橘收成时节，各村的砂糖橘由客商销往全国各地。2001年，清远市人民政府评定升平镇砂糖橘为“一乡一品”发展项目。

1995年，全镇以种植砂糖橘为主的水果果场面积5119亩，其中以股份制形式经营的果场2024亩、以个人承包形式经营的果场1232亩、以集体统筹形式经营的果场1863亩。横石和社岗出现种植砂糖橘热潮，横石管理区的群众种植2019亩，社岗管理区的群众种植1840亩。1996年，全镇以砂糖橘为主水果面积15795亩，新增种植水果面积较上一年有大幅度增加。是年，举办水果培训班8次，培训人数800多人次，组织种植户到外地参观6次，参观人数500多人；金融部门投入“三高”农业贷款58万元，订购果苗68万株。1997年，镇政府成立“三高”农业管理领导小组，实行镇干部、职工与砂糖橘种植农户挂钩，党委书记、镇长、主管农业副镇长分别挂钩面积100亩以上，四套班子其他领导每人挂钩面积50亩以上，一般干部、职工、管理区干部挂钩面积20亩以上。是年，全镇种植以砂糖橘为主的水果果场面积15575亩，其中实行挂钩管理的砂糖橘果场面积3500亩；镇政府建立“水果管理技术服务站”，配备3名管理技术员，提供水果除虫、防病、施肥等系列的服务，全年印发水果各时期的技术管理措施1800份，举办水果培训班6次，培训人数1200人次；投入资金91万元（其中镇财政拨款11万元，利用土地款80万元），订购果苗61.5万株；全镇全年水果收入260万元，其中社岗管理区砂糖橘收入235万元。1998年，镇政府领导、干部落实挂钩管理砂糖橘果场面积3600亩。是年，各移民点新增水果种植面积1732亩，其中横石社区的农户从河西搬迁到河东移民区居住后，当年有90%以上农户种上砂糖橘，共1182亩。黄洞管理区移民种植400亩、北新社区移民种植150亩，移民人均水果种植面积0.9亩。镇水果管理技术服务站举办水果培训班8次，培训人数1400人次，组织种植户外地参观11次，参观人数750多人。社岗管理区陆江卫砂糖橘果场面积125亩，当年亩产1000公斤，年总产值75万元，被镇定为“三高”农业示范点。1999年，全镇水果种植面积为16328.7亩，其中当年新发展砂糖橘2416亩，投产1500亩，总产量640吨，总收入360万元。12月，出现26年来罕见的长时间寒潮，全镇7850亩优质水果不同程度被冻死、冻伤。是年，社岗条石村陆汝彬种植砂糖橘13亩，总产量2.25万公斤，总产值12.6万元，被镇政府评定为“砂糖橘种养大户典型”给予表彰。2000年，全镇砂糖橘共8000亩，其中当年新种砂糖橘1300亩，投产2000亩，总产量1600吨，总产值1280万元。是年8月，因暴雨受灾，受浸果树140亩。2001年，全镇共投入资金505万元（其中镇政府投入56万元，村委会投入70万元，农户投入379万元），新种植砂糖橘3500亩。是年全镇水果1.3万亩，产值1680万元，利润1008万元。其中砂糖橘9016亩，砂糖橘投产4000亩，总产4800吨。社岗条石村砂糖橘750亩，人均2.5亩，年人均收入10000元，为清远市“一乡一品”砂糖橘示范点。全镇种植砂糖橘示范点连片面积50～100亩的基地有7个，连片100～150亩的基地有22个，连片150–200亩的基地有2个，种植砂糖橘农户2700户。

无公害蔬菜生产基地 主要集中在竹园、黄洞、共星、升平等村，主要种植黑皮冬瓜、西葫芦瓜、包心芥菜、椰菜、荷兰豆等，其中种植黑皮冬瓜的规模较大，主要销往清远市内外。2001年，全镇连片100亩以上的商品蔬菜基地有9个。

1995年12月底，全镇落实种植蔬菜基地800亩，其中以股份制形式经营蔬菜面积400亩。1998年，全年种植蔬菜2000亩，亩产值在3000元以上，其中种植冬瓜500多亩，亩产5000公斤。1999年，成立升平镇蔬菜发展办公室，负责为群众提供优质种苗、肥料服务，进行管理技术指导和联系农产品销路等。全年种植蔬菜2214亩，总产值465万元。其中，种植冬瓜1500亩（早造550亩、晚造950亩），总产量6000吨，总产值360万元；种植马蹄70亩，总产值14万公斤，产值15.4万元。黄洞村梁继洪种植冬瓜1.5亩，总产1.2

万公斤，总产值7840元，纯收入7500元，被镇政府评为“蔬菜种养大户典型”，给予表彰。2000年8月，因暴雨影响，蔬菜基地普遍受灾，冬瓜等蔬菜受浸面积1105亩。12月统计，是年种植蔬菜4895亩，蔬菜总产量10400吨，总产值540万元。其中，种植黑皮冬瓜2600亩，冬种蔬菜680亩。2001年，竹园、黄洞、共星等村种植商品蔬菜4606亩，比上一年增长8.1%，总产14000吨，产值700万元，利润345.5万元。其中，种植黑皮冬瓜3500亩，总产4800吨。

黑皮冬瓜为中晚熟品种，正常生长第一雌花一般着生在16～18叶，以后二至三叶出现一个雌花，嫩瓜青绿色、成熟瓜为黑色，瓜长60厘米左右，横径20～25厘米，肉质厚无空心，单瓜重一般10～15公斤，重者可达20公斤以上。亩产一般在5000公斤以上，高产的达10000公斤以上。喜温暖，不耐寒，生育适温为25℃～30℃，发芽适温为30℃，15℃以下不能正常发芽，对土壤要求不严格，在沙壤土或黏壤土上均可栽培。黑皮冬瓜的特点是黑皮光滑，储藏保鲜期长，瓜型均匀，肉细嫩，心细，肉质鲜甜爽口。

清远鸡（包括清远乌鬃鹅）养殖基地 清远麻鸡俗称清远鸡，因母鸡背羽面点缀着无数芝麻样斑点而得名，其特征为三黄（脚黄、嘴黄、皮黄）、二细（头细、骨细）、一麻（毛色麻黄）。母鸡头细小，单冠直立，冠中等，冠齿为5～6个，冠、耳叶呈鲜红色，喙黄而短，颈前三分之一的羽毛呈深黄色；背部羽毛分黄、棕、褐三色，有黑色斑点，形成麻黄、麻棕、麻褐三种。据调查统计，麻黄占34.5%，麻棕占43.0%，麻褐占11.2%，余下为其他色占11.1%。主、副冀羽的内侧呈黑色，外侧呈麻斑，由前至后变淡而麻点逐渐消失；胫趾短细、呈黄色。公鸡头大小适中，单冠直立，颜色鲜红，冠齿为5～6个，肉垂、耳叶鲜红，虹彩橙黄色，喙黄，颈部长短适中，头颈、背部的羽金黄色，胸羽、腹羽、尾羽及主翼羽黑色，肩羽、蓑羽枣红色，脚短而黄。2010年6月，国家质检总局发布公告，将清远鸡列入地理标志产品保护，原升平镇域属“清远鸡地理标志产品保护范围”。升平产的清远鸡，又称升平麻鸡，饲养历史悠久，生产量低、饲养期长，在农家饲养自然孵化条件下，年产蛋4～5窝，每窝多的12～15个，少则8～10个，年产蛋量约70～90枚左右，蛋重平均为46.6克，肉鸡上市饲养期为120～140天。属小型优质肉用鸡种，肌肉脂肪沉积适度，肉质嫩滑、皮爽、骨软、鲜香味美、风味独特，食后使人回味香醇。

清远乌鬃鹅又称黑棕鹅，因其从头顶至颈背有一条黑色鬃状羽毛带而得名，喙、足均呈黑色，头顶和后颈羽色棕黑，体背羽毛乌棕色，颈侧和腹部白色，胸羽灰白色，额基肉瘤发达，亦为黑色，雄鹅肉瘤向前突出，颈细而灵活，眼大，虹彩褐色。乌鬃鹅母鹅平均开产日龄130天，平均年产蛋29枚，平均蛋重147克，平均初生重95克，饲养期为90～120天。成年公鹅约3～3.5公斤，母鹅约2.5～3公斤。据《清远县志》记载，自宋代起，乌鬃鹅就为升平等地群众在田间、鱼塘饲养。由于气候和品种的原因，该品种长肉缓慢，体型偏小，胸肌和皮下脂肪较少，富含蛋白质，食而不腻，肉质细嫩，滋味鲜甜，皮滑、骨软，特别适合于粤派烤鹅使用。

升平镇境内多山冈丘陵，有大量河涌、水圳，竹树成荫，灌木成林，四季常青，昆虫较多，天然食饵丰富，为“三鸟”养殖提供良好的自然条件。升平镇“三鸟”养殖基地以横石为中心，分布全镇各村，以养殖清远鸡、清远乌鬃鹅为主，销往市内外。

1995年，全镇“三鸟”饲养量68万只，养殖规模较大的专业户有107户，比上一年增加70户。1996年，全镇“三鸟”饲养量71.3万只，罗潮、陆星全等人为先进的典型。其中，社岗伸二村陆星全饲养母鸡3000只，饲养肉鸡出栏量3200只，经济收入23万元；黄洞管理区有5户养殖户，饲养群鸡在1000只以上。1998年，全镇“三鸟”饲养量60.8万只，养殖专业户比上一年同期增长12%。1999年，全镇山地鸡养殖量55万只，比上一年增加1.6%，产值1200万元。其中，横石村移民谢炳炽年养清远鸡3.5万只，总产值77万元，纯收入17.5万元，被镇政府评为“种养大户典型”，给予表彰。2001年，山地鸡饲养量占肉鸡饲养量的83.2%，全镇出栏量2万只以上的山地鸡养殖基地有21个，清远鸡饲养量100万只，产值1400万元，利润350万元；清远乌鬃鹅饲养量2.5万只，产值100万元，利润22.5万元。

北江网箱养鱼基地 以横石为中心，集中在飞来峡水库一带。2001年12月，全镇有100只网箱以上的养鱼基地2个。养鱼基地一般采取大水域、集约化养殖方式，每个网箱一批放养商品鱼约1500公斤，1年养多批鱼。1999年，全镇水产养殖1850亩，鲜鱼上市760吨，产量比上一年增长6.1%。2001年，全镇水产养殖2100亩，产值达0.51亿元。其中，网箱188箱，名优水产养殖面积占水产养殖总面积的63.4%；新增水产80亩，养殖优质鲢鱼，总产40吨，产值64万元，利润38.4万元。

北江桂花鱼 北江桂花鱼是广东省名特优新农产品之一，鮨科鳜属，体较高而侧扁，背部隆起，口大，下颌明显长于上颌，上下颌、犁骨、口盖骨上都有大小不等的小齿。前鳃盖骨后缘呈锯齿状，下缘有4个大棘，后鳃盖骨后缘有2个大棘。头部有鳞，鳞细小，侧线沿背弧向上弯曲。背鳍分二部分，彼此连接，前部为硬刺，后部为软鳍条。体黄绿色，腹部灰白色，体侧具有不规则的暗棕色斑点及斑块，自吻端穿过眼眶至背鳍前下方有一条狭长的黑色带纹。一般栖息于静水或缓流，尤以水草茂盛的水中数量最多。冬季不大活动，常在深水处越冬，一般不完全停止摄食。春季天气转暖时，则游到沿岸浅水区觅食。雌雄鱼白天都有侧卧在湖底下陷处的卧穴习性，夜间在水草丛中活动、觅食。主要以其他鱼类为食，6–7月为产卵盛期，多在夜间产卵，卵浮性，圆珠形，橙黄色，具油球。卵径1.2～1.4毫米，受精后卵腹膨胀，卵径约为2毫米。怀卵量一般2.7万粒～21.3万粒之间，怀卵的多少与鱼体的大小成正比，水温21℃～24℃经72小时即可孵化，初孵仔鱼长4.2～4.4毫米。其卵为半漂流性，能随水流漂浮而完成孵化。生长较快，最大个体重可达10公斤。

北江水质清澈良好，非常适宜其生长。北江升平段的桂花鱼是当地高产值农副产品，富含蛋白质。据检测，每百克可食部分含蛋白质15.5～19.3克，脂肪0.4～3.5克，热量78～109千卡，钙79～206毫克，磷107～143毫克，铁0.7～5.6毫克，硫胺素0.01毫克，核黄素0.10毫克，尼克酸1.9毫克。肉厚洁白、细嫩而鲜美，无骨丝，老少咸宜。

招商引资

飞来峡管理区建立以来，升平镇围绕区位优势和产业布局，制定优惠政策，“以情招商，以商引商，以情留商”，先后引进一批项目落地、生产。

1997年，引进玩具、装饰厂3家，解决600多人就业。1999年，镇政府通过“让地皮、让资源、让市场、让利益”，引进广州宏天发展有限公司，投资3000万元建设集饮食、娱乐、旅游、度假于一体飞来湾度假村。2000年，升平镇制定《招商引资优待办法》，到升平镇投资的企业享受清远市的沿海经济开发、革命老区、边远山区和移民地区等优惠政策，以及飞来峡管理区制定的《招商引资优待办法》。是年，镇政府组团参加“清远市旅游招商洽谈会”“广东省珠江三角洲与山区经济技术合作洽谈会”，中山市黄圃苏埒矿粉加工厂投资35万元到升平镇办厂，香港濠腾发展有限公司签订开发社岗温泉的合作意向书。2001年，镇政府确立“生态旅游乡镇和工业强镇”的定位，制定“三区一村”（东北部的水库库面、一河两岸、社岗、北寮村为旅游开发区；中部的移民区及银英公路两旁为手工业开发区；东南部的社岗、竹园、共星、升平村为观光农业开发区，发展生态旅游基地；西部的黄洞村为轻重工业村）规划，同时制定招商引资奖励办法，把招商引资工作下移到村级，奖励招商引资有功人员，“一级抓一级、一级带一级、一级促一级”，还组团参加“清远市招商引资工作落实年会”和“清新县经济技术贸易洽谈会”，至11月，引进较大项目6个，合同利用外资2.9亿元。其中建成2宗（广州宏天发展有限公司投资7000万元，建成飞来岛度假村；台湾宝侨农特产有限公司投资1000万元，建成嘉竹笋制品加工厂），在建项目7宗（九禾国际发展有限公司投资6000万，建飞来峡温矿泉水疗度假村；台湾吉立铝业有限公司投资1.2亿元，建吉立铝合金型材厂；清远祥盛发展有限公司投资1000万元，建祥盛开织造厂；美国宏汨国际有限公司投资4000万元，建高莱生物科技微生物氮肥厂；兴建黄城工业开发区、清平纸品厂和清新塑料制品厂）。

扶贫开发

设区以来，升平镇的扶贫开发工作，主要是通过帮助贫困农户和村集体发展粮食、水果、畜牧水产、林业、蔬菜等项目，推进全镇经济和社会发展。

1996年底统计，全镇人均收入在920元的贫困户有80户258人，占总人口的1.05%。1997年初，升平镇党委、政府打响“消除绝对贫困攻坚战”，开展“千干扶千户”“一帮一”“以富扶困”扶贫措施，当年全镇共投入扶贫资金18.6万元，解决80户特困户扶贫项目的启动资金，落实脱贫项目402个，其中种植项目（包括粮食作物、经济作物）192个，养殖项目（包括家禽、家畜）156个，工副业、劳务输出等其他项目54个。当年12月，脱贫项目实现产值74.9万元，纯收入35.8万元，其中种植粮食作物305亩、总产值15.1万元、纯收入10.5万元，种植经济作物184亩、总产值9万元、纯收入4.1万元，家禽养殖饲养6700只、总产值14.9万元、纯收入6.5万元，家畜养殖饲养210头、总产值7.5万元、纯收入4.1万元，劳务输出54人、纯收入8.5万元。贫困人口人均纯收入超出1100元的标准，全镇80户特困户、258名特困人口全部脱贫。同时，采取“上级扶持一点、镇财政拨一点、扶贫单位资助一点、社会各界资助一点、群众自力更生筹集一点”的办法，多渠道筹集扶贫资金，发展项目4个，帮助村集体脱贫。据年终统计，7个管理区、2个居委会集体年收入均在3万元以上，全部达到脱贫标准，其中达5万元的管理区、社区3个，10万元以上的管理区4个。1998年，镇党委政府开展扶贫跟踪工作，巩固扶贫项目，防止返贫，成立扶贫领导小组，镇干部、职工分成8个工作队，分驻8个扶贫点，开展扶贫跟踪；继续实施“千干扶千户”“一帮一”“以富扶困”的扶贫措施；筹集扶贫资金19万元，落实脱贫项目410个，其中种植项目201个、养殖项目163个、其他项目46个。当年，全镇80户特困户、258个特困人口总收入49.54万元，人均纯收入1920元，超出上级的脱贫标准。1999年，全镇共投入扶贫资金212.8万元，其中区财政投入1.2万元、行政村自筹211.6万元，新办村集体经济项目16个，其中工业项目3个、种养项目2个、加工项目1个、服务项目4个、其他项目6个，年总产值40万元，增加收入20.6万元；落实脱贫奔康项目33个，其中种植冬瓜1500亩、总产值6000吨、总产值360万元，山地鸡饲养量55万只、总产值1200万元。此外，还多渠道组织劳务输出，引导群众从事二、三产业和运输业（包括摩托车搭客等），解决4400人的就业问题，收入2000多万元。2000年，全镇年人均收入在2000元以下的贫困户（年人均实际收入为1823元）有225户896人，其中横石32户139人，黄洞30户121人，社岗30户118人，北寮20户86人，升平21户65人，共星22户91人，竹园19户60人，升平社区11户41人。针对贫困户缺少耕地、缺少劳动力、无技术、缺少项目启动资金的实际，开展结对子扶贫，全镇党员干部与225户贫困户结对子，筹集扶贫资金13.2万元，投工投劳3.8万个工日；通过开垦复耕造地、坡改梯、种“替代林”、建田头水池等办法，造地 195 亩，坡改梯、种替代林 593 亩，建田头水池 7 个，82%的新增耕地种植上作物，解决贫困群众的人均半亩“保命田”和部分移民生产生活安置问题；组织群众参加区“山洽会”，成功输出贫困户富余劳动力 135 人；因地制宜，建成“造血”型脱贫项目 514 个。是年终统计，贫困户出栏猪、牛、羊等牲畜 600 头，出栏“三鸟”2.5 万只，上市蔬菜 1.6 万公斤，收获粮食 18.4 万公斤，总收入 188 万元，人均年收入近 2100 元，比上年增加 277 元；人均不足半亩“保命田”的 150 户贫困户 598 人，共增加耕地 188.6 亩，超额完成贫困户脱贫任务。2001 年，扶贫开发工作以调整农村劳动力结构为主，当年劳力输出 3909 人（次），劳务纯收入 1597 万元，拉动全镇社会总产值增长 5.1%。

教　育

1995 年，升平镇有 8 所完全小学（中心小学、黄洞小学、旧横石小学、社岗小学、北寮小学、竹园小学、共星小学、升平小学）、5 间分教点（稔坑、溠冲、上坑、树脚、禾兴），在校小学学生 2122 人；2 所初级中学（升平一中、升平二中），在校中学生 761 人。教师 164 人，其中公办 125 人、民办和代课教师 39 人。1996 年，7 岁至 13 周岁学龄儿童 2155 人，入学率 98%，小学毕业率 99%；初中在校 820 人，入学率 97%，初中升高中 122 人，占 90%。是年 7 月，创办高级中学 1 所——飞来峡中学，这是飞来峡管理区内唯一的一所高级中学。1997 年统计，升平镇有高级中学 1 所、初级中学 1 所、小学 7 所，教职工 207 人，中、小学在校学生 3698 人。2000 年，有高级中学 1 所、初级中学 1 所、全日制小学 10 所、幼儿园 4 间。2001 年，有初级中学 1 所、全日制小学 10 所、幼儿园 4 间，教师 206 人，退休教师 38 人，在校学生 2865 人。

教育设施建设　1995 年，因飞来峡水利枢纽工程建设，升平一中、中心小学、稔坑小学、黄洞小学、北寮小学、禾兴小学、旧横石小学等 7 所学校不同程度受浸。年间，有 3 所学校开始进行搬迁新建：①组建新升平中学。搬迁升平第一中学，拆建升平第二中学，新校址从横石搬迁至升平移民规划区内，当年投资 719 万元，升平中学第一期工程竣工。②筹建升平中心小学。新校址从横石搬迁至升平移民规划区内，当年投资 500 万元。③迁建新北寮小学。同时，各学校开展教育基础设施“改薄建设”，由镇政府牵头，社会多方投资 82 万元，改造各学校校舍，全镇校舍当年基本实现楼房化；各学校按“普九”要求，分别购置一批教学设备，完善“四室一场”设备。

1996 年 7 月，创办飞来峡中学，杨荣新任首任校长，第一届录取 89 名学生，开办 2 个高中班。同年，升平中学建成交付使用，投资共 1500 万元，学校占地面积 31357.42 平方米，总建筑面积 25698 平方米。其中，教学大楼 2 幢，建筑面积 8120 平方米，教学楼设实验室、仪器室、体育器材室、图书阅览室、音乐室、美术室、资料室、模型教具室；教工宿舍楼 2 幢，建筑面积 5350 平方米；学生宿舍 1 幢，共 7 层，建筑面积 2730 平方米；400 米标准运动场 1 个。当年有 950 名学生就读。升平中心小学第一期工程竣工，并交付使用，共投资 953 万元，占地面积 16786.4 平方米，总建筑面积 10968 平方米。其中，教学大楼 1 幢，建筑面积 4000 平方米，教学楼设有仪器室、体育器材室、图书阅览室、美术室、多功能活动室；教师宿舍楼 2 幢，建筑面积 3650 平方米；400 米标准运动场 1 个。当年有 1061 名学生就读。“改薄建设”方面，镇政府投资 130 万元，修建竹园小学、共星小学校舍；香港同胞肖炎坤捐资 35 万元，支持兴建竹园小学教学大楼 1 幢。是年年末，全镇小学学生人均占校园用地面积 16.7 平方米、占校舍建筑面积 6.5 平方米；中学学生人均占校园用地面积 19.4 平方米、占校舍建筑面积 11.24 平方米，全镇学校全部实现楼房化。小学学生人均拥有图书 10.5 册，中学学生人均拥有图书 20.9 册，各学校设有图书室、阅览室、图书专用柜共 86 间（个）。小学升初中入学率 96%。

1997 年，镇政府拨款 300 多万元，完善全镇各中学、小学的基础设施。完成竹园小学建设，累计投入 80 多万元。1998 年，镇政府拨款 165 万元，对修建升平中学、升平中心小学的校道、校门、围墙。镇政府投资 30 万元、多方集资 80 多万元，共投入 110 万元兴建黄洞小学。“四室一场”建设方面，升平中学建有物理、化学实验室、语音室，飞来峡中学建有电脑室，升平中学、升平中心小学、飞来峡中学分别建有美术室，升平中学运动场竣工投入使用。

1999 年，各级投入 300 多万元，建设升平中学、升平中心小学校道、围墙、篮球场，改建共星小学、竹园小学的体育场。香港永浣集团捐款 25 万元、群众集资 43 万元，兴建建成黄洞小学教学楼 1 幢，建筑面积 1152 平方米。对中小学“四室一场”建设共投入 30 万元，在升平中学、中心小学建成语音室、电脑室、音乐舞蹈美术室、物理实验室、化学实验室。2000 年，继续改造“薄弱学校”，投资 130 万元，建成黄洞小学教学大楼和教师宿舍楼，建筑总面积 2720 平方米；修建竹园小学教学大楼、围墙、校门、篮球场等；升平中学按标准完善物理、化学实验室、体育器材室、电脑室、语音室等；禾兴、旱岗布等 4 个村的村民筹集 57 万元资金（人平均集资 530 元），兴建禾兴教学楼；广州黄埔海关、广州法制报社、顺德桂洲镇支持竹园小学、社岗小学、中心小学教学器材、资料一批，价值 21 万元。

2001 年，共投入改善办学条件的资金 128 万元，其中香港狮子会、东莞海外联谊会捐助 60 万元，政府投入和旧横石 6 个村民自愿集资 68 万元，改建社岗、旧横石、升平 3 间小学。是年，飞来峡中学搬迁到升平中学。是年统计，全镇教师住房 112 套。

教学成果 升平镇教师队伍较为稳定，中考成绩多年来位居飞来峡管理区前茅。

1995 年，全镇参加中考学生 142 名，被各类学校录取 124 名，其中高级中学 8 名、各类师范学校 19 名，各类中专学校 33 名、各类中技学校 48 名、其他普通中学 16 名。1996 年，参加中考考生 223 名，进入省部属中专、重点中学录取分数线 132 人，进入飞来峡管理区前三名的科目有 9 科。9 月，省、市“普九”检查统计，镇内初中入学率 97.05%、辍学率 1.68%、完成率 96.16%、毕业率 99.25%、文盲率 0；小学入学率 99.5%，辍学率 0.33%、毕业率 99.7%、完成率 100%；“三残”儿童入学率 91.7%。实现“普九”达标。是年，镇政府投入奖教奖学金 12 万元，有 56 名教师被评为先进教师，其中朱建珍教师被评为省“南粤教坛新秀”，蓝建青教师获飞来峡管理区“青年教师基本功竞赛”第一名。1997 年，全镇参加中考考生人数 249 人，进入省、市部属中专和重点中学录取分数线 91 人，中考成绩列全区第一。全镇各学校教师学历达到“普九”标准。1998 年，全镇小学入学率 99.7%，初中入学率 95%。参加中考人数 255 人，进入省、市部属中专和重点中学录取分数线 104 人，其中 800 分以上 24 人，列区前十名 8 人。升平镇各学校组织学生参加省、市各类教学竞赛活动，1 人获省级化学竞赛一等奖、2 人获省级化学竞赛三等奖、2 人获省级物理竞赛一等奖，5 人获市级化学竞赛奖、1 人获市级小学美术一等奖，2 人获市级小学美术二等奖，获飞来峡管理区教育战线各类活动奖 47 名。镇政府投入奖教奖学资金 8 万元。1999 年，参加中考成绩总分超过 800 分以上的考生 20 名，综合分列飞来峡管理区前十名的考生 6 名，各单科成绩进入飞来峡管理区前十名的各 5 名，中考成绩列全区第一。各学校组织学生参加各类竞赛活动，1 人获全国级化学竞赛三等奖、1 人获全国级数学竞赛三等奖，2 人获省级物理竞赛三等奖，1 人获市级语文竞赛一等奖、1 人获市级英语竞赛二等奖。升平中学组队参加清远市第二届艺术节，合唱、舞蹈节目分别获二等奖。升平中学组队参加清远市第二届重点中学田径运动会和市少年锦标赛，在标枪、100 米、200 米、500 米、1500 米、3000 米项目中，均获好名次。2000 年，各学校组织学生参加各类竞赛活动，1 人获全国级物理竞赛三等奖，8 人获省、市级英语化学竞赛三等奖。飞来峡中学有 40 人参加高考，本科、大专录取率 67%。升平中学组队参加在全区中学生运动会，获金牌 20 多枚。周炳新被评为“省先进教育工作者”，郭学森被评为“省劳动模范”，植炎桃等 2 名教师被评为“南粤教坛新秀”。2001 年，全区初等教育入学率 98.2%。各学校组织学生参加各类竞赛活动，获省级奖励 3 人，获市级奖励 12 人。是年统计，全镇获“全国先进教师”称号的 1 人，获“省级先进教师”称号的 5 人，获“市级先进教师”称号的 6 人。

医疗卫生

升平镇有镇级卫生院 1 间。

1995 年，省、市、镇三级共投资 500 万元，重建升平卫生院。

1996 年，卫生院新门诊综合大楼建成后，搬迁到新址诊疗。镇政府和卫生院共投入 53000 元，购进超声波机和心电图机。全年接待门诊部人数 19025 人/次，收入 630755.57 元，支出 633243.01 元，超支 2487.44 元。

1997 年，新卫生院全面落成，建成门诊大楼 1 栋、住宿大楼 1 栋，建筑面积 45000 平方米。增置新生儿复苏台、新生儿复苏囊、产后聚血器等设备，申报爱婴医院。镇政府先后拨款 50 多万元，完善卫生院的水、电等建设，并购置添置 B 超、200 毫米 X 光机、检验设备等一批医疗器材，成为初具规模的镇级医院。全年就医人数 2 万人次，业务总收入 803221.43 元，支出 727111.63 元，结余 84609.8 元。

1998 年，镇政府先后拨款 30 多万元，完善卫生院的基础设施。全年业务收入 1067117.31 元。

1999 年，卫生院投入资金 3 万元，购置婴儿床、病床、新生儿抢救台、新生儿吸痰机、抢救车、空调机等设备。3 月，升平卫生院顺利通过省级评估和国家评估，被评为爱婴医院。全年就医人数 2.3 万人/次，实施普外科、妇产科、骨伤科手术 50 例，完成计生手术 103 例，四菌接种 1046 例，接种率在 95%以上。

2000 年 12 月至 2001 年 11 月，升平卫生院总收入 1741624.8 元，比上一年增加 15.5%。其中，药品收入 699459.2 元，占总收入的 44.6%，比上一年增加 2190 元；医疗收入 777343.8 元，比上一年增加 9.2%；化疗收入 114863.8 元，比上一年增加 35%；X 光检查收入 63548 元，比上一年增加 20%，B 超检查收入 86410 元，比上一年增加 14.8%。

社会保障

对农村“五保”户给予供养服务，对农村特困户实行定期定量救济，对城镇居民特困户实行救济。1998 年下半年，升平镇完成北新、横石两个农村合作医疗试点工作。1999 年，升平镇实施《农村人人享有保健发展计划》。是年终，全镇每千人口拥有医卫员 2.5 人，村、社区卫生站覆盖率 100%，医疗覆盖率 23%；有社会保障基金会 1 个、敬老院 1 个。

农村“五保”户供养 对镇内持有农村户口的老年、残疾的村民或者未满 16 岁无劳动能力、无生活来源又无法定赡养、抚养、扶养义务人的村民，经镇民政部门审核、审批，享受农村“五保”待遇。“五保”入保对象经费实行镇统筹，供养标准由镇政府按不低于当地村民的平均生活水平的原则确定，并按照当地村民平均生活水平的提高作调整。1997 年至 2000 年间的口粮供给标准为年人均 300 公斤，1997 年生活费供给金额年人均960元，2000年增至年人均1266元。

农村特困户定期定量救济 1996年8月，升平镇建立《农村特困户定期定量救济制度》，对镇内未享受“五保”待遇、基本丧失劳动能力生活特别困难的鳏寡孤独家庭；因家庭主要成员痴、呆或肢体残且子女未成年造成生活特别困难的家庭，因灾、因病等其他原因丧失主要劳力，如不救济就无法生存的家庭，进行定期定量救济。救济金分别由区、镇两级财政各负担50%。1996年，升平镇审核确定救助对象62户，共发放救济金22320元。1997年，对农村特困户定期定量救济对象，每人每月平均救济50元。1998年至2000年，每人每月救济标准分别提高至70元、80元、82元。

城镇居民特困户救济 升平镇执行飞来峡管理区1997年3月27日制定的《建立城镇居民最低生活保障线制度的实施意见》，对区内常住非农业户口的居民家庭，人均收入人均收入低于140元最低生活保障标准的持有非农业户口的城市居民，实物居民特困户救济。经核定，1997年，全镇共救济2人，每人每月救济140元，共3360元，其中区财政负担1680元，升平镇财政负担1680元。1999年，对保障对象每人每月救济182元。

人　物

曾金池（1941—1994），男，汉族，中共党员。1991年12月任升平镇横石管理区党支部书记、办事处主任。任职期间，横石管理区、党支部多次被评为升平镇先进单位、先进党支部。1994年6月上旬、中旬，升平镇经受特大洪水袭击，洪水持续时间9天，横石水文站水位23.92米，超过警戒水位5.92米。6月16日6时横石堤漫顶决堤，管理区党支部、防汛指挥部立即分工，组织群众疏散，通知群众转移，在组织群众疏散和转移中，曾金池被洪水吞没，以身殉职。1995年6月13日，广东省人民政府追认曾金池为革命烈士。

潘添（1949—1994），男，汉族，中共党员。1990年3月任升平镇横石管理区办事处副主任。任职期间，管理区治安秩序良好，财务制度落实。潘添于6月16日在组织群众疏散和转移中以身殉职。1995年6月13日，广东省人民政府追认潘添为革命烈士。

风景名胜

飞来峡枢纽风景区 飞来峡水利枢纽是华南地区建设规模最大的综合性大型水利工程，1999年10月飞来峡水利枢纽工程建成后，形成飞来峡风景区。

飞来峡水利枢纽风景区是国家4A级旅游风景区，是广东省爱国主义教育基地，景区距清远市区35公里，与英德、佛冈相接，主要由水库区风光及周边自然景观、枢纽工程景观组成。自然景观景区内，高峡出平湖，群山环绕，碧波荡漾，山清水秀，环境优美，呈山水相辉、水天一色、鱼跃鸟翔之景；库区内有浈阳、盲仔、香炉三个峡谷，素有“小三峡”之称，远山高耸葱茏，近岸山形陡峭，河床宽窄相间，水面变幻多姿，形成独具特色和山水景观。枢纽工程景观景区，主要建筑物由拦河大坝、船闸、发电厂房和变电站组成。拦河大坝高52.3米，主、副坝坝顶总长2952米，坝顶为8米宽公路。

飞来岛度假村 位于飞来峡水利枢纽风景区的飞来湖中央。岛屿四面环水，空气清新，鸟语花香，风光旖旎。度假村为园林式三星级标准设计，集水上休闲度假、水上主题文化表演、水上游览观赏、水上娱乐为一体，度假村可同时接待200人住宿、会议或培训。

飞来峡库湾景区 位于飞来峡水利枢纽工程上游，库湾湖面面积70多平方公里、总库容19亿立方米，有5万亩连片待开发山坡地，库湾景区内山清水秀、空气清新、景色秀美，具有综合开发利用潜力。1999年，飞来湾“万人天然游泳场”“观潮走廊”项目竣工。

社岗温泉 位于升平镇镇北部的社岗村，距镇政府3公里。社岗温泉是含氟温泉，流量大，日出水量2000吨，水温76℃。2000年，镇政府与香港濠腾发展有限公司签订开发社岗温泉的合作意向书，计划投入1000万美元。

古迹 有宋朝墓、明朝墓和古桥、古窖藏等。

民俗风情

升平镇的语言为粤语方言（白话）。民间较大的节日有春节（当地俗称“过年”）、清明节、端午节、中秋节等。其中，端午节期间，各村有划龙舟的传统习俗。龙舟竞渡活动亦称游龙船，龙舟是木质结构，舟首刻有龙头，设25桨，加锣鼓手和舵手，可乘40人，时见村民在北江或河涌竞渡。每年镇政府和各村，均举办各种龙舟竞渡活动。

精神文明建设

飞来峡管理区设区以来，升平镇参加市“八城四线”精神文明建设系列工程活动。至2001年，全镇共创建文明村91个，文明户5397户，分别占全镇总数的83.1%和82.6%。

1995年，升平镇教办被评为“文明建设先进单位”，北寮管理区被评为“文明建设先进管理区”，社岗管理区社三村被评为“文明村”。1996年，飞来峡管理区举办“建区一周年”篮球赛，升平镇代表队获第一名。镇政府举办端午节期间龙舟竞渡活动，为升平地区有史以来规模最大的龙舟竞渡活动。镇农业银行营业部、镇农村信用社、北新居委会、横石居委会、交警中队被评为“文明建设先进单位”，黄洞、横石等管理区被评为“文明建设先进管理区”，竹园上岗村等6个村被评为“文明村”。1998年，竹园管理区埔一、二、上江、下江等12个自然村被评为“文明村”。镇妇联组织“双学双比竞赛”“巾帼扶贫”“三优工程”“文明家庭”等活动，全镇参赛妇女5404人，占劳动力的91%以上。1999年，全镇各村开展创建“文明小康村镇”活动，开展讲文明树新风的群众性创建活动，破除封建迷信等陈规陋习，倡导遵纪守法和健康、文明、科学的生活方式。2000年，全镇共创文明小康村86个，占总自然村数的82%，农村文明小康村达标验收综合分90.4分。2001年，镇、村两级干部开展“三个代表”重要思想学习教育活动，全镇参加学习教育活动的干部615人次。新创建文明村18个、文明户290户。出版法制宣传专栏3期18板，上法制课36场次，受教育16182人次。

村（社区）简介

基本概况 1996年，升平镇有7个管理区（社岗、黄洞、横石、升平、北寮、竹园、共星）、2个社区（横石、北新）。1998年10月开始，开展理顺农村基层管理体制的工作，撤管理区办事处，设村委会，升平、黄洞、北寮、竹园、社岗、共星6个管理区办事处改为村民委员会，设横石、升平、北新3个居民委员会。1999年4月，依法选举产生村、居委干部43名，其中主任、副主任各9名，委员25名。2001年，全镇有9个行政村（包括3个社区），106个村民小组，农民年人均收入2937元。

升平村 位于升平镇东部，距镇政府约5公里，耕地面积3000多亩，山林面积2500亩，以水稻、砂糖橘种植为主。下辖香一、香二、大坑、细坑、挽东、挽西、江三、江四、旧围9条自然村。

1995年，全村种植水稻1650亩，总产726吨，生猪饲养量1180头、耕牛饲养量220头、“三鸟”饲养量15000只、鱼塘放养230亩；农民年人均收入1489元。1996年，农民年人均收入2007元，“三鸟”饲养量18000只，耕牛饲养量250头，生猪2150头。1999年，“三鸟”出栏量26114只，农民年人均收入2885元。2009年统计，有人口1750人。

黄洞村 位于升平镇西部，距镇政府约6公里，有耕地面积4950亩，山林面积5000亩，以种植水稻和砂糖橘、黑皮冬瓜等农作物为主，是升平镇砂糖橘、无公害商品蔬菜生产的主要基地之一，下辖石角、大平、连珠江、中一、中二、中三、中心、新塘、新一、新二、新三、带三、带六、鹅寮、新光、仙人石、梅一、梅二18条自然村。

1995年，全村社会总产值1197.4万元，其中农业总产值730.4万元，农民年人均收入1734元。1996年，水稻种植面积3650亩（杂优3000亩，优质谷560亩），其中早造水稻种植面积1600亩，晚造水稻种植面积1960亩，经济作物1860亩（花生860亩、木茨400亩、蔬菜500亩、其他作物100亩），水果836亩，鱼塘放养436亩。“三鸟”饲养量81307只，农民年人均收入2250元。1997年，全村种植水稻1600亩，粮食总产774.4吨，生猪饲养量3500头、山羊200头，“三鸟”饲养量30万只，鱼塘放养650亩，农民年人均纯收入2328元。1998年，全年种植水稻3450亩，总产1464.6吨，其中早造1610亩、晚造1480亩；种植经经济作物2620亩，其中花生600亩、木茨300亩、蔬菜1000亩、其他720亩；“三鸟”饲养量15万只，鱼塘放养600亩，山羊250头。1999年，村集体纯收入25万元，全村“三鸟”32万只，生猪7550只。

北寮村 位于升平镇南面和水库中心，距镇政府约200米，耕地面积2521亩，办事处（村委会）设在升平大街（即火车站旁），下辖大围村、围仔村、井窳村、旧一村、旧二村、旧三村、楼仔村、大塘尾村、连塘村、松塘村、旱岗布、迳口塑村、格江村、北一村、北二村、北三村、石碑坑村、上一村、上二村、新村20条自然村，旅游资源丰富，种植业发达，种植有大量经济作物和砂糖橘等名优水果。

1995年，全村社会总产值621万元，其中农业总产值220万元，农民年人均纯收入1700元。1996年，农民年人均纯收入2150元。1997年，全村农业总产值421.3万元，农民年人均纯收入2074元。1998年，全村社会总产值541.944万元，其中农业总产值451.3万元，农民年人均纯收入2160元。1999年，全村社会总产值982.33万元人，农民年人均纯收入2933元。

竹园村 位于升平镇东面，东面紧靠佛冈县，村委会距镇政府约7公里，下设有19个村民小组。1998年，全村总人口3422人、户数730户。总面积25平方公里，有耕地面积约1800亩，山林2000余亩。村的周围为丘陵山，有山地12000亩，陆续种上砂糖橘，是升平镇砂糖橘和无公害商品蔬菜主要基地之一。

1997年，全村种植水稻面积2900亩，总产1007吨，种植薯茨100亩、花生400亩、木茨410亩、蔬菜700亩，农民年人均纯收入2100元。1998年，全年种植水稻4800亩，水稻总产2009吨。其中，早造2000亩、总产766吨，晚造2400亩、总产1243吨。

村集体经济一直较薄弱，固定的集体项目收入来源不多。

社岗村 位于升平镇北部，距镇政府约3公里，耕地面积约8580亩，山林面积15400亩，以砂糖橘种植为主，是飞来峡管理区砂糖橘种植大村，下辖社一、社二、社三、社四、社五、社六、社七、社八、社九、榄一、榄二、伸一、伸二、上秧、下秧、上梅、下梅、黎头咀、下池、办冲、条石22条自然村。

1996年，全村社会总产值1262.5万元，农民年人均纯收入1899元，粮食总产235.6吨。种植果树面积3300亩，其中当年新种植果树1300亩，包括大红柿20889棵、砂糖橘8900棵、三华李5060棵；“三鸟”饲养量20.093万只，出栏量15.4万只；生猪饲养量6833头，出栏量2108头；鱼塘放养338亩。1997年，全村社会总产值1290.8万元；“三鸟”饲养量19.4万只，出栏量15.4万只；生猪饲养量4658头，出栏2213头；农民年人均纯收入2100元。1998年，全村总收入816.4万元，农民年人均纯收入2063元。1999年，全村总收入890万元，农民年人均纯收入2186元。是年自然灾害，早造水稻基本失收，晚造总产1630吨；水果种植面积4200亩，总产162吨，产值97.2万元；“三鸟”饲养量31.08万只，出栏16万只；生猪饲养量4840头，出栏2345头。

共星村 坐落于升平镇政府西南面，距政府约3公里，下辖回龙礼龙村、回二村、黄竹兜自然村，是升平镇无公害商品蔬菜生产的主要基地之一。

1995年，全村种植水稻950亩，生猪出栏量1036头，“三鸟”出栏量10150只。1998年，全村种植水稻1400亩，其中早造500亩、晚造900亩，粮食总产609.5吨，比上一年增长15%。1999年，全村社会总产值361万元，农民年人均纯收入2938元。种植水稻1400亩，粮食总产609.5吨，生猪出栏500头，“三鸟”出栏13.5万只，鲜鱼上市41.5吨。村集体种植经济林200亩、笋竹50亩、水马蒂70亩、冬瓜12亩、台湾葫芦瓜56亩，村委会集体纯收入7.189万元。2000年，农民年人均纯收入3086元，村委会集体纯收入8.37万元。

横石社区 坐落于升平镇南面，距镇政府约1公里，办事处设在移民二区花坛东侧。下辖保兴村、田心村、白石咀村、石碑头村、大河潦村、大秧坎村、黄坪埔村、围桥塘村、早禾村、塘肚村、坑尾村、神背村12条自然村。全村有耕地面积66亩，山地19600亩，是砂糖橘种植基地、清远鸡养殖基地、北江网箱养鱼基地。

1995年，全村社会总产值498.9万元，其中粮食总产值130万元。居委会集体收入51988元，比上一年增加11.58%；农民年人均纯收入1530元。1996年，全村水库移民从河西搬迁到河东移民区居住，居委会集体收入101350.70元，支出77727.99元。1996年，全村社会总产值514.3万元，农民年人均纯收入1920元。1997年，社会总产值587.3万元，其中粮食总产值190万元，农民年人均纯收入2110元。当年有90%以上移民种上砂糖橘，养殖山地鸡存栏量45万多只，生猪2000多头。1997年，居委会集体收入20万元。1998年，全村社会总产值568.33万元，居委会集体收入21万元。1999年，全社会总产值652.23万元，居委会集体收入345132.7元，支出298533.57元。

升平社区 位于升平镇圩，辖夹洲村等。因飞来峡水库建设，辖区内的土地多被征用，居民主要从事第二、三产业和小手工业。

1995年，居委会集体收入51998元。1999年，90%的居民解决了生活出路问题，居民总收入456万元。2000年，居民总收入432万元，其中居民从事第二、三产业和种植业收入78万元。2001年，居民总收入646万元，其中居民从事第二、三产业和种植业收入88万元。

北新社区 1996年5月12日，区管委会批准设立，管辖原北寮管理区的上一、上二、北一、北二、北三、新村、格江、石牌坑村。

第二章 黎溪镇

历史沿革

黎溪之地建制于明洪武二年（1369年）。北江纵贯南北，西岸曰黎洞，东岸名铁溪，两地名各取一字而得黎溪名。清康熙四十四年（1705年），设浛属怀义都黎溪图。清道光十六年（1836年）设黎溪乡。新中国成立后，全县设英东、英西、英中3个区，乡仍沿用旧制，黎溪乡属英中区管辖。1958年9月全县设6个人民公社，黎溪与连江口、水边、大洞等地同属跃进人民公社。1959年4月全县划分为14个人民公社，其名称以地方名称命名，成立黎溪人民公社。1983年撤社设黎溪区，1987年4月撤区设黎溪镇。1995年7月，划给新成立的飞来峡管理区管辖。2001年10月，飞来峡管理区撤销后，复归英德市管辖。

1995年至2001年黎溪镇领导班子成员：

书　记　龚石武（　－1995.11）
　　　　陈廷康（1995.11－2000.10）
　　　　梁润江（2001.4－　）
副书记　陆国基（　－1995.11）
　　　　何松辉（1995.11－　）
　　　　徐容根（兼任纪委书记）
　　　　陈坚英（女，1999.10－2001.5）
　　　　杨焕其
　　　　梁润江（2000.10－2001.4）
委　员　陆二友
　　　　钟继伙
　　　　陆前锋
　　　　陆光锦
　　　　吴石焕
　　　　梁桂兴
　　　　李观娣（女）
　　　　黄水清
　　　　陈远忠（1999.1－2002.1）

吴树养
吴继祥
曾拾带（兼任武装部长）
人大主席　吴树养（兼任党委委员）
人大副主席　邓长波
镇　长　龚石武（　－1995.11）
何松辉（1995.11－　）
杨焕其（2001.6－　）
副镇长　谭观新
谭石辉
钟继伙
吴西石
陆光锦（党委委员转任）
谢国良
杨焕其
吴树养

地理位置

黎溪镇位于英德最南部、飞来峡管理区中部、北江河畔。全镇总面积 296 平方公里，1995 年全镇下辖 17 个管理区（包括 1 个街道社区），31253 人，水陆交通便利。东与佛冈县接壤，南与升平镇和天堂林场相连，北与连江口镇、水边镇相邻，西与大洞镇交界。距英德市区 35 公里，距广州市区 98 公里，距清远市区 40 公里。由于飞来峡水利枢纽工程的建设，镇址由北江西岸往东岸迁移，坐落于银英公路边。

1993 年，全镇总面积 287.3 平方公里，总人口 29037 人，其中农业人口 26589 人。圩镇面积 3 平方公里，304 个自然村。镇人民政府驻黎洞圩。黎洞圩主要街道有河边街、大街、文化街、上水巷街、下水巷街。

自然条件

黎溪镇北江河纵贯南北，入春盛吹南风和偏南风，入冬盛吹北风和偏北风，气候温暖湿润、雨量充沛、无霜期长，是南亚热带向中亚热带的过渡地区，年平均温度 27 度，年降水量 2400 毫米，属亚热带季风气候。

全镇大部分地方为低谷山地，全镇 25 度以下的坡地 16 万亩。西北部的天堂山海拔 901 米，为全镇最高峰。地势东西较高，分别向纵中部倾斜；沿江以河谷小平原和阶地为主，其余部分属丘陵；东西沿线有部分山地。1993 年，总耕地面积 24018 亩，其中水田 16586 亩。粮食作物主要有稻谷，经济作物有花生、木薯、蚕桑等。山林面积 33 万亩，是英德林产区之一，林木积蓄量 45 万立方米。镇办林场 1 个，管理区办林场 8 个。

矿产有稀土（分布于大坪、湖溪、大湖、红光、黎明等管理区）、铅锌、硫铁、灰钼、金等。

人口和计划生育

1995 年，全年出生人口 680 人，出生率 18.5‰，多孩率 14.5‰，自然增长率 12.3‰，计划生育率 67%。

1996 年，全年出生人口 543 人，出生率 17.57%，多孩率 13.62%，自然增长率 12.07%，计划生育率 65.56%。

1997 年，全年出生人口 559 人，出生率 17.88%，其中一孩出生 285 人、占出生总数的 50.98%，二孩出生 222 人占 39.89%，多孩出生 52 人、占 9.20%。

1998 年，全年人口出生率 16.92%，计划生育率 79.66%，多孩率 7.09%，自然增长率 10.61‰。

1999 年，全年人口出生率 14.6‰，计划生育率 80.72‰，多孩率 3.18%，自然增长率 8.95‰。

2000 年，全年人口出生率 10.29‰，计划生育率 85.07%，多胎率 1.79%，自然增长率 5.59‰。

2001 年，全年人口出生率控制在 11.99%以下，计划生育率 86.28%，多胎率 2.79%，自然增长率 7.79%。

劳务输出

黎溪镇是劳务输出大镇，特别是水库关闸后，剩余劳动力骤增。在飞来峡管理区管理期间，全镇平均每年劳务输出 7000 多人次，平均每年增加劳务收入 2100 万元。其中，1998 年劳务输出 5110 人；劳务输出最高峰的 1999 年，劳务输出 8000 多人，按每人年纯收入 3000 元计，劳务收入 2400 万元。

移民安置

1995 年，黎溪镇成立新镇建设指挥部，总指挥由镇党委书记担任，抽调 20 名年轻干部，负责移民工程建设和督促移民进度。当年，完成 4900 名新镇居民房屋的基础建设，完成新镇府前路、幸福路、南北一路、南北二路 4 条街道路基铺设工程。

1996 年 4 月，河海大学水库移民安置规划专家组完成铁溪管理区的拐塘、黄鱼沙和大湖管理区的勘测设计工作。上半年，镇移民办对旧墟移民户数、人数进行调查摸底，并核实、公布；全镇各移民点移民宅基地基础工程全面铺开，至 6 月底全镇移民宅基地基础动工开挖 1000 套，完成 700 套，其中，铁溪管理区、圩镇社区、黎洞管理区共 1607 户 8254 人获宅基地分配；福田等五村 130 户二次搬迁的移民获宅基地分配；拐塘、黄鱼沙村的移民后靠试点场地“三通一平”工程完成招标；新镇的幸福路、府前路、南北一路、南北二路等四条主道共完成路面铺设 1000 多米。至 8 月，为满足农村移民入圩镇的要求，在圩镇增加 800 套宅基地。冬，有 1250 户 6500 人在施工黄金季节抓紧动工建房。到 12 月 1 日，有 161 户 885 人搬迁入新居。

1997 年 9 月 30 日，飞来峡管理区移民工程质量监督及进度检查小组按照每月集中一次进行移民工程巡检的要求，对黎溪镇在建移民工程进行全面检查，除大湖、湖溪两管理区因安置点未确定而未动工外，其余移民工程全面动工，工程与拨付资金基本相符，移民工程进度、工程质量和执行规划设计方面情况如下：(1) 拐塘、黄鱼沙移民安置点：完成 50 户房屋基础建设，其中 47 户分别建成 1～3 层楼房，进度稍滞后于进度计划。该点场地平整工程完成较好，边坡稳定，场地整齐，但未按照规划部门的规划建房，致使房屋布局不够合理，部分移民已迁入新居。⑵黎溪圩镇十区：该规划安置546户，有400户进行基础施工，进度符合计划，在建的基础工程存在下列问题：①部分房屋基础填土方较厚，基槽开挖较深，增大费用，镇移民办要求个别开挖太深基槽的地方放弃建房，另外安排。②少数施工单位未得到现场质监人员的签证就进行下一步工序施工。③基础配筋存在未变更设计通知便私自增减配筋现象。④基础施工工序混乱。⑤钢筋、水泥等建筑材料未按规定进行检测，难以控制工程质量。⑶有145户未有安排宅基地，要及早规划安排。⑷黎溪镇大湖管理区、湖溪管理移民安置工程未动工，影响整个区的移民搬迁要求。10月间，黎溪镇移民办3次召集各施工队负责人，召开工程质量问题现场会，会议决定：⑴对3个严重存在施工质量问题的施工队作出停工整改处理（施工队负责人分别为方勇、黄沛泉、刘汉光）；⑵为控制超支，调整移民房的基础设计方案，原定五层楼房基础改为三层楼基础。10月30日，飞来峡管理区移民工程质量监督及进度检查小组于对黎溪镇在建移民工程进行全面的检查，工程进度、工程质量等情况如下：⑴拐塘、黄鱼沙安置点：47户楼房基本建好，但房前屋后的排水沟及排污管道没有搞好，工程滞后于进度计划。⑵大湖塘壁岭安置点：虽进行规划、测量、设计规划图等工作，但尚未进行场地平整招标，进度严重滞后。⑶黎溪圩镇十区安置点，在十区安置438户，其中，有127户建好房屋基础并回填土，288户已完成浇筑基梁，23户挖好基坑没有浇基梁。⑷圩镇四区安置点：在四区安置41户，全部挖好基坑，其中2排10户开始浇筑基梁，进度滞后于进度计划。工程质量存在下列问题：①施工工序混乱，有相当一部地梁采用分层浇筑，削弱基础梁的整体性，质量无法保证。②钢筋、水泥等建筑材料未按规定进行送检测，使质监机构难以评定基础砼、钢材质量及基础的整体强度。③部分工程队施工质量相当差，如10区10排7栋（工程队负责人方勇承包的施工点）基梁严重的出现穿孔、孔洞、蜂窝，有的露筋达1米多，基梁不平直，砼未进行振捣，模板制安粗制滥造。④现场管理人员指挥失灵，导致出现质量问题。11月20日，黎溪镇移民办发现，全镇新建移民房中，有17户存在下沉现象；移民工程工作进度缓慢；移民资金的投放量与工程进度要求矛盾。11月26日，飞来峡管理区移民工程质量监督及进度检查小组于对黎溪镇移民工程进行检查，工程进度和质量情况如下：⑴工程进度。圩镇十区438户房屋基础建好，圩镇四区41户基础工程已完成，还有108户房屋基础尚未确定安置点。大湖塘壁岭安置点场地平整工程已招标，但未动工。湖溪移民安置点工程进度严重滞后于计划。⑵工程质量存在以下问题：①上月提出的存在问题没有全面整改好。②因为施工的三大材料送检不齐，再加上施工过程中最基本的质监资料不全，质检部门无法对建好的房屋基础进行验收。③移民工程质量管理与资金拨付联系不够紧，镇移民办没有参与全面管理移民工作。4.施工过程中施工单位没有按图施工，如条型基础底部厚度不够，与设计相差3～5厘米。截至12月1日，黎溪镇完成拆除旧房且搬迁入新居的移民有161户885人。12月3日，新塘管理区7个村131户899人，获宅基地分配。12月5日，大埔管理区8个村，93户，680人获宅基地分配；黎新管理区3个村，77户，425人，均获宅基地分配。12月12日，拐塘、黄鱼沙移民后靠点、金斗角移民安置点，推土“一平”工程通过验收。至12月15日，全镇共获宅基地分配的移民有户1841户；完成宅基地基础施工1980户，占移民户的74.35%。12月下旬，水上移民户112户，732人，获宅基地分配。12月31日，飞来峡管理区移民工程质量监督及进度检查小组检查黎溪镇的移民工程，情况如下：⑴农村安置点：①大湖塘壁岭安置点。11月份完成土方工程招标，进场动工迟，但进场后加快施工，有24台推土机日夜开工，完成土方工程约40万立方米。②湖溪冬瓜岭安置点，指挥部已挂牌开展工作，场地的规划、征地工作正在进行。工程进度滞后于区进度计划。⑵圩镇安置点：10区439户全部完成宅基地，动工建房的82户，其中建成一层以上的有19户；4区112户，完成宅基地41户，在建的71户正在打桩施工。工程进度滞后于区进度计划。工程质量上，有些移民自建房浇筑楼板的碎石过大，配合比差，水泥凝结度降低。至12月底，居民、机关单位、黎洞管理区、铁溪管理区基本搬迁完毕，全镇完成搬迁1540户8170人，占总迁任务的54.5%。其中：⑴圩镇社区除水上居民112户732人未搬迁外，有792户4199人完成搬迁，占全部搬迁任务的82%；⑵镇政府、供销社、银行、信社、粮所、林业站、卫生院、中学、中心小学、地税、国税、派出所、财政所、工商所、保险站、房管所、供电所、兽医站、邮电支局等单位全部完成搬迁；⑶黎洞管理区12个村524户2916人和铁溪管理区包括拐塘、黄鱼沙14个村336户1787人完成搬迁，占全部搬迁任务的100%。另外，新塘管理区7个村131户899人，在12月3日将宅基地分配到户；大埔管理区8个村93户680人，在12月5日将宅基地分配到户；黎新管理区3个村77户425人，在12月15日将宅基地分配到户。

1998年3月3日，黎溪镇移民办统计，全镇完成搬迁移民1565户、8308人，占任务数的55.4%。3月4日，区移民工程质量监督和进度检查小组对黎溪在建移民工程进行检查，移民工程进度、工程质量等具体情况如下：⑴进度情况。全镇水位线下移民完成搬迁1565户、8308人。其中进圩镇的黎新管理区、新塘管理区、大埔管理区、水上居民的移民建房进度慢，没有达到区的进度计划；大湖管理区塘壁岭安置点完成“一平”工程的80%；湖溪管理区冬瓜岭安置点完成“一平”工程的50%。两个点的进度都没有达到区的进度计划要求。⑵质量情况。新镇十区部分基础混凝土标号不够，钢筋配置不够合理。有些该打烂重建的房屋基础没有打掉重建。3月5日、3月13日，黎溪镇两次召开镇四套班子成员会议，提出加快移民进度的3项措施：⑴对工程队的措施要求：①大湖、湖溪的施工队所负责大湖塘一区、塘三区、塘四区、办一区、办二区，湖溪的三区，限期在3月23日前完成土石方工程；大湖的塘五区、湖溪的一区、二区、四区，要求在3月30日前完成土石方工程，逾期每超一天罚款800元。②要求各工程队增加机械加班加点，否则将重新组织施工队施工。③工程队未经指挥部同意停工的，停一次罚款500元。⑵对指挥部工作人员实行岗位责任制的措施要求。①大湖、湖溪两个移民点的工程指挥部成员分挂到各个工程队，对按时完成土石方工程的指挥部成员奖励300元，否则罚年终奖300元。②指挥部全体成员必须坚持全天候值班，监督工程队施工。⑶对驻队干部和移民户实行的管理规定。①驻队干部和管理区干部实行包队联户，动员检查，督促移民建房搬迁。凡安排迁入圩镇的移民在3月底前要全部搬迁完毕。②凡分有宅基地的移民，在3月5日前动手建房，如不建房，一律收回宅基地；凡3月底前没有搬迁的，不发搬迁补助和搬迁后的生活补助。为保证按时按质完成水位线下移民的搬迁任务，3月23日，区委下发《关于加快移民建房搬迁进度的通知》，采取派出驻镇的工作人员全天候工作和每两天汇报一次进展情况的措施，促进移民建房搬迁进度。3月中旬，新镇十区（即新圹、大埔、黎新）安排的移民宅基地建房和水上居民总共需建房413户，已建好搬迁居住的有194户，占47%，正在建房的有219户，占53%。大湖移民总土石方一平工程总方量为116万立方米，已完成88.5万立方米，占80%。湖溪移民点土石方一平工程总方量为95万立方米，已完成62万立方米，占65%。移民建房搬迁进度不快。3月27日，黎溪镇四套班子在湖溪移民工程指挥部召开“加快移民工作进度现场会议”。区常委魏振龙、副区长孔宪君、区移民办黄国擎、移民工作团傅立全、陆国基、陈桂森等到会指导，会议分析前段时间存在四个主要问题，一是领导力度不够；二是各点干部分工负责措施不够得力；三是工程队拖拉，机械力量不足；四是对群众设置的障碍处理不够坚决。会议制定出强硬、有效的管理措施：⑴镇党、政第一把手和各驻点领导实行每天深入各点，进行检查督促制度。⑵合理调整工程队，增加机械，落实管理人员，超过期限时间完成任务的工程队，每超期一天罚款800元。⑶干部实行岗位责任制监督，具体为：①新镇十区建房搬迁由镇驻新塘、大埔、黎新等三个管理区的干部负责，挂钩到户，责任到人。②水上居民建房搬迁由镇移民办、工程部和水运公司干部负责，实行挂钩到户、责任到人。③大湖、湖溪两个管理区的三通一平，建房搬迁由两个指挥部和驻队干部负责。对干部所负责的驻点有按时完成搬迁任务的，除按区委规定的奖励外，年终考核考虑参评优秀等次，并奖励300元。④对不按照规定的时限建房和搬迁的移民户，经教育无效的，收回宅基地，并取消搬迁补助和搬迁后生活补贴。经采取以上措施，成效明显：⑴移民搬迁速度加快。至3月31日，全镇完成1750户、9696人的搬迁，其中搬入新圩镇1734户、9613人，占任务的65%。⑵移民工程进度有所提速。①大湖塘壁岭移民点土石方总量为83.6万立方米，实际完成72万立方米，占86%；大湖办产塘移民点土石方总量为31.5万立方米，实际完成20万立方米，占63%。②湖溪移民点土石方总量为94万立方米，实际完成65.8万立方米，占70%。⑶配套工程进度提速。大湖、湖溪两个安置点的高压线完成安装，低压布线和临时用水设施施工速度加快。5月4日至11日，区移民安置检查验收小组对黎溪镇移民建房搬迁进行全面检查验收，检查验收小组由区领导带队，成员由区移民工作团、区移民办、区建委、区设计室、质监站的工作人员组成，并邀请飞来峡水利工程监理、飞来峡工程移民局的有关领导参加。检查以珠委确定的水位线下移民必迁数和清峡委〔1998〕6号文为依据，根据黎溪镇提供的移民建房搬迁资料（包括到户情况表和宅基地分配平面图），到各移民安置点实地逐户检查。验收结果如下：黎溪镇水位线下移民搬迁任务总为2663户、14992人，实际完成1953户、10906人的搬迁，占任务的73%，剩下710户、4086人未迁（主要为大湖、湖溪两个管理区移民）。其中，⑴进圩镇安置的有1911户、10649人，全部完成到户搬迁承包合同书的签订，并完成建房搬迁。⑵投亲靠友的有1户、5人，签好到户搬迁承包合同书，人口、户口均已迁出。⑶后靠安置的41户、252人完成建房搬迁，并签订好到户搬迁承包合同书。⑷湖溪移民安置点的“一平”工程完成90%；大湖移民安置点已完成“一平”工程。湖溪、大湖共有水位线下移民710户、4086人，投亲靠友已搬迁出17户、92人。6月10日，区移民工程质量监督和进度检查小组邀请飞来峡水利工程监理、飞来峡工程移民局等单位对黎溪镇移民工程进行检查，检查情况如下：全镇完成水位线下移民搬迁1953户、10906人，占线下总人口的73%。尚有710户、4086人（大湖、湖溪两管理理区）未迁，具体为：⑴圩镇安置情况。圩镇安置1911户、10649人已完成搬迁，移民户化粪池已全部完成，排污管道正在加紧施工，主要街道铺设水泥路面，供水管道已铺设完成，但供水设备不足，不能满足圩镇用水需要，镇政府正与有关单位洽谈，寻求解决办法。⑵后靠安置情况。①拐塘、黄鱼沙后靠点41户、252人完成搬迁，生活基础设施基本配套。②大湖塘壁岭安置点“一平”工程基本完成，进入建宅基地的施工阶段，牛皮塘安置点（又名办产塘）完成土石方30.5万立方米，剩下石方1万立方米；3.湖溪冬瓜岭安置点完成土石方92万立方米，剩下石方2万立方米，工程进度滞后于区总进度计划。截至9月28日，黎溪镇共完成11332人的搬迁，未搬迁仅剩下湖溪、大湖管理区710户、4086人。11月4日，区对黎溪镇大湖、湖溪管理区移民迁安进度进行检查，检查小组由区移民办、区建委、区设计室、区质监站相关人员组成，分两组（大湖小组、湖溪小组），对移民迁安平面图上的宅基地编号逐户核对检查，情况如下：⑴大湖管理区。珠委下达水位线下指标数为：377户、2349人。实际安置489户、2349人。⑵湖溪管理区。珠委下达水位线下指标333户、1737人，加上已批准的查漏补遗人口67人，共1804人。实际安置362户、1789人。检查组肯定大湖、湖溪两个管理区移民迁安工作取得阶段性成果。至1998年12月底，黎新、新塘、大埔370户2338名移民完成迁安任务，大湖管理区465户2226名移民、湖溪管理区362户1789名移民完成迁安任务。至此，黎溪镇共完成2748户15436人（含补遗85户444人）移民迁安任务。

1999年，镇政府筹集资金50多万元基本解决大湖、湖溪两个移民点的排水、排污问题。在移民安置工作基本完成后，马上转入移民工作档案的整理归档工作，移民合同全部签订，家庭档案完成填写，装订有关移民资料84卷，指挥部、工程部的移民工程图纸、合同、预算、结算全部清理、装订归档。

2000年，完善大湖、湖溪两个移民点的排水、排污、排洪设施，清理平整这两个移民点的街巷，垫上石粉。镇移民办完成移民安置、移民征地、移民资金、移民工程、库底清理、移民档案的编写和归档。

2001年，对涉及随迁人口3800多人进行多次调查摸底工作，解决随迁问题。

全镇累计共完成搬迁安置16143人，其中必迁15436人，随迁707人。

基础设施建设

1995年，开通黎恒公路。黎溪公路的恒昌至黎新路段也开始建设，全长9公里，路面宽8米，总投资120多万元，按山区四级公路的标准建设，11月份进场动工，1996年建成后，实现黎溪公路与市道、省道、国道连接。

1996年，结合移民安置，完成环库公路选线测量。黎溪北江大桥动工兴建。投资20多万元，开通11个管理区的程控电话。兴建占地1200平方米的邮电通信大楼。

1997年，道路铺设累计完成长度14000米，供电线路架设完成58000米。是年水毁的公路全部修复通车。

1998年，投资380万元，搞好新镇排污、排水设施，铺设新镇街道。投资68万元，建设新镇的临时供水、供电设施和街道绿化带。投资150万元，建设圩镇新市场。投资1700万元，建设容量11万伏的变电站。环库公路开挖路面14.5公里，筑好涵洞39个，6座桥梁全部进场施工。投入资金28万元，改造程控电话，改变难通话的状况。投入资金60万元，解决恒昌村通电问题。投资60万元，建设中学和中心小学的校门、球场和中学的理、化、生实验室。投入资金55万元，建设建筑面积560平方米、有24间房的庭院式敬老院，配套有集体食堂、办公室、电视娱乐室等，建好围墙、花池等。

1999年，筹集资金600多万元投入乡村公路建设，恒昌至大坪、新村15公里的公路全线开通；低区的铁溪公路、大湖公路、湖溪公路年底全部竣工，环库公路建设完工。黎新寨下至恒昌8公里公路的柏油路铺设完成80%。投资近600万元，建设新镇供水工程，估计划在2000年3月前投入使用，解决新镇及大湖、湖溪两个移民点16000多人的生活用水。投入资金13万元，安装新镇主要街道的路灯，建造牌坊。清理、平整新镇范围内银英公路旁的建筑余泥，在银英公路和街道两旁补种800多棵绿化树。

2000年，全镇5个未通公路的行政村总里程25.5公里的公路全部开通，累计完成土方30.54万立方米，填方18万立方米，石方9万立方米，构筑涵洞85个，架设桥梁3座，全部公路路面宽度6.5米以上。争取英德市电信局的支持，投入资金近400万元，重新铺设通信光缆，在恒昌、松柏两个村委会分别设立一个接入网点，全镇所有行政村的电话开通，镇政府给每个开通电话的村委会补助500元初装费。全镇新造地246.1亩，改造地110亩，建造田头蓄水水池96个684立方米。

2001年，投入400多万元，建设街道设施，整治镇容镇貌，安装十区的街灯（投入资金3万元）。在新镇区新建20个垃圾堆放池，购进30个垃圾收集桶。筹集资金10万元，养护和维护村道。多方筹集资金200多万元，铺设水泥公路1.3公里，柏油路5公里。投入20多万元，建设铁溪咸水口至田心公路。

经济发展概况

1993 年，主要企业有：镇办水电站 2 座，装机容量 1100 千瓦（村办水电站 500 千瓦），还有放运队、渔业队、交通队、木耳制种厂、竹器厂、农机厂、松香厂等。有大小船只 350 多艘，总吨位 14000 吨。飞来峡水利工程建成后，五星电站（装机容量 150 千瓦）被淹，1998 年作补偿处理。

1998 年，全镇国民生产总产值 1.49 亿元，农民年人均纯收入 2183 元（1997 年 1933 元）。水稻种植面积 27730 亩，总产量 12017 吨，比 1997 年增收 870 吨。经济作物种植面积 8810 亩。

1999 年，全镇社会生产总值 15628 万元，其中农业总产值 12743 万元、工业总产值 2885 万元。农民年人均纯收入 2797 元。全年水稻种植面积 14656 亩，粮食总产量 13776 吨，各种经济作物种植面积 9820 亩。全年“三鸟”饲养量 312610 只，同比增加 42099 只。耕牛饲养量 7987 头，比上年增 40 头。水产品 635 吨，比上年增 324.2 吨。

2000 年，全镇国民生产总值 17445.5 万元，其中农业总产值 14272 万元，工商业总产值 3173.5 万元。全镇社会消费品零售总额 4475 万元，农民年人均纯收入 2730 元。

2001 年，全镇国民生产总值 1.853 亿元，比上年同期增长 9%。工农业总产值 1.54 亿元，其中农业总产值 1.507 亿元、工业总产值 330 万元。农民人均纯收入 2948 元。全镇全年各类商品零售总额 4950 万元。

农业基地和名优特产

黎溪镇是中国砂糖橘名镇，适宜种植砂糖橘。全镇发展种植砂糖橘成为一大特色农业，规模与品质得到省农业部门的认可，达到“无公害农产品”标准，注册彩虹桥牌商标，获得中国经济林协会颁发的“中国砂糖橘名镇”的称号。其中，大湖村 1999 年新种植砂糖橘 200 亩，累计 5000 亩，人平 2 亩，投产的 1800 亩，人平收入 1200 多元；2000 年发展到近 6000 多亩，人平 2.2 亩果园。

1995 年，大坪管理区的笋竹基地收入近 20 万元，新村笋竹基地收入也超 10 万元。上半年，镇武装部和大湖管理区以股份制形式兴办一个 500 亩面积的蒿水竹基地。

1996 年，全年种植杂交水稻 21000 亩，占水稻种植面积 90%以上。镇党委、镇政府推广应用省时、省力、高效的塑盘抛秧新技术，共为购买塑盘的农户补贴 4 万多元，在黎溪公路沿线办一个千亩连片的塑盘抛秧示范片。全镇全年塑盘抛秧面积 19000 亩，占水稻种植面积的 80%。晚造，全镇应用“丰收菌”的稻田面积近 3000 亩。使用塑盘抛秧和丰收菌的水稻比传统插秧水稻亩增产 70 公斤以上。结合移民后靠安置，扶持种植优质水果、水竹、笋竹为主的种植业，1995 年冬至 1996 年春共种植水果 7500 多亩。

1997 年，全镇种植水果累计 9000 亩，种竹 12500 亩。新塘、黎洞管理区分别建成面积 170 亩和 250 亩鱼塘。

1998 年，发展果园 12 个，总面积 6735 亩，主要分布在大湖、黎洞、铁溪、围坪、黎新、大埔、恒昌、松岗、黎明、湖溪等管理区和圩镇社区。种植蒿水竹 12000 亩，笋竹 1000 亩，主要分布在新镇、大坪、恒昌、松柏、铁溪、黎洞等。新开挖鱼塘 1200 亩，主要分布在湖溪、黎洞、大湖，黎洞的长塘、黎头咀，铁溪的拐塘、黄鱼沙、大坪、松岗等。在黎洞管理区兴办羊场 3 个。在黎洞的新联兴办养鸡场两个，到年底存栏数 7000 多只。兴办养猪场 4 个，分布在大坪、松岗、铁溪等管理区。在黎新的寨下村和黎明管理区各兴办一个蔬菜试验基地，取得丰收，所产蔬菜在清远及珠江三角洲地区销售。在全镇水稻种植面积 27730 亩中，早稻 13300 亩（种植杂优 12920 亩，占 97.1%），晚稻 14430 亩（种植杂优 14200 亩，占 98.4%）。

1999 年，种植各类果树 340 亩，开挖鱼塘 150 亩，兴办各类养殖场 4 个。据年底，全镇累计种植果树 1.5 万多亩、蒿水竹面积 3 万多亩、笋竹 5000 多亩、各类养殖场 7 个、鱼塘 1350 多亩。发展旅游观光业，形成具有特色的农业经济，黎洞坑口 1500 亩连片的桃、李、梅观光型水果基地初具规模。黎明、恒昌、松岗、黎新等村均形成各自的蔬菜基地，其中冬瓜为蔬菜中的拳头产品，全镇冬瓜种植面积 2200 亩。黎明一农户种植 2.5 亩冬瓜，每亩纯收入 8000 多元，是种水稻收入的 10 倍。全镇冬瓜总产值 1320 万公斤，纯收入 528 万元。巴西旱稻在大埔村试种成功，每亩产量 300 公斤。利用库湾种植湘莲 450 亩，扩种 120 亩。

2000 年，黎溪镇被清远市列入"一乡一品"基地，湖溪、铁溪、黎洞等村，共种植水果 3800 亩，种植笋竹 18500 亩，蒿水竹 23800 亩。移民利用库湾发展网箱养殖，在新塘村试点获得成功。移民从事竹木器加工、家具制作、榨油、小型玩具制作、藤制品来料加工的有四五千人。

2001 年，全镇种植优质稻面积占水稻面积的 95%以上。全年种植蔬菜 13500 亩，其中冬瓜 5500 亩，其他蔬菜 8000 亩，全镇农经比例为 4：6（其中恒昌、黎明村农经比例为 3：7）。全镇 16 个村委会都种上砂糖橘或其他优质果，全镇种植砂糖橘 1.5 亩，其他水果 3000 亩，在山地种植笋竹 16000 亩，蒿水竹 28000 亩。投入 30 多万元兴办一个 40 多个网箱的养鱼示范点，全镇发展网箱养鱼 250 箱。

招商引资

1999 年，完成移民搬迁后，党委、政府引导移民发展个体工商业，黎溪镇原有从事各类生产的个体工商业户 450 户，是年发展 150 多户，主要从事竹木器加工、家具厂、榨油厂等。其中新塘村民办的藤制品来料加工厂，开始有二三十个工人，几个月内在新镇几个村内都有许多家庭作坊式的小工厂，就业人数 400 多人，增加收入 200 多万元。是年 12 月初，与顺德商人签订计划投资 300 万元的养羊及羊肉加工基地建设意向书，实现黎溪镇外资企业的零的突破；羊城铁路总公司准备投资 2500 万元在黎溪北江大桥东侧建造度假村事宜，正在洽谈。年底，全镇有大小商店铺位 600 多家，竹木加工厂 25 个，酒店、娱乐中心 40 个，个体运输业 320 家。

2001 年，多次到深圳，广州、珠江三角洲等地进行招商引资工作。10 月，参加英德市举行的全国商品交易会，共引进外资 600 万元，签订合同 2 宗，办起一家铸铁厂。

教　育

1993 年，全镇有初中 1 所、小学 28 所，有卫生院（设留医部）、医疗站、文化站和电视差转台。

1995 年，全镇在校中学生 1159 人，小学生 4411 人，学前班 569 人。初中毕业生参加考试人数 168 人，升上中专、高中的 165 人，占 98.2%。参加小学升初中毕业汇考 552 人，升上初中的 538 人，升中率 97.5%。

1996 年，按“普九”要求进行完善教学设备，全镇有图书 48.2 万册，中学生人均 20.2 册，小学生人均 10.3 册，教学仪器、体育器材按村学校“二类”标准配齐。经省市“普九”达标验收团检查验收，黎溪镇“普九”达标。

1997 年，投资 230 多万元，兴建中学和中心小学的球场、校门，开辟中学和中心小学的运动场和校道，建好中学的理、化、生实验室。

1999 年，投资 120 万元建设全新的黎溪镇第二小学，二小的建设将彻底解决大湖、湖溪 800 名学生的读书问题。投入资金 100 万元，改造 8 所薄弱学校。

2000 年，投入资金 50 多万元，用于改善办学条件。适龄儿童入学率 99.5%，九年义务教育普及巩固率 98%，中考黎溪中学考上重点中学人数 26 人。

2001 年，出资 75 万元，用于镇内学校的“改薄”。适龄儿童入学率 100%，九年义务教育普及巩固率 98% 以上。投入资金 65 万元，对工程质量问题、成为危楼的中学教学楼进行补强加固，消除安全隐患。多方筹集资金 83 万元建设中学科技楼。8 月，澳门海外联谊会捐资 20 多万元建设全新澳门海联恒昌小学，计划在 2002 年 2 月底交付使用。李祝佳先生各捐赠 10 万元，用于中学科技楼和大湖罗家营希望小学建设。

医疗卫生

1993 年，镇有卫生院（设留医部）1 间，管理区设有医疗站。

1998 年，投入资金 160 万元，建成新卫生院的两个门诊部和职工宿舍大楼。农村合作医疗试点在铁溪、黎洞两村取得成功。

2000 年，投入 70 多万元新建卫生院住院大楼。对适龄儿童进行甲肝、风诊、腮腺炎、支气管炎、伤寒等疫苗的接种，对全镇学生进行风诊普种，开展糖丸普服和“扫荡式”的查漏补服。对发现的传染病病例能及时了解调查和治疗，及时控制病情；配合上级开展食品卫生换发证工作和碘盐监测工作。

2001 年，镇政府投入 26 万元续建卫生院住院大楼。

社会保障

1995 年，黎溪镇建有一个敬老院，成立一个储金会。年初，区民政局支持拨款 1 万元扩建恒昌山门口电站。由于测量原因，山洞未能按期开通。为此，区民政局又拨款 1.9 万元，镇政府也扶持 1 万元用山门口电站建设。完工后，装机容量由原来的 95 千瓦时扩大为 125 千瓦时，每年收入 6 万多元，按 3.9 万元的投入计，每年给敬老院 3000 元。

2001 年，筹集资金 600 多万元兴建食水工程，于上半年竣工投入使用。

人 物

吴光亮（1834—1898），字霁轩，恒昌村人。年 18 从戎，是一位抗倭名将，屡立战功，历任都司、副将，福宁镇、漳州镇、台湾镇总兵等，官至记名提督（二品官）。赏戴花翎、赏穿黄马褂、赐“诚勇巴图鲁”名号，赏给三代正二品封典（其妻刘氏被敕封“一品夫人”），御笔“梅花”“福”“禄”“寿”等字。清光绪二十四年（1898 年）在家病逝。

吴光亮热心公益，兴办教育，建设家乡，尤以晚年抗倭，保卫台湾，深为后人崇敬和称道。同治十三年（1874 年）至光绪二十一年（1895 年）21 年间，吴大部分时间在台湾，是清代文武官中驻台时间较长的一位，对近代台湾的发展作出一定的贡献，影响深远。他在台湾的经历，按时间先后大致可分为开山抚番、招垦后山及内山埔里社一带、台湾镇总兵任内、率飞虎军抗倭等 4 个阶段。其中开山抚番时期最大贡献，也是他一生最重要的功绩。开山抚番，就是对台湾东部（后山）地区进行开发，并对沿途居民（包括少数民族）安抚教化，令民众归服朝廷。他督办开通的八通关古道可说是台湾第一条“横贯公路”，在台湾开发史上具有举足轻重的作用，已被列为国家一级古迹。

1998 年，是吴光亮逝世 100 周年，台湾竹山、鹿谷、社寮等地举办一系列的纪念活动。其中，玉山国家森林公园举办吴光亮立碑仪式，鹿谷农会为吴光亮塑像。台湾省文献委员会将其收录入《台湾先贤先烈专辑》，并出版发行《吴光亮传》。

吴光忠（1840—1901），字敬轩，恒昌村人，吴光亮二弟，清同治十三年（1874 年）调赴台湾，随同其兄“开山抚番”。先后授台湾北路协副将、补安徽安庆协副将，官至记名总兵。在职病故。

王式培（1914—2004），新村人。1939 年冬，在国民党北江挺进纵队政治大队长邝达（中共英德县委宣传统战部长）引导下，王式培和莫木组织 30 多名青年到“北挺”直辖第二中队。1940 年夏，任黎溪乡军民合作站干事，利用合法阵地开展抗日救亡宣传。同年，加入中国共产党。1941 年 3 月，任英德县民船工会浛洸分会书记（相当于文书）。民船工会成立党支部，任组织委员。1944 年夏，在黎溪乡大平集合 30 余人，成立大平人民抗日护耕队。1945 年 3 月，配合东江纵队西北支队西渡北江。西北支队到达黎溪乡后，任黎溪人民抗日常备中队中队长。同年 5 月，任黎溪人民抗日自卫大队副大队长兼常备中队长。1946 年 6 月，西北支队北撤山东烟台后，带领西北支队留下的 20 余人转入山区待命。1948 年 4 月，任英（德）清（远）边区解放大队大队长，12 月任中共英（德）清（远）阳（山）边区县委委员。1949 年 4 月，任中国人民解放军粤桂湘边纵队连江支队第四团团长。1949 年 10 月，任中共英德县委委员。中华人民共和国成立后，历任中国人民解放军粤北军区新三团团长、英德县公安局局长、英德县委组织部部长、英德县土改委员会主任、韶关市委组织部副部长、广东省总工会韶关办事处主任、英德县县长、翁源县县委书记、韶关市委组织部部长、韶关市科委副主任。离休后享受厅级待遇。2004 年 3 月 26 日病逝，享年 90 岁。

风景名胜

黎溪镇旅游资源丰富，景点多，景色美。在新镇附近，有白水寨瀑布。飞来峡水库关闸后，全镇有 8000

多亩湖面、库湾走廊，九曲回环。还有大庙峡、香炉峡、铜鼓石、通天洞等景点。其中，到2016年已开发的旅游项目有飞来峡漂流、丰盛古寺，年接待游客13万人次以上。在建的有天骄影视城、金果山庄、百塔林等。

丰盛古庙 坐落于黎溪旧镇址西边（土名叫榕树头），寺庙中有一棵千年古榕，据植物学家分析，该榕树已有1500多年的历史，当地群众经常在古榕树下祈求风调雨顺、国泰民安。丰盛古寺庙属于佛教，已有1400多年的历史，清朝道光年间曾重建，抗日战争时期和“文化大革命”时期被多次毁坏。近年经过恢复扩建古庙的大雄宝殿、观音殿、藏经楼、八百罗汉殿等，成为广东规模最大的一个寺庙景区，是黎溪镇游客参观的主景点之一。

飞来峡漂流景区 位于黎溪镇大湖村，毗邻飞来峡景区，南距广州90公里，北距英城45公里，与北江一水相连，与飞霞古洞、飞来峡大坝、宝晶宫四景点连成一线。飞来峡漂流景区2001年10月动工兴建，按4A标准景区建设，2002年8月建成接待游客，漂流全程约5公里。

各村简况

飞来峡管理区成立前，黎溪镇设有16个管理区：

大湖管理区包括旱塘（十村）、塘底坑（九村）、牛皮塘（上塘、中塘、大围）、黄泥角、独松、三丫塘、早窿、鸡坑、高迳（七一队、七二队）、棚古皇（八二队）、岩头（五一队）、大坪、塘坦（四一队、四二队）、乌石（八一队）、拐塘、罗家营（罗一、罗二队）、桃子园（园一、园二队）、寨下、大迳等自然村。

湖溪管理区包括下墩（龙田、大马头、坳前）、地心（一、二、三队）、龙田、社岗、马口、石角、龙颈、牛江步（牛一、牛二、牛三、牛四队）、坳头、铺咀、岭咀、樟木窿、大塘边、公山、石山、长岭咀、崩塘、高排、秀才里、庙颈、坑尾（一一队、一二队、二一队、二二队、一四队）、迳口（迳口一队、迳口二队）、松树兜（上围一、上围二、下围一、下围二）、冷蹄、破刹、上马石等自然村。

黎洞管理区包括槟塘、犁头咀、大竹园、江步、大埌田、上湾、响水坑、鸡心岗、旁路（瓣联一、新联二）、大塘口、老鸦埌、长塘、坑口、磨刀坑（下坑一、下坑二、下角）等自然村。

新村管理区包括蕉坑口、新村、蛤塘、大竹岐、磨刀步、深坳、蓝山、斧头尖、大山应、东坑、坑坪、子姜脑、板湾角、茶地坪、同合、垅田（上垅、下垅）、塘边、松坑、山口、塘子凹等自然村。

大坪管理区包括白芒（大围、新屋、秧坎岭、塘子坑、老马铺）、大坪铺、手睁曲、打铁铺、塘子下、黄泥氹、癞痢岭、深水步、田心、氹垅、埌子、毛坪角、青皮埌、办窿口、狗牯岭、大窝、长横田、黄竹坪、上托田、蓝峃、高铺、石咀、塘一、塘二、大迳口、岭咀、办窿口、河坑、新楼、元墩岭等自然村。

黎明管理区包括张屋坝、下黎、坪径、芋合塘、楼子、上黎、逆水、九子份、黄屋、长远潭、疙子下、杨梅角、横岗岭、横竹窿、新屋、石榴花等自然村。

恒昌管理区包括放鸡村、东份、转水湾、乌交塘、朱屋、茶山、塘窿口、新围、伯公坡、寨脚下、蕉园坑、征常田、界板峃、石街路、新岭、下菜园、牛寮、高埌、蒲竹窝、地塘头、老山咀、方塘、元老岭、塘面、坡头劈、甘坑、楼子、新田窿、胡屋、上安田、格坑、湖洋田、苦竹坪、上坑、西坑尾、上门口、砵下、下坪埗、耙田坑、菜子窝、朱屋、白西南、坝子、马头面等自然村。

松岗管理区包括松岗围、秧坎头、细坑（一队、二队、三队）、龙颈、白虎头、沙树头、小坌、下坝、塘口、响水田、社咀、芋头岗、张屋、田尾窿、钟屋、乌龟氹、梯横、水圳头、坑尾等自然村。

高朋管理区包括瓦屋、高龙、庙角头、红群岭、南蛇坑、龙潭、林屋、田心（上田心、下田心）、竹篱笆、朱屋、中心营、铁屎坪、麻子坪、枫树咀、坪湖、山子背、坡头坑、蓝山、石竹园、白银、枧下、高埌等自然村。

松柏管理区包括松子坝、下田心、济生堂、鲶鱼坑、庙背底、曹子窿、马坡、孔下、子高田、杨梅兜、坑背、大坪、高窿、枫树兜、乍糁、上湾、凹下、背夫围、同六、同七、石咀、呗头、坝四、坝五、坝尾等自然村。

围坪管理区包括围坪、罗步、涟埌坑、车田、石峡、龙头、张屋、汉埂、下窝、黄毛坪、深迳（十三、十四队）、塘边、背夫窿、钟屋、杜屋、石璃下、学子圳、谢屋、学堂湾、上塅、根竹坪、新屋等自然村。

新塘管理区包括大松坑、军营、高埌咀、大坪、鹅公坑、水背、小松坑、塘角围（塘角一队、塘角二队）、上楼、下楼、黄茅咀、山天尾、蛇坑、塘角口、沙头、坝头、七千、岭咀、窿子口等自然村。

黎新管理区包括兰塘、火砖楼、围廓、樟木冚、寨下、档木窿、三伯钱、大窝、花蕉围、大田寮、船板窿、佛子凹、榄子窿、深水步、桃子劈、麻角、思田咀等自然村。

红光管理区包括车埌、银坪、石峡、白石坳、湾子、淘金窿、合水口、月台、车角、五土岭、车田、黄竹坑、岭下、大坝（一队、二队、三队）、红伍、红石、埆仔等自然村。

大埔管理区包括牛挨铺、油草田、沙石潭、大坪、双罗坑、竹园、谭屋、黄家、钟家、积田、田心、曾屋、下杨屋、大安田、岭咀头、周公坑、沙岗、赖家、吴家、山子背、塘子等自然村。

铁溪管理区包括西窿口、探洞、田心、坪岗岭、龙尾、塘面、咸水窿、黄鱼沙、拐塘、福田（一队、二队、三队、四队）、秧坎咀、石角、新仓、陆家湾、厂门口、佛台、庙背底、大围、鲶鱼坑、乌湾、咸水口、大份田、涓鱼潭、高朗、福龙围、大坡头、龙坑、新村、大地、东坌、大坪、黄沙角、下岭、塘尾、白坟、铁溪尾、田心等自然村。

2001 年 10 月飞来峡管理区撤销时，黎溪下设有 17 个行政村（社区）新村村、大坪村、恒昌村、松岗村、高朋村、黎新村、大埔村、红光村、黎溪社区、黎明村、松柏村、围坪村、黎洞村、铁溪村、新塘村、大湖村、湖溪村，其中新塘村、黎新村、大埔村、黎洞村、铁溪村因飞来峡水利工程建设，大部分村民迁移到黎溪新镇居住；大湖村、湖溪村的大部分村民就地后靠塘壁岭、办产塘、冬瓜岭重建移民新村。

第三章　连江口镇

历史沿革

连江口之地建制始于明洪武二年（1369 年）。因圩址在北江、连江汇合处，故名。

清康熙四十四年（1705 年）设浛属怀义都怀厚图。清道光十六年（1836 年）设大小樟乡。光绪十三年（1887 年），连江口镇分属于怀义都怀厚图和竹迳都下樟图。清宣统三年（1911 年），分别隶属于大小樟乡、怀厚乡和下砍乡。

民国初年沿袭清旧制。民国 21 年（1932 年）设连江镇、大小樟乡、怀厚乡。民国 25 年（1936 年）设连樟乡、怀厚乡。民国29年（1940年），实行新县制，把原大小樟乡改为连樟乡，下砵乡与上砵乡合并为上下砵乡，怀厚乡依旧。民国34年（1945年），连樟乡与上下砵乡合并为连砵乡，乡公所设在连江口街。怀厚乡仍依旧，乡公所设在下步墟。

新中国成立后，全县设英东、英西、英中3个区，乡仍沿用旧制。怀厚乡、连砵乡属英中区（第一区）管辖。1956年8月至1957年10月，连砵乡与怀厚乡合并为连江区，区政府设在连江口街。1957年11月，连砵乡改称连江乡。1958年4月，怀厚乡并入连江乡。1958年9月，全县设6个人民公社，连江与黎溪、水边、大洞等地同属跃进人民公社。1959年4月，又把原连砵乡、怀厚乡从跃进人民公社中划出，成立连江口人民公社。1977年，析出6个大队成立下砵人民公社。1983年，撤社设连江口区。1987年4月，撤区设连江口镇。1995年9月至2001年10月，连江口镇归飞来峡管理区管辖。

2001年11月，飞来峡管理区撤销，连江口镇与水边镇、黎溪镇同时回归英德市管辖。是年，连江口镇有7191户35406人。

1995年至2001年连江口镇领导班子成员：

书　记　黄亚全（　-1997.4）
　　　　梁伟赟（1997.4-2001.6，1999.2后区委常委兼）
　　　　陆前锋（2001.6-　）
副书记　梁伟赟（1996.9-1997.4）
　　　　李文献（　-1999.1）
　　　　罗运才
　　　　李满泉
　　　　梁建德（兼任人大主席）
　　　　李秀珍（兼任纪委书记）
　　　　钟朝本（2001.6起主持政府全面工作）
委　员　李秀珍
　　　　谭亚炎
　　　　李满建
　　　　何曹生
　　　　梁桂兴
人大主席　梁德建
人大副主席　何泽娟
　　　　蓝石钦（由副镇长改任）
　　　　何曹生（由党委委员改任）
镇　长　李文献（　-1999.1）
　　　　罗运才
副镇长　李亚玉
　　　　林隆福
　　　　蓝石钦
　　　　黄林坚

陆天应

周亚环

钟朝本（1999.3-2001.6）

地理位置

连江口镇位于飞来峡管理区东北部，地处北江、连江交会处，距英德市区25公里，距广州市区115公里，是入粤古要塞之一，历代兵家必争之地。东与下砵镇、黄岗镇、大站镇、英城镇毗邻，南与黎溪镇相连，西与水边镇、西牛镇相接，北与石灰铺镇接壤。银英公路、京广铁路、北江航道呈“川”字形贯通全境。

自然条件

连江口镇以高丘陵地貌为主，东南部一部分属山地（中山），北部有部分山地（低山）。地势东高西低。自然土壤为花岗岩风化而成。耕地和村庄主要分布在北江、连江沿岸及支流沿线地带，土地肥沃。平均气温24.8摄氏度，年均降水量1420毫米，无霜期317天，年均日照1700小时，四季适宜种植作物。林木、矿产、渔业资源丰富。盛产用材林、经济林、笋竹、蒿水竹，是英德主要林区之一。青麻石、花岗石、硫铁矿、硫磺矿储量丰富，还有稀土、钨等10多种矿产。溪涧多，水质清纯，河鲜种类多，味道鲜美，以桂花鱼、河鲶、白鳝、骨鱼、黄骨鱼、河虾、水鱼、大沙鳖、马面骨、和顺鱼、边鱼等最为出名，年产量1200吨。飞来峡水利工程建成后，可利用的库湾3800多亩。

人口和计划生育

1993年，全镇总面积339平方公里，总人口31971人，其中农业人口26353人。圩镇面积2.45平方公里（含连江口、下步、小舍3个圩市），208个自然村。镇人民政府驻连江口圩。连江口圩主要街道有站北街、河边街、向阳街、新村街、站前街5条。

1995年，全镇落实“四术”1081例，占全年任务104.6%，征收超生费4.66万元，出生率19.18‰，人口自然增长率10.55‰，多胎率控制在13.55‰以下，计划生育率71.34%，完成上级下达的人口包干任务。1996年，计划生育全镇落实“四术”1071例，完成全年任务100.16%，出生率17.88‰，多胎率控制在11.88%以下，计划生育率66.61%。1997年，全镇共完成“四术”1185例，占任务的107.6%。其中结扎395例，纯女70例，占任务148.9%，上环393例，人流引产397例，计划生育率75%，出生率16.76‰，节育率89.23%，多孩率8.71%。1998年，出生率15.52‰，计划生育率80.16%，多孩率6.4%，自然增长率9.06‰。完成“四术”968例，其中结扎273例，上环383例。1999年，全镇出生率11.49‰，比区下达任务下降5.11‰；计划生育率82.84%，比区下达任务提高3.5%；多孩率控制在3.19%，比区下达任务减少0.21%；自增率6.56‰，比区下达任务降低4.29‰。完成“四术”813例，占任务的100%。2000年，全镇出生率9.63‰，计划生育率85.7%，自增率4.00‰。完成“四术”702例，其中结扎125例，其中二女扎76例，一孩上环371例，人流引产156例。“三查”率95%，新婚夫妇授课率95%以上。按政策发放生育证，持证生育97%。全镇投入保险独生子女357例，二女户130人，总投保资金120600元。

劳务输出

连江口镇人多耕地少，劳动力丰富，劳务输出潜力大。1999年，全镇农民劳务输出约4920人，收入1303万元，比1998年增加744万元，成为农民人均收入的第二大支柱。至2000年，每个贫困户至少输出了一个劳动力。

2001年，全镇移民人均纯收入2960元，比搬迁前的1994年人均纯收入955元增长3倍。

移民安置

连江口镇移民的征地工作自1994年6月开始至1999年6月结束，完成库区征地11065.7亩，移民工程用地征地1601.97亩。全镇移民资金总承包额3.3亿元。

连江口镇农村移民安置及各圩镇迁安工程于1997年10月30日结束，区要求的时间提前8个月完成，新圩镇迁安工程于1998年4月30日结束，比区要求的时间提前2个月完成。

1995年12月底，完成连江口制定实物普查、人口迁移、后靠、生产发展规划方案工作。

1996年3月，连江口镇党委、政府会同移民安置工作分团制定《连江口新圩镇建设工程进度计划》，确定230户、1362名移民实行就地后靠安置，808户3838名移民在墟镇安置；各移民新村址完成测量工作，全区分小舍枫树坪安置点、初溪庙岭安置点、三井南北田安置点、三井茅步安置点、连江口鹅坑安置点、城樟大樟坝移民安置点、银坑山背安置点、下步长岭安置点、连江口圩镇皇城口一区、二区安置点安置点和小樟安置点。5月，河海大学水库移民安置规划专家组完成小樟管理区勘测设计工作，小樟坑口移民安置点试点“三通一平”全面铺开，当月完成土方量近5万立方米，占总工程量的40%。是月，连江口镇确定群联等多个移民点。5月、10月、11月，镇政府分别开展3次对淹没实物指标的查错补漏工作，全镇共核实错漏受淹房屋12355平方米。11月下旬，查错补漏核实方案获珠委、飞来峡工程移民局、区移民办核查通过，追加补偿款3284320元、核对附属设施补偿款120394元。12月，完成连江口镇所有移民新村址测量工程，其中有4个点完成宅基地的平整、3个点已完成宅基地平整的95%；皇城口新镇第一期填土工作完成，第二期工程完成移民工程土方量148.62万立方米，占总工程量的54%；小樟蕉园村和坑口村的宅基地已100%施工，其中蕉园村有22户建房。

1997年2月底，小樟管理区移民安置试点建成，部分移民迁新居；小舍、下步、城障、三井、初溪移民安置点进行“三通一平”基础处理；蕉园村有22户移民搬入新居；结合圩镇防护堤建设，在皇城口安置点进行场地“三通一平”建设，计划安置600户移民。3月底，小樟管理区移民试点的移民全部完成建屋，并全部搬迁，该点作为全市移民后靠安置的试点，为其他就地后靠安置的地区提供经验。8月初，镇政府抽调30多名干部、职工分派到各个工程施工场地，对各工程队在使用材料、建设进度等是否按合同、图纸要求施工方面，进行监督。9月29日，飞来峡移民工程质量监督及进度检查小组对连江口在建移民工程进行全面的检查，发现：该镇移民工程已全面动工，工程与拨付资金基本相符，移民工程进度、工程质量和执行规划设计方面具体情况如下：⑴小舍枫树坪安置点：已完成12户移民房基础施工，其中2户完成首层砖墙，装二层楼模板，3户砌首层砖墙，符合进度要求。经目测，毛石基础砌筑合格，工程外观较好，基本按规划图纸施工。但砖墙转角不符合施工规范，有些砌砖砂浆掺黄泥。没有按规划图纸设定的场地坡度，使前后两排房的基础高差超过30厘米。⑵初溪庙岭安置点：建好10户60平方米移民房基础，其中6户完成首层砖墙砌筑，二层模板进行安装，经目测，基础圈梁分两次浇筑，层次分明不符合施工规范，目测质量较差，有严重的蜂窝现象，有1户移民房基础梁有裂缝。场地挖方边坡过陡，存在滑坡隐患，后采取措施放缓边坡，基础梁蜂窝处用高标号砂浆补强，圈梁断裂处由镇政府派技术人员对现场进行彻底检查，查出原因，再另定出处理方案。⑶三井南北田安置点：完成13户建房，并定于9月30日全部搬迁，符合进度要求。经目测，该新村规划整齐，外观形象较好，值得借鉴。⑷三井茅步安置点：11户进行房屋基础施工，施工质量良好，该处的场地平整工程工期太长，且质量仍未达到要求，挖方边坡在2：1以上，存在严重滑坡隐患。⑸连江口鹅坑安置点：该点安置移民18户，分为两部分，基础全部挖好，准备进行基础施工，符合进度计划。经查一户基坑虚土较厚，再向下开挖将增加基础处理费用，放弃建房。⑹城樟大樟坝移民安置点：该点规划安置108户，现场地平整工程完成95%，符合进度计划。该点位置选择较好，交通方便，场地宽阔。⑺银坑山背安置点：进行场地平整，完成工程量70%，工程进度滞后于进度计划。⑻下步长岭安置点：进行场地平整，可按计划完工。⑼连江口圩镇皇城口一区、二区安置点：一区地基强夯处理完成95%，二区地基强夯处理完成30%，工程严重滞后。10月8日，区移民安置办公室关于《移民工程质量监督及进度检查情况通报》中，对“连江口镇初溪庙岭新村、三井南北田新村、毛步新村的背后山坡度过陡和银坑苟塘山新村址平整场地面积较小”问题，提出整改要求。10月23日，连江口镇政府对本镇移民工程工作进度进行自查，情况如下：⑴小舍枫树坪新村：按计划进入建房阶段，完成总工程量的60%，实际投放资金77万元，与工程进度相符。⑵银坑苟塘山新村：完成土地平整工程，于10月21日验收合格，实际投放资金48万元，与工程进度相符。⑶初溪庙岭新村：9月起开始建房，已有3户完成房屋首层工程，其余也进行首层布筋，实际投放资金28万元，与工程相符。⑷下步长岭新村：完成土地平整工程，验收合格，实际投放资金253万元，与工程进度相符。⑸三井南北田新村：提前于9月份全面完成建房任务。该村移民12户72人于9月30日喜迁新居，成为除小樟试点外的首批搬迁新居移民；毛步新村完成房屋基础工程，于10月20日验收。实际投放三井管理区移民资金155万元，与工程进度相符。⑹连江鹅坑新村：12户移民的房屋基础工程全部动工，其中有4户完成，实际投放资金102万元，与工程进度相符。⑺城樟大樟坝新村：于10月16日验收合格，实际投放资金244万元，与工程进度相符。⑻皇城口新镇址：移民工程进度缓慢，其中一区基础强夯处理接近完成，排水管网完成总工程量的20%，穿堤排水管完成总工程量的15%；二区基础强夯处理完成工程量的95%。新镇址共投放资金2462万元，与工程进度相符。10月29日，飞来峡管理区移民工程质量监督及进度检查小组，按每月集中一次对移民工程进行巡检的要求，对连江口镇的建移民工程进行全面的检查，情况如下：⑴小舍枫树坪安置点：12户移民房全面施工建房，有2户建好2层，有3户建好首层，其他都正在砌首层砖墙，符合进度要求。经目测，毛石基础砌筑合格，施工工艺较好，砌砖砂浆没有发现再掺黄泥，但排水管沟还没有开挖。⑵初溪庙岭安置点：10户完成房屋基础，其中6户完成首层建设。原基础出现的空洞、蜂窝有修补；对边坡过陡问题，已测出土方量，定于11月1日进场施工；有1户移民房屋基础染断裂还没处理，工程进度较慢，没有达到进度计划要求。⑶三井南北田安置点：完成13户建房，13户都搬进了新居，符合进度要求。边坡的防护排水沟没有处理好，原被雨水冲毁的填土（场地）没有补填，没有做好填土的边坡防护。要求及早处理边坡搞好填土防护和挖土边坡的排水。⑷三井茅步安置点：11 户房屋基础已建好，施工质量目测良好，已开始首层砌砖；对边坡过陡问题，已测出土方量，定于 11 月 1 日进场施工；场地填方严重流失，还没有作出处理。⑸连江口鹅坑安置点：18 户移民房屋基础已全面施工，施工状况良好，符合进度要求。上月提出的 1 户基坑虚土较厚，现已放弃，重新安排另处建房。⑹城樟大樟坝安置点：该点规划安置 108 户，场地平整工作全面完成，并搞好规划设计，准备动工建房屋基础。符合进度要求。⑺银坑山背安置点：该点安置移民 12 户，场地平整已完成，正在验收。工程滞后于进度计划。⑻下步长岭安置点：场地平整已完成，并经验收，该点因安置点的改变，工程滞后于进度计划，并且挖土边坡是砂质黏性土，含粉砂质多，容易产生滑坡，按目测边坡坡度没有达到设计要求。⑼连江口圩镇皇城口一区安置点：该安置点地基强夯处理完，开始建排水管道。工程滞后，原填土高程强夯后不合设计要求，造成还要大量填方（填方平均 0.8 米左右）。⑽连江口圩镇皇城二区安置点：该安置点地基强夯完成 50%，工程严重滞后，在强夯过程中出现大约 2000 平方米（靠铁路边）场地形成“橡皮土”，无法强夯。要求派出技术人员，抓紧时间找出出现“橡皮土”的真正原因，及时采取有效的措施改变“橡皮土”加强施工管理，加快施工进度。11 月间，新墟镇移民工程工作顺利推进，其中，新镇皇城口一区基地强夯工程完成并通过验收，排水管网工程全部完成，明渠工程完成总工程量的 85%；新镇皇城口二区、三区宅基地工程进行施工；墟镇第一批搬迁的移民 209 户 917 人，安排在一区建房，已进入建房阶段。11 月下旬，连江口镇政府对全镇移民工程进度和质量情况进行自查。情况如下：⑴农村移民工程工作进度情况。①小舍管理区线下移民 18 户 126 人，3 户 16 人到圩镇安置，15 户 110 人农业安置。农业安置移民中，3 户 28 人分散建房，其余 12 户 82 人在枫树坪建移民新村。该新村已按计划进行建房，完成建房总工程量的 75%。②银坑管理区线下移民 88 户 499 人，3 户 17 人投亲靠友，68 户 389 人到圩镇安置，其余 17 户 93 人农业安置，农业安置的移民有 4 户 17 人分散建房，13 户 76 人安排在旬塘山建新村，苟塘山新村宅基地基础工程完成总工程量的 50%。③初溪管理区水线下移民 11 户 69 人，6 户 39 人圩镇安置，5 户 30 人农业安置。农业安置的移民在庙岭山建新村。按计划完成建房任务，准备搬迁。④下步管理区线下移民 116 户 629 人。10 户 54 人投亲靠友，88 户 515 人到圩镇安置，其余 18 户 60 人农业安置。农业安置的移民计划在长岭建新村，由于建委没提供基础图纸预算，没法进行招投标工作。⑤三井管理区线下移民 27 户 170 人，全部农业安置。15 户 89 人在南北田建新村，完成建房并搬迁新居。12 户 81 人在毛步建新村，目前已按计划进行建房，完成总工程量的 60%。⑥连江管理区线下移民 35 户 196 人，17 户 94 人圩镇安置，18 户 101 人农业安置，农业安置的移民 6 户 36 人分散建房，12 户 65 人在鹅坑旱地建新村，已按计划进行建房，完成总工程量的 10%。⑦城樟管理区线下移民 205 户 1074 人，投亲靠友 1 户 5 人，圩镇安置 112 户 475 人，农业安置 92 户 594 人，农业安置的移民在大樟坝建新村，按计划于 10 月份完成土地平整工程，计划要求 10 月份要进行宅基地基础工程施工，由于建委未提供基础图纸预算，没进行招投标工作。⑧小樟管理区线下移民 56 户 266 人，2 户 11 人投亲靠友，其余 54 户 255 人农业安置，完成建房任务并迁入新居。⑨红溪、群联、南坑三个管理区不安排移民点，红溪管理区的线下移民 9 户 46 人，1 户 5 人农业安置分散建房，8 户 41 人到圩镇安置，群联管理区线下移民 21 户 88 人，21 户 88 人到圩镇安置。南坑管理区线下移民 42 户 249 人，2 户 11 人投亲靠友，40 户 238 人到圩镇安置。⑩全镇实际支付农村移民工程及补偿款 2400 万元，资金支付基本与工程进度相符。⑵圩镇移民工程工作情况。①连江防洪大堤基本完成，投放资金 2320 万元，与工程进度相符。②新镇皇城口一区 57373 ㎡基地的强夯工程已完成，通过验收圩镇第一批搬迁的移民 209 户 917 人，安排在一区建房，房屋基础工程施工完成总工程量的 30%。二区 74502 平方米基地的强夯工程完成，待验收。安排农村入圩镇的移民 363 户 1895

人（其中：有 41 户、89 人不要宅基地）。三区 43000 平方米基地的强夯工程，完成总工程量的 70%。一区排水管网工程已完成总工程量的 100%，待验收。新镇食水工程已完成总工程量的 60%，明渠工程完成总工程量的 65%。一区街道工程完成总工程量的 20%。新镇投入移民工程资金及补偿款 4580 万元，资金支付基本与工程进度相符。⑶其他问题情况。①已对三井管理区南北田新村背后山边坡过陡问题进行处理，南北田新村背后山边坡工程完成总工程量的 20%。②初溪庙岭新村背后山边坡处理工程完成总工程量的 70%。③因连江口圩镇房屋补偿及错漏人口补偿存在 1300 多万的缺额，同时有 1400 人未确定为必迁户，致使圩镇没法按规划进行整体搬迁。11 月 27 日，飞来峡管理区移民工程质量监督及进度检查小组对连江口移民工程进行全面的检查，发现 2 个问题，⑴工程进度滞后于计划。⑵工程施工管理不到位。一是圩镇房屋基础施工未按质量要求送检三大材料，有些材料与工地使用材料不符。二是工程施工资料，质监资料，有关单位未按规定进行填报、签认，造成管理混乱，质量难以保证。12 月 30 日，飞来峡管理区移民工程质量监督及进度检查小组主要检查连江口镇的移民工程。情况如下：⑴农村安置点：①大樟坝 92 户开挖基坑，18 户开挖完成，12 户建房屋基础，连江旱岭安置点 18 户，全部进入建房。②三井区毛步安置点 12 户，全面进入建房。③下步长岭安置点，原计划安置 19 户移民，现在只落实 6 户，6 户已建好房屋基础。④初溪庙岭安置点，5 户全部正在建房。⑤银坑苟塘山安置点 16 户，全部进入建房。⑥小舍枫树坪安置点 12 户，全部进入建房。农村安置点主要问题是进度慢。⑵圩镇安置点：1 区完成基础 134 套，在建 46 套，其中在建的 28 户已完成地梁浇筑，还差柱头没搞好。2 区完成基础 8 套，在建 213 套，其中在建的 39 套已完成地梁混凝土浇筑，工程进度滞后于区进度计划。

1998 年 2 月，小舍枫树坪、初溪庙岭山、三井毛步、连江旱岭 4 个移民点的移民全部迁入新居。2 月底，镇移民办统计，连江口镇有水位线下移民中，有 463 户 2606 人没有建房，其中，圩镇移民 170 户 948 人，农村入圩镇安置的移民 203 户 1185 人，城樟大樟坝 90 户 473 人。是月，为加快移民安迁进度，镇委、镇政府采取“层层落实责任制，实行驻队干部职工与移民建房户挂钩，与奖金挂钩，每五天检查通报一次，对进度慢的移民户和其所挂钩干部进行黄牌警告，发出《关于加快建房的通知》”等措施，催促移民建房。3 月 4 日，区移民工程质量监督和进度检查小组对连江口镇的移民安迁进度、在建移民工程进行检查。检查情况如下：⑴移民进度情况如下：全镇水位线下移民完成搬迁 222 户、1149 人，占任务的 20%。其中新圩镇一区、二区已完成宅基地的分配，全面进入建房，但没有达到区的进度计划要求；农村移民点城樟区的大樟坝点、下步区的枫树坪点、银坑区的苟塘山点工程进度慢，没有达到区的进度计划要求。⑵移民工程质量情况如下：从外观看，各安置点的工程质量观感较好。但农村移民点中三井区的毛步点、门坪填土没有采取防护，泥土流失严重。3 月 5 日，连江口镇召开镇四套班子会议，为加快移民安置进度，制定四项措施：①制订《连江口镇人民政府关于加快移民建房速度的决定》，要求已分配到宅基地并完成房屋基础工程的移民户，要立即投入建房。如在 3 月 8 日仍未投入建房的，政府收回宅基地，不发移民搬迁补助和搬迁后生活补贴，并取消移民应享受的其他待遇；②增加圩镇指挥部的人员，指挥部从原来的 3 人增至 5 人，加强移民工程的管理；③保证建设工程道路的畅通，圩镇工程道路疏通由 1 名镇长负责，支出圩镇修路费 1.8 万元，支出下步区修路费 3000 元，支出银坑区修路费 2000 元，支出城樟区修路费 2500 元；④进行资金支持，对房屋补偿款在 1000 元以下，确实不够资金建房的移民户，由镇移民办担保，帮助他们向信社贷款建房。3 月 20 日，连江口镇政府对移民户再次发出《关于加快移民建房速度的通知》，规定：⑴对在 3 月底前能搬入新居的移民，每户奖励 1000 元；⑵3 月 5 日下发的决定继续执行；⑶对连江口镇圩镇居民移民中，已分配好宅基地并建好房屋基础的移民户，如在 4 月 20 日前未建好一层以上的，政府将收回宅基地；⑷凡已分配好宅基地并建好房屋基础的移民户（包括农村、圩镇移民户），如在4月30日前未建好房并搬入新居，一律取消搬迁补助及搬迁后生活补贴；⑸已收到搬迁补助及生活补贴，但未在4月30日前搬进新居的，将从土地补偿款存款利息分红和其他有关项目中扣回，必要的将采取法律手段强行收回。镇政府出台移民工作管理措施后，移民安置工作进度有效加快。截至3月31日，连江口镇水位线下移民1156户、5787人中，完成234户、1230人的搬迁，占任务的21%，各安置点未搬迁移民都在紧张建房，具体情况如下：①小舍管理区15户、110人后靠移民完成搬迁。②银坑管理区16户、91人后靠安置完成建房工程量的98%。③初溪管理区后靠安置5户、30人完成搬迁。④下步管理区后靠安置7户、35人，完成搬迁1户、5户在建房，1户没有动工。⑤三井管理区27户、170人，全部完成搬迁。⑥连江管理区后靠23户、124人完成搬迁。⑦城樟管理区后靠安置92户、594人，76户投入建房，10户已建好一层，还有16户正在建房屋基础。⑧连江口圩镇一区准备安置216户、942人（其中42户、224人不要宅基地）全部建好房屋基础，完成建房总工程量的70%；圩镇二区准备安置移民363户、1895人（其中41户、89人不要宅基地）全部建好房屋基础，完成建房总工程量的20%。4月底，该镇水位线下的463户2606名移民，全部完成建房，包括在新镇一区建房的圩镇移民170户948人、在新镇二区建房的农村入圩镇安置移民203户1185人、城樟大樟坝安置的移民90户473人。5月4日至11日，区组织检查验收小组，由区领导带队，成员由区移民工作团、区移民办、区建委、区设计室、质监站的工作人员组成，并邀请飞来峡水利工程监理、飞来峡工程移民局的有关领导参加，检查以珠委确定的水位线下移民必迁数和清峡委〔1998〕6号文为依据，根据连江口镇提供的移民建房搬迁资料（包括到户情况表和宅基地分配平面图），到各移民安置点实地逐户检查。检查验收结果如下：连江口镇水位线下移民1156户、5787人中，实际完成834户、4584人的搬迁，占任务的79%，全部完成到户搬迁承包合同书的签订。具体安置情况如下：⑴投亲靠友17户、92人，人口、户口已迁出。⑵自理126户、548人，已完成搬迁。⑶建房搬迁（包括进圩镇和农村后靠）有691户、3944人，全部完成建房搬迁。5月间，新镇新镇皇城口一、二区移民建房搬迁工作通过上级验收。连江港务所、商业公司、供销社、林业站、教办、派出所、中学学生宿舍楼、连江第二小学、医药公司、搬运站、地税、计生服务所、房管所、卫生院、农业银行、劳力站等15个单位的办公楼或宿舍楼工程完成，陆续实施搬迁。6月9日，区移民工程质量监督和进度检查小组邀请飞来峡水利工程监理、飞来峡工程移民局等单位对连江口镇移民工程进行检查，连江口镇完成线下移民搬迁834户、4584人，占线下移民总数的79%，其中，后靠225户、1343人完成搬迁；尚有322户、1203人（圩镇）因珠委没有具体界定人口而难于实施搬迁。

连江口镇移民安置共计11970人，其中必迁移民即线下移民1308户6734人（农村线下移民742户4183人，圩镇线下移民566户2551人），随迁人口5236人（农村随迁2860人，圩镇随迁2376人）。农村必迁移民742户4183人（后靠安置234户1381人、圩镇安置336户1932人、投亲靠友18户98人、自理154户772人）中，小舍村21户147人（后靠枫树村13户92人，圩镇3户16人，自理5户39人），银坑村92户524人（后千苟塘山16户81人，圩镇60户360人，投亲靠友3户17人，自理13户66人），初溪村23户159人（后靠庙岭山10户67人，圩镇12户72人，投亲靠友1户6人，自理14人），下步村147户835人（后靠长岭7户35人，圩镇85户509人，投亲靠友10户54人，自理45户237人），红溪村11户54人（后靠1户5人，圩镇9户48人，自理1户1人），群联村27户125人（圩镇21户93人，自理6户32人），三井村28户178人（后靠南北田、矛步27户170人，自理1户8人），连江村56户346人（后靠鹅坑13户76人，圩镇19户112人，自理24户158人），城樟村206户1097人（后靠大樟坝92户594人，圩镇92户477人，投亲靠友1户5人，自理21户21人），南坑村74户445人（圩镇35户245人，投亲靠友2户

11人，自理37户189人），小樟村57户273人（后靠坑口、蕉园55户261人，投亲靠友1户5人，自理1户7人）。圩镇必迁566户2551人中，圩镇安置175户973人，自理安置391户1578人。农村随迁移民2860人中，后靠安置26户121人，圩镇安置251户1235人，生产安置1504人。圩镇随迁2376人中，圩镇安置454户2376人。水位线下移民搬迁安置，建成小舍村的枫树坪，银坑村的苟塘山，初溪村的庙岭山，下步村的长岭，三井村的南北田、茅步，连江村的鹅坑，城樟村的大樟坝，小樟村的樵园、坑口等10个农村移民点工程。随迁安置，建成南坑村的上坑，群联村的鹤树山2个移民点工程。

基础设施建设

1993年，连江口镇有初中3所、小学36所；卫生院1所、病床30多张，卫生站20所；有文化站（图书阅览室藏书7500多册）、电视差转台、影剧院等。

移民工程促进连江口城镇规模和基础设施上一个新台阶。镇区人口由原来的4690人增至8848人，镇区面积由原来的0.3平方公里扩大到0.6平方公里。政府投入资金进行基础设施建设，移民住房区统一规划，房屋全部为砖与钢筋水泥结构；街道全面实现硬底化；供水、供电、电信和排水排污系统设施比较完备；城镇防洪能力达到50年一遇标准；兴建环库公路与北江大桥，打通整个库区对外交通通道。政府的办公场所得到根本性的改善，新建一批办公大楼；医疗卫生机构与中、小学及幼儿教育、敬老院等功能配套齐全；商业、饮食、银行、交通运输及文化娱乐等服务设施齐全；日用品及肉菜副食品市场基本配套。

省政府出台飞来峡水利枢纽工程移民后期扶持政策，从飞来峡水电厂上网售电之日起，按售电量每千瓦时提取2分钱的标准，计提移民后期扶持专项基金，用于扶持移民安置区发展生产和完善基础设施建设。

1995年，投资6万元，解决3200亩的农田用水。拨款6.1万元，作为专项教育经费开展奖教奖学活动，并支持维修连江二中、银坑等学校的教学楼和教师宿舍。拨款2.5万元，帮助156户特困户渡过难关，恢复生产。投资1.5万元，维修镇护林船。争取上级支持，政府拨款一部分，群众集资一部分，共投入65万元，拉通蓝山高压用电。拨款3万元，修通三井管理区下营至新合公路。

1996年，镇委镇政府积极争取上级主管部门的支持，发动群众集资，共投入7万元，投入605万个义务工，兴建与维修严村、下步、银坑等4个管理区的4座水坡（闸门），受益面积4200多亩，其中下步、银坑两个防洪堤闸门的维修，受益面积3200多亩。

1997年“7·6”特大洪水导致连江口镇两条防洪堤被冲垮，水圳塌方、堵塞35公里，陂头被冲毁78宗，大小桥梁被冲毁48座。镇委镇政府在做好水利设施修复规划的同时，发动群众修复水圳、陂头、防洪堤、水闸门等，共投入23万元和9.8万个义务工，兴建和修复12个水陂、闸门，4公里水圳，受益面积3500亩。

1998年，成立环库公路建设领导小组和连砛公路建设指挥部，争取上级支持和筹集资金，修建环库公路和连砛公路。西岸环库公路全长25.7公里，共投入471万元。按县一级乡村公路（柏油路）的标准，完成连砛公路测量工作。初溪管理区修好机耕路730米，银坑管理区修好机耕路1400米，小樟管理区修好机耕路7000米。通信方面投入54万元，开通小北江的三井、群联、红溪、下步、初溪、银坑、小舍7个管理区的程控电话。到1998年，全镇14个管理区中，先后开通除蓝山、严村、连樟3个管理区外的11个管理区的程控电话，全镇的程控电话由上一年的370台增至467台。建立镇的农田基本保护区41片，总面积7834亩。

2001年，镇党委政府筹集资金15万元，新建坡头17个，维修12个，渠道和水圳28公里，累计改造低产田1500亩。投资211.5万元，铺设连砵公路柏油路9公里。对城镇新区统一规划，统一绿化，投资100多万元，种植绿化树3400棵，安装路灯、街灯。投资246万元，兴建集贸新市场和旅游新码头；为南坑、西洞、大樟坝48个村民小组，开通程控电话。

1995年至2001年，连江口镇较重大的基础设施建设工程有：

连江口防护大堤。全长2.3公里，1996年11月动工，1997年11月竣工，总投资3260.86万元。河堤是抛石为主体的堤岸防冲结构，堤内进行抽沙填充，形成0.5平方公里的地台，作为新镇搬迁和移民安置工程用地。

连江口北江大桥。为解决水库区移民生产、生活出行难问题，1996年6月经省交通厅批准立项建设连江口北江大桥。大桥位于浈阳峡南侧出口处，桥长330米，工程于1996年9月开工，2001年12月完工。

环库公路。分西岸环库公路和北岸环库公路，共40多公里。在移民安置期间，由于经费不足，只建成4米宽的沙土路。接着镇政府筹集资金，逐步扩建成路基9米、路面7米的沙土路。

经济发展概况

1993年，连江口镇办企业有万公桥、塘汪水电站（装机容量400千瓦）、服装加工厂、化工厂、电机厂及运输业等。装机容量为110千瓦时的万公桥电站，飞来峡水利工程建成后被淹，1998年作补偿处理。

飞来峡管理区成立后，连江口镇经济稳定发展。1999年，全镇达到文明小康村标准的村有147个，占全镇村小组总数的50%，有78个村小组的农民人均纯收入在2557元以上，人均拥有钢筋砖木结构住房面积18平方米以上。2001年，农村社会总产值比1995年增加7415万元，经济总收入增加5373万元，农民人均纯收入增加1656元。

表1-3-1　　连江口镇1995年至2001年各项经济指标

年度	户数（户）	人口（人）	农村社会总产值（万元）	经济总收入（万元）	农民人均纯收入（元）	财政收入（万元）
1995			12373	5186	1276	
1996			13784	6845	1634	468
1997			15174	8521	1828	403.3
1998			16145	9335	2032	521.4
1999			17275	10816	2315	415.35
2000	7460	34700	18846	10042	2548	425.12
2001	7191	35406	19788	10559	2932	561

农业基地和名优特产

连江口镇移民生产安置，主要立足当地资源，以农为主，宜林则林、宜渔则渔，宜果则果，发展“三高”

农业。镇政府投入资金建设示范点，组织移民外出参观学习先进地区农业生产，调动群众发展“一乡一品”工程，重点发展砂糖橘、麻竹种植和丰产林业，养殖业以网箱养鱼和山地鸡为主。

镇政府在大樟库湾设立网箱养鱼示范点一个，有30个箱，养鱼5～7个品种。由此带动全镇发展到570只网箱的规模，主要分布于大樟库湾、小樟库湾、高洲铺库湾、塘坑库湾和小北江库湾。网箱主要养殖品种有鱼边鱼、叉尾鱼回、红眼鳟、武昌鱼、草鱼、海南红鱼白、刺鳅、光倒刺鱼巴等北江名贵河鲜。政府设立示范果场2个，小樟果场种有砂糖橘1240棵，投资6万元；大亚沙果场种植龙眼、砂糖橘、三华李、雷竹等9个品种。

全镇辖区内种植笋竹8万多亩，砂糖橘6万多亩，开挖鱼塘719.5亩。连江口镇出产的砂糖橘品质优良，皮薄色泽橙黄，鲜美极甜无渣，口感细腻。笋竹、砂糖橘成为移民的重要收入来源。

招商引资

1995年，引进外资700万元，实际利用外资500万元，新建红砖厂、石灰厂、石场、水泥品厂等。同时，对原有企业进行改造整顿、挖潜。全镇工业总产值1067万元，总收入116.8万元，分别比上年增长36.8%和38.5%。2000年，引进一台商投资20多万元与银坑以股份合作制形式在大樟坝办起一间牙签厂。另一台商同银坑合办一次性卫生筷子厂，首批款项60万已到位。

飞来峡水库建成后，在连江口镇境内形成众多库湾，山水相映、风景秀丽的旅游资源。镇党委政府制定“以开发旅游为龙头”“以旅游带动本区经济，促进各行各业的发展”的方针，成立风景旅游开发区领导小组，组织专家学者对全镇的风景旅游资源进行实地考察论证，制订可行性报告，完成浈阳峡风景旅游区和月亮湾沙滩浴场的规划，编印招商指南，制定招商优惠政策，开展招商引资。通过努力，建成连江口食宿比较高档的场所——依山傍水、占地面积8000多平方米的得月山庄。

两大会战

2000年，连江口镇14个村委会中，未通机动车的有南坑、三井、群联、银坑、小舍、严村、蓝山7个村委会，占全镇村委会的50%，涉及村民小组144个，占全镇村民小组的55.6%，总路程61公里，涉及人口13692人，占全镇总人口的39.6%。未通电话的村委会3个，占全镇村委会的21.4%。全镇年人均纯收入2000以下的贫困户有926户，人口3930人，其中人均不足半亩“保命田”的贫困户有550户，人口2130人，需新增耕地812亩。为此，在“两大会战”中，从镇党委政府领导到一般干部、职工、教师实行“千干挂千户”，捐资9万多元，全镇群众投放工日2.2万个，建造蓄水池13个，容积330平方米，造田250亩，坡改梯300亩，发展经济林5300亩，解决全镇贫困人口的半亩“保命田”；每个贫困户至少输出一个劳动力；举办各种技术培训班36期，培训贫困户人员1120人次，掌握1门以上致富技术的贫困户有1100人，全镇贫困户粮食收入86.5万公斤、86.5万元，笋竹收入6.6万公斤、132万元，蒿水竹75万条、收入112.5万元，经济林木1.1万立方米、收入220万元，劳务输出150人、收入112万元，畜禽3.5只、收入15万元，其他经济收入152万元，总收入830万元，贫困户人均年纯收入超过2100元。

教 育

1996 年，镇政府投入 7.5 万元建设学校基础设施，动工兴建新中学，面积 70 亩，计划投资 1000 多万元、容纳学生 2000 多人。次年建成，累计投入 850 万元。

1997 年，香港洋务工会捐资 60 万元，建成连江口镇第一间希望小学，面积 1172 平方米。

1998 年 9 月，投资 300 万元、建筑面积 3853 平方米的连江口镇第二小学和投资 458 万元、建筑面积为 5876 平方米的连江口中学宿舍楼已交付使用。1998 年 10 月 18 日，省、区团委引进英国 BP 石油公司捐资 25 万元的红溪希望小学教学楼动工兴建，次年 9 月 30 日正式开学。是年，投资 42 万元，对各农村小学的教学楼进行维修，同时制订改造薄弱学校工作的规划。

1999 年，完善中小学“四室一场”及校园“五化”建设。规划投资 300 万元，兴建教师新村，共 60 套教师住房，至 2001 年全部建成并交付使用。全镇学生入学率 98%。

2001 年，几年间累计筹措资金 1871.4 万元，完成 15 所薄弱学校的改造任务。2001 年中考，连江口中学取得飞来峡管理区第二名的成绩。全镇中小学生入学率 98%。

医疗卫生

连江口镇卫生工作健全镇村两级医疗卫生网络，按照“防疫为主，防治结合”方针开展防疫工作和消灭新生儿破伤风、预防儿童冷练等儿童保健工作。

1996 年，全镇 0～6 岁儿童进行健康检查、打预防针、服食糖丸的共 3795 人次。

1997 年，为 5 间小学学生进行身体检查。全镇设 8 个防疫点，配备专职防保人员，完成免疫接种 20471 人次，全镇全年末出现一例相对传染病和食物中毒事故。

1998 年，完成四苗接种人数 2662 人，其中糖丸 967 人、完成应接种人数的 97%，百白破 945 人、完成应接种人数 98%，卡介苗 319 人、完成应接种人数的 100%，麻苗 422 人、完成应接种人数的 87%。以红溪、小樟、连江、下步、小舍管理区试行农村合作医疗。红溪、小樟、连江 3 个管理区的群众参加合作医疗共 3139 人。投资 300 多万元，建筑面积 1794.6 平方米的镇级新卫生院职工宿舍楼和综合大楼分别于 10 月中旬和 11 月通过验收，次年 1 月正式投入使用。

1999 年，参加农村合作医疗人数 1784 人，占全镇总人口的 8%。镇新卫生院投入 17 万元新购置一批医疗器械和排污设备。

2000 年，全年无相应传染病发生，未出现食物中毒事件。选派有关人员进修学习，农民医疗保障得到提高。

2001 年，共组织培训 17 人次，投入资金 17 万元购置一批医疗设备改善镇的医疗卫生条件，卫生知识得到普及、农村卫生状况有所改善。

人 物

李英铨（1877—？），字镜衡，毕业于广东政法学堂政治科。民国初期被选为广东议会议员。1913 年和 1917 年先后两次当选国会参议院议员。

李焕章（1911—？），毕业于北平民国大学，经济学士。1935 年春至 1946 年 7 月任英德县立初级中学校长。历任国民党英德县党部书记长、英德县临时参议会议长、省参议会参议员、省教育会理事、省民众运动委员会委员。

黄茂松（1921—1989），连江口镇城樟村人。毕生务农，为人淳朴敦厚，乐于助人，疾恶如仇，见义勇为。有 5 个儿女，妻子瘫痪 26 年，家境维艰，年近古稀，仍辛勤耕作。1989 年 4 月 20 日上午，他与同伴陆来苟到村外放牛，途经猪牯窿山脚时，见一歹徒持刀抢劫女青年邓某的挂包，二人挺身而出赤手空拳与劫贼搏斗，黄茂松因体力不支而不幸牺牲。是年 7 月 28 日，英德县委、县政府联合发出《向黄茂松同志学习的决定》。1991 年 4 月 13 日，省政府批准黄茂松为革命烈士。

浈阳峡

又名盲仔峡，位于连江口境内，北江中游、英德市区南 10 公里处，是北江流经波罗坑至连江口的一段狭窄河道，由浈山、英山夹岸对峙而成，北起英城街道下张村，南至连江口镇江口咀，全长 10 公里许。浈阳峡两岸奇峰耸立，峭壁险峻，水势汹涌，为古代水路交通咽喉，兵家防范要地。汉代赵佗在南越称王后，就于浈阳峡下游不远的江口咀筑万人城，屯兵扼险，阻止汉兵南下。宋代在江峡西岸修筑栈道，明代曾修复。此峡以其“秀、奇、险、幻”而闻名，江峡沿岸有九道湾、八丈石、盲仔石、犀牛石、将军石等景观，唐以来为英德著名的游览胜地，留下不少赞美峡谷风光的诗篇，唐代名相张九龄、宋代大诗人杨万里、清代著名文学家袁枚等人写有赞美浈阳峡的诗。

村（社区）简介

2001 年 10 月，飞来峡管理区撤销时，连江口镇下辖蓝山村、严村村、小舍村、银坑村、初溪村、红溪村、群联村、下步村、三井村、城樟村、小樟村、连樟村、南坑村、连江村、连江口圩社区、渔业社区。

连江口圩社区　社区居委会位于宝晶路，距镇政府约 1 公里。东南与城樟村相接，西与下步、三井村相邻，北与大站镇接壤，是连江口镇政治、经济、文化中心。主要姓氏有李、邓、黄、陈、何、卢、朱、陆、张、刘等。辖区分为一区、二区、机关单位、渔业队、银英公路边、铁溪林场、仙水塘村、顺赖村。

清光绪二十二年（1896 年），光绪帝下旨修建粤汉铁路，至清朝倒台前，已修好汉口至株州段铁路。民国 2 年（1913 年），广州商办铁路公司组织的筑路大军进驻东岸，附近的农民开始在此地搭建房屋，从事商业活动。铁路修成后，铁路当局在东岸设立火车站，并命名为“连江口火车站”，车站脚下的墟场顺沿称为连江口街。后来连江口街的规模不断扩大，最终成为本地政治、经济、文化中心。民国34年（1945年），设立连砆乡，乡政府驻地设在连江口街。中华人民共和国成立后，不管本地行政区域名称如何改变，连江口街仍是政府机构的所在地。居民收入主要靠务工、经商、运输业及餐饮业等，现常住人口多为本镇水库移民。

城樟村 位于连江口镇中部，东与连樟村接壤、南与黎溪镇相连，西与水边镇相接，北与大站镇毗邻。面积约49平方公里，其中山地面积58262亩，耕地面积1867亩，园地面积6500亩。下辖上村、下村、田心、松岭、坑边、寨下、塘基头、新屋、楼仔、淡地、大伙岭、粗石坑、桥北、大樟坝、袁屋、邓屋、罗塘、石牯塘一村、石牯塘二村、鹰咀、万公桥、细坑、塘坑、鹅坑、老巫坑、西一村、西二村、西三村、江口咀、排下、塘肚、竹园窿、坑口33个自然村。共998户4493人。主要姓氏有邓、黄、王、吴、龚、陆、邝、谢、袁、陈、曾、钟、禤等姓氏。

明代初，城樟属“大瘴之地”。明崇祯年间（1628–1644年），城樟地面才陆续有人迁居到此，其中从下砆迁入的居多，如邓氏、袁氏、黄氏等。旧属连樟地域，清光绪十二年（1886年）纳入捕属竹迳都下砆樟图，清宣统三年（1911年）改属大小樟乡。民国29年（1940年）归属于连樟乡，民国34年（1945年）又归入连砆乡。1952年，城樟从连樟中分出，由于塘坑、坑边、松岭一带旧称“皇城”，于是取一个“城”字，冠名“城樟”。其后名称依次更改为城樟高级合作社、城樟大队、城樟村、城樟社区。

城樟村周边属高丘陵地貌，溪涧纵横，盛产木材、篙竹、麻竹笋，是连江口镇木材、蒿竹、笋干的主要出产地之一。

1998年，飞来峡水利枢纽截流，城樟村有部分村庄需整体搬迁，有些村民选择迁入连江口新镇二区，有些村民选择就近选址建房，于是建成淡地移民新村和大樟移民新村。自飞来峡大坝截流后，河水倒灌，城樟紧靠北江的地面形成一些面积大小不一的库湾。

连樟村 位于连江口镇东南面，其东西面与下砆镇交接，西北与城樟村相连，南面毗邻黎溪镇。面积约43平方公里，其中耕地面积1100亩。下辖周洞、七坑、根竹坪、东坑、上排、田心、西坑、上楼、下楼、马下、甜塘、凹背、新村、沙潭、禾湾、杨梅坑、塘汪17个自然村，人口2146人，主要姓氏有陆、邓、卢、谢、林等。

连樟属高丘陵地貌，大小山峰纵横，耕地分布于各峡谷之间，且不连片，可耕作面积不多，粮食仅可自给，但林木资源却十分丰富，特别是黎蒴林一片接一片，柯树也不少。以前，出售木材是当地村民主要的收入来源。现在，麻竹笋、冬瓜、砂糖橘的销售大幅度提高了村民的收入。村民还开辟荒山，改良杂树山，大量种植桉树、松树、杉树。这些树木已现成林。

连樟在明初被称为“大瘴之地”，言其山林繁密，瘴气弥漫，绝少人烟，区域包括现在的城樟社区。崇祯年间（1628–1644年），陆、邓、卢、林、袁、黄等姓氏陆续从下砆迁入，谢姓从佛冈烟岭迁入。清光绪十二年（1886年），连樟连同下砆纳入捕属竹迳都下砆樟图。宣统三年（1911年），在连樟设置大小樟乡。民国29年（1940年），改为连樟乡。民国34年（1945年），连樟归属于连砆乡。1952年，连樟分出城樟。之后，其名称先后为连樟高级合作社、连樟大队、连樟村。

三井村 三井村因辖区内主要溪流北坑在汇入连江之处的岩石上有被水流冲刷而成的三口井而得名。位于连江口镇西北方，连江（小北江）下游西岸，村委会距离连江口镇墟约6公里。南与南坑交界，西、北与银坑村相连，东靠北江河，与红溪、下步村隔河相望，是解放战争革命老区。

三井村面积约24平方公里，有谢、李、林、黄、陈、张、潘、何、植、刘、谭、肖、蓝、邓、陆等姓氏。辖上营、下营、麻蕉峡、北坑（含北坑尾、塘窝、新屋）、桂子坳、茅步、茅步颈、担水角、中心驳、南北田、大围、竹园、岭嘴、上新屋、塘边、塘口、塘背、花园、黄田司、坡角等31个村民小组。

三井村地貌以山地为主，林地面积占总面积的90%以上，山高林密，林业资源和水资源丰富，并保持较好的原始自然生态环境，是不可多得的天然大氧吧。

三井村民居较零散，村落规模较小，依山而建，多是砖木结构瓦房或土木结构瓦房，是典型的岭南“四门归厅”或“三间两廊”风格，保存或翻新较完好的姓氏宗祠有潘氏宗祠、林氏宗祠等。在担水角村民小组的连江河边窑头坝，发现有广东最早的石灰窑，据查考，该石灰窑建造于宋代，距今已有上千年历史。

三井村村民以林业、种植业为主，主要生产用材林木、经济林木、纸竹、篙水竹，亦有少量水稻种植；村民对林业资源实行有度开发利用，以保护为主，边采伐边种植，形成一种良性循环，既保护生态环境，又增加村民的经济收入。

村民利用当地资源优势，发展麻竹笋种植及加工和砂糖橘种植，率先建立连江口镇砂糖橘出口基地和绿色食品生产基地，砂糖橘成为当地的特色产业和重要的经济支柱。

银坑村 解放前称白银坑。相传秦末（公元前207年），南越王赵佗恐汉兵南下，在溱水（即北江）与湟水（即连江）汇合处的江口咀山上驻兵万人，重兵把守，筑“万人城”，曾派兵到此炼银造币，因而得名。

银坑村位于连江口镇西北方，连江（小北江）下游南岸，距离连江口镇街约10公里。东面与三井村的龙木树、坡角村、大围村接界，南连三井村的上营村、麻蕉峡村，西与水边镇李坑村、田竹园村、下洞村、长博头村相接，北邻小舍村的老虎田村，与小舍村的进前村、初溪村的龙颈村隔河相望，是解放战争游击根据地。

银坑村面积约23.8平方公里，辖稿坪、上洞、坑尾、楼仔、松树湾、刘屋、沙溪、黄屋、石塘、杏楼、蛇岭、竹园、深水龙、军营、山背、孔勿、银坑、盐前、角下、麻地岭、旱布头、岭排、枧坑、枫树下、井边、毑屋、细黄田、丘屋、骆屋、坳头、金山、办琅角、大门岭、田心、高岩、光八盏、塘古王等39个村民小组。村民姓氏有李、郭、傅、刘、黄、罗、谢、蓝、张、钟、龚、何、林、丘、骆、廖、肖、陆、曾、袁、朱等。民居零散地分布在耕地周边，多数依山傍水而建，村落规模较小，旧建筑多是砖木结构或土木结构瓦房。

银坑村地貌以山地为主，林地面积30000多亩，占总面积的90%以上，森林资源丰富，并保持较好的自然生态环境。村民经济以林业、种植业为主。以前，盛产用材林木、经济林木、纸竹、篙水竹、麻竹笋，亦有少量水稻种植。近年，村民大面积种植砂糖橘，成为当地的特色产业和重要的经济支柱。

银坑村有迷人的山水田园风光和年代久远的建筑。其中杏楼村的“四点金”碉楼、细黄田村炮楼是连江口镇保存较完好的古建筑；兴隆古庙（上甲庙）、灵济古庙（中甲庙）较好地保持原貌，石门柱上的阴刻字迹仍清晰可见，在兴隆古庙悬挂有明代铸造的生铁大钟一口，是不可多得的历史文物。保存或翻新较完好的姓氏宗祠有傅氏宗祠、刘氏宗祠、毑氏宗祠等。

银坑村岭南客家传统文化浓郁，除夕做年糕、重阳蒸松糕、端午包粽子、清明做艾糍等传统习俗至今仍有传承，一些较古老的农器具亦偶有所见。村民在山脚果园放养的土鸡、在山塘养殖的鱼，是当地有名的美味佳肴。

改革开放以来，村民利用当地资源优势，发展麻竹笋种植和加工，种植砂糖橘，对林木资源采伐有度，形成一种良性循环，既保护生态环境，又增加村民的经济收入。

初溪村 原名粗溪，有粗心大意的含义，由于寓意不好，后改名为初溪。位于小北江河畔，连江口西北面，距墟镇约15公里。东面与英城廊步、石灰铺镇接壤，南接红溪，西与银坑隔江相望，北连小舍。辖坑尾、中心营、上楼、牛坳、下楼、长田、岭排、古屋、坑边、沙田、老屋、初溪、坑口、龙颈、百担、新岭、善溪等 17 个村民小组。何姓居多，还有李、林、冯、张、吴、包、陈、谭、江等姓氏。

初溪属典型山区地貌，沿初溪坑两岸群山环绕，左边分布有老屋村、沙田、坑边、古屋、岭排、下楼、坑尾，右边分布有长田，牛坳、上楼、中心营。

小舍村 位于连江口镇西北部，距连江口镇墟 20 公里，西南与水边镇毗邻，北部与石灰铺镇相接，辖三田、上、下神滩、墩头、下进角、进前、黄泥塘、水沟、珠禾、岭头、柑树下、瓦窑角、奖坑、牛栏街 14 个自然村，有龚、张、陈、黄、冯、刘、包、赖、邱、李、胡等姓氏。

小舍村以高山丘陵地貌为主，北部与十二峰相接，南部有部分山地（低山）及水田，西南面依傍连江。20 世纪 90 年代，小舍开始大面积种植砂糖橘基地，砂糖橘、麻竹笋以及蚕桑逐步成为小舍村村民的主要经济来源。

下步村 古称清泉怀义都坏厚乡，因“坏”字意为“不好”，清代举人李廷光遂将“坏”改为“怀”。旧址在槐花树，因交通不便，出入不畅，便迁往下一步到坑口，故称为下步。

下步村位于连江口镇北面，与红溪连接，距镇政府约 6 公里。总面积 9.5 平方公里，耕地面积 1107 亩。因飞来峡水库建设，部分村民随移民安置在连江口镇上。

下步由沈汾洞、白沙洞、腰古洞三洞组成，下辖 38 个自然村。沈汾洞分布有冷水坑，布惊坪、小塘、苏毛田、岭咀头、朱屋，主要姓氏有、肖、刘、黄、江等；白沙洞分布有树元咀、新塘、岭排、山子下等 16 个自然村，主要姓氏为黄、陈、肖、廖、刘；腰古洞有竹子廊、塘边、高岗、梅子坑等 8 个自然村，主要姓氏是黄、陆、谢、李。

下步人多地少，大部分劳动力外出务工。在家的村民以种植黑皮冬瓜、砂糖橘、麻竹等经济作物为主，砂糖橘种植已形成一定规模，成为村民经济新的增长点。

严村村 位于连江口镇西北部，距镇政府约 25 公里，是连江口镇最边远，交通最不便利，经济较落后的行政村。下辖红台、白石岗、大坡田、新屋、牛路口、范屋、郭屋、田心、乌石钴、周屋、中心村、坑尾、钟屋、大罗坑、刘屋、张屋、半山、苦竹坪、乌沟埌、新厂、横坑、大厂、麻竹埇 23 个村民小组。耕地面积 796 亩，其中水田 654 亩。种植笋竹 3000 多亩，砂糖橘 250 多亩，杉树和杂木共 2100 亩。村集体经济无固定收入，经济结构较单一，特色农产品和主导产业欠缺，以传统家庭养殖为主。有张、吴、周、郭、黄、曾、刘、范等姓氏。

红溪村 位于连江口镇北江偏北面，距连江口镇政府 12 公里。与下步、初溪相连。解放前称为黄溪，1966 年改为红溪，意为心向太阳，江山一片红。耕地面积 1200 亩，村委办公点设在大门岭脚，下辖 17 个村小组，其中一片有井边、庙角、横岗、冯屋、乌石下、杨屋、高岭，二片有庙下、竹围、军营洲、横岭、海口，三片有田甲、田心、新屋。李氏第一大姓，占红溪总人口的 68%左右，其他姓氏有谢、冯、周、刘、杨、赖。村民以种植砂糖橘、水稻、冬瓜等作物为主，资源有限，经济结构单一。

南坑村 因辖区内主要溪流“白石坑”与三井村主要溪流“北坑”流向南北相背而得名。位于连江口镇西南方，连江与北江汇合处下游西岸，南与黎溪镇松柏旱经相接，北连三井村，东靠北江河，西依天堂山山脉，与银坑村及水边镇门洞相接，是战争时期军事要塞，兵家必争之地，是解放战争游击根据地。解放前，属于黎溪管辖，1958 年撤区建乡时划归连江口管辖。

南坑村面积约 33.8 平方公里，有谢、李、罗、林、傅、张等姓氏，辖田心、牛牯石、高浪、双研楼、水头田、大坝、打铁坑、昂托、书房坝、大石坝、上八前、坑尾、梅子坪、大呋麻、黄屋、大新田、刘屋、万田（烂田洞）、莲花、塘下、湾下、琅背、岭排、新塘围、英南（深窿）、塘头、新围、柯树坝、高南（高州铺）、南坑、寨面、西一、西二、西三等38个村民小组。

南坑村地貌以山地为主，林地面积占总面积的94%，森林资源丰富，并保持较好的自然生态环境，是个天然的大氧吧。村民经济以林业、种植业为主。以前，盛产用材林木、经济林木、纸竹、篙水竹、麻竹笋，亦有少量水稻种植。近年，村民大面积种植砂糖橘、麻竹，成为当地的特色产业和重要的经济支柱。

连江村 1993年，下辖塘坑、江口咀、鹅坑、西洞、西一队、西二队、西三队。

蓝山村 1993年，下辖半山、大厂、横坑、麻竹、刘屋、张屋、大罗坑、苦竹坪、新厂、乌高。

群联村 1993年，下辖坡角、黄田司、大围、岭咀、牛江晏、地塘咀、新屋、塘背、塘边、花园、塘一、塘二、塘三、塘四、塘五、竹元、张何屋。

小樟村 1993年，下辖坑口、竹园、塘肚、排下。

第四章　水边镇

历史沿革

今水边之地建制于明洪武二年（1369年）。因圩地在水边河畔而得名。清康熙四十四年（1705年）设洽属怀义都流陈图。清道光十六年（1836年）至民国设流陈乡。1949年10月撤销流陈乡，分设水边乡、大洞乡。1958年9月全县设6个人民公社，水边与连江、水边、大洞等地同属跃进人民公社。1959年4月全县划分为14个人民公社，其名有水边人民公社。同年11月，从水边人民公社析出大洞等大队成立大洞人民公社，同时水边人民公社并入西牛人民公社。1960年，从西牛人民公社析出，恢复水边人民公社。1983年撤社设水边区，1987年4月撤区设水边镇。1995年设立清远市飞来峡管理区后，水边镇划入飞来峡管理区。2001年11月，撤销飞来峡管理区，水边镇划归英德市管辖。

1995年至2001年水边镇领导班子成员：

书　记　黄灶养（1996.1-　）
　　　　李文献（1999.1-2001.6）
　　　　陈坚英（2001.5-　）
副书记　黄亚牛
　　　　刘石荀
　　　　郭亚灶（兼任人大主席）
　　　　梁润江（1999.1-2000.10）
　　　　黄林坚
　　　　左元华（2001.6起主持政府全面工作）
委　员　黄师林
　　　　吴亚谷（兼任纪委书记）
　　　　李洋生（兼任纪委书记）

邓伟雄（由副镇长转任）
陈秀珍（由副镇长转任）
陈亚松
刘棠言（兼任副镇长）
张国强（兼任武装部长）
人大主席 郭亚灶
人大副主席 蓝继新
李源璋
吴亚谷（由党委委员改任）
镇 长 黄亚牛
梁润江（1999.3-2000.10）
副镇长 李慧萍（1994.5-1995.11）
邓伟雄
陈亚松
刘仕文
陈秀珍
左元华（撤区前主持政府全面工作）
黄洋金
刘棠言

地理位置

水边镇位于英德市的西南部，距英德市区 64 公里，区域总面积 106 平方公里。东与连江口镇交界，南与黎溪镇接壤，西与大洞镇、西牛镇相连，北面小北江环绕，西（牛）大（洞）公路横贯镇境，接省道 348 线，公路经沙坝、九龙与 107 国道贯穿，经英德市与京珠高速公路、英佛公路、银英公路连接；环库公路经水边大桥、银英公路可达清远、广州。

自然条件

水边镇地貌以高丘陵为主，南部为山地，大部分为低谷山地，地势南高北低，自然土壤为花岗岩风化发育而成，利于林木生长。水边林木资源丰富，林地 13.2 万亩，森林覆盖率 68%，主要有樟树、红椎、荷树、枫香树、榕树、杨桃树、桂花、木棉、馒头树、荫香树、狗朗树、朴树、长青树、海红豆、乌桕树等 15 个品种。水边镇属亚热带季风气候，年均气温 21℃，年均降水量 1880 毫米。主要河流有连江、水边河。

矿产有花岗石、硅、钼、金，稀土矿储量丰富。

人口和计划生育

1995 年，人口出生率 18.83%，依法征收超生子女费 2.8 万元。

1996 年，人口自然增长率 15.5‰。

1997 年，节育率 91.89%。出生 292 人，出生率 17.33%，其中一孩出生 157 人、一孩出生率 53.76%，二孩出生 112 人，二孩出生率 37.67%，三孩出生 25 人、多孩出生率 8.56%。计划生育率 17.31%。死亡人数 83 人，死亡率 4.93%。自增人数 209 人，自增率 12.4%。

1998 年，全年出生 265 人，出生率 15.55‰，其中一孩出生 142 人，一孩率 53.58%，二孩出生 104 人，计划内出生 64 人，二孩率 39.25%，三孩出生 19 人，多孩率 7.17%，计划生育率 77.36%，死亡人数 66 人，死亡率 3.87‰，自然增长人数 116 人，自增率 11.68‰。

1999 年，全镇人口出生率控制在 16.8%之内，自然增长率 11%，计划生育率 78.2%，多孩率控制在 3.8%以下，育龄夫妇节育率 93.2%。

2000 年，出生率 10.31%，计生率 85.16%，自增 3.63%，征收计外费 25 万元。

劳务输出

2000 年，水边镇多渠道、多形式组织劳务输出。全镇有 260 户移民通过参加“山洽会”等，全年输出富余劳动力 283 人，移民区年人均纯收入增加 300 元。

移民安置

水边镇移民主要分布在流寨、黄竹两个管理区和河边街。1995 年，水边镇组成 20 人的移民安置规划队伍，由主管农林水的副镇长专抓库区移民工作，以“迁得出、安得稳、富得起”为指导思想，经过半年多仔细、全面调查，规划出水位线上 3088 人，水位线下 1122 人的移民搬迁。完成元沙、背风湾移民试点可行性报告并呈交上级，等待论证、批复实施。镇委、镇政府组织库区干部开展调查考察，计划在 1996 年春炼山 3000 亩种植用材竹和高产值经济林，以解决部分移民出路。

1996 年，实施第一批移民安置工作，安排水位线下的 679 人、130 户移民进行房屋宅基地建设。12 月，首期移民安置点平整工程完工，40 户移民完成宅基地基础工程，90 户移民获宅基地分配。

1997 年，水边有移民任务 213 户 1492 人，其中第一批 128 户 663 人，第二批 85 户 829 人。10 月 1 日，除投亲靠友和自理外，全部移民户进场建房，其中完成建房移民 40 户 208 人，铺设移民村新大街 350 米，排水排污及供电工程全面动工。

1998 年 3 月 5 日，区移民工程质量监督和进度检查小组对水边镇移民安置进度和在建移民工程进行检查，发现：(1)该镇移民安置搬迁进度没有达到区进度计划要求。第一批进行移民安置的水位线下农村移民 118 户、

663人中，完成搬迁59户、329人，占任务的49.6%，其中流寨管理区完成搬迁39户、215人，黄竹管理区完成搬迁20户、114人，其余在建房。⑵在建移民工程进展缓慢。新建镇政府的"一平"土石方完成65%，建设场地与镇街道相连的通道没有填土，场地的"一平"没有完成，工程质量欠缺，存在砌砖砂浆标号不够，含黄泥量较多，砌墙局部有通缝，建筑用的钢筋、混凝土送质检的数量不够情况。3月18日，区委书记欧勇、副区长孔宪君、区移民办主任黄国擎检查水边镇移民工作进展情况，提出："水位线以下118户，663名移民，于4月10日前完成搬迁；河边街的移民85户，829名移民，于搬迁8月底前完成成搬迁"的硬任务。4月1日，水边镇召开四套班子成员会议和移民工作人员会议，部署移民工作，采取以下措施：⑴印发关于加快建房的紧急通知，专人派送到2个有移民任务的管理区和未搬迁移民的手中，限期完成建房。⑵全镇22户未建好房屋的移民，限3月25日前建好房，3月31日前搬迁，否则推后一天扣300元直至搬入新居为止。⑶镇移民办责任到人，主管领导负责3户，其他工作人员每人负责2户，督促移民建房，帮助移民户解决建房中遇到的困难，实行全天候驻守，如3月31日仍没搬迁，扣除挂钩领导和工作人员当月补贴和年终奖的15%。⑷对于故意拖延建房进度与政府安排相抵触的移民户扣除搬迁费和搬迁后的生活补贴（如已发的则从土地补偿利息中扣除），并取消上面以后对移民户的优惠待遇。⑸对建房工程队如不能按时按质在3月31日前完成建房的，以后不准在该镇范围内承包移民工程。⑹新镇建设由书记、镇长全面负责，城建、国土、纪检主管领导具体抓，实行全天候工地指挥办公。⑺工程施工队实行全天24小时作业，对无故停工，拖工的工程队，责令其退出工地，由另外工程队接包，确属原因要求停工的必须由书记或镇长批准方可，否则停工一次罚款300地。情节严重者不准在本镇内承包一切工程。⑻新镇址街口不符合城建规划的建筑限期拆除。通过采取管理措施，该镇移民安置工作的进度加快。3月31日，水边镇水位线下农村移民118户663人，累计完成搬迁103户575人，占任务的86.7%；未完成搬迁15户中，有6户建好一层，有7户建好一层楼板的支柱，移民安置点新建设场地平整完成总工程量的80%。5月4日至11日，区组织检查验收小组，由区领导带队，成员由区移民工作团、区移民办、区建委、区设计室、质监站的工作人员组成，并邀请飞来峡水利工程监理、飞来峡工程移民局的有关领导参加，检查以珠委确定的水位线下移民必迁数和清峡委〔1998〕6号文为依据，根据水边镇提供的移民建房搬迁资料（包括到户情况表和宅基地分配平面图），到各移民安置点实地逐户检查，并与到户搬迁承包合同书。检查验收结果：水边镇水位线下移民118户663人，完成118户、663人的搬迁，占任务的100%，完成到户搬迁承包合同书118户663人的签订。⑴后靠安置2户、16人，完成搬迁。⑵自理有9户、34人，人口、户口均已迁移。⑶投亲靠友的有6户、27人，人口、户口均已迁移。⑷进圩镇安置的101户、586人，已完成建房搬迁。6月9日和10日，区移民工程质量监督和进度检查小组邀请飞来峡水利工程监理、飞来峡工程移民局等单位，对水边镇移民工程进行检查，发现：河边街移民工程建设和镇政府办公大楼的建设滞后于区总进度计划。9月28日，水边镇第一批、第二批共完成1313人的搬迁，剩下随迁人口605人，未迁。水边有农村移民118户663人，除投亲靠友自理后靠外，到圩镇安置的有96户548人。河边街有搬迁户114户456人，需建房的21户全部搬迁住入新居。

1999年，主抓移民资金归位工作，针对移民资金错位较大的实际，政府从拍卖建筑物入手，清理部门占用现象，并办理有关条款和归还计划。同时抓移民随迁工作，依法移民。

2000年，开展移民验收准备工作，按时提交5个验收报告，并把收集的资料整理装订归档。同时抓好移民随迁安置，70%签订成随迁合同。鼓励和引导移民发展经济，组织动员移民利用水位线下仍可耕作的耕地发展经济作物，2000多亩仍可耕作的线下耕地、低缓坡地、坝地全部种上黄豆、花生、淮山、蚕桑、水稻等。扶持黄竹等移民村创办2间竹签加工厂，专门收购移民区用材竹，预计年纯收入13万元。

2001年，抓移民基础设施建设。争取上级支持建成年吞吐量200吨的水边货运码头，完成移民区的输电和通信线路迁改任务，新建移民区村道6.5公里。引导移民发展“三高”农业，种植蚕桑2500亩。

经核实计，水边镇共安置移民1915人，其中迁移安置203户1310人（后靠安置2户16人，圩镇安置204户840人，投亲靠友6户27人，自理91户327人）、生产安置605人。

基础设施建设

1993年，水边镇有初中1所、小学11所，以及文化站、卫生院、影剧院、电视差转台等文教卫设施一批。

1995年，水边镇在遭受两次洪涝袭击的情况下，镇委镇政府争取、筹集资金开通程控电话；投入资金20万元完善卫生院综合楼建设；争取、筹集资金100万元扩建中学2100平方米的实验室和教师住宅楼以及其他配套设施；投入12万元铺设水泥街1400平方米；补价10000元给农户购买塑盆，推广抛秧技术；争取、筹集资金5万元架设低压线路2.5公里，解决无电区的村民用电。

1996年，争取筹措资金3.5万元，维修乡、村公路23公里；筹措资金3.5万元，新架设有线电视线路3200米，新增电视用户63户；争取、筹集资金1.5万元，安装圩镇街道照明路灯，结束水边镇街道无灯光的历史。

1997年，投入50多万元，铺好移民新大街350米。投入12万元，完善旧街至新街水泥路800多平方米。投资33万元，与大洞镇一起修建五角大桥，计划1998年建成通车。确立镇府新址，并动工兴建。投资13万元，开通香港电视三套节目。修复水毁乡村公路61公里，大小陂头60座，大小水圳18条33.5公里，电排3座，架设输电线路25公里。

1998年，投资500多万元，新建镇政府办公大楼1幢和3幢宿舍大楼，以及各项配套设施，改变干部、职工的办公条件和住房条件。镇址水位从原来的27米提高到40多米，可避免百年一遇的洪水袭击。投资65.3万元，建成一幢中学综合大楼、解决中心小学的食水工程及部分小学附设工程。计划投资40多万元，将府前路铺设水泥。投资5万多元，把有线电视从原来的隔频传输6套节目改为邻频传输10套节目。控制耕地建房，利用原有村内空闲地建房6宗260平方米，宅基地7宗260平方米。完成水边至长驳头环库公路用地150亩，移民搬迁镇政府征地111亩。完善建设用地面积22.5亩，其中移民建房121户，铺好街道硬底化700米，排水渠300米，镇府办公楼、宿舍楼建筑面积5800平方米，水边银行营业所和文化站建筑面积2200平方米。筹措资金4.5万元，修复和完善陂头4座，水圳5条共3.2公里，义务工投入5.5万个，积累工投入0.52万个。

1999年，争取、筹集资金48万元，改造、铺设西大线高道至五角公路的柏油路面，高道至水边桥头的柏油路水边境内铺好通车。投入3万元治理圩镇卫生脏、乱现象，初步通过“岭南杯”达标验收。投入2万元安装人民路的路灯。境内环库公路开通，铺设好砂路面，可行车。争取区委支持资金13万元，建设年吞吐量200吨的水边货运码头，完成码头水下主体工程建设。修建水利设施6宗，营造生物防火带8600米。全年圩镇建设无出现违章建筑，建设居民住房4050平方米。

2000年，投入12万元，安装街灯38盏。未通路的3个村共修路35.5公里（其中热水至南坑10公里，热水至鲁坌13公里，六九线6公里，流寨南北线6.5公里），全部按路基宽6.5米以上，路面宽3.5米以上，路基压实，路面采取砂砾石铺垫，桥涵与路基同宽，边沟顺畅，边坡整齐，公路轮廓清楚的标准建设。

经济发展概况

1993 年，水边镇耕地面积 11303 亩，其中水田 8501 亩，山林面积 13 万亩。粮食生产以水稻为主，经济作物有花生、水果、蔬菜、蚕、鱼、猪等。企业有开采业、运输业，有客货船只 60 艘，吨位 1000 多吨；有水电站 1 座，装机容量 900 千瓦。

1995 年，水边镇遭受洪涝灾害，全年粮食总产 3958 吨，全镇工农业总产值 3582 万元，全镇社会商品销售总额 691 万元，乡镇企业收入 68 万元，全镇银信储蓄 1395 万元，农民年人均纯收入 1243 元。

1996 年，各个管理区计划种植 100 亩以上的高产、高效的水果，是年冬 8 个管理区均炼山打穴。筹集、投入资金 5.8 万元，修复农田水利灌溉设施 8 宗，1860 亩农田提高抗灾能力。为农户补差价 2 万元，推广塑盘抛秧种植水稻 3800 亩，比常规种植增产 11%，提高农业经济产值 13 万元。投入资金 15 万元，支持管理区解决果苗，种植水果（基地）1120 亩。全镇工农业总产值 3530 万元，财政收入 40 万元，社会商品销售总额 1020 万元，乡镇企业收入 75 万元，银信存款总额 2020 万元，全镇农民年人均纯收入 1396 元。

1997 年，在因洪涝早造基本失收、晚造拖延的情况下，晚造总产 1919 吨。全镇工农业总产值 2549.4 万元，镇财政总收入为 73 万元，国税总收入 18 万元。地税收入 79858 元，占年任务的 107%。社会商品销售额 148 万元，乡镇企业总收入 901 万元，银信存款余额 2500 万元。

1998 年，对购买塑盘和丰收菌的农户，镇政府给予一定的补贴，每购买一张塑盘补贴 0.15 元，每瓶丰收菌补贴 3 元，全镇种植杂优水稻 11000 亩，抛秧 10000 亩，丰收菌施用面积 2000 亩，在早造遇水灾影响而减少收割面积 3712 亩的情况下，晚造亩产 390 公斤，全年粮食大丰收，总产 3435 吨，比上年增 1016 吨，增长 42%。在管好原有 3 万亩笋山和 2.5 万亩蒿水竹的同时，发展笋竹 1 万亩。投入资金 3 万多元，利用水田种植冬瓜 500 亩，亩产 4000 公斤，总产 2000 吨，总收入 152 万元。年冬种植马铃薯 100 亩、椰菜 40 亩。全镇工农业总产值 3682.5 万元，其中工业总产值 985.5 万元，农业总产值 2697 万元。农民年人均纯收入 1711 元。镇财政总收入 85 万元。国税总收 16.5 万元，完成任务的 91.7%；地税收入 18.6 万元；工商税收 12 万元。社会商品销售额 178 万元，乡镇企业总收入 925.5 万元，银信存款余额 3030 万元。

1999 年，全镇工农业总产值 4458.9 万元。财政收入 68.83 万元，财政预算外收入 38.3 万元，特产税收入 8 万元。乡镇企业收入 938.4 万元，农村年人均纯收入 2138 元，城镇居民收入 4531 元，人均存款 1635 元。

2000 年，镇确立“低区以淮山、粉葛、优质米为生产基地”的发展思路，发展以竹为主，以优质米、淮山、粉葛为重点的商品农业，发动原有种植户扩大种植面积，鼓励移民村利用水位线下仍可耕种的土地发展淮山、粉葛等经济作物，全镇发展淮山、粉葛 1000 亩，比上年增种 200 亩，优质米比上年增种 3000 亩，全镇实现农业总值 4462.5 万元，比上年增长 19%。全镇粮食种植面积 13900 亩，其中：水稻 11000 亩，旱粮 2900 亩；优质稻种植 6500 亩，水稻抛秧 7700 亩，分别占水稻种植面积的 63.6%、70%。粮食总产 9150 吨，平均亩产 360 公斤，分别比上年增长 21.6%、20%。投入 2.42 万元维修 6 宗中型农田灌溉水利设施，改造中低产田 1800 亩。装机容量 250 千瓦时的五角杉坡电站投产。全镇社会总产值 6206 万元，农业总产值 4462.5 万元，乡镇企业总产值 1208.5 万元，预算外收入 175 万元，农民年人均纯收入 2458 元。全镇有种养大户 5 户，年纯收入 19 万元。

2001 年，社会总产值 6702 万元，农业总产值 5520 万元，地方财政收入 65 万元，农民人均纯收入 2876

元，镇信用社年末年存款3635万元。

农业基地和名优特产

2000年，全镇发展笋竹3.3万亩，8个村委会全部实现村集体有200亩竹山基地和人均2亩笋竹的目标；竹单项收入3228万元，占农业总产值的72%；农民年人均纯收入中，竹收入占780元。

2001年，全镇种黑皮冬瓜2000亩，粉葛500亩，淮山400亩，笋竹种植累计5.4万亩。

粉葛 在英德流传有童谣："水边葛、黎洞薯、大湾妹、浛洸菜心……"，水边粉葛种植于当地特有土质疏松的泥沙地，以淀粉含量高、纤维幼脆、无渣、肉色乳白而出名，吃起来"粉、嫩、清、甜"，有清热解毒、消暑防燥等作用。水边粉葛主产区在五角、黄竹、流寨三村，种植面积1000多亩，年产量约2000吨。

笋干 水边笋干产品有笋干、笋片、笋丝、笋花等。据统计，水边竹笋种植面积超5万亩，笋干等系列产品年产超600吨。当地人将从山上采摘的竹笋剥去笋衣洗净后，用清水煮熟，将煮熟的竹笋放到太阳底下晒干，再将笋干压平定型。制作过程绿色环保，无任何添加剂。笋干产品有笋干、笋片、笋丝、笋花等。

黄竹帽 黄竹村延续300多年的民间手工艺品。黄竹冒呈圆形，其特点是轻便、实用，主要用于遮日防雨，其在水边周边乡镇销售，也有部分远销至东南亚等地。黄竹冒制作工序复杂，但黄竹村村民都精通制作工艺。其工序依次：一是裁竹，二是破篾，三是拉篾，四是编织，五是烘黄，最后是压冒边。每道工序要求高，制作复杂，就算工艺娴熟的黄竹人，每人每天只能编织2顶黄竹冒。

砂糖橘 水边土壤适合砂糖橘种植，砂糖橘色泽桔红鲜亮，果皮薄，果肉清、甜、爽、多汁，沁人心脾。全镇7个村（社区）村民都发展砂糖橘种植。面积有8000多亩，年产砂糖橘超4000吨，年产值1600多万元。

表1-4-1　　水边镇砂糖橘种植面积一览表

序号	村　别	面积（亩）	产量（吨）	产值（万元）
1	水边社区	1713	856	342.4
2	流寨	927	464	185.6
3	黄竹	995	498	199.2
4	五角	858	429	171.6
5	乌城	1083	541	216.4
6	白坑	1016	508	203.2
7	热水	1623	805	322.0
合计		8215	4101	1640.4

蚕桑 水边许多农户有养蚕的习惯，且历史悠久。现个镇发展蚕桑种植面积2500多亩。

招商引资

1999 年，引入外地商人开办小型炼铁厂 1 间。

2000 年，由南海客商投资 100 多万元建成的淀粉厂正式投产，年产值 700 万元。

2001 年，扶持发展 38 户家庭作坊式牙签半成品加工厂。

扶贫攻坚

1995 年，为使各个管理区集体经济收入在两年内达到 3 万元以上，全镇有 4 个管理区筹集资金 10 万元，用于种植发展苦丁茶、竹笋基地 700 亩。

1995 年至 1997 年，累计支持管理区发展集体经济资金 67.4 万元（含上级财政扶贫资金），经营、发包笋竹 3560 亩，苦丁茶 130 亩，砂糖橘 250 亩，大红柿 240 亩。

1997 年，乌城管理区在省工作队支持下，投入资金 3 万元，发展笋竹基地 90 亩，当年获纯利 1 万元；帮助有技术的个体户入股养猪，年创纯利 1.2 万元。五角管理区在区工作队的支持下投入资金 3 万元，与养殖专业户发展鱼塘 10 亩，养母猪 11 头，年可创利 1.3 万元。六九管理区种植生姜 11 亩，据预算可获纯利 2 万元；引导村民利用鱼塘 30 亩发展养殖优质鱼，并邀请技术人员为养殖户上技术课，听课的共 300 多人次。8 个管理区都有 60～100 亩笋山。8 个管理区年纯收入达到 3 万元，其中乌城、五角、六九等管理区纯收入 3.5 万元。全镇抛秧水稻占总面积的 80%，单产提高 15-20 公斤；在巩固 3 万亩笋竹、250 亩粉葛、150 亩淮山、120 亩苦丁茶的基础上，计划在是年冬次春春发展笋竹 1 万亩，篙水竹 1 万亩，风栗 200 亩。镇委、政府募捐资金 3 万元，带领各管理区党支部对绝对贫困户进行“一对一”扶贫。共发放扶贫资金 36.2 万元，扶持特困户发展种植养业，全镇的 362 户特困户，经省、市、区检查验收全部脱贫。

1999 年，采用镇部门挂钩扶持办法壮大村级集体经济，要求每村都建有 200 亩以上的竹笋基地，创办以竹资源为主的加工业。乌城、白坑、五角等在有关部门的支持下，投入 3 万元扩大经济基地 380 亩。

2000 年，根据上级的部署要求，开展“两大会战”。通过调查摸底，全镇 8 个村委中有 3 个村委未通机动车，年人均纯收入 2000 元以下的有 478 户 2279 人，需造地 608 亩。为按时按质按量完成“两大会战”任务，按照“政治动员、行政干预、经济补助和各方支持”的要求，做到认识到位、领导到位、宣传到位、资金到位、措施到位，及时成立“两大会战”指挥部，由镇党政第一把手任总指挥和第一副总指挥，下设两个分指挥部。7 月，成立村村通公路各路段建设领导小组，把任务分解到各路段到人。书记、镇长经常到“两大会战”现场办公，及时处理和解决会战中遇到的实际问题。通过挂横额、贴标语，召开动员大会、党员村长会、家长会、座谈会，出版宣传栏 5 期，印发资料 1200 多份，发动群众投工投劳。六九线船厂坝路段，有水边村临时住房、猪栏舍 27 间（其中一间是 120 平方米的混凝土楼房）阻碍公路建设，经过宣传说服工作后当地群众把 27 间住房、杂物房全部无偿自觉拆除，公路沿线的群众自觉清除竹林、经济作物等，使该路段顺利开通。按照省、市、区支持一点、镇出一点、社会各界人士捐一点、群众自筹一点的办法解决资金问题。在公路建设方面，发动群众自筹和各界人士捐资共筹资 24 万多元；在贫困户“四个一”方面，全镇的干部职工中开展捐资活动，科级干部每人捐300元，一般干部200元，职工100元，临工50元，共筹集资57500元。印发《关于制订扶贫开发“两大会战”责任制的规定》，把任务量化分解到村到户到人，层层落实责任；确立以发展笋竹、蚕桑等经济作物的发展路子，政府扶持每户贫困户60元种苗款，要求每户种1亩以上笋竹（或蚕桑），全年发展笋竹3000亩；建立贫困户档案，实行帮扶前和帮扶后发展情况对照，跟踪帮扶，不脱贫不脱钩。

经过几个月的共同努力，现已全面胜利完成。在“四通”方面，通电、通邮、通电话已于1999年前解决，没有通公路的3个村共35.5公里（其中热水至南坑10公里，热水至鲁坌13公里，六九线6公里，流寨南北线6.5公里）全部按路基宽6.5米以上，路面宽3.5米以上，路基压实，路面采取砂砾石铺垫，桥涵与路基同宽，边沟顺畅，边坡整齐，公路轮廓清楚的要求建设好。在“四个一”方面，完成新造地608亩，其中新造水田137亩，新造边坡地、山地471亩（924亩折半计），占任务100%；通过“山洽会”等途径输出贫困劳力169人，当地加工厂接纳48人；通过培训掌握一门实用技术的有212人（以种养和牙签加工为主）。

教 育

1995年，全镇适龄儿童入学率98%，学生年巩固率97%，如期实现“普九”教育。

1996年，镇党委、政府投入资金30万元，解决中学教学楼和教师宿舍800平方米，解决读书难的问题，中学生年巩固率98%，“普九”如期达标。

1997年，镇委、镇政府对教育事业的总投入为154.536万元：⑴中学投入56.1万元，新建综合楼一幢四层，建筑面积990平方米，新建水泥校道、挡土墙、山沟850平方米；⑵投入68.3万元，新建中心小学教学楼一幢1200平方米；⑶白坑小学新建宿舍楼2套130平方米，总投入为5.1万元；⑷热水小学新建厕所48平方米，总造价1.67万元；⑸乌城小学新建水泥标准球场、围墙643平方米，总投入2.98万元；⑹五角小学新建水泥标准球场、围墙、厕所共613平方米，总投入4.8万元；⑺黄竹小学新安装自来水（含新建自来水塔、水管等）投入0.63万元；⑻维修镇中学和流寨、文洞、五角、黄竹学校校舍及教师宿舍2310平方米，总投入3.75万元；⑼新购置教师办公台凳58套6960元；中小学购置台凳750套4.5万元，2项合计5.196万元；⑽中小学新购置图书9200册，投入资金2.76万元；⑾中心小学投入资金3.25万元添置体育器材、教学仪器。是年，中考成绩破历史纪录，为全区之冠，升学率78.5%，小学升中率100%，全镇中小学教育教学成绩比往年有较大提高。

1999年，全镇在校生2736人，适龄儿童入学率98.2%，中学生流失率控制在1.8%。争取和筹集资金80万元，建设中学学生宿舍楼2010平方米。引进鲍思高基金会资金84万元，建设完小学1所。

2000年，投入92万元，完善水边中学学生宿舍楼、运动场和中心小学厕所、运动场、文化长廊、舞台等设施；投入20多万元，维修各乡小进行校舍、添置教学设备；引进资金40万元，动工兴建五角“希望小学”和白坑“希望小学”。水边中学、中心小学、流寨小学、六九小学通过上级“改薄”验收。中考成绩排全区第三。

医疗卫生

1995 年，卫生防疫部门出动医务人员 88 人次，开展全镇妇女、儿童普查慢性病、防疫工作。

1996 年，投入 8 万元建设卫生院综合大楼 1000 平方米，组织卫生防疫人员 123 人次到农村防病治病。全镇儿童小儿麻痹症预防，糖丸服食率 99.7%。

1997 年，组织卫生工作人员 85 人次到灾区进行灾后防病灭菌工作，全镇农民无因洪灾发生流行病。

1999 年，投入资金 3 万元完善卫生院的综合大楼 650 平方米。

2000 年，镇政府投入 10 万元，完善卫生院综合楼。分 2 次为全镇各校学生打防疫针 4000 多人次，占应防疫 95%以上；产妇住院分娩率、病人住院率分别比上年年增长 30%、50%。

社会保障

1995 年，发放军烈属、五保户优抚费 17190 元，人均 550 元。义务兵年补贴人均 600 元。有 33 名义务兵安心军营服役。

1996 年，筹措资金 3.8 万元作军烈属、五保户优抚费，人均 600 元。有 16 名义务兵安心军营服役。

1997 年，全镇有五保老人 78 人，除集体供养 14 人外，另外 64 人在农村分散保养。春节间，镇政府拨出 2 万元作春节优抚及解决五保户、特困户的困难补助。7·3 洪灾后，发放救灾大米 141250 市斤和救灾款 63580 元给受灾群众。

1998 年，投资 40 多万元，新建镇敬老院。

人　物

黄宗英　水边社区曲潭人，生于明朝中期。曲潭黄姓宗族第五代，明朝秀才。

黄宗公　水边社区曲潭人，生于明朝中后期。曲潭黄姓宗族第七代，明朝秀才。

黄万福　水边社区曲潭人，生于清期。曲潭黄姓宗族第九代，清朝同治六年秀才。

黄国荣　水边社区曲潭人，生于明朝晚期。曲潭黄姓宗族第九代，明朝武秀才。

廖金昌　黄竹金昌村人，生于清朝道光元年（1821 年）。自幼天资聪颖，勤奋好学，家境殷实，道光二十七年（1847 年）考取进士，中进士后赴福州做官，曾任福州县令，享年 83 岁。其后裔如今仍居福州。

刘庆华　水边社区镰子角村人，生于清朝嘉庆年间。清朝道光二十七年（1847 年）进士。如今该村刘氏众厅门前悬挂有其进士牌匾。

陈玉珠　乌石村人，出生于清朝。自幼聪慧过人，勤奋好学。清朝状元，返乡途中受惊致死。村民为纪念他，把他埋在金华庙旁的背后山，后人又特意为陈玉珠雕刻一尊神像，把神像摆放在金华庙，在神像的下方刻有“陈玉珠”3 个字。

蓝正容 白坑村人，出生于清朝晚期。幼时聪慧，记忆力超人，读私塾时能倒背三字经。21岁参加韶州府秀才纳考，以优异成绩考取韶州府文秀才。附近三村村民集资为其兴建“正容私学堂”，他在白坑做了一生的“穷先生”，因其才学高超，为人谦虚，乐于济贫，深得乡人敬佩。民国8年，举家迁往韶州（今韶关市）定居。

邱大顺 又名邱阳，生于清光绪年间。少有大志，常思报国为民。因协助朝廷运送军需剿贼有功，光绪皇帝旨封其军功五品，赐黄马褂，授韶州府司千总官职。

刘裕光 1903年出生，祖籍水边。1925年春，先后在梅县广益中学、东山中学读书。同年12月，刘裕光等一批学生秘密组织“梅县革命青年团”，梅县党支部成立后，他加入中国共产党组织。1926秋，回到英德，和王蔚垣等先后在县城、麻廊、黄岗、鱼湾、大镇、桥头等地进行革命活动，发动群众组织农会，建立农民武装。1927年1月，英德县农民协会成立，刘裕光被选为英德县农会主席。4月25日，举行武装暴动，攻占英德县城，成立英德县政府委员会，刘裕光任县长。同年冬，英德县委成立，刘裕光是主要领导人之一。1931春，刘裕光任北江特委委员、县委书记。6月3日，他和彭金华、梁展如等领导农民赤卫队100多人组织鸡虪湖暴动，成立清远第一个苏维埃政权——英德丰霖乡苏维埃政府。8月28日，刘裕光、彭金华等领导农军举行鱼湾暴动。次日，刘裕光宣布成立鱼湾苏维埃政府。

鱼湾暴动后，英德县当局调集大批武装，向英东地区和鱼湾苏维埃政府进攻。刘裕光组织工农赤卫队及广大群众，与敌人战斗相持一段时间后退入三山地区，继续坚持游击战。在一次战斗中，刘裕光牺牲（一说失踪）。

陈德良（1950—2005），水边社区下街人，从商，热心家乡公益事业。1996年捐资60万元建设镇中心小学英华教学大楼，1998年捐资10万元修建水边镇卫生院围墙、购置医疗设备。

风景名胜

热水塘 位于热水村的村头，靠近水边河，有6个温泉池，温泉从泉眼日夜不停地涌出。据地质专家鉴定，热水塘温泉的水质含有多种矿物质，对皮肤炎症有良好的疗效。

关于热水塘的来历，传说，一位身材高大的“大力士神仙”下凡来到人间，大力神从洭水（今连江）西岸一个跟斗腾空飞到水边上空，俯瞰水边青山绿水，视为福地。因翻山越岭、体力消耗过大，大力神打算洗个热水澡以恢复体力，幸巧，他发现热水村地底深处温泉涌动，于是，他使出浑身解数，张开两脚，从几百米的高空朝地面重重一踏，地面顿时火光闪闪，地动山摇，其脚踏之处温泉喷涌而出，热气腾腾，一个温泉池即刻在他的脚下形成，大力神在温泉池里洗了一天一夜，痛快离去。后人将这口温泉池称为仙人塘，又称热水塘。

当地居民有一条不成文的习俗，晚上9点前女性在此泡澡，男性自动回避。9点后则男性开始泡澡。现热水塘正在开发当中。

水边竹海 水边镇有种竹的传统，全镇有近8万亩竹林、竹笋，在公路、溪流及河道两旁，屋前房后，田间、山脚及山腰，到处都是竹的海洋，构成天然的绿道景观。

水边竹分用材竹和笋竹，其中用材竹近3万亩，年用产量超1万吨，年产值近500万元；笋竹种植面积超5万亩，笋干等系列产品年产超600吨。水边的加工企业如乌城牙签厂等都是以竹子为原材料，制作竹篮、竹篓、竹帽、竹席等竹器传统加工业在水边也较盛行。

鲁坌坑清泉 天堂山脚下的鲁坌坑，一股清泉从山涧奔流而下，水质清甜甘冽，水边镇在此筑坝引水，供水边街区生活饮用。

鲁坌水一路向东流淌，水坑陡处，形成不少自然景观。

舞火龙

舞火龙是水边镇一项富有民间特色的娱乐活动，从清朝中期一直传承至今，已被列入英德市非物质文化遗产。

关于舞火龙的渊源，当地有一种说法，一位神仙沿洭水（今连江）从西向东来到龙郁水（今水边河），发现龙郁水流域白天极短、黑夜很长，给当地百姓生活、劳作带来不便，于是，神仙化作火龙在空中飞绕三天三夜。此后，当地白昼变长夜间缩短，当地民众跪拜感激，将神仙称为“火龙神”，编排出舞火龙节目表演。

舞火龙全程分四个环节：一是扎火龙。竹竿用明火熏（以辟邪）后，将竹竿破成篾片，用篾片构扎成龙架（含龙头、龙珠、龙身、龙尾），整条龙长 30 米，龙头直径 80 厘米，龙体从头至尾又大而小，并用铁丝将龙体扎实，随后在龙体密密蒙上一层稻草，在稻草上插上点燃的香支（一条龙身能插上 3 大框的香支）即可。二是火龙开光。舞龙者把整条火龙抬到水边河深潭边举行开光仪式，领舞长者先点一扎香朝东西南北跪拜，并大声吟诵：“日头一出在东方，今晚火龙来开光，雄鸡鲜血洗龙眼，洗左眼左眼光，洗右眼右眼光，眼光亮堂堂，今晚火龙去游乡，老少看见都安康……”念毕，将一只活雄鸡的鸡冠用刀一划，用手沾上鸡血往龙珠上擦，三拜过后开光完毕。三是舞火龙。舞龙时间在每年农历正月初四至初八，最迟不超过元宵节，具体时间为晚上七时至次日凌晨一时。舞动一条龙要 50 人参加，30 人备用，轮番换人。舞龙时，舞龙者口中含一团青菜叶，以免烟熏，乐鼓队尾随敲锣打鼓，舞龙者随鼓乐节奏摆龙头，转龙眼，摇龙尾，协调配合，火龙腾空飞舞，龙姿矫健。在大街游舞，每经住户、商户门前，主人都燃放爆竹，此时，大街锣鼓喧天，万爆齐鸣，浓烟滚滚，火光冲天，场面非常壮观。四是送火龙。游舞结束，舞龙者把火龙抬到火龙开光点，用火把火龙烧掉，众人拜天地，抛纸钱，舞火龙结束。

村（社区）简介

飞来峡管理区成立前，水边镇下辖水边、黄竹、乌城、白坑、热水、五角、流寨、六九 8 个管理区。2001 年 10 月飞来峡管理区撤销前，水边镇下辖水边、黄竹、乌城、白坑、热水、五角、流寨、六九 8 个行政村和水边社区。

水边村和水边社区 位于水边镇北部，总面积 16.05 平方公里，辖牛子比、街头、上街、中街、下街、街尾、车头、龙溪、群建、中心、刘屋、新联、徐屋、启一、船厂坝、启二、增坎头、欧屋、中潭角、湾角、九名坑、曲潭、镰子角、新屋、青水暗、老屋 26 个自然村，街道一、街道二 2 个居民小组。分布有黄、刘、罗等 62 个姓氏，人口较多的有黄、刘、罗三姓。

水边社区老街临河而建，始建于明末清初，街道一丈见宽，因地势低洼，常遭水淹，当地一句谚语“两天大雨，水边浸街”。1989 年起，当地居民开始迁往南边地势较高建设路和教育路两边建房，特别是 1995 年至 1998 年的飞来峡水库移民时，建成楼房近百栋。主要种植作物有笋竹、用材竹、砂糖橘、粉葛、淮山、冬瓜等。

热水村 位于水边镇东南部，总面积 34.6 平方公里，其中山地面积占 80%，辖炭下厂、热水塘、马曹坑、下琅、上琅、新岑、坝仔、林屋、杉树脚、新岗、香坑、新建、李屋、大坝、周塘、上文洞 16 个自然村，分布有陈、李、黄、肖、朱、冯、林、许、莫、刘、廖、罗、童等姓氏，人口较多的有陈、李、黄三姓。

热水因热水塘温泉而得名。热水村四面环山，乡村水泥路直达各自然村，当地村民以农业种植为主，主要种植作物有笋竹、砂糖橘、冬瓜、花生、水稻、杉木等。

白坑村 位于水边镇西南部，辖大坝、芳田、崩岗下、红勤垅、小塘肚、老屋、新屋、田心、铺子、大岭脚、下大坑、黄泥块、正坑、子下、块巷口、横岭、连塘、白沙迳、围铺、门前岭、下新围 21 个自然村。分布有黄、蓝、周、朱、林、罗、李、何、陈、谭、刘、曹等姓氏，人口较多的有黄、蓝、周三姓。

白坑村种植的作物主要有笋竹、砂糖橘、松树、杉树等。

乌城村 位于水边镇中部，辖土屋、周屋、坡角、田心、蓝屋、打铁铺、新屋、水枧头、蛇岭头、六古坑、沙坪、寨子脚、丰太围、大岭下等 14 个自然村。分布有陈、蓝、黄、李、刘、周、张、何、冯等姓氏，人口较多的有陈、蓝、黄三姓。种植的作物主要有笋竹、用材竹、砂糖橘等经济作物。

乌城解放前称石洞村，土改时由时任该村贫协组长的冯来提议改名为乌城，该名被采用一直沿用至今。乌城民居分布在一坑两岸，6 座水泥桥将村落连成一体，小桥流水，坑边翠竹，俨如一副美丽的山水画。

五角村 位于水边镇的西部，辖学子头、企山子、卫东、光明、石牯子、崩岗潭、车岗、东风、新生、新兴、廖屋、潭口、潭角、老陈坑、中楼、山塘坪 16 个自然村，分布有巫、刘、黄、赖、朱、陈、廖、杨等姓氏，人口较多的有巫、刘、黄三姓。种植的作物主要有笋竹、用材竹、砂糖橘、杉木等。

五角村因井坑角、潭口、潭角老陈坑、山塘坪 5 个自然村分居该村的 5 个方位角而得名。

黄竹村 位于水边镇的东部，总面积 25 平方公里，辖高郎、尖咀扶、耕好、沅合、金昌、新厅、新门、大天街、如龙、塘角、坡下、石坡头、岭排、新屋、老屋、上湾、中湾、下湾、上围、中围、下围、陈屋、陈新屋、长驳头 24 个自然村，分布有廖、谭、陈、黄、刘、李、纪、黎、盐、何等姓氏，人口较多的有廖、谭、陈、黄、刘五姓。种植的作物主要有笋竹、砂糖橘、桉树、杉树等。黄竹村因该村种植黄皮竹而得名。

流寨村 位于水边镇街的东南面，总面积 9 平方公里，辖朴子村、黄泥塘、背风湾、何屋坝仔、水口围、中街、围心、围顶、新屋、梅花墩、新门楼、楼角、红连、元沙、马头下、蓝屋、岭一、岭二、火二、火三、火烧坑 21 个自然村，分布有李、黄、冯、陈、何、刘、姚、邱等姓氏，人口较多的有李、黄、冯三姓。种植的作物主要有粉葛、笋竹、用材竹、砂糖橘等，流寨粉葛已成为驰名的特产。流寨村因流寨山而得名。

第二编　移民安置

Di Er Bian　　Yi Min An Zhi

第一章 移民工作决策部署

第一节 移民缘起

一、北江水患不断

清远市飞来峡为北江三峡之一，古称清远峡、中宿峡或禺峡，是北江水道的重要津口。飞来峡上游集雨面积广，峡口以下多为平坦的平原，这一段北江历来洪水灾害频发。宋代以来，这里开始出现简单的防御洪潮的堤防。1915 年，发生北江流域性水灾，史称“乙卯年大水”，由于北江没有固定形式和完整的堤系，只有零星分散的堤段，防洪能力很低，难以抗御特大洪水的袭击，受灾地区遍及下游 27 个县，受灾群众 378 万人，死伤 10 多万人，广三、粤汉铁路中断月余。1982 年 5 月 9 日至 14 日，北江中下游地区普降大暴雨，北江发生特大洪水。仅清远全县就有 31 个公社（镇、场）受灾，重灾区有 24 个，407 个大队中有 345 个受灾，5896 个生产队有 4417 个受灾，受灾人口 479536 人。洪水期间有 248252 人被洪水围困，全县倒塌房屋 3.17 万间，整个自然村倒塌的有 98 条，灾后无家可归或有家但不能住的 20427 户，73173 人，洪水淹死、塌屋压死 206 人，全县受灾损失 2.916 亿元。1994 年 6 月中旬，华南地区普降暴雨到大暴雨，局部特大暴雨，6 月 19 日 23 时，北江洪峰通过清远市区时，水位 16.34 米，超过警戒水位 4.22 米，洪峰通过石角站时，洪峰流量 16700 立方米/秒，持续超警戒水位 10 天，超过五十年一遇，是有史记载的最高纪录，全市 97%的乡镇，201 万人口受灾，10 万公顷农作物受浸，房屋倒塌 6.58 万间，死亡 103 人，失踪 29 人，受伤 2141 人，直接损失达 30 多亿元。

为根治北江水害，近几十年来，有关方面一直对北江流域进行查勘，提出要在飞来峡兴建闸坝工程，控制北江洪水，构筑北江流域防洪体系的方略，珠江水利工程总局多次组织查勘队伍，收集流域基本资料，为流域防洪规划工作做准备。然而，由于种种原因，这些查勘一直停留在建议、计划阶段。1979 年，水利部珠江水利委员会成立后，提出“堤库结合，以泄为主，泄蓄兼施”的防洪规划，确立北江中下游堤库结合防洪工程体系的规划布局。1992 年，国务院批准兴建飞来峡水利枢纽。1993 年下半年，广东省人民政府成立广东省飞来峡水利工程建设领导小组，由欧广源副省长任组长，成立飞来峡水利工程建设总指挥部，由广东省水利厅主管工程。1994 年 10 月 18 日，飞来峡水利枢纽工程开工建设。1996 年 10 月，成立广东省飞来峡水利枢纽建设管理局。1997 年 7 月 2 日，省长卢瑞华发布广东省人民政府第 17 号令，颁布《广东省飞来峡水利枢纽管理办法》，明确广东省水利厅是飞来峡水利枢纽的主管部门，是飞来峡水利枢纽的建设和管理机构。

二、飞来峡水利枢纽工程动工建设

1993 年，省委、省政府决定动工建设飞来峡水利枢纽工程。这是广东省最大的水利工程，也是根治北江洪患的关键性工程。飞来峡水利枢纽坝址控制流域面积 3.41 万平方公里，占北江流域面积的 73%，水库总库容 19.04 亿立方米，防洪库容 13.36 亿立方米。飞来峡水利枢纽与北江大堤联合组成北江中下游防洪体系，水库可以起到滞洪调峰作用，为下游及珠江三角洲提供可靠的防洪安全保障。水库建成后，结合北江大堤和滞洪区，可使北江大堤防洪标准提高到三百年一遇，对确保北江下游的安全和经济的发展具有十分重大的战略性意义。飞来峡水库建设的特点是大江截流，淹没范围广，涉及影响面大，根据水利部珠江水利委员会勘测设计院（下称珠委院）的调查，全区淹没各类土地41540亩，淹没各类房屋873035平方米，计划迁移人口35051人（占整个库区迁移人口的98%）。实际上，按珠江水利委员会编制的《北江飞来峡水利枢纽技施设计水库淹没处理及移民安置规划大纲》，飞来峡水利枢纽工程正常蓄水位为24米（珠基，下同），土地征用线为24.5米，居民迁移线采用25米，飞来峡水库移民涉及英德黎溪镇、连江口镇、水边镇和清新升平镇等11镇的55个管理区775条村庄，淹没区涉及人口4万多人和大批的房屋、土地，淹没影响道路、港口码头、供电、通信、文教、卫生等公共设施一批。

第二节 实行移民安置承包责任制

一、成立飞来峡管理区

1993年12月31日，清远市人民政府为了确保即将动工兴建的飞来峡水利枢纽工程建设的顺利进行，确保完成广东省人民政府赋予飞来峡水库移民的搬迁任务，发布《清远市人民政府关于飞来峡水利工程库区管理和群众搬迁有关事项的通告》，明确库区管理范围和管理规定，吹响飞来峡水利枢纽工程移民工作的号角。1994年1月，成立广东省清远飞来峡水利工程移民开发局，代表清远市人民政府具体负责组织实施飞来峡水利枢纽工程的移民安置工作。1994年10月18日，飞来峡水利枢纽工程正式上马后，广东省人民政府对主体工程要求“六年工期、五年完成”，对移民安置工作要求“迁得出、安得稳、富得起”，并要符合主体工程进度的要求适时完成移民搬迁工作。与我国大部分的水库移民安置工作都是在主体大坝工程动工前的1年至2年开始进行相比较，飞来峡水利枢纽工程的移民安置工作起动较晚，因此任务重、要求高、时间紧。清远市人民政府根据形势的要求和迅速开展大规模移民安置工作的迫切需要，经广东省人民政府批准，将飞来峡库区移民人口较多、移民搬迁任务较重的清新县升平镇，英德市黎溪镇、连江口镇、水边镇划为一个县级行政单位，成立清远市飞来峡管理区，并于1995年9月8日正式挂牌。仪式上，省委常委、副省长欧广源要求管理区的领导把握机遇，积极做好移民工作，抓好新区的经济发展和社会稳定，把飞来峡管理区建成一个稳定、富庶、繁荣、美丽的新区。清远市市委书记骆雁秋在讲话中，希望区的领导创造性地贯彻开发性移民的方针，把移民安置与发展经济紧密结合起来，大力发展交通、通信、能源和“三高”农业，为移民铺就一条致富之路，把飞来峡管理区建成璀璨的北江明珠。1996年5月7日，中共中央政治局委员、广东省委书记谢非视察建设中的飞来峡水利枢纽工程及移民新村时说：在移民地区设立一个专门的行政区，实行“就地移民”的路子十分正确，要予以坚持。强调要将移民安置与开发当地资源结合起来，妥善处理好移民工作中的各种问题，圆满完成党和人民交给的光荣而艰巨的任务。

飞来峡管理区成立后，区委、区管委在省水电厅、飞来峡水利工程建设总指挥部、清远市委、市政府和清远飞来峡水利工程移民开发局的直接指挥和帮助下，按照水利枢纽工程进度要求，结合广东与飞来峡的实际，借鉴石灰岩山区的移民经验，广泛征求听取移民对象的意见，积极争取上级支持，按照“迁得出，安得稳，富得起”的目标要求，创新迁移安置的方式方法，以长远的眼光和超前的意识谋划移民安置工作，制定以圩镇安置、集中安置、离乡不离土安置为主，后靠安置、投靠亲友安置、自理安置同步进行的工作思路，依法组织实施移民安置。

在实施农村移民安置过程中，飞来峡管理区区委区管委先后制定《飞来峡水利工程移民迁安进度奖罚办法》《飞来峡水利工程移民迁安进度奖罚办法实施细则》，批准《清远市飞来峡管理区连江口镇小樟管理区实施移民迁移安置方案》《清远市飞来峡管理区连江口镇城樟管理区实施农村移民安置方案》《清远市飞来峡管理区连江口镇小舍管理区实施农村移民安置方案》《清远市飞来峡管理区连江口镇三井管理区实施农村移民安置方案》《清远市飞来峡管理区连江口镇下步管理区实施农村移民安置方案》《清远市飞来峡管理区连江口镇初溪管理区实施农村移民安置方案》《清远市飞来峡管理区连江口镇银坑管理区实施农村移民安置方案》《清远市飞来峡管理区连江口镇连江管理区实施农村移民安置方案》《清远市飞来峡管理区连江口镇下步管理区实施部分移民安置方案》《清远市飞来峡管理区黎溪镇铁溪管理区拐塘、黄沙两村实施移民迁移安置方案》等。

二、落实移民安置承包责任制

飞来峡水利枢纽工程的移民安置工作，采取由清远市人民政府向广东省人民政府总承包，再由清远市人民政府分包给飞来峡管理区和英德市人民政府及横石木材厂，然后再由相关乡镇包干承包责任制。1995 年 8 月，广东省人民政府与清远市人民政府签订《广东省飞来峡水利工程征地移民迁安总承包协议书》。1996 年 11 月，清远市人民政府分别与飞来峡管理区、英德市、横石木材厂签订《广东省飞来峡水利工程清远市飞来峡管理区征地移民迁安承包协议书》《广东省飞来峡水利工程英德市征地移民迁安承包协议书》《广东省飞来峡水利工程横石木材厂征地移民迁安承包协议书》。随后，飞来峡管理区又分别与升平镇、黎溪镇、连江口镇、水边镇签订移民迁安协议书，以协议的形式明确各级的职责、任务。

1995 年 9 月 20 日，清远市人民政府颁布《关于飞来峡水利移民安置若干问题的暂行规定》。同月 26 日，广东省人民政府颁布《广东省飞来峡水利工程移民安置办法》。这为开展飞来峡水利移民安置工作提供了重要的政策依据和政策支撑。

第三节　制定移民政策

一、制定广东省飞来峡水利工程移民安置办法

为实施移民安置，广东省人民政府、清远市人民政府、飞来峡管理区委、区管委先后分别制定、颁布关于移民安置的政策，包括决定、条例、规定、办法等。

1995 年 9 月 26 日，广东省人民政府发布《广东省飞来峡水利工程移民安置办法》，分总则、移民安置、移民经费使用及管理、淹没区、安置区的管理、优惠措施、奖励与处罚、附则共 7 章 40 条，对移民安置的总体要求、移民方针和做法，安置机构的设置和职责，安置办法，安置原则，生产、生活安置的要求和做法，城镇迁建，移民经费的安排、使用、监督，对移民的优惠照顾等均作具体的要求。

《办法》在总则中明确：（一）飞来峡水利工程移民安置，必须按移民规划组织实施，为移民提供一个生产、生活设施基本配套，有利于移民长期安定的生存环境，使移民的生活不低于原有水平，并具备与安置区居民同步发展的条件。（二）飞来峡水利工程移民安置实施开发性移民方针，通过多渠道、多产业、多形式妥善安置移民；移民安置与当地经济开发相结合，合理开发当地资源，优先就地后靠；以农业安置为主，同时结合城镇迁建，适当扩大城镇容量；适应市场经济要求，大力发展第二、三产业；飞来峡水利工程管理单位和下游受益区在同等条件下对移民优先招工招干；鼓励移民投亲靠友、自谋职业等。（三）飞来峡水利工程移民安置工作，由清远市人民政府实行总承包，承包合同由省人民政府与清远市人民政府签订。（四）省级移民安置机构主要负责宏观决策，拟定有关政策，指导、监督、检查移民安置工作；市级移民安置机构，

在市政府领导下，负责编制移民安置总体规划，组织、协调、检查、监督各承包单位实施移民安置规划；飞来峡管理区、英德市移民安置机构，负责实施本辖区移民安置规划，组织移民搬迁和做好移民生产生活安置工作；省属企业（横石木材厂）负责本企业安置工作。（五）移民安置可采取以下办法进行：⑴当地耕作和居住条件许可，居民生产生活有发展余地的，在处理好土地、山林等基本生产资料权属关系的基础上，组织就地后靠安置。⑵当地确实无地可耕及耕作条件差的地方，组织移民异地农业安置或就近在圩镇或县城安置，从事二、三产业。⑶投亲靠友的，经批准一次性发给迁移费用，并以合同形式确定今后的抚养安置关系，成为投靠地的合法居民，不再享受移民待遇。⑷市政府在靠近圩镇的地方，划出一片土地，供移民集中连片开发。飞来峡管理区的移民安置机构，负责实施辖区内的移民安置规划，组织移民搬迁，做好移民生产生活安置工作。（六）库区开发必须注重水土保持和环境保护，改善库区生态环境。（七）飞来峡水利工程移民安置和库区开发，必须依靠科学技术，重视教育和智力开发，培养和引进专业人才，鼓励科学技术研究，推广先进技术。

关于移民安置规划编制，《办法》明确：清远市人民政府会同水利部珠江水利委员会设计研究院及库区所在地县级人民政府，按照下列原则编制飞来峡库区移民安置规划大纲和移民安置规划：⑴按照国家有关规定制定移民安置规划大纲，并根据大纲具体编制移民安置规划方案。⑵在对全库区淹没实物指标进行核查后，根据安置规划和经批准的移民经费概算编制移民实施规划。⑶移民实施规划必须科学合理和具体化。后靠安置的，应考虑环境容量并为以后发展留有余地；城镇迁建，应配合城建规划部门做好城建规划设计；第二、三产业安置的项目，必须通过有关技术论证；专业项目，必须达到技术设计水平。

关于移民安置的具体政策，《办法》主要从以下 11 个方面加以明确：⑴飞来峡水利工程建设用地和移民安置用地，按照经批准的规划逐项审批，由县级以上国土部门负责征用，并依法办理土地权属登记和发证手续。⑵后靠安置、迁入城镇和外迁异地的移民，自迁入之日起成为安置区合法居民，由当地政府负责管理。⑶库区后靠安置移民，在当地政府领导下，由移民安置机构按照规划，统一组织，合理开发可以利用的土地，改造中低产田，建设稳产高产粮田和经济园林，发展林业、牧业、渔业、副业等。安置移民的集体经济组织，应在使用移民经费统一开发后进行移民安置，同时依法办理有关土地所有权手续或调整土地承包经营权，必要时建立新的集体经济组织，对被安置的移民与原有居民一视同仁。搬迁农村居民点，当按照有利生产、防洪安全、方便生活的原则，依法编制新居民点的建设规划，并报经主管部门批准后，有组织、有领导地分期分批实施。住宅拆迁，按当地近期农村房屋建筑价格计算补偿标准，包干到户。住房建设按照统一规划，采取政府组织统建和农民自建相结合的办法。⑷对农转非安置的移民，应经县级人民政府审查，报市人民政府批准后，在省下达的飞来峡水利工程专项农转非指标内安排。⑸飞来峡水利工程建设需要迁移城镇的，应当做好新城镇选址工作，按照实用、效能和便于管理的原则，依法编制城镇规划，其中对需要新建的主要企事业单位和公共建筑、港口、码头等确定具体位置，报规划主管部门批准。需要迁移安置的城镇居民，随城镇迁建迁移，原则上在原单位就业，对个别行业就业有困难的，由移民安置机构和当地政府共同协助解决。迁建的新城镇适当安置部分农村移民。安置移民以从事商业、服务业为主，鼓励自谋职业。当地政府和移民安置机构应协助农村移民解决就业问题。在招工、招干、征兵、子女入学和就业时，移民与原有城镇居民享有同等权利。按照移民安置规划迁移建设的城镇，应按原规模、原标准、原功能重新设置、留有余地的原则计算迁建补偿经费（包括按规划扩容安置移民的经费），列入移民经费。其他扩大部分由有关单位自行解决。飞来峡水利工程建设需要拆迁的城镇房屋，其补偿标准按照广东省有关城镇房屋拆迁补偿标准执行。⑹凡利用移民经费（土地补偿费和安置补助费的一部分）兴办的经济实体，应以安排移民就业为主，其产权和收益归移民集体所有。合资兴办的，按投入移民经费的比例确定移民集体拥有产权和收益的比例。利用移民经费兴办或合资兴办的经济实体可采取股份合作制组织形式，其收益按移民集体所占股份分给移民，也可征得移民同意，用于扩大再生产或兴办新的经济实体。各级移民机构负责指导和监督。⑺飞来峡水利工程运行管理单位在招收职工时，除特殊工种外，应在库区移民中择优录用。⑻投亲靠友或通过其他途径外迁安置的移民，由迁出地和安置地的县级人民政府有关部门办理有关安置、户口迁移手续，相应的移民经费交付安置地的政府部门，用于安排移民的生产和生活。移民安置后即为当地合法居民。⑼飞来峡水利工程建设需迁建学校、医疗卫生院（所）、文化娱乐设施、社会福利院、敬老院等生活基础设施，必须按不低于原标准重建。⑽飞来峡水利工程蓄水所淹没、损坏的公路、铁路、桥梁、港口、码头、水利工程、电力设施、广播线路等专业设施和文物古迹，需要复建的，应列入安置区建设规划，提前在淹没线以上复建。按原规模和原标准或者为恢复原功能复建所需的投资，列入移民经费；扩大规模和提高标准需要增加的投资，由有关单位自行解决。⑾飞来峡水利工程建设需要迁移的企业事业单位，应按照移民安置规划组织迁建，按照原规模和原标准建设所需的投资，按照重置价格计算，列入移民经费；扩大规模和提高标准需要增加的投资，由有关单位自行解决。

对移民经费使用及管理，《办法》明确：⑴飞来峡水利工程移民经费的使用应注重实效。属于移民生产安置的资金，应全部用于生产资料和配套设施重置以及生产开发；属于重建移民房屋及其生活设施和移民搬迁补助等方面的资金，按规划逐项落实，为移民重建房屋、生活设施或以金额补偿移民。⑵飞来峡水利工程移民经费，由飞来峡水利工程建设总指挥部按照移民总承包合同，分期分批拨付，由清远市人民政府按计划安排使用和管理。移民经费必须专款专用，各项支出费用应严格遵守计划概算，符合开支标准。⑶移民经费使用单位应严格执行国家财经纪律及有关规章制度，强化内部财务管理，加强经济核算，提高资金使用效果，并实行内外部审计制度。省有关部门及建设单位应严格监督移民经费的使用，对有关政府和部门负责人实行移民经费管理、使用的任期审计制度。

对淹没区、安置区的管理，《办法》明确：①在飞来峡水利工程设计淹没线以下的区域，任何单位和个人不得擅自新建、扩建和改建建筑物、构筑物。在1993年12月31日《清远市人民政府关于飞来峡水利工程库区管理和群众搬迁有关事项的通告》（以下简称《通告》）发布后，违反规定建设的项目，一律按违章建筑处理，由建设单位或个人自行拆除，不予补偿。②库区的公安机关，应当加强户籍管理，严格控制非淹没区人口迁入淹没区。除按照国家有关规定，因出生、婚嫁、军人复员转业退伍以及高等院校、中等专业技术学校毕业分配、原籍劳教释放人员等经市、县公安机关批准允许入户的以外，对在《通告》发布后擅自流入的人口，不得作为移民搬迁安置。库区各级人民政府和有关单位加强计划生育工作，严格控制人口增长，保证库区人口自然增长率不超过规定标准。③按照移民安置规划必须搬迁的移民，不得借故拒迁或者拖延搬迁；经安置的移民和单位，不得返迁。土地大部分或全部被征用但房屋不需要搬迁的居民，由当地政府会同设计部门根据实际情况，分别落实生产生活安置。④飞来峡水利工程库区的单位和个人，凡已经得到补偿和安置的，其原使用的土地和建筑物由当地县级人民政府移民安置机构依法处理，不再予以补偿。

《办法》也明确了移民安置的优惠措施：⑴飞来峡水利工程移民搬迁所需的钢材、木材、水泥、油料等物资，由有关部门应优先优惠供应。⑵因安置移民而调整土地或被征用土地的农村经济组织，其兴办的二、三产业，享受移民办企业的有关优惠政策。⑶飞来峡电站建成后，在20年内每年按发电量每千瓦时提取2分，作为移民安置发展资金，扶持移民发展生产。⑷飞来峡水利工程建成后形成的水面和消落区，其所有权属国家，由工程管理单位统一管理开发和利用，在服从水库统一调度、保证工程安全和保护库区生态环境的前提下，可组织移民使用，并与移民签订使用协议。(5)工程用地、水库淹没区土地和移民安置用地，应依法办理征用手续，其耕地占用税、土地垦复金、基本农田保护基金可依法申请减免。移民安置区开发农用土地所需资金，经按有关规定程序办理，可在省土地开发基金中优先予以安排。移民建房、企事业单位迁建及移民新建项目，在迁建安置期间享受固定资产投资方向调节税税率零的优惠政策。农业安置的移民，开垦从事农业生产的土地，从有收入之年起，免征农业税、特产税 5 年；库区原有工矿企业自迁建恢复生产之日起，移民新建工矿企业（含中外合资、私营企业和个体工商户）及加工、运输、建筑、商业、服务业等从投产之日起，经批准可按产业政策在一定期限内减征或免征所得税，减免期限按现行税法和规定办理。根据库区实际情况调整清远市、英德市的财政收入上缴或财政补贴。(6)飞来峡水电站建成后，对移民生产生活用电应当按核实电量给予保证和优先安排。(7)飞来峡水利工程下游受益区应积极支持飞来峡水利工程移民安置，建立对口挂钩扶持关系，主动安排库区劳动力，为库区引进项目和科技人才，促进库区发展。(8)省人民政府及其有关部门在安排建设项目、分配支农、扶贫、救灾、水土保持等资金和交通、文化、教育、卫生、公共安全、环境保护等资金时，应当对飞来峡水利工程库区优先照顾，增加投入，促进该地区的经济和社会发展。(9)对库区和安置区迁建、改建企业和生产开发项目，金融部门在信贷计划中，应予优先安排指标和资金，必要时视项目情况由省给予贴息照顾。

关于奖励与处罚，《办法》明确：(1)对在飞来峡水利工程移民安置工作中做出显著成绩的单位和个人，给予奖励。具体办法由省、市移民安置机构制定。(2)任何单位非法占用移民经费的，由有关县级以上人民政府责令退赔，并处以罚款；对主管人员和直接责任人员，由其所在单位或者上级机关给予行政处分；构成犯罪的，由司法机关依法追究刑事责任。(3)国家工作人员在移民安置工作中滥用职权、徇私舞弊的，由其所在单位或者上级机关给予行政处分；构成犯罪的，由司法机关依法追究刑事责任。(4)在移民搬迁和安置过程中，违反法律、法规的规定，扰乱公共秩序，致使工作、生产不能正常进行，尚不够刑事处罚的，依照《中华人民共和国治安管理处罚条例》的规定处罚；构成犯罪的，由司法机关依法追究刑事责任。

1998 年 1 月 8 日，广东省人民政府颁布第 35 号令，对《办法》的第三十七条作修改，主要内容是对单位非法占用土地补偿费和安置补助费作出更明确的处罚规定：“任何单位非法占用土地补偿费和安置补助费的，由县以上土地管理部门责令退赔，可以处以非法占用款数额 30％以下的罚款；占用其他专项移民经费的，由有关部门依法给予处罚；对主管人员和直接责任人员，由其所在单位或上级主管机关给予行政处分；构成犯罪的，由司法机关依法追究刑事责任。”

二、清远市和飞来峡管理区制定配套移民安置政策

1996 年 9 月 20 日，清远市人民政府根据国务院和省的有关规定，结合实际，制定颁布《清远市人民政府关于飞来峡水利工程移民安置若干问题的暂行规定》，对飞来峡水利工程移民安置工作的实际问题，进行政策指引，明确移民安置的原则，对随迁人口的主要范围、确定依据和安置办法，农村移民迁入圩镇安置、投亲靠友安置的条件和办法，离乡不离土安置的条件及有关问题的处理，移民易地农业安置等情况作出具体规定。

1999 年 9 月，清远市人民政府又印发《飞来峡水利工程库区农村随迁人口界定及其安置的有关规定》，为全区农村随迁人口界定工作提供具体的政策依据。

1996 年 10 月 21 日，飞来峡管理区委、区管委两套班子会议讨论通过《飞来峡水利工程移民迁安进度奖罚办法》《飞来峡水利工程移民迁安进度奖罚办法实施细则》。规定对在飞来峡水利工程移民安置工作中做出显著成绩的单位和个人，给予奖励，并确定经费来源和兑现办法；确定对延误搬迁的给予处罚等。

《飞来峡水利工程移民迁安进度奖罚办法》具体分为工程进度奖罚、移民自建房屋及拆迁的奖罚、移民工作中做出成绩的个人和单位的奖罚，在工程进度奖罚方面：①“三通一平”、房屋基础等项目，在工程发包签订合同时，甲、乙双方应就工期进行充分协商，工期必须符合移民安置工作计划和本办法有关规定要求。②土方工程在10万立方米内，工期不得超过45天；10万立方米（不含10万立方米）至20万立方米，工期不得超过60天。任何单项石方工程（含基础处理、道路等项）总工期不得超过90天。③房屋基础工程工期均不得超过45天，并按工程总价预留10%作为工期保证金。按时完工者及时支付工期保证金，不能按时完工者罚没工期保证金。在移民自建房屋及拆迁的奖罚方面：①房屋补偿款中每户预留1000元作为建房进度保证金，在房屋基础分到移民户后，移民必须在5天内开工，并在90天内完成建房。若按时开工、按期完工，拨付进度保证金；若不能按时开工、按期完工，罚没进度保证金。②对抓紧完成建房并提前完成拆迁者给予重奖，按规定的工期完成拆迁者（以拆除旧房之日为准），每户奖励1000元，提前一个月奖励1000元，直到每户最高奖励3000元为止。对少数作出特殊贡献的农户，每户最高奖额5000元。③对个别无理要求，不按时开工，拒绝、延迟搬迁者，除罚款外，情节严重者将采取行政手段或法律手段强制拆迁。对移民工作中做出成绩的个人和单位的奖罚方面：⑴对参加移民工作的成员建立考评制度，并把考评结果与评选先进、任用挂钩。⑵对各主要项目（“三通一平”、房屋基础、房屋建设及拆迁）负责人，根据任务完成情况给予奖励。按计划完成者可奖励1000～3000元；组织有力，工作出色，提前完成者可奖励3000～5000元。⑶升平镇移民迁安工作完成时间，以1997年3月18日为限，黎溪镇圩镇以1997年6月30日为限，黎溪镇湖溪、大湖管理区和连江口镇、水边镇全镇以1998年6月30日为限，按时或提前完成任务的每镇奖励150万元，其中奖励四套班子成员50万元。对主要负责人根据任务完成情况，最高奖额5万元。对每个管理区奖励10万元，其中5万元用于奖励镇分片包干的干部和管理区班子成员。⑷对移民工作团的奖励，参照上述办法执行，由区政府直接兑现奖励。⑸在移民迁安工作中，对组织不力的各级干部应及时调整，不能按期完成任务的，要追究直接责任人的责任，并给予调岗、降级直到撤职处分。关于奖励经费来源和兑现办法：⑴有关奖罚平衡后，缺口经费在价差预备费、有关工程费下浮（9%）和征地费留成（15%）中列支。⑵各种奖罚均由奖罚核查领导小组验收后兑现。奖罚核查领导小组，由飞来峡工程移民局、区移民办和各镇抽调人员组成。⑶各管理区奖励办法和时间要求，由各乡镇具体制订。

《飞来峡水利工程移民迁安进度奖罚办法实施细则》明确：⑴移民迁安进度奖罚对象包括从事移民工作的区直机关单位、各镇各管理区及其工作人员、移民工程承包者和移民户。⑵清远飞来峡水利工程移民开发局、飞来峡管理区移民办及各镇抽调专门人员，成立奖罚核查领导小组，负责本细则的实施。⑶奖罚核查领导小组应根据《办法》及本细则所规定的具体奖罚要求分门别类负责验收核定。⑷承包者承包移民工程，其工期必须服从移民安置工作计划的安排，规定土方工程在10万立方米以内的不得超过45天，在10万立方米以上20万立方米以内不得超过60天，任何单项石方工程（含基础处理、道路等项）总工期不得超过90天。⑸施工队伍承接房屋基础工程，其建设工期不得超过45天，签订承包合同或协议时，要明确完工日期，并按工程总价预留10%作为工期保证金。⑹施工队伍按时完工，经验收后，及时支付工期保证金；施工队伍不能按时完工或工程质量不合格，罚没其工期保证金。⑺各移民点“三通一平”、房屋基础建房建设和拆迁等主要工程项目按计划按时保质保量完成者，经奖罚核查领导小组验收合格后，视工程大小予以工程负责人1000～3000元的奖励；对组织得力、工作出色，提前完成工程任务的视工程大小予以工程负责人3000～5000元的奖励。⑻无论何种工程，承包者不能按期完工或工程质量不合格而导致延误工期者，除按第七条规定罚没工期保证金外，其延误时间另处每日500元以下的罚款；因工程质量而造成的损失由承包者全部负责，触犯刑律者依法追究刑事责任。⑼对移民自建或拆迁房屋的，每户移民的房屋补偿款预留1000元作为建房进度保证金，在房屋基础分到户以后，移民户必须在5天内开工，90天内完成建房工作。经奖罚核查领导小组验收，按时完工者，其进度保证金按时拨付，如不能按时开工、按期完工，罚没其进度保证金。⑽对抓紧完成建房并完成拆迁的移民户予以重奖。根据移民安置计划的安排，按规定的工期完成拆迁者（以拆除旧房之日为准），经奖罚核查领导小组核定后，每户奖励1000元，每提前一个月多奖励1000元，直至最高奖励3000元为止。⑾移民户如不能按时开工，拒绝或延误搬迁，每延误一天处以100元罚款，直至最高罚款3000元。对个别情节严重者将采取行政或法律手段强制搬迁。⑿如因基础延误移民户拆迁建房，除按第九条规定对工程承包负责人处罚外，对移民户迁建工期应相应推后，仍照第十一条、第十二条进行奖罚。⒀区属各镇应积极推进移民工作的深入，各镇完成移民迁安任务的时限为：升平镇以1997年3月18日为限；黎溪镇圩镇以1997年6月30日为限；连江口镇、水边镇和黎溪镇湖溪、大湖管理区以1998年6月30日为限。⒁以镇为单位，按计划完成移民工作给予150万元的奖励，其中50万元奖励给镇四套班子成员。对主要负责人根据任务完成情况，最高奖励可达5万元。⒂以管理区为单位，按计划完成移民工作给予10万元奖励，其中5万元奖励给管理区领导成员及驻片镇干部。⒃对移民工作团及各分团的奖励办法可参照上述标准，由区政府直接兑现奖励。⒄对在移民迁安工作中组织不力的各级干部，应予以调岗、降级撤职处分。⒅本细则所列奖励经费在有关奖罚平衡后，其缺口经费在价差预备费，有关工程费下浮（9%）和征地费留成（15%）中列支。⒆本细则所列奖罚由移民户或有资格享受奖励条件者向奖罚核查领导小组申请，由奖罚核查领导小组验收合格签好验收单交区工作团审批，由总团团长审批后兑现。

1997年10月15日，区委、区管委制定《关于加快移民经济发展的决定》，要求区直各单位、各镇人民政府加快移民经济的发展。对移民生产安置，提出多项优惠政策、鼓励措施，移民安置要实施开发性移民方针；移民安置要与当地经济开发相结合，合理开发当地资源；移民安置要以农业安置为主，引导移民合理布局，开发立体种养，群众充分利用飞来峡库区的资源优势，特别是自然资源优势，旅游资源、水库形成的大面积的库湾水面资源优势，做好山水文章；适当扩大城镇容量，适应市场经济要求，鼓励大力发展第二、三产业。

第四节　移民工作宣传

一、媒体宣传

飞来峡移民安置工作开展后，区管委、镇政府、区移民安置办公室、移民团等利用各项宣传手段，宣传移民政策、报道移民工作情况、总结移民安置工作经验、反映移民工作存在问题。省、市新闻媒体也经常对飞来峡移民政策、移民工作进行宣传报道。其中，《清远日报》全文刊登《广东省飞来峡水利工程移民安置办法》。

二、办刊宣传

1995年12月19日至1996年6月27日，区移民安置办公室编发《移民工作简报》5期；1996年9月4日至1999年1月25日，区移民安置办公室与区移民工作团合编《移民工作简报》20期；1999年7月28日至12月1日，移民安置办公室编发《移民工作简报》3期。《移民工作简报》主要以宣传移民安置政策、报道移民工作动态、通报移民工程进度情况、反映移民工作存在问题、介绍移民生产安置经验等为主。1995年

10月28日起，飞来峡管理区党委办、管委办编《飞来峡通信》，每月编发一期，其中有不少反映和宣传移民工作的内容。

三、干部进村入户宣传

1996年上半年，区移民安置办公室、各镇政府利用有线电视、墙报、横额、标语等形式，对移民政策、移民工作进行广泛的宣传，挂永久性横额7条、挂临时性横额32条、张贴标语1362张。9月，区移民安置办公室组建“移民安置宣传工作放电影小分队”，到各镇、各管理区、各移民安置点放电影120场，利用放电影时机，宣传移民政策、介绍库区移民工作形势。10月，区移民安置办公室编印《移民安置工作政策汇编》12000册，发至区直委、办、局、干部职工手中，并组织干部深入各镇、各管理区，将该《汇编》发至村干部、移民户手中，每人1册。

四、拍摄专题片宣传

1996年11月，区委、区管委与珠江电影制片公司联合摄制专题片《北江耀明珠，峡江起宏图》。1997年12月，珠江电影制片厂完成该专题片的拍摄和制作。1998年1月，该专题片公开上映，展现北江两岸美丽的自然风光和库区的发展前景，通过该片把国家建设飞来峡水利枢纽工程的重大意义传达到移民中去。

第二章 移民机构

第一节 移民管理机构

一、广东省清远飞来峡水利工程移民开发局

1994年1月10日，清远市机构编制委员会批复：设立清远市飞来峡工程移民开发局，为正处级事业单位，定编30名，经费由省投移民经费中解决（同年1月24日经市编委批复更名为：广东省清远飞来峡水利工程移民开发局），代表清远市人民政府具体负责组织实施飞来峡水利枢纽工程的移民安置工作。

1994年1月18日，广东省清远飞来峡水利工程移民开发局（简称飞来峡工程移民局）在笔架新村挂牌。

1994年至2001年清远飞来峡水利工程移民开发局局长、副局长：

局　长　钟梅坤（1994.5-1996.12）
　　　　欧　勇（1997.3-2000.9）
　　　　黄卫星（2000.9-2001.10）
　　　　徐觉荣（2001.10-　）
副局长　黄杰泰（1994.5-　）
　　　　蔡保平（1994.12-　）
　　　　植东林（2001.10-　）

二、飞来峡管理区移民安置办公室

1995年8月29日，清远市机构编制委员会批复，批准设立飞来峡管理区移民安置办公室（正科级），负责移民的搬迁、生产、生活安置、后期生产发展扶持、移民资金管理工作职能，行政编制11人，事业编制5人。当年，实有人员13人，黄国擎任办公室主任，余镜珠、华红云任副主任。1996年，区移民办实有人员

17人，设4个内设工作机构：⑴移民办财务管理小组。由黄国擎负责，人员3人，主要职能是负责全区移民资金的计财和移民办经费的使用审计。⑵移民工程质量督察小组。由余镜珠负责，人员4人，主要职能是负责移民工程进度的督促和工程质量的检查。⑶规划测量设计小组。由华红云负责，人员5人，主要职能是负责移民工程的规划、勘测、设计以及与总指挥部的协调工作。⑷综合办公室。由石辉成负责，人员5人，主要职能是负责办公室内部人员的管理、文秘工作和资源的统计、打印、归档。

1995年11月2日，飞来峡管理理区管委会第一次区长办公会议决定，副区长植东林分管移民安置工作。1996年8月，区长办公会议对区管委会领导分工进行调整，决定副区长孔宪君分管移民安置工作。1998年3月12日，区长办公会议对区管委会领导分工再次进行调整后，继续由副区长孔宪君分管移民安置工作。

1996年5月16日，为加强移民资金的内部审计工作，经区委研究，同意区移民办成立移民资金使用内部审计科，为副科级事业单位。

1996年，区移民安置办公室制定《移民安置办公室人员考勤制度》《移民安置办公室工作制度》《移民安置办公室财务会记制度》《移民安置办公室人员工作考核制度》《移民安置办公室双休日轮值制度》《移民安置办公室领导议事制度》等。1997年，区移民安置办公室编制《飞来峡管理区移民安置办公室内部管理制度》，包括会议制度、学习制度、财会制度到两公开一监督制度等14项，进一步强化内部管理。1999年，区移民安置办公室对《飞来峡管理区移民安置办公室内部管理制度》进行完善，同时，编制《飞来峡管理区移民安置办公室职员工作职责和要求》，对会议、学习、财会、公务用车、“两公开一监督”等16项制度作明确规定，并由综合办公室人秘组牵头，每月对工作人员制度落实情况进行对照检查。

飞来峡管理区移民安置办公室主任、副主任：

主　任　黄国擎（1995.9-2001.10）

副主任　余镜珠（正科，1995.9-2001.10）

　　　　华红云（1995.9-2001.10）

　　　　石辉成（1998.12-1999.12）

另外，各镇也设立移民安置办公室。

第二节　移民工作团

一、移民工作团概况

1996年7月26日上午，区委常委会决定，为加快移民安置工作，成立飞来峡管理区移民安置工作团，由谭建成任团长，徐觉荣、张细珠、陆神才、魏振龙、植东林任副团长，下设四个分团，升平分团由植东林任团长，李计全、傅立全、罗琼标任副团长，分团成员由两委办、组织人事办、升平镇抽调人员组成；黎溪分团由魏振龙任团长，陈廷康、唐建琪、陆国基任副团长，分团成员由宣教办、农林水办、黎溪镇抽调干部组成；连江口分团由张细珠任团长，黄亚全、宋善浩、梁伟赞、邱泽军任副团长，成员由纪检、建委、连江口镇抽调干部组成；水边分团由陆神才任团长，黄灶养、余镜珠任副团长，成员由移民办、水边镇、公安分局抽调干部组成。移民安置工作团的主要任务和各项职责，由区移民办负责制订，总团设立办公室，由黄国擎任主任，江汉良、华红云任副主任。8月27日至29日，举办移民工作团学习班，区委书记钟梅坤作动员报告，区移民办主任黄国擎宣读省市、区有关移民安置的政策规定，水利部珠江水利委员会谢华贤作有关库区移民工作的报告，飞来峡水利工程建设总指挥部移民部领导刘耀祥、工程监理移民部领导刘志田和飞来峡工程移民局计财办刘丁分别授课，区长谭建成作总结。9月3日，区直各单位的113名工作团成员，正式进驻升平、连江口、黎溪、水边4个镇，和各镇抽调的39名干部一起，迅速展开工作。其中：⑴升平移民工作分团分为驻横石、黄洞、北寮和居委（包括横石厂居委会、北新居委会）4个小组。升平分团工作人员42人，其中驻镇10人，驻村（居）32人。⑵连江口移民工作分团成立移民安置工作指挥部和办公室，设新圩镇、小舍、下步、连江4个工作队，每个工作队又分成若干小组。连江口分团工作人员49人，其中驻镇17人，驻村（居）32人。⑶黎溪移民工作分团，组成7个工作队开展工作。黎溪分团工作人员42人，其中驻镇17人，驻村（居）25人。⑷水边移民工作分团，分为规划组、黄竹组、流寨组、资料组、公路组等5个组开展工作。水边分团工作人员19人，其中驻镇8人，驻村（居）11人。

1999年1月13日，区委、区管委召开移民安置工作团总结表彰大会，表彰一批区移民安置工作团先进工作者。会后，移民安置工作团解散，完成使命。移民工作团从组建到撤销，历时2年4个月。

二、移民工作团职责和要求

区移民工作团直接受区委、区管委领导，驻镇移民工作分团受区移民工作团和当地党委领导；移民工作团对移民安置工作实行承包责任制，驻镇移民工作分团向区移民工作团负责所驻镇的移民安置工作，区移民工作团向区委、区管委负责全区的移民安置工作，包移民安置，包生产、生活安置，包资金调控，包解决遗留问题。

1996年9月，区移民安置办公室制订《关于移民安置工作团下乡工作的有关规定》，规范驻镇移民安置工作团成员在驻镇期间的组织、学习、工作和生活：各单位被抽调参加移民工作团的人员，在原单位所负责的工作，由原单位统筹安排。在没有完成移民工作团的移民安置任务之前，除特殊情况需要轮换外，一般不准调离移民安置工作岗位。对成员要求如下：⑴服从移民工作团的领导和工作安排，执行移民工作团的决定，并在移民工作团中积极工作；⑵遵守移民工作团的各项规章制度，按时按质完成移民工作团下达的各项任务；⑶学习移民安置政策和规定，理解、掌握移民安置政策、规定和有关法律；⑷深入基层、了解实际、掌握当地移民实际的第一手材料，在工作中做到有的放矢，依法移民；⑸积极宣传移民安置政策，做深入细致的群众思想工作，引导移民配合政府，做好迁安。

移民工作团人员在被抽调参加移民安置工作期间，其工资、福利、生活等各方面待遇按原不变，由原工作单位发给；工作团人员的下乡伙食补贴，每人每天12元（按考勤天数、领导证明发给）。区直机关抽调的人员，补助费统一由区发给，各乡镇抽调的人员，由各乡镇解决。驻镇移民工作分团的办公经费，经当地镇政府、区移民工作团审批后，由各镇移民办从移民办公经费中支出。驻镇移民工作分团工作人员在各镇的食、住、办公场所，统一由当地政府安排。

驻镇移民工作分团设立临时党支部，正常过党组织生活；每个驻镇移民工作分团设一至二名资料员，有独立的办公室。办公室建立各种制度，如考勤制度、学习制度、议事制度、领导值日制度和工作进度计划等，办公室每天有人值班（包括双休日在内）；驻镇移民工作分团每15天向区移民工作团请示、汇报一次工作。区移民工作团每15天向区委、区管委请示、汇报一次工作。碰到重大问题及时请示、汇报；坚持民主集中制，对移民安置规划、工程招标、资金使用等重大问题均通过集体讨论，民主决策。

为利于工作的衔接，工作团成员执行乡镇干部休假制度。移民工作团成员有特殊情况要请假的，请假时间在3天内的，由工作分团领导审批；请假时间超过3天的，经区工作团审批。假期满后及时报告，办理销假手续。工作团和驻镇分团的领导，有特殊情况要请假的，直接向区委主要领导请假，批准后方可离开。

第三章 移民安置规划

第一节 移民安置规划基础数据

一、飞来峡管理区库区人口和经济收入

表 2-3-1 飞来峡管理区库区人口、经济收入情况表

序号	镇名	管理区	1994 年人口				总收入（万元）	农民所得（万元）	1994 年人均收入（元/人）
			小计	农业	非农业	自理			
1	升平镇	横石	2290	2265	25	0	281.61	165.34	730
2		黄洞	3966	3962	4	0	570.4	334.80	845
3		北寮	3618	3537	81	0	414.90	317.90	899
小计			9874	9764	110	0	1266.91	818.04	838
4	黎溪镇	大湖	2406	2292	114	0	450.30	323.42	1411
5		湖溪	2621	2614	7	0	393.68	276.43	1057
6		铁溪	3893	3738	144	11	473.03	339.60	909
7		黎洞	2931	2574	175	182	387.20	270.15	1050
8		大埔	1129	1098	29	2	192.53	125.60	1144
9		红光	1433	1433	0	0	241.06	168.75	1180
10		新塘	1542	1534	5	3	237.37	191.08	1246
11		黎新	1093	1029	13	51	213.20	140.45	1365
12		围坪	1115	1110	5	0	193.02	131.80	1187
小计			18163	17422	492	249	2781.40	1967.28	1130
13	连江口镇	小舍	1949	1921	28	0	246.83	196.28	1022
14		银坑	3352	3348	2	2	744.81	405.44	1211
15		初溪	2227	2227	0	0	427.34	263.01	1181
16		南坑	2053	2053	0	0	342.91	250.02	1218
17		下步	1144	1077	67	0	223.50	171.97	1596
18		三井	3374	3339	35	0	491.47	336.05	996
19		群联	1025	1020	5	0	167.27	117.09	1148
20		城樟	1224	1224	0	0	186.14	118.24	966
21		小樟	2026	1854	172	0	332.88	212.61	1049
22		连江	680	629	50	1	91.62	72.96	1160
23			795	768	27	0	148.69	102.26	1332
小计			19849	19460	386	3	3403.46	2245.93	1154
24	水边镇	流寨	1812	1802	10	0	241.97	169.38	940
25		黄竹	2390	2226	164	0	301.66	211.45	950
小计			4202	4028	174	0	543.63	380.83	946
总计			52088	50674	1162	252	7995.40	5412.08	1068

二、飞来峡管理区库区调查情况

表 2-3-2　　飞来峡管理区库区淹没房屋与涉及人口调查情况表

序号	镇名	管理区	1994年末人口				1994年末房屋（平方米）				
			合计	农业	非农业	自理粮	框架	砖混	砖木	土木	杂房
1	升平镇	横石	2074	2049	25	0	0	4891	46688	17665	10789
2		黄洞	1259	1255	4	0	0	3493	37078	1816	3879
3		北寮	1058	977	81	0	0	5200	24264	719	6842
小计			4391	4281	110	0	0	13584	108030	20200	21510
4	黎溪镇	大湖	2267	2153	114	0	0	7250	53431	2647	3481
5		湖溪	1677	1670	7	0	0	3661	32146	9706	1731
6		铁溪	1725	1575	139	11	27	7739	40952	584	5330
7		黎洞	2815	2458	175	182	116	6092	68418	586	6430
8		大埔	656	625	29	2	0	274	15459	1650	522
9		红光	0	0	0	0	0	0	0	0	0
10		新塘	868	863	3	2	0	1325	18535	2330	1223
11		黎新	410	368	5	37	0	215	6342	3709	912
12		围坪	0	0	0	0	0	0	0	0	0
小计			10418	9712	472	234	143	26556	235283	21212	19629
13	连江口镇	小舍	122	120	2	0	171	1138	4711	0	77
14		银坑	482	478	2	2	81	537	11018	894	2299
15		初溪	67	67	0	0	171	343	2734	56	153
16		红溪	44	44	0	0	0	35	1243	29	111
17		南坑	240	220	20	0	0	1293	7224	219	258
18		下步	607	551	56	0	345	3947	19277	553	1826
19		三井	164	159	5	0	0	619	4889	789	338
20		群联	85	85	0	0	00	0	1606	0	279
21		城獐	1037	865	172	0	0	2796	26028	3356	1963
22		小樟	257	206	50	1	0	223	5140	1163	983
23		连江	188	161	27	0	50	821	5362	105	636
小计			3293	2956	334	3	818	11752	89232	7164	8923
24	水边镇	流寨	444	434	10	0	0	1266	11745	11	1011
25		黄竹	196	196	0	0	0	189	4851	36	743
小计			640	630	10	0	0	1455	16596	47	1754
总计			18742	17579	926	237	961	53347	449141	48623	51816

表 2-3-3　　飞来峡管理区库区淹没附属建筑物及零星果木调查情况表

序号	镇名	管理区	附属建筑物				零星果木（株）	
			围墙（平方米）	晒场（平方米）	水井（口）	砖瓦窑（座）	结果	未结果
1	升平镇	横石	5145	21398	237	19	8671	44135
2		黄洞	12722	15738	200	17	1812	45349
3		北寮	5320	18651	182	5	846	4676
小计			23187	55787	619	41	11329	94160
4	黎溪镇	大湖	2457	20788	196	28	3395	12168
5		湖溪	807	7047	112	4	8849	11643
6		铁溪	2024	13899	192	8	3234	20334
7		黎洞	1734	14772	111	18	2687	8469
8		大埔	720	5647	49	6	845	4886
9		红光	0	0	0	0	0	0
10		新塘	1658	5366	65	1	1012	1696
11		黎新	332	4476	44	4	4129	382
12		围坪	0	0	0	0	0	0
小计			9732	71995	769	69	24151	59578
13	连江口镇	小舍	17	1425	1	0	112	70
14		银坑	112	5325	52	0	1392	3297
15		初溪	11	162	0	0	8	7
16		红溪	25	1883	3	0	119	1046
17		南坑	0	0	0	0	909	904
18		下步	1245	5939	43	0	1626	4122
19		三井	82	4003	9	0	450	592
20		群联	60	680	0	0	1322	3067
21		城嶂	842	11339	141	0	4739	5658
22		小樟	19	2994	18	0	1496	650
23		连江	435	1570	10	0	809	478
小计			2848	35320	277	0	12982	19891
24	水边镇	流寨	158	4919	54	0	83	98
25		黄竹	0	3295	4	0	0	0
小计			158	8214	58	0	83	98
总计			35925	171316	1723	110	48545	173727

表 2-3-4 飞来峡管理区库区淹没耕地及其他土地调查情况表

序号	镇名	管理区	耕地（公顷）					荒地（公顷）
			合计	水田			旱地	
				合计	单造	双造		
1	升平镇	横石	119.47	108.47	27.14	81.33	11.00	3.13
2		黄洞	28.60	9.27	2.33	6.94	19.33	2.27
3		北寮	38.40	19.86	4.93	14.93	18.54	8.53
小计			186.47	137.60	34.40	103.20	48.87	13.93
4	黎溪镇	大湖	140.13	117.55	29.39	88.16	22.58	13.49
5		湖溪	151.03	130.35	32.59	97.76	20.68	10.33
6		铁溪	129.90	98.85	24.72	74.13	31.05	13.07
7		黎洞	88.32	68.03	17.01	51.02	20.29	10.83
8		大埔	30.71	22.78	5.69	17.09	7.93	1.71
9		红光	5.30	4.25	1.07	3.18	1.05	0.05
10		新塘	46.20	35.68	8.92	26.76	10.52	4.50
11		黎新	18.55	15.65	3.91	11.74	2.90	0.10
12		围坪	2.07	0.57	0.14	0.43	1.50	0.16
小计			612.21	493.71	123.44	370.27	118.50	52.24
13	连江口镇	小舍	19.73	17.60	4.40	13.20	2.13	4.61
14		银坑	56.86	54.13	13.53	40.60	2.73	1.13
15		初溪	26.80	24.91	6.23	18.68	1.89	0.42
16		红溪	47.09	39.76	9.94	29.82	7.33	0.51
17		南坑	40.83	33.38	8.35	25.03	7.45	1.25
18		下步	92.80	76.33	19.07	57.26	16.47	3.78
19		三井	9.03	8.01	2.00	6.01	1.02	0.71
20		群联	48.93	44.68	11.17	33.51	4.25	3.57
21		城獐	114.40	91.99	23.00	68.99	22.41	4.87
22		小樟	30.22	26.05	6.51	19.54	4.16	3.15
23		连江	20.47	16.94	4.23	12.71	3.53	0.56
小计			507.15	433.78	108.43	325.35	73.37	24.57
24	水边镇	流寨	42.54	26.55	6.64	19.91	15.99	1.23
25		黄竹	42.89	32.91	8.23	24.68	9.98	0.26
小计			85.43	59.46	14.87	44.59	25.97	1.49
总计			1391.26	1124.55	281.13	843.42	266.71	94.23

续表

序号	镇名	管理区	其他土地（公顷）									总计
			合计	果园	桑园	鱼塘	用材林	灌木林	幼疏林	竹林	河滩地	
1	升平镇	横石	64.40	2.67	24.40	7.78	2.07	8.67	2.00	16.33	0.40	187.00
2	升平镇	黄洞	64.13	2.67	26.60	4.53	0.20	0.80	0.00	18.67	10.67	95.00
3	升平镇	北寮	20.93	0.47	9.00	5.53	1.13	1.67	0.00	1.13	1.13	67.87
小计			149.47	5.80	60.00	17.93	3.40	11.13	2.00	37.00	12.20	349.87
4	黎溪镇	大湖	49.93	1.25	2.83	7.36	0.98	15.41	0.00	21.17	0.92	203.56
5	黎溪镇	湖溪	34.53	0.43	1.33	3.46	0.20	18.36	1.63	5.96	3.15	195.56
6	黎溪镇	铁溪	35.47	0.56	2.31	2.81	0.32	7.87	0.00	21.37	0.23	178.43
7	黎溪镇	黎洞	115.33	0.63	64.89	2.38	0.00	1.72	0.00	42.09	3.62	214.47
8	黎溪镇	大埔	37.79	0.33	17.47	0.31	0.00	0.13	0.00	12.92	6.64	70.21
9	黎溪镇	红光	10.13	0.00	4.99	0.00	0.00	0.09	0.00	0.41	4.64	15.49
10	黎溪镇	新塘	30.27	1.07	12.36	0.13	0.00	1.45	0.00	14.61	0.64	80.97
11	黎溪镇	黎新	9.91	0.00	0.00	0.76	0.00	0.46	0.00	6.91	1.78	28.55
12	黎溪镇	围坪	0.96	0.00	0.38	0.00	0.00	0.00	0.00	0.58	0.00	3.19
小计			324.31	4.27	106.58	17.20	1.50	45.49	1.63	126.01	21.63	990.76
13	连江口镇	小舍	8.07	0.00	0.17	0.00	0.00	0.00	0.00	7.00	0.88	32.41
14	连江口镇	银坑	6.46	0.03	0.31	0.83	0.00	0.18	0.00	4.94	0.17	64.46
15	连江口镇	初溪	5.59	0.00	0.51	1.11	0.00	0.59	0.00	3.37	0.00	32.81
16	连江口镇	红溪	9.05	0.00	0.07	0.71	0.00	0.63	0.00	7.01	0.63	56.65
17	连江口镇	南坑	12.85	0.16	0.10	0.54	0.00	0.00	0.00	12.05	0.00	54.93
18	连江口镇	下步	18.46	0.19	5.27	4.17	0.33	0.04	0.00	6.95	1.51	115.04
19	连江口镇	三井	3.98	0.00	0.01	1.11	0.00	0.00	0.00	2.78	0.09	13.72
20	连江口镇	群联	12.83	0.07	2.91	2.71	0.00	0.05	0.00	7.01	0.08	65.34
21	连江口镇	城墇	47.15	0.05	0.14	3.45	0.34	0.00	0.00	36.53	6.63	166.42
22	连江口镇	小樟	20.02	0.17	0.00	1.27	0.00	0.00	0.00	18.58	0.00	53.38
23	连江口镇	连江	9.84	0.11	0.16	2.08	0.11	0.00	0.00	5.85	1.53	30.87
小计			154.30	0.78	9.65	17.97	0.78	1.49	0.00	112.08	11.52	686.02
24	水边镇	流寨	27.49	0.04	10.07	0.07	0.00	0.00	0.00	14.99	2.31	71.26
25	水边镇	黄竹	22.61	0.00	17.21	0.41	0.00	0.00	0.00	4.89	0.09	65.76
小计			50.09	0.04	27.29	0.49	0.00	0.00	0.00	19.88	2.40	137.02
总计			678.17	10.89	203.52	53.59	5.68	58.11	3.63	294.97	47.75	2163.67

表 2-3-5　飞来峡管理区库区淹没专项设施调查情况表

序号	镇名	管理区	连村道路（公里）	公路折合机耕路（公里）	农村道路折合机耕路（公里）	码头（座）	折合机耕路总计（公里）
1	升平镇	横石	0.0	1.9	9.5	0	11.4
2		黄洞	0.0	0.0	0.8	0	0.8
3		北寮	0.0	11.5	2.0	0	13.5
小计			0.0	13.4	12.3	0	25.7
4	黎溪镇	大湖	0.0	37.7	5.5	0	43.2
5		湖溪	0.0	8.3	3.7	0	12.0
6		铁溪	0.0	17.8	17.1	0	34.9
7		黎洞	0.0	0.1	6.5	0	6.6
8		大埔	0.0	0.0	1.6	0	1.6
9		红光	0.0	0.0	0.6	0	0.6
10		新塘	0.0	0.0	2.4	0	2.4
11		黎新	0.0	0.0	0.6	0	0.6
12		围坪	0.0	0.0	0.2	0	0.2
小计			0.0	63.9	38.2	0	102.1
13	连江口镇	小舍	0.0	0.0	0.2	1	0.2
14		银坑	0.0	0.0	2.0	0	2.0
15		初溪	0.0	0.0	0.5	1	0.5
16		红溪	0.0	0.0	0.3	0	0.3
17		南坑	0.0	0.0	2.9	1	2.9
18		下步	0.0	0.0	3.3	1	3.3
19		三井	0.0	0.0	0.3	0	0.3
20		群联	0.0	0.0	0.6	0	0.6
21		城墇	0.0	3.8	2.4	0	6.2
22		小樟	0.0	5.6	1.8	0	7.4
23		连江	0.0	0.0	0.2	0	0.2
小计			0.0	9.4	14.5	4	23.9
24	水边镇	流寨	0.0	0.0	0.3	0	0.3
25		黄竹	0.0	0.0	0.4	0	0.4
小计			0.0	0.0	0.7	0	0.7
总计			0.0	86.7	65.7	4	152.4

第二节 移民安置规划概况

一、移民安置规划组织

移民安置规划是实施移民安置的基础工作。移民安置规划工作由清远市人民政府总负责，珠委院密切配合、积极指导实施。

1994年1月至1995年8月，移民迁安工作由清远市清新县、英德市负责。1994年4月至1995年10月间，飞来峡工程移民局抽调人员，会同镇、管理区有关人员组成的移民安置规划工作组，以管理区（居委）为单位，开展实物普查，进行移民安置规划工作，并写出规划报告初稿。这份规划报告在科学性、可操作性等方面存在着一些缺陷。

为完善规划，并且为库区移民安置工作决策提供科学依据，1995年12月19日，飞来峡工程移民局委托河海大学资产评估事务所组建移民安置规划咨询组，对库区升平、黎溪、连江口、水边4镇25个管理区进行移民安置规划论证、规划。移民安置规划咨询组由河海大学副院长胡维松带队，14位教授组成，于1995年12月下旬正式开展，分3个小组，分两个步骤开展工作。第一步是取点规划。对连江口镇的小樟管理区、黎溪镇的大湖管理区、升平镇的横石管理区的等3个点进行安置规划。第二步开展全面论证规划。对有移民搬迁任务的升平镇黄洞、北寮，黎溪镇黎洞、铁溪、新塘、黎新、大埔、湖溪、围坪、红光，连江口镇连江、城樟、初溪、三井、下步、红溪、小舍、南坑、群联、银坑，水边镇黄竹、流寨、水边、六九等管理区进行实地调查，并以各管理区年报和珠委院的淹没指标为基本依据，对各管理区移民环境容量作的分析，全面铺开论证。1996年1月25日，移民安置规划咨询组完成核定淹没实物指标及初定补偿投资事项；2月，开始规划试点工作；3月上旬，完成《农村移民安置规划咨询报告》初稿，包括：总体规划、大村庄设计平面布置图、房屋标准设计图、主要建设项目规划设计图、工程量、单价、修正概算、文字说明及有关附件等材料。3月30日，在飞来峡工程移民局会议室召开“飞来峡管理区移民安置规划咨询报告论证会”，会议对新镇的总体规划与移民新区的修建性详细规划方案进行论证。清远市副市长邱诗忠，飞来峡工程移民局局长、飞来峡管理区委书记钟梅坤，及珠委院、广东省飞来峡水利工程建设总指挥部、飞来峡管理区委区管委班子成员、区镇两级移民机构负责人等出席论证会。4月，清远市人民政府会同省水利厅、珠江水利委员会设计研究院、飞来峡管理区管委正式编制《移民安置规划大纲和移民安置规划》。

从1996年5月起，按规划大纲，各镇开始转入对村移民安置点的勘设工作，移民安置点配套设施建设和“三通一平”工作随即展开铺开。

二、移民安置规划要点

（一）农村移民安置规划要点

1.规划原则

飞来峡库区农村移民安置规划的指导思想是：遵循法规、适时迁出、妥善安置、富有前景，后靠为主、以农为主、发展“三高”农业、辅以二、三产业。基本原则有6项：⑴实行开发性方针，逐步适应市场经济体制，坚持合理补偿、政策优惠、各方支持、受益地区对口扶持、自力更生，移民达到或超过搬迁前生活水平；⑵以发展大农业和后靠安置为主，异地安置和投亲靠友为辅，多渠道、多产业、多形式、多方法妥善安置移民；大力发展二、三产业、广开就业门路；⑶生产开发规模，原则上应以土地补偿费和安置补助费，以及小型水利水电设施补偿费的总和为限额；(4)移民安置与地区发展规划相协调，资源开发、经济发展与环境保护相结合，做到经济效益、社会效益、环境效益三者的统一；(5)在移民服从统一规划安置的前提下，适当考虑移民对安置地点和就业门路的意愿，尽可能做到移民与接受安置方的自愿双向选择；(6)规划目标：根据县（市）经济发展规划，制定1997年人均收入目标作为发展生产的主要目标。

2.居民点规划

迁房安置人口数核定　包括1994年测设永界桩淹没线下淹房人口（含浸没、塌岸区及规划必须迁房的孤岛人口）和房屋不淹而因土地或其他生产生活条件受淹而通过规划定出必须迁房的人口，分户列出，分市、镇、村汇总。人口数以村为单位，从1994年底起计，以12‰的年递增率计算至1997年底，即为规划迁房安置人口。

淹地不淹房的迁房安置人口计算　以村为单位，先确定淹地需进行生产安置的人口与可后靠人口，然后以村为单位进行平衡。如果库边剩余现有和规划利用的土地能够容纳淹地不淹房的人口，可不计算迁房安置人口；本村库边剩余土地不能容纳的人口，计列为迁房安置人口。计算时，需典型调查各类土地按其产量或产值折算为标准耕地面积；并典型调查考虑库边剩余土地与库内土地的质量差别；还需扣除水库蓄水后库边剩余土地难以利用的面积（含规划放弃利用的孤岛），实施时应当通过实地调查，会同当地干部决定。

居民点选择　选择标准应相对集中，先初步定向，后分户定点，确定建房区范围与占地类别及面积；人均宅基地和公共建筑及道路的平均总用地面积按50平方米控制（不包括企业用地）；用电负荷每人150瓦；100人以上村庄，需测1:2000地形图，提出详细规划图。

选择居民点考虑的因素　(1)除考虑安置高程外，还需密切结合生产开发条件，方便生产生活；(2)注意地形、地质、水源、用电、交通、文教卫生布局；(3)尽量少占耕地；(4)计算总用地征用面积、平整和基础设施工程量及投资额，与限额补偿投资对比分析，超过时应进一步选点。

3.生产安置规划

(1)以村为单位，按淹没涉及村实际人均占有耕地和测界桩核定的淹没耕地数计算1994年底需进行生产安置的农业人口，并以12‰的年递增率计算至1997年底，即为规划生产安置人口。根据“面向市场、发挥优势，广开门路、兼顾意愿，一业为主、多种经营”的方针，后靠或迁至外地，都进行环境容量的分析平衡，具体模式与每一个移民平均所需资源数量，需根据移民生产安置标准和规划目标补充修正，确定生产安置类型（模式）。

耕作业　现有（或开垦）水田或具有灌溉条件的旱地0.7亩。依本村→本管理区→本乡镇→邻近乡镇→本县的顺序逐级延伸，并按利用弃耕地→在城镇已有一定基础而愿意有条件地放弃其承包地而迁往城镇的农户耕地→现承包户水田加旱地面积（标准亩）超过1亩的耕地等顺序筹划。以上耕地调整以及其他土地的调整，均不属所有权由集体所有转为国有的征用土地，也不改变原农业利用的产业性质，但均应按水库征用的各种标准补给被征用的业主，补偿后重新划定业主权属，并办好有关法定手续。

茶果园业　可垦标准园地1.0亩。

耕作业、茶果园业两种安置类型中，还要考虑必备辅助资源参考虑：半宜农林荒地5亩或宜农林地2亩。如耕作业、茶果园业类型人均资源量不足或超过上述所需资源数量，可用辅助资源参考虑进行调整。

二、三产业　地点可以在农村、集镇或县城，但必须同时具备：自愿承担风险、具有初步技能、具备必要的资源与发展条件、不增加淹没补偿补助费者。

其他行业　如招工、招干、自谋职业、投亲靠友等，应具备条件与二、三产业相同。

⑵库区形成的水面和消落区，在服从水库统一调度和保证工程安全前提下，由工程管理单位统一管理开发利用。鉴于飞来峡水库运用调度的复杂性，在开发利用时应进行专题论证并报经批准后实施。

⑶安置措施规划与经济分析：①对耕作、养殖和茶果园业安置类，应提出具体的开发项目、规模和采取改土、治水、耕作、栽培、养殖等方面的技术措施和与生产开发配套的基础设施建设项目及其规模、标准与投资；②对二、三产业安置，应提出项目可行性论证；③进行补偿费、开发项目投入产出分析，并预测移民安置后的生活水平。开发投入超过补偿费时，需进一步调整规划。对于经过方案优化仍要突破补偿投资或达不到原有生活水平，经专题研究论证后，用后期扶持资金考虑解决。

4.其他设施规划

⑴交通设施：农村移民安置点的道路、码头、渡口，按原功能、标准、规模进行恢复，提出复建线路、位置、工程量及投资；

⑵农村移民电力设施：按每人 150 瓦的用电负荷选择电源和布置线路，提出建设项目、规模、标准及投资；

⑶农村移民水利设施：生活用水，按人均日耗水量 100 升计算，大的居民点提出取水供水方式和工程措施与投资，分散居民户可以典型调查推算。排泄、灌溉水利设施，在生产开发项目规划中考虑。

5.规划实施与进度

⑴分年实施。根据工程施工进度计划，提出分年度人口迁出的高程和村庄位置、数量和生产开发、其他设施完建计划，以及相应的投资额。经批准后，作为工程单位按时、按量拨付资金的依据。

⑵1995 年 1 月 25 日前核定淹没实物指标及初定补偿投资；2 月底前，进行安置规划资料等各项准备，开始规划试点工作；4 月底前全面开展并完成外业实地规划；6 月底编制出版规划报告。

（二）集镇迁建规划要点

1.集镇迁建规划内容

全区受淹或大部分受淹的建制镇有连江口、黎溪、升平 3 个镇，进行迁建规划，实施迁建。

迁建规划内容包括受淹的行政、事业、公共建筑、居民、工厂、学校进行定点、定位、定界。按照有利生产、方便生活、节约用地的原则，集中紧凑、合理确定建筑密度、依山就势、避免大挖大赶填，经济合理地确定各项技术指标。

2.集镇人口规模

⑴直接受淹人口：淹没调查时在册非农人口和原镇区内经生产安置规划需要随镇搬迁的在册农业人口。

⑵随迁人口：淹没线上余留非农业人口，如小于淹没线下非农人口的 5%，则全部计入搬迁。

⑶机械增长人口：按前两项合计数的 5%计算。

⑷新镇区占地原有人口。

⑸常住无户籍人口：按直接受淹的非农和随迁人口之和的 10%计算。

以上前四项人口按年递增 12‰计算至迁安完毕的 1997 年，加上第⑸项人口，作为迁建占地和基础设施人口规模。

3.集镇迁建规划标准

⑴用地面积：控制人均面积不超过 90 平方米。

⑵住宅建筑：按农业户和居民户不同需求采用不同类型。

⑶道路：主干道宽 18 米、次干 12 米、支路 6 米。

⑷供水：人均供水按160升/人·日计算。

⑸排水：除有条件者外，一般采用雨污合流制。工业污水处理按《工业企业设计卫生指标》规定执行。

⑹供电：生活、工业企业、市政、公建用电负荷按省规定。

⑺邮电：以县域电信规划为依据，按原标准、原规模，恢复原有功能。

4.集镇迁建补偿投资

恢复原城镇功能属于水库淹没集镇迁建补偿投资，有关项目投资和计算原则：⑴淹没房屋按重置价计算补偿费。⑵搬迁区的基础设施，按详细规划精度分项计算工程数量和补偿投资；搬迁区外与总体规划相衔接的部分和超过规定补偿标准的部分，由地方政府或有关单位自行筹资。⑶分析计算搬迁费、搬迁损失补助费、经营性单位的停业补助费。⑷集镇迁建与专业项目复建有交叉关系的应予分开，避免重复计算。⑸经批准确需进入集（城）镇的农村移民，其占地和基础设施与集镇居民标准相同。

（三）横石木材厂生产区迁建

根据就地后靠要求，珠委院委托专业设计院，进行厂区（生产区）后靠地点的超可行性阶段精度的规划设计，其用地规模和厂房、设施按原标准、原规模的重置价计算补偿。可搬迁设备计算拆卸、运输、安装调试费；不可搬迁设备计算复原重置价；合理停产期的停产损失等均计入水库淹没补偿；提高标准和扩大规模部分不计入淹没补偿；生活区的投资分摊，由珠委院进一步确认水库蓄水后的影响性质和程度而定。

（四）专业项目复建规划

库区交通、电信、输电、水利等受淹项目，按原规模（等级）、原标准、恢复原功能，并结合移民搬迁安置生产布局调整的需要，提出复建规划。按水库淹没处理技施设计阶段的技术要求，由珠委院委托有关专业设计单位进行复建设计或规划。

第四章　移民安置实施

第一节　淹没实物指标普查

一、淹没实物指标普查概况

1994年3月初，飞来峡工程移民局从市、县、镇三级及有关单位抽调了100名干部组成库区实物普查队，先在英德市举办培训班，学习《飞来峡水利工程淹没实物普查细则》，同时邀请珠江水利委员会和广东省水利厅的专家讲课。同时，特别挑选几个有代表性的移民村进行实地示范操作，使普查队员都掌握普查工作必备的技能。培训班结束后，所有普查工作队员均分工驻扎到一线的移民村里实施普查登记工作。

在普查工作中，工作队员进村入户、按村分户、依法依规登记造册；房屋用皮尺一尺一尺来丈量，青苗一棵一棵点数。有些村距离圩镇较远，交通十分不便，从圩镇出发到达这些村，先要坐小木船约1.5小时的水路、后再徒步约2小时的山路。经过一年的艰辛工作，共完成6000多户近50000人口的登记、超过100万平方米的房屋丈量、登记51374.81亩各类土地、清点零星果木17万株、登记一大批公共设施和专业设施等工作。这项工作，为补偿提供依据，为移民安置工作打下基础。

二、实物指标查漏补遗补偿和补遗人口搬迁安置问题

由于移民安迁工作工程量大，情况复杂，各镇在实施库区淹没实物指标普查统计中，不同程度出现错漏，导致出现补偿和补遗人口的搬迁安置问题。其中，水边镇、连江口补遗人口较多。

1996年12月起，开始进行查漏补遗的补偿落实工作。区移民办在飞来峡工程移民局、珠委和各镇的协助下，实施库区淹没实物指标查漏补遗的补偿落实和补遗人口的搬迁安置工作。在1997年初，各镇将查漏补缺的调查结果上报上级有关部门，全区补遗人口1826人。当年，珠委下达查漏补遗的搬迁人口和补偿概算。

按珠委下达查漏补遗的搬迁人口和补偿概算，区移民办及时将指标和补偿款下拨给各镇。至1997年上半年，完成879人的搬迁，其中水边镇河边街529人搬迁遗留问题得到解决。至1998年10月，全部完成建房搬迁；1999年1月15日前，剩余连江口镇的947人完成搬迁。基本解决查漏补遗人口的搬迁安置问题。

三、连江口镇部分人口与房屋漏计问题处理

对连江口的集镇迁建，珠委院初设方案是实施整体搬迁，迁建后街道呈马鞍形，地势在水位线25米以上。整体搬迁模式确定：50%的人口为必迁，50%人口为随迁。解决补偿方式上，对50%的房屋采取直接补偿，对50%的房屋用随迁人口指标的经费来解决。然而，在实施过程中，必迁和随迁人口难以界定，此模式难以操作。为便于实施，连江口镇确定：对水位淹没线25米以下的人口、房屋，全部实施搬迁。

1994年进行的人口、房屋实物普查，连江口镇人口登记卡为5531人，房屋为159768.12平方米（其中：框架结构为17397.9平方米、砖混结构为68727.58平方米、砖木结构为70265.26平方米、土木结构为1110.28平方米、杂房为2267.1平方米）。由于当时工作人员在作业上的失误，在汇总时，漏计河边街（上街）和向阳巷（街）等134户、779人的人口数和67761平方米的房屋数。因而造成珠委院于1995年下达的连江口镇圩镇的实物普查指标时，没有汇总计算河边街（上街）和向阳巷（街）的指标。导致出现连江口镇河边镇（上街）、向阳巷等人口数、房屋数的错漏问题。

1998年12月，连江口镇政府对珠委院的初设移民搬迁方案作改变，修筑连江口防护大堤保护圩镇，河边街（上街）和向阳巷（街）部分居民和单位不需搬迁，按规定，需对在水位线以下部分人口，给予补偿处理。由于调查概算工作已于1997年6月完成，上报国家计委并批转执行（注：经批准的设计概算是工程项目的最高限额，在工程建设过程中，一般不能突破这一限额），再对这部分错漏人口与实物指标上报，要求给予报批补偿，时机已过，操作性不强。

为解决向阳街的134户（11个单位）779人的错漏问题，飞来峡工程移民局在连江口镇政府召开移民工作联席会议。参加会议的有飞来峡工程移民局，飞来峡管理区委、区管委、区移民办，珠委设计院、飞来峡工程监理、建管局移民办，连江口镇委、镇政府、镇移民办等领导和有关工作人员。会议由清远市政府副秘书长、飞来峡管理区区委书记、飞来峡工程移民局局长欧勇主持。会议提出解决问题的意见，具体方案如下：连江口镇将高度在25米以下（即水位线以下）部分人口用连江口镇的随迁人口指标来解决；超过25米高度的人口，不搬迁。错漏登记的人口、房屋指标数，指挥部在结算中给予认可。

经上级认可，1999年间，连江口镇部分人口、房屋漏计问题得以解决。

第二节 移民拆迁补偿

一、房屋拆迁补偿

飞来峡管理区对属于重建移民房屋及其生活设施、移民搬迁补助等方面的资金，按规划逐项落实，为移

民重建房屋，对生活设施进行建设给予补偿。对房屋拆迁补偿，区统一采取按当地近期农村房屋建筑价格计算补偿标准，包干到户的方式进行。根据有关规定，从房屋补偿费中提取20%作为移民房屋基础费用，其余80%付给搬迁户。飞来峡管理区对移民安置点实施房屋建设，首先是对移民原住房进行拆迁和给予补偿，其次是确定移民安置点并实施房屋建设。

1995年12月15日，飞来峡管理区区长办公会议根据广东省人民政府、清远市人民政府、飞来峡水利工程总指挥部及国家有关水库实物指标补偿标准等文件精神，讨论通过《清远市飞来峡管理区库区淹没实物指标补偿标准》，12月19日，飞来峡管理区管理委员会正式颁布。并制定实施细则，对移民房屋拆迁补偿作政策性规定。

房屋补偿标准分为农村部分、城镇部分、附属建筑物、宅基地平整与处理等4种情况。

表2-4-1　　农村部分房屋补偿标准

项　目	补偿标准（元/平方米）	按应付补偿单价付80%（元/平方米）
框架结构	446	357
混合结构	395	316
红砖木瓦结构	250	200
泥砖木瓦结构	180	144
杂　房	103	83
简易混合结构	/	160

表2-4-2　　城镇部分房屋补偿标准

项　目	补偿标准（元/平方米）	按应付补偿单价付80%（元/平方米）
框架结构	484	387
混合结构	430	344
红砖木瓦结构	300	240
泥砖木瓦结构	200	160
杂　房	103	83
简易混合结构	/	160

表2-4-3　　附属建筑物补偿标准

项　目		补偿单价（元/平方米）
晒　坪		10元/平方米
围墙（包括浆砌石、干砌石）		19元/平方米
砖瓦窑		800元/座
水　井	1.5米口径以上生产用井	800元/口
	家用小口径水井	320元/口

表 2-4-4　　宅基地平整与处理费用标准

项　目			综合单价（元/平方米）	备　注
农村宅基地平整与处理			40	按搬迁人口 50 平方米/人计算
城　镇	用地平整	黎溪、连江	48.5	
		升　平	62.2	
	地基处理	黎溪、连江	21	
		升　平	24	

各镇在办理住房的拆迁补偿手续过程中，对淹没补偿的实物指标，均以珠委概算为标准，任何超出珠委概算的实物数量，以专题报告方式，逐级上交，经有关单位调查核实并报区移民管理机构批准后，方承认。

同时，对因移民搬迁造成的人力物力支出费用，进行补助：⑴农村移民搬迁综合单价。农村移民搬迁生产、生活综合补助费人均 400 元。其中 100 元发放到移民个人，其余 300 元用于供水、供电及其他设施建设费用，由各镇移民办统一管理。⑵城镇移民搬迁综合单价。城镇移民搬迁生产、生活综合补助费按人均 600 元发放，其中 100 元发放到个人，其余 500 元用于城镇道路、供水、供电、排水、绿化及其他公共设施建设费用，由各镇移民机构统一管理。

二、土地青苗果木补偿

区、镇两级对因水库淹没，失去耕地，重新安排生产出路的人口实施生产安置。生产安置方针是：面向市场、发挥优势，广开门路、兼顾意愿，一业为主、多种经营；生产资料的补偿主要是指耕地、作物、生产设施的补偿，包括土地补偿、青苗补偿、零星果木偿。

1995 年 12 月 19 日，飞来峡管理区管理委员会颁布的《清远市飞来峡管理区库区淹没实物指标补偿标准》，明确相关补偿类别和标准。

（一）土地补偿

土地的补偿和安置补助费标准按省市有关文件确定，并根据清远市人民政府办公室清府办函〔1995〕90 号规定，在库区征地补偿费（不含青苗费）总额中提留 15%作为各级移民经济发展基金。

表 2-4-5　　土地补偿和安置补助费标准

项　目	标准（元/亩）	提留 15%后的标准（元/亩）
双造水田	8939	7598
单造水田	5363	4558
旱　地	7151	6078
果　园	7680	6528
鱼　塘	9526	8097
桑　地	8680	7378
竹　林	3316	2818
用材林	2750	2337
幼　林	825	701

续表

项　目	标准（元/亩）	提留 15%后的标准（元/亩）
疏灌林	1375	1168
河滩地	511	434
荒　地		434

（二）青苗补偿费

青苗补偿项目包括水田、旱地、桑地、果园、鱼塘、林地、竹林、甘蔗、柴草山、其他经济作物 10 类。

表 2-4-6　　青苗补偿标准

项　目	标准（元/亩）
水　田	550
旱　地	420
桑　地	714
果　园	1234
鱼　塘	800
林　地	253
竹　林	225
甘　蔗	500
柴草山	120
其他济作物	420

三、零星果木偿费标准

零星果木分为 3 类，补偿费标准具体见下表：

表 2-4-7　　零星果木分补偿标准

项　目	标准
结果果树	80 元/株
未结果树	20 元/株
竹	15 元/丛

第三节　安置对象与方式

一、安置对象

飞来峡库区移民安置对象包括淹没区水位线下的移民、坝区移民和随迁移民。

淹没区水线下移民是指飞来峡水利工程枢纽建设后，因为土地等生产资源、房屋在水库水位线以下，被淹没，必须迁出原址，另寻新址进行生产、生活的人口。

坝区移民是因飞来峡水利枢纽工程大坝建设而需要搬迁安置的人口。

随迁移民是指因为受水利工程建设影响，淹地不淹房而需要进行生产或搬迁安置的人口。

飞来峡水利枢纽工程移民搬迁安置工作，从时间和工作内容上分为库区实物指标普查、安置规划论证、实施搬迁安置、实行库底清理、后期扶持提高等阶段。从安置方式上，可分为后靠安置、圩镇安置、投亲靠安置、自理安置和生产安置。

移民对象涉及飞来峡管理区的4个圩镇（升平镇的旧横石圩镇、黎溪镇的黎溪圩镇、连江口镇的连江口圩镇、水边镇的水边圩镇部分街道）和27个的管理区（升平镇的横石、黄洞、北寮，黎溪镇的大湖、湖溪、铁溪、黎洞、新塘、黎新、围坪、大埔、红光，连江口镇的连江、城樟、小樟、红溪、下步、群联、小舍、初溪、三井、南坑、银坑，水边镇的流寨、黄竹、水边、六九），英德市的6镇28个管理区、居民社区（英城镇<含原宝晶区>的桥下、岩前、石尾、裕光、江湾、洋塘、红光、白沙，大站镇的大蓝、波罗坑、大站、江南、大塘、樟滩、螺头、联丰、菜洲，黄岗镇的高山，望埠镇的寿塘、连塘、望河、朗新，石灰铺镇的大田、竹田，西牛镇的西牛、西联、高道、赤米），以及广东省属横石木材厂。

二、后靠安置

飞来峡管理区区委区管委根据有关政策法规，围绕“迁得出，安得稳，富得起”“离乡不离土”的目标与要求，总结省内外水库移民安置和清远市内石灰岩山区移民的经验及教训，结合实际，征求多方意见，特别是移民对象的要求与呼声，确定以集中安置为主要方式，集中安置又分为就地后靠安置和圩镇安置。

后靠移民安置从选址到安置点建设，遵照《广东省飞来峡水利工程移民安置办法》关于“在当地耕作和居住条件许可，居民生产生活有发展余地的，在处理好土地、山林等基本生产资料权属的基础上，组织就地后靠”的规定，结合实际，按照有利生产、防洪安全、方便生活的原则，依法编制建设规划，并报经主管部门批准后，有组织、有领导地分批实施。全区对各镇移民新区进行统一规划设计，对移民房屋基础进行统一施工，少数采取当地政府组织统建和农村自建相结合的办法。

飞来峡管理区的后靠安置工作，以管理区（行政村）为基本单位，移民不外迁，实行淹没区的移民从地势低的地方搬迁到地势高的地方，相对集中安置，移民以农为主，充分利用剩余土地资源，大力发展“三高”农业。农村移民安置点用地标准控制在按搬迁人口每人50平方米计算，宅基地按照6人以上家庭每户100平方米安排、5人以下家庭每户80平方米安排，生活用水按人均每日100升计算，生活用电按人均100瓦计算，农业用电按亩均15瓦计算、也可以按人均150瓦计算。对安置点的环境容量等进行综合考虑，留使发展余地，配套建设相应的公共设施。主要街道预留12米，一般街道预留6米，人行道预留4米。宅基地基础按三层楼设计。

连江口镇小樟管理区位于连江口镇在银英公路线上最南端，与库区移民最多的黎溪镇接壤，共有4个村民小组，人口680人，耕地面积580亩，1994年人均收入1162元，水库建设淹没人口257人，耕地453.7亩，淹没人口和耕地集中在坑口、蕉园两个村小组。像小樟这种土地资源大部分被淹的状况，在库区特别是在离坝区比较近的黎溪镇的管理区较为普遍。1995年冬，为积累后靠安置工作经验，探索出一条比较适合当地实际的移民安置路子，飞来峡工程移民局和飞来峡管理区研究决定选择具有典型意义的小樟管理区作为农村移民后靠安置试点。1995年11月17日上午，区委、区管委在连江口镇移民办公室召开连江口镇小樟管理区移民安置试点工作会议，区委书记钟梅坤、区长谭建成在会上就有关移民安置试点工作分别作了讲话。会上，成立联合试点工作领导小组，组长由镇委书记黄亚全担任，镇长李文献、党委副书记宋善浩、副镇长蓝石钦任副组长，区长谭建成任指导员，区委常委张细珠、区移民安置办公室负责人黄国擎任副指导员，朱卓明任总顾问。同时，还成立分别生产组、公共设施组、建房组、后勤组，由镇党政领导担任各组组长，具体抓移民试点工作的落实。试点工作的具体做法：成立试点工作组，派出移民干部驻点抓落实；通过召开移民安置动员大会，宣传发动群众，移民舍小家、为国家建设出力的热情高涨；在村干部的带动下，依据专家论证，结合当地实际，确定移民安置点的具体位置，移民工程采取公开招标，在施工过程中严格质量管理；同时号召移民大力发展“三高”农业，种植优质水果要求人平达 1 亩（尤其是沙糖橘）、种竹 10 丛、改造疏残林种植丰产林。1995 年 12 月，小樟移民后靠安置点开始动工建设，接着进行移民宅基地分配。1996 年 12 月，大部分移民房即将落成。1997 年初，小樟坑口、蕉园两个自然村 57 户 273 人在春节前全部完成搬迁安置，除 1 户 5 人选择投亲靠友，1 户 7 人选择自理外，其余 55 户 261 人都迁入新建成的后靠移民安置点。新居由移民自建，“三通一平”工程总体控制在预算内，试点工作如期按质完成。这是库区第一个实行公开招投标的移民安置点工程。其中，坑口安置点位于连江口新镇南面 5.5 公里处，安置小樟管理区坑口村农村必迁移民 36 户 157 人；蕉园安置点位于连江口镇南面 6 公里处，安置小樟管理区蕉园村农村必迁移民 19 户 104 人。此外，建成坑口和蕉园村小组文化室，新建小樟管理区办事处办公楼和学校等设施。

接着，后靠安置点建设全面铺开。至 1998 年 12 月底，经飞来峡管理区管委批准，飞来峡管理区共建成后靠移民安置点 17 个（全库区为 18 个），其中升平镇 1 个（黄洞）、黎溪镇 4 个（拐塘黄鱼沙、塘壁岭、办产塘、东瓜岭）、连江口镇 12 个（除小樟坑口和蕉园外，还有小舍枫树枰、银坑苟塘山、初溪庙岭山、下步长岭、三井南北田和矛步、连江鹅坑、城樟大樟坝、高南上坑、群联鹤树山）；必迁移民安置点 15 个，随迁移民安置点 2 个（全库区为 3 个，飞来峡管理区的高南上坑、群联鹤树山和英德黄岗镇的万公桥），另外连江口镇红溪村有 1 户 5 人、水边镇流寨岭咀头村有 2 户 16 人自愿选择在本村水位线上就地后靠建房，全区共后靠安置移民 1330 户 6668 人（整个库区后靠安置移民为 1341 户 6723 人，有 11 户 55 人安置在英德黄岗镇的万公桥），其中升平镇 195 户 801 人、黎溪镇 873 户 4349 人、连江口镇 260 户 1502 人、水边镇 2 户 16 人。

升平镇黄洞安置点 为坝区农村移民安置点，位于升平镇的西南部，北江的西岸。安置点的宅基地征用、宅基地平整与处理，移民房屋规划设计、供排水、供电、邮电等工程从 1995 年 5 月开始动工，至 1996 年 12 月全部完成。共安置黄洞管理区农村必迁移民 195 户 801 人。

黎溪镇拐塘和黄鱼沙安置点 位于黎溪新镇南面 2 公里处的银英公路边。安置点的宅基地征用、宅基地平整与处理，移民房屋规划设计、供排水、供电、邮电等工程从 1996 年 4 月开始动工，至 1997 年 12 月全部完成。共安置铁溪管理区农村必迁移民 51 户 252 人（拐塘 26 户 130 人，黄鱼沙 25 户 122 人）。

黎溪镇塘壁岭和办产塘安置点 塘壁岭安置点位于黎溪新镇南面 6.2 公里的银英公路边，办产塘安置点位于黎溪新镇南面 7.5 公里处的银英公路边。两安置点的宅基地征用、宅基地平整与处理，移民房屋规划设计、供排水、供电、邮电等工程从 1997 年 12 底开始动工，至 1998 年底全部完成。共安置大湖管理区农村必迁移民 460 户 2329 人（塘壁岭点 294 户 1493 人，办产塘点 166 户 836 人），并在塘壁岭点建起大湖管理区办事处（村委会）和市场等。

黎溪镇冬瓜岭安置点 位于黎溪新镇南面 7 公里处的银英公路边。安置点的宅基地征用、宅基地平整与处理，移民房屋规划设计、供排水、供电、邮电等工程从 1997 年 12 月开始动工，至 1998 年 12 月全部完成。共安置湖溪管理区农村必迁移民 362 户 1768 人，并建成一所学校和湖溪管理区办事处（村委会）等设施。

连江口镇大樟坝安置点 位于连江口新镇南 2.7 公里的银英公路边。安置点的宅基地征用、宅基地平整与处理，移民房屋规划设计、供排水、供电、邮电等工程从 1998 年 3 月开始动工，至 1998 年 3 月全部完成。

共安置城樟管理区农村移民92户594人，并建有一所小学。

连江口镇鹅坑安置点　连江村的鹅坑移民安置点位于连江口新镇西北2公里处北江西岸环库公路边。移民安置点的宅基地征用、宅基地平整与处理，移民房屋规划设计、供排水、供电、邮电等工程从1996年10月开始动工，至1998年3月全部完成。共安置连江管理区农村必迁移民13户76人。

连江口镇南北田和矛步安置点　南北田安置点位于连江口新镇西北6公里处小北江南岸的环库公路边，矛步安置点位于连江口新镇西北5公里处的小北江南岸的环库公路边。两安置点的宅基地征用、宅基地平整与处理，移民房屋规划设计、供排水、供电、邮电等工程从1996年5月份开始动工，至1997年11月全部完成。共安置三井管理区农村必迁移民27户170人（南北田15户89人，矛步12户81人），并新建村三井小学和管理区办事处（村委会）办公楼。

连江口镇长岭安置点　位于连江口新镇西北7.5公里处小北江北岸的环库公路边。安置点的宅基地征用、宅基地平整与处理，移民房屋规划设计、供排水、供电、邮电等工程从1996年6月开始动工，至1997年12月全部完成。共安置下步管理区农村必迁移民7户35人，并新建下步管理区办事处（村委会）办公楼。

连江口镇庙岭山安置点　位于连江口新镇西北10.5公里处小北江北岸的环库公路边。移民安置点的宅基地征用、宅基地平整与处理，移民房屋规划设计、供排水、供电、邮电等工程从1996年6月开始动工，至1997年12月全部完成。共安置初溪管理区农村必迁移民10户67人。

连江口镇芶塘山安置点　位于连江口新镇西北11.5公里处小北江南岸的环库公路边。安置点的宅基地征用、宅基地平整与处理，移民房屋规划设计、供排水、供电、邮电等工程从1997年1月开始动工，至1998年6月全部完成。共安置银坑管理区农村必迁移民16户81人。

连江口镇枫树坪安置点　位于连江口新镇西北14.5公里处小北江北岸的环库公路边。安置点的宅基地征用、宅基地平整与处理，移民房屋规划设计、供排水、供电、邮电等工程从1996年6月开始动工，至1997年12月全部完成。共安置小舍管理区农村必迁移民13户92人。

连江口镇南坑上坑和群联鹤树山安置点　分别安置农村随迁移民21户105人、5户16人。

三、圩镇安置

根据飞来峡水利枢纽工程建设的需要和珠江水利委员会的设计要求，飞来峡管理理区所辖的升平镇的旧横石圩、黎溪镇的黎洞圩、连江口镇的旧圩镇都要整体迁建，水边圩要部分迁建，英德市英城镇的城南居民区也少数移民要搬迁。新圩镇的建设，除安置原圩镇的居民外，其镇辖区内愿意到圩镇的农村移民也可以选择安置到圩镇里，并采取“离乡不离土”的形式，即到圩镇安置的农村移民还可以回到原村民小组（自然村）耕种原属其使用的库区剩余土地。圩镇安置用地标准按人均90平方米控制，宅基地按照6人以上家庭每户80平方米、5人以下家庭每户60平方米安排，每生活用水按人均每日160升计算，生活用电按省有关规定计算。宅基地的划分按行政村、村小组集中安置，便于管理；同时，注意村组公共设施的配套，如管理区（村委）办公楼及村组文化室等；另外在街镇布局方面，重点还考虑每家每户都安排一个商用的门面房，拓宽就业门路；为解决移民子弟入学和移民迁后的就医问题，统一由镇政府在新镇所在地新建学校和卫生院，以确保移民搬迁以后子女有书读、有病能就近医治。宅基地基础开始时是按5层楼规划设计，1997年10月由5层楼房基础改为3层楼。

对农村移民迁入圩镇安置的，各镇均按清远市政府制定的《关于飞来峡水利工程移民安置若干问题的暂行规定》的条件执行，即必须同时符合以下3个条件才能办理：⑴移民必须是生活安置人口或经批准的随迁人口；⑵移民户的主要劳动力必须具备在圩镇赖以谋生、使全家生活有保障的一技之长；⑶须由移民户提出书面申请，经迁出地管理区和镇移民安置机构统一规划，并经镇政府审查同意，报上级人民政府的移民安置机构批准后，由移民户、迁出地镇政府、镇移民安置机构等有关各方签订《飞来峡水利枢纽工程移民迁入圩镇合同书》。

飞来峡管理区圩镇移民工程 1994 年 8 月份开始动工，包括宅基地征用、圩镇用地平整工程，圩镇地基处理工程，公共设施迁建工程（道路修建、城区绿化、供排水、供电、邮电等），至 1999 年 1 月基本完成。

圩镇安置试点 圩镇安置试点在坝区升平镇开展。升平镇旧横石圩位于北江西岸，有近千年的历史，圩镇面积 0.2 平方公里，人口 2066 人，1992 年前是升平镇政府所在地。1992 年后，镇政府机关陆续从西岸迁往东岸，旧横石圩属于全淹区，经清远市人民政府批准，新圩镇选址在北江河东岸、升平镇政府的东南面、银英公路边，建设面积 0.6 平方公里，1994 年 7 月动工建设，1997 年 7 月竣工。除建起一批移民新区外，还新建 2 所中学、1 所中心小学、1 间卫生院、1 间日产 3 万吨的水厂，完善供电、通信、闭路电视等一批公共设施。共安置移民 1355 户 5787 人，其中原有居民 332 户 1293 人，农村入圩镇的移民 1023 户 4494 人。升平的圩镇安置工作，分两步进行，首先将移民从居住地搬到临时居住点作临时安置，待圩镇的移民新村建成后再搬入圩镇安居。

黎溪新镇安置 黎溪镇旧圩镇即黎洞圩，位于北江西岸，交通极不方便，是广东省当年对镇外不通公路的两个乡镇之一，进出圩镇全靠水上运输。黎洞圩面积 0.25 平方公里，人口有 792 户 4199 人。黎溪新镇选址在北江河的东岸、银英公路与京广铁路之间的铁溪福田村，规划面积 1 平方公里，1995 年 1 月动工建设，1998 年 12 月全面竣工，建设面积 1.14 平方公里，除移民安置区外，新建有中学、小学、卫生院、农贸市场、镇政府办公大楼、职工宿舍，建成供水、供电、通信、码头、街道等公共配套设施。共安置移民 2077 户 11267 人，其中原圩镇居民有 792 户 4199 人，农村移民入圩镇 1285 户 7068 人。

连江口新镇安置 连江口圩处于北江的东岸，银英公路和京广铁路南北贯穿，旧圩镇面积 0.2 平方公里，移民人口 4927 人。新镇是在原旧址的基础上动工扩建和改造，规划面积 1 平方公里，1996 年 10 月动工，1999 年 1 月竣工，在邻北江的东岸边筑起一条长 2361 米的防护堤，堤内开发建设面积 1 平方公里，新建移民安置区和中学、小学、卫生院、农贸市场、镇政府办公大楼、职工宿舍楼，建成供水、供电、通信、街道等公共配套设施，改建连江口港口，恢复原港口功能。新镇安置移民 1216 户 6516 人，其中原居民 629 户 3349 人，农村入圩镇移民 587 户 3167 人。

水边圩安置 水边圩位于连江支流的水边河畔，有河边街 154 户 529 人及水边镇政府办公楼、职工宿舍楼要迁建。水边圩移民点选址在圩镇的东南角地势较高的地段，规划面积 0.06 平方公里，于 1997 年 10 月动工建设，1998 年 10 月竣工，建成面积 0.07 平方公里。其中，流寨、黄竹两管理区的移民安置工程 1996 年 6 月开始动工，至 1998 年 6 月全部完成。共安置移民 204 户 940 人，其中原居民 96 户 338 人，农村移民入圩镇 108 户 602 人（流寨管理区 73 户 420 人，黄竹管理区 35 户 182 人）。水边镇政府的新办公楼和职工宿舍楼选址在圩镇的西南面的小山坡上，于 1997 年 10 月动工建设，1998 年 10 月竣工，建成一幢办公楼、三幢职工宿舍楼。此外，新建流寨、黄竹、六九、水边等管理区办事处（村委会）的办公楼。

四、投亲靠友安置

移民户有亲友居住在库区之外，移民自愿选择投靠到亲友处居住、生活，其亲友具备接纳能力和愿意接纳该移民户的，经移民户提出申请和接纳人出具证明及迁入地有关单位的证明，报移民部门通过核实，与迁出地镇政府、被投靠者共同签订《飞来峡水利枢纽工程移民投亲靠友安置合同书》，按规定领足房屋补偿费、青苗补偿费、搬迁补助费和搬迁后一次性生活补贴，办理人口、户口迁出手续后，自谋职业，一切生产、生活出路自行解决，不再享受移民待遇。

各镇按清远市政府制定的《关于飞来峡水利工程移民安置若干问题的暂行规定》，解决投亲靠友安置的相关补偿等问题。如：投亲靠友安置的移民原来参加经济实体、承包山林等所作的长期投资，按生产的经济效益，由原所在村给予适当的补偿，具体事项由其本人与其原所在村协商解决；投亲靠友安置后，移民原来使用的属于原村或原管理区集体的生产资料（土地、山林等）由原村、原管理区收回，并由原村、原管理区调剂给后靠安置的移民使用，移民带走其原所在村人平均土地补偿费的70%，此后原村、原管理区对该移民不再负有任何经济责任。

飞来峡库区移民投亲靠友共安置移民42户259人，其中黎溪镇有18户134人，连江口镇有18户98人，水边镇有6户27人，全部于1998年底前完成合同签订工作。

五、自理安置

飞来峡管理区靠近珠江三角洲，改革开放后许多农民南下打工、发展。不少人经过多年的努力积累一定财富，并在当地置业发展，不打算再回到家乡生活。飞来峡工程上马后，他（她）们自愿迁出库区，并按有关规定和程序，与移民机构签订《自理移民安置合同》，按规定领取房屋补偿费、青苗补偿费、搬迁补助费和搬迁后一次性生活补贴后，不再享受移民待遇。

全区共安置此种类型的移民1031户4236人（整个库区为1032户4240人，有1户4人是英德市大站镇移民），其中升平镇有395户1559人，连江口镇有545户2350人，水边镇有91户327人，全部于1998年底前完成合同签订工作。

六、生产安置

生产安置对象主要是淹地不淹房的随迁人口，不影响水库下闸蓄水。和必迁人口相比，随迁人口数量不多，但情况最为复杂。如特殊村、特殊户问题。特殊村是指水库储水后，农村的房屋没被淹没，但四面环水或附近的大部分村庄、学校、卫生设施都搬走，造成交通、公共设施的困难，而这部分村按现有政策不在搬迁范围内；特殊户是指一条村中90%住户符合条件搬迁，剩下少数户在村上，按政策不符合搬迁，这部分农户的生产、生活及交通卫生、小孩就学都成一大难题。这些特殊村、特殊户人口，在各镇淹地不淹房的人口范围中，因失去耕地，在附近生产无法着落，需寻找生产出路，需作随迁安置。珠江水利委员会在移民安置规划大纲设计概算中根据各镇淹地情况，计算出随迁人口指标数给各镇，没有分解到村到户到人，规划、补偿概算以及当时政策、规定，均没有对随迁人口进行具体界定，出现许多水位线上的群众只要有土地被淹没都自认为是移民，争做移民的现象十分普遍，而随迁指标数又不能满足全部淹地群众的需要，因此如何界定随迁人口指标是关键问题。

1996年9月20日，清远市人民政府制定《关于飞来峡水利工程移民安置若干问题的暂行规定》，规定随迁人口是指淹地不淹房就地寻找生产出路困难的那部分人口，具体按生产出路困难总人口的50%计算：对随迁人口的主要范围作出规定，随迁人口的主要范围包括4类情况：⑴建立飞来峡水库（以下简称建立水库）后形成孤岛、岛上房屋虽不受淹，但居民在原地已无法进行正常生产和生活的；⑵自然村90%以上的住房或人口属受淹范围必须迁出居住地，搬迁地点较远的，村里其余的住户、人口也可以随迁；⑶自然村的房屋虽然不受淹、但耕地大部分受淹，原地生产安置环境容量不足、交通条件差、不具备生产发展条件的，居民可以随迁；⑷圩镇的部分街区受淹必须搬迁，剩下的街区虽然不受淹，但受水库影响已丧失其圩镇功能，因而无法进行正常的政治、经济活动的居民可以随迁。据此，成立安置工作小组，重新核定全区随迁人口人数，但由于受随迁人口界定安置“两不突破”（不突破珠委院下达指标、随迁投资不突破珠委院概算）限制，加上随迁人口界定工作异常复杂，农村随迁人口安置工作一直没有实施。

1998年，飞来峡水库即将蓄水后，解决随迁人口安置问题更为迫切。4月8日后，连江口镇小北江流域逾千群众就进行多次集体上访。7月，区移民安置办公室成立随迁人口安置工作小组，黄国擎任组长；飞来峡工程移民局、珠委院、区移民安置办公室等单位共同组建随迁人口政策调查研究小组，对各镇各管理区、自然村对淹没后剩余耕地、山地资源和可开发利用资源以及水线下移民搬迁后的安置容量等进行全面的调查分析，于9月形成《关于飞来峡库区农村随迁人口界定和安置问题的处理办法》报告。8月3日，区委区管委班子召开联席会议，决定以连江口镇城樟为试点。据此，区移民安置办公室会同连江口镇政府，在珠委院、飞来峡工程指挥部、飞来峡工程监理和清远移民开发局的直接指导下，在连江口镇城樟村开展随迁移民安置试点工作。试点工作经宣传发动、调查摸底、实施安置、试点总结四个阶段，为期21天。工作组对城樟村委的各村民小组逐一摸底调查，对每村民小组的生活条件及生活环境容量进行归纳分类，并根据珠江水利委员会随迁人口给定指标数的计算方法，整理出一个到村民小组的随迁人口计算公式，根据公式计算出各村民小组的随迁人口指标数。根据确定的随迁人口指标数，按随迁人口的补偿标准，拨付随迁人口资金给村民小组，村民小组人均分配资金较多的可选择搬迁后靠、也可选择入圩镇。选择不搬迁的，只需改善交通、就医、就学的随迁人口则作生产安置。9月，清远市政府颁发《飞来峡水利工程库区农村随迁人口界定、核定及其安置的有关规定》，明确符合下列7类情况的，界定为随迁人口：⑴建库后，形成孤岛无法进行正常生产、生活的；⑵自然村70%以上的人口已受淹搬迁，剩余人口虽然容量可满足其生产需求，但交通破坏严重，文教、卫生得不到正常的；⑶自然村大部分耕地受淹，剩余人均耕地面积不足0.7亩，宜林宜果山地不足1亩的；⑷虽然淹地面积较少但建库后，三面环水，交通受阻，恢复公共设施投资大于搬迁的投资；⑸自然村自然条件极差，建库后交通、教育卫生处于瘫痪状态且存在塌方情况，严重威胁村民房屋和生命安全的；⑹圩镇部分街区受淹必须搬迁，剩余街区虽然不受淹，但已失去其圩镇功能，无法进行正常经济，文化活动的；⑺同一管理区中80%以上的自然村受淹搬迁到较远的地方安置，剩余20%以下人口不足四百人的等。这为全区农村随迁人口界定工作提供直接的政策依据。

1999年9月22日，飞来峡管理区委、区管委召开飞来峡管理区农村随迁人口界定及其安置工作会议，全面部署全区农村随迁人口界定及其安置工作。会后，飞来峡工程移民局、飞来峡管理区抽调组成随迁人口界定工作组，全面铺开农村随迁人口界定及安置工作。各镇按照实事求是、合情合理的原则，由镇政府提出随迁人口具体方案，报区移民安置机构审批。区移民安置办公室根据有关规定，按当地淹没土地、环境容量情况，采取按珠委院的计算公式计算，根据城樟试点的方式方法，把指标数分解到村民小组一级，并呈报广东省飞来峡水利工程总指挥部或广东省飞来峡水利枢纽建设管理局批准，共确定飞来峡管理区所辖4镇的随迁人口数为7580人（全库区为9761人）。这7580人中，农村随迁人口5204人（全库区为7385人），圩镇随迁人口2376人；26户121人选择搬迁后靠，1016户4957人选择选择迁入圩镇，选择不搬迁的共有2502人（整个库区共4628人）。这2502人作生产安置，其中黎溪镇393人、连江口镇1504人、水边镇605人，以村民小组为单位与镇移民机构签订《生产安置合同书》并领取补偿。签订合同工作于2000年6月底全部完成。为此，飞来峡水利枢纽工程移民安置工作全部完成。

表 2-4-8　　1995 年至 2001 年飞来峡库区移民安置情况表

镇村	类别	珠委下达搬迁指标				
		小计	必迁		随迁	
		人	户	人	户	人
升平镇	横石圩	2066	518	2066		
	北寮	1804	386	1546	57	258
	黄洞	1349	315	1349		
	横石	2154	476	2154		
	坝区随迁	774			193	774
	小计	8147	1695	7115	250	1032
黎溪镇	新塘	973	140	973		
	黎新	661	132	661		
	大埔	704	98	704		
	大湖	2349	377	2349		
	湖溪	1804	343	1804		
	黎洞	2916	524	2916		
	铁溪	1830	342	1830		
	居委	4199	792	4199		
	农村随迁	707				707
	小计	16143	2748	15436		707
连江口镇	小舍	147	21	147		
	银坑	524	92	524		
	初溪	159	23	159		
	下步	835	147	835		
	红溪	54	11	54		
	群联	125	27	125		
	三井	178	28	178		
	连江	346	56	346		
	城樟	1097	206	1097		
	南坑	445	74	445		
	小樟	273	57	273		
	圩镇	2551	566	2551		
	农村随迁	2860				2860
	圩镇随迁	2376				2376
	小计	11970	1308	6734		5236
水边镇	流寨	539	103	539		
	黄竹	242	46	242		
	河边街	529	154	529		
	农村随迁	605				605
	小计	1915	303	1310		605
英城镇	城南居委会	428	25	124		304
黄岗镇		55			11	55
宝晶文化区		476				476
大站镇		1170	1	4		1166
望埠镇		136				136
西牛镇		44				44
合计		40484	6080	30723		9761

续表

类别 镇·管理区		安置情况											备注
		小计	后靠安置			圩镇安置		投亲靠友		自理		生产安置	
		人	户	人	安置点	户	人	户	人	户	人	人	
升平镇	横石圩	2066				332	1293			186	773		
	北寮	1804				404	1678			39	126		自理为横石火车站
	黄洞	1349	195	801	黄洞	120	548						圩镇为甲洲村
	横石	2154				454	2074			22	80		
	坝区随迁	774				45	194			148	580		圩镇为坑尾、石碑头村
	小计	8147	195	801		1355	5787			395	1559		
黎溪镇	新塘	973				194	968	1	5				
	黎新	661				121	661						
	大埔	704				127	704						
	大湖	2349	294	1493	塘壁岭			5	20				
			166	836	办产塘								
	湖溪	1804	362	1768	冬瓜岭			12	36				
	黎洞	2916				489	2916						
	铁溪	1830	51	252	拐塘 黄鱼沙	295	1578						
	居委	4199				792	4199						
	农村随迁	707				61	314					393	因新征地安置探洞村随迁193
	小计	16143	873	4349		2077	11267	18	134			393	
连江口镇	小舍	147	13	92	枫树坪	3	16			5	39		圩镇二区
	银坑	524	16	81	苛塘山	60	360	3	17	13	66		圩镇二区
	初溪	159	10	67	庙岭山	12	72	1	6		14		二区7户40人、三区5户32人
	下步	835	7	35	长岭	85	509	10	54	45	237		二区60户354人、三区25户155人
	红溪	54	1	5		9	48			1	1		二区8户41人、三区1户7人
	群联	125				21	93			6	32		二区20户85人、三区1户8人
	三井	178	15	89	南北田					1	8		
			12	81	矛步								

续表

镇·管理区		小计	后靠安置			圩镇安置		投亲靠友		自理		生产安置	备注
		人	户	人	安置点	户	人	户	人	户	人	人	
连江口镇	连江	346	13	76	鹅坑	19	112			24	158		二区 13 户 77 人、三区 6 户 35 人
连江口镇	城樟	1097	92	594	大樟坝	92	477	1	5	21	21		二区 99 户 463 人、三区 2 户 14 人
连江口镇	南坑	445				35	245	2	11	37	189		二区 32 户 222 人、三区 3 户 23 人
连江口镇	小樟	273	36	157	坑口			1	5	1	7		
			19	104	蕉园								
连江口镇	圩镇	2551				175	973			391	1578		
连江口镇	农村随迁	2860	21	105	高南上坑	251	1235					1504	
			5	16	群联鹤树山								
连江口镇	圩镇随迁	2376				454	2376						
连江口镇	小计	11970	260	1502		1216	6516	18	98	545	2350	1504	
水边镇	流寨	539	2	16		73	420	5	25	23	78		
水边镇	黄竹	242				35	182	1	2	10	58		
水边镇	河边街	529				96	338			58	191		圩镇居民 56 户 284 人、镇机关 40 户 54 人
水边镇	农村随迁	605										605	
水边镇	小计	1915	2	16		204	940	6	27	91	327	605	
英城镇城南居委会		428			仙水塘	25	124					304	仙水塘属圩镇范围
黄岗镇		55	11	55	万公桥								属随迁移民
宝晶文化区		476										476	
大站镇		1170								1	4	1166	
望埠镇		136										136	
西牛镇		44										44	
合计		40484	1341	6723		4877	24634	42	259	1032	4240	4628	

说明：①珠委下达搬迁指标和安置情况的人数相等，但户数不相等

②升平镇的必迁和随迁人口数都属坝区移民，其他镇的必迁和随迁人口数为库区移民

第四节　湖溪和大湖移民安置

一、大湖和湖溪移民安置问题

黎溪镇大湖、湖溪管理区移民安置人数较多，水位线下移民占黎溪镇移民人数的三分之一左右。1995 年至 1996 年，黎溪镇政府、区移民安置办公室区先后提出几个安置方案，两个管理区的移民都没有取得较为统一的意见，未能正式实施。1996 年 5 月，大湖、湖溪群众连续上访，要求搬入圩镇安置。区委、管委进行反复论证，明确对黎溪镇大湖、湖溪 2 个管理区的移民实施后靠安置。8 月 22 日，大湖、湖溪数百名群众到镇政府集体上访提出诉求。9 月间，驻镇移民工作团挨家挨户到移民中做工作，引导移民解除疑虑，接受区提出的“搬迁到升平金斗角的安置方案”，由于相当一部分移民要求搬迁到升平二中至建设二局之间的地段，收效甚微。因大湖、湖溪移民安置点没有确定，移民安置工程一直无法实施，成为全区移民安置的一个“老大难”问题。

二、大湖和湖溪移民安置经过

1997 年下半年，经过多次的协商和说服工作，确定大湖管理区 17 个自然村的移民分两个点安置，其中一个定在塘壁岭，另一个定在牛皮塘（又名办产塘）。12 月，成立由镇长挂帅的大湖移民工程指挥部，开展征地和招投标。1997 年 12 月上旬，黎溪镇党委、政府、人大、纪检 3 次召开会议研究，决定湖溪管理区移民安置点定在冬瓜岭。12 月 9 日，飞来峡管理区委在区管委四楼会议室召开第 6 次常委会议，会议由区委书记欧勇主持召开，会议研究决定：⑴同意黎溪镇的意见，湖溪管理区的移民安置点定在大湖管理区的冬瓜岭附近；⑵对不愿搬迁到冬瓜岭移民点安置的群众，实行就地后靠，有条件的可投亲靠友；⑶对不愿接受政府安排的，黎溪镇政府根据群众的补偿经费多少，帮助群众盖好房，然后采取行政措施强行组织搬迁；⑷对带头和煽动群众闹事、蓄意破坏移民工作、触犯法律的人，由公安部门按照法律进行严肃处理。对少数带头闹事的党员，没有构成犯罪，但违反党纪的，由纪检部门查处。同时责成黎溪镇党委尽快对湖溪管理区党支部进行整顿。当月，湖溪冬瓜岭安置点移民工程指挥部挂牌，并于中旬正式动工，进行场地的规划、征地工作和土地平整。到 31 日，大湖塘壁岭安置点完成土方工程招标工作：土石方总工程量为 83.6 万立方米；牛皮塘移民安置点土石方总工程量为 31.5 万立方米；湖溪管理区移民安置点土石方总工程量为 95 万立方米。

1998 年初，区移民安置办公室增派驻黎溪镇工作人员的数量，进驻湖溪、大湖两个管理区的移民安置点的工作人员从原来 1 人增至 3 人，协同区设计室、区质监站、驻镇移民工作团，督促检查工程的进度和质量。至 3 月 4 日，塘壁岭安置点完成“一平”工程量的 80%，冬瓜岭安置点完成“一平”工程量的 50%，两个安置点工程的进度均没有达到区的进度计划要求。3 月 27 日，黎溪镇四套班子在湖溪指挥部召开加快移民工作进度现场会，区委常委魏振龙、副区长孔宪君、区移民安置办公室主任黄国擎、移民工作团傅立全、陆国基、陈桂森等参加会议，并到大湖、湖溪两个移民点工地现场检查进度：⑴大湖移民点工地总土石方一平工程总方量为 116 万立方米，实际完成 88.5 万立方米，占 80%。湖溪移民点土石方一平工程总方量为 95 万立方米，实际完成 62 万立方米，占 65%。⑵大湖、湖溪两个点的用电设施和临时用水设施正施工，高压线完成安装。至 3 月 31 日，大湖管理区塘壁岭移民点完成土石方工程 72 万立方米，占土石方总量的 86%；大湖管理区牛皮塘完成土石方工程 20 万立方米，占移民点土石方总工程量的 63%；湖溪管理区完成土石方工程 65.8 万立方米，占土石方总工程量的 70%。至 5 月 11 日，湖溪管理区移民安置点的“一平”工程完成总工程量的 90%；

大湖管理区移民安置点全部完成“一平”工程。至5月中旬，湖溪、大湖管理区水位线下移民中，投亲靠友搬迁出17户、92人。至6月10日，大湖管理区塘壁岭安置点“一平”工程基本完成，进入建宅基地的施工阶段，牛皮塘安置点完成土石方工程30.5万立方米，剩下石方1万立方米；湖溪管理区冬瓜岭安置点完成土石方工程92万立方米，剩下石方3万立方米，工程进度滞后于区总进度计划。11月4日，区对黎溪镇大湖、湖溪管理区移民迁安进度进行检查，检查小组由区移民办、区建委、区设计室、区质监站相关人员组成，并邀请飞来峡水利工程总指挥部、飞来峡水利工程监理、飞来峡工程移民局等单位参加。检查采取按移民迁安平面图上的宅基地编号逐户核对珠委下达指标（户数、人口）的办法，分两组（大湖小组、湖溪小组）进行。⑴大湖管理区。珠委下达指标数为：377户、2349人。移民迁安情况如下：①建好一层以上且搬迁入住：152户、744人；②建好首层：43户、221人；③首层在建：59户、269人；④完成宅基地建设或宅基地在建：146户、678人；⑤未动工：60户、314人；⑥投亲靠友：6户、24人；⑦自理：24户、99人；⑧搭好工棚：465户。合计实际安置：489户、2349人，与珠委下达线下指标相比：+112户、0人。⑵湖溪管理区。珠委下达线下指标333户、1737人，加上已批准的查漏补遗人口67人，共1804人。移民迁安情况如下：①建好一层以上且搬迁入住：79户、415人；②建好首层：59户、275人；③首层在建：86户、418人；④建好宅基地或宅基地在建：133户、501人；⑤自理的：7户、34人；⑥搭好工棚：362户。合计实际安置395户、1804人，与珠委下达指标对比：+62户、0人。检查组肯定大湖、湖溪两个管理区移民迁安工作取得阶段性成果。

1998年12月底，大湖管理区完成465户，2226名移民迁安任务；湖溪管理区完成362户1789名移民任务。

第五节　松树兜　坑尾　塘口三队移民安置问题

一、问题缘由

黎溪镇湖溪管理区松树兜、坑尾和连江口镇群联管理区塘口三队村民房屋均在淹没迁移线上，但耕地淹没较多，属淹地不淹房类型，按照《北江飞来峡枢纽技施设计水库淹没处理及移民安置规划大纲》要求，三地均不符合外迁条件，只给予土地补偿，并作生产安置。1996年上半年，黎溪镇湖溪管理区松树兜、坑尾村，连江口镇群联管理区塘口三队等3地群众多次来信上访，向区移民安置办公室、水利部珠江委员会提出请求，强烈要求外迁安置。1996年8月22日，水利部珠江委员会发专函给清远市飞来峡管理区管委会，就“松树兜、坑尾、塘口三队的村移民安置问题”，建议飞来峡管理区管委会研究确定安置方案，解决后靠或外迁安置问题。

二、调研分析

1996年11月27日，区移民安置办公室对松树兜、坑尾、塘口三队的基本情况进行调查，并对环境容量进行分析，对后靠安置与随迁安置两种情况对比分析。

（一）基本情况。松树兜、坑尾属黎溪镇湖溪管理区管辖，松树兜含上围、下围、冷堤3村，坑尾含迳口、大围一、大围二、大围四等4村，共162户，人口730人，有三年制小学1所、卫生所1间，个体糖烟酒商店1间。松树兜、坑尾西、北、南三面为群山阻隔，东面陆路交通被北江河阻隔，两村有机耕路与管理区及各自然村相通，对外交通依赖北江水路，交通不便；塘口三队属连江口镇群联管理区管辖，有13户，人口76人，村有机耕路与各村相连通，对外交通依赖北江水路，交通不便。三地共有耕地1104.6亩，其中水田 849.6 亩，山林地 6789.4 亩，土地资源较丰富，但耕地多在海拔 20 米以下，易洪易涝，旱造已弃耕变为单造田，飞来峡建库后，淹没三地耕地 568.5 亩，占原耕地面积的 51.5%，淹没情况如下表：

表 2-4-9　　松树兜、坑尾、塘口三队基本情况表　　单位：户、人、亩

村别		1994 年人口		土地资源					建库后淹没耕地	淹没耕地占原耕地%
		户	人	耕　地				山林地		
				水田	旱地	桑地	小计			
松树兜	冷堤	7	24	27	3		30	223.2	5.71	19
	上围	28	131	140.9	45		185.9	1218.3	109.15	58.7
	下围	18	95	130	30		160	883.5	109.15	58.7
坑尾	迳口	34	159	147.6	10		157.6	1478.7	74.26	47.1
	大围一	26	92	158.6	72		230.6	856	114.89	49.8
	大围二	25	113	101.5	36		137.5	1050.9	74.32	54.1
	大围四	24	116	82	22	3	107	1078.8	33.09	30.9
小　计		162	730	787.6	218	3	1008.6	6789.4	505.7	50.1
塘口三队		13	76	62	34		96		62.8	65.4
合　计		175	806	849.6	252	3	1104.6	6789.4	568.5	51.5

（二）环境容量分析。三地剩余耕地 536.1 亩，占原耕地面积的 48.5%，大部分零星分布在山边、水边，属低产劣质田，这类田已失去原有耕种意义，不具备容量。大围、冷堤等村剩余水田 208 亩、旱地 193 亩，较连片集中，可以开发利用，对照《大纲》标准，可以容纳 300 人。松树兜，坑尾山林较为丰富，人均有 9.3 亩，但土地贫瘠，成林面积少，多为幼疏残林，产出率低，据黎溪填镇林业站统计，1994 年成林产出率 10 元/亩，因此，山林地只可作安置配备资源。建库后，3 地水面面积约有 800 亩，可发展水产养殖，但需解决技术、资金、市场等问题。综上所述，松树兜，坑尾移民后靠容量有限。但通过土地小调整，合理开发水面资源，科学耕山，结合农业措施，可以提高农作物单产，后靠安置容量允许，但交通，供电，供水，就医，就学等，尤其是交通问题较为突出，后靠安置的难度较大。松树兜多为高山窝坳之地，坑尾也是交通十分不便，建库后，恢复当地交通，供电不实际，同时当地群众不愿后靠，强烈要求外迁，增加后靠安置的难度。

（三）后靠安置与随迁安置两种情况对比分析

1.后靠安置经济分析。松树兜，坑尾移民安置，需解决以下问题：⑴交通恢复。贯通松树兜、坑尾至升平黄洞或黎洞的环库公路 37.4 公里，需投资 1496 万元；恢复乡村渡口 2 座，配备渡船 2 只，投资 4.4 万元。⑵文教卫生方面投入。建六年制小学 1 所，投资 84 万元，建卫生所 1 所，投资 10 万元。⑶恢复供电投入。建 21.8 杆・KM，投资 109 万元。⑷恢复农话线投入。21.8 杆・KM，投资 14.4 万元。⑸供水投入。打水井 15 口，并配备抽水设施，投资 60 万元。后靠安置总投资 1777.8 万元。

2.随迁安置经济分析。三地群众如随湖溪管理区群众一起随迁，每人随迁安置单价为 1.3093 万元，安置 730 人口，共投资 955.789 万元。

后靠安置与随迁安置两相比较，前者比后者多投入 822.011 万元。

三、解决方案

1996 年底，经区移民办通过论证，根据不同情况，飞来峡管理区管委会对上述 3 个村提出 2 个不同的移民安置方案。⑴黎溪镇湖溪管理区松树兜、坑尾两地 162 户，730 人作随迁安置处理。随迁人口随同湖溪管理区整体搬迁，实行离乡不离土政策。鉴于珠委允许黎溪镇随迁人口指标只有 193 人，为此飞来峡管理区管委会专题向省人民政府报告，要求追加随迁人口指标。2000 年 12 月底，飞来峡工程移民局、区移民办、黎溪镇政府组成联合工作组，到各村民小组调查研究，提出实施方案，力图妥善安置好两地随迁人口的工作。⑵连江口镇群联管理区塘口三队居民作生产安置处理。因为该队在淹没迁移线上，不属于四面环水孤岛，方案只作土地补偿。鉴于该地淹没耕地较多，通过土地调整，满足群众后靠生产用地需求，并搞好交通等配套建设。

第六节　移民安置进度

一、安置进度计划

1994 年 1 月 28 日，飞来峡水利工程总指挥部制定移民安置进度计划，要求飞来峡管理区于 1996 年累计完成 2 万人建房工作，1997 年底基本完成库区淹没区水位线下移民迁安工作，1998 年进入巩固收尾阶段。1996 年初，总指挥部、飞来峡工程移民局和区移民办抽调人员，用 1 个月时间，编制《飞来峡管理区移民安置进度总体计划》，对全区的每一项移民工程，每一村移民工作任务和完成时间，作全面、详细、明确的规划和具体要求：1996 年完成累计 2.4 万人的搬迁，1997 年冬搬迁 1.4 万人，1997 年底基本完成搬迁工作，1998 年进行移民迁安的扫尾工作。

为确保移民安置工作按计划推进，除区制定《飞来峡水利工程移民迁安进度奖罚办法》《飞来峡水利工程移民迁安进度奖罚办法实施细则》外，各镇也分别更具体的奖罚措施。其中，升平镇 1996 年对 1067 户移民、7 个管理区的干部按规定给予奖励。

二、安置进度

为保障工程建设质量，飞来峡管理区成立移民工程质量监督和进度检查小组，招标、投标委员会，工程质量安全监督监测站等机构，对移民工程实施全面管理。工程的建设由工程质量安全监督监测站监建和质量检查验收，各专门机构按质量监督的要求，完善质量检查监督制度，做好质量检查、记录、签字、归档工作，并定期或不定期对质量存在问题进行通报。

从 1997 年起，工程质量监督及进度检查小组每月均定期对全区工程进行全面的检查，对没有达到进度要求的工程通报批评（每月初通报上次），并限期整改。

截至 1996 年 12 月底，全区分配宅基地 3643 户，建好移民房 2208 户，累计完成 14000 人搬迁；至 1997 年 12 月 17 日，全区累计完成 3340 户，16345 人搬迁；至 1998 年 3 月 23 日，累计完成 3502 户，16715 人搬迁；至 8 月 28 日，累计完成 26112 人搬迁。至 1999 年 2 月 9 日，累计完成 30425 人搬迁；至 1999 年 12 月底，移民安置工作共历时 5 年，全区 100%完成移民任务，移民迁安工作达到省、市的要求。

（一）1995 年

1994 年 1 月至 1995 年 8 月，移民迁安工作由清远市清新县、英德市负责，主要开展实物普查工作，逐家逐户落实移民安置规划。

1995年9月，飞来峡管理区成立后，四镇的移民迁安工作由飞来峡管理区负责。12月19日开始，河海大学水库移民安置规划专家组对飞来峡管理区开展移民安置规划、论证、勘设论证工作。论证工作共历时5个月。

（二）1996年

4月，河海大学水库移民安置规划专家组初步完成对全区有移民安置任务的管理区进行移民安置规划与论证；同时完成需重新迁建的升平、黎溪、连江口三镇集镇迁建总体规划。5月，专家组开始逐个对全区各移民安置点进行勘设工作；区委、管委对黎溪镇移民安置点进行反复论证，明确该镇除大湖、湖溪2个管理区外，其余适当向圩镇集中。截至5月8日，全区完成征地1.3万亩，动工兴建宅基地移民2300户，完成宅基地安排的1万多户；升平、黎溪两镇新镇的“三通一平”共完成土石方1000多万立方米，平整土地1.6平方公里。至6月，广东省人民政府与清远市人民政府签订移民安置总承包合同，除水边镇搬迁、英德旧城防护、银英公路防护、税费金等项目外，省确定移民总包干费为140248万元，规定对升平、黎溪、连江口3个镇重点镇实行“四包”，即：包进度、包预算投资、包解决遗留问题、包移民区经济发展和安排就业。6月底止，为配合飞来峡水利工程建设，各镇适时做好征地迁安工作，安置影响工程建设的移民1200多人，移民工程完成土石方1300万立方米、完成市政道路工程35079米，完成排水管道铺设41700米，完成9个移民点新址（含镇政府新址）的“三通一平”工程；完成宅基地分配移民3646户，建好新房移民2208人，实施建房移民14000人。6月，25个农村管理区新村址的测量、规划工作全面展开，有部分已经实施；农村移民试点已初见成效，连江口镇小樟管理区试点、黎溪镇拐塘、黄鱼沙试点“三通一平”工作已近尾声。至8月，全区完成宅基地建设2500户，完成分配移民宅基地2000户，完成永久性搬迁1577人，在建房的有1万多人。9月，区移民安置办公室与广东省飞来峡水利工程建设总指挥部、飞来峡工程移民局、飞来峡水利工程建设监理共同编制《飞来峡管理区移民安置进度总体计划》，完成25个管理区的安置规划，确定移民村村址，各移民安置点的安置工作全面铺开；至9月底，飞来峡管理区配合水利部珠江委员会委完成多项移民安置前期工作，⑴完成库区实物淹没指标的普查和投资核算工作；⑵完成移民安置总体规划和农村移民点的勘测设计工作。同时，完成移民工程土石方1200万立方米。9月，清远市政府与区管委签订移民迁安承包合同；并研究制定移民割地分配政策、移民资金管理办法、土地管理开发“五统一”、移民工程招标办法、投亲靠友政策、土地小调整政策、农村移民入圩镇政策等，使各项移民工作有法可依、有章可循。至9月底，升平、黎溪完成新镇“三通一平”及移民安置点宅基地的平整工作，随即安排移民建房；完成连江口、水边两镇政府新址的规划、论证工作，随即实施“三通一平”工程。10月起至年底，区管委与所辖4个镇之间、各镇与所辖管理区之间、各管理区与所辖自然村之间、各村与各家各户之间分别签订移民迁安合同。至12月，全区完成移民工程土石方1300万立方米，完成市政道路工程35079米，排水管道41700米，分配宅基地3643户，建好移民房2208户、完成14000人搬迁。至1996年12月底，全区累计完成2万人迁安，其中黎溪完成移民迁安人数为12537人；升平镇完成近8000人的搬迁任务。

1996年12月至1997年初，区移民安置办公室在飞来峡工程移民局、珠委、各镇的协助下，实施库区淹没实物指标查漏补遗的补偿落实和补遗人口的搬迁安置工作，按珠委下达查漏补遗的搬迁人口和补偿概算，区移民安置办公室及时将指标和补偿款下拨给各镇，全区补遗人口共1826人。至12月底，补遗人口中，有879人的完成搬迁。

（三）1997年

至1997年3月，全区完成9900人搬迁。搬迁对象包括升平镇新镇3900人、黄洞新村1200人、黎溪圩镇搬迁 4300 人、福田村 500 人。

9 月 29 日和 30 日，飞来峡移民工程质量监督及进度检查小组对连江口、黎溪两镇的在建移民工程进行全面的检查，除黎溪镇的大湖、湖溪两管理区因特殊情况未动工外，两镇的移民工程工地均有工程队进驻施工，并有区、工作团、镇、管理区的负责同志到场指挥、监督，在工程进度方面各工程基本达到进度要求，在资金拨付与进度相对比方面，工程与拨付资金基本相符。

11 月起，飞来峡移民工程质量监督及进度检查小组对全区移民工程的进度情况每半月进行一次检查通报。至 11 月，全区 22 个移民安置点全面动工，其中，有 6 个移民安置点全面建成并搬迁，其余 16 个在建。珠委确定的水位线下移民（包括坝区移民），累计已搬迁 3430 户、16275 人，完成搬迁任务的 56.3%；全区签订到户搬迁承包合同书 2585 户、12638 人，其中，升平镇 1306 户、5807 人，黎溪镇 585 户、2891 人，连江口镇 594 户、3335 人，水边镇 110 户、605 人。至 11 月 20 日，全区已迁出移民 3525 户、16566 人，其中升平 1769 户、7458 人，黎溪 1652 户、8573 人，连江口 71 户、335 人，水边 33 户、200 人。此外，全区在建房屋基础 380 户、2000 人，在建房屋 160 户 874 人。

1997 年 11 月 20 日，飞来峡移民工程质量监督及进度检查小组检查发现：全区移民工程预算工作缓慢，移民资金的投放量与工程进度要求矛盾相当突出，移民工程进度滞后于原定的计划要求，移民工程质量存在不少问题，前期的移民工程超支严重，特别是升平、黎溪两镇三通一平、公共设施和移民房屋基础资金超支严重等问题。

11 月 26 日和 27 日，飞来峡管理区移民工程质量监督及进度检查小组对水边、连江口、黎溪三镇的移民工程进行全面的检查，连江口镇的农村移民安置点、黎溪圩镇十区与四区移民安置点房屋基础工程质量问题，均逐步处理，但进度较慢，严重拖延移民工程进度。各镇在移民工程资金控制、质量监督方面普遍存在一定问题。个别移民安置点移民工程质量不佳。各镇的工程进度都滞后于区制定的进度计划。

至 12 月 20 日，珠委确定的水位线以下必迁移民中，累计完成搬迁 3502 户 16715 人，占必迁移民总任务的 59.2%。当月，建好房屋基础的移民有 777 户，完成移民 4402 人搬迁；在建房基础的有移民 545 户，可安排 3071 人搬迁。同时完成库区和坝区各类被水利枢纽工程淹没的 44230 亩土地的丈量征地工作，与移民签订移民搬迁承包合同书 2840 户 13600 人。

（四）1998 年

截至 1998 年 3 月 3 日，区移民安置办公室统计，全区累计完成搬迁 3646 户、18093 人，占任务的 64%（不包括坝区随迁人口已搬迁数）；未搬迁的水位线下移民 1895 户、10105 人，除黎溪大湖、湖溪 710 户、4086 人和升平镇 45 户、209 人在平整安置场地外，全部实施建房。为保证按时按质完成水位线下移民的搬迁任务，3 月 23 日，区委下发《关于加快移民建房搬迁进度的通知》，提出水位线下移民完成搬迁的时限，实施加快移民搬迁进度的措施。通知下发后，区移民安置工作团、移民办、各镇党委、政府制订涉及户、村、管理区、镇、区的检查表格，推进进度；召开各镇主管移民工作的镇领导和移民办主任会议，明确移民建房搬迁的时限和检查验收的程序，督促各镇抓好管理；派驻镇的工作人员全天候地工作，每两天汇报一次进展情况和出现的问题，有效加速各移民点移民建房搬迁进度。3 月底，区移民安置办统计，全区在淹没线下的未迁出移民数有 2449 户、12543 人，其中升平 45 户、209 人，黎溪 1149 户、6419 人，连江口 1167 户、5452 人，水边 88 户、463 人。

5 月 4 日至 11 日，区检查验收小组，成员由区领导、区移民工作团、区移民办、区建委、区设计室、质监站抽调，并邀请飞来峡水利工程监理、飞来峡工程移民局的有关领导对各镇移民建房搬迁进行全面的检查验收。检查的方法：以镇为单位，以珠委确定的水位线下移民必迁数和区委《关于加快移民建房搬迁进度的通知》为依据，根据各镇提供的移民建房搬迁资料（包括到户情况表和宅基地分配平面图），检查组汇同镇的领导到各移民安置点实地逐户检查，并与到户搬迁承包合同书相对应检查后统计，全区水位线下移民已完成4464户、22745人的建房搬迁（升平坝区随迁774人已搬迁未计算在内），占任务的81%。检查后，区检查验收小组要求各镇：⑴因前段移民建房速度快，数量多，要认真抓好工程的安全管理。⑵尽快完善各移民安置点的供水、供电、排污、道路等设施。⑶各镇的移民资料（包括淹没实物普查、资金使用、工程建设、宅基地分配、到户承包搬迁合同、到户安置情况等资料），要抓紧收集、整理和完善。⑷水边镇的河边街移民，镇政府搬迁要加快建设速度；连江口镇圩镇安置点回填土要加快；黎溪镇大湖、湖溪两个管理区移民工程要加强管理、加快进度。5月底，区移民办统计，全区有18个移民点完成移民搬迁任务。

6月9日和10日，区移民工程质量监督和进度检查小组邀请飞来峡水利工程监理、飞来峡工程移民局等单位于对连江口、黎溪镇移民工程进行检查，检查统计：截至6月10日，全区完成线下移民搬迁4482户、22817人（升平坝区随迁774人已搬迁未计算在内），完成区《关于加快移民建房搬迁进度的通知》所规定的任务。检查中发现的问题有：⑴个别镇对安全管理问题，重视不够，对于施工中的用电安全、施工安全等，没有与主要责任人签订合同书，安全生产宣传力度不够。⑵居民点，特别是圩镇居民点生活配套设施建设速度慢，影响移民日常生活，部分存在移民供水、供电不足、上厕所难的问题。⑶大湖、湖溪两个管理区的移民工程进度不快。截至8月10日，全区共完成6180户移民搬迁任务。

8月28日大江截流，水位线下移民的搬迁转入扫尾阶段。至9月28日，全区累计完成26112人的搬迁安置，其中水位线下移民搬迁4803户、24040人，占水位线下移民搬迁任务的85.1%。

截至10月31日底，全区水位线下移民全部完成搬迁，其中包括⑴黎溪镇湖溪、大湖两管理区的移民；⑵升平镇45户209名移民；⑶库区各镇查漏补遗人口未搬迁部分人口。至11月4日，根据移民迁安工作进度检查组的检查和各镇的汇报数据，飞来峡管理区水位线下移民水位线下移民全部搬迁完成。

（五）1999年

1999年1月19日上午，飞来峡管理区委、区管委在区委五楼会议室召开飞来峡管理区移民安置工作团总结表彰大会。会议公布全面完成珠委确定的水位线下移民搬迁。

第七节　广东省横石木材厂迁建

一、横石木材厂迁建决策

广东省横石木材厂（下简称横石厂）是省属大型企业，年产值与销售超亿元，有人口1397人，职工522人。全厂分为生产区和生活区两大部分。飞来峡社岗防护堤横穿生产区，厂房面积44736平方米，各类附属建筑物56处，机构设备301套，占地面积291亩，需要搬迁重建；生活区在防护堤内，不需要搬迁，只需后靠安置。

横石厂根据市场的调查和多方面的论证，制订《广东省横石木材厂搬迁安置发展方案》《广东省横石木材厂搬迁职工住房配套安置实施方案》，要求外迁到番禺区榄核镇，新建交联聚乙烯管生产项目。1994年10月8日，广东省林业厅作出《关于横石木材厂搬迁安置发展问题的批复》，同意横石厂整体搬迁方案。

1996年11月，清远市政府和横石厂签订《飞来峡水利工程横石木材厂征地移民迁安承包协议书》，确定总补偿投资为8482.3万元。

二、横石木材厂迁建概况

为使搬迁安置工作和企业内部改革工作顺利进行，横石厂先后成立“搬迁领导小组”“搬迁安置顾问委员会”“搬迁安置办公室”“住房建设基金管理委员会”和“番禺榄核筹建处”等组织机构，具体负责迁移安置工作。1995 年 1 月开始迁建，1997 年上半年完成交联聚乙烯管的策划调研论证工作，同年 10 月经省计委批准立项建设，历时一年后正式投产，在榄核镇建成生产、生活基地，主产交联聚乙烯管道。同时，横石厂充分利用移民补偿资金，除扶持原在广州的经营网点外，还兴建从化溜冰场和灵山英豪娱乐城，并与珠海文化总公司合作组建音像制品销售公司。还采用同济大学技术设备，生产优质饮用净水项目，并于 1997 年 8 月建成投产，水站很快发展到 15 个。1997 年底，成立“广州市横石饮用净水有限公司”。到 1998 年 12 月，共 522 名职工的搬迁安置任务全部完成，其中转到连州分厂 123 人，广州经营网点 35 人，吉山木材综合加工厂 5 人，广州横石饮用净水有限公司 15 人，后勤职能部门 52 人，办理辞职 162 人，免息借款自谋职业 7 人，交联聚乙烯管厂 89 人。同年 12 月 27 日，通过广东省飞来峡水利枢纽工程广东省横石木材厂搬迁单位工程验收签证。

第五章　淹没区库底清理

第一节　清理概况

一、库底清理实物指标

为了保证水库安全运行，防止水质污染，保护库周及下游人群健康，满足工农业及人民生活用水质量要求，并为水库发展水产养殖、航运、水上运动及旅游等事业创造条件，在水库蓄水前，要对库底实放进行全面的清理和消毒。根据水利部珠江水利委员会勘测设计研究院《飞来峡水利枢纽技施设计阶段〈水库库底清理〉设计报告》，飞来峡水库库底清理实物指标为：拆除房屋 838810 平方米，消毒清理拆除猪牛栏 91100 平方米，填平、消毒厕所（包括积肥池）4723 个，填平、消毒坟墓 4663 穴，砍伐清理林地（包括灌木林）1042 亩，竹林地 5149 亩，果园 166 亩，乡镇及管理区卫生院（站）址消毒 23 处。另外，拆除清理桥涵 86 座，灯塔 48 座，通信线杆 2020 杆。

二、库底清理组织实施

飞来峡水利枢纽工程定于 1999 年 3 月下闸蓄水。

1998 年 6 月 1 日，为能按期、按质、按量、按要求做好库底清理工作，清远市政府发布《关于飞来峡水利工程库底清理的通告》，明确库底清理的范围、内容及时间要求，同时明确：任何单位和个人，不能以任何理由和借口阻止和干扰水库库底清理工作；对故意破坏库底清理，制造事端、煽动群众闹事者，要严肃处理，触犯刑法者交司法机关惩处。通告下发后，在库区各村委会张贴。

1998 年 7 月 14 日，清远市政府在飞来峡管理区会议室召开飞来峡水利工程库底清理工作会议，明确库底清理的任务、范围，库底清理的实物指标、技术要求和规定的时间。飞来峡管理区、英德市及各有关乡镇领导和移民办主任参会，飞来峡工程移民局在会上作库底清理技术交底报告，清远市政府副市长黄伙荣要求：⑴责任要明确，清远市政府把任务承包给飞来峡管理区和英德市，飞来峡管理区和英德市可以把任务分解承包给各乡镇，飞来峡工程移民局负责做好协调工作。⑵要按技术要求进行清理。⑶清库工作与积肥改土工作结合起来。⑷要注意安全，做好防火和人身安全。会上，清远市政府分别与飞来峡管理区管委会、英德市政府签订《飞来峡水库库底清理承包协议书》，飞来峡管理区相继与升平镇、黎溪镇、连江口镇、水边镇政府签订《飞来峡水库库底清理分包协议书》。接着，库区各级政府成立库底清理工作领导小组，党政一把手，分别任组长、副组长，明确总任务，责任到人，真抓实干，齐抓共管，全面开展库底清理工作。

1998 年 9 月 22 日，飞来峡管理区在升平镇横石管理区召开库底清理卫生消毒工作现场会，区移民办、防疫站的领导、各镇移民办主任、卫生院院长、防疫组组长参加，并邀请总指挥部、工程建设监理等单位领导参加。现场会由卫生局、防疫站人员对猪栏、牛舍、厕所进行消毒示范，让各镇的相关人员掌握操作技能，工程建设监理的专家作现场指导。

库底清理工作全面展开后，黎溪镇政府措施得力，方法明确，特别是对旧圩镇（即黎洞圩）库底清理搞得好，建筑物拆除和摊平基本符合要求。1998 年 12 月 17 日，飞来峡工程移民局、区移民办在黎溪镇召开库底清理规范化现场工作会议，飞来峡水利工程监理副总监刘志田、环迁部副部长叶汉章，飞来峡工程移民局副局长蔡保平、主任江汉良、副主任王尚芬，飞来峡管理区副区长孔宪君，区移民安置办公室主任黄国擎、副主任余镜珠、华红云、石辉成，区移民工作团黎溪分团副团长陆国基，区环保局副局长黄继煌，区卫生局胡术贤，黎溪镇党委书记陈廷康、副书记黄亚牛及 4 镇主管移民工作的镇领导、移民办主任、卫生院院长参加会议，总结和推广黎溪镇经验。与会人员集中实地察看黎溪镇银英公路旁临时搬迁建筑物清理现场、黎洞旧圩沿河两岸竹木清理现场、黎洞旧圩镇建筑物清理现场、原镇卫生院卫生消毒清理现场、农村移民点黎洞村建筑物清理现场。与会人员认为黎溪镇建筑物清理、林木清理、卫生消毒清理达到库底清理技术指标要求，基本具备验收条件。清远电视台、清远报社记者对此次现场会进行报道。

库底清理工作中，区移民安置办公室派员到各镇指导、督促库底清理工作的开展，及时汇报清理情况及进度。各镇组织人员对房屋及附属建筑物、林木等进行地毯式细致的清理。拆除所有的建筑物，墙壁推倒摊平，破旧木料、杂物、垃圾全部运出库外或就地烧毁。对于卫生院（站）、猪牛栏、厕所等建筑物，卫生清理后进行验收，并且采取拆毁等方法进行。桥涵、输电线、电话线、广播线杆、架、塔、航标、灯塔、水塔、抽水站、电排站等，一切地面建筑物及一切附属设施，全部拆除烧毁或运出库外处理。清理后的建筑物残留高度没有超过规定的 0.5 米。森林、竹林、果树、薪炭林、灌木林、桑树，全部齐地砍伐，残留高度不超出地面 0.3 米。此外，按照卫生清理的要求，对库内污染源及污物均按卫生防疫标准进行清理，保证水质符合要求。1999 年 1 月，库底清理工作顺利完成。

1998 年 12 月中旬，飞来峡工程移民局、区移民办公室开始组织人员进行验收。1999 年 2 月，房屋及附属建筑物拆除清理、林木清理、卫生清理三大类库底清理单元工程质量全部通过检查验收（签证）。完成的技术指标为：房屋拆除 839845 平方米；填平、消毒厕所（包括积肥池）4723 个；消毒坟墓 5789 穴；消毒、拆除牛、猪栏 91100 平方米；砍伐清理各类林地 6462.3 亩，其中：灌木林 1049 亩，竹林地 5247.3 亩，果园 166 亩；医疗站清理 23 处；拆除灯塔 48 座、电线杆 2020 杆、桥涵 86 座；清理杂草 2042 亩。

表 2-5-1　　　　1998 年飞来峡水利工程库底清理情况表

县区	乡镇		房屋（平方米）	厕所（个）	猪牛栏（平方米）	坟墓（穴）	医疗站（处）	桥涵（座）	国园（亩）	林地（亩）	竹林地（亩）	杂草（亩）
飞来峡管理区	升平镇	下达指标	199834	966	18710	1380	3		87	248	555	
		实际完成	199834	966	18710	1380	3		87	248	555	438
	黎溪镇	下达指标	409785	2316	52425	1380	8		64	749	2002	
		实际完成	409785	2316	52425	1535	8		64	749	2002	723
	连江口镇	下达指标	197962	1328	16765	1380	10		13	35	1719	
		实际完成	197962	1328	16765	2114	10		13	35	1719	514
	水边镇	下达指标	21739	81	3200	323	2		1		329	
		实际完成	21739	81	3200	373	2		1		329	367
	下达合计		829320	4691	91100	4463	23	86	165	1032	4605	
	实际完成		829320	4691	91100	5402	23	86	165	1032	4605	2042
英德市	下达合计		9490	32		200			1	10	544	
	实际完成		10525	41		387			1	17	642.3	
下达指标合计			838810	4723	91100	4663	23	86	166	1042	5149	
实际完成合计			838845	4732	91100	5789	23	86	166	1049	5247.3	2042

注：另有北江航道局完成灯塔清理 48 座，英德供电局完成电线杆清理 2020 杆

第二节　各镇库底清理进度

一、升平镇库底清理进度

1998 年 8 月，升平镇政府印发 1400 多份的关于库底清理的通告，布置库底清理、拆除建筑物工作，投入清理资金 63 万元。8 月 31 日统计，共清理位于库底的果园 87 亩、林地 248 亩、竹林 555 亩，清理房屋及其建筑物 20 多万平方米，迁出位在水位线下的坟墓 975 穴，清理厕所、猪牛栏等一批。

1999 年初，升平镇镇政府投入资金 60 多万元，对库底进行清理和卫生消毒工作。

二、黎溪镇库底清理进度

黎溪镇政府 1998 年 8 月 6 日召开库底清理工作动员大会，布置库底进行清理，动员群众自行拆除建筑物，对超过规定期限不拆除，屡做工作不通的移民户，每户扣发 1000 元搬迁后生活补助费作为处罚，并强制拆除建筑物。

1998 年 9 月初，完成库底清理完成林地清理 15 亩，占任务的 0.8%，房屋清理完成 3500 平方米，占任务的 2%；开展淹没线下的坟墓调查登记。9 月 28 日，库底清理完成林地清理 1150 亩，占任务的 41%，房屋清理完成 180000 平方米，占任务的 44%，坟墓迁移 1356 穴，占任务的 98%。至 11 月 6 日，完成清理房屋 195000 平方米、猪牛栏 36000 平方米、厕所 1720 间、坟墓 1983 穴、医疗点 8 处、竹林地 2200 亩。至 12 月 16 日，完成建筑物清理 292790 平方米，占总工程量的 71.45%，消毒厕所 1823 间，猪牛栏 32705 平方米，分别占总

工程量的 78.7%、62.38%，清理果园 39 亩、林地 400 亩、竹林地 1595 亩，分别占总工程量的 60%、53%、79.6%，迁移、消毒坟墓 1535 穴，比承包协议书多清理 155 穴。

三、连江口镇库底清理进度

至 1998 年 11 月，连江口应拆除清理的房屋 197962 平方米，完成拆除清理 84576 平方米，完成清理任务的 43%；应清除厕所 1328 间，完成清理任务的 54%；应清理坟地 1380 穴，完成清理的 1240 穴，完成任务的 89%；应清理医疗站 10 处，完成清理 4 处，完成任务的 76%。

1999 年 1 月中旬，全面完成清理工作任务。

四、水边镇库底清理进度

1998 年 8 月，水边镇开始实施清理库底工作。水边镇党委、镇政府除发出《关于抓紧落实库底清理工作的补充决定》外，还组织人员分头到农户进行宣传督促。至 10 月，水位线下的竹、木全部完成砍伐清理完成，林地清理 200 亩，占任务的 61%；房屋清理 5477 平方米，占任务的 25%；迁移坟墓 8 穴，占任务的 2.5%。部分老水沙墙建筑和房屋及附属物，人工拆除难度较大，至 12 月底，完成拆除。

第六章　公共设施建设

第一节　公共设施迁建补偿

一、公共设施迁建补偿种类

因飞来峡水利枢纽工程蓄水所淹没、损坏的公路、桥梁、港口、码头、水利工程、电力设施、电站、广播线路等专业设施，需要在淹没线收上进行复建，按原规模和原标准或者为恢复原功能复建所需的投资，列入移民经费。

飞来峡管理区按《清远市飞来峡管理区库区淹没实物指标补偿标准》规定，对区内交通设施改建、环库交通恢复和农村灌溉设施等公共设施给予补偿。

二、各类公共设施迁建补偿标准

表 2-6-1　　1995 年至 2001 年飞来峡管理区交通设施改建补偿标准表

项　目		数量单位	综合单价（元）	备　注
交通设施改建	四级公路	KM	595000	
	机耕道路	KM	120000	
	港口	座	3600000	
	码头	座	120000	

表 2-6-2　　1995 年至 2001 年飞来峡管理区环库交通恢复补偿标准表

项　目		数量单位	综合单价（元）	备　注
库周交通恢复	农村大道	KM		待定
	乡村便道	KN		待定
	乡村渡口码头	处		待定
	过渡船只	只		待定
输电线路改建		杆、KM		待定

表 2-6-3　　1995 年至 2001 年飞来峡管理区农村灌溉设施的补偿标准表

项目	数量单位	综合单价（元）
小水电站	处/KW/台	6000
抽水站	处/KW/台	5000
水轮泵站	处/KW/台	4000
电灌站	处/KW/台	2000

第二节　公共设施建设情况

一、交通设施建设

1995 年 9 月起，飞来峡管理区各镇移民点公共设施建设与移民安置工作同步进行。区、镇在实施移民安置工作过程中，按照实用、效能和便于管理的原则，依法编制城镇规划，对部分学校、卫生院（所）、敬老院等单位，按原规模、原标准、原功能，重新设置，进行重建，并留有余地，适当扩大容量；对一批公共建筑、港口、码头、道路、公共活动场所、文化娱乐设施、排水管道等公共生活基础设施，按不低于原标准，进行重建，按原规模和原标准或恢复原功能复建所需的投资，全部列入移民经费；为解决水库区移民生产、生活需要，还新建设一批的桥梁、公路、灌溉渠道等，因部分扩大规模和提高标准需要增加的投资，由有关单位自行解决。

与移民密切相关的交通设施建设工程包括四级公路改建工程、机耕道路恢复工程、港口改建工程、营运码头复建、银英公路维护、黎溪、连江口两座北江大桥工程、航道设施复建工程、水文站迁建工程等。

四级公路改建工程　飞来峡水库淹没的四级公路有 7.9 公里（其中黎溪镇的坑白公路 4.6 公里，连江口镇的南梅公路 2.2 公里和连下线 1.1 公里）。改建工程实际完成 9.5 公里，主要有黎溪的环库公路黎溪北江大桥至黎新段 5 公里路面加宽、铺沙工程，连江口的南梅公路 2.2 公里和连江口至下砍公路 2.3 公里（连江口新镇至连樟段）扩建工程。这一工程 1997 年 5 月开始动工，1998 年底完工。

机耕道路恢复工程　飞来峡水库淹没机耕道路 200.1 公里，其中飞来峡管理区各镇 184 公里（升平镇 25.7 公里、黎溪镇 106.7 公里、连江口镇 50.9 公里、水边镇 0.7 公里），英德市相关镇 16.1 公里（大站镇 6.1 公里、宝晶旅游文化区 6 公里、英城镇 2.9 公里、黄岗镇 1.1 公里）。这些工程由所在镇（单位）按恢复原功能的基本要求，1995 年 10 月开始施工，2000 年 5 月完成。

港口迁改建工程　全区迁改建的港口有升平港，连江口左、右港。

升平港1997年10月动工，1998年3月完成。港口岸边浆砌石及抽沙回填高程28米，总投资360万元。

连江口左港位于连江口旧圩镇北面小北江与大北江交会处的银英公路边。在原港口码头基础上改建，由原旧港口码头岸线往后退7米，加建升高7米（原港口码头标高为珠基21米，改建后为28米，岸线总长度为161.5米。工程于1997年3月开始施工，1998年10月11日竣工，历时19个月（570天），总投资为360万元。完成基础开挖615立方米、挡土墙顶部拆除244立方米，砌挡土墙块石基床1522立方米，砌石4298立方米，干砌石护坡550.5立方米，排水管330立方米，反滤层72立方米，场地抽沙回填58392立方米，砼挡土墙工程1117立方米，砼挡土墙压顶92立方米，吊机基础62立方米，装卸车道33立方米，港口码头地面预制砼六角块789立方米，港口码头地面（现浇）624立方米，装卸栈桥37.5立方米，安全护栏出118.4立方米，碎石垫层（步级码头）129.5立方米。1998年12月28日经清远市航道总公司验收，认为工程符合设计图纸及国家的有关规范要求，工程质量合格。2000年10月10日，通过单元工程验收签证。

连江口右港工程经协商，不进行复建，补偿处理，于1997年12月处理完毕。

营运码头工程　受飞来峡水利枢纽工程影响的营运码头有32座，其中属飞来峡管理区范围的有12座：升平镇1座（圩镇）、黎溪镇2座（湖溪大湖、新镇）、连江口镇5座（下步、小舍、初溪、矿产站、南坑）、水边镇1座（供销社）、区林业局3座（都在水边镇林业站）。这些营运码头的改复建工程1997年3月开始动工，2000年5月全部完工，共改（复）建营运码头34座，其中属飞来峡管理区范围的有14座：升平镇1座、区1座（旅游码头）、黎溪镇2座、连江口镇5座、水边镇2座（供销社、镇政府）、区林业局3座。

码头工程　全区受飞来峡水利枢纽工程影响的码头有8座，其中黎溪镇3座、连江口镇5座，全部作补偿处理，均于2001年10月前完成。

银英公路维护工程　银英公路是在原京广铁路路基基础上修建而成的，设计标为山岭重丘二级。公路北起英德火车站，沿北江左岸南下经连江口、黎溪和升平等镇后于清远银盏附近与107国道相接，是当时英德市、飞来峡管理区到南行的主要交通干线。飞来峡水利枢纽建成后，使处于水库库区范围内的银英公路飞来峡管理区升平镇至英德路段，路基长期受水浸泡，为提高路基岸坡的稳定性及抗水流冲蚀和风浪袭击的能力，需要加固维护。主要是对银英公路飞来峡库区段30公里（路桩号37公里—67公里）处于“珠基”24.5米以下的路基，进行维护加固，主要是采取7.5号水泥砂浆砌片石挡土墙和护坡。挡土墙垫层用C15砼，对原公路边坡较陡路段回填石基，部分基础差的路段用抛石护底。施工中，承建单位英德市交通建设开发总公司工程将整个工程分成8个施工标段，共有10个工程队进场，并分两个阶段进行施工。第一阶段工程，从1997年12月底至1998年8月底，8个标段同时施工，完成投资1450.7万元，占总工程量的88%。第二阶段，从1998年9月中旬至11月中旬，在第一阶段还没有完成施工任务的三标、四标、五标、六标继续施工，完成投资198.2万元，占总工程量的12%。合计总投资1800万元，完成护坡13.47公里、浆砌石6.8万立方米、砼3458立方米、土方9.4万立方米、抛石2.2万立方米，石渣回填7.3万立方米。1998年12月18日，通过广东省飞来峡水利枢纽工程单位的工程验收签证。

黎溪和连江口北江大桥　原来这两个镇北江东西两岸的交通是靠水运摆渡过江的，给当地群众的生产生活造成极大不便。飞来峡水利枢纽工程上马后，兴建黎溪和连江口的北江大桥成为飞来峡库区新建的重点交通工程项目、重要交通枢纽、连接飞来峡库区环库公路的关键工程、银英公路与环库公路连接的重要纽带、解决库区移民和高区群众与外界联系的唯一陆路通道。经清远市交通局设计室进行可行性研究，并报清远市政府有关部门及省政府有关部门进行审查，1996年7月23日经飞来峡管理区计划统计局同意该项目列入飞来峡管理区1996年的投资计划。同年9月，飞来峡管理区建委审查批准核发建设工程规划许可证。清远市政府赞同飞来峡管理区的意见，决定新建这两座联通北江两岸的大桥。“两桥”的建设方案报请省交通厅批准确定，桥位经广东省北江航道局、清远市政府以及大桥测设等单位共同研究确定。

黎溪北江大桥位于北江流域香炉峡地段、距离黎溪新镇约1公里。桥梁设计委托四川省交通厅公路规划勘察设计研究院设计完成。由于其桥位水深流急，不能挡拱架，因此采用缆索吊装施工或转体施工。为减少施工难度，拱圈采用劲性骨架，经吊装或转体施工合拢成拱，然后再外包砼，完成拱圈施工。1996年6月下旬，大桥建设方案经广东省交通厅批准采用160米大跨度拱桥方案（中承式单拱桥），主跨160米，桥宽12米，主桥长226.4米，引桥长339米，是当时广东省第一座最大跨桥的转体桥；设计荷载汽车—20，挂车—100，人群荷载3.5千牛/平方米；通航净高8米。采用钢管劲性骨架转体施工。黎溪北江大桥预算总造价2005万元，经招投标，确定由广东省水电三局承建。1996年11月正式开工，2000年4月桥梁工程全部竣工，建成桥宽12米，主桥长226.4米，完成总投资2194.8万元（完成竣工结算的时间是2003年3月）。

连江口北江大桥位于北江流域盲仔峡地段，万公桥村出口与银英公路交会处，距离连江口旧圩镇约1.5公里，由清远市公路勘测设计室完成设计。大桥采用简支预应力砼下梁（25m）+T形刚构方案，桥梁全长330米，桥台采用U形桥台，桥宽13米，主桥为预应力砼T形刚构桥结构，侧桥为预应力砼T梁结构，连江口北江大桥预算总造价1598万元。经招投标，由广东省水电二局承建，1996年11月开工，2002年1月全部竣工。建成桥宽13米，主桥长330米，引桥长330米，实际总投资1941.5万元（2002年12月完成竣工结算）。

黎溪和连江口北江大桥补偿投资概算为2100万元，实际投资4178万元，其中黎溪大桥完成投资2194.8万、连江口大桥完成投资1941.5万元，超出预算2094万多元。

库周交通恢复工程 包括农村大道（1997年6月更名为“环库四级公路”），乡村便道，乡村渡口码头，过渡船只等。

1997年4月成立飞来峡环库公路工程建设总指挥部，负责工程运作。1997年11月28日，指挥部在环库公路起点黄洞鸣炮宣布动工，由于线路与枢纽工程取土场有矛盾，工程暂停两个月，1998年2月12日起施工队先后进场，进行路基土石施工，桥、涵洞施工同时铺开。1999年7月至11月为施工高峰期，全线工地进场钩机21台，推土机28台。1999年12月15日，南、北线路基贯通。具体技术指标按交通部部颁四级（山岭重丘区）标准设计施工，桥宽7米，路基宽——土方路段5米，石方地段4.5米（不含水沟），路面为泥结碎石路面、宽3.5米，分别由连江口、升平镇、黎溪镇实行承包。其中：⑴连江口镇段环库公路，分西岸环库公路和北岸环库公路。1996年完成整段公路的勘探、测量、设计和招标工作，当年高洲铺至水边镇长博头的20.5公里路段分四段动工兴建。1997年初，高洲铺至黄屋的7.5公里路段动工兴建。至1997年7月，连江口环库公路高洲铺至长博头段完成总工程量的70%，大新田至高洲铺段完成总工程量的50%。此后西岸环库公路一度停工。1998年9月，西岸环库公路工程重新招标动工。当年，西岸环库公路完成总工程量的70%，北岸环库公路完成总工程量的50%。2000年，全段建成，连江口镇完成承包段公路建设。⑵升平镇段环库公路建设工程，1998年起动工，当年底完成挖土、填土工程10.334公里，其中黄洞路段5.273公里，横石路段7.238公里，铺设涵洞27个。至1999年12月底，升平段路基、路面建设全部完成。⑶黎溪镇段1998年动工，当年挖路面14.5公里，平整路面7公里，挖运土方21.9万立方米，挖填土12.87万立方米，炸运石4.5万立方米，浆砌石2950万立方米，完成涵洞39个，共建造桥梁6座，涵洞84个。1999年底，黎溪段公路建设全部完成。

环库四级公路建设工程2000年1月31日通过内部初步交工验收，2000年9月28日由清远市交通部门组成的竣工验收委员会进行竣工验收，评定为合格。同日通过广东省飞来峡水利枢纽工程环库公路工程单位工程验收签证。总投资为2800万元，实际完成环库公路主线长83.478公里，以小北江为界，分南北两线，南线自飞来峡水利枢纽大坝西端的升平镇黄洞村委会起，经黎溪、连江口至水边新镇，长65.157公里；北线由连江口跨河大桥（连江口北江大桥）头起至小舍神滩头，长18.321公里。完成桥梁11座（其中大桥1座、中桥4座，小桥6座），548.5延米，涵洞324座，7480延米；泥结石硅路面31.72万平方米，路基土石方416.32万立方米（其中石方69.22万立方米、土方347.1万立方米）；路面317200平方米。

乡村便道工程按珠江水利委员会的概算总长为240公里，其中飞来峡管理区200公里（升平8公里，黎溪82公里，连江口86公里，水边4公里）、英德市40公里。1996年6月开始动工，2000年5月全部完成，总投资240万元。

购买乡村渡口码头过渡船只 为解决部分群众的生活、生产中交通不便的实际问题，根据个别乡村的实际情况，共购买3艘过渡钢板船，其中升平镇一艘，载重吨位为50吨、功率40马力；黎溪镇一艘，载重吨位为100吨、功率100马力；水边镇一艘，载重吨位为10吨的人工手摇船。

航道设施复建工程 受飞来峡水利枢纽工程淹没影响的航道设施有航道站（黄洞航道站）一座，航标灯塔48座，航道钢管标30座，航道角铁灯桩10座，电气浮标140座。复建中，航道站房施工的每道工序均经技术人员验收合格才允许进入下一道工序的施工；航标按有关的规范规程和GB5863—93《内河助航标志》、GB5864—93《内河助航标志的主要外形尺寸》等标准以及相应的设计图纸进行施工；航标灯器配套，采用全国最先进的全集成电路航标闪光仪；灯泡采用最新超高亮度发光二极管；电源采用太阳能电源系统；每座航标灯、塔的施工都有人在现场检查验收后才允许建塔身；水标的配置，根据现场施工的实际情况由技术人员进行现场抛设。实际完成航道站一座，各类航标252座，航标灯塔30座，航道钢管标30座，DF1080浮标52座，DF600浮标80座，LF4.5米灯艇30座，LF607米灯艇30座。这些设施的复建工程1996年12月动工，1998年6月完工，补偿投资为178万元。1998年11月3日，通过广东省飞来峡水利枢纽工程航道设施复建单位工程验收签证。

二、通信电力设施建设

输电线路改建 受飞来峡水利枢纽工程淹没影响的输电线路有101杆·公里。实际完成10K输电线路改建117.12杆·公里，其中坝区左、右岸15杆·公里，库区102.12杆·公里；完成低压线路102.7杆·公里。

升平镇完成10千伏输电线路改建23.32杆·公里。其中：坝区左、右岸）15杆·公里，1994年10月开始施工，1996年5月完成，2000年5月通过广东省飞来峡水利枢纽工程坝区升平段输电线路迁改建单位工程验收签证。库区黄洞至横石支线8.32杆·公里，1998年6月开始施工（施工单位为飞来峡供电所），1998年10月竣工，1999年11月11日通过广东省飞来峡水利枢纽工程升平段输电线路迁改建单位工程验收签证。

黎溪镇完成10千伏输电线路改建57.4杆·公里，低压线路30杆·公里。其中：铁溪支线（10千伏）11.8杆·公里，1999年4月开始施工（施工单位黎溪镇农电所），1999年6月竣工，1999年11月3日通过广东省飞来峡水利枢纽工程黎溪段输电线路铁溪支线迁改建单位工程验收签证。黎洞、大湖、湖溪、街镇支线（10千伏）45.6杆·公里，低压线路30杆·公里，1998年8月开始施工，1998年12月竣工，1999年1月6日通过广东省水利枢纽工程黎溪段（黎洞、大湖、湖溪、街镇支线）输电线路迁改建单位工程验收签证。

连江口镇迁改建的输电线路完成10千伏输电线路10.6杆·公里，低压线路67杆·公里，分下步支线、城樟支线、小樟支线、街镇支线，1996年8月开始施工（施工单位为连江口供电所），1998年10月竣工，1999年1月6日通过广东省飞来峡水利枢纽工程连江口段（下步、城樟、小樟、街镇支线）输电线路迁改建单位工程验收签证。

水边镇迁改建的输电线路完成10千伏输电线路11杆·公里，低压线路5.7杆·公里，包括水边支线、黄竹支线、流寨支线等，1998年9月开始施工（施工单位为农电所），1998年11月竣工，1999年1月6日通过广东省飞来峡水利枢纽工程水边段（水边、黄竹、流寨支线）输电线路迁改建单位工程验收签证。

长话线路改建 受飞来峡水利枢纽工程淹没影响的长话线路（京—广线）有60杆·公里，1995年4月动工改建，1996年8月全面完成。改建后的线路由英德英城—西牛—九龙—禾云—清远市—广州市。2000年7月8日通过广东省飞来峡水利枢纽工程长话（北京—广州）线路迁改建工程单位工程验收签证。

农话线路迁建 受飞来峡水利枢纽工程淹没影响的农话线路有325.2杆·公里，1998年8月开始迁改建，1999年1月全面完成。其中升平67.6杆·公里，黎溪镇49.1杆·公里，连江口48.17杆·公里，水边镇5杆·公里。2000年7月8日通过广东省飞来峡水利枢纽工程农话线路迁改建（英德—清远段）工程单位工程验收签证。

三、水利设施建设

水文站迁建复建工程 飞来峡水利枢纽工程上马后，横石水文站失去原有功能，按广东省水利厅的要求，1997年1月开始迁建于飞来峡水利枢纽大坝下游约3公里处的北江东岸边，1998年12月完工。概算补偿投资为350万元。

连江口防护堤工程 飞来峡水利枢纽工程建成后，在飞来峡水库正常蓄水的情况下，连江口河段的回水高程约为24.20米（“珠基”高程，下同），20年一遇洪水位为28.63米，50年一遇的洪水位为29.83米，100年一遇洪水位为30.81米。由于连江口镇址大部地台高程在23.5～27米之间，而移民安置方案选取原址改造扩建的方案，因此需要兴建该防护堤。兴建河堤后，还可以在原河滩上围出250亩土地用于新镇的建设。

飞来峡水利枢纽工程开工以来，相关部门先后3次对连江口镇新镇址规划进行讨论。1995年，经飞来峡水利总指挥部、水利部珠江水利委员会勘测设计院、飞来峡工程移民局和连江口镇联席会议反复研究，提出对连江口镇实施沿河修筑防护堤，就地连片改建的方案。1996年1月19日，区管委正式向广东省水利电力厅提出《关于连江口镇新镇址防护堤有关问题的请示》，并提供《连江口镇人民政府调洪说明》《连江口镇沿河滩筑堤线地形图》《连江口镇圩镇总体规划说明书》《连江口镇新镇址规划近期1平方公里规划设计平面图》等材料，要求扩大连江口镇址建设面积，沿岸河滩筑堤。河堤高度按50年一遇30.5米洪水加防浪0.5米设计，堤顶高度为31米，地面最低高度为28.5米。

1996年3月，广东省水利厅批复同意在北江中上游的连江（小北江）与北江汇流处的连江口镇西面修筑连江口防护堤，确定为四等水利工程，设计洪水标准为50年一遇，堤顶高程以100年一遇洪水不漫顶的原则确定，为31米；防护堤长2361米，平均堤高约15米，堤顶宽5米，为均质土堤结构。堤的前坡为1∶2.75、1∶2.5，在25.50米高程设一马道，宽2.5米，前坡的护坡在25.5米高程以下为M75浆砌石护坡，厚0.40米；25.5米高程以上为干砌石护坡，厚0.30米。砌石护坡下均铺设砂垫层，厚0.20米。堤的后坡为1∶2.50。由于堤后填土高程为28.50米，且堤顶考虑堤路结合，所以设计的堤后坡没有护坡措施。堤的防冲结构为水平堆石防冲体，结合防冲墙结构，堆石体厚1.0米，宽6.0米，在局部地段的堆石体考虑水流特性，宽度、厚度加大（如靠近码头段宽为7.0米，厚为1.5米）。由于堤内有集面积为3.07平方公里的塘坑水的排泄需穿堤而过，所以河堤有一交叉建筑物塘坑排水涵，其结构为钢筋砼结构，长为65.8米，段面尺寸为2米×2米的方涵，基础为桩基础。

连江口防护堤工程包括堤体土方填筑工程，堤脚堆块石防冲带、混凝土或浆砌石防冲墙工程，浆砌石护坡工程，干砌石（充砂、抹缝、勾凸缝）护坡工程，塘坑排水涵等工程，1996年10月动工建设，1997年11月30日竣工。实际完成的防护堤全长2361米，堤顶高程31米、宽5米，为均质大堤结构。堤体填筑土方139.2万立方米，防冲堆块石2.69万立方米，土工程物铺设2.64万立方米，浆砌石3.7万立方米，干砌石（冲沙、抹缝、勾凸缝）1.1万立方米，混凝土3332立方米，钢筋制安45吨，砂垫层2.46万立方米，清挖20.6万立方米。总投资为3150万元。

在施工过程中根据《堤防工程技术规范》及有关规程和"施工质量技术要求"进行施工。堤线测量施工放样后，土方填筑每层厚度控制在50厘米的范围，根据操作程序：平土、分层碾压、分单元检测，合格后再进行下一工序。实施质量保证体系，做好"三控制"，出现问题按照"三不放过"的原则处理，据规范每200～300立方米取样一个的要求，实际检测270个单元，测点4700多个。

土方填筑计划分4期实施，根据总进度目标，每期定工程量、定高程、定时间。为保证碾压质量，执行现场先进仪器检测制度，每一层测定，千容重等指标，会同监理签发质量合格开工证。

防冲工程施工程序：防冲槽开挖、成形、铺设土工织物后铺砂垫层，然后堆放防冲块石，再浇筑混凝土防冲墙（水下）或浆砌石防冲墙（陆上），完成后进行防冲浆砌连接体护脚。接着浆砌石护坡砌筑工程，砌至25.5米高程，设2.5米宽浆砌石戗台。戗台起至31米高程为干砌石护坡工程：干砌石完成即用水将砂冲实石缝内，然后抹缝，最后勾凸缝。各种砌石护坡均垫有20厘米砂垫层。浆砌施工采用坐浆法，砂浆标号为M7.5，块石采用优质花岗岩。

塘坑排水涵为钻孔灌注桩（Φ600桩径）基础，钢筋混凝土结构箱式排水涵，排水涵分为0+000—0+015段，0+015—0+030段，0+030—0+045段，0+045—0+065.8段四段箱涵，三条施工缝，共有70条桩的施工任务。箱涵65.8米长，内径2×2米，厚45厘米。60厘米厚承台一段，70厘米厚承台三段。

防洪堤走向适应河势流向，堤线平顺、流畅；堤身形状规格、轮廓线分明，堤面平整、外表美观。经验收小组评定，防洪堤工程属优良工程。1998年1月13日，通过竣工验收鉴定书签证。

连江口防护堤工程建成近一年后，发现该工程的配套设施建设存在不够完善：⑴原来在设计时，由于时间仓促，没有考虑到排内涝（洪、污）水问题，防护堤没起到排洪排污作用，防护堤可能报废或不起防护作用。⑵防护堤内侧没有回填土，形成水潭，威胁大堤的安全。对此，1998年11月19日，飞来峡工程移民局组织在连江口镇政府召开移民工作联席会议，对该工程如何解决排洪、排污水和对防护堤内侧进行回填土问题进行研究。会议由清远市政府副秘书长、飞来峡管理区委书记、飞来峡工程移民局局长欧勇主持，参加会议的有飞来峡工程移民局、飞来峡管理区委、区管委、区移民安置办公室、珠委院、飞来峡工程监理、区建管局、连江口镇委、镇政府、镇移民办等领导和有关工作人员，经与会人员认真研，提出了解决问题的具体意见。12月，根据联席会议决议，配套建设塘坑排洪渠及闸门和皇城口排洪明渠、鸭麻坑排洪暗渠，工程所需的1359万元经费由飞来峡水利枢纽工程总指挥部追加预算。同时，开展防洪堤内洼地抽沙填充工程，工程回填至26米高，填沙100万立方米，加上平整处理费，由连江口镇政府从总承包费中支付。工程建成后，扩大连江口圩镇的面积，为移民安置提供用地和安全保障。

四、市政设施建设

升平镇 1996年，全面完成移民区住宅区道路、排水系统建设。2001年，投资52万元，扩容新装电话968台；投资18万元，在镇街道新装路灯23盏、绿化地面3000平方米、改造下水道890米。

水边镇 1997年，完成铺设街道硬底化路面700米，排水渠300米。

黎溪镇 1998年，在新镇基础设施建设方面，投资380万元，完成新镇排污、排水设施建设；投资68

万元，建设新镇的临时供水、供电设施；投资150万元，新建市场1个。1999年，投资近600万元，建新镇供水厂；资金28万元，建设通信设施；投入资金13万元，安装新镇主要街道路灯。2000年，投入一定资金，完善大湖、湖溪两个移民点的排水、排污、排洪设施。

连江口 1999年，投入54万元，开通小北江的三井、群联、红溪、下步、初溪、银坑、小舍7个管理区的程控电话，全镇有程控电话有467台。

五、学校建设

区内有33所学校(含分教点)进行搬迁新建和部分搬迁建设,其中初中4所,小学29所,搬迁面积170000平方米。

飞来峡中学 1996年2月25日，飞来峡中学设立，1996-2000年，飞来峡中学租借租用省横石木材厂中学场地办学，校园小，教学设施设备差。

升平中学 新校址从横石搬迁至升平移民规划区内，占地面积25408平方米，建筑面积13872平方米。

黎溪中学 1997年，新校址从黎洞搬迁至黎溪新镇中部，校园占面积30000平方米，建筑面积13686平方米。建有教学楼、实验楼、办公楼、学生宿舍各1栋。

连江中学 新校址从连江口街迁至移民三区，占地面积80000平方米，建筑面积20823平方米。

升平中心小学 新校址从横石搬迁至升平移民规划区内，占地面积14108.94平方米，建筑面积7590平方米。

黎溪中心小学 1997年，新校址从黎洞搬迁至黎溪新镇中部至黎溪新镇中部，占地面积25200平方米，建筑面积4030平方米。建有教学楼、办公楼、学生楼各1栋。

连江口镇二小 1997年，连江口镇二小新校址从连江口街搬迁至移民三区，占地面积30000平方米，建筑面积6900平方米。

连江口小樟小学 1997年，连江口小樟小学从竹园笼搬迁至移民南村，占地面积11724平方米，建筑面积1080平方米。

从1995年至2000年间，区教育局和各镇对全区基础设施薄弱的学校进行改造建设、完善教学楼、综合楼、教师学生宿舍、饭堂、围墙、校门、校道、球场、厕所等基本设施一批。

六、卫生院建设

1996年起，升平、黎溪、连江口、水边4个卫生院利用水库移民搬迁赔偿款，再加上省、市和各镇各级分别投入一定的资金，对各镇卫生院进行搬迁重建，各镇均配备有门诊大楼及住宿大楼等。

升平镇卫生院 1995年升平镇政府投资500万元，建设升平卫生院，1997年间，新成建门诊大楼1栋、住宿大楼1栋，建筑面积共45000平方米。

连江口镇卫生院 1996年，镇政府把水库移民搬迁赔偿资金100万元，全部投入到新卫生院的建设，年间，建成留医部大楼1栋，建筑面积3600平方米，住宿大楼2栋，建筑面积2786平方米。

水边镇卫生院 1999年，水边镇卫生院建成留医部大楼1栋，建筑面积共7500平方米。

黎溪镇卫生院 1999年10月，黎溪镇卫生院住院大楼动工兴建，2000年上半年，卫生院住院大楼建成，建筑面积1600平方米。

七、敬老院建设

辖区4镇先后建成敬老院。1997年，黎溪镇敬老院落成，建有2层钢筋混凝土结构楼房1座，有24套房。同年，升平镇敬老院开始推土动工兴建，连江镇、水边镇敬老院进行选址工作。1998年，水边、升平镇敬老院落成，均为2层钢筋混凝土结构楼房。1999年2月，连江口镇敬老院落成，建有2层钢筋混凝土结构楼房1座，1300多平方米。至2000年，区内建有敬老院4间，房屋全部实现楼房化。

八、市场建设

截至1998年12月底，全区各镇分别建起贸易市场8个，面积共18589.01平方米，其中升平3个，面积5000平方米；黎溪镇1个，面积3900平方米，连江口镇1个，面积7189.01平方米；水边镇3个，面积2500平方米。

九、文化设施建设

1997年，水边镇建落成新文化站1间，建筑面积2200平方米。2001年，升平镇投资100万元，建成新文化站1间、文化广场1个、占地面积1500平方米。

第七章　生产扶持

第一节　生产扶持政策措施

一、广东省生产扶持政策

飞来峡管理区在实施移民工作中，在抓好生活安置的同时，同步实施生产安置。生产安置实施开发性移民方针，通过调整农业产业结构，引导移民借用土地补偿款发展“三高”农业，发展项目有栽果种竹、种植商品蔬菜、发展畜牧业、水产业和种养结合的立体型基地，发展第二、三产业。

省、区、镇两级在使用移民资金的过程中，均制定、落实生产安置的各项优惠措施，如对移民给予生产资料补偿，完善移民工程款和移民土地补偿款的审批手续和制度等，确保移民款用在点子上，推进传统农业向现代农业转变，促使移民“迁得出、安得稳、富得起”。

1995年9月26日，广东省人民政府颁布的《广东省飞来峡水利工程移民安置办法》对移民生产安置，提出多项优惠政策、鼓励措施：

⑴移民安置实施开发性移民方针，移民安置与当地经济开发相结合，合理开发当地资源，以农业安置为主，适当扩大城镇容量，适应市场经济要求，鼓励大力发展第二、三产业。

⑵地耕作和居住条件许可，居民生产生活有发展余地的，处理好土地、山林等基本生产资料权属关系；当地确实无地可耕及耕作条件差的地方，组织移民异地农业安置或就近在圩镇安置，从事二、三产业。在靠近在圩镇的地方，划出一片土地，供移民集中连片开发。

⑶库区后靠安置移民，在各镇政府领导下，由移民安置机构按照规划，统一组织，合理开发可以利用的土地，改造中低产田，建设稳产高产粮田和经济园林，发展林业、牧业、渔业、副业等。

⑷迁建的新城镇安置部分农村移民。安置移民以从事商业、服务业为主，鼓励自谋职业。当地政府和移民安置机构协助农村移民解决就业问题。在招工、招干、征兵、子女入学和就业时，移民与原有城镇居民享有同等权利。飞来峡水利工程管理单位和下游受益区在同等条件下，对移民优先招工招干。

⑸凡利用移民经费（土地补偿费和安置补助费的一部分）兴办的经济实体，以安排移民就业为主，其产权和收益归移民集体所有。合资兴办的，按投入移民经费的比例确定移民集体拥有产权和收益的比例。利用

移民经费兴办或合资兴办的经济实体可采取股份合作制组织形式，其收益按移民集体所占股份分给移民，或征得移民同意，用于扩大再生产或兴办新的经济实体。

⑹属于移民生产安置的资金，全部用于生产资料和配套设施重置以及生产开发，按规划逐项落实。

⑺飞来峡水利工程移民搬迁所需的钢材、木材、水泥、油料等物资，有关部门应优先优惠供应。

⑻因安置移民而调整土地或被征用土地的农村经济组织，其兴办的二、三产业，享受移民办企业的有关优惠政策。

⑼飞来峡水利工程建成后形成的水面和消落区，在服从水库统一调度、保证工程安全和保护库区生态环境的前提下，可组织移民使用，并与移民签订使用协议。

⑽工程用地、水库淹没区土地和移民安置用地，依法办理征用手续，其耕地占用税、土地垦复金、基本农田保护基金可依法申请减免。移民安置区开发农用土地所需资金，经按有关规定程序办理，在省土地开发基金中优先予以安排。移民建房、企事业单位迁建及移民新建项目，在迁建安置期间享受固定资产投资方向调节税税率零的优惠政策。农业安置的移民，开垦从事农业生产的土地，从有收入之年起，免征农业税、特产税 5 年；库区原有工矿企业自迁建恢复生产之日起，移民新建工矿企业（含中外合资、私营企业和个体工商户）及加工、运输、建筑、商业、服务业等从投产之日起，经批准可按产业政策在一定期限内减征或免征所得税，减免期限按现行税法和规定办理。

⑾对库区和安置区迁建、改建企业和生产开发项目，金融部门在信贷计划中，予优先安排指标和资金，必要时视项目情况由省给予贴息照顾。

⑿飞来峡电站建成后，在 20 年内每年按发电量每千瓦时提取 2 分（列入发电成本），作为移民安置发展资金，扶持移民发展生产。

⒀核减农业税。如：飞来峡管理区所辖 4 镇按 1999 年所计征农业税耕地面积是 76386 亩，负担农业税征税 325300 市斤。由于工程建设需要，从 1994 年至 1997 年间，水利工程坝区（包括库区涉及淹没水位线以下耕地）及移民安置实际占用土地面积 46965 亩，其中负税耕地 28689 亩。经上级有关部门批准，核减被占耕地负担的农业税稻谷。

二、飞来峡管理区生产扶持政策

1996 年 2 月 8 日，飞来峡管理区区委、区管委《关于加快移民经济发展的决定》，制定多项对移民生产扶持的多项优惠政策、鼓励措施，主要内容如下：

⑴调整好林地使用权，实行连片规模经营。各镇要在实行连片规模经营的前提下，调整好林地使用权。可采用“返租倒包”连片租赁的方法，租赁标准由各镇政府决定。租赁期为 50 年。如不服从调整的，由镇政府（管理区办事处）收回林地所有权，重新安排。

⑵鼓励各级干部职工入股投资种果。要重视鼓励镇干部职工入股投资种果，提高镇干部职工的福利待遇，调动镇干部职工的积极性。各镇可统一租赁每个干部职工 10 亩以上的连片山地，尽最大的财力可能，提供各种方便，鼓励每个干部职工种好 10 亩以上的各类水果。各镇所种果木种苗由各镇负责组织。干部、职工投资入股种果收益按投资分红。并享有产权在经营内可继承和转让。

⑶对区内群众从事“三高”农业，从资金上给予一定的支持。凡属移民的农户，在 1996 年每种 1 亩水果由区预拨土地补偿费 200 元，不属移民的农户，种 1 亩水果可提供低息（月利息八厘）贷款 200 元，解决果苗款。除此以外，1996 年种下的水果，从第二年起，每亩可预借 50 元肥料款。待有收成后再收回贷款和借款。

⑷落实技术人员和技术措施，做好技术培训工作，提高经济效益。每个镇要广开门路选调（招聘）3至5名具有一定技术水平的技术人员，从技术上保证三高农业的健康发展。并做好管理区办事处的技术培训工作。每年由区拨给每个镇1万元作为技术培训费。各镇管理区办事处增加一名“三定”干部名额，专门负责抓好三高农业，其工资由区、镇各负担50%。区每年拨款10万元给区农业技术推广中心，作培训费，负责全区的技术培训工作。

⑸建立奖惩制度。区决定把发展“三高”农业作为党政干部考核政绩的主要内容，对发展“三高”农业作出贡献的镇级党政干部按贡献大小给予一定的奖励，对有突出贡献的给予晋升。对没有完成任务或有失职行为的，视情节轻重给予严肃处理。对管理区办事处在1996年连片种植水果100亩以上的，由区给予管理区办事处干部每亩奖励10元。各镇可根据本单位的实际情况，制定对管理区办事处干部的奖惩制度。

第二节　生产扶持情况

一、确定“三高”农业为生产扶持重点

建区以来，为使因水库淹没，失去耕地，重新安排生产出路的移民安居乐业，区委、区管委把“三高”农业的发展问题列为移民区生产扶持的重点来抓。1995年9月29日，飞来峡管理区召开第一次三级干部会议，区委书记钟梅坤在讲话中明确全区经济发展的基本思路和主要任务。基本思路是：以开发旅游为龙头，以发展“三高”农业和加工业、运输业为重点，以改革促开放，以开放促开发，坚持农业稳区，旅游促区，工业立区，科教兴区，三年打基础，五年见成效，为把飞来峡管理区建成稳定、富庶、繁荣、美丽的新区而努力奋斗。主要任务有：根据工程建设的进度要求，积极稳妥地完成移民安置任务；努力发展“三高”农业，搞好集约经营和规模经营，大力发展商品生产基地；抓好交通、能源、通信建设，努力改善投资环境；抓住龙头，加快旅游开发，促进新区建设；抓好科技教育，加快城市规划建设，增强新区吸引力和凝聚力；深化改革，扩大开放，促进新区经济建设。

区委、区管委在一手抓好移民的迁安工作的同时，一手抓移民的生产扶持，按照“面向市场、发挥优势，广开门路、兼顾意愿，一业为主、多种经营”的方针，帮助移民灵活合理利用移民资金，走移民资金开发路子。通过借用的方式，启用土地补偿款发展“三高”农业，在发展生产时进行统一布局，统一调配，统一管理，解决移民生产资金不足的问题；设置发展“三高”农业风险金，担保农户的最低产值，解除移民的思想顾虑；引导移民多种经营，发展栽果种竹、种植商品蔬菜、发展畜牧业、水产业和种养结合搞立体型基地，扩大增收途径；在合理开发使用移民资金的过程中，完善移民工程款和移民土地补偿款的审批手续和制度，确保移民款用在生产扶持上。

二、生产扶持概况

1996年1月26日，召开飞来峡管理区三级干部会议，区委书记钟梅坤对全区移民生产安置工作作布置，提出“7个保证”：⑴组织保证。区由龚石武副区长主抓，各乡镇由主要领导抓，落实责任制。⑵资金保证。属移民区的移民，于当年发展“三高”农业的，每亩可先预拨200元的种苗钱，第二年开始，每亩每年可预拨50元的管理费；非移民区的，每亩可借给200元的种苗钱，第二年开始，每亩可借给50元的管理费。⑶技术保证。区一级成立农业技术推广总结，配备8～10人员，移民局每年解决10万元经费；镇一级健全农技站，每个农技站配备3～4名技术员；管理区一级配备1名专业技术人员，作为管理区的“三定”干部，经费

用由区、镇各负担一半；各生产队成立农业技术协会，抓示范点，进行技术推广。⑷种子、种苗保证。由各镇选种，品种、数量报区，由区统一规划。⑸政策保证。制定适当的政策，保证“谁种谁收益，谁承包谁收益”原则落实；调整好山头权和承包权，对规划要求种果而不原属种的，要将土地收回，分配给愿种的农户。承包权应如何调整，由管理区自行研究决定；实行股份制或租赁制等灵活形式；凡到飞来峡管理区发展“三高”农业，定30年以上的，租金、税收等从优；鼓励跨区、跨镇承包、经营；处理好林、农的关系。⑹服务体系保证。建立服务配套设施，为果农提供信息，保证销售。⑺管理措施保证。各级有专职人员抓管理，抓落实。

2月8日，区委、区管委在《关于加快移民经济发展的决定》明确，各级党委、政府要把发展“三高”农业列入重要议事日程，各镇党政领导第一把手要亲自抓点，提出“九五”期间全区的总体目标为：实现“六个一”，即在25℃以下的山坡地种水果10万亩，沿江河两岸种植蒿水竹、笋竹10万亩，连片改造建设丰产林10万亩，高标准种植鬣蒴10万亩，垦复耕地10万亩，发展水面养殖1万亩。其中1996年各镇连片种植1千亩以上水果，管理区连片种植水果1万亩以上。是年，各镇开发坡度25℃以下的山林土地，发展黄榄、白榄、龙眼、十月桔、柿子、板栗、桂皮、白果等高价值经济作物一批。

至5月，全区共种下商品竹3万多亩，水果近2万亩，观音山移民安置基地20万吨水泥厂建成投产，生产取得初步成效。

至1996年冬，升平镇移民利用山坡旱地种下果树1.65万亩，经济林木42万亩，初步形成基地化生产。其中，升平镇横石管理区种下石硖龙眼、大红柿、荔枝等优质水果1962亩；稔坑洞、大河潦洞、早禾窿洞三处地方修筑堤围，形成总面积为3347亩的三大库湾，搞综合开发，发展畜、牧、渔业。

1997年10月15日，区委、区管委下发《关于加快移民经济发展的决定》，要求区直各单位、各镇人民政府加快移民经济的发展，引导移民合理布局，开发立体种养，群众充分利用飞来峡库区的资源优势，特别是自然资源优势，旅游资源、水库形成的大面积的库湾水面资源优势，做好山水文章，发展移民经济。

1997年，黎溪镇党委、政府针对飞来峡水利枢纽工程建成后，将淹没全镇耕地面积15643亩，人均耕地面积不足0.3亩，库区人平耕地不足0.1亩的实际，召开2次全体镇干部、职工、机关单位负责人，管理区全体干部的大会，制定发展“三高”农业的具体规划和措施，结合移民离乡不离土后靠安置的特点，确立“靠山吃山，出路在山，致富在山”的生产扶持发展方针，并成立“三高”农业办公室，由一名副镇长专抓制定发展“三高”农业的具体规划和措施。措施具体为：⑴合理投放（土地补偿）资金。是年，对9个有移民的管理区投放（土地补偿）资金4217478元，发展果园12个，总面积6735亩；种植蒿水竹12000亩，笋竹1000亩；新开挖鱼塘1200亩；兴办羊场3个，分布在黎洞管理区；兴办鸡场2个，存栏数7000多只；兴办养猪场4个；兴办蔬菜试验基地2个，分布在黎新管理区的寨下村、黎明，蔬菜销售清远及珠江三角洲地区。⑵发展“三高”农业。当年全镇库区发展“三高”农业2470亩，其中种上果树的50亩，动工的2220亩（铁溪1070亩、黎洞1150亩），炼山的有200亩。⑶兴修水水利工程。结合移民库底清理工程，兴修水水利工程，共发动2300人投入冬修水利，累计投入工日0.61万个，完成土石方0.33万立方米，恢复改善灌溉0.02万亩，改造中低产田0.01万亩，加高加固堤防2条0.03公里，修复水陂7宗，整治排灌系统11条10.5公里，修复水毁工程1处。当年，全镇种植水稻面积27730亩，其中早稻13300亩，种植杂优12920亩，占97.1%，晚稻14430亩，种植杂优14200亩，占98.4%。

1997年，连江口镇政府针对本镇大多数移民传统的耕作意识和小农意识浓厚的情况，完善农业管理机构和服务机构，成立镇“三高”农业办公室，实施“换脑工程”：⑴走出去换脑。当年秋季，镇党委、政府组织带领全镇管理区干部、村民小组长、专业户、重点户等1000多人前往湖南、连州、广西、佛冈、珠江三角洲等地参观学习，改变观念。⑵请进来换脑。从华南农业大学、市农业局等地请来教授、专家及技术员前来传授果树栽培，水产养殖等技术，并购买12000册科技书籍发放到移民手中。⑶利用本镇致富典型教育、启发移民。是年，全镇发展笋竹32810亩、蒿水竹10182亩、新种植水果1300多亩；炼山16000亩，其中规划种笋竹10000亩，蒿水竹3000亩，水果3000亩；有养羊专业户3户，养猪专业户23户，养鱼专业户18户；投入23万元，投工9.8万个，兴建和修复水陂、闸门12个，水圳4公里，受益面积达3500亩。当年连江口镇晚造水稻获丰收，单产434公斤，比1996年增产58公，因移民建房需要，晚造水田面积减少，但仍完成公粮任务537.8吨，占任务100%。推动村一级集体经济的发展，小舍管理区发展集体办猪场1个，养肉猪46头，办牛场1个，养黄牛23头，发包种果30亩；小樟管理区一级发展集体种竹40亩，发包笋竹300亩，养羊32头；下步管理区开辟连片300亩的水果基地；连江管理区、红溪管理区等都建成百亩以上的连片水果基地。

1997年，水边镇、村两级选用“短、平、快”的经济项目，发展移民经济。镇政府投入67.4万元（含上级财政扶贫资金），发展笋竹3560亩、苦丁茶130亩、砂糖橘250亩、大红柿240亩。管理区发展壮大集体经济，年纯收入都达到3万元，其中流寨管理区利用各种资金15万元，办起竹器加工场1间，既解决部分行移民就业，又增加集体收入等。

1998年，全区共组织干部群众5000多人次进行培训与外出参观，学习参观“三高”农业基地，移民生产思路转变，逐步走向基地化、专业化、规模化。全区当年新种水果12100亩，种水竹12770亩，种笋竹21850亩。其中，连江口镇共投入900多万元，大力发展“三高”农业，成效较好：⑴水果种植初步实现规模化、商品化、科学化。镇政府在城樟与小樟管理区之间的山头建成千亩连片的水果基地，有9个管理区先后发展100亩连片的水果基地。下步、小樟、连江三个管理区均实施抽水灌溉果园；南坑、城樟、小舍等管理区每隔35米左右建一个蓄水池，利用天然水灌溉果园；红溪海口龙眼果园、下步白沙果园、南坑果园、小樟砂糖橘果园管理规范，果树成活率90%以上。到年终，全镇种植水果种植面积共3045亩。⑵建立“三高”农业服务体系，做活“菜”文章。镇成立“三高”农业指挥部和“三高”农业发展总公司，镇长李文献任总指挥和总公司董事长，实行“公司+基地+农户”形式，“三高”农业发展总公司与各农户签订经济合同，负责总体规划、产品流通、技术和管理指导以及生产物资的发放等，具体实施“三高”农业管理。公司与村签订《生产承包合同书》，产品由公司与销售商签订的合同统一组织销售，公司统一定点收购，每百斤产品扣除5%实物作为技术业务费和组织生产经费。基地村如发展资金不足，公司采取一定的措施，代农户贷款、对贷款的农户给予担保，或对所提供的生产资料暂缓付款，待产品收成后扣回的办法予以解决。为鼓励农民种菜和减轻农民损失，设立发展“三高”农业风险基金，农户在遭受不可抗拒灾害造成每亩纯收不足500元，公司从基金中补偿至500元给农户。实行产销一条龙服务，保证最低亩产收入500元，确保移民获得经济效益。全镇共发展商品蔬菜2126亩，其中城樟、小樟、连樟三个管理区种植良种节瓜、茄子438亩；南坑管理区的坑围村、三井的毛步、南北田村农户种植反季节荷兰豆数百亩，亩产750公斤；连江、城樟、小樟三个管理区种植菜心、芥蓝600亩。同时，实现粮食稳定增长。由于移民征地的需要，虽然全镇水田面积的减少，还遭受“3·10”和“6·25”两次洪水的袭击，但各村筹集资金16万元，投入义务工3000人，修建银坑、红溪、连樟、南坑等管理区的5座陂头、修通水圳18公里，确保两造的农田用水。当年全粮食收成174376吨，其中稻谷收成11777吨，亩产386公斤。⑶多种经济全面发展。全镇经济作物种植面积20899亩，新发展鱼塘223.7亩，其中红溪管理区横领村，合股发展鱼塘100亩，每户养牛18头以上，成为全镇移民脱贫致富奔小康的典范。

1998年5月20日，区管委组织，分别在黎溪镇、连江口镇召开“三高”农业现场会。区农委、区移民办、区辖四镇的党委书记、镇长、分管“三高”农业的副镇长、镇“三高”办主任参加会议。到会人员在黎溪镇铁溪管理区黄鱼沙村、连江口镇小樟管理区，分别现场听取两镇“三高”办主任关于“三高农业”的工作汇报、移民生产安置情况汇报。与会人员对两地移民生产扶持安置和“三高”农业发展情况给予高度评价，肯定黎溪镇铁溪管理区黄鱼沙村实行“一村一品，一户一园”和连江口镇实行“公司+基地+农户”的生产形式，调动移民的种养积极性，值得推广。黎溪镇铁溪管理区黄鱼沙村实行“一村一品，一户一园”，在山顶种速生丰产林，在山腰种果树，在山脚养鱼，搞立体开发；利用地靠圩镇的优势种蔬菜、出售蔬菜。另外，利用北江黎溪大桥与银英公路在村前交会的优势建商铺，安置劳动力40多个，解决部分移民生产出路。连江口镇实施“三高”农业管理，公司与村签订《生产承包合同书》，产品由公司与销售商签订的合同统一组织销售，公司统一定点收购，农户吃了“定心丸”，种蔬菜积极性提高。

1999年，区移民安置办公室，把生产扶持工作当作移民工作的一件大事来抓，采取多种形式引导移民发展“三高”农业：⑴稳定粮食种植面积，解决移民吃饭问题。因建库后，全区移民人均耕地面积只有0.19亩/人，移民办引导移民靠山吃山，向山要粮，向山要钱，大力推广巴西旱稻、良种甜玉米等旱地粮食作物和湘莲等深水经济作物，种植巴西旱稻1000亩、甜玉米367亩，同时通过旱改水、坡改梯、低产改高产、推广良种良法等农业措施，提高粮食单产，基本上解决移民吃饭问题。⑵抓好优质水果、经济林木基地建设。按照区“一镇一业，一村一品，一户一园”的要求，引导移民开发25度以下的山坡地，发展龙眼2303亩，砂糖橘5432亩，水晶梨200亩，三华李608亩，笋竹49243亩，蒿水竹52350亩，鱼塘1500亩。重点抓升平横石基地、黎溪拐塘黄鱼沙基地、连江口下步基地、水边黄竹基地的建设，发展壮大移民经济。⑶发展农副产品加工业。鼓励企业、移民利用山林资源优势办起木器厂18间、藤厂6间，搞来料加工。⑷多形式、多渠道安置移民劳动力。全年共安置移民劳动力632人，安置人员人均月收入300～500元；引导移民从事小商业、服务业、运输业共2137人；配合劳务部门，输出劳动力5174人。当年，库区移民经济基本上形成一个以农业开发为主，以商业、服务业、运输业和劳务输出为辅的格局，移民人均纯收入保持了搬迁前的水平，并略有增长。其中，升平镇立足库区实际，实施“农业稳镇”战略，对“三高”农业生产划分为4片进行规划，其中横石、黄洞两管理区主要以种黄榄为主，北寮管理区以种蔬菜为主。全年完成水利工程项目17宗，清淤土（沙石）方9500立方米，石方620立方米。全年水稻种植面积18630亩，其中水稻17880亩、旱粮750亩。其中，良种良法种植优质谷种植面积16092亩，水稻抛秧13890亩；推广“富农家丰收菌”1750亩，分别占水稻种植面积的90%、78%、10.3%；全年粮食总产7823吨，平均亩产420公斤，分别比1998年增长1.2%、2.4%。组织举办培训班8期，培训人数达800多人次，印发各种技术资料5期共2000份，举行水果管理现场会6场，参加人员达450人次。当年全镇新种水果2600亩（其中新发展砂糖橘2416亩），生产布局从“一村一品”向“乡村一品”转变，水果投产1500亩，总产量640吨，总收入360万元。年间镇成立蔬菜发展办公室，负责为群众提供优质种苗、肥料、管理技术指导和联系农产品销路等，全镇种植蔬菜2214亩（其中冬瓜1500亩），总产量6000吨，总产值360万元，同时发动冬种蔬菜714亩，以西葫芦瓜、包心芥菜、椰菜、荷兰豆为主，总产值105万元，种植马蹄70亩，总产值14万公斤，产值15.4万元。⑸畜牧养殖业发展良好。生猪饲养量1.2万头，“三鸟”饲养量61.8万只，其中利用平缓坡地，大力发展山地鸡养殖项目，全年山地鸡饲养量55万只、总产值1200万元。⑹库湾经经济发展实现起步。水产养殖面积1850亩，鲜鱼上市760吨，分别比1998年增长9.1%、1.6%、6.1%，还利用库湾种植湘莲570亩。6月18日，清远市第七期农建奔康工作队进驻连江口镇小樟村后，筹集资金 12.55 万元，引导农民大力开发山地、库湾资源，发展种果、种竹及养殖业，小樟村人平种竹 100 棵，种砂糖橘 30 棵，每户均养殖一定数量的猪、鸡、鸭及网箱养鱼，发展湘莲 40 亩，形成立体式的“三高”农业种养模式。

1999 年，连江口镇党委、政府除安排党委副书记、副镇长和党委委员 3 人专抓农业工作外，还建立一支由镇“三高”办、镇“三高”农业总公司和镇农业技术推广站组成的农业工作组，着力发展移民经济：⑴粮食种植。全镇粮食种植面积 26537 亩，总产量 9635 吨，其中水稻（两造）种植面积 19996 亩，亩产 400 公斤，总产量 7946 吨；玉米 2350 亩，总产量 586 吨，其中高产玉米 500 亩，巴西陆稻及其他旱粮 652 亩，薯类 3300 亩，总产量 753 吨；湘莲 550 亩。⑵水果种植。发展水果基地 4430 亩水果，其中连片种植 100 亩以上水果的有 9 个村委会，连片种植 50 亩以上水果的农户有 20 户。其中，城樟排下村民小组引进新品种台湾甜枣 50 亩；连江村新种植龙眼 17772 棵，约 600 亩；小樟村新种砂糖橘 23000 棵，约 500 亩；各村新种板栗、三华李、大红柿等 188 亩。⑶竹种植。新种笋竹 5000 亩，蒿水竹 4003 亩。全镇笋竹总面积 7 万亩，篙水竹 2 万亩，其中有 3 万多亩笋竹 1 万多亩蒿水竹已投产，年产笋干产量 1184 吨，比 1998 年增加 384 吨。⑷蔬菜种植。全镇种植蔬菜瓜类 3190 亩，其中连樟连片种植红萝卜 312 亩，城樟粗石坑村民小组种植芥蓝、菜心 40 亩。⑸畜牧养殖。全镇生猪饲养量 28597 头，比 1998 年增加 1312 头，出栏 13113 头，比 1998 年增加 874 头；羊、狗、牛、兔饲养量 3190 头，比 1998 年增加 276 头；“三鸟”饲养量 162497 只，比 1998 年增加 28134 只；鸽 987 只，比 1998 年增 158 只；禽蛋 8.3 吨，比 1998 年增加 0.82 吨。⑹水产养殖。新发展鱼塘 62 亩，全镇鱼塘面积增加到 318 亩，已投产 256 亩，水产品产量 432.4 吨，比 1998 年增加 117.2 吨，其中红溪领排村小组集体养鱼 100 亩，三井村有一农户投入 6000 元购进 6 个网箱和鱼苗，进行网箱养鱼试点。⑺农业龙头企业。镇“三高”农业发展总公司与 8 户专业示范户签订合同，扶持专业示范户 25 户。管理小樟村连片 30 多亩的砂糖橘基地，在城樟、连樟连片种植红萝卜 300 多亩等。

同年，黎溪镇各村亦各有亮点：铁溪管理区黄鱼沙村，将剩余的 600 亩山头及形成的水面，合理开发利用，当年村人均收入 1976 元；大湖村种植砂糖橘 5000 亩，人平 2 亩，投产 1800 亩，单此项收入人平有 1200 多元；黎明、恒昌、松岗、黎新等村发展以冬瓜为主的蔬菜种植，面积 2200 亩，总产量 1320 万公斤，纯收入 528 万元；墟镇原有从事各类生产的个体工商业户有 450 户，当年新增 150 多户，有竹木器加工、家具厂、榨油厂、藤制品来料加工厂等，就业人数 400 多人，增加收入 200 多万元；因水库关闸，全镇劳务输出 8000 多人，比 1998 年增加 3000 人，劳务收入约 2400 万元。

至 2000 年，由于水库建设淹没大量耕地，全区移民人均口粮从原来的人平 346 公斤下降至 102 公斤，但区内各镇移民经济发展平稳，移民人均收入保持稳步增长。⑴升平镇。引导移民利用剩余山地，如横石居委会将北江岸的 2300 亩山地统一规划，连片开发，全部种植玉桂，分配给移民自主经营；谢炳炽等 7 户移民回乡养殖山地鸡，年内鸡出栏量突破 100 万只。引导移民丢荒拾耕，开展扶贫“两大会战”。2000 年 8 月开始，引导移民丢荒拾耕，开垦复耕造地，坡改梯、种“替代林”，建田头水池，造地 195 亩，坡改梯、种替代林 593 亩，建田头水池 7 个。⑵黎溪镇。实施“农业稳镇”的经济发展战略，引导移民调整农业结构布局，因地制宜发展高效农业。①鼓励农民大胆调整农业结构布局，推广种植优质稻，同时把握好市场行情，什么经济效益好就种什么，部分移民将部分农田改种蔬菜等农作物，效益是种水稻的 3 至 5 倍。②鼓励农民发展“三高”农业，发动移民村的群众开发 25℃以下的山坡地，种植各类水果。其中，大湖村累计种植砂糖橘 6000 多亩，人平 2.2 亩果园；湖溪、铁溪、黎洞等村，共种植水果 3800 亩，种植笋竹 18500 亩，蒿水竹 23800 亩。③搞农产品的产前、产中、产后服务，举办冬瓜技术培训班 64 次，砂糖橘栽培技术学习班 43 次，网箱养鱼技术培训班6次，参加学习的共4800人次，还兴办农业服务部1个。④鼓励移民利用库湾发展网箱养殖，新塘村试点获得成功。⑤支持移民个体，从事二、三产业，全镇移民从事竹木器加工、家具制作、榨油、小型玩具制作、藤制品来料加工的有5000多人，从事个体运输业的有280多人。鼓励兴办经济实体，湖溪村创办一个玩具厂，安置移民劳动力就业200多人。⑥创造条件输出剩余劳动力，据劳动部门不完全统计，全镇输出劳动力6000多人次，增加收入3000多万元。⑶连江口镇。全镇通过“两大会战”，14个村委会中未通机动车的南坑、三井、群联、银坑、小舍、严村、蓝山7个村委会和3个未通电话的村委会，当年全部实现通车和开通无线电话。建造蓄水池13个、容积330立方米，造田250亩，坡改梯300亩，发展经济林5300亩；举办各种技术培训班36期，培训贫困户人员1120人次，掌握1门以上致富技术的贫困户1100人。解决全镇人均不足半亩“保命田”的贫困户550户2130人的半亩“保命田”和劳动力输出问题，当年贫困户粮食收入86.5万公斤、86.5万元，笋竹收入6.6万公斤、132万元，蒿水竹75万条、112.5万元，经济林木1.1万立方米、收入220万元，劳务输出150人、收入112万元，畜禽3.5只、收入15万元，其他经济收入152万元，总收入830万元，贫困户人均年纯收入超过2100元。11月2日，区“四个一”现场会在连江口镇召开，“两大会战”通过省、市的验收。另外，“三高”农业取得突破，全年种植的优质稻发展到2902亩，优质甜玉米2000亩，西红柿100亩，冬瓜、南瓜1000多亩。其中：小樟村新种砂糖橘600亩，下步达亚沙建立一个200多亩的砂糖橘果场，大樟和南坑高洲铺移民网箱养鱼基地建成，网箱养鱼发展到538个。11月27日，区委、区管委在连江口镇召开全区发展网箱养鱼现场会，号召在全区推广。⑷水边镇。在稳定粮食生产的同时，大力发展以竹为主，以优质米、淮山、粉葛为重点的商品农业，多种经济并举。当年，两个有移民任务的村人均笋竹2亩，人均竹收入780元。共发展淮山、粉葛1000亩，比1999年增种200亩，发展优质米6500亩，比1999年增种3000亩。投入2.42万元维修6宗中型农田灌溉水利设施，改造中低产田1800亩。线下耕地、低缓坡地、坝地2000多亩耕地，全部因地制宜种上黄豆、花生、淮山、蚕桑、水稻等，亩产值在200～3000元之间。扶持黄竹等移民村创办2间竹签加工厂，专门收购移民区用材竹，年纯收入约13万元。参加“山洽会”的260户移民户，输出移民富余劳动力283人，移民年人均收入增加300元。

2001年，区内各镇坚持以市场为导向，科技为依托，经济效益为中心，增加农民收入为目标，调整粮食与经济作物种植结构，通过扩大经济作物种植比例、调整品种结构，扩大优质良种种养比例、提高畜牧水产养殖业比例，发展多种经济，实现移民农业总量增加。其中，升平镇受“8·31”飞来峡水利枢纽泄洪影响，全镇4500亩水稻、蔬菜受淹，水稻和蔬菜绝收分别为1500亩、570亩，直接经济损失500多万元，经过抗灾复产，全年粮食、蔬菜总产下降但亩产增加。以北寮、升平、竹园为主的万亩优质谷基地，全年种植优质水稻10818亩；以竹园、黄洞、共星为主的5000亩商品蔬菜基地，种植商品蔬菜4606亩；以横石为主的100万只山地鸡基地和500亩网箱养鱼基地，山地鸡饲养量占肉鸡饲养量的83.2%；名优水产养殖面积占总面积的63.4%；畜牧水产养殖业产值0.51亿元。全镇劳力输出3909人（次），劳务纯收入1597万元，拉动社会总产值增长5.1个百分点。全镇实有个体工商户290户，从业人员850人，注册资金150万元，平均每户注册资金5170元；私营企业28户，从业人员3200人，注册资金4300万元，平均每户注册资金153.6万元。

三、移民生产扶持存在的问题

1998年，飞来峡移民安置工作由生活安置逐步转移到生产安置扶持。区、镇根据飞来峡的实际情况，引导农民充分利用剩余土地及形成的库湾做“山水文章”，宜果则果，宜林则林，宜渔则渔，大力发展“三高”农业，移民生产安置步入正轨。由于飞来峡管理区是新区，又是库区，也是山区、老区、边区，底子薄，基础差，在生产安置扶持的过程中，存在着不少困难和问题。

第一，劳动力过剩。飞来峡水利枢纽工程蓄水后，正常水位达到24米，淹没各类土地44040亩，其中耕地为31427亩，按全区农村人平均耕地0.78亩及劳动力系数30%计算，约有12000多个农业劳动力失业。如，截至1997年11月，升平镇受淹没或征用的耕地10361亩、山地4725亩，其中有16条自然村的农田全部受淹或征用（含建库后淹没的农田），剩余耕地不足0.7亩的自然村有25条，全镇移民中就有2000多名劳动力，因耕地、山地全部征用，生活出路未能解决。部分移民迁后对发展生产束手无策，又不具备劳务输出的素质条件，不同程度存在“等、靠、要”的思想，依赖于当地政府和移民部门，甚至有部分移民搬迁后无所适从，经常聚众打牌、赌博或集中一起上访，成为隐藏着的社会不稳定因素之一。

第二，对生产投入不足。各镇移民生活安置基本完成后，部分移民出现生活困难的情况。移民每人补偿款不足2万元，少数移民建一层楼房的资金也难以解决，虽按规定可使用小量土地补偿费发展生产，但杯水车薪；移民在农村迁移到新的地方，尤其是新集镇，生活开支较大，相当于原来农村的5倍，部分移民日常生活难以维持；大多移民原是从事农业生产，洗脚上田后发展“二、三”产业，过渡时期间，绝大部分仍未找到一条有保障的生活出路；有剩余山地的移民积极发展“三高”农业，但收益不在当前，眼前收入没有着落；部分地方存在各项补偿款、搬迁费没有及时下拨到移民手中的情况，造成部分移民的生活困难。如，至1997年12月，上级部门仍未下拨升平镇北寮管理区井洼、旧三村移民1997年5-11月的二次搬迁费用。另外，1997年移民的土地款利息的下降，也造移民收入的减少。移民生活困难导致对生产投入严重不足。

第三，技术力量不足。大多数移民的耕作方式发生改变，原来是以传统的稻谷耕作为主，改为向山、向水做文章，生产方式发生根本变化，多数移民面对此情况一时束手无策。表现为：多数移民生产素质低下。由于无一技之长，且供销渠道闭塞，对发展“三高”农业、养殖业、二、三产业没有信心。缺必要的农业科学知识。虽然有的移民能够按照各级政府的部署，连片开发很多山地，种植各种优质水果，但是由于各村对新技术的推广力度不足，移民普遍缺乏新生产技能的培训，对新技术知识掌握不足，管理措施跟不上，导致果树长势缓慢、虫害严重，果树的高产、稳产没保障。

第四，农产品未发展成规模。经多年起步发展，区辖4镇的“三高”农业发展虽然有一个良好的开端，如升平镇横石管理区黄榄、龙眼和荔枝，黎溪镇黄鱼沙和坑口村的鱼塘和牲畜综合养殖，连江口镇小樟、城樟及连樟管理区的果树和蔬菜，水边镇的优质米、笋竹、粉葛、淮山等，初步逐步形成各自的特色，但由于资金投入普遍不足，各地“三高”农业并未形成相当的规模，也未形成科学的发展模式及体系。

第五，旅游业和二、三产业，外引内联企业等发展缓慢。

1998年5月7日，区委、管委成立调查研究工作小组，区委副书记、常务副区长徐觉荣负总责，对全区移民生产安置扶持情况进行调研，6月30日，调研组形成专项调查研究报告，针全区对生产安置中存在的问题，向区委提出作出8点建议：⑴合理布局，调整产业结构，增创农业发展新优势。⑵大胆探索，因地制宜，开创旅游观光农业，以此带动其他产业的发展。⑶组织力量，广开门路，逐步形成产供销一条龙。⑷合理调整土地使用权。土地调整可根据两种方式进行，一种是村与村之间调整，有些村土地容量足，强依实际情况（耕作方便为宜）调整部分土地给容量不足的村，采用以土地补偿费作购买的形式。另一种是村内部作调整，从新调整责任田，使村民们所使用的耕地相对平衡，以减少土地争议。⑸选准方向，合理使用土地补偿款。土地补偿费以村为单位所拥有，合理、科学地使用对今后移民生产安置和寻找新的出路起着重要的作用。调查发现，升平镇横石管理区对土地补偿费的使用模式：①每个自然村与签订农户承包合同。②为解决移民今后的生产、生活出路，村保障移民生产的种子、种苗、开梯级和3年的肥料农药等，确保有种、有收益。③集体实行谁种谁收，免收承包款的政策，保证政策长期（30年）不变。通过上述有效的措施，横石管理区移民一方面挖掘大河潦洞、稔坑洞和早禾窑洞3个大水湾的优势，修筑鱼塘，进行水产和鹅、鸭养殖，另一方面将淹没线以上的山林地作全面改造，规划种植黄榄、笋竹等经济作物，能较好提高山地的经济效益。这种办法值得推广。调查还发现，升平镇黄洞甲洲村对土地补偿费的使用经验也值得借鉴。甲洲村利用160万元土地补偿费，投资兴建升平商贸市场，设计6层，建成3层，底层经营肉菜，二、三层经营工业品、日用品、成衣等，收入可观。⑹外引内联，大力发展旅游和二、三产业。通过加强基础设施的建设，创造较好的投资环境，积极争取对口和受益地区从技术、信息、资金、物资等方面扶持，把珠江三角洲一带的劳动密集型企业有选择地招引到区内，从而解决劳动力过剩的问题。⑺创办移民培训中心，对移民实行技术培训。⑻加速库区的城镇化进程。尽快开展库区经济区域规划和城镇体系规划，改善投资环境，为城镇化进程和移民工程创造必要的条件。

第三节　移民生产发展概况

一、“三高”农业的发展概况

飞来峡管理区各镇是以种植水稻为主的农业落后地区，经济作物很少，工业几乎空白，群众收入很低。1994年，飞来峡管理区所辖4镇，农民年人均纯收入为1005元。飞来峡水利工程建设期间，移民机构及区、镇党委、政府在一手抓移民搬迁工作的同时，一手抓好移民的生产工作，号召移民转变观念，调整产业结构，大力发展“三高”农业；兴办移民企业，加大招商引资力度，扶持库区民营企业，并想方设法大量输出劳动力，多渠道宽领域地扩大移民就业门路，使移民生活在建库期间及建库之后均有持续稳定的增长。从1994年到2001年，全区移民的人均纯收入年增长率约为14%。2001年库区移民年人均纯收入为2468元。

1994年，全区的经济作物很少，主要以粗放型，自然生长的高水竹约2万亩、黎蒴20万亩，其他林木20万亩，都是经济价值很低竹木类，水果在升平天堂山约200亩，黎溪湖溪约100亩，及少数的零星果树，在养殖方面还没有养殖专业户，都是每家每户养几只家禽以备年节之用。

到2001年，全区的“三高”农业，种植砂糖橘近5万亩，其中移民种植21000多亩；种植蔬菜约17000亩，其中移民种植9000多亩；种植蚕桑近4000亩，其中移民种植约1800亩；山地鸡养殖近140万只，猪35000多只，网箱600箱，都是移民户发展起来的。

“三高”农业的快速发展，在提高库区移民的生活水平的贡献率中占较大比重。种植方面由1994年的人均270元的收入提高到2002年人均993元，养殖方面由1994年的人均收入的93元到2002年的531元。

二、兴办移民企业

⑴移民农业龙头企业——飞来峡民安有限公司成立后，在升平镇建立移民砂糖橘示范基地1500亩，苗圃基地育苗10万株，带动周边地区发展砂糖橘2万亩。

⑵利用库区丰富的水利资源兴办水边杉坑电站（装机容量250千瓦/时）、马槽坑电站（装机容量250千瓦/时）和连江口坑边电站（装机容量为500千瓦/时）。

⑶利用库区丰富的石灰石资源创办观音山水泥厂，投产后安排移民劳动力90人，占厂职工总数的40%。因碰上国家经济宏观调整，以及全球性的经济市场疲软等影响，效益不理想。

三、吸引外资办实业

升平镇利用已完成使用功能的土料场，引进外资办盛祥织布厂和吉立铝型材厂，共招收移民劳动力约100

名。

四、扶持民营企业

利用区内的竹类资源，扶持水边镇办起 4 间民营牙签厂，连江口镇办起 1 间牙签厂，共有 20 名移民劳动力在这些厂务工。

五、移民经济收入概况

随着移民生产的发展，移民生活水平得到较快的提高。1994 年到 2001 年，全区移民的人均纯收入年增长率约为 14%。2001 年库区移民年人均纯收入为 2648 元。

1994 年，区内各镇移民的年人均纯收入 1005 元中，水稻收入 400 元，占总人均收入的近 40%；养殖业收入 93 元，占总人均收入的 9.2%；种植业收入 270 元，占人均总收入的 26.9%；劳务输出 118 元，占总人均收入的 11.7%；其他收入 124 元，占总人均收入的 12.3%。2001 年底，年人均纯收入 2648 元中，水稻收入 138 元，养殖业 2 收入 458 元，种植业收入 839 元，劳务输出收入 814 元，其他收入 399 元。

从 1999 年 3 月水库下闸蓄水后到 2001 年，移民没有出现返迁现象，也没出现过大的移民上访事件，基本实现“迁得出，安得稳，富得起”中的“迁得出，安得稳”目标。

第八章 移民资金

第一节 移民资金管理

一、移民资金总额

移民资金列入广东省财政预算，由省财政逐级下拨，主要用于对移民的征地补偿、作物补偿、安置补偿、企事业单位迁建补偿和移民住房建设、生活和生产设施建设、发展生产、移民工作经费等。飞来峡库区移民安置实行政府分级承包，移民经费由飞来峡水利工程建设总指挥部按照移民总承包合同分期分批拨付，交由清远市人民政府按计划安排使用和管理。1995 年 8 月 29 日，广东省政府与清远市政府签订《广东省飞来峡水利工程征地移民迁安总承包协议书》，确定移民总承包投资为 140248 万元。1997 年 6 月 26 日签订《广东省飞来峡水利工程征地移民迁安总承包补充协议书》，补充英城防护、银英公路护坡、水边镇河边街搬迁、税费金等移民经费 13945.07 万元。1998 年至 2001 年间，各镇针对移民经费不足的实际情况，提出增加移民安置经费的专项请示，总指挥部为此多次下达的概算调整、合计 15391.595 万元：⑴1998 年 6 月 1 日总指挥部从移民经费渠道承担黎溪、连江口两座北江大桥部分资金 1500 万元；⑵1998 年 6 月 16 日总指挥部下达移民查漏补遗实物指标及有关投资 8625 万元，包括农村、圩镇等项目补遗 2204.13 万元，坝区等增加房屋补偿和连江口防护堤项目 4496.53 万元，环库公路等项目增加投资 1924.34 万元；⑶1998 年 7 月 13 日总指挥部明确截至到当时的征地移民投资总额，其中坝区建设用地征地结算 12778.6 万元，扣除总承包下达的 8484.3 万元，增加 4294.3 万元；⑷1998 年 10 月 26 日总指挥部增加黎溪、连江口两座北江大桥建设资金 100 万元；⑸1999 年 2 月 10 日代总指挥部行使有关职权的省飞来峡水利工程枢纽建设管理局（简称建管局）增拨建设用地征地管理费 315.1 万元；⑹2000 年 5 月 30 日建管局增拨连江口塘坑排水渠建设资金 250 万元；⑺2000 年 8 月 18 日建管局增列升平镇北寮旧一、旧二、旧三村随迁人口拆迁房屋和搬迁费用 282.559 万元；⑻2001 年 7

月27日总指挥部增列飞来峡水利工程建设用地发证测绘费25万元。上述总计169585.029万元，包括迁移人口40484人（不含迁移省横石木材厂1397人。40484人中，迁移农村人口28814人，迁移圩镇人口11670人），拆迁补偿各类房屋99.42万平方米（含横石木材厂房屋5.55万平方米。99.42万平方米中，住房92.79万平方米，杂房6.63万平方米），征用各类土地51374.81亩（其中耕地34973.281亩）的经费。169585.029万元总承包经费中，飞来峡管理区的承包经费为119588.5万元。

1996年11月11日，清远市政府与飞来峡管理区管委签订分包合同。同月26日，区管委与所辖镇签订承包协议。接着，镇与所辖管理区、管理区与所辖自然村、村与所辖各家各户之间先后签订协议，落实移民任务和经费的承包。

二、资金管理规定

省、市、区、镇和村各级均建立相关制度、规定。主要内容如下：

⑴移民经费必须专款专用，各项支出费用应严格遵守计划概算，符合开支标准；⑵移民经费使用单位应严格执行国家财经纪律及有关规章制度，强化内部财务管理，加强经济核算，提高资金使用效果，并实行内外部审计制度；⑶省有关部门及建设单位应严格监督移民经费的使用，对有关政府和部门负责人实行移民经费管理、使用的任期审计制度；⑷任何单位非法占用土地补偿费和安置补助费的，由区以上土地管理部门责令退赔，处以非法占用款数额30%以上罚款；⑸占用其他专项移民经费的，由有关部门依法给予处罚，对主管人员和直接责任人员，由其所在单位或者上级机关给予行政处分；⑹国家工作人员在移民工作中滥用职权、徇私舞弊的，由其所在单位或者上级机关给予行政处分。构成犯罪的，由司法机关依法追究刑事责任。

三、管理具体措施

⑴各级分别成立移民资金管理领导小组，加强移民资金管理。1996年3月，区管委成立的移民资金管理领导小组，区长谭建成任组长。资金使用实行“集体讨论，一支笔审批”原则管理。其后，各镇、管理区两级分别相应成立移民资金管理领导小组。

⑵移民经费实行承包管理。广东省人民政府明确，移民经费由清远市政府实行总承包，清远市与英德市和飞来峡管理区之间、飞来峡管理区与各镇之间、各镇与相关各管理区之间、各管理区和经济社与移民户之间，分别逐级签订分级承包合同。分级合同签订后，区除按规定扣除15%的土地补偿款，移民资金均按标准下拨到各镇，各镇按政策兑现到各管理区移民手中。

⑶移民资金的使用管理，实行专款专用。飞来峡工程移民局拨入飞来峡管理区移民安置办公室的移民安置资金，具有专款专用的特点，不得挪用。为此，区移民安置办公室专门制定资金管理规定，措施如下：①按飞来峡工程移民局批准的预算和计划用款；②经费的开支，必须按照批准的预算和计划所规定的用途和开支范围办理，不得办理无预算及超预算的支出，也不得以领代报，以拨作支；③财会人员必须按照核定的预算和有关规定办理经费支出。对于不按预算开支或手续不全、凭证不实，不符合有关财政、财务规定的开支，应退单要求重办或拒绝报销并报请主管领导进行处理。④有关专用基金的提取，按照国家有关规定执行等。⑤办理会计事项按以下的程序进行：（a）办理银行结算应实行会签制度，由主管领导批准方可开出支票等；（b）支付款项（含借款），应取得或填制原始凭证，经主管领导审批，会计复核，出纳付款；（c）收入款项时，应由会计人员开出收款收据，出纳据以收款；（d）预留银行印鉴，应由两人以上保管；（e）实行库存现金限额管理，库存限额为500元。不得坐支现金及以白条抵库；（f）本单位员工预借备用金，应在业务完成后的3日内，办理还款手续。

⑷各镇、管理区具有资金的主要支配权。各镇新镇建设总指挥、各镇移民搬迁安置总指挥由各镇镇长担

任，管理区一级移民搬迁安置负责人由支部书记担任，各镇镇长和各村支部书记，作为两级承包的主体，负责运作管辖范围内的移民资金。

⑸实行审计管理。省、市、区审计局定期、不定期对区、镇的移民资金使用情况进行审计，飞来峡工程移民局不时对区各镇移民资金的使用和管理进行检查。区移民办为加强移民资金的内部审计工作，1996 年 5 月 16 日，专门成立移民资金使用内部审计科，确保移民专款专用。

⑹规范资金使用程序。移民资金根据工程进度拨款，依据先后缓急，及时拨付。没有工程进度就没有资金支付。并对拨出的款项实行跟踪管理，保证按资金指定的项目开支，否则，及时收回，追究当事人的责任。

⑺为保障工程建设质量，飞来峡管理区成立移民工程质量监督和进度检查小组，招标、投标委员会、工程质量安全监督监测站，对移民工程实施全面管理。凡工程 30 万元以上的建设项目都必须经招标、投标。

四、移民资金归位处理

由于种种原因，各镇都不同程度存在着移民资金错位使用的现象。如部分青苗补偿、搬迁补偿、搬迁后生活补贴等应直接付至移民手中的经费，被错位使用在建设学校、卫生院、政府办公楼等设施或与移民安置无关的其他经营项目上，致使对移民的直接补偿款，无法兑现。如 2001 年 3 月 21 日区移民安置办公室统计，黎溪镇、水边镇拖欠移民土地补偿款分别为 2756 万元和 258 万元，群众对此意见较大。

1999 年下半年，区委、区管委采取强有力措施，全面理清移民资金的使用情况，通过查找错位资金的项目、金额，使用单位制定限期归位资金计划；组成工作队，专人跟踪落实，解决移民资金错位使用和回垫归位问题。如水边镇是移民资金错位使用情况较为突出的镇之一，中学、卫生院、镇政府大楼、电站等建设项目都不同程度地占用部分移民资金，造成水边镇移民资金缺口，水边镇对错位占用的移民资金，采取多种形式强制性归位，措施为：⑴拍卖归位。拍卖镇政府宿舍楼归位资金 70 万元，拍卖水边村委砖厂、服务社大楼等设施归位资金 43 万元；⑵房改归位。中学、卫生院、镇政府等单位宿舍楼，凡符合房改政策的，一律进行房改，将房改资金归位为移民资金；⑶贷款归位。以马槽坑电站抵押贷款 103 万元，归位移民资金；⑷土地开发归位。开发镇政府旧址和河边街土地出售，归位资金 150 万元；⑸立借据归位。凡错位占用移民资金的单位，立下借据，限期分期分批有计划地归还。至 2000 年 9 月，升平镇共归垫移民资金 622.908 万元，其中，区下拨社岗公路补偿款 313.3080 万元，镇中学、中心小学教师房改资金、卫生院职工房改资金 209.6 万元，镇移民生产发展资金 100 万元，并将其中 100 万元用于兑现部分集体房补偿，基础设施补偿和拖欠的部分工程款。

第二节 移民资金使用情况

一、1996 年至 1998 年资金使用情况

1996 年 1 月 24 日，飞来峡工程移民局对飞来峡管理区移民安置办公室上报的《1995 年度飞来峡管理区移民安置年终结算》进行批复：⑴同意核销移民经费支出 2010965.24 元；⑵同意办公经费支出 4147002.67 元。1 月 30 日，区移民办对各镇移民办上报的《1995 年度移民安置经费年终结算》进行批复：同意升平镇核销移民安置经费 7220758.02 元，办公经费支出 101463.35 元；同意黎溪镇核销移民安置经费 1152121.80 元，办公经费支出 440139.32 元；同意连江口镇核销勘测设计费 138914.25 元，463510.37 元；同意水边镇核销移民安置经费 41932 元（含水灾支出 1800 元），办公经费支出 140212.88 元。5 月 27 日至 6 月 4 日，由飞来峡水利工程建设总指挥部、飞来峡工程移民局组成的移民资金检查组对飞来峡水利工程开工以来，全区移民经费使用情况进行一次全面的检查，发现：各镇移民资金使用基本到位，没有出现大的问题，但亦存在一些管理上的不足。至12月底止，飞来峡工程移民局拨付飞来峡管理区的移民资金总额4.5亿元。

1997年3月26日，区移民安置办公室对各镇移民办上报的《1996年度移民经费决算》分别进行批复：⑴同意升平镇移民办报支经费总额94952383.64元。包括①核销承包移民经费93801407.31元，其中，征地偿费14719818.34元，房屋补偿费44792277.12元，三通一平费用31370965.46元，移民搬迁补助400554.03元，坝区迁坟费318650元；②同意报来办公经费261607.35元；同意核销暂未列入承包的升平镇坝区二次搬迁费197515元。⑵同意黎溪镇移民办报支农村移民经费总额1031812.29元。包括①核销承包移民经费679430元，其中征地补偿费66740元、农村三通一平费用612690元；②同意报来办公经费352382.29元。⑶同意黎溪镇移民办报支墟镇移民经费总额4949985.98元。包括①核销承包移民经费4505299.48元，其中征地补偿费92297.11元，房屋补偿费2188936.31元，三通一平费用1167657.81元，移民生活补偿10334345元移民搬迁补助22063.25元；②同意核销暂未列入承包的经费444686.50元。⑷同意连江口镇移民办报支经费总额4288928.53元。包括①核销承包移民经费3098870.76元，其中征地补偿费192387.80元，房屋补偿费1426924.46元，三通一平费用1467958.50元；②同意报来办公经费828257.77元；同意核销暂未列入承包的经费362000元（包括连江城口砖厂350000元、农村技术培训费12000元）。⑸同意水边镇移民办报支经费总额1355580.70元。包括①核销房屋补偿费35000元；②同意报来办公经费100558.70元。

截至1997年12月底，飞来峡工程移民局拨付给飞来峡管理区的移民资金总额6亿多元。

截至1998年8月10日，清远市政府确定飞来峡管理区的总承包经费为1106024987.68元，飞来峡工程移民局下拨给飞来峡管理区的移民经费总数为1007780397.87元，飞来峡管理区下拨至各镇及支付移民专项工程的移民经费总数共997161601.63元，银行存款余额10618796.24元。截至1998年8月，全区移民经费兑现情况如下表：

表2-8-1　　1998年8月前全区移民经费兑现情况表（一）　　单位：万元

项　目	市拨县区		县区拨各镇		实拨对比
	概算	实拨	概算	实拨	
一、征地补偿	26717	22391	27097	20027	-2364
1. 升平			9508	9373	
2. 黎溪			9332	6442	
3. 连江口			6719	3248	
4. 水边			1538	964	
其中：淹没征地	19285	15693	19282	12258	-3435
1. 升平镇			3002	2876	
2. 黎溪			8627	5749	
3. 连江口			6154	2708	
4. 水边			1499	925	
二、青苗费	2395	1358	1934	1298	-60

续表

项　目	市拨县区		县区拨各镇		实拨对比
	概算	实拨	概算	实拨	
1. 升平镇			609	609	
2. 黎溪			711	328	
3. 连江口			491	300	
4. 水边			123	61	
三、房屋补偿	26979	25755	25990	24178	-1577
1. 升平镇			7135	6046	
2. 黎溪			11435	11004	
3. 连江口			6023	5407	
4. 水边			1397	1141	
5. 公产房				580	

注：①征地补偿实拨数暂不计算征地补项目拨予黎溪湖溪、大湖的房屋款 2900 万元

②房屋补偿市拨飞来峡管理区概算未将水边镇河边街搬迁补偿中的房屋补偿 846 万元列入

③公产房概算在各镇概算中未分解

表 2-8-2　　1998 年 8 月前全区移民经费兑现情况表（二）　　单位：万元

项目	升平镇下拨		黎溪镇下拨		连江口镇下拨		水边镇下拨	
	管理区	金额	管理区	金额	管理区	金额	管理区	金额
一、淹没征地补偿	横石	1496	黎洞	598	连江	99	水边	56
	黄洞	1866	铁溪	1072	小樟	154	黄竹	5.5
	升平	582	新塘	39	城樟	211	流寨	7.2
	北寮	2057	黎新	37	初溪	21	六九	1.6
	竹园	59	大铺	37	三井	57		
	社岗	158	大湖	87	下步	72		
	甲洲	320	湖溪	89	红溪	110		
	共星	101	围坪	23	小舍	23		
			红光	17	南坑	30		
			国土所	40	群联	68		
					银坑	23		
合计		6659		2041		870		70
二、青苗	横石	147	黎洞	13	连江	6		
补偿	黄洞	199	铁溪	102	小樟	32		
	升平	65	新塘	6	城樟	15		

续表

项目	升平镇下拨		黎溪镇下拨		连江口镇下拨		水边镇下拨	
	管理区	金额	管理区	金额	管理区	金额	管理区	金额
	北寮	234	黎新	10	三井	0.5		
	竹园	8	大铺	2	南坑	1.8		
	社岗	40	大湖	27	银坑	1.5		
	共星	12						
合计		708		161		57		
三、房屋 四、补偿	五、横石	六、1485	七、黎洞	八、1722	九、连江	十、177	十一、黄竹	十二、171
	黄洞	993	铁溪	712	小樟	171	流寨	313
	北寮	1064	新塘	483	城樟	776	河边街	437
			黎新	225	初溪	92		
			大铺	382	三井	165		
			大湖	246	下步	515		
			湖溪	292	红溪	148		
			拐塘	38	小舍	120		
					南坑	188		
					群联	43		
					银坑	381		
合计		3542		4100		2648		921

注：①升平镇淹没地征地包括击区等征地

②房屋补偿升平未含横石墟 1414 万元；黎溪镇未含单位及居民 3221 万元。实行 20%房屋基础工程开支数不包括在表内

2000 年 12 月 5 日，飞来峡工程移民局增列水库淹没物体补遗指标投资 3707902.98 元。其中，农村移民涉及土地征用与安置补偿、房屋迁建的补偿 216102.98 元，墟镇迁建的补偿 271800 元，专业设施迁建的补偿 3220000 元。该指标由区移民办采取直接划款给受偿单位或个人的办法，落实补遗指标的补偿和迁建任务。截至 12 月 18 日，区移民安置办公室统计，全区移民经费超支 20320.38 万元。截至 12 月底，由飞来峡工程移民局拨付给飞来峡管理区的移民资金 10.8 亿元。

二、移民资金缺口问题

1997 年，各镇均不同程度存在移民资金不足的情况。如：黎溪镇出现移民资金缺口。至 7 月，上级下拨黎溪镇移民资金 2 亿元，但补偿金和固定资产投入不足，工程预算缺资 8000 多万元。具体如下：⑴新镇“三通一平”珠委固定资金 48000 万元，实际操作平整总土石方量 8396363 立方米，应付给工程队 72740.415 万元，欠资 24740.415 万元。⑵地基处理 260000 立方米，应付给工程队 1187 万元，而珠委概算只有 1050 万元，欠资 137 万元。⑶市政建设的通水、通电、通路工程是配套必备工程，但“三通一平”缺资 24 多万元。⑷文化教育，医疗卫生，社会福利事业，学校按普九达标，中小学补偿只有 316 万元，欠资 14 多万元。卫生院补偿

只有 84 万元，按“三无一配套”标准，欠资 400 万元，敬老院扩建需 145 万元。(5)其他附设工程如：排水、排污、挡土墙等，几项缺资 14 多万元。再如：升平镇移民全部进行异地搬迁，有几个自然村因水利工程施工的需要还进行二、三次搬迁，因此移民的费用增加、工程缺口资金大。至 11 月 25 日，升平镇实际投入移民工程（不含移民自建住宅、水电报装等）资金 12444 万元，补偿款 6572 万元，缺资金 6314 万元。其中：(1)移民新村“三通一平”工程总投资 6696 万元（含新村排渠洪），补偿资金 5365 万元，缺口资金 1331 万元；(2)移民房屋基础工程总投资 2061 万元，补偿 1001 万元，缺口资金 1600 万元；(3)移民基础设施配套工程（升平中学、中心小学、升平医院、升平敬老院）总投资 2908 万元，补偿资金 132 万元，缺口资金 2776 万元；(4)移民供电工程 343 万元，补偿资金 33 万元，缺口资金 360 万元；(5)供水工程 288 万元，补偿资金 41 万元，缺口资金 247 万元。(6)升平镇的北寮管理区井洼、旧三村共 45 户，209 个移民于 1996 年 11 月份已拆迁并进行二次搬迁，至 1997 年 11 月历时一年时间，移民宅基地及资金还未有着落。

1998 年 5 月，区委办公室发出《关于开展调研活动的通知》，区移民安置办公室组建移民工作调研组，开展调研活动。副区长孔宪君任组长、黄国擎任副组长、移民安置办公室若干名人员为成员，对飞来峡管理区所辖 4 个镇的移民工作进行调查，发现：全区移民搬迁安置工作实施的 4 年时间以来，在所完成和建设中的各项工程，对比珠委院概算所列的补偿，资金存在 294293191.33 元缺口。资金缺口主要集中在场地平整、地基处理、房屋基础、公共设施迁建、坝区土地超征、专项工程建设、二次搬迁、建房奖金等方面。6 月 30 日，汇总统计各镇资金缺口具体为：(1)升平镇资金缺口 116058868.76 元，其中协议内资金缺口 39323860.32 元，协议外资金缺口 76735008.44 元。(2)黎溪镇资金缺口 81753267.72 元。(3)连江口镇资金缺口 92600354.85 元。(4)水边镇资金缺口 3880700 元。

表 2-8-3　　至 1998 年 5 月升平镇协议内经费使用情况表　　单位：元

项　目	实际发生	协议补偿	对比差额	备注
零星果木	5860611	3242620	-2617991	
青苗补偿	7820395.25	5211006	-2609389.25	
三通一平	86598680.07	53652000	-32946680.07	
乡镇企业	5233400	4454000	-779400	
迁　坟	757200	386800	-370400	
合　计	106270286.32	66946426	-39323860.32	

注：①协议内补偿费是飞来峡管理区与升平镇所签订的征地移民迁安协议书中的经费

②三通一平费用中含场地平整 35655405.2 元，排污排水 18719058.52 元，供水工程 3884763.21 元，供电工程 4278952.73 元，道路工程 22022120.41 元，其他零星工程 2038380 元

③零星果木是执行总指挥部〔1994〕1 号文计算；青苗补偿是坝区超征地所作的补偿；乡镇企业及迁坟是根据实际情况，现场调查所作的补偿

表 2-8-4　至 1998 年 5 月升平镇协议外项目资金使用情况表　单位：元

项　目	实际发生	备注
二次搬迁	3385049.4	含井洼村、运输公司费用
征地生活补贴	2187207	
二次搬迁零星费	229644.85	
协议外项目费用	646517.05	
征地零星拆迁	1072417.92	坝区征地、土料场征用发生的零星拆迁
建房资金	4310800	1275 户（含集体奖）
专项工程	4433000	沿江排水渠、新村排水渠
公共设施	16382722.57	中小学、医院、敬老院（已减除补偿费）
房屋补偿	14490319.61	
社岗公路	6035322.44	
安置用地差价	1310021.11	
工程用地超征	20670729.39	
房屋补偿	1581257.10	此数属旧横石火车站、井洼村补偿
合　计	76735008.44	

表 2-8-5　至 1998 年 5 月黎溪镇资金使用情况表　单位：元

项　目	实际发生	《概算》补偿	对比差额
场地平整	71060183.14	48500000	-22560183.14
地基处理	11723802	10500000	-1223802
房屋基础	30080000	11500000	-18580000
街道建设	11302000	1090600	-10211400
排水排污	7045000		-7045000
供水工程	3600000	1090600	-2509400
供　电	151000	1090600	-419400
中小学、医院、敬老院	22300000	4064917.42	-18235082.58
搬迁奖励	299000		-299000
官司费	670000		-670000
合　计	159589985.14	77836717.42	-81753267.72

表 2-8-6　至 1998 年 5 月连江口镇资金使用情况表　单位：元

项　目	实际发生	《概算》补偿	对比差额
连江中学	20422398.22	2029000	-18393398.22
中心小学	3220026.84	1337000	-1883026.84
卫生院	2959848.3	807000	-2152848.3
圩镇道路	8528966.49	1247000	-7281966.49
供电	2540000	475000	-2065000
供排水	5800000	753210	-5046790
排水渠	14558885		-14558885
三通一平	102440000	61221560	-41218440
合　计	160470124.85	67869770	-92600354.85

表 2-8-7　至 1998 年 5 月水边镇资金使用情况表　单位：元

项　目	实际发生	《概算》补偿	对比差额
三通一平	2835300	1326000	-1509300
学　校	450000		-450000
卫生院	1200000	340000	-860000
敬老院	480000		-480000
宅基地征用	407400	176000	-231400
有线电视迁建	350000		-350000
合　计	5722700	1842000	-3880700

针对移民资金缺口的问题，移民工作调研组提出几点建议：⑴各项资金缺口建议在基本预备费和价差预备费中列支；⑵公共设施方面要求省对口部门给予支持；⑶受益地区责任扶持，市县扶持镇，镇、区、扶持下面管理区；⑷对一些专业设施，实际超出概算的，要求追加概算；⑸参照其他地区水库工程移民的做法，建立飞来峡管理区移民发展基金，由省人民政府拨发贴息专项资金。

1998 年 6 月 30 日，区移民安置办公室统计，全区已完成的移民工程和在建各项工程中，对比水利部珠江水利委员会勘测设计院《概算》所列的补偿，资金缺口累计 294293191.33 元，主要支出项目为：场地平整、地基处理、房屋基础、公共设施迁建、坝区土地超征、专项工程建设、二次搬迁、建房奖金等方面。9 月至 10 月，飞来峡工程移民局对区内涉及使用移民经费的各单位，进行一次财务收支管理检查，重点检查各单位对征地补偿费、青苗补偿费、房屋补偿费、行政管理费拨付的情况，发现：⑴征地补偿费未能足额下拨。征地补偿款，除升平坝区外，区及各镇均没有按移民局预拨的额度及时足额下拨。区移民办欠拨各镇库区淹没地征款 3435 万元，各镇应下拨有淹地的管理理区征地款，除升平镇外，黎溪镇欠拨 3708 万元，连江口镇欠拨 1838 万元，水边镇欠拨 855 万元。此外，连江口镇移民办拨给区国土分局 630 万元，用于新镇用地征地（含一部分淹没征地），区国土分已按协议兑现给被征地单位城樟管理区等 432 万元；用这部分资金支付取山的补偿 155 万元，其中镇政府 20 万元，尚余 44 万元。⑵青苗补偿兑现有差距。飞来峡工程移民局预拨青苗补偿 1358 万元，区移民办各镇拨青苗补偿 1298 万元，除升平镇外，黎溪镇欠拨 167 万元，连江口镇欠拨 243 万元，水边镇欠拨 61 万元。⑶房屋补偿款基本兑现。区移民办欠拨 1577 万元。房屋补偿款的使用分农村、墟镇、房屋基础工程建设三大块。其中，农村部分除黎溪镇湖溪、大湖两个管理区的移民刚转入建房外，其余基本兑现。但对墟镇单位的部分，各镇仍有欠账，房屋基础工程超支较大，如升平镇、黎溪镇，因而挤占房屋补偿款。

1999 年 10 月，受亚洲金融风险的影响，存放在区城市信用社第二营业部 12766 万元移民经费（土地补偿费），无法兑付给移民，出现兑现风波（飞来峡管理区移民资金存放在建设银行、工商银行、城市信用社 3 家金融机构）。12 月，存放于区城信社移民经费 13600 万元暂无法兑付。

2001 年 3 月 21 日，区移民安置办公室发现各镇在实施随迁移民安置过程中，出现移民补偿资金缺口问题。⑴珠江水利委员会勘测设计院制定的水库淹没实物指标有错漏现象，因而造成补偿资金不足。全区补偿资金缺口 3764.42 万元，其中：升平镇 308 万元，黎溪镇 1094 万元，连江口镇 2259.7 万元，水边镇 102.72 万元。⑵珠委院关于移民安置规划设计与移民安置实际操作有较大偏差，由此造成部分资金缺口。全区因设计偏差造成的移民资金缺口 16704.2 万元，主要有：升平镇 2549 万元，黎溪镇 9841.5 万元，连江口镇 3898.4 万元，水边镇 414.8 万元，超支部分主要支出在安置点“三通一平”、地基处理、排洪排渠、文教卫生设施重建、街道建设等项目。

区为解决移民资金缺口的问题，⑴加强移民资金的管理。特别是对随迁投资和移民土地补偿进行严格管理，按政策办事，专款专用。⑵按《概算》开支。对移民资金继续实行带帽下拨、跟踪管理制度。⑶争取上级追加概算。对部分专业设施，实际超出概算的，大力争取上级追加概算，解决一部分移民资金缺口。如 1999 年 4 月 13 日，区管委会向上级作《飞来峡管理区移民安置工作汇报》中，建议：①解决移民资金的缺口问题。上级政府和部门要实事求是地确认飞来峡管理区的移民安置资金缺口，并通过增拨或其他渠道解决飞来峡管理区的移民安置超支资金；②解决随迁人口问题。应按清远市政府清府〔1998〕8 号文件规定的政策，按政策规定核查界定安置人口，超出原《概算》指标的部分应在《概算》中增列补偿；③解决库区经济发展资金。按照中央的相关政策，省除了下拨移民补偿资金外，还应规划下拨与补偿资金等额的库区经济发展资金（贴息或减息资金），以垦复山地，修复水利，发展“三高”农业；④把飞来峡管理区作为省重点扶持的特困山区，列为沿海改革开放特区，享受沿海开放区的所有优惠政策，作为经济开发区来扶持，在资金、项目、技术等方面，向飞来峡管理区重点投放。⑤参照国务院有关做法开展对口扶持：省属各厅、局对飞来峡管理区对口部门实行对口扶持，主要解决学校、卫生、防疫、城市建设、交通、供电、电讯、广播电视等公共福利设施建设方面缺口资金。珠江三角洲受益地区对飞来峡管理区进行对口扶持，主要解决学校、医院建设资金；产业扩散，把劳动密集型产业转移到飞来峡库区，解决移民就业问题。金融部门对飞来峡管理区的信贷给予倾斜政策。外贸部门对飞来峡管理区实施对口扶持政策。在飞来峡管理区办企业、招商引资的税收减免和关税减免给予优惠政策等。再如，2000 年间，区移民安置办公室多次邀请珠江水利委员会勘测设计研究院、飞来峡水利枢纽工程总监理、飞来峡工程移民局等有关单位的领导和技术人员各镇实地核查，争取上级有关单位追加连江口镇塘坑排水渠、黎溪镇随迁指标及移民的公共设施等方面补偿资金共 1688 万元。

第九章 移民事件处理

第一节 妥善处理移民上访

随着飞来峡水利工程建设的逐步推进，涉及水库移民安置的问题逐年增多，移民集体上访事件时有发生。1995年，据区移民安置办公室统计，有上访事件的23起208人。1996年，区移民安置办公室设立群众来信来访登记簿，接待群众来访56次，接收来信17封。1998年，全区发生水库移民上访事件203起6962人次，比1995年分别增加7.8倍和32.5倍。其中，越级上访（含集体上访）事件3起。2000年，区移民安置办公室累计接待各镇移民群众上访2154人次，处理信件70件，参与处理各类突发事件2次。5月和8月，分别有3批移民集体到省政府上访。其中，两宗为黎溪镇大湖村移民，人数均在百人以上。

多年来，区、镇两各级党委、政府、区移民安置办公室加强对水库移民上访事件的处理，处理移民集体上访工作的主要做法有：⑴端正对移民集体上访问题的认识，给移民以充分的理解；⑵加强领导，完善制度，把解决移民上访的热点难点当作大事来抓；⑶查源头、抓防范、从根本上解决涉及广大移民切身利益的普遍性问题；⑷主动理顺行政管理关系，充分发挥现有职能作用，把群众的集体上访事件降至最低程度；⑸思想工作做细，组织疏导得法，依法处理有据，把处理移民集体上访工作做到群众心坎上。尽管移民集体上访的批数逐年增大，但越级上访的情况逐年减少。1998年，全区越级上访事件占全区移民集体上访的0.5%，绝大部分移民集体上访都在辖区范围内得到妥善处理。2000年，对黎溪镇大湖村移民两次到省政府集体上访问题，区领导、区移民安置办公室领导均及时赶到省政府信访办，做移民的思想工作，并将移民接回黎溪镇。

第二节 处理群体性事件

1996−2000年，辖区内各镇因移民所涉及的搬迁、补偿、征地、就业等诸多因素，诱发、激化、引起的群体性事件，每年均有发生。区委、区管委、各镇政府和区公安、区移民安置办公室对各种纠纷和闹事苗头，采取教育疏导、积极预防相结合的原则，把问题解决在萌芽状态中；对已发生的群体性事件，运用法律武器处置。

1996年8月，黎溪镇的分配移民宅基地时，区公安分局先后出动警力20人次到现场维持秩序。10月15日，黎溪镇黎洞街40多名村民到新镇建设指挥部群访，区公安干警前往平息事态。1997年3月18日，升平镇移民新村的400余名移民以“向政府要生活”为由，聚集在区管委办公楼和省水电二局指挥部大门前，并阻塞银英公路区管委办公楼路段交通，区公安干警前往处理，平息事态。6月中旬，黎溪镇初溪管理区600余名群众，在少数人的策划操纵下，打着“反对后靠”“金斗角是黎溪人民宅基地”等标语，在升平镇金斗角附近集合，区管委、升平镇政府和区移民办、区公安分局民警通过教育、疏导群众，及时平息事态，随后又先后派出工作团，进驻村镇，解决初溪管理区的移民问题。8月22日，黎溪镇大湖、湖溪两管理区数百名移民聚集在黎溪镇政府大楼，围住到此视察工作的清远市政府领导，经区管委、黎溪镇政府、区移民安置办公室领导、工作人员和区公安分局民警调处、疏导，事态得到暂时的平息。后通过组建工作组，至村进行多次的教育疏导，事态得到彻底平息。1998 年 4 月 17 日，连江口镇连江村委会 2000 余名群众到镇政府，以“要求镇政府发放青苗补偿费”为由，发生围攻镇政府工作人员和阻塞银英公路的事件，在清远市公安局和英德市公安局的协助下，平息事态。8 月，连江口镇部分移民在飞来峡枢纽工程截流时，准备到区委区管委群聚，经连江口镇政府干部和区公安分局干警截住与说服，平息事态。1999 年初，黎溪镇黎洞、铁溪、新塘 3 地的群众性械斗平息后，在上级公安、司法部门配合下，向群众进行为期一周的法制教育。1999 年 4 月 7 日和 8 日，连江口镇群联、下步、银坑、三井、南坑等村 1000 余名群众以“解决移民随迁和青苗费补偿”为由，围住镇政府、打砸坏部分办公设施，在清远市公安局和英德市公安局防暴大队的协助下，区公安分局将参与打砸的 61 人制服，平息事态。2000 年，先后发现或预防制止移民群体事件 5 起，其中：6 月 9 日，水边镇黄竹村 100 多名移民以“镇政府拖欠青苗补助费和征地赔偿款”为由，围住镇政府，经区管委、水边镇政府、区公安分局领导等说服疏导，平息事态。

第三编　农业　林业

Di San Bian　Nong Ye　Lin Ye

第一章 农业

第一节 农业机构

一、区农林水办公室

1995 年 8 月 29 日，清远市机构编制委员会批准设立飞来峡管理区农林水办公室，含农业、林业、水利水电、乡镇企业、畜牧水产、”三防”、气象、计划生育，正科级。1995 年 9 月 8 日，唐建琪负责筹建区农林水办公室。至 1997 年 2 月 19 日，内设人秘股、综合组、生产组。1997 年 5 月 16 日，区编委明确：区农林水办行政人员编制 9 名。

飞来峡管理区农林水办公室主任、副主任：

主　任　唐建琪（1995.9–2001.10）

副主任　龚振滇（1995.9–1997.7）

　　　　陈桂森（正科，1996.9–2001.10）

　　　　李橙星

　　　　卜付标

　　　　涂学军（　–2001.10）

二、区农业局

1995 年 12 月 5 日，区农业局成立，唐建琪任局长。同日，成立区农业技术推广中心（同时挂种子公司牌子），为副科级事业单位，定制 3 名，隶属区农林水办公室领导和管理。

从 1997 年 1 月 1 日起，区农业局及区农业技术推广中心从农林水办公室划开，区农业技术推广中心为独立核算、自负盈亏的副科级事业单位。农业局的牌子挂在区农业技术推广中心，推广中心的工作（含农技站人员）人事关系全部归农业局管理。

飞来峡管理区农业局局长、副局长：

局　长　唐建琪（兼，1995.12–2001.10）

副局长　卜付标（1996.4–　）

农技推广中心主任：

主　任　温仲海（1996.9–2001.10）

第二节 农业生产

一、农业生产

1995年，全区粮食总产量3.9万吨，其中稻谷总产量3.42万吨，平均亩产355公斤。

1996年，全区粮食播种面积11.7万亩，粮食总产量4.2万吨，其中水稻面积9.5万亩，稻谷总产量3.7万吨，平均亩产390公斤。

1997年，全区粮食播种面积12万亩，粮食总产量4.267万吨，其中水稻面积9.577万亩，稻谷总产量3.679万吨，平均亩产388公斤。

1998年，全区粮食播种面积11.9万亩，粮食总产量4.15万吨，其中水稻面积9.05万亩，稻谷总产量36019吨，平均亩产398公斤。

1999年，全区粮食播种面积9.53万亩，粮食总产量3.5万吨，其中水稻面积6.85万亩，稻谷总产量2.85万吨，平均亩产370公斤。

2000年，全区水稻面积5.71万亩，其中优质稻1.68万亩，杂交稻3.5万亩。

表3-1-1 1995-2001年飞来峡管理区粮食生产情况统计表

年 份	粮 食			其中水稻		
	种植面积（万亩）	总产量（万吨）	亩产（公斤）	种植面积（万亩）	总产量（万吨）	亩产（公斤）
1995		3.90			3.42	355
1996	11.70	4.20		9.50	3.70	390
1997	12	4.27		9.58	3.68	388
1998	11.90	4.15		9.05	3.60	398
1999	9.53	3.50		6.85	2.85	370
2000				5.71		
2001						

二、“三高”农业

大力发展“三高”农业是调整农业产业结构，优化组合，推进传统农业向现代化农业转变的重大举措，是农村脱贫致富奔小康的道路之一，是全区移民发展生产，实现移民“搬得出、安得稳、富得起”的重要组成部分。“九五”期间，全区的总体目标是实现“六个一”（在25度以下的山陂地种植水果10万亩，沿河两岸种植蒿、水竹、笋竹10万亩，连片改造建设丰产林10万亩，高标准种植黎蒴10万亩，垦复耕地10万亩，发展水面养殖1万亩）。为此，1996年2月28日，区委、区管委发出关于加快“三高”农业发展的决定，要求：各级党委、政府要把发展“三高”农业列入重要议事日程，组织专门人员，因地制宜做好规划，实事求是制定落实措施，明确责任；调整好林地使用权，实行连片规模经营；鼓励各级干部职工入股投资种果；对区内群众从事“三高”农业，从资金上给予一定的支持；落实技术人员的技术培训，做好技术培训工作，提高经济效益；建立奖惩制度。

1996–2001 年，全区投入“三高”农业资金 1000 多万元。举办各类种、养技术培训班 100 多期，培训 1 万多人次，组织种、养专业户（重点户）、村干部外出观学习共 5000 多人次。召开各类“三高”农业现场会 5 场，其中 1998 年 5 月 20 日，在连江口镇召开“三高”农业现场会，各镇主管农业的副书记（副镇长）及农口线人员参加，并参观该镇小樟 400 亩蔬菜基地。升平、连江口、黎溪、水边 4 镇分别建起果、粮、菜、鱼的科技示范基地。

1997 年，引进湘莲和深水稻的试种项目，全区新发展果园 1.21 万亩，蒿水竹 1.28 万亩、笋竹 2.18 万亩。

1998 年，在全区范围内试种湘莲 1000 亩，其中升平镇 200 亩、黎溪镇 300 亩、连江口镇 400 亩、水边镇 100 亩。新增水果种植面积 6000 亩，水果种植总面积 3.7 万亩，笋竹 13 万亩，蒿水竹 8 万亩，种植杂交玉米 8000 亩，以水果、笋竹为龙头的“三高”农业初具规模，其中区果场 300 亩。水边镇利用水田种植冬瓜，经济效益比水稻提高 5–6 倍，其中热水管理区李亚春种植冬瓜 3.5 亩、总收入 1.5 万元；热水、乌城管理区春秋种植冬瓜面积 500 亩，总产量 250 多吨，总收入 150 多万元。

1999 年，新增水果种植面积 5600 亩，投产水果面积 9930 亩；黑皮冬瓜种植 2000 亩，总产量 14000 吨。

2000 年，全区以砂糖橘、龙眼、荔枝为主的水果种植面积 4.1 万亩，其中砂糖橘 2.1 万亩，连江口、黎溪、升平的砂糖橘成功申报为市“一乡一品”项目。

2001 年，全区蔬菜种植面积 3.56 万亩，黑皮冬瓜种植面积 1.4 万亩，优质米、反季节蔬菜黑冬、玉米等种植逐渐形成基地化、产业化生产。

三、农业产业化

种果 飞来峡管理区的农业产业化经营是在家庭承包经营的基础上以市场为导向，以提高经济效益为中心，依靠农业龙头企业的带动，把千家万户的农业产前、产中、产后各个环节联结起来，基本实现生产、加工、销售一体化、规模化、专业化、集约化的经营方式。区农部门，引导农户选好路子，调整产品结构，走向市场，走向商品化生产。经过多年的发展，逐步形成种果、种竹，饲养清远鸡、网箱养鱼的“二种二养”农业产业化格局。

全区开发利用山坡地种植水果面积，1999 年为 3.7 万亩，2000 年为 4.1 万亩，其中砂糖橘 2.1 万亩。水果品种主要是砂糖橘、龙眼、荔枝等，主要分布在升平镇、黎溪镇、北江东岸、连江口镇，呈现“一乡一品”“三镇一果”的布局。其中砂糖橘无核化渣，清甜爽口、风味独特，是飞来峡管理区的水果品牌和拳头产品。连江口镇种植水果超万亩，镇连片示范果场 550 亩，9 个村委会均有 100 亩以上连片果园，农户自发种植 50 亩以上的有 20 多户。

种竹 全区拥有笋竹 14 万亩、蒿水竹 8 万亩，在连江口、水边两镇形成“二镇二竹”的局面。连江口笋竹种植面积 7.7 万亩、蒿水竹种植面积 2.2 万亩，水边镇笋竹种植面积 5.5 万亩、蒿水竹种植面积 3.5 万亩。同时，开办有一批竹笋加工厂、鲜笋加工厂，以及竹品加工厂。

饲养清远鸡 以升平镇为主，养殖大户有谢炳炽等。1999 年，养殖 3000 只以上的专业户有 17 户。

网箱养鱼 连江口、黎溪、升平镇利用库湾资源，推广网箱养鱼。至 2001 年，发展网箱养鱼 1000 多个。

四、农业灾害

1997 年 9 月 20–21 日和 26–29 日，受强寒露风影响，气温降至 17 度和 16 度，这一寒露风灾害比以往年来得早，来势凶猛，持续时间长，全区晚稻受损面积 1600 亩，造成经济损失 100 多万元。

第三节 农业技术推广

一、农业新技术推广

飞来峡水利工程的建设，全区有 4 万亩农田将淹没，加之全区的农业又处于较低的水平。为此，区实施“科技兴农”战略，推广科技应用，建起一批果、粮、菜、鱼的高产、优质示范样板，并通过黎溪镇的优质水稻、丰收菌和黎溪、连江口的玉米示范基地的辐射作用，带动全区农业向优质化、规范化和产业化的方向发展。从 1995 年起，区每年拨款 10 万元给农业技术推广中心，作为培训经费。同时，在全区推广水稻塑盘育秧、抛秧技术，杂优水稻等优良品种种植，对水稻软盘育秧推广新技术每抛秧一亩补贴 8 元。农民传统插秧观念开始转变，全区推广抛秧面积在 1995 年后逐年增加。

1996 年，全区塑盘抛秧面积 4.8 万亩，名列全市第二名，受到上级主管部门的表扬。1997 年，全区抛秧面积 8.04 万亩，占全年水稻面积 85%，推广水稻杂优良品种种植面积 8.7 万亩，占水稻面积的 98%；推广“丰收菌”种植面积 1.5 万亩，其中黎溪镇推广面积 1 万亩，平均每亩增产 32 公斤。1998 年，全区抛秧面积 5.5 万亩，占水稻面积的 65%，推广杂水稻面 7.85 万亩；在黎溪、连江口镇各设立 200 亩玉米、地瓜高产示范基地，引进巴西陆稻品种种植，引进湘莲在水库种植；推广“丰收菌”种植面积 0.8 万亩。2000 年，引进绿黄占、绿源占、丰八占等五个杂交新品种 1.68 万亩，II 优 3550、博优 903 等杂交水稻品种 3.5 万亩。

二、农业技术培训

1995–2001 年，区农技部门每年组织各镇管理区、村干部和农村种养人员举办各式各样的农业种养、技能管理培训班。其中，1995–1996 年，举办各种类型的夜校、讲座、培训班 20 多期，5000 余人参加。1997 年，举办 8 期种养技术培训班，参加人数 500 多人次。2000 年，举办湘莲、巴西陆稻、水果等种植和管理技术培训班近 30 期，参加人数 8000 人次。

三、改造中低产田

区内多属山地丘陵，耕地面积较少，其中的中低产田占比大。区农技部门引导农民改造中低产田，提高地力，提高粮食产量。其中，1997 年改造中低产田 8889 亩，易旱田 3897 亩，渍田 1550 亩，浅瘦田 1950 亩，其他田 1492 亩；挖掘沟渠 205 条共 43 公里，修建涵闸 64 个，陂头 32 个，增加灌溉面积 2000 亩，改善灌溉面积 2000 亩，治涝 550 亩，降低地下水位面积 1000 亩。

四、推广种植绿肥

1997 年，种植专用绿肥 3300 亩，兼用绿肥 2220 亩，稻草还田 2850 亩，施用农家肥 1208 亩。

1998 年，种植专用绿肥 10000 亩，其中紫云英 6000 亩，蔬菜兼营绿肥 3000 亩，基础种类绿肥 1000 亩。

第四节 农村经济

一、农村经营管理

1998 年，在农村集体经济实施新财务制度的基础上，对全区 46 个管理区账目开展全面检查、审核、清理，查处一批管理区违法乱纪的人和事。

1999 年，对连江口、升平两镇清理村镇两级不良债务经管工作经验给予充分肯定。要求各镇成立专门机构，配备党政领导分管经管工作；召开专门会议，学习相关文件，采取各种措施，使镇村经管工作走上正轨。全年清理农村财务抽查 268 宗，发现有贪污、挪用的案件 50 多宗，一共追回集体贪污公款 200 多万元，处理有关人员 39 名。升平镇经管站因成绩卓著，被农业部授予先进单位。

1999 年冬至 2000 年春，在总结升平镇土地调整工作经验的基础上，全面开展土地延包工作，至 2000 年底全面完成土地延包工作，与农户签订土地承包合同 14560 份，向农户发放土地经营权证书 13855 本。同时，抓镇务公开、村务公开，全区 4 镇 46 个村委会基本建成较为规范的公开栏，定期公开镇务、村务和农村集体账目，接受广大群众的监督。

二、农村农民经济收入

1995 年，全区农业总产值 12011 万元，农民年人均纯收入 1357 元。1996 年，全区农业总产值 26500（增 2900 万元）万元，农民年人均纯收入 1585 元（增 228 元）。1997 年，全区农村经济总收入 21753 万元，农民年人均纯收入 1895 元。1998 年，全区农村经济总收入 26161 万元，农民年人均纯收入 2150 元。1999 年，全区农民年人均纯收入 2300 元。2000 年，全区农民年人均年纯收入 2605 元。2001 年，全区农业总产值 177764 万元，农民年人均纯收入 2900 元，分别比 1995 年增长 47.90%、112.70%。

表 3-1-2　　1995-2001 年全区农村经济总收入和农民人均纯收入情况一览表

年份	农村经济总收入（万元）	农民人均纯收入（元）	年份	农村经济总收入（万元）	农民人均纯收入（元）
1995	12011	1357	1999		2300
1996	26500	1585	2000		2605
1997	21753	1895	2001	177764	2900
1998	26161	2150			

三、乡镇企业

1997 年，全区有乡镇企业 1589 个（镇办企业 23 个，村办企业 217 个，联户 17 个，个体企业 1332 个），其中民营企业 1349 个、占 85%。乡镇企业干部职工人数 6466 人（其中镇办企业 1800 多人）。全区乡镇企业实现总产值 1.61 亿元，比 1996 年同期增长 7%；工业产值 0.5 亿元，比 1996 年同期增长 6%，营业收入 1.5 亿元，上缴各种税金 600 万元，利润 1050 万元。全区镇办、村办集体企业 240 个，完成清户核资、改革、转制工作。投资兴建 60 多个“三高”农业水果基地。

1998 年，全区有乡镇企业 1810 家，其中镇办 30 家，村办 218 家，私营企业 994 家（比上年增 218 家），个体企业 568 家（比上年增 200 家）。总产值 15723 万元。

1999 年，全区乡镇企业总产值 15873 万元，比上年增加 150 万元，增长 1%，营业收入 16364 万元，实现利润总额 833 万元，上缴利润 560 万元。全区利用库区的资源，开发旅游业。升平镇引资 3000 多万元，兴建飞来峡湾区，开发集饮食、娱乐、旅游度假于一体旅游风景区；镇政府投资 300 万元，建成综合码头，水运公司以游水库为主题建成旅游项目，拥有游艇 10 艘。水边镇引进资金建成多间竹器厂，带动百户进行蒿水竹加工；建成炼铁厂、水电站各一座。水边、连江口镇形成笋竹生产基地，升平、黎溪镇形成优质水果生产基地。

第五节 农民减负

一、减负措施

飞来峡管理区注重农民减负工作，区委成立“减负”工作领导小组，领导小组下设办公室，全区4个镇相应成立领导小组和办公室，由党群副书记担任组长，做到机构、人员、办公场所三落实。通过学习和召开会议，把党中央、国务院、省、市等一系列减负文件精神传达到千家万户。各级党委、政府和移民、农建、扶贫等部门通过调查了解农民负担实际情况，找出加重农民负担的原因和源头，分门别类地制定减轻农民负担的措施：贯彻执行中央、国务院制定的“五个禁止”（严禁一切要农民出钱出工的达标升级活动，严禁在农村搞法律规定外的任何集资活动，严禁对农民的一切乱收费、乱涨价、乱罚款，严禁各种摊派行为，严禁利用专政工具和手段向农民收取财物）。结合财务管理工作，查处管理区干部挪用公款案件，纠正违反农民负担政策的问题。农民在办理结婚登记、外出务工，建房办证等方面按标准收费，不准收取手续费、承包费等，不准搭车征收超生费。全区统一制定“农民负担监督卡”，把负担的项目、标准印在卡上，并发放在农民手中。

经过各级各部门齐抓共管，农民负担明显下降。至2001年全区农民负担低于上级规定5%的标准。

二、减负概况

1997年，全区农民人均收入1895元，承担的非生产性统筹人均64元，占人均纯收入的3.38%。全区查处贪污挪用公款的管理区干部25名，追回款项27.3万元。升平镇根据飞来峡水利枢纽工程建设使镇内堤围、水库抗洪能力增强的实际，取消交通建设粮和防汛粮；黎溪镇按照“减少乡镇机构和人员的开支”精神，取消原定增设一名专管“三高”农业的办事处副主任，改由主任兼管，为此每年减负4万元；清退向每位学生收取的50元建校费。水边镇取消每学期每名学生70元的民办教师代课费，全镇仅此项每年减负6.7万元，向水边中学每位学生退还30元多收取的中考费。

1998年，实行农民负担预决算、农民负担监督卡和专项审计制度，并有专柜造册存档，妥善保存；执行经人大通过的“两金两工两费”预决算制度；印发18757份农民负担监督卡发至各农户。全区人均提留为5元，人均乡镇统筹21元，分别比1997年减少0.6元、1元，村提留、会餐统筹共减轻农民负担14.54万元。全区农民负担占农村人均收入的2.7%。

1999年，重点抓农民负担预决算、农民负担持卡、提留统筹专项审计制度的落实，全区减轻农民负担项目6个，减轻农民负担123万元。其中取消生猪屠宰物价调节费2元/头，增值税从24元/头减至16元/头，全年减负20多万元；教育部门减少农村中小学校收费项目，减少金额20.66万元；电力部门通过加强管理和进行技术改造，全区农村电价从原来平均每度1.5元减至1.03元，减轻农民用电负担68.7万元，从是年9月起，每度电减至0.99万元。全区农民负担占农村人均收入的2.5%。

2000年，全区减轻农民负担项目6个，减轻农民负担377.35万元。对教育、公安、计生、环保等主要涉农部门重点进行行风评议，增加政策的透明度，规范农民负担管理；供电部门通过农村电网、技术改造及加强管理，农村电价每度降至0.96元，全年减轻农村用电负担106万元；教育部门通过整顿农村教育集资收费，减轻农村负担250万元，其中包括清退水边镇五角小学向学生不合理收取的教室扩建费、围墙费等项目。

第二章 畜牧水产

第一节 畜牧水产机构

1996 年 3 月 18 日，飞来峡管理区畜牧水产局成立，为正科级事业单位，编制 3 名。同时挂畜牧水产公司牌子。

1997 年 11 月 13 日，区畜牧水产局正式从区农林水办划出，独立办公。

2001 年，区畜牧水产局内设有办公室、兽医卫生防疫检疫所，下有升平、连江口、黎溪、水边 4 个畜牧兽医站。

飞来峡管理区畜牧水产局局长、副局长：

局 长 陈桂森（兼，1998.12–2001.10）

副局长 龚振滇（1997.7–2001.10）

第二节 畜牧业

一、清远鸡养殖

1999 年，区成立发展养殖清远鸡示范点，摸索出一套养殖清远鸡的成功经验。至 2001 年，全区全面推广清远鸡养殖。

二、禽畜生产

1996 年，全区生猪存栏量 5.5 万头，肉猪出栏量 3.8 万头，比 1995 年增加 1.4 万头；耕牛存栏量 1.9 万头；“三鸟”饲养量 114 万只，存栏量 44 万只、出栏量 70 万头、比 1995 年分别增长 8.5%、22.7%。

1997 年，全区生猪饲养量 8.9 万头。

1998 年，全区生猪饲养量 88511 头，存栏量 51749 头，肉猪出栏量 36762 头；耕牛存栏量 16634 头；“三鸟”饲养量 85.72 万头，比 1997 年增长 14.7%，存栏量 44.2 万头、出栏量 41.52 万头。

1999 年，全区生猪饲养量 88550 头，存栏量 51781 头；耕牛饲养量 16685 头，存栏量 16651 头；“三鸟”饲养量 97.1 万只、出栏量 52.3 万只、存栏量 44.8 万只。

2000 年，全区生猪饲养量 89350 头、出栏量 37168 头、存栏量 52182 头；耕牛饲养量 17216 头、存栏量 16800 头；“三鸟”饲养量 133.6 万只、出栏量 65.2 万只、存栏量 68.4 万只。

2001 年，全区生猪饲养量 93810 头，内猪出栏量 38655 头，存栏量 55155 头；“三鸟”饲养量 116 万只，其中出栏量 67.8 万只。

表 3-2-1　　1996-2001 年飞来峡管理区生猪养殖情况

年份	饲养量	出栏量（万头）	存栏量（万头）	年份	饲养量(头)	出栏量(头)	存栏量
1996	9.3	3.8	5.5	1999	88550	36769	51781
1997	8.9			2000	89350	37168	52182
1998	8.84	3.67	5.17	2001	93810	38655	55155

三、生猪屠宰市场整顿

1997 年 11 月底，针对全区生猪屠宰市场比较混乱状况，区畜牧水产局与有关部门组成执法检查工作组，对全区生猪屠宰市场进行整顿，没收升平镇升平管理区私宰生猪若干头。同时，召开由 4 个镇主管畜牧工作的镇政府领导和畜兽医站长、食品站长会议参加的整顿生猪屠宰市场专门会议。

第三节　水产业

一、水产种类

区内自然繁殖的鱼类有桂花鱼、斑生鱼、沙碌鱼、滑鲶鱼、叠鱼、关刀鱼、勒锥鱼、石毫鱼、乌面蟑、泊石狗、黄狗贸、黄尾箭、花手巾、白镳、江鲤、江鲫、黄鳝、泥鳅、虾松、青衣、骨扼、沙虫、河虾、河蟹、鲂、鲋、鳊、鳇、鲦、龟、鳖、螺、蚬、蚌和娃娃鱼等 40 多种。

人工养殖的鱼类主要有鲩、鲤、鲢、鲫、鳙、鲮、塘虱等，新引进的品种有福寿鱼、杂交鲤、非洲鲫、埃及塘虱、罗非鱼、斑鳢、胡子鲶、河鲶、鳜鱼、鲈鱼、鳗鱼、加洲鲈、边鱼、生鱼、澍泽鲫、美国青蛙、淡水白鲳、斑点叉尾鮰、罗氏沼虾等。

人工养殖所需的鱼苗，俗称鱼花，除鲤鱼和鲫鱼可以天然繁育外，其余的靠人工繁育和引进。1996 年开始探索甲鱼养殖，1998 年在连江口建立名优水产养殖基地，主要养殖胡子鲶、边鱼、加州鱼户等。

1995-2001 年，从佛山、广州等地引进各种名优鱼种 200 万尾。

区内水产养殖分鱼塘、山塘、水库、库湾网箱等养殖。

二、水产生产

1996 年，全区水产总产量 1200 吨。

1997 年，全区水产养殖面积 333.8 公顷，总产量 1282 吨，分别比 1996 年增长 2.17%、4.48%。

1998 年，全区水产养殖面积 360 公顷，总产量 2070 吨。

1999 年，全区水产养殖面积 373 公顷，总产量 2122 吨，其中鱼塘养殖面积 240 公顷。

2000 年，全区水产养殖面积 380 公顷，比 1999 年增长 2%，其中鱼塘养殖面积 248 公顷，比 1999 年增长 3%；网箱养殖 2700 立方米。水总产量 2272 吨，比 1999 年增长 7%。

2001 年，全区水产品总产量 2400 吨，比 2000 年增长 10%。

第四节 疫病防治

一、畜牧水产技术培训

区每年都组织形式多样的畜牧水产疫病防治技术培训班，还派员参加上级有关部门举办的兽医监察、家畜布鲁氏病检验、兽医诊断、畜牧兽医技术、兽医检病等培训班。

1997 年，派出技术员在 4 个镇举办农技术培训班 8 场培训 452 人次，印发《农村简易技术读本》5000 份。

2000 年，派出技术员到连江口镇指导传授网箱养鱼和清远鸡养殖技术，网箱养鱼由试养时的 30 个网箱发展到 208 个网箱，清远鸡在第一批试养 3000 只取得成功的基础上接着养殖第二批。

二、禽畜防疫

春秋两季是禽畜疫病易发期，主要发生疫病有猪瘟、猪丹毒、猪肺疫、牲畜口蹄疫（俗称“五号病”）、鸡瘟、禽出败、鸭瘟、鸡马立克氏病、传染性法氏囊病、传染性喉（支）气管炎等。

区畜牧防疫部门以防疫为主，重点抓春秋两季防疫工作。1998 年，发放猪瘟疫苗 3.3 万头份，猪肺疫苗 2.3 万头份，猪丹毒 2.3 万头份，鸡疫苗 5.6 万羽，禽出败 4.8 万羽，牛出败 2500 头份。

1999 年，注射猪瘟疫苗 85000 头份，注射密度 95%，注射猪肺疫苗 67000 头份，注射密度 75%。7 月，升平镇黄洞村中心围一、二、三自然村发生耕牛五号病，按照“早、快、严、少”的灭病原则，组织有关人员进行布控，向全区发出预防耕牛五号病发生的措施，对黄洞村的 17 头染疫耕牛进行扑杀。同时在全区范围内对耕牛实施五号病的强制免疫，共注射疫苗 6700 头份。1999 年 9 月，区食品公司黎溪屠场发生五号病疫情，立即进行布控，封闭该屠场，扑杀染病和同群畜 20 头，并进行全面的消毒。

2000 年，全区共注射猪瘟疫苗 84876 头份，注射密度 95%，注射猪肺疫苗 71474 头份，注射密度 80%。

家兔、狗、猫、白鸽等动物的疫病防治主要通过预防接种的方法控制疫情发生，如注射狂犬病疫苗和禽流感疫苗等。

畜牧兽医部门管好猪苗市场，对外地调入的猪苗进行检疫，并注射疫苗，控制发生猪瘟和肺疫疫情的发生。

三、禽畜检疫

区畜牧部门根据《中华人民共和国动物防疫法》等法规，定期开展禽畜检疫检查。

1995–2001 年，在区内设立有动物防疫监督交通检查站，凡动物运输车辆一律凭动物检疫证、消毒证、运输证过关，防止染疫动物流入。

1995 年，猪、牛等肉品需经检验合格后在胴体上加盖检验印章，才准予上市出售，检疫费收费标准为大家畜 3 元/头，中家畜 2 元/头。1999 年后，推行定点屠宰、集中检疫、分散经营政策，检疫收费标准改为大家畜产地检疫费 6 元/头、肉品检疫费 7 元/头，中家畜产地检疫费 3 元/头、肉品检疫费 3.5 元/头。

2000 年 8 月，和清远市畜牧水产局行政执法队一起对升平、黎溪、连江口镇开展《中华人民共和国动物防疫法》贯彻情况的执法检查，纠正一些逃避检疫的现象，确保市场的肉食质量。

四、动物疫情监测

1995–2001 年，开展布氏杆菌病监测、牲畜口蹄疫普查、防治牲畜五号病普查工作。

2001 年开始，在春秋两季开展禽流感疫情和牲畜五号病监测，并抽取鸡血清、鸭血清样本，送省检测。

五、水产疫病防治

区内四大家鱼常见病主要有烂鳃病、肠炎病、白头白嘴病、车轮病和小瓜虫病。鱼病防治贯彻“预防为主”方针，通过池塘、网箱消毒、加强饲养管理来控制鱼病的发生。2000 年，针对部分养鱼户的草鱼死亡率较高的现象，推广草鱼注射防疫工作，全区注射草鱼 12 万尾，使被注射的草鱼成活率 98%。

第三章 林 业

第一节 林业机构

1995 年 12 月 15 日，飞来峡管理区编委批复，同意设立区林业局，为正科级行政单位，内设办公室（含计财、人事）、生产股（含森工、营林）、林政股；定编 15 名，其中行政编制 4 名、事业编制 11 名。同月 18 日，挂牌成立；21 日，区编委批复，同意在区林业局加挂区森林防火办公室牌子。

1996 年，区林业局下设连江口、黎溪、水边 3 个林业站，在职人员 131 人，离退休人员 43 人。其中，局在职人员 36 人（含从各站抽调的骨干和临时工）；连江口站在职 42 人，离退休 21 人；黎溪站在职 25 人，离退休 3 人；水边站在职 28 人，离退休 19 人。

1997 年，区林业系统在职人员 141 人，其中女工 33 人，离退休人员 42 人；局在职人员 45 人（其中包括从各站抽调的骨干和长临工），连江口站在职 41 人、离退休 20 人，黎溪站在职 25 人、离退休 3 人，水边站在职 28 人、离退休 19 人。

1998 年，区林业局有 53 名人员，其中男职工 41 名，女职工 12 名。

2000 年，区林业系统共有人员 183 人，其中在职人员 144 人、中老年以上占 40%，离休 2 人，退休 37 人。

飞来峡管理区林业局局长、副局长：

局　长　张廷修（1995.12–2001.10）

副局长　冯学贤（正科，1995.12–2001.10）

杨运琪（1995.12–1996.8）

郭国新（　–2001.10）

第二节 森林生态公益林管护

一、森林资源

根据 1996 年区森林资源变化情况进行外业调查结果报告显示，1996 年，全区林地总面积 81344.6 公顷，其中林业用地 62441.0 公顷，占总面积的 77%，非林业用地面积 18903.6 公顷，占总面积的 23%。在林业用地面积中，有林地面积 55752.4 公顷，占林业用地 89%，疏林地 1325.8 公顷，占林业用地 2%，灌木林面积 1584.3

公顷，占林业用地3%，未成林地面积842.1公顷，占林业用地1%；林分面积53493.1公顷，占有林地面积86%，经济林面积1792.2公顷，占有林地的3%，竹林面积467.1公顷，占有林地的1%；在无林地中，采伐迹地面积819.9公顷，占无林地的28%，荒山荒地面积1123.0公顷，占无林地的38%，火烧迹地77公顷，林中空地18公顷，暂未利用用地243.1公顷，可封育成林荒山654.6公顷。全区活立木总蓄积2102398立方米，其中林分蓄积2084786立方米，占总蓄积的99.0%，疏林蓄积14463立方米，散生木蓄积3149立方米。按优势树种来分，杉树蓄积119735立方米，占总蓄积的6%，湿地松蓄积8434立方米，占总蓄积的0.4%，马尾松蓄积246386立方米，占总蓄积的12%，黧蒴蓄积1197204立方米，占总蓄积的57%，针叶混蓄积60915立方米，针阔混蓄积172225立方米，分别占总蓄积的3%、8%。竹林共744659株。全区蓄积总消耗量为41426立方米，其中木材生产40416立方米，占总消耗量97%，薪炭林消耗1100立方米，培植业消耗84立方米，自用材消耗1441立方米，全区森林资源年总生长量209693立方米，年平均总生长率6.6%。全区森林覆盖率70.5%。[2]

1997年，全区有林业用地93.9万亩（含荒山面积1.7万亩），活立木蓄积223.1万立方米，其中藜蒴占总蓄积的60%。

1998年，全区有林地面积93.9万亩，活立木畜积237.3万立方米。其中，连江口镇林地面积34.5万亩，活立木畜98.6万立方米；黎溪镇林业站有林地面积27万亩，活立木蓄积83.4万立方米；水边镇林地面积为12.8万亩，活立木蓄积36.3万立方米；升平镇有林面积6.8万亩，活立木蓄积19万立方米。

二、生态公益林面积

1996年，全区公益生态林面积5397.6公顷。

1999年，全区生态公益林面积12078公顷。其中，保护小区625.6公顷，水源涵养林7950.8公顷，水土保持林3501.6公顷。生态公益林中，疏林347.1公顷，无林地901.7公顷。是年完成改造疏残林82公顷，无林地（迹地）造林210公顷。

三、生态公益林管护

2000年，生态公益林管护落实到位，管护资金拨付到各林业站，管护人员与管护工作由各林业站统一调配，补偿资金则依据农户签订合同书的整体情况发放，每一个整体，都在同一整体的农户全部签订合同书后才发放补偿金。

第三节　营林绿化

一、人工造林

1996年，全区人工造林面积4.99万亩，其中竹林3.71万亩，经济林1.19万亩，薪炭林0.09万亩，迹地更新0.25万亩。另外，改造低产林1.03万亩，新封山育林2万亩，义务植树25.7万株，完成备耕炼山1.79万亩。同时，完成省“四江”流域公益生态林体系工程的规划方案。

1997年，全区人工造林面积0.97万亩，其中补植0.1万亩，迹地更新0.35万亩（超额完成市下达任务的16.7%）；低产林改造0.52万亩（超额完成市下达任务的40%）；完成林木育苗21亩（超额完成下达任务的5%），其中阔叶树苗13亩。

[2]1996年的林业工作总结：全区有林业用地面积93.9万亩，其中有林地面积89.2万亩，无林地面积5.66万亩（含荒山面积1.7万亩）。活立林蓄积184.2万立方米，其中藜蒴106万立方米。数据有少许差异。

1998年，全区人工造林面积1.0万亩，其中：荒山造林0.1万亩，迹地更新0.35万亩（超额完成市任务16.7%），低产林改造0.55万亩（超额完成市任务10%）；完成封山育林29.5万亩，其中0.53万亩为新封林；完成中幼林抚育2.1万亩。

1999年，全区人工造林面积0.95万亩，完成市下达任务的119%。其中人工点播、植苗造林0.6万亩，撒播0.35万亩。按林种分，用材林0.57万亩，经济林0.18万亩，薪炭林0.03万亩，竹林0.17万亩。按造林的地类分：迹地更新0.42万亩（完成市下达任务140%），低效林改造0.53万亩（完成市下达任务的106%）；另外中幼林抚育2.1万亩（完成市下达任务105%），封山育林0.55万亩（完成市下达任务的110%）。

表3-3-1　　1996-1999年飞来峡管理区人工造林面积一览表　　单位：万亩

年 份	人工造林	其 中			
		经济林	薪炭林	低产林改造	迹地更新
1996	4.99	1.19	0.09	1.03	0.25
1997	0.97			0.52	0.35
1998	1.0			0.55	0.35
1999	0.95	0.18	0.03	0.53	0.42

注：1995年、2000年和2001年的数据缺

二、封山育林

1995年，全区封山育林分为全封山、半封山、轮封山3种形式，全封山区实行不准砍伐、不准剃枝、不准割草、不准放牧、不准刮草皮的“五不准”。半封山区不准砍伐、不准剃枝，可在指定的山头割草、放牧。轮封山区每隔3~5年封山一次。是年，全县封山育林2万亩。1996年，封山育林2万亩。1998年，封山育林0.53万亩，全区封山育林面积达到29.5万亩。1999年，封山育林0.55万亩（完成清远市下达任务的110%）。

三、采种育苗

（一）采种

1988年以前，林业部门有组织有计划发动群众采集树木种子。同时连江口、黎溪等区（公社）建立种子园。采集马尾松、油茶、油桐、女贞、杜英、柏树、火力楠、阴香、黧蒴、白花木、荷木、苦楝、樟树、檫木、酸枣等各类种子。1988年开始，采种育苗转为市场调节，不再由林业部门独家经营。同时，相继引进湿地松、火炬松、银桦、美洲白蜡、米老排、柠檬、桉树、枳壳、柳杉、秃杉等树木种子。

（二）育苗

1995年起，升平、连江口、黎溪、水连镇在造林地边的山地上创办苗圃育苗，培育的品种主要有银桦、阴香、樟树、桉树、杉树、湿地松、马尾松、荷树等树苗。同时，林业部门将部分育苗业务包给林农，专门派出技术人员进行技术指导，并购置一批木苗检测仪器检测木苗等级。

1998年，完成林木育苗25亩（超额完成任务25%）。

2000年，新开设苗圃22亩，其中黧蒴苗4亩、约60万株，荷树苗18亩、约50万株。

四、“绿色信道”工程建设

1999年，全区“绿色通道”总长度是290.5公里，可绿化长度270.3公里，已绿化长度249.9公里（其中年内绿化长度20公里），尚需绿化长度20.4公里，完成通道两旁绿化荒山荒地面积100.8公顷，可提供义务

植树基地面积 110 公顷。

五、义务植树

1995 年开始，飞来峡管理区每年都在植树节期间开展义务植树活动，林业部门规划好地点，发给树苗，由党政机关、企事业单位、工厂、学校派人到指定地点进行义务植树造林。义务植树主要在“四旁”（屋旁、村旁、路旁、水旁）绿化，同时与消灭荒山、城乡建设绿化美化、道路绿化、迹地更新等工作结合起来进行。

1997 年，全区参加义务植树人数 4.6 万人，种植各类树木 18.5 万株，“四旁”植树 4.5 万株；新封山 1 万亩，封山育林总面积达到 29 万亩。

1998 年，全区参加义务植树人数 4.5 万人，义务植树 11.2 万株（超额完成市下达任务 1.8%），其中成片造林 0.05 万亩，“四旁”植树 1.8 万株。

1999 年，全区参加义务植树人数 6.8 万人，占应参加人数的 7.6 万人的 87.2%，义务植树 11.5 万株，超额完成市下达任务的 4.5%。植绿篱 1 万延长米，铺草坪 7.8 万平方米，全区人均植树株数为 3 株。镇级以上办绿化点 14 个，其中本年度 4 个；造林面积 0.28 万亩，其中本年度 0.04 万亩。全区建成义务植树基地 13 个，其中本年建成 4 个；造林面积 0.47 万亩，其中本年度 0.18 万亩。

2000 年，全区参加义务植树人数 7.6 万人，占应参加人数的 7.6 万人的 87.2%，义务植树 25.4 万株，成活率在 85%以上。

种植树种主要有马尾松、枫香、荷木、桂花、女贞、阴香、大红花、乐昌含笑、山杜樱、樟树、红豆杉等。

第四节 林业生产

一、林产品产销

区内所产木材主要运往广州、汕头、佛山等地销售最多。

1996 年，全区完成木材产销 23373 立方米，占原计划 17000 立方米的 137%。其中，连江口站完成 17169 立方米，占原计划 7300 立方米的 213%；黎溪站完成 3030 立方米，占原计划 5600 立方米的 54%；水边站完成 3174 立方米，占原计划 4100 立方米的 77%。全区经营柴炭量 3784 立方米。其中连江口、黎溪、水边分别为 2357 立方米、1222 立方米、205 立方米。上述生产经营为国家创收税利 47.5 万元，其中特产税 18.5 万元。

1997 年，全区完成木材产销 24765 立方米，占计划任务 40000 立方米的 61.9%。其中，连江口站完成木材 17407 立方米，占计划任务 20000 立方米的 87%，薪材 2867 立方米，竹 1588 吨；黎溪站完成木材 4079 立方米，占计划任务 10000 立方米的 40.8%，薪材 852 立方米，竹 1010 吨；水边站完成木材 3279 立方米，占计划任务 9000 立方米的 36.4%，薪材 249 立方米，竹 934 吨。

1998 年，全区完成木材产销 18858 立方米，柴 1391 立方米，竹 5000 吨，为国家创税利 39 万元。其中，连江口林业站完成木材产销 11833 立方米，薪柴 1259 立方米，纸竹 399 吨，用材竹 1158 吨；黎溪林业站完成木材产销 3669 立方米，薪柴 10 立方米，竹类 1700 吨；水边林业站完成木材产销 1965 立方米，薪柴 122 立方米，竹类 1743 吨；升平林业站完成木材产销 1391 立方米，竹 566 吨。

二、木材加工

1995 年，区内木材加工厂除生产原木板、枋条外，陆续利用各种非规格材、枝丫材生产拼板。2001 年，全区办有各类木材加工厂 70 间，其中林业系统 2 间，创收税利 47.5 万元。

第五节 林政管理

一、森林治安

1996年组建林政稽查大队，从水、陆两路展开稽查工作，并在黎溪分水坳及水边必要地段设立护林站。同时，林政执法人员定期检查，打击乱砍滥伐，占用林地，无证偷运及经营木材、倒卖、经营野生动物等违法行为，还到酒楼、饭馆、招待所、码头、车站、市场开展检查，打击食用、买卖野生动物等违法行为。

1996年，处理严重走私偷运木材案件10宗，没收无证运输、无证经营木材300多立方米；清理违法经营木材加工厂70多家；查获国家保护动物穿山甲1只、猴头鹰3只，白鹇6只。

1997年，对区内70多家木材经营的木材加工厂（点）进行检查，查获国家保护动物穿山甲1只、猫头鹰3只、白鹇2只、白颈长尾雉2只。处理违法运输木材100起，没收木材300多立方米，处理变价款和罚款近5万元。

1998年，检查酒楼、饭店60间，查获国家二级保护动物虎纹蛙100多只。查处违法运输木材车（船）816次，没收木材467立方米。

1999年，检查运输木材车（船）1500多次，其中处理违法运输800例，木材蓄积达1200立方米。

2000年，审核木材加工经营单位（点）47家，建立起木材加工台账，以便于不定期的检查监督。查处征、占用林地4宗面积21亩，其中高压输电线路3宗，永久性征、占用林地面积11亩，瓷沙场1宗，征、占用林地面积10亩，追缴瓷沙场植被恢复费2.68万元。

二、砍伐管理

1995年起，区内林木实行凭证许可定点采伐。1998年，开始执行“伐前设计，伐中检查，伐后验收”的砍伐管理制度。在征、占用林地审批上，统一使用省林业厅印制的审批表和林地使用许可证，并采用林地植被恢复费专用收据。1995–2001年，全区每年安排的采伐指标基本在2.6万～5.6万立方米之间。

1997年，核发林木采伐许可证39647立方米，落实伐区86个面积9325亩，总消耗蓄积42250立方米。

1998年，核发林木采伐许可证56811立方米，采伐面积12674亩，采伐点94个。核发木材运输2700份，木材数量19000立方米，审核发放木材经营加工许可证75份。

1999年，核发林木采伐许可证26573立方米。核发木材运输证46000份，流通木材共计42000立方米，审核木材加工许可证75份。

2000年，核发林木采伐许可证303616立方米，核发木材运输证3800份，办理木材运输证39261立方米。

第六节 森林防火

一、火灾概况

1995年12月21日，飞来峡管理区森林防火办公室成立，挂靠在林业局。

全区护林防火实行各级行政领导负责制，下一级对上一级负责的工作责任制。通过签订“森林防火责任书”，召开大、小专题会议，标语张贴标语、悬挂横额，利用宣传车和小学生组成的义务宣传队伍在墟日上街游行宣传。执行生产性用火管理审批制度，开展炼山防火线检查和炼山用火证审批发放工作，规定“六不烧”（领导不在场不烧，防火路不合格不烧，防火人员及扑火工具未到位不烧，天气干燥、三级风以上不烧，上山火不烧，四级（含）以上火险天气不烧）、“十禁止”（进入林区禁止烧田基草，禁止烧黄蜂、焗蛇鼠，禁止烧香、烧纸和其他迷信用火，禁止夜间使用火把照明走路，禁止狩猎和烧山赶野兽，禁止烧火取暖和烧烤食物，禁止烧灰积肥，禁止野炊、燃放烟花爆竹，禁止吸烟和乱丢火种，禁止其他生产和生活用火）。执行《广东省专野外火源管理十项规定》，严抓野外火源管理工作，做到见烟就查，违章就罚，着火就抓，把山火消灭有萌芽状态。成立升平、连江口、黎溪、水边 4 支扑火专业队，组织开展森林防火知识培训、扑火指挥员培训，安排专人巡山护林。

1996 年，全区发生一般山火 2 宗，其中一起为高压线断落引发，森林受害面积 16 公顷，森林受害率 0.33‰，森林火灾发生率 0.32 次/万公顷。

1997 年，全区张贴宣传标语 2.5 万张，挂宣传横额 250 条，翻新永久性宣传标语 500 条，同山区群众签订森林防火公约 6000 份。全年没有山火发生。

1998 年，全区发生火灾 1 宗，受害面积 3.2 公顷。张贴宣传标语 2.3 万张，悬挂横额 50 条，制作永久性宣传标语 80 个，永久性横额 15 条。

1999 年，全区布置横额 320 条，贴标语 9800 份，张贴布告 80 份，宣传栏 45 个，小学生游行 46 次，出动宣传车 110 次，新造和刷新标语牌 1600 个。4 个扑火专业队，人员 89 人。同时，在民兵应急分队中组建森林消防半专业队 4 支，共 200 人。

2000 年，全区发生山火 3 宗，过火面积 35.3 公顷，处罚当事人罚金 1.5 万元。

二、防火林带规划建设

1995 年起，开始对区内的生物防火林带进行规划、建设。1996 年，维建林带 210 公里、机械带 350 公里。1998 年，拟出“飞来峡管理区加快营造生物防火林带工程建设的实施方案”，拟定全区生物防火林带面积 486.1 公顷（长度 495 公里）。1999 年，营造防火林带面积 52.5 公顷，50 公里。2000 年，营造防火林带面积 60.7 公顷，长度 57 公里。

第四编　水　利

Di Si Bian　　Shui Li

第一章 水利建设

第一节 水利机构

1996年4月9日，飞来峡管理区水利局挂牌成立。

飞来峡管理区水利局局长、副局长：

局　长　叶青雄（1996.4-2001.10）

副局长　刘学勤（1997.12-2001.10）

　　　　骆向阳（1999.12-2001.10）

第二节 水利工程

一、蓄水工程

1995年，区内的山塘水库蓄水工程，主要有1993年建成的黎溪镇天堂山水库，是全区唯一的一宗小（一）型水库，总库容193万立方米，灌溉面积2600亩。此外，黄洞仙人石水库是一宗小（二）型水库，库容30万立方米，承担黄洞管理区的农田灌溉任务。

二、引水工程

区内拦河筑陂引水工程，主要用于灌溉农田，引水的陂型结构有浆砌石、干砌石、圬工硬壳等。

1998年，由于飞来峡水利枢纽工程建成蓄水，连江口镇的群联、下步、南坑、银坑4条堤围等主要水利设施，原有的堤坝、水闸等主体工程都不能适应蓄水后的高水位运行。为了配合枢纽工程的蓄水清库工作，区水利局与建管局、连江口镇政府协商，决定由建管局出资376万元，对4条堤围的堤坝进行加宽加高，同时改造原有的水闸。

2001年，全区灌溉100亩以上的引水工程有连江口镇的群联、下步、南坑、银坑堤，水边镇的马槽坑陂等。

三、农田水利工程

飞来峡管理区原有的水利工程设施大多数建于20世纪50-60年代，工程普遍存在设计标准低、施工质量差的问题，再加上年久失修，管理不善，工程老化严重，防洪能力和灌溉能力逐年下降。1996年4月，区水利局成立后，贯彻省政府《关于搞好水利工程达标建设的通知》，在建设改造水利工程过程中，遵循“高起点规划、高标准设计、高质量施工、高效益发挥”的原则，力争建设一宗，达标一宗。

在水利建设资金的投入方面，区水利部门争取上级的重视和支持，按照“谁受益、谁投资”的原则，以“地方投入为主，中央财政为辅”和“社会办水利”为切入点，多渠道筹集资金。

1996年，投入农田水利建设资金154万元，累计完成土方1.5万立方米，石方0.12万立方米，砼方62立方米，治理水土流失面积0.26万亩，修复水陂14宗，治理排灌系统28条69公里。

1997年，治理水土流失面积0.26万亩，修复水陂294宗，防涝面积1.85万亩，恢复灌溉面积0.7万亩，整治排灌系统77条99.6公里。连江口防洪堤是飞来峡管理区移民主体工程的组成部分，计划总投资3358万元，直接捍卫连江口新镇及1.5万人口。工程由清远市水电局和飞来峡管理区水利局承建，1997年建成。升平镇黄洞堤保护升平镇300多人，耕地6000亩，属低标准堤，防堤高23米（珠基），在1997年“5·8”和“7·5”洪水中，数度遇险。灾后，省水利厅补助100万元，地方财政及群众自筹150万元，进行除险加固，1998年汛期前竣工。

1998年，投入农田水利建设资金500多万元，累计完成土方16.87万立方米，石方2.46万立方米，其中浆砌石0.64万立方米，砼方835立方米、修复水陂36宗，培修加巩堤防6.8公里，改造中低产田0.11万亩，新增除涝面积0.64万亩，恢复改造灌溉面积1.06万亩，新增灌溉面积0.01万亩，累计投入工日16.45万日。

四、水库除险加固

1997年，落实资金47万元，对全区唯一的一宗小（一）型水库——天堂山水库进行除险加固，消除坝体渗漏严重等险情隐患。

1998年，飞来峡水利枢纽从蓄水试运行后，由于防汛和航运的影响，库区水位高低不稳，对原的有水利设施造成严重破坏，加上原有水库运行多年，设计标准低，排涝能力差，沿库区各镇农田普遍存在内涝问题。为此，分别对天堂山水库的三条土坝和两条拱坝进行除险加固，对塘旺水库小（二）型水库进行压力管改造和机组更换。

1999年，对黄洞仙人石小（二）型水库进行除险加固。该库容为30万立方米，原承担黄洞管理区的农田灌溉任务，随着飞来峡水利枢纽工程的建成，其灌溉功能已不存在，主要功能是蓄洪，一方面把其集雨面积范围内的洪水贮起来以减轻黄洞电排站的排涝压力，另一方面因其地处飞来峡水库大坝左岸，一旦出事定会危及大坝的安全。为此，区水利局将此水库除险加固作为一个重点工程项目来抓，以保护周边5000多名人民群众的财产和生命安全。

2000年，修整飞来峡库区防汛公路，保护4000多名人民群众的财产和生命安全。恢复修建天堂山水库防汛公路。

五、水电站建设

1995年，飞来峡管理区改革水利建设组织形式，以水利为社会、社会办水利作抓手，多层次集资、股份制集资，形成省、市、区、镇、村“五级”增加投入，贷款办水利的新格局。

1997–1998年，建成投资500万元的连江口水电站，水边镇马槽坑水电站等。

1999–2001年，建成连江口南坑（200千瓦）、初溪（430千瓦）、连樟等水电站。

表4-1-1　　2001年底飞来峡管理区部分小水电站基本情况

电站名称	投产时间	装机容量（台/千瓦时）	所在镇村
连江口	1998	500	连江口
马槽坑	1998	400	水　边
南　坑	2000	200	连江口
初　溪	2000	430	连江口
连　樟	2001		连江口

六、供水工程

1998年，区水利局与飞来峡工程移民局合作，总投资510万元建成连江口供水工程，日供水量2500～3000立方米，满足12000～15000人的食水，年水费总收入80多万元。

七、水政执法

1996年，飞来峡管理区水利局落实由清远市人民政府统一颁发的水政监察员证，原北江干流由清远市水利局管辖河段授权给区水利局管理。以“水利与社会”为主题，开展《中华人民共和国水法》《中华人民共和国水土保持法》《中华人民共和国防洪法》等一系列宣传活动，在区管委所在地的升平镇拉起显眼的横幅，张贴200多条宣传标语；摘录主要的水利政策法规，编订成小册子分发到乡镇、管理区干部以及执法、服务对象手中。制定《飞来峡管理区水利建设基金的筹集和使用管理实施细则》和《飞来峡管理区水土保持补偿费征收和使用管理暂行规定》，完善水政执法的政策、法规体系。

区水利局取得区物价局审批的涉及水利行政事业性收费项目有：水资源费、水土保持补偿费、河道采沙管理费、防洪工程建设费等。同时联合国土、矿产、林业等部门对采石场、河道采沙场、取土场开展审批发证、监察、收费等执法工作，实行依法治水。1996年，水土保持补偿费收缴8万元。

1997年，区水利局以3月出台的《清远市水资源费征收管理办法》和10月出台的《中华人民共和国防洪法》为契机，对水资源统一管理，全年征收各项水规费9万元。

第二章　三　防

第一节　“三防”工作

一、特殊地理现状

飞来峡管理区受梅岭山脉余脉影响，切割成连江、北江两条水系，形成西北高、东南低的地貌特征，全区4个镇处于两江汇合口附近，上游的集雨面积占北江全流域的73%，来水量大。全区位于全省三大暴雨中心之一的边缘，全年降雨分配极不均匀，降雨时段集中。飞来峡水利枢纽建成后，为发挥蓄洪作用，保护下游的广州大都市及珠三角地区，当大面积出现洪水时，枢纽工程将成为滞蓄洪区，加大全区的防洪压力。因而出现“一年一小灾，三年一大灾”的状况。

二、责任“三防”落实

飞来峡管理区“三防”指挥机构成立后，贯彻“安全第一，常备不懈，以防为主，全力抢险”的方针，“三防”工作（防洪、防风、防旱）实行政府行政首长负责制，分级分部门管理的原则，对水利防洪工程分三级管理：大中型水库、保护5万亩以上农田的堤围以及跨镇的水利防洪工程由区管理；小型水库、保护5万亩以下农田的堤围及跨管理区的水利防洪工程由镇管理；其他小型农田水利工程由管理区管理。全区水利工程按规模大小分级、分部门管理、负责的要求，由区管委会领导牵头，由区水利局与相关部门签订“飞来峡管理区水利工程防洪安全管理责任书”，做到工程管理责任到人，层层落实，各司其职，“三防”工作逐渐形成规划化、制度化。

1996年4月30日，召开全区第一次“三防”工作会议，分管农业副区长在会上就如何做好防汛的落实工作作动员部署。全区共落实防汛抢险队伍1500人，准备河沙19600立方米，石料1108立方米，纤维袋50000个以及其他防汛物资一批。升平、连江口等镇把队伍分为潜水组、物资组、巡逻后勤组、技术组等，分工协作。水边、黎溪等镇的防汛队伍在重点堤围险段进行实地抢险演习，开展工作“三防”知识培训。

三、“三防”经费

1996年，全区共投入防汛经费62万元，抗旱经费25万元，其中区财政拨款20万元，群众自筹67万元。

四、“三防”装备

1996—1998年，投入35万多元购置大功率进口天线、配套电台4座、“三防”车辆1台。2000年，按照“三防”办须配备预警网络设备的要求，先后配备防洪专用电脑1台、电台多座、对讲机一批、车载台1部，与清远市“三防”办联成终端网络，实时可调查区域有关数据，全区各镇及各主要防洪水利工程连成电台网络。

五、汛期检查

1996年起，区“三防”部门每年在汛前或汛期召开会议，研究部署工作，并组织人员开展检查，确保安全度过汛期。其中，2000年按照省人大常委会《关于加快小型水库安全加固的议案》要求，结合省水利厅提出的“一库制”建设，在清远市水利局和“三防”办组织的汛前检查中发现天堂山水库拱坝坝顶出现10条贯通坝顶裂缝问题后，区水利局立即做好计划上报省水利厅，争取资金支持，进行全面修复，彻底根除天堂山水库险情。

根据“省政协第555号经济类提案”，区水利局组织一批工程技术人员对银坑、群联、南坑、下步堤围在飞来峡水利枢纽特殊洪水调节下的效能及堤内人民生命财产安全作系统论证规划，实现在不影响水利枢纽防洪调节、堤围的正常效益的情况下，发展农业生产。

1998年，对在辖区内北江干流上阻碍行洪的建筑物、船只、废弃物进行全面清理。

六、电排站改造

1996年，对升平、黄洞两个电排站进行技术改造，增强排涝泄洪能力。

1999年，对黄洞电排站进行调巩，更换水泵一台、电机一座，装机容量从原来的260千瓦扩大为330千瓦，同时增设配电屏一面、电缆一批等。2000年汛期运行，效果良好。

黄洞电排站于1960年建成，位于飞来峡枢纽右岸土坝背水坡，集雨面积2.5平方公里，受益农田3800亩，保护人口2000多人。1997年，区水利局争取上级资金40万元，对其进行维修和技术改造。改造后的电排站经过两年的运行，发现装机容量仍然达不到运行需要，特别是飞来峡枢纽工程蓄水后，枢纽工程右岸土坝部分渗漏，加重电排站的排泄压力。1999年，区水利局争取上级资金，再次进行调巩，增添设备，增加装机容量，增强排泄能力。

七、编制防洪预案

北寮堤围位于升平镇北江左岸，是飞来峡管理区唯一一宗保护万亩以上农田的河堤，全长1.79千米，原堤顶高程24米，堤顶宽3米，保护耕地面积1.335万亩，保护北寮、共星、竹园3个管理区和新规划的移民新村约1万人；属地质土坝，分元岗、兴和、朱和3段，以元岗水闸为代表点，设计标准为20年一遇，相应水位23米。1996年，是飞来峡管理区度汛第一年，区”三防”部门于4月编制北寮堤抗御特大洪水预案，明确抗御特大洪水的指导思想、任务和职责，专门组织一支600人的捍卫北寮堤抗洪抢险队伍，其中潜水组150人、物资组300人、巡逻后勤组150人。准备防洪河沙960立方米、石料1108立方米、纤维袋28500个，以及木材、柴油等物资一批。同时，在汛期前举行一次防汛抢险演习，提高抢险队伍人员的业务素质和应变能力。此外，将该堤顶宽由原来的 3 米加宽到 10 米，高程由 24 米加高至 28.41 米，按 100 年一遇的标准设计建设。

2000 年，根据省、市”三防”指挥部的指示，飞来峡管理区于汛期来临前完成飞来峡水利枢纽库区防洪预案的编制工作，并与所辖区各镇政府签订防洪安全责任书，落实防汛工作地方行政首长负责制，分清各部门、各单位的职责。

第二节 “三防”灾害

一、洪灾

1996 年 4 月 20 日、5 月 23 日的两场暴雨，水边镇、连江口镇农作物受涝面积 15000 亩，毁坏农田 86 亩，减产粮食 1900 吨；受毁水陂 14 座，水圳 15.1 公里；交通受阻一段 1500 米；受浸涉及 6 个管理区，被困人口 66 人，紧急迁移人口 1100 人；直接经济损失 500 多万元。

1997 年 7 月初，飞来峡管理区及上游的“三连一阳”、韶关等地区普降暴雨到大暴雨，至 19 日的 10 多天内降雨量累计 672.5 毫米，约占全年雨量的三分之一，北江水位急剧上涨。7 月 6 日，全区各镇均超警戒水位，其中水边镇水位 33.8 米，高于 1994 年 6 月 18 日百年一遇的特大洪水位；升平镇水位 22.70 米，超警戒水位 4.7 米。此外，由于西江顶托，北江水位连续几天居高不下，全区遭受洪水袭击时间长，灾情惨重。全区 4 镇全部受淹，43 个管理区 617 个自然村 74542 人受灾，紧急迁移人口 3.2 万人，受浸房屋 8342 间，损坏 4200 间，倒塌 2400 间；农作物受灾面积 4154 公顷，其中粮食作物 3156 公顷，经济作物 998 公顷，造成粮食减产 376.5 吨；冲毁山塘一宗，水陂 205 座，电泵站 4 宗；冲毁桥涵 67 座，毁坏路基 14 处，区内主要交通干线银英公路塌方 3200 米；全区 3 个镇通信一度中断，输变电线路损坏 386000 米，停电 64 小时，个别镇停电 100 小时，直接经济损失 1.97 亿元。

1998 年，全区降雨时段相对集中，4 镇 168 个村庄近 4 万人受灾，4600 多人一度被洪水围困，倒塌房间 179 间 3000 余平方米，直接经济损失 1800 多万元。

二、旱灾

1996 年 7 月、8 月和 10 月，飞来峡管理区出现严重旱情，其中升平镇最严重，全区受旱面积 3500 亩，减产粮食 473 吨。

1998 年 8 月后，全区各镇相继发生旱情，其中水边镇情况较为严重。全区共投入 5000 多个工作日，机电井 20 眼，提水设备 20 套，运水车 2 辆，抗旱资金 2.3 万元，抗旱浇灌面积 30 公顷，临时解决 600 人和 1000 多头大牲畜的饮水困难。

三、水毁工程修复

1997 年，投入水毁工程修复资金 371 万元，完成土方 21.27 万立方米，石方 1.42 万立方米，砼方 0.21 万立方米；治理水土流失面积 0.26 万亩，修复水陂 294 宗，治涝面积 1.85 万亩，恢复灌溉面积 0.7 万亩，整治排灌系统 77 条 99.6 公里。

1998 年，修复山塘 5 座，固定式水陂 14 座，临时性水陂 46 座，恢复灌溉及排涝面积近百公顷。对在辖区内北江干流上阻碍行洪的建筑物、船只、废弃物进行一次全面清理，保障河道顺畅。

第五编　城乡建设

Di Wu Pian　Cheng Xiang Jian She

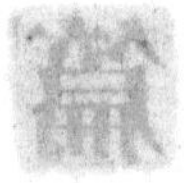

第一章　城区规划建设

第一节　城建机构

1995 年 8 月 29 日，清远市机构编制委员会批准设立飞来峡管理区规划基建委员会（含建委、规划、设计、环保、房管、交通、公路、通信、航运、能源），正科级。

1996 年 2 月 6 日，成立区招标、投标委员会，区委副书记、常务副区长徐觉荣任主任，区委常委、纪检书记张细珠、副区长植东林任副主任，办公室设在区规划基建委员会，戴强任办公室主任，邱泽军任办公室副主任。

1996 年 5 月 28 日，卢建华任飞来峡管理区规划建筑设计室副主任。

1998 年 3 月 11 日，区组织人事办公室明确，区规划基建委员会在编公务员 12 名，其中主任 1 名、副主任 3 名、副主任科员 2 名、科员 3 名、办事员 3 名。

2001 年，区规划基建委员会内设办公室、建设管理科、规划科、招投标办公室，下设质监站、设计室、船舶管理站、建安公司、园林公司、自来水公司、城市建设管理监察大队，各镇成立建委。

飞来峡管理区规划基建委员会主任、副主任：

主　任　戴　强（1996.9–2001.10）

副主任　戴　强（1995.9–1996.9）

张远平（正科，1997.4–2001.10）

潘汝流（1995.9–2001.10）

蓝伟祥（正科，1998.12–2001.10）

邱泽军（2001.1–10）

第二节　城镇建设管理

一、城镇规划设计

1995 年 9 月，与同济大学、清华大学、清远市建筑设计院合作修编升平镇总体规划（10 平方千米），连江口总体规划（2 平方千米）、黎溪总体规划（1 平方千米），区行政会议中心小区规划、黄洞旅游小区规划、工业区规划、连江口皇城口小区规划、金斗角小区移民规划。其中升平镇规划经过 3 个月的编制和 3 次修改，于 1996 年 4 月经清远市政府批准并实施，规划定性为“以发展特色旅游为主，农林渔及小加工业为铺的现代化综合旅游小型城市”，近期的建设目标是加强城市基础设施的建设，促进城市旅游设施的开发，完善城市公共设施，提高城市环境质量等。远期规划城市用地向竹园方向发展，实现“山中有城，城中有山，水穿城过，城景相依”的布局，从生态城市向山水城市发展。总人口预测近期（2000 年）人口规模为 3.4 万人左右，远期（2020 年）人口规模为 8.5 万人左右。用地规模考虑取国家标准的上限，即 100～120 平方米/人。远期城区建设用地在 850～1020 公顷左右。城市用地发展以北江左岸与京广铁路、银英公路之间的狭长地带为主，同时大力开发北江右岸的移民新区，旅游度假设施等。为城市以后向东、向西的发展打下基础。

连江口建设以发展旅游为主，建设成为农、林、渔和小加工业为辅的现代化综合旅游城镇。根据地形狭窄，丘陵地多，平原少的特点，连江口近期城区建设重点，在北江左岸新筑堤线与银英公路之间的狭长地带和皇成口银英公路与京广铁路之间为近期用地区，远期城区建设用地沿北江干流和北江出口岸边扩展。城市建设用地按 83 平方米/人的规模控制，规划期末城镇人口规模控制在 3 万人以内。

水库建设将淹没黎溪镇政府所在墟镇，经多方研究论证，1996 年 3 月完成黎溪新镇所在地的总体规划简介，定位为以发展“三高”农业和一类无污染加工业为基础，发挥水陆运输能力的优势，逐步过渡到以商业为主的现代化旅游商业城镇；规划面积 0.868 平方公里，新镇人口规模为 15558 人，绿化率 4.3%，建筑密度 27%，其中移民房统一为 5 层，公共建筑 5～7 层；拟修建黎溪北江大桥，改善北江两岸交通环境，推动经济发展。

1997 年，全区完成规划面积 75.42 公顷，修改规划 13.34 公顷，完成 140.26 公顷范围内排水、排污规划，6 公里供水管道网设计，完成单体设计 25806 平方米。

1999 年，按照“规模合理、土地节约、保护环境、可持续发展”的原则，组织编制和修编水边镇总体规划（63 公顷）、区行政会议中心详细规划（26.45 公顷）、连江口镇移民三区规划（5.73 公顷）、连江口镇一区二期商住区规划（20 公顷）、升平大街 48 米道路规划，完成规划面积 115.18 公顷，单体设计 19115 平方米。其中水边镇将以农业为主，大力推广科学种田建立优质水稻基地，发展“三高”农产品，逐步建设成为以农业工人为主的现代化城镇。

2000 年，根据《中华人民共和国规划法》《村庄和集体规划建设管理条例》等法律法规，实施“两证一书”和“一证一书”的规划报建制度。先后完成水边镇总体规划（63 公顷），连江口镇政府小区规划（8.3 万平方米），升平镇商贸城规划（3200 平方米），完成全区剩余的 23 个中心村规划任务。全年共完成移民规划报建 39 宗、建筑面积 7020 平方米；单位规划报建 16 宗，建筑面积 28141.72 平方米；查处违法、违章建筑 26 宗，并发出整改通知。

二、城区建设

（一）街道

1996–1998 年，升平镇投资 3200 多万元，完成竹园路段、共星路、社岗路、升平路建设，合计 30 公里；建设镇区道路 9.6 公里，镇内主次干道路面基本实现硬底化。黎溪镇完成道路总长度 14080 米，镇区主干道路基本实现硬底化。

（二）公园广场

1996 年，全区建成公园 2 个（连江口、黎溪公园）。

（三）园林绿化

1995 年前，升平、黎溪、连江口、水边 4 镇无绿化规划。

飞来峡管理区成立后，开始园林绿化规划，在街道两旁绿化树林种植。

1996 年，建立花圃培育基地，种植各类树苗花卉 6000 多株，用于新区的绿化。是年，全区有园林绿化管理人员 16 名，其中升平 2 名、黎溪 5 名、连江口 1 名、水边 8 名。全区建制镇园林绿地面积 17 公顷，其中升平 2 公顷、黎溪 4 公顷、连江口 11 公顷；有公共绿地面积 16.7 公顷，其中升平 0.7 公顷、黎溪公顷 4 公顷、连江口 11 公顷、水边 1 公顷；人均公共绿地面积 8.94 平方米，其中升平 1.62 平方米、黎溪 7.27 平方米、连江口 18.05 平方米、水边 3.62 平方米。

1996-1998 年，城区绿化面积 12000 米。

2000 年，全区建制城镇绿化覆盖面积 21 公顷，其中升平 5 公顷、黎溪 4 公顷、连江口 10 公顷、水边 2 公顷；全区园林绿地面积 11 公顷，其中升平 3 公顷、黎溪 1 公顷、连江口 7 公顷；全区公共绿地面积 12 公顷，其中升平 3 公顷、黎溪 2 公顷、连江口 6 公顷、水边 1 公顷；人均公共绿地面积 4.04 平方米，其中升平 3.66 平方米、黎溪 1.98 平方米、连江口 6.74 平方米、水边 4.00 平方米。全区有园林绿化管理人员 25 名，其中升平 6 名、黎溪 6 名、连江口 5 名、水边 8 名。

（四）照　明

1996-1998 年，升平镇、黎溪镇投入 50 多万元，完善主要街道的路灯建设。

1996 年，全区有路灯 658 盏，其中升平 400 盏、黎溪 35 盏、连江口 200 盏、水边 23 盏。

1997 年，全区有路灯 745 盏，其中升平 400 盏、黎溪 50 盏、连江口 215 盏、水边 80 盏。

1998 年，全区有路灯 865 盏，其中升平 400 盏、黎溪 70 盏、连江口 315 盏、水边 80 盏。

2000 年，城区升平镇实施亮化工程，在环形岛、花坛、主要路口安装探照灯、烟花灯等。由各单位在各自的办公楼、大门口以及各主街道门店安装上霓虹灯。是年，全区有路灯 1515 盏，其中升平 500 盏、黎溪 370 盏、连江口 415 盏、水边 230 盏。

路灯照明时间一般每天 18：00-19：00 开灯，第二天 5：00～6：30 分关灯，即每天天黑前开灯，第二天天亮后关灯。城区路灯的完好率及亮灯率在 96%以上。

第三节　供　水

一、供水设施

1996 年 8 月，区自来水公司成立并接管升平水厂，区自来水公司主要负责升平镇规划内的机关单位、工商业生产、居民生活用水。对原有抽水机械进行技术革新，在新集镇供水网络上扩大原抽水管径，增加二台 D 型 8 级离心式水泵，改变原来无备用抽水机械的状况，增强供水能力。在深水供水网络上，采用二级抽水过滤，解决深水井秋冬二季干枯状况。24 小时有专人值班。是年，完成产值 240 万元，固定资产为 286 万元，年供水量 30 万立方米，日供水量 1000 立方米，全年铺设改造管道 38900 米，其中 100 毫米管 7652 米，80 毫米管 5490 米，50 毫米管 9697 米，40 毫米管 4970 米，25 毫米 11091 米，建成布咀、1～4 区、二中、中心小学为一体的供水网络。管道维修 196 次，检测、维修水表 550 只。

1997 年，区自来水公司完成供水量 23 万立方米，扩建、改建管道 2845 米。实现产值 110 万元，其中供水收入 24 万元，改建、扩建管道工程产值 60 万元，维修管网、检测水表、查处违章用水等各项收入 26 万元。投资 1100 万元新建日产 10000 立方米首期供水工程，其中 2500 立方米采用全自动成套微滤水处理设备，引进世界领先的法国膜处理技术，水质达到国家饮用水水质标准。黎溪镇完成供水设施 20000 米，建成水厂并开始供水，连江口镇供水工程开始筹建。

1998 年，区自来水公司完成供水量 28.05 万立方米。

1999 年，区自来水公司完成供水量 27.5 立方米，实现产值 54.7 万元，其中供水收入 34.2 万元，管道安装维修收入 20.5 万元。完成升平镇井洼村 130 户 1385 米的首期管道铺设，在升平镇街道重要位置配置安装消防栓管道。

2000年，区自来水公司完成供水量25.2万立方米，实现产值51万元，其中供水收入30.2万元，管道安装维修收入19.8万元，报装自来水84户，增建升平旧一、旧三村管网。

2000年，升平镇、黎溪镇、连江口镇、水边镇建成自来水厂，年供水量167万立方米，日供水量3900立方米，自来水管道长度110公里，用水人口2.97万人，普及率100%，人均生活用水量101.47升。

表5-1-1 2000年飞来峡管理区建制镇自来水供应情况

镇别	水厂数（个）	日供水量（立方米）	自备水源日供水量（立方米）	管道长度（公里）	年供水量（万立方米）			用水人口（万人）	普及率（%）	人均生活用水量（升）
					合计	生活用水	生产用水			
升平	1	2500	300	9	48	36	12	0.82	100	120.28
黎溪	1	500	300	9.8	26	23	3	1.01	100	62.39
连江口	1	600	3500	10.2	80	40	40	0.89	100	123.13
水边	1	300	500	5	13	11	2	0.25	100	120.55
合计	4	3900	4600	34	167	110	57	2.97	100	101.47

二、水费收费

1996年至2001年升平镇自来水销售情况见下表。连江口镇、黎溪镇和水边镇的自来水销售情况不清楚。

表5-1-2 1996-2001年飞来峡管理区城区自来水销售水情况单位：万立方米、万元

年份	售水量	收取水费	年份	售水量	收取水费
1996	30		1999	27.5	34.2
1997	23	24	2000	25.20	30.2
1998	28.05		2001	24	28

第四节 供电 供气

一、供电

1995年前，升平等镇供电线路为密麻错乱如蜘蛛网般搭架在街道上。飞来峡管理区管委会成立后，供电部门投入资金对城区供电线路进行重新规划架设，逐步将城区供电高压电线从架空中明线改为埋设地下通道，“空中蜘蛛网”的现象有所改观。

二、供气

飞来峡管理区自成立后，没有建立燃气站，燃气经营呈无序状态。1999年，为加强对燃气的管理，规范经营和使用燃气行为，区管委颁发《飞来峡管理区液化石油气经营管理办法》，明确：全区的液化石油气由区供销社经营销售；经营销售者必须取得燃气主管部门核发的“广东燃气经营许可证”、消防部门核发的“防火安全许可证”、工商部门核发的“营业执照”。接着，区供销社与英德市英鹏液化气站联合经营销售液化

石油气，在升平、黎溪、连江口、水边 4 镇设立销售点。

2000 年，由区建委牵头，协同工商、消防、环保、劳动等有关单位多次对区内燃气市场进行清理整顿，区管委中止 1999 年初颁发的《飞来峡管理区液化石油气经营管理办法》，取消区供销社的独家经营销售权，重新颁发《飞来峡管理区燃气管理办法》，制定办理“燃气许可证”的有关程序，对各燃气经营点认真进行现场勘查和申报资料进行严格审查，确定全区 4 个镇液化石油气销售点为 11 个。

第五节 城区管理

一、用地管理

划入城区规划建设和控制的土地由区国土部门统一管理、统一征用、统一规划，建设单位与个人在规划市政部门取得建设用地规划许可证后，方可依法办理用地批准手续。

二、建设管理

飞来峡管理区设立后，按照“高起点规划、高标准建设、高效能管理”建设新区的要求，以及布局合理、设施配套、环境优美的目标开展城镇建设。区委、区政府相继颁布《清远市飞来峡管理区建筑市场管理条例》《清远市飞来峡管理区建设工程报建总程序》等，规定所有规划区范围内改建、扩建、新建工程均严格按总体规划进行建设，严格履行“一书两证”和规划一张图、审批一支笔的管理制度。

1997 年 1 月 6 日，针对区内在基建工程大规模建设过程中，工地较多，各种建筑材料乱堆、乱放现象较严重，乱摆乱卖、乱停乱放、乱写乱贴、乱搭乱建、乱拉乱堆、乱挖乱堆现象时常发生的问题，成立飞来峡管理区整治违章建筑领导小组，组长由区委副书记、常务副区长徐觉荣担任，副区长植东林、建委主任戴强任副组长，小组成员由建委、国土、公安、城监等单位组成，下设办公室。区辖 4 镇均相应成立领导小组，在全区范围内整治违法违章建筑，处理一批违章建筑，对限期不整改的违章建筑予以强行拆除，其中升平镇处理 31 户面积 2544.1 平方米，连江口处理 4 户面积 213.14 平方米。

同时，限制旧城区无规划、无秩序建房，注意建筑物使用性质、建筑容积率、建筑密度、建筑高度、建筑间距、建筑退让、建筑区内绿地率和建筑区内出入口、停车场以及各类公共用地指标、设施的控制，融消防、环保、卫生防疫、交通、园林绿化为一体。成立区“岭南杯”达标小组办公室，开展对城镇基础设施的建设管理和市容镇貌的整治，拆除或改造城区主街道空中的电线、电缆等“空中蜘蛛网”，把管线埋到地下或安装在道路两边的楼房墙体上。

第六节 环境卫生

一、街道清洁和垃圾处理

1995 年底，设立飞来峡管理区环境卫生管理站（简称环卫站）。环卫站的工作人员，每天早上清扫城区内主要街道，并将机关、居民住宅清倒入垃圾池内的垃圾，用垃圾清运车运去填埋。同时，黎溪、连江口、水边 3 镇成立环卫队伍，购置垃圾桶、车辆，对垃圾实行收集、清理运输，并推行门前垃圾“三包”。其中升平镇分派出一名干部专门负责环境卫生工作；连江口镇购置垃圾桶 100 多只，摆放在街道上，购置 2 辆车辆专门负责清运垃圾。是年，全区有环卫工人 13 名，其中升平 4 名、水边 3 名、连江口 3 名、黎溪 3 名；各类环卫车辆 17 车辆，其中升平 4 辆、水边 5 辆、黎溪 4 辆、连江口 4 辆。

2000 年，全区有环卫工人 19 名，其中升平 8 名、水边 3 名、连江口 3 名、黎溪 5 名；各类环卫车辆 12 车辆，其中升平 4 辆、黎溪 5 辆、连江口 1 辆、水边 2 辆。升平镇每天 5：30～12：00、15：00～21：00 对主要街道进行清扫，12：00～15：00 对街道进行保洁。是年，升平镇购置洒水车一台，不定期在干旱天气向街道洒水和对公共绿化地浇水。

二、公厕卫生

1996 年，全区有公共厕所 18 座，其中升平镇 2 座、黎溪镇 6 座、连江口镇 6 座、水边镇 4 座。升平镇的 2 座厕所用三级化粪池进行无害化处理，由环卫工人每天早晚进行清扫一次。

2000 年，全区有公共厕所 23 座，其中升平 3 座、黎溪 10 座、连江口 4 座、水边 6 座。升平镇的所有公厕完成装修并贴上瓷片，改为每半小时自动冲洗一次外，每天再由环卫工人洗刷一次。

三、污水排放

1995 年，升平、黎溪、连江口、水边 4 镇的主要街道两旁砌有明沟作为污水排放之用。在雨天，污泥浊水因排放速度跟不上，经常出现街道污水横流的现象。飞来峡管理区成立后，开始建设污水排放管道。其中 1996–1998 年，黎溪镇完成排水排污管道 29500 米。

2000 年，全区污水排放管道总长度 44 公里，其中升平 13 公里、黎溪 10 公里、连江口 10 公里、水边 11 公里；升平镇的街道基本建有下水道，下水道分布在主要街道的一侧或两侧的人行道下，污水全部流下水道排放到北江。

第七节 房产事务

一、房产管理机构

1996 年 3 月 8 日，成立飞来峡管理区房产管理局（简称区房管局），挂在区国土分局，实行一套人马、两块牌子。

区房管局成立后，在清新房管局和英德房管局的支持下，顺利完成升平、黎溪、连江口和水边 4 镇的公有房产的移交工作，理顺各方的关系，房管工作较快走上正轨。

二、住房制度改革

1997 年 10 月 28 日，为深化全区城镇住房制度改革，实行住房商品化、社会化，加快住房建设，改善居住条件，根据上级有关文件精神，经清远市编制委员会批准，成立飞来峡管理区住房制度改革领导小组办公室。随后，区住房制度改革领导小组办公室宣传深化城镇住房制度改革的目的意义、政策和实施步骤，引导干部、职工提高住房商品化意识，参与住房改革；制定和实施《飞来峡管理区城镇住房制度改革实施方案》及《清远市飞来峡管理区住房公积金试行办法》《清远市飞来峡管理区提高住房租金实施办法》《清远市飞来峡管理区成本价出售公有住房实施办法》3 个配套办法，全面启动住房制度改革。

《清远市飞来峡管理区住房公积金试行办法》规定：所有行政和企事业单位及其职工和外商投资企业的中方职工，均应按照“个人存储、单位资助、统一管理、专项使用”的原则交纳住房公积金，具体金额按职工工资总额的 3%缴存，以后逐步提高。

《清远市飞来峡管理区成本价出售公有住房实施办法》明确：符合房改条件的区职工的房屋按公房市场价 704 元／平方米进行出售。同时，坚持先评估后出售的原则，住房的实际出售价根据住房所处地段、结构、朝向、层次、设施和装修等因素进行适当的调整。

三、房产管理

（一）公有房产管理

1996 年，区房管局成立后，借鉴广州、珠海等地的经验，实行两证合一（即先办土地使用证，才能办房产证）管理制度，推动全区土地房屋管理的规范化。针对直管公房年久失修，经常水浸，房屋破烂，空租户增多的现象，区房管局加强管理，采取及时维修、减免部分困难户的房租等措施，提高出租率。1997，制定飞来峡管理区房屋租赁管理暂行规定，通过文件发到各有关单位执行，维护房屋出租正常秩序，全区房屋租赁管理走上规范化、科学化、法律化的轨道。

1996 年，共投入维修款项 17025.91 元。全区有公房总面积 31494.12 平方米，房租总收入 139234.63 元，其中升平镇 7564.42 平方米、租金 22435.43 元，黎溪镇 7711.89 平方米、租金 39089 元，连江口镇 6605.33 平方米、租金 57015.2 元、公房出租率 100%，水边镇 9612.48 平方米、租金 20695 元。

1997 年，共投入维修款 8667 元。全区有公屋面积 20853.22 平方米，房租总收入 135205.68 元，其中黎溪镇 7967.09 平方米、租金收入 25109 元，连江口镇 6605.33 平方米、租金收入 20347 元。

（二）公有房产拆迁重建

由于飞来峡水利枢纽工程的建设，升平、连江口、黎溪、水边 4 镇直管公房累计被淹面积 22846.65 平方米，涉及租户 1000 多人。区房管局做好水库淹没线下直管公房的拆迁、重建和移民安置工作，在水库下闸蓄水前妥善安置好直管公屋的原租住户。计划在 1996 年到 1998 年分别开发重建公屋 5000 平方米、1500 平方米和 3000 平方米，总投资 1150 万元。1996 年，升平镇旧横石墟的公房拆迁基本完成，黎溪计划首期兴建三栋公屋。1997 年，在黎溪镇兴建三栋公屋，总建筑面积 5000 平方米，总投资 295 万元，其中 A 栋当年通过验收并交付使用，B、C 栋正在建设中；连江口镇须重建的公房总面积 2787 平方米，完成工程的招投标工作，进入施工阶段；升平镇建成公屋总面积 443 平方米，投入资金 22 万元；水边镇须重建的公屋总面积 1200 平方米，完成前期工作。至 2001 年，全区共建成公房总建筑面积 9430 平方米，其中黎溪镇建成 3 栋公房总建筑面积 5000 平方米，连江口镇建成公房总建筑面积 2787 平方米，升平镇建成公房总建筑面积 443 平方米，水边镇建成公房总建筑面积 1200 平方米。

（三）房屋权属管理

区房管局开展房屋产权登记、抵押、私房租赁管理工作，规范房屋登记发证程序等，协助需要者办理房屋登记，克服部分单位在未办理土地使用证的情况下，就动工兴建房屋，致使建成后，申办产权手续不完善，影响房屋发证工作的问题。

1.房屋登记

1996 年，升平镇办理房屋登记证 170 份，连江口镇核发他项权证 12 份、面积 873.64 平方米，黎溪镇办理房屋登记发证面积 327.52 平方米，水边镇办理房屋登记证 4 份。

1997 年，升平镇收缴办证费 119490 元。黎溪镇办理房屋登记证 3 份、收缴办证费 686 元，核发他项权证 6 份。连江口镇办理房屋登记证 12 份，收缴办证费 27103 元。水边镇办理房屋登记证 9 份，收缴办证费 8950.80 元。

1999 年，水边镇办理房屋登记证 27 份，收缴办证费 33657 元。

2.房屋抵押

1996年，黎溪镇收缴房屋抵押费3000元。

1997年，黎溪办理房屋抵押3宗，收缴房屋抵押费2962元；连江口办理房屋抵押11宗；水边办理房屋抵押11宗，收缴房屋抵押费2312元。

1999年，水边办理房屋抵押4宗，收缴房屋抵押费1169元。

第二章　镇村建设

第一节　镇村规划

区内升平、黎溪、连江口3镇镇址均位于北江、银英公路、铁路的夹缝之中，呈线状分布特征。连江、北江纵贯全区，全区被水系分为三大块，全区45个管理区的交通体系不统一。飞平峡水利枢纽工程建设当中，按照“遵守总规，妥善安置，以后靠为主，以农为主”的指导思想，于1996–1997年完成连江口镇小樟口、坑口、蕉园、下步、小舍、初溪、城樟、群联、三井；黎溪镇的铁溪、拐塘、黄渔沙、大湖、湖溪，升平镇的Ⅰ、Ⅱ、Ⅲ、Ⅳ区、井洼村移民区，水边镇移民点等21个中心村规划，并把黎溪镇的黄渔沙、拐塘，升平镇的黄洞移民村作为试点村，推行“三个一”（有一个样板村，有一个农民公寓式住宅样板小区，有条样板路）工程。同时规定原则上村镇居民自用楼房由区设计室统一设计，逐步推行通用设计、标准设计，实行“统一管理、集中审核”，杜绝无证设计或越级承接任务。

2000年5月，召开城镇工作会议，对全区中心村规划工作滞后的局面进行部署，并落实经费，成立4个小组，就中心村规划编制技术要求进行专门培训。至10月底完成全区剩余的23个中心村规划任务（升平镇的社岗、共星、升平，黎溪镇的松岗、恒昌、红光、大坪、新村、松柏、围坪、高明、黎明，连江口镇的塘口、严村、新围、连樟、蓝山、红溪，水边镇的五角、白坑、热水、乌城）。

第二节　镇村建设

一、圩镇建设

1995–2001年，升平、连江口、黎溪、水边4镇行政办公楼、学校、医院、银行、圩镇集市场所都建成钢筋混凝土结构的楼房，主要街道全部实现硬底化，垃圾池、自来水、照明等配套设施日益完善。

升平圩　1996–2001年，升平镇投资200万新建一个4500平方米的集贸市场，解决以公路街道作市场的问题；建成有升平码头、区交通局综合大楼（面积4000平方米，投资300万元，框架设计楼高十层）、邮电大楼等。

连江口圩　1996–2001年，建成连江口农技站、镇政府办公大楼（投资250万元、面积4000平方米）、商贸市场、林业站商住楼、派出所办公楼、中学宿舍楼、卫生院综合楼、第二小学教学楼、教育办公室综合楼等。

黎溪圩 1996-2001年，黎溪镇投资260万新建2个农贸市场，总面积4800平方米，解决以路代市、以街代市的问题；建成黎溪中学综合楼、迎宾馆、农行大楼、信用社大楼、蚕茧站大楼等。

水边圩 1996-2001年，建成水边中学宿舍楼，水边镇政府办公楼、宿舍楼等。2000年，升平、黎溪、连江口、水边4个镇住宅实有建筑面积128.51万平方米，其中混合结构125.07万平方米（楼房120.17万平方米）、砖木结构3.44万平方米（楼房2.09万平方米）。住宅人均使用面积34.62平方米，其中升平43.31平方米，黎溪22.88平方米，连江口33.42平方米，水边57.76平方米；人均居住面积22.50平方米，其中升平28.15平方米，黎溪14.87平方米，连江口21.72平方米，水边37.54平方米。

表5-2-1　1996年飞来峡管理区建制镇公用设施统计表

镇别	实有道路长度（公里）			实有道路面积（万平方米）			桥梁数（座）	防洪堤长度（公里）	路灯数（盏）	排水管长度（公里）
	合计	其中		合计	其中					
		普通道路	高级、次高级道路		普通道路	高级、次高级道路				
合计	26	9.8	16.2	22.60	3.40	19.20	14	18.8	658	23
升平	15	4	11	9.4	1.6	7.8	5	12	400	14
水边	3	1.8	1.2	2.3	0.9	1.4	2	1	200	2
连江口	3	2	1	1.4	0.4	1.0	6	3.8	23	4
黎溪	5	2	3	9.5	0.5	9.0	1	2	35	3

表5-2-2　2000年飞来峡管理区建制镇公用设施统计表

镇别	实有道路长度（公里）			实有道路面积（万平方米）			桥梁数（座）	防洪堤长度（公里）	路灯数（盏）	排水管长度（公里）
	合计	其中		合计	其中					
		普通道路	高级、次高级道路		普通道路	高级、次高级道路				
合计	45.9	21.3	22.6	35.61	12.56	23.05	10	22.47	1515	44
升平	12	2	10	9.4	1..0	8.4	5	12	500	13
水边	5.8	2.4	3.4	8.02	1.9	6.12	1	2.	370	10
连江口	8.1	7.9	0.2	6.86	6.66	0.2	2	4.27	415	10
黎溪	20	9	9	11.33	3.0	8.33	2	4.2	230	11

二、村庄建设

1995后，区内不少种养专业户、外出务工户等先富起来的农户建造钢筋混凝土结构楼房，内墙抹灰和刮塑，外墙贴瓷片，安装铝合金门窗，在室内建成三级无害化粪池的卫生间，村中街道逐步实现水泥混凝土硬底化。其中水库移民搬迁，全区共建有7600套钢筋混凝土结构楼房。农村建房每年在3万平方米左右，除移民新村建设外，有部分村民到交通方便、采光和供水条件较好的公路沿线、村旁择地另建住房，部分旧房空置。

2000年，全区农村人均居住面积22.50平方米，大部分村民住上红砖钢混结构楼房。

表 5-2-3　　2000 年飞来峡管理区村庄公用设施统计表

合　计	自来水		道路				桥梁数（座）	防洪堤长度（公里）	通电村庄（个）	路灯数（盏）
	有供水设施的村庄（个）	受益人口（人）	实有道路长度（公里）	其中：普通道路（公里）	实有道路面积（万平方米）	其中：普通道路（万平方米）				
合　计	154	20780	492	320	138.2	98.9	35	104	729	850
升　平	23	4080	90	90	40	40	14	38	96	120
黎　溪	80	7600	175.5	68.5	46	30	7	12	270	330
连江口	25	5300	173.5	108.5	43.6	20.3	6	22	239	330
水　边	26	3800	53	53	8.6	8.6	9	32	124	70

第三章　建筑业

第一节　建筑工程

一、建筑队伍

1995 年，飞来峡管理区机构编制委员会同意设立建筑安装工程有限公司，为集体所有制企业单位，归口区建委管理。升平、连江口、黎溪、水边 4 个镇的建筑队划归区建筑安装工程有限公司管理。

建筑安装工程有限公司于 1995 年 11 月开始筹建，1996 年 2 月 9 日挂牌成立，设总经理室、办公室、财务部、工程管理部、装饰工程部，人员 8 名，其中具有大专以上学历 2 名，中专学历 4 名、高中学历 2 名。1996 年，全区有 10 个工程队挂靠在建筑安装工程有限公司名下。是年，公司承担十八号土料场、火车站小山头土石方工程、行政会议中心等项目，完成产值 1200 多万元。

1996 年 6 月，连江口镇政府授权组建连江口第五工程处，共有职工 13 人，其中专业技术人员 10 人，其他人员 3 人，并以飞来峡管理区建筑安装工程有限公司第五工程处的名义承建连江口镇林业站商住楼（总造价 236 万元）、连江口派出所办公楼（总造价 77 万元）、连江口第二小学教学楼（总造价 232 万元）、连江口教育办公室综合楼（框架四层）等工程。

区外施工企业进入飞来峡管理区承揽工程业务，由区规划城建委员会从施工资质、技术人员、机械设备等方面进行审核把关。清远市外的施工企业进入飞来峡承接工程的，还须到清远市建设局进行登记备案。

外地进驻飞来峡管理区施工企业主要有：清远市建设公司、清远市建筑集团公司、英德市建筑工程公司、广州农工商设计所等。

二、工程建设

飞来峡管理区的工程建设主要以移民工程为主：环库公路、连江口北江大桥、黎溪北江大桥、区（镇）旅游码头等。基础设施工程建设主要是村镇道路、部分港务码头、市政道路、供排水工程等。房屋建设主要是中、小学校教学（综合）楼、宿舍楼，医院、镇政府综合办公楼以及部分企事业单位的办公住宅楼。其中，1996 年至 1997 年 3 月，竣工工程有 50 宗，检验合格的工程 48 宗，其中优良工程为 2 宗，因质保资料不齐观察使用的工程3宗，有质量通病需返工的工程2宗，工程质量合格率90%。1997年，建成黎溪中学综合楼。1998年，完成的主要工程项目有水边镇政府办公楼、宿舍楼，连江口镇中学宿舍楼、小学教学楼、连江口镇卫生院综合楼，区房管局商住楼等，共完成建筑面积42309平方米，工程总投资3171万元。累计完成移民建房6180户。在建的有黎溪北江大桥、连江口北江大桥、连江口信用社、连江口镇移民商品楼等。1999年，在建工程有区旅游码头、升平货运码头、黎溪码头、连江口市政道路、黎溪北江大桥、飞来湾招待所等。2001年，在建工程有区交通局综合大楼（面积4000平方米，投资300万元，框架设计楼高10层）；黎溪镇中学教学楼、小学科技楼；连江口镇工商所、农技站、粮所综合楼，镇政府办公楼；水边镇文化站、白坑小学教学楼等。

第二节 工程监督执法

一、程监督管理

飞来峡管理区城建部门根据《广东省建设工程质量管理条例》《广东省建设工程质量监督管理办法》《清远市工程建设安全监督实施办法》开展工程监督管理。

1996年，分别于3月、6月、12月进行3次工程质量、安全大检查，其中3月检查工程40宗，合格22宗、占55%，优良3宗、占7.5%，不合格15宗、占37.5%。6月检查工程26宗，经综合评定，合格16宗、占61.54%，优良2宗、占7.7%，不合格7宗、占26.92%。12月，清远市建委、质检站、安全站抽查黎溪迎宾馆、黎溪中学综合楼、升平邮电大楼，均发现质量事故，其中黎溪迎宾馆，完成首层砼结构时基础严重不均匀沉降，地梁开裂，造成经济损失27万元，主要原因为设计质量引起，设计单位未经市建委批准注册；黎溪中学综合楼出现基础下沉现象。

1997年，成立建筑材料试验室。先后于3月、6月、11月对在建工程进行检查，其中3月检查在建工程14宗，合格2宗，不合格12宗；6月检查9宗工程，在建8宗、竣工1宗，检查评定合格4宗、占44.44%，优良1宗、占11.11%，不合格4宗、占44.44%。

1998年11月24–26日，对辖区内6个施工企业、7宗在建工程（总建筑面积15820平方米）进行工程质量、安全检查。开工许可方面：办理报建手续、领取施工许可证的有4宗，大部分工地没有配备具有上岗证的电工、焊工等特种工人。工程质量存在的问题：材料送检不齐全或不及时，导致质监部门不能及时掌握工程质量动态；自检资料不全，特别是沉降观测做得不够；施工现场不设钢筋砖过深，梁板出现蜂窝、麻面等现象，部分梁板浇板浇筑过程中支撑密度不够。施工安全方面：未建立各班组安全责任制，没有对工人及有关人员进行安全技术交底，安全措施针对不强；外脚手架验收手续不齐全、防护栏杆不齐全，与建筑拉结不牢；缆风绳用钢筋代替，楼层卸料车台无防护门，市盘没有安全门，无上下联络信号；多数施工现场没有安全网及安全挡板，施工用电拉线较乱，施工机具无接地保护等。

1999年，派出3人参加广东省质监总站举办的市政工程质量监督考核培训。购置水泥电动抗折机、水泥标准试体养护箱等材料试验设备一批。区建委、质监部门分别于4月下旬、6月上旬、8月中旬和11月下旬对区辖4镇在建工程区旅游码头、升平货运码头、黎溪码头、连江口市政道路、黎溪北江大桥、飞来湾招待所等进行工程质量、安全、文明施工检查。协助解决黎溪北江大桥工程造价难以确定、施工合同未能签订的问题。

2000年，按照清远市政府《关于开展全市性打假行为实施意见》，对全区建材市场进行抽样检查。全年共有12项工程办理报监手续，其中房屋建筑工程11项，面积26720平方米，造价1313.00万元；另一报监工程为连江口镇塘坑排水渠，造价110万元。对连江口镇办公楼等2项挖孔桩工程进行动测和静载检测；对连江口教师村等4项工程的填土地基进行静载检测和标贯检测；对水边中学教学楼进行砼回弹检测。共完成材料试验费4.98万元，完成检测费14.5万元。对水边镇五角小学出现裂缝问题，经派人现场观察，充分讨论后，提出分析调查报告；连江口办公楼地基不牢固问题，责令施工单位实施整改；黎溪中学教学楼出现裂缝问题，经多次沉降观测、勘查，督促施工单位进行加固。

2001年5月，成立安全生产专项整治工作领导小组，对连江口会镇政府大楼、农技站、商贸市场，水边镇学生宿舍，黎溪中学教学楼，升平镇码头挡土墙等在建或竣工项目进行专项检查，对工程存在的没有设置防雷装备、排水设施，管理混乱，没有落实安全责任，混凝土、钢筋质量不达标，挡土墙出现裂缝等问题，责令施工企业立即停工整改。

二、工程执法监察

1996年6月，成立区建设工程项目执法监察领导小组，由区委副书记、常务副区长徐觉荣任组长，区委常委、纪委书记张细珠，副区长植东林任副组长，下设办公室，由建委、计委、工商局、纪委等部门人员为成员，下设办公室负责日常事务，全区4镇相继设立领导小组及办公室，设立举报箱、举报电话。同时制定《飞来峡管理区建设工程项目执法监察工作实施方案》。10月，组织相关建设单位、施工单位开展自查纠工作，堵塞漏洞，建章立制，管理趋向规范化、法制化。

1996-1997年，对全区43项在建工程进行执法检查，对建筑市场存在盲目设计、盲目施工，工程没及时办理报建、质监手续、挂靠施工、非法转包、无证施工、无证设计、偷工减料、违章施工、粗制滥造的现象严格按照有关规定进行整改，发出限期整改通知13份。责令黎溪镇农行大楼、信用社大楼、蚕茧站大楼补办报建手续和竣工验收手续；针对连江口北江大桥和黎溪北江大桥建设存在的问题，清远市建设工程项目执法监察工作领导小组、区建设工程项目执法监察领导小组多次到现场开展执法监察工作，督促连江口、黎溪北江大桥补签合同，对原黎溪北江大桥的监理单位资质不够、设计单位迟迟未确定的现象，督促其整改由资质足够的广东省建设监理公司代替，确定设计单位为四川省交通厅公路勘察设计室，并派出设计代表长驻工地。针对广州农工商设计所在承建黎溪迎宾馆中，没有开展地质钻探情况下就盲目设计、盲目施工导致该项目地基沉降，地梁断裂、建筑物严重破坏的事故，召集建委、设计、质监、建设、施工单位有关人员参加事故分析、处理会议，并在全区范围进行通报。

2000年，根据广东省、清远市关于在建设系统开展“建设行政执法监察年”会议精神，区建委成立飞来峡管理区建设系统建设行政执法监察年领导小组，由区建委主任戴强任组长，建管、质监、房管等部门领导为成员，下设办公室，全区4镇也相应成立领导小组及其办公室。举办有各镇城建办、专业技术人员参加的培训班，学习《广东省建设工程招标投标管理条例》《广东省城市绿化条例》《广东省商品房预售管理条例》《中华人民共和国城市规划法》等法律法规。从5月中旬开始，开展自我检查、自我纠正活动。对规划区范围内的违法、违章建筑进行严肃查处，共发出整改通知18份。全区上半年进行招投标工程3项，均能进行公开投标。对施工单位不按设计施工，工程施工中存在的质量问题、安全问题发出整改通知2份。

三、工程招投标

飞来峡管理区根据《广东省建设工程招、投标管理条例》《广东省加强建设工程招、投标管理试行办法》，制定《飞来峡管理区建设工程招、投标试行办法》《飞来峡管理区招、投标实施细则》，从1996年6月1日起实行。

1996 年 2 月 6 日，组建飞来峡管理区招、投标委员会，委员会由主管城建工作的区委、区管委领导，纪委、区委管委办、建委、计委有关人员组成，明确规定全区所有工程造价超过 30 万元的工程必须实行招标，针对不同工程项目的不同情况，区别对待，制定不同的评标办法。是年公开招标 32 项，议标 11 项（是在上半年机构、人员不完善的情况采用的，工程总造价 1507 万元），公开招标率 74.42%，工程总造价 4571 万元，32 项建设工程均采取“公开、公平、公正”的原则进行招投标，其中区政府 6 项、升平 2 项、连江口 17 项、黎溪 7 项。主要建设工程项目有黎溪镇政府办公楼、干部宿舍楼、中小学教学楼、农业银行办公楼、信用社营业所、粮所综合楼、林业站办公楼，升平镇中小学综合楼、医院综合楼等。

1997 年，全区公开招标工程 23 项，议标项目 2 项，公开招标率 92%，工程总投资 5388 万元。

1998 年，全区共进行公开招标投标工程项目 22 项，公开招标率 100%。其中升平镇 3 项，连江口镇 15 项，水边镇 4 项。升平码头、护岸工程由番禺市建筑设计院设计，主要由 100 平方米货运码头、30 平方米客运码头、270 米护岸工程组成，工程总造价 250 多万元。1996 年 5 月，升平镇政府对工程进行公开招投标，共有 22 支施工队伍参加，其中清远市施工队伍 17 支，清远市外地施工队伍 5 支。评标办法采用升平镇城建办编制的预算依据，投标价在其上下浮动 5%范围内为有效标，然后将有效标采用算术平均法计算出标底，与该标底相接近者中标。结果，码头工程由五华一建中标（总报价 135 万元），护岸工程由省机械施工公司三公司中标（总报价 135 万元）。后经检查发现，该工程招投标手续不全，施工单位资质未经建委审查，预算编制人员无证上位。为此，区委主要领导作出批示：要求重新编制预算，审定标底，对工程重新进行招投标。6 月，区建委、纪委、工商分局、升平镇政府有关人员及符合资质的 5 支施工队伍参加招投标，最后确定中标者为清远市建筑集团公司（总报价 130 万元），护岸工程中标单位为建新基础公司（总报价 115 万元），两项工程总造价为 245 万元，比第一次招投标节省 25 万元。

2000 年，根据《中华人民共和国招标投标法》《广东省建设工程招标投标管理条例》，制订《飞来峡管理区建设工程招标投标管理若干规定》。全年全区 30 万元以上的建设工程项目 12 项，投资额 1208.93 万元，建筑面积 16966.37 平方米，公开招标率 100%。

四、建筑管理

区城建委从建筑工程招投标抓起，规定施工单位必须以法人资格参加投标活动，并在施工过程中，不定期进行抽查，审查设计单位资质及设计图纸质量、施工单位资质。以连江口、黎溪北江大桥为试点逐渐推行工程质量监理制度。建制镇实行“两证一书”，集镇和村庄实行“一证一书”报建制度，以及开工许可证制度。1996-1999 年，全区竣工工程 50 宗，核验合格的工程 48 宗，其中优良工程为 2 宗，工程质量合格率 90%。

1999 年 6 月，成立飞来峡管理区整顿和规范建设市场领导小组，制定《1999 年飞来峡管理区整顿和规范建设市场实施方案》，结合“广东省建筑工程文明施工年”活动，对全区工程投资在 50 万元以上的各类房屋建筑、城市基础设施和水利、电力、交通等专业的在建工程的项目法人、勘察、设计、施工和监理单位，要求严格按照整顿和规范建设市场的内容和规定，对相关在建工程项目逐一自查，发现质量问题立即进行整改。当年检查违章工程黎溪农电所综合楼，无报建、无监督、无竣工验收就开始使用，且各类手续极不完善，区建委、质监站多次发出通知要求进行处理，但都没有落实，为此区建委根据有关法定程序对其进行严肃处理；连江口林业站综合楼，因各种原因，未经竣工验收就已投入使用，区建委勒令其尽快完善有关验收手续。

2000 年 12 月，组织建管、质理、安全、监督、设计等有关人员对区内兴建、改建、扩建的建筑物、构筑物、给排水工程进行检查，共检查工程 30 项，下发停工整改通知书 8 份，检查连江口镇政府办公楼、执行所、教师村、综合市场，黎溪镇供水工程等，发现升平运输公司厂房、办公楼和黎溪镇供水工程等无办理报建、报监手续的情况下就动工兴建，湖溪村委会办公楼无办理报建、报监手续、无勘测设计、无资质施工，水边镇文化站已建至三层，停工近二年没完善相关手续。检查私人住宅（2层以上）45宗，办理报建手续的有24宗。

第六编　国土　环保

Di Liu Bian　Guo Tu　Huan Bao

第一章 国土管理

第一节 国土机构

1995 年 8 月 29 日，清远市机构编制委员会批准设立清远市国土局飞来峡管理区分局。

清远市国土局飞来峡管理区分局局长、副局长：

局　长　蓝伟祥（1996.1-1998.12）

　　　　李计全（1998.12-2001.10）

副局长　梁鉴明（1995.10-2001.10）

第二节 土地审批管理

一、土地利用总体规划

1996 年 9 月，飞来峡管理区成立土地利用总体规划领导小组，制定总体规划技术方案，明确各股（室）的工作职责，想方设法收集和整理相关资料，开展土地利用总体规划前期工作。同时宣传土地利用总体规划工作的重要性，消除一些部门认为“规划规划，只不过是纸上划划，墙上挂挂”的错误认识。

1997 年，区国土分局在华南师范大学地理系的支持下，启动土地利用总体规划编制。1998 年 4 月，完成土地利用总体规划编制的初稿。

二、土地审批

1995 年 8 月前，升平镇的土地管理审批权分别由清新县国土局负责，连江口、水边、黎溪镇的土地管理审批权分别由英德市国土局负责。

区国土分局成立后，规范土地实行管理，行使征用耕地或其他土地的审批核准职责。对农村村民建房实行一户一宅，对住宅用地面积亦作出明确规定。

1999 年 1 月 1 日起，实行新的土地管理法，征用耕地建房的审批权收归清远市人民政府。

三、土地使用管理

1996 年，根据《中华人民共和国土地管理法》《广东省土地管理实施办法》《清远市区国有土地管理暂行办法》和有关法规，结合区的实际制定《清远市飞来峡管理区土地管理“五统一”规定》（即统一规划、统一征地、统一开发、统一出让、统一管理），土地从无限期、无流通、无偿使用转变到有期限、有流通、有偿使用，依法进行合理的土地开发、利用、保护、经营，避免个别地方（部门）没有经过国土部门擅自出让、转让土地、越权征地，造成国家资产和区的收入流失到小团体的现象。明确规定不准在基本农田建房，不准未批先用，不准少批多占的违法用地行为。

四、基本农田保护区划定

1995 年，全区划定基本农田保护区 3.3 万亩。

1996 年，根据清国土〔1996〕13 号通知要求和区的实际，对基本农田保护区进行调整，重新划定农田保护区，面积为 1.7 万亩。全区核减 1.6 万亩，其中升平镇核减 13 片 9810 亩（全为一级）；黎溪镇核减 1 片 135 亩（全为一级）；连江口镇核减 30 片 3211 亩（26 片为一级，4 片为二级），水边镇核减 13 片 2844 亩（9 片为一级，4 片为二级）。重新划定的农田保护区具有明显的四至牌、标志牌，要求做到“五有”（有责任书、责任人、乡规民约、四至牌、标志牌）。

1997 年，全区划定基本农田保护区面积 21186.4 亩。

1998 年，全区划定基本农田保护区面积 2.11 万亩（其中一级保护区 2.1 万亩，二级保护区 0.1245 万亩）。

五、建设用地管理

区国土部门根据“一要吃饭，二要建设”的方针，开展建设用地管理工作，控制非农建设用地，按国家计划立项征地，参与用地单位的选址工作，利用山地和闲置土地，尽量不用或少用耕地。

1996 年，配合飞来峡水利枢纽工程的建设和做好移民安置工作，突出保障重点工程用地和移民安置用地，采取先确定权属，边征边用，先征后补的办法进行，全年全区征地 3000 余亩。

1997 年，执行中央冻结审批耕地一年的决策，把住每宗用地审批关。非农建设使用耕地只限于经法定程序批准和认定属于解决城镇中低收入家庭住房困难户住房、安居工程和国家批准的重点项目，以及个别急需建设的项目。对列入当年新开工计划的各项重点工程项目用地，重新调整用地方案，合理定位定量，即按保护耕地、节约用地的原则和规划要求审核其布局和选址，并按行业用地定额严格核定用地量。如黎溪镇大湖的移民 100 多亩用地，区国土分局同相关部门选址时，大部分选用荒山地。是年，水利工程征用土地 40.858 亩，移民安置用地征用土地 641.597 亩。

1998 年，全区建设用地的重点是飞来峡水利枢纽工程库区淹没地的征地工作。4 月 8 日，召开库区征地工作会议。接着，区、镇成立库区征地工作领导小组，派出工作组，实行“三参三查”，到现场踏察，核对地貌地形是否与图纸相符，核查地类，面积界桩，划分权属，制定统一的征地协议及其明细表。9 月，基本完成管理区一级的征地协议签订，并经各自然村确认征地面积、地类权属和补偿金额。至年底，完成涉及 31 个管理区的 3.4 万亩征地任务。

1999 年，按照保证重点、控制增量、实现耕地占补平衡地的原则开展建设用地工作，推进土地保护利用由粗放型向集约型的转变。基本完成飞来峡水利枢纽工程库区、坝区以及各乡镇移民安置用地的征地工作，并且整理材料按建设用地审批程序上报国土资源部、省国土厅、市国土局。建设用地通过国土资源部的会审。移民安置用地获得省、市批准 9 宗，面积 2249.206 亩。根据国土资源部的初审意见，组织各乡镇落实水利枢纽的耕地占补平衡方案。

第三节　耕地保护开发

一、耕地保护

1997 年，划有基本农田保护区面积 21186.4 亩，比下达指标多 186.4 亩。制定耕地总量动态平衡方案以及实现耕地总量动态平衡的措施，挖掘土地资源潜力，以实现耕地质量和数量的动态平衡。建立和完善农田保护区管理网络与管理工作，区与各镇签订第二期耕地保护目标责任书，委任耕地目标第一责任人、第二责任人；实行基本农田保护区台账制度，设置举报电话，更新和新增维修各农田保护区标志牌、界桩等。对划定基本农田保护区资料进行整理归档。各镇亦委任管理区、村级的耕地目标第一责任人、第二责任人及情报员，对划定和建立的农田保护区做到“五有”，全年耕地面积保有量为 6.41 万亩；开垦耕地增加面积 0.21 万亩，其中黎溪镇红光管理区开垦耕地 1000 亩，落实土地开发基金 20 万元。

1998 年，各级政府层层签订责任书，立下“军令状”，将任务指标分解到乡镇、管理区，全区实现第三期（1998–2002）耕地保护目标责任制。据统计，年末全区耕地保有量 137098.2 亩，完成省市下达的目标任务，其中升平、黎溪、水边任务完成得较好。是年，全区建设占用耕地 0.08 万亩，开发整理补充新耕地 0.04 万亩；基本农田保护区 2.11 万亩（其中一级保护区 2.1 万亩；二级保护区 0.1245 万亩）；改造中低产田 1.5 万亩，建设“五化”农田 0.2 万亩；有防渗干渠 20 公里。

1999 年，按照《广东省基本农田保护管理条例》及其实施办法的要求，落实基本农田保护管理经费，全区基本农田保护区的 80%农田面貌有所改善。

二、耕地开发垦复

飞来峡水利枢纽工程需占用大量的耕地，区、镇党委政府和国土部门采取争取上级投一点、政府拨一点、发动群众筹一点的办法，通过开垦未利用地，扩大和改善农田灌溉，山林资源开发，果园建设，蔬菜基地建设等项目补充耕地，实现耕地总量的动态平衡。1995–2001 年，新补充耕地 3.2 万亩，主要用于种植水稻、旱粮、油料、水果等农作物。其中，1996 年，利用山坡地发展花生、玉米、种植果树，垦复面积 3200 亩。1999 年，在全区开展调查摸底。据调查，升平镇可开发耕地 1307.10 亩，其中水田 732.01 亩，旱地 575.09 亩；黎溪镇可开发耕地 9226.80 亩；连江口镇可开发耕地 2846.80 亩，其中水田 2218.30 亩，旱地 628.50 亩；水边镇可开垦耕地 2300 亩。2000 年，垦复土地 1411.0 亩，均为水边镇库区用地。全年全区耕地减少 6338.0 亩，垦复土地 6769.9 亩，实际增加 431.9 亩。

第四节　飞来峡水利工程征地

一、工程征地概况

飞来峡水利枢纽工程征地工作，飞来峡管理区成立前，升平镇内的征地由清新县国土局负责，黎溪镇、连江口镇、水边镇等的征地由英德市国土局负责。飞来峡管理区成立后，属于升平镇、黎溪镇、连江口镇、水边镇范围的由飞来峡管理区国土分局负责，其他的由英德市国土局负责。

飞来峡水利枢纽工程概算计划征地共 52098.5 亩，其中：坝区概算计划征用各类土地 6283 亩（耕地 3874 亩，其他农林用地 2409 亩）；水库淹没概算计划征用各类土地 41540 亩（耕地 27747 亩，其他农林用地 11622 亩，荒地 2171 亩）；移民安置用地概算计划征用土地 4275.5 亩（林地 1530.5 亩，水田 1220 亩，山地〔按蔬灌林计〕1525 亩）。

飞来峡水利枢纽工程实际征地共 55687.777 亩，其中：坝区实际征用各类土地 8514.61 亩（耕地 6238.881 亩〔水田 3595.523 亩、旱地 2643.358 亩〕，其他农林用地 2275.729 亩）。库区淹没实际征用各类土地 42860.2 亩（耕地 28734.4 亩〔水田 21750.3 亩、旱地 6984.1 亩〕，其他农林用地 11904.8 亩〔果园 168.7 亩、桑园 3211.7 亩、鱼塘 1271.1 亩、林地 1110.4 亩、竹林 5185.2 亩、河滩地 957.7 亩〕，荒地 2221 亩）。移民安置实际征地 4312.967 亩。

二、各镇征地情况

（一）升平镇征地情况

坝区概算计划征地 6283 亩，全部在升平镇内。因建设单位增加土料场及部分工程用地，实际征地 8514.61 亩，其中耕地 6238.881 亩，其他农林用地 2275.729 亩，比计划多征 2231.61 亩。

升平镇内的库区计划征用各类土地 5250 亩，实际征用为 5250 亩，其中耕地 2797 亩，其他农林用地 2242 亩，荒地 211 亩。

升平镇内的移民安置用地计划征地 1266 亩，其中水田 900 亩，林地 366 亩。实际征地 1041.866 亩，其中水田 393.75 亩，其他农林用地 247.368 亩，荒地 3.241 亩。

（二）黎溪镇征地情况

黎溪镇内的概算计划征用水库淹没各类土地共 15643 亩，其中耕地 9750 亩，其他农林用地 4996 亩，荒地 897 亩。实际征用 16437.8 亩，其中耕地 10261.4 亩，其他农林用地 52295 亩，荒地 947.4 亩。对比超征 794.8 亩，原因为统计征地图斑面积时错漏所致，后在查缺补遗时追加。

黎溪镇内的移民安置用地计划征地 1592 亩，其中林地 842 亩，山地 750 亩。实际征用 2167.925 亩，其中耕地 824.668 亩，其他农林用地 1275.245 亩，荒地 20.14 亩，宅基地 47.872 亩。

（三）连江口镇征地情况

连江口镇内的概算计划征用水库淹没各类土地 10701 亩，其中耕地 7886 亩，其他农林用地 2384 亩，荒地 431 亩。实际征地 11065.7 亩，其中耕地 8236 亩，其他农林用地 2395.8 亩，荒地 433.9 亩。比计划超征 364.7 亩，原因为统计征地图斑面积时错漏所致，后在查漏补遗时追加。

连江口镇内的移民安置用地计划征地 1363.5 亩，其中水田 300 亩，林地 1063.5 亩。实际征地 884.342 亩。

（四）水边镇征地情况

水边镇内的工程概算计划征用小库淹没各类土地 2495 亩，其中耕地 1495 亩，其他农林用地 953 亩，荒地 47 亩。实际征地为 2529.4 亩，其中耕地 1494.3 亩，其他农林用地 988.5 亩，荒地 46.6 亩，比计划超征 34.4 亩。

水边镇内的移民安置用地计划征用水田 20 亩，山地 25 亩。实际征地为 112 亩，其中水田 56 亩，山地 62 亩。

表6-1-1 飞来峡库区概算淹没土地汇总表 单位：亩

县区	镇名	耕地					其他农林用地									荒地	总计
		合计	水田	其中		旱地	合计	果园	桑园	鱼塘	用材林	灌木林	幼疏林	竹林	河滩地		
				单造	双造												
飞来峡管理区	升平	2797	2064	516	1548	733	2242	87	900	269	51	167	30	555	183	211	5250
	黎溪	9750	7408	1852	5556	2342	4996	64	1599	258	31	686	27	2002	324	897	15643
	连江口	7886	6660	1665	4995	1226	2384	13	152	270	12	22	1	1719	195	431	10701
	水边	1495	909	227	682	586	953	1	455	110				329	58	47	2495
	小计	21928	17041	4260	12781	4887	10575	165	3106	907	94	875	58	4605	760	1586	34089
英德市	西牛	84	29	7	22	55	45		2					30	13	4	133
	英城	2290	1242	311	931	1048	785		2	285		8		406	84	198	3273
	大站	2888	2271	568	1703	617	152			54		2		58	38	328	3368
	石灰铺	95	79	19	60	16	35							35		1	131
	黄岗	46	31	8	23	15	16	1						15		4	66
	望埠	416	280	70	210	136	14			14						50	480
	小计	5819	3932	983	2949	1887	1047	1	4	353		10		544	135	585	7451
总计		27747	20973	5243	15730	6774	11622	166	3110	1260	94	885	58	5149	895	2171	41540

表6-1-2 飞来峡库区实际征用各类土地一览表 单位：亩

县区	镇名	耕地				其他农林用地									荒地	总计
		合计	单造水田	双造水田	旱地	合计	果园	桑园	鱼塘	用材林	灌木林	幼疏林	竹林	河滩地		
飞来峡管理区	升平	2797	516	1548	733	2242	87	900	269	51	167	30	555	183	211	5250
	黎溪	10261.4	1928.5	5842.9	2490	5229	65.4	1699.8	268.6	35.7	751.3	27.3	2028.8	352.1	947.4	16437.8
	连江口	8236	1750.1	5248.6	1237.3	2395.8	15.2	148.8	270.8	11.7	25.3	0.7	1728.4	194.9	433.9	11065.7
	水边	1494.3	227.2	681.9	585.2	988.5	0.6	455.4	109.5				329.4	93.6	46.6	2529.4
	小计	22788.7	4421.8	13321.4	5045.5	10855.3	168.2	3204	917.9	98.4	943.6	58	4641.6	823.6	1638.9	35282.9
英德市	西牛	83.3	7	21.6	54.7	44.4		2					29.8	12.6	3.9	131.6
	英城	891.2	68.7	204.3	618.2	189.2		3.5	99.2				2.9	83.6	81.8	1162.2
	大站	2888.3	567.6	1702.9	617.8	152.4			54.2		2		58.3	37.9	328.3	3369
	石灰铺	95.2	19	60.2	16	34.9							34.9		1.2	131.3
	黄岗	46.1	8	23.4	14.7	15.7	0.5						15.2		4	65.8
	望埠	467	70	242	155	14			14						50	531
	文化区	1474.6	242.3	770.1	462.2	598.9		2.2	185.8		8.4		402.5		112.9	2186.4
	小计	5945.7	982.6	3024.5	1938.6	1049.5	0.5	7.7	353.2	0	10.4	0	543.6	134.1	582.1	7577.3
总计		28734.4	5404.4	16345.9	6984.1	11904.8	168.7	3211.7	1271.1	98.4	954	58	5185.2	957.7	2221	42860.2

第五节　土地专项工作

一、土地监察

1995年10月，区国土分局成立后推行土地动态巡查责任制。1995-2001年，每年均开展清理违法用地行动，主要包括非农业建设用地、越权审批土地、乱占滥用耕地、农村私人违法占地建房，开展治理整顿土地市场秩序、征用农民集体土地、土地征用款和经营性土地使用权招标拍卖挂牌出让等执法监察。

1995-1996年，建立区、镇、管理区三级土地监察网络，特别是管理区一级，指定专人负责，制定奖惩措施，及时查处土地违法案件。如升平镇黄洞管理区几户村民，在移民区附近乱建几间房屋，被及时制止。对国土所存在的移民点用地、村镇建房用地、土地档案管理等重点问题进行跟踪检查。至1996底，全区的“三无”乡镇达标评比中达标率100%，黎溪镇受到清远市国土局的表扬。

1997年，总结推广黎溪镇经验，以点带面，制订7条措施，推动“三无”乡镇达标工作。年底，经清远市国土局检查验收，全区4个乡镇达标率100%。对升平镇25户农户未经规划和国土部门同意，擅自占地1638平方米建房问题，依据法律法规会同有关部门对其违章建筑拆除。协助清远市国土局处理连江口镇的湖驳塘和宝晶矿泉水厂的两宗土地权属纠纷问题。协助市国土局对区自来水公司非法使用土地建立水厂的问题进行处理。

1998年，开展查处违法用地行动，完善土地违法案件举报制度，依法处理违法案件、突发性事件，全年查处各类违法用地23宗（含非农建设用地清查数）。

1999年，学习贯彻国办发39号文件精神，对清理土地转让和炒卖土地工作，区成立由国土牵头，计划、建设、林业、工商部门参与的清理领导小组，各乡镇也成立相应的领导小组，重点清理贯通区内南北的银英公路两旁在建和已建非农建设用地，单位部门划拨性用地的擅自转让或以土地为条件合作建房等变相转让行为，移民分配地的非法转让行为。

二、地名管理

1997年，根据城市街、路名称的命名形式和本身特点，在不同于农村聚落自然地理实体的命名形式下，按照简化易记，运用性强，好记好找的原则对飞来峡管理区升平镇移民新区的街路进行命名。同时完成更改旧横石车站站名。

1998年，完成升平镇66条街巷的命名工作。

1999年，完成黎溪镇的街道命名工作。

2000年，完成连江口镇、水边镇的街道命名工作。

三、地价评估

1998年，飞来峡管理区地价评估所评经省国土厅批准成立后，开展地价评估业务。

四、土地变更调查

1996-2001年，因飞来峡水利工程的建设造成土地变更情况较为复杂，变更土地面积大，区国土部门每年都完成土地变更调查工作，受到上级的表扬。

1996年，对全区1233237亩土地的变化情况作调查，共有12364.5亩土地发生变更，占全区总面积的1%。完成调查后，建立初始土地统计台账一批：有土地变更调查记录表11本，记录一览表18本，土地统计台账

51 本，土地统计簿一、二、三共 14 本，土地利用现状变更表 30 张，变更后的面积量算图 12 幅。对区辖 4 个镇的土地权属、数量、分布和利用状况进行一次监测。

1998 年，3544 亩发生变更，占全区总面积的 0.3%。

1999 年，举办由各镇国土所业务骨干参加的土地变更技术培训班，学习土地变更调查的目的、意义、方法、步骤和技术规定，要求变更成果“实地、图件、数据”相一致。全区变更土地 41173 亩，其中耕地 6550 亩。

2000 年 3 月至 10 月，开展土地变更调查。在此前，全面调查改园挖塘占用耕地、生态退耕、灾毁耕地等方面情况。在变更调查工作期间，对照《规程》《规定》《补充规定》的技术要求进行检查监督，发现问题及时纠正、修改。从外业调绘的准确度，到变更图纸的质量，图斑编号，变更表的填写质量进行检查。同时实行“月清季累、半年预报，年度统计”的土地变更调查工作制度。是年，全区一级地类变化总量 29103.9 亩；耕地减少 6338 亩，其中作农业建设用地 7.7 亩、全部为移民安置用地，农业结构调整 89.5 亩、水库淹没后改作鱼塘，技术错误 0.2 亩，电脑自动生成田坎 0.6 亩，飞来峡水利枢纽工程淹没耕地 6240 亩；耕地增加 6769.9 亩，属土地垦复 1411 亩、全为水边镇库区用地，土地开发 4584.3 亩（未利用土地变为耕地 22.9 亩，4554.9 亩林地变为耕地，5.5 亩农村居民点和 1 亩农村道路更正为耕地），农业结构调整 774.6 亩（园地变耕地，升平镇 236.1 亩，黎溪 528.8 亩，连江口镇占 9.7 亩）。年度耕地净增 431.9 亩。

五、非农建设用地清查

1997 年，根据《中共中央、国务院关于进一步加强土地管理切实保护耕地的通知》的要求，和省、市“关于全面开展非农建设用地清查工作的通知”精神。区委、区管委于 6 月 23 日召开各有关部门负责人，各镇镇长、主管副镇长、国土所所长参加的全区非农建设用地清查工作会议，学习中央文件精神，部署对 1991 年以来各类建设用地开展清查。会后成立领导小组，由区长谭建成任组长，区委副书记徐觉荣、副区长植东林任副组长，国土分局、建委、监察的领导为成员的领导小组。各镇相应成立清查工作领导小组，并从有关部门抽调人员组成工作组，由镇第一把手挂帅，对清查工作实行统一领导，统一部署、统一行动。清查开展当中，根据飞来峡管理区的实际用地情况，把清查范围和对象分成 4 类：①飞来峡水利枢纽工程用地；②移民安置用地；③村镇建设用地；④农村居民建房用地。抓住两个清查重点：①乡镇村企业、村镇建设用地和农村建房用地；②土地使用权的转让、出租、抵押等交易行为。具体方法为查验各种用地登记台账、审核土地批件，实地检查，对每一块用地均进行“五查”，逐宗调查核实、登记、汇总。对清查出来的违法用地，进行认真调查，逐宗定性和处理，并制定整改和加强管理措施：①加强土地管理队伍建设，进一步发挥土地监察三级网络的力量，层层落实责任，及时反馈信息；②加强巡回检查，防患于未然；③加大打击土地违法行为的力度；④加强土地管理法宣传教育工作，专门印制《土地管理法律法规汇编》小册子，进行宣传，提高广大干部群众依法用地自觉性。

至年底，全区共清查各类土地违法案件 21 宗，其中未批先建 6 宗 337.58 平方米，非法转让土地 3 宗 354.7 平方米，闲置土地行为 12 宗面积 3530.8 平方米，改变批准用途 16 宗面积 4700 平方米。1998 年，完成对上述各类土地违法案件的处理。

六、土地法律法规宣传

每年以“6·25”全国“土地日”为契机，在全区范围内开展大规模的土地法律、法规、政策的宣传咨询活动。

1996 年，在“6·25”全国第六个“土地日”活动期间，出动 4 辆宣传车巡回宣传，在区内各镇显眼处制作6条横额，标语300多条。升平镇利用镇政府召开全体干部会议的机会，讲解国土法及有关规定。

1997年，在“6・25”全国第七个“土地日”活动期间，组织全区各镇长、主管副镇长、国土所长和区直有关部门领导学习《中共中央、国务院关于进一步加强土地管理切实保护耕地的通知》，以《通知》精神为纲，在全区范围内开展大土地法律、法规、政策的宣传咨询活动，出动8辆宣传车巡回宣传，制作16条横额，张贴宣传画150幅，标语600多条。各镇在“6・25”当天，召开镇三级干部会议，重点学习《通知》精神和《刑法》中关于土地问题的内容。

1998年，以“土地与未来——集约用地，造福后代”作为主题，宣传中央《通知》精神，同时将《刑法》有关土地犯罪的条款印发宣传。全年印发宣传资料4000多份，张贴标语、悬挂横幅1000多条，张贴宣传画60多幅，创办宣传专栏5个，设置永久性标语牌14个，组织座谈会4场。

1999年，组织全体国土干部和各级领导学习新颁布的《中华人民共和国土地管理法》。在“6・25”全国“土地日”活动期间，全区张贴标语3230张，宣传画100张，横额21条开展土地宣传活动。升平镇设立咨询点，解答群众对征地情况、宅基地分配提出的问题；黎溪镇、水边镇在“6・25”当天召开各村委会主任会议，组织学习新颁布的《中华人民共和国土地管理法》。

第二章　环境保护

第一节　环保机构

1997年4月18日，清远市机构编制委员会批准成立清远市环保局飞来峡管理区分局，为正科级事业单位，编制5名。同月28日，清远市机构编制委员会同意将原市环境保护局飞来峡分局改为飞来峡管理区环境保护局，隶属区领导和管理。8月1日，召开飞来峡管理区环保局成立大会，区环境保护局正式挂牌成立。是月，成立区环境监测站，为正股级事业单位，编制3名。

1997年9月15日，成立飞来峡管理区环境保护委员会，主任委员徐觉荣（副书记、常委副区长），副主任委员植东林（副区长）、傅立全（两委办副主任）、徐向东（环保局长），委员张远平（建委副主任）、陆国基（宣教办副主任）、余镜珠（移民办副主任）、陈桂森（农林水办副主任）、涂永良（经委副主任）、吴秀群（副科长纪检员）、胡志强（交通局副局长）、李慧萍（卫生局副局长）、杨运良（财政分局局长）、许又峰（公安分局副局长）、梁鉴明（国土分局副局长）、李理招（工商分局副局长），下设办公室，徐向东赚任主任，黄继煌赚任副主任。

2001年10月11日，飞来峡管理区环境保护局撤销。

飞来峡管理区环境保护局局长、副局长：

局　长　徐向东（1997.7－　）

副局长　黄继煌（1997.4－2001.10）

第二节 环境监测评价

一、环境监测

1997年8月，区环境监测站成立后，开始对全区地表水和污染源等项目开展监测。其中对污染大的企业、工厂进行常规监测，把烟尘污染严重的清新县水泥厂作为限期治理单位，对采石场进行放射性物质监测；对区行政中心进行放射性氡和r监测并作详细报告。

1998年，飞来峡水库库底清理工作全面展开，为彻底杜绝库底污染源，保证水库不受库底残留物的污染，区环保局对库底清理状况开展全面监测，分别对升平、黎溪、连江口、水边4镇的近百个移民村进行监理检查，并对猪牛栏、厕所、卫生站等重要污染源COD、NH3-N、PH值、金属锌、大肠杆菌等项目潜在点进行采样化验，对库区清理、拆房、竹木、厕所卫生消毒等进行环保监测。同时，对辖区内的石场、砖厂等建材生产点开展r辐射监测。

1999年，区环境监测站购置业务用车，添置电脑等办公设备，购置部分仪器设备和试剂，基本达到四级监测站的要求。除开展常规的环境项目监测和每月开展降尘项目监测外，还对COD等部分污染源开展监测。

2000年，是实行责任制考核的第一年，大部分工作需要监测数据来作为技术指导，区环境监测站在升平中学和区环保局两个点开展SO^2和氮氧化物等空气项目的监测工作；协调配合清远市环保局对清新县星平水泥厂进行“一控双达标”验收监测；根据清远市环保局关于飞来峡管理区环境保护任期目标责任制环境监测布点方案的请示的批复，确定飞来峡断面和黄洞断面作为渔业用水、区域交通干线噪声监测点，开始实行监测。

二、环境评价

1997年，区环境监测站经区管委同意，对4个镇的移民区工程、自来水工程进行环境评价；基本完成飞来峡水厂的环境评价报告书。

1998年年初，启动辖区污染源调查工作，经查全区已经登记的排污单位有206家，其中升平镇72家、黎溪镇48家、连江口镇86家，基本掌握辖区的污染源状况，启动环境评价前期工作。

1999年，完成飞来峡水库工程库底清理监理、监测工作的环境评价（调查）报告书。库底进行环境调查监测评价范围是库区水位线以下的移民拆迁点，共有4个镇、26个管理区、152个村5697户，以及厕所4681间、猪牛栏91100平方米、坟墓4463个。评价结果为：其他化学毒害品，如农药、化肥、贡、镉、砷、毒鼠药等均未有可疑发现，表明库底清理基本达到预期效果；库底清理期间对北江水质的监测共17个项目，监测结果为北江水质良好，达到国家Ⅱ类地面水水质标准。是年，区环境监测站祝剑鸿撰写的论文《浅谈飞来峡库区发展与生态环境保护》获1999年清远市直建设系统二等奖。

第三节 环境污染

一、废水污染

区内主要废水污染源为飞来峡水利枢纽工程建设现场、林产化工厂、城区生活污水，以及在北江上经营饮食的河鲜船等。1997 年，在北江边上经营的河鲜船有 9 条，其中升平 3 条，河鲜船废水排入河流后，污染河流。

1997 年 11 月 4 日，对广东省水电二局施工排水管废水和该局生活区一公司排放口废水进行监测，监测点的悬浮物监测值均超过广东省地方标准《水污染物排放标准》（DB4426—89）的二级标准限值。同时，对广东省水电机拖公司二公司的废水进行监测，监测点的 PH 值、悬浮物监测值均超过广东省地方标准《水污染物排放标准》（DB4426—89）的二级标准限值。

表 6-2-1　　广东省水电二局施工排水管废水监测情况

采样点号及地点	分析项目	分析结果	单位	标准限值
1#	悬浮物	579.0	Mg/I	<100
2#	悬浮物	143.0	Mg/I	<100
3#	悬浮物	39.0	Mg/I	<100
5#	悬浮物	797.0	Mg/I	<100

表 6-2-2　　广东省水电二局生活区一公司排放口废水监测情况

采样点号及地点	分析项目	分析结果	单位	标准限值
1#	悬浮物	4859.2	Mg/I	<100
2#	悬浮物	6019.1	Mg/I	<100
4#	化学需氧量	4.7	Mg/I	<100

表 6-2-3　　广东省水电机拖公司二公司排污沟出口废水监测情况

采样点号及地点	分析项目	分析结果	单位	标准限值
1#机拖公司排污沟口	PH 值	11.16		6—9
	悬浮物	4733.6	Mg/I	<100
2#机拖公司河边出水口	PH 值	11.10		6 -9
	悬浮物	171.50	Mg/I	<100

二、废气污染

区内废气污染主要污染源为 1993 年建成投产的清新水泥厂（后改星平水泥厂）排放的烟尘、粉尘和二氧硫。

国家《水泥厂大气污染物排放标准（GB4915—1996》》的二级标准是：立窑排放浓度为 150Mg/nm^3，距厂界外 20 米处空气中粉尘最高允许浓度为 1.5Mg/nm^3。2000 年 1 月 25 日，区环境监测站对星平水泥厂进行监测，该厂的烟尘排放浓度超标。

表 6-2-4　　星平水泥厂烟（粉）尘测试结果（2000 年 1 月 25 日）

项目名称	单位数值
新成立窖 1#	——
烟（管）道直径	1.5 米
当地大气压力	104.22kpa
烟气流量	18783.08
含尘浓度	627.72　毫克/千标立方米
辚（粉）尘排放量	11.79 公斤/小时
TSP：上风向：0.18	Mg/nm^3
下风向 1.03	Mg/nm^3

2000 年，清新（星平）水泥厂年废气排放量 36105 万标立方米，其中燃料燃烧排放量 939 万标立方米，经消烟除尘排放量 939 万标立方米。年经处理废气排放量 36105 万标立方米，处理后达标废气排放量 36105 万标立方米，达标的排放筒 4 个，废气治理设施 4 套。

三、环境污染事故

1997 年 8 月 23 日 17 时 30 分，在银英公路 30.5 千米处（飞来峡水电工区二局加油站），广州农药厂一辆运输农药车发生翻车事故，泄漏乐果约 2.5 吨，造成出事地点局部地区、小溪及北江河水的污染。清远市自来水厂停水约 10 小时，未引起人畜伤亡。市、区环保局、广州农药厂及有关单位及时对污染进行监测和采取应急处理措施。

1998 年 8 月 17 日早上 7：50 分左右，一辆粤 FM1464 加长车东风汽车（5.5 吨），运载 12 吨纯苯（大油罐），在连江口移民新村银英公路（进入连江第一渡桥过后 150 米处）翻车，引起纯苯渗漏事故，共渗出几十斤纯苯，经市、区环保部门与公安、交警及时处理，没造成严重影响。

1999 年 9 月 29 日晚，在升平镇与江口镇的交界处发生车辆侧翻事故，渗漏浓盐酸约 1 吨，对周边环境造成污染。市、区环保部门立即派员协助处理，没造成重大影响。

第四节　环境治理

一、城乡环境整治

1997 年 8 月 19 日，飞来峡管理区环境监测站成立后，全区环境保护工作逐步做到有计划、有监测、有督促。是年，区环保局把烟尘污染严重的清新县（星平）水泥厂作为限期治理单位，对采石场进行放射性物质监测，对 4 个镇的自来水厂进行环境评价。

1998 年 3 月 30 日，颁发《飞来峡管理区建筑材料放射性控制防护办法》，防止超过放射性控制标准的建筑材料用于建筑物。同年，先后取缔多个非法开设的焚烧场，处理连江口翻车纯苯污染事故。

1999 年初，清远市政府对飞来峡管理区下达环境保护任期目标责任制和城市环境综合整治定量考核的工作任务。飞来峡管理区成立环境保护任期目标责任制和城市环境综合整治定量考核领导小组及工作小组，制定《飞来峡管理区环境保护目标任期责任制和城市环境综合整治定量考核的工作方案》，把各项工作详细落实到各责任单位。方案按照各有关责任单位的职能，把考核内容分为环境质量、污染源控制、环境建设和环境管理4类，共11项。其中，区环保局负责空气污染指数、烟尘控制区覆盖率、环境噪声达标区覆盖率、地面水达标率、交通干线噪声平均值等指标任务；公安分局负责汽车尾气达标率考核指标；建委负责城市污水处理率和城市生活垃圾处理率考核指标；林业局负责自然保护区覆盖率考核指标。整个环保目标任期责任制考核工作在12月底基本完成。

1999年5月4日，制定《清远市飞来峡管理区饮用水源保护办法》，10月14日和22日，根据在北江上游5公里（二级保护区）和下游500米内（一级保护区）自来水厂水源保护区内不准经营饮食业的规定，分别对利士、姑嫂、企业海鲜船发出整改通知。至年底，全区开展污染防治设施现场检查11次，建设项目现场监督检查30次，其他监理147次。

2000年6月30日，对升平河鲜船、飞来峡河鲜大排档、姑嫂河鲜大排档分别作出停业整顿、罚款5000元的行政处罚。

二、企业污染治理

清新（星平）水泥厂是一家设计年产16万吨425#普通硅酸盐的企业，共有两台立窑、一条生产线，第一台机立窑1993年投产，第二台机1995年投产，是清远市和飞来峡管理区重点排污工业企业之一，同时被省、国家列为重点污染企业；2000年，清远市将该厂列为重点污染源限期达标排放企业之一。

按照《飞来峡管理区2000年工业污染源达标排放工作方案》，飞来峡管理区污染治理监督小组和检查小组，多次到厂督导污染源治理工作，组织有关人员进行排放监测，并把该厂存在的情况、监督结果和治理计划及存在的问题向市、省有关部门反映汇报，同时协助该厂向省申请污染治理补助资金。

2000年，清新（星平）水泥厂投入环保资金110万元，用于机立窑、生产线的烟尘排放治理，其中对粉尘排放安装水膜除尘器和布袋除尘器，同时增加污染物的应急处理措施，每个主要排放点配有备用设备，于2000年10月上旬完成一条生产线的治理。

2000年10月25–26日，清远市环境监测站对清新（星平）水泥厂工业污染源进行监测，结果为：烘干机除尘后的排放浓度监测值平均为146.2毫米每立方米，且任何一次监测值均达到《水泥厂大气污染物排放标准（GB4915—1996）》的二级标准限值150毫克每立方米，生料磨机除尘后的粉尘排放浓度监测平均值88.7毫米每立方米，且任何一次监测值均达到《水泥厂大气污染物排放标准（0）GB4915—1996》的二级标准限值100毫克每立方米的要求；机立窑除尘前的粉尘排放浓度监测平均值为14138.5毫克每立方米，且任何一次监测值均达到《水泥厂大气污染物排放标准（0）GB4915—1996》）的二级标准限值150毫克每立方米的要求。粉尘无组织排放的厂界外悬浮物监测结果也达到的任何一次监测值均达到《水泥厂大气污染物排放标准GB4915—1996》的“二级标准”要求。通过清远市环境监测站进行的达标验收监测。治理后的粉尘排放浓度大为降低，特别是烘干车间和机窑车间收尘效果明显，机立窑平均除尘效率99.02%，按此计算生产每吨水泥可削减粉尘15.97公斤，按年产8万吨计算年削减粉尘可达1277.6吨。

表 6-2-5　　2000 年 10 月清新（星平）水泥厂主要排尘废气监测结果（一）

设施	监测点位	监测项目	监测结果	处理效率	执行标准	参考标准值	单位
烘干机	除尘后	排气量	4466				Nm^3/h
		粉尘	146.2		150		Mg/nm^3
		排放量	0.052		0.60		Kg/t
生料磨机	除尘后	排气量	8416				Nm^3/h
		粉尘	88.7		100		Mg/nm^3
		排放量	0.060		0.07		Kg/t

表 6-2-6　　2000 年 10 月清新（星平）水泥厂主要排尘废气监测结果（二）

设施	监测点位	监测项目	监测结果	处理效率	执行标准	参考标准值	单位
1#机立窑	除尘前	排气量	14262				Nm^3/h
		粉尘	14138.5				Mg/nm^3
		排放量	16.13				Kg/t
1#机立窑	除尘后	排气量	14189				Nm^3/h
		粉尘	139.8			150	Mg/nm^3
		排放量	0.16	99.02%		0.60	Kg/t
1#机立窑	除尘后	排气量	14189				
		二氧化硫	453.6			300	
		排放量	0.51			0.90	

三、排放污染物申报登记

1997 年 8 月，推行排放污染物申报登记制度。区成立领导小组和工作小组，把清新县（星平）水泥厂，部分砖厂、石场、较大的酒店等污染较为严重的单位作为重点申报登记对象。

清新县（星平）水泥厂经过综合治理，污染物排放基本达到《水泥厂大气污染物排放标准（0）GB4915—1996》），并于 2000 年 10 月 25-26 日通过市环境监测站的监测。该厂 2001 年排放污染物情况见下表。

表 6-2-7　　2001 年清新（星平）水泥厂废气污染物及其排放情况表　　单位：吨/年

烟囱或排筒高度（米）	主要污染物名称	污染物年排放量	其中 燃料燃烧	污染物年均浓度 mg/m^3	污染物排放标准	达标废气中污染物排放量	污染物年去尘量	其中 燃料燃烧
机窑烟囱 15 米	二氧化硫	40	40		300	40	40	40
	粉尘	25	25	139.8	150	25	25	25
	烟尘	0.15	0.15	139.8	150	0.15	0.15	0.15
烘干机 4 米	粉尘	25	25	146.2	150	25	25	25

续表

烟囱或排筒高度（米）	主要污染物名称	污染物年排放量	其中	污染物年均浓度 mg/m³	污染物排放标准	达标废气中污染物排放量	污染物年去尘量	其中
			燃料燃烧					燃料燃烧
生料磨	粉尘	5	5	88.7	100	5	5	5
合　计	二氧化硫	40	40	300	300	40	40	40
	粉尘	0.15	0.15		100	0.15	15.21	15.21
	烟尘	55	55		150	55	5545	5545

注：本表数据来自2001年星平水泥厂排放污染物申报登记表

四、建设项目环境管理

根据《广东省建设项目环境保护管理条例》，区环保局联合建委等部门按照“三同时”原则做好区内新建项目的环保审批工作。1998年，对区液化石油气站建设项目的地环境作全面监测、评价，出具环境评价报告书。1999年，对设在升平镇不按规定进行环境影响报告书（表）报批的3条河鲜船发出整改通知，敦促其按环保法规办事。

第五节　环境违法

一、环境违法查处

1998年5月11日，清新县人民法院对喜来登、章记大排档等拒交排污费的单位分别作出罚款1000元的行政处罚，两排污单位当天交缴1997年8月至1998年5月的排污费。1998年9月，区环保局对清新（星平）水泥厂，黎溪砖厂，升平镇新光酒店、名发型发廊、蓉蓉发廊、新意念发廊、旺角发廊等拒交排污费的单位作出行政处罚决定。在法定期限内，上述单位置之不理，区环保局向清远环保局提出请示，要求人民法院强制执行行政处罚。1999年3月18日，清新县人民法院对拒不执行的新意念发廊作出民事裁定书，查封、扣押价值1778元的财产。11月12日，清新县法院执行庭到上述单位进行强制执行。

根据区环保局的申请，1999年2月3日，清新县法院执行庭对省水利水电二局、省水利水电三局、省水利水电机施公司的排污费发强制执行征收的通知。4月7日省水利水电三局交纳排污费2.5万元，6月28日省水利水电二局交纳排污费、滞纳金20.99万元，7月19日省水利水电机施公司交纳排污费11.87万元，8月19日水利水电二局和机施公司分别交纳排污费3.8万元和3万元。

二、排污费征收

1997年8月，开始按规定的最低标准对升平镇境内的企业、服务行业征收排污费；对黎溪镇、连江口镇的收费启动摸底准备工作。至年底，对升平镇71家单位发出征收排污费通知书，共有19家交费，占26.76%。

1999年，全区征收排污费59.54万元，其中超标排污费29.44万元，四项收入30.10万元，征收工业企业4家、第三产业3家，乡镇企业4家。

第七编　财政　税务　审计

Di Qi Pian　Cai Zheng　Shui Wu　Shen Ji

第一章 财 政

第一节 财政机构

1995 年 8 月 29 日，清远市机构编制委员会批准设立清远市财政局飞来峡管理区分局。

清远市财政局飞来峡管理区分局局长、副局长：

局 长 杨运良（1995.12-2001.10）

副局长 谢 林（ -2001.10）

局长助理 唐承军

第二节 财政收支

一、财政收入

1996 年是飞来峡管理区实行财政包干体制的第一年。区在抓收入的同时，严格控制各项非计划性支出，基本实现收支平衡。执行“收支两条线”促进预算外资金的管理。印发《关于进一步加强行政事业收费、罚没收入财务管理的暂行规定》。对辖区进行清理检查，存在的问题有：收费项目、标准自定。罚款数额可任意性。收费、罚款收据既有财政部门印制的，也有市场上买回来的，更有白纸条“五花八门”。收费、罚款款存在坐支。收费与资金挂钩等。在抽查过程中，共查处违反标准收费金额（5 个单位）23079 元，18 个收费单位中除二家是使用财政印制的票据外，其余都是一般收据，个别执法部门罚款开白纸条等。整顿后，区属有执收、执罚单位 18 个，都能按规定到分局领取了财政部门统一印制的票据，改变过去乱罚、乱收、打白条、坐支等不正常现象，做到全区预算外资金管理上实行“收支两条线”。

组成由区长谭建成任组长，财政分局局长杨运良任副组长及财政、税务、审计等部门的骨干（包括原市大检办老同志）组成的税收财务大检查小组，从 11 月初开始检查以来共检查单位 10 个、查出违纪金额 219.5 万元，应缴库的金额 92.4 万元。其中，偷漏工商税 60 万元，占违纪金额的 27.3%；乱收费、乱罚款及截留挪用罚没收入 0.8 万元，占违纪金额的 0.36%；应缴未缴财政专户的有 84.3 万元，占违纪金额的 38.4%。

1996 年，全区工商税收完成 1100 万元，完成全年任务（市财政局下达）156.6%，比 1995 年增收 415 万元，增长 60.5%。其中，中央与市（县）共享收入 175 万，属地方收入 43.75 万元，省与市（县）共享收入 925 万元，属市（县）收入 565 万元。

另外，农业税完成 200 万元，完成全年任务（区管委下达）80%，除升平镇 27 万元属 1995 年遗留问题外，其余各镇都完成当年的任务。农林特产税完成 50 万元，完成全年（清远市财政局下达）任务 56.5%。农林特产税属全额地方税，由于制定财政收入计划是以 1994 年的收入为基数，而 1994 年又是飞来峡管理区特产税收入的高峰期，加上有些镇领导认识不足，没有很好地组织征收，1996 年有 38.5 万元未完成，使区财政收入减少 38.5 万元。耕地占用税完成 0.1 万元，契税完成 1.6 万元。

1997 年，继续抓“收支两条线”的落实，完善预算外资金的管理。先后举办有关提高会计人员业务学习班 5 期，参加人数 200 多人次，绝大部分会计人员取得上岗证。抓年度税收财务大检查。先后 3 次召开专门会议布置的大检查工作，成立由区长谭建成为组长，副区长陈运镜、财政、税务局长为副组长，物价、税务、审计等部门参加的税收财务大检查领导小组。共查单位 11 个，查出违纪金额 11 万元，陆续缴库。

1997 年，全区工商税地方财政收入部分（扣除城建税）完成 632 万元，完成全年任务（清远市财政局下达，下同）的 170.2%，比 1996 年增收 31 万元，增长 5%。其中，中央与（市）县共享收入属地方（25%）部分完成 44 万元，比 1996 年增收 1 万元，增长 2%；省与（市）县共享收入属地方（60%）部分完成 540 万元，比 1996 年增收 33 万元，增长 6.5%；地方固定收入完成 48 万元，比 1996 年减少 6 万元，减少 11%。农业税完成（调整后）149 万元，完成年度任务的 100%，比 1996 年减少 27 万元，减收 16%；农业特产税完成 65 万元，完成年度任务的 73%。

二、财政支出

1996 年，全区财政总支出 1634 万元。其中文教卫生事业费支出 700 万元，行政支出 170 万元，公安安全支出 48 万元，其他部门事业费支出 303 万元。

1997 年，全年财政总支出支出 1888 万元，比 1996 年增加 254 万元，增长 13%；其中行政管理费支出 238 万元，比 1996 年同期减少 6 万元，减少 3%；其他部门事业费支出 317 万元，比 1996 年同期增加 114 万元，增长 36%；公安安全支出 59 万元；教育事业费支出 766 万元，比 1996 年同期增加 66 万元，增长 9%。

第二章 税 务

第一节 税务机构

1995 年 9 月 22 日，成立清远市国家税务局飞来峡管理区分局。同年底，清远市地方税务局飞来峡管理区分局成立。1996 年 1 月，地税分局接管原英德地方税务局管辖的连江口、黎溪、水边，清新县管辖的升平 4 个地方税务所，共有 15 人。

清远市国家税务局飞来峡管理区分局长、副局长：

局　长　郑桂明

副局长　梁薛峰（1995.11–2001.10，主持全面）

　　　　丘向明（　–2001.10）

清远市地方税务局飞来峡管理区分局局长、副局长：

局　长　刘新中（1995.9–　）

　　　　苏章强（　–2001.10）

副局长　杜国佳（1995.9–2001.10）

　　　　梁尚玲（　–2001.10）

第二节　税收税务

一、税收

1996 年，全区完成工商税收 996 万元，其中省级收入 394 万元、市县级收入 602 万元。

1997 年，全区完成工商税收 1064 万元，完成年度任务 1060 万元的 100.38%，其中省级收入 416 万元、市县级收入 648 万元，征收个人所得税 35 万元。

1998 年，全区完成地方税收收入 1230 万元，其中省级收入 541 万元、市县级收入 689 万元，征收个人所得税 91 万元。

1999 年，全区完成地方税收收入 1028 万元，其中省级收入 406 万元、市县级收入 622 万元，征收个人所得税 105 万元。

二、税务宣传

1997 年 4 月，开展税收宣传月活动，20 多名税务干部分设 4 个咨询点，向群众宣传税法，接受群众咨询，解答疑难。配合清远市地方税务局开展“骑自行车远游宣传地税税法”活动。通过悬挂横额、标语，张贴宣传画报，编写税收宣传墙等多种形式开展税收宣传。

三、税收检查

1996 年区地方税务局成立后，每年均开展一系列税收检查，检查税源有没有流失。1997 年检查沙场、石场、矿场和砖厂等，建立正常的纳税申报制度。对房产税、个人所得税的检查，检查出租屋 70 户，补缴房产税 4.2 万元；检查个体工商从业者 185 人。

1999 年，查补税款入库 96 万元。

1996 年验证 228 户，1997 年验证 373 户。

四、征管改革

1997 年，按照上级税收征管改革的文件精神，制定《飞来峡地税税收征管改革实施方案》，把“向基层转移，向征管转移”作为重点，建立起适应社会主义市场经济体制要求的、符合实际的科学的税收征管体系。以连江口作为改革试点，带动全区各镇实现银行代扣划缴税款。

1999 年，建立以“申报纳税和优质服务为基础，集中征收，重点稽查”的新征管模式。

2000 年，执照“精简、效能”的原则设置机构，把 5 个税务所合并为 2 个中心税务所。

五、所得税汇算清缴

1997 年 4 月，对 14 户企业所得税进行汇算清缴工作，查增所得税额 22.7 万元，查增所得税 5000 元，汇缴率 100%。

1999 年，汇算清缴检查 17 户企业，占汇缴面的 85%。查增流转税 26.1 万元，查增所得税额 59.2 万元，查增所得税 3.1 万元，查增其他地方各种税 2.3 万元。

六、发票管理

1997 年 7 月，全面实行饮食业定额发票征收税款，减少税源流失，增加税收收入。

第三章 审 计

第一节 审计机构

1996年8月19日，设立区审计师事务所。1996年8月29日，设立清远市审计局飞来峡管理区分局。

清远市审计局飞来峡管理区分局局长、副局长：
局 长 陈伟奇（ –2001.10）
副局长 陈伟奇（主持全面，1996.10– ）

第二节 审计工作

一、审计监督

1997年，是区审计局全面开展工作的第一年。全年完成审计项目11个，是年度计划任务10个的110%，审计金额48426万元，查出违纪金额182万元，应上缴财政78万元，入库32万元。

1998年，完成审计项目11个，查出违纪金额75万元。对本级预算执行情况及财政决算进行审计，重点审计区财政局、区地方税务分局。审计资金3342万元，查出黎溪镇政府违规行为金额15万元，责令其全部上缴财政。是年，根据国家审计署的安排，重点对粮食财务挂账和公安机关进行审计。审计粮食企业5家，确认新增财务挂账729万元，自查为1142万元，核减413万元。审计公安机关查出违规行为金额55万元，其中应上缴财政5万元，撤销“小钱柜”，帮助健全财务制度，完账务处理，规范收费和罚没行为。

1999年，完成审计项目11个，审计金额达到97416万元，查出违纪金额18万元，应上缴财政10万元，入库6万元。

二、专项资金审计

1998年对7个行政事业单位的财务进行审计，内容包括有规费收缴是否执行行政收支两条线，收费是否按文件执行，资金的来源是否合法，对专用资金是否做到专项通过审计，查出违纪行为资金4万元，上缴财政4万元。

1999年，对社会保险基金、赈灾、救灾资金，交通规费等重点项目，飞来峡BT阿莫科（红溪）希望小学教学楼的建设设计等项目进行审计。审核发现有挤占挪用社保资金5万元，赈灾、救灾资金没有设立专门账户核算，交通规费有坐支现象。

三、企业审计

1997年，完成企业验证资本金56项，厂长（经理）离任审计1项目，咨询建账4项。

第八编　区委　区管委

Di Ba Bian　Qu Wei　Qu Guan Wei

第一章 区委区管委机构

第一节 区委区管委领导班子

1994 年 10 月 18 日，飞来峡水利枢纽工程动工兴建。为集中人力、物力、财力统筹规划、部署、完成库区内约 3.8 万移民的安置工作，1995 年 4 月 6 日，清远市人民政府请示广东省人民政府，要求设立飞来峡管理区。7 月 6 日，广东省人民政府批复，同意设立飞来峡管理区，为县处级单位，管辖清新县升平镇和英德市连江口、黎溪、水边 3 个镇，共 4 镇。不设一级政权，只作为市政府的派出机构。9 月 8 日，飞来峡管理区正式挂牌成立。

1995 年 9 月 5 日，清远市委市政府批准：成立中共飞来峡管理区委员会，钟梅坤任书记，谭建成、郑从导、徐觉荣任副书记，张细珠、陆神才任区委常委；成立中共清远市飞来峡管理区纪律检查委员会，张细珠任书记；成立飞来峡管理区管理委员会，谭建成任区长，郑从导、徐觉荣、植东林、龚石武任副区长。1996 年 6 月，魏振龙任区委常委。1997 年 3 月，欧勇任区委书记。1996 年 8 月，孔宪君任副区长。1997 年 1 月，陈运镜任副区长。1998 年 3 月，利国振任副区长。1999 年 2 月，梁伟赟任区委常委。1999 年 3 月，莫俊峰任区委常委。1999 年 10 月，王耀国任区委常委。2000 年 9 月，黄卫星任区委书记。2000 年 12 月，杨德银任区委常委、李司俭任副区长。

表 8-1-1　　清远市飞来峡管理区区委区管委领导班子成员任职情况表

姓　名	职　务	分管工作	任职起止时间
钟梅坤	书　记	区党委全面工作	1995. 9-1996. 12
欧　勇	书　记	区党委全面工作	1997. 3-2000. 9
黄卫星	书　记	区党委全面工作	2000. 9-2001. 10
谭建成	区长、副书记	区管委全面工作、财政	1995. 9-2001. 10
郑从导	副书记、常务副区长		1995. 9-1996. 4
徐觉荣	副书记、常务副区长	党群、计生、两委办、规划基建	1996. 3-2001. 10
张细珠	常　委	纪检、人民武装	1995. 9-2001. 10
陆神才	常　委	公安、政法、综合治理、民政	1995. 9-1999. 10
魏振龙	常　委	组织人事编制、工青妇、联络人大政协	1996. 6-2001. 10
梁伟赟	常　委		1999. 2-2001. 10
莫俊峰	常　委	纪　检	1999. 3-2001. 10
王耀国	常　委	公安、政法、综合治理	1999. 10-2001. 10
杨德银	常　委	宣　传	2000. 12-2001. 10
植东林	副区长	规划基建	1995. 9-2001. 10
龚石武	副区长	农林水、计划生育、扶贫	1995. 9-2001. 3

续表

姓 名	职 务	分管工作	任职起止时间
孔宪君	副区长	移民安置、教育、文化、卫生	1996.6-2001.10 其中：1996.6-7任区长助理
姓 名	职 务	分管工作	任职起止时间
陈运镜	副区长	经委、计划统计、物价	1997.1-2001.10
利国振	副区长	邮电供电交通	1998.3-2001.10
李司俭	副区长		2000.12-2001.10

第二节 区委区管委工作部门

1995年8月29日，清远市机构编制委员会批复，批准设立飞来峡管理区内设机构为：①区委、区管委办公室（含民政、信访、档案、保密、体改、法制、台办、外事、计委、武装）；②组织人事办公室（含组织、人事、劳动、纪检、监察、党校、党史、工会、共青团、妇女、并负责人大、政协联络工作）；③移民安置办公室；④农林水办公室（含农业、林业、水利水电、乡镇企业、畜牧水产、”三防”、气象、计划生育）；⑤宣传教育办公室（含宣传、文化、教育、卫生、科技、体育、广播电视、新闻）；⑥规划基建委员会（含建委、规划、设计、环保、房管、交通、公路、通信、航运、能源）；⑦经济建设委员会（含计划、经委、旅游、外经、财贸、商业、供销、粮食、口岸、统计、审计、物价、矿产资源）。12月5日，成立飞来峡管理区编委办公室、林业局、社会保险管理局。

1996年3月，成立区畜牧水产局、粮食储备管理局。4月，成立区水利局和区旅游事业管理局（挂旅游公司、中国旅行社清远市飞来峡管理区分社牌子）。5月13日，设立中共清远市飞来峡管理区委员会党校。8月，成立区供销社。12月30日，设立纪检监察办公室（挂党风廉政建设办公室牌子）、政法统战民政办公室（挂统一战线工作部、社会综合治理办公室、外事侨务办公室、台湾事务办公室、民政局、人民群众来信来访办公室牌子）、计划统计卫生办公室（挂统计局、卫生局、物价局牌子）。

1997年4月28日，清远市机构编制委员会同意将原市环境保护局飞来峡分局改为飞来峡管理区环境保护局，隶属区管理。

清远市直驻区单位有：市交通委员会飞来峡交通局、清远市公安局飞来峡管理区分局、清远市工商局飞来峡管理区分局、清远市财政局飞来峡分局、清远市国土局飞来峡分局、清远市审计局飞来峡管理区分局、清远市国税局飞来峡管理区分局、清远市地方税务局飞来峡管理区分局。

金融保险行业在飞来峡管理区设立的机构有：工商银行飞来峡支行、建设银行飞来峡支行、中国银行飞来峡支行等。

区属企业有：区建安公司、区经济发展有限公司、区园林公司、区食品公司、区自来水公司等。

飞来峡管理区区委区管委办公室主任、副主任：

主　任　罗琼标（2001.6-2001.10）

副主任　涂永良（1995.9-1996.9）

　　　　吴承位（1996.1-1998.12）

傅立全（1996.1-2001.10，兼机要保密办、信访办主任）
何松辉（1998.12-2001.10）
吴柱桥（1996.5-1997.4）

第三节 区委区政府表彰

1998年1月13日，区管委发文，表彰1997年“飞来峡管理区劳动模范”10人：升平镇罗汝潮、陆星全、周铎辉，黎溪镇陆计喜、冯荣兴，连江口镇汤树兰、李堂双、李传娣，水边镇李荀、林明。

1998年2月18日，区委、区管委会发文，表彰1997年扶贫攻坚等先进单位和个人一批。

1998年6月29日，区委发文，表彰陆神才等优秀共产党员30名，其中区直机关5名，升平镇5名，溪镇7名连江口镇8名，水边镇5名。

1999年1月12日，区委、区管委发文，表彰移民安置工作团先进工作者30名。

1999年1月，区委、区管委发文，表彰区1998年先进单位29个，先进个人5名。

2000年12月，区委、区管委发文，表彰全区十大种养能手。

第二章 外事侨务 招商引资

第一节 外事侨务

一、外事侨务机构

1996年3月18日，飞来峡管理区机构编制委员会批复，同意成飞来峡管理区外事侨务办，人员编制由区委区管委办调剂解决。

二、外事侨务工作

1999年，区内对出国（境）审批、签证，实行签发人签发制度，区委书记负责区长及副书记出访的签发，区长及副书记负责副区长及区直单位、乡镇人员出访的签发，并建档备查，规范管理。是年，区外事侨务办共办理因公出国赴港澳人员22批56人次，赴台1人次，其中多次往返港澳12批29人次，临时出国赴港澳10批27人次。此外，区外事侨务办派员参加清远市外事侨务办举办的“外事业务培训班”。

区外事侨务办依照《中华人民共和国归侨侨眷权益保护法》，配合落实华侨房屋、华侨捐赠、归侨退休待遇、归侨安置、照顾“三侨”考生升学及侨眷出国（境）探亲等事宜。其中，1998年对全区4个镇的港澳同胞、海外华侨及侨眷、侨属进行调查，建立档案；为黎溪籍香港同胞陆二妹，水边籍香港同胞廖卓如落实侨房。1999年，建立和完善区、镇二级侨务信访网络。

第二节 招商引资

一、招商引资机构

1995 年 12 月，成立飞来峡管理区招商局，为正科级事业单位，定编 4 名，经费自筹解决。

飞来峡管理区招商局局长、副局长：

局　长　梁伟赟（1996.3-1997.4）

副局长　吴启浪（1996.9-　）

二、招商引资工作

1996 年，出台《清远市飞来峡管理区内引外联投资项目优惠办法》，制定《移民工业开发区管理及地价优惠办法》，编印《北江明珠——飞来峡》和《飞来峡招商指南》，完成全区 30 多个招商项目的可行性分析报告，通过报纸、电台等媒体多渠道介绍飞来峡管理区的地理环境、投资优惠政策及招商项目。组织有关人员参加在香港举办的 1996 广东省对外经济贸易洽谈会，在广州举办的美国夏威夷招商洽谈会，并到广州、珠海、南海、番禺等开展宣传招商优惠政策及推介活动。是年，引资兴办清远万事达液化气供应站、投资兴办清远市荣新饮食服务有限公司等项目。

1997 年，区招商局与珠海力森电子有限公司合营建起飞来峡分厂，生产影碟机。

第三章 粮食储备 交通

第一节 粮食储备

一、粮食储备机构

1995 年 12 月 15 日，区编委批复同意设立区粮食储备局。1996 年 3 月 28 日，区粮食储备局挂牌成立。

飞来峡管理区粮食储备局局长、副局长：

局　长　杨献钊（1996.5-2001.10）

副局长　宋善浩（1997.6-2001.10）

　　　　陈茂奕（　-2001.10）

二、粮食征购价格

1998 年 7 月 31 日，区规定当年粮食征购价格：购粮保护价，大粒谷 56 元/50 公斤、细粒谷 58 元/50 公斤；公粮结算价 57 元/50 公斤；购粮补差价 7 元/50 公斤。

第二节 交 通

一、交通机构

1996年8月29日，设立清远市交通委员会飞来峡交通局。

清远市交通委员会飞来峡交通局局长、副局长：

局　长　陈桂森（1996.4-1996.9）

　　　　刘绍森（1996.9-　）

　　　　罗瑞基（　-2001.10）

副局长　胡志强

　　　　潘可贤（　-2001.10）

二、交通工作

1996年飞来峡管理区公路密度每百公里为13.7公里，2000年为30.7公里。辖区内公路年末好路率连年在93%以上，升平、水边、白坑3个道班年年被评为全优道班。

1996年至2000年间，西牛至水边段二级公路改造全长15.9公里，完成路面二级公路改造10公里；高田至黎溪段全长19.7公里，完成路面二级公路改造8公里；新建乡道9个项目，共46.3公里全部竣工。参与飞来峡环库公路建设，做好征地拆迁和现场施工监理工作，2000年9月，环库公路通过验收并交付使用。2000年，在“两大会战”中，清远市下达的行政村通公路任务是14个项目117公里。5月11日，召开全区村委会公路工作会议，分工负责，责任到人，各镇与区管委签订村委会通公路建设工作责任书，每项工程有专人管理，每一路段都有专人驻点监督。区成立村委会通公路建设总指挥部，指挥部办公室设在交通局。到年底，村委会通公路建设14个项目117公里，行政村公路建设路面路基全部完成，实现全区村村通公路的目标。2001年公路建设改造计划：银英公路二改一工程40.8公里，黄洞至水边四改二工程65公里，江口咀至小舍四改二工程20公里，高田至黎溪四改二工程19.7公里，黄洞至飞霞新建二级路8公里，黄洞至高田四改二5公里，黎溪新村至义合四改一工程13公里，升平至民安四改二工程5公里，江口至竹园四改二工程8公里，连江口至英德下太四改二工程20公里，南坑至水边四改二工程23公里，小舍至严村四改二工程12公里，严村至蓝山四改二工程18公里，升平至竹园四改二工程11公里。

交管站房和道班房建设方面，1998年连江口交管站房竣工，黎恒线道班房建设在2000年底完工。占地576平方米的交通局办公综合大楼，2000年完成建设用地土质勘探、建筑图纸设计和施工有关手续等前期工作后，于当年9月6日全面动工，计划在2001年上半年竣工。计划2001年完成黎溪交管站和升平、道班房建设。

几年来，共新增客车6辆103客位，货车157辆513.97吨，新增船舶24艘332载重吨、共582.7千瓦。交通规费的征收方面，共征收道路运输管理费75万元，船舶运管费71.5万元，手拖、摩托车养路费119.2万元，年年超额完成征收任务。其中2000年征收道路运输管理费20.4万元，公路运输管理费12.4万元，征收手拖、摩托车养路费7.6万元。

2000年4月6日，表远市交委、区管委、清远港监局联合组织对飞来峡库区水上交通安全大检查，并召开现场安全工作会议。接着对辖区内客渡船进行全面检查。

第九编　纪检　监察

Di Jiu Bian　Ji Jian　Jian Cha

第一章 纪监机构

1995 年 9 月 8 日，成立飞来峡管理区纪律检查委员会，区纪委、区监察局合署办公，实行一套工作机构、两个机关名称、履行党的纪律检查和政府行政监察两项职能。

1995 年 9 月至 1996 年 5 月间，有 7 名人员相继调到区纪委工作（李启同、陈海生、刘冬兰、宋善浩、吴秀群、何明、吴世民）。1999 年，乡镇换届，调整区内各镇纪委书记 4 人，充实副书记 1 人，委员 3 人。是年，全区有纪检专职人员 21 人，其中镇一级 15 人；落实乡镇纪委干部办案补贴经费。2000 年，各镇党委副书记兼纪委书记的镇均设专职副书记；区内 4 个镇均设有监察室，各配备监察室主任 1 名，共有监察员 5 名。

飞来峡管理区纪律检查委员会（纪检监察办）书记、副书记：

书　记（主　任）　张细珠（1995.9—1999.3）
　　　　　　　　　莫俊峰（1999.3—2001.10）
副书记（副主任）　宋善浩（1996.9—1997.6）
　　　　　　　　　何　明（1996.4—2001.10）
　　　　　　　　　谢金友（　—2001.10）

第二章 纪检监察工作

第一节 党风廉政建设

一、党风廉政建设

区纪委每年都组织全区各单位开展经常性的党风党性党纪教育，组织区直单位领导干部参加每月半天时间的理论中心组学习，每月半天时间的政策性文件学习，每月半天时间的业务知识学习；每年组织廉政教育知识竞赛活动，促进廉政教育。各镇、各部门领导干部每季度组织所在单位班子成员集中学习 1—2 天，学习内容为《廉政准则》和中央、省、市反腐倡廉有关规定等。

1996 年 6—9 月，全区统一部署开展“反腐保廉教育学习月”活动，订阅廉洁自律学习资料 220 本，电化教育片 20 盒，参加教育的科级单位 38 个，党员干部 3395 人，党员受教育面 90%。1996 年，区纪委组织“全区党纪政纪条规知识竞赛”活动，参赛 532 人，其中党员 473 人，处级干部 9 人、占 100%，科级干部 108 人、占 100%，各镇站（所）负责人 106 人、占 100%，合格率 100%。

1997 年，区纪委印发党风党性党纪教育资料 330 多份，订阅报刊、学习资料 880 份，其中《党风》476 份，廉洁自律手册 120 份。订购电化教育片 20 盒，播放电化教育片 168 场，观看 15368 人次。6—9 月，结合纪律教育月活动，全区开展党风党纪党性教育，2200 多名党员参加，其中组织 100 多名副科以上的干部集中学习江泽民在中纪委第八次会议上的讲话精神。是年，在工程招投标、涉及各项收费等方面，制定多项措施。

1998 年，利用各单位理论中心学习组、各镇党校、各支部电化教育室等场所，通过民主生活会等形式，全区开展以“讲学习、讲政治、讲正气”为主要内容的党性党风党纪教育活动，组织全区干部学习廉政守则、廉政准则、纪律处分条例、《中华人民共和国行政监察法》等；征订《党风》546 份，《中国监察》39 份，其他资料 1300 多份，播放电教片 225 场次、15300 人次观看；有 980 人参加《中华人民共和国行政监察法》知识竞赛；组队参加清远市《中华人民共和国行政监察法》知识电视竞赛，荣获集体三等奖；进行交通、电力系统行风评议，两个评议部门的全体干部职工参加为期 10 天的行风建设学习。

1999 年 3–4 月，区、镇两级党政班子成员学习《关于实行党风廉政建设责任制的规定》，全区副科以上干部 135 人参加。是年，9 名乡镇纪委书记、副书记全部参加清远市举办的换届培训班和区举办的换届业务学习班。

2000 年，全区开展“三讲”“纪律教育月”“警示教育”活动。⑴“三讲”活动。共订购各种学习资料 1230 份，电教片 15 套，组织播放电教片 103 场，观看 3502 人次，教育面 80%以上。⑵纪律教育月活动。7 月，以“学习党纪法律法规，促进党风廉政建设”为主题，全区 309 名党员参加组织“党风廉政建设责任制基本知识专题”考试，参考率 100%，答卷满分 132 人，满分率 42.7%，其中参加考试股级干部 156 人、占 100%，科级干部 139 人、占 100%，县处级干部 14 人、占 100%。8 月初，全区 65 人纪检监察干部（含区直部门监察员）参加为期 8 天的“纪律教育学习周”活动，每位监察员、纪检监察干部都各自写出 1000～3000 字的自我剖析材料；区直多部门、镇分别出版多期墙报板报，其中区组织人事办与宣教办联合出 2 期墙报，水边镇出版 4 期板报，宣传纪检监察系统干部的先进事迹。⑶警示教育活动。9 月，156 名副科以上干部参加警示教育活动，写出心得体会并存入其个人廉政卷宗档案；组织观看电教片《欲海沉沦》3200 人次，订购《胡长清案件警示录》等内容的电教片 5 套，组织播放 36 场次；订阅《以案施教，警句长鸣——胡长青案件警示教育材料》等学习资料 50 套。区纪委印发《关于飞来峡管理区供销社副主任傅 X 柱违反规定参与赌博的通报》《关于飞来峡管理区规划基建委员会违反财经纪律等问题的通报》，以实例进行警示教育。组织撰写《关于落实党风廉政建设责任制工作的调查报告》和《浅谈当前群众反映的热点、难点问题及其成因、对策》，向清远市纪委上报“勤廉兼优先进典型”材料 1 份，推荐单位 1 个。全区共有 43 个单位、2200 人次参加警示教育活动。

二、推行政务公开

1996 年起，区直各单位和各镇普遍实行政务公开，先后制订学习、工作、财务、廉政、岗位职责等各项廉政制度，实行“两公开一监督”。各镇把财务管理作为廉政建设的重中之重，规定：单位（部门）支出 2000 元以上须经班子集体讨论决定，2000 元以下由镇主要领导批准，凡是票据支出须有经手人、证明人、审核人、批准人等手续。各镇还普遍实行工程公开招投标制度，成立工程发包领导小组，明确规定 30 万元以上工程必须公开招投标。

2001 年 1–5 月，改革政府审批制度，区直各部门及各镇共清理审批项目 5 个，减少审批项目 2 个。

三、推进干部制度改革

1995 年起，区建立纪检监察机关与组织部门联系制度。⑴区纪委领导经常向组织人事部门的领导通报和提供干部廉洁自律方面的情况，为组织部门考核提拔“一把手”干部提供信访情况；组织部门对拟提拔“一把手”的干部，在提交党委讨论前，先征求纪检监察机关意见。⑵实行“一把手”干部轮换任职制，防止“一把手”在一个单位工作时间过长而诱发腐败行为。2000 年，区直单位正职交流 4 名。⑶“一把手”定期向上级组织和下属干部群众作廉洁自律和落实党风廉政建设责任制的情况专题报告，接受上级组织的检查考核，接受群众的公开评议。

2001年，推进干部人事制度改革，实行任前公示制、干部考察报告制度、领导干部离任经济责任审计制度等。⑴选拔任用党政领导干部在规定范围内，进行民主推荐，对科级部门的“一把手”由区委常委提名，征求党内外人士意见。当年，有20名科级以上干部的提拔任用，实行任前公示。⑵逐步试行干部考察报告制度、差额考察制度和考察结果通报制度。⑶各镇普遍实行政务公开、村务公开工作，对镇（科）级主要领导干部离任，实行经济责任审计。⑷对“一把手”行使权力的监督机制。监督重大事项决策权，重大事项由领导班子按决策程序，议事规则集体研究决定。监控单位内部人事管理权，干部的使用、调配、提拔，执行干部管理工作的有关规定。监控财物支配权，完善财务审批制度，针对移民资金的管理与使用，专门成立管理机构把关。

四、行风评议

从1996年起，为推动政府部门转变思想作风和改进工作作风，依法行政，区管委成立“飞来峡管理区纠风评议领导小组”，推行行风评议。每年，组织社会各界的群众代表，对与群众生活关系密切的行政执法、经济管理和公共服务等部门，在调查、分析、归纳的基础上，进行公开评议，作出评价。评议的内容：是否履行职责，是否严格按规定办事，依法行政，严格执法；队伍管理是否严格，是否存在滥用职权、以权谋私、吃拿卡要的问题，是否存在乱收费、乱罚款、乱检查的问题等；服务意识、服务态度、服务质量和办事效率如何等。

1997年5月起，历时4个月，对公安、邮电、税务、教育4个部门开展行风评议。区、镇分别成立行风评议领导小组4个，评议工作团4个，参加评议的单位82个（含基层站、所、各中小学），其中公安5个，国税5个，地税5个，教育63个，邮电4个，占100%。评议团向各阶层180多名群众征询意见，征询意见12条。自评出问题18个，其中公安5个，邮电3个，国税3个，地税3个，教育4个。评议团发现问题9个，自评出问题20个，其中公安4个、邮电2个、国税2个、地税1个、教育11个。各单位对评出的问题进行整改，建立和健全各项规章制度65个，设举报箱4个，报务承诺制7个。整改后，发出反馈调查问卷895份，评分为满意的815份，占91%。

1998年4月20日起，在交通、电力系统开展行风评议工作，评议分为4个阶段：准备和学习动员阶段，时间10天。各镇和被评单位、部门相继成立行风评议工作领导机构，制定实施方案，确定评议团成员名单，将方案和名单报上级部门，召开动员会。自评阶段，时间40天。区交通、供电系统广泛开展调查研究，发调查问卷39份，回收率100%，咨询落实率95%，完成自评报告。助评阶段，时间45天。区行风评议领导小组和评议团接到被评单位的自评报告后，对被评单位进行评议。提出好的有7个方面，差的有5个方面。整改和总结阶段，时间30天。被评单位根据评议出的问题，分别进行整改，供电所制订《领导成员行风建设责任制》《用户监督办法和提交服务质量措施》《接受用户来信来电投诉处理管理办法》《供电部门职工服务守则》《文明窗口十项规范要求》等13项制度和服务公约。交通局制订3项公开制度。

1999年，对区、镇两级政府和建设系统10个的单位进行行风评议。被评单位成立评议机构，分阶段开展工作。组成评议团5个，人员170人，发出调查问卷3400份，被评单位10个，评为满意单位6个，基本满意单位4个。各评议团对被评议单位提出的意见和建议有：建委系统的两公开一监督制度透明度不够高，窗口服务点开展社会服务承诺的执行有待加强。办公室学习少，政治觉悟和业务知识有待加强与学习提高，有待提高办事效率和质量。建议以这次行风评议为契机，大力开展“树行业新风，创优质服务”活动，强化“窗口”服务意识。严格执行“两公开一监督”制度。

2000年初，区、镇两级政府分别成立行风评议工作领导小组，128名各阶层人士组成的行风评议工作团

5个，分别对教育系统、公安系统、环保局进行评议。行风评议工作累计召开座谈会32次，468人参加提出意见，具有广泛性和代表性，发出问卷调查表1234份，收回1206份，共收集意见54条，其中对公安系统满意的69份，基本满意的259份，不满意的16份，存在的问题：社会治安较差，对违反犯罪打击力度不够；警民关系不够密切，与群众接触较少；办证窗口时间观念不强，服务态度不够端正；值班制度不够健全，有擅自离开岗位的现象。对教育系统满意的53份，基本满意的358份，不满意的60份，存在的问题：收费过高，有乱收费的现象；个别老师素质较差，有打学生的现象；老师家访时间较少，与学生家长沟通不够；个别老师住校少，存在走教现象。对环保局满意的102份，基本满意的267份，不满意的22份，存在的问题：收费不规范；对环保治理力度不够。被评议的公安、教育、环保部门，对评出的9大类23条意见，均逐条提出整改措施，制定各种规章制度21个。

五、领导班子民主生活会

按中央、省、市廉洁自律的规定，1995-2001年，全区各镇、区直单位都按规定召开领导干部廉洁自律专题民主生活会，对增强领导干部党风廉政建设的意识，纠正铺张浪费的不良行为，纠正个别行业乱收费，乱罚款的不正之风，解决移民通路、通电、就学、就医等实际困难方面，起到的推动作用。

1996年6月，区纪检、区组织人事办抽调4名人同到各镇、区直各单位征求意见，做好会前准备。7月底前，区、镇、区直副科以上单位及基层站所共127个单位，全部召开民主生活会，对照省、市领导干部廉洁自律规定，逐条逐项进行自查，自查人数235人，其中处级干部8人、科级干部108人，占应自查人数的100%。

1997年5月20日，区纪委、区组织人事办联合印发《关于开好1997年领导干部廉洁自律专题民主生活会通知》，区直单位、各镇、各基层站（所）共106单位召开民主生活会，应参加自查214人，自查214人，占100%。会后，各单位制定财务管理制度、接待制度等106个，占单位数的100%，接待费与比上一年同期相比，节支40多万元；建立公务用车制度71个，占单位数的67%；申报领导个人收入人数10名，占应申报人数的100%。

1998年6月，区纪委相继派出12人次，参加有关部门的民主生活会并进行评估工作。召开民主生活会的区直副科以上单位38个，参加人数130人，其中副处以上11人；参加民主生活会各镇基层站所单位84个，参加人数84人。当年的民主生活会，主要对群众反映的车子、房子、通信工具等问题进行清理。

1999年，区各级领导班子民主生活会从7月起至9月结束。应召开的单位（含基层站所）70个，召开68个，占97.2%。其中处级2个，乡镇4个，区直副科单位34个，基层站所28个。应参加会议人数234人，参加231人，占98.7%。其中副处干部13人，科级干部145人。

2000年8月，区纪委派出4名工作人员到各地进行指导和检查各级民主生活会。召开民主生活会副科以上单位为44个，其中处级单位2个、镇4个、区直机关38个；参加会议人员159人，因公请假缺席5人。是年民主生活会会前准备充分，有要求、有征求意见、有学习资料、有发言提纲；学习时间保证，各单位领导班子成员整整抽出一个星期的时间，系统进行学习；班子成员敢于、勇于开展批评与自我批评；对查找出来的问题，进行及时整改。会后，各方评价，这是建区以来效果最好的一次民主生活会。

六、建立廉政卷宗

2000年，全区35个副科以上单位，建立单位廉政卷宗；建立个人廉政卷宗干部418名，其中科级干部145名、股级干部273名。廉政卷宗实行分级管理，设立专人专柜管理。科级单位和干部的廉政卷宗由区纪委建立与管理；股级干部的廉政卷宗分别由各镇、区直部门建立和管理，廉政卷宗涉及的内容：(1)领导干部本人执行党风廉政建设责任制规定的情况；⑵领导干部本人执行《中国共产党党员领导干部廉洁从政若干准则（试行）》和《广东省党政领导干部廉政守则（试行）》的情况；⑶领导干部本人执行个人重大事项报告制度的情况；⑷领导干部本人执行在国内交往（不含亲友之间的交往）中收受礼品实行登记制度方面的情况；⑸领导干部执行个人收入申报制度的情况；⑹领导干部执行组织人事纪律方面的情况；⑺领导干部任期经济责任的审计结论；⑻领导干部接受廉政考核的结论；⑼领导干部在廉政方面受表彰的情况；⑽领导干部在廉洁自律专题民主生活会上自查自纠及整改方面的情况；⑾领导干部在廉政方面受处分的情况；⑿领导干部被纪检监察机关进行信访调查的结论；⒀领导干部在廉政方面的其他情况。是年，区纪委专门组织对全区建立和完善廉政卷宗情况检查 2 次。是年 2 月份，全区 44 个副科以上单位和股级以上干部进行 1999 年度考核，评出优秀 55 人，称职 80 人，基本称职 1 人，不称职 3 人；好单位 31 个，较好单位 13 个，考核情况均载入个人和单位廉政卷宗。

至 2001 年，全区 44 个副科以上单位全部均建立廉政卷宗档案，实行两级管理。

七、党风廉政建设责任制

建区以来，区、镇、各部门的党政第一把手及班子成员建立党风廉政建设岗位职责制，实行党政第一把手对本地区、本部门的党风廉政建设和反腐败工作负总责、班子成员对分管的部门负直接责任的制度。

1996 年初，区委成立党风廉政建设领导小组，区委书记钟梅坤任组长，区委副书记兼副区长徐觉荣和区委常委、区纪委书记张细珠任副组长，区直有关单位的 8 名负责为成员。制定《关于加强廉政建设反腐败的若干规定》。区委、区管委成立“移民经费管理使用领导小组”“移民工程招标领导小组”“执法监督检查领导小组”“飞来峡管理区纠风办公室”等领导机构，落实廉政建设岗位职责。同时，各镇都制定“二公开一监督”制度，建立和健全基层党风廉政建设机制。

1999 年 3 月，召开全区党风廉政建设责任制动员大会，参加会议人员 80 多人，区委书记欧勇作动员。会后，立即召开区两套班子会议，专题研究责任制落实问题，制定《飞来峡管理区实行党风廉政建设责任制实施办法》《区两套班子党风廉政建设责任制岗位职责》和《飞来峡管理区党风廉政建设责任制保障制度》，完善报告制度、考核制度、奖励和责任追究制度、廉政卷宗制度等。4 月起，各镇、区直各部门先后召开党风廉政建设责任制动员会，制定相应的实行党风廉政责任制的制度。9 月，按清远市党风廉政建责任制领导小组《关于在全市村党支部和村委会落实党风廉政建设责任制的通知》要求，党风、廉政建设责任制延伸到村党支部、村委会一级。

2000 年 4 月，区党廉领导小组制定印发《飞来峡管理区 2000 年党风廉政建设和反腐败工作目标管理责任制》，涉及专项任务 33 个，责任部门 22 个，责任人 66 人。明确区委、区管委班子成员 13 人和各镇、各部门党政班子成员的岗位职责，区管委的副区长同分管的单位与部门负责人分别签订党风廉政建设责任书 39 份，逐级建立责任制。区、镇两级党委都建立《关于实行党风廉政建设责任制的实施办法》《党政班子成员党风廉政建设岗位职责》《党风廉政建设责任制保障制度》和《目标管理及考评制度》等 36 个相应配套制度。各镇把党风廉政建设责任制落实到村委一级，制定村级的《目标管理及考评制度》和责任追究制度，制定关于政务公开、村务公开内容的制度共 30 个。

八、执法监督检查

设区以来，区纪委监察部门在推进执法监察工作中，对行政执法主体的执法程序、行政处罚的事实是否清楚，证据是否确凿，定性是否准确，处罚是否恰当；是否严格执行收支两条线规定，罚款是否及时足额上缴财政；是否存在超越职权、巧立名目乱罚款；是否存在不开票或不使用财政部门统一制发的票据等问题等进行执法监督。

1999 年，区纪检监察机关对涉企执法单位实行“涉企执法检查备案制度”，并且开展了 5 项工作：⑴协助区建委健全公开、公平、公正的招投标程序，参加、监督区建委组织的招投标工程 5 次。⑵查办清远市纪委转来群众反映新区建设指挥部关于招投标问题的信件 1 宗。⑶对区粮食局粮食系统流动工作进行 1 次执法监察检查。⑷对区建委和区林业局 2 个部门进行执法监察。5 月和 10 月，分别对这 2 个部门的建设工程项目收费、林业罚没、收费的资金管理和使用情况进行立项执法监察检查，发现两个单位均有违规违纪现象，共查出违法违纪金额 437.2933 万元，挽回经济损失 118.7932 万元；纠正退还违法违纪金额 96.8972 万元，挽回经济损失 55.9976 万元。⑸进行立案处理和建章立制工作。是年，立案 2 宗，发现线索 1 条，立案查处 1 宗，行政处分 1 人，提出建议 3 个，协助建章立制 1 项。

2001 年，区纪检监察机关执法监督重点主要放在协助区建委健全、实行建筑工程项目直接经营与监督审核权分离制度的实施上，区内建筑工程项目一律由区建委牵头，实行公开招投标。年间，召开招标会议 4 次，工程 4 宗，总造价为 345 万元，区纪委检监察机关均全部参加、实行监督。

九、领导干部廉洁自律

从 1995 年 9 月起，区委、区管委一直开展领导干部廉洁自律工作，规范党员领导干部的从政行为。每年春节前夕，区纪委均重申：⑴严禁在春节期间铺张浪费、请客送礼；⑵严禁领导干部利用职权收受现金，有价证券的规定。2000 年农历三十晚，黎溪镇某个老板，趁某镇某领导不在场、司机不备时，将内装有现金 11000 元的 3 个红包和 2 瓶洋酒，放在镇政府车内，该镇领导第二天早上发现这一情况后，立即将红包、洋酒交镇纪委处理。

2000 年，开展“廉内助”评选活动，全区推出十佳“廉内助”8 名，区“廉内助”评选组委会推荐 2 名报清远市。

第二节　整治不正之风

一、制止党政机关干部经商办企业

2000 年，区纪委对全区各级领导干部廉洁自律工作情况进行登记和清理，未发现有干部违规个人经商办企业的现象。

2001 年 4 月，区纪委把中央提出的关于“省（部）、地（厅）级领导干部配偶、子女不准在该领导干部管辖的业务范围内个人从事可能与公共利益发生冲突的经商办企业活动”的规定，对全区科级以上干部配偶、子女经商办企业的情况进行清理。经清理，15 名副处以上干部、39 名副科以上单位负责人均没有违反该规定。

二、清理干部以权谋建私房

1996 年，按省、市有关领导干部建房、住房、装修等规定，区纪委开展清理干部以权谋建私房工作。区管委成立查房工作领导机构，各镇纪委参与，城建、国土部门配合。7 月，召开全区查房工作会议、派员参加全市查房培训班学习（有 3 人参加）、组织全区查房骨干培训班（有 36 人参加）等，查房工作全面铺开。

1997 年 7 月，区查房办统计，全区副科以上干部及基层站所负责人 166 人，均全部进行查房，科级以上干部住房全部建立查房档案。2000 年，区纪委对全区各级领导干部廉洁自律工作情况进行登记和清理，未发现有干部以权谋建私房。

三、规范公务接待

1995年设区以来，区管委和各镇普遍设有接待所或饭堂，分别建立、健全公务接待制度，明确规定接待用餐标准、作陪人数等。

1997在6月17日，区纪委印发《飞来峡管理区关于落实中央国务院关于厉行节约制止奢侈浪费行为若干规定的落实措施的通知》。6月27日，区委、区管委印发《关于落实中央、国务院关于党政机关厉行节约制止奢侈浪费行为的若干规定》，明确：⑴对以区委、区管委名义召开的重要会议，须由经办单位报主管区领导审核、批准后方能召开，严格控制参加人数、规模。⑵执行清远市委、市政府制定的接待标准。以区委、区管委名义召开的会议，由承办单位解决会议经费，经区管委主要领导同意，区财政适当补贴部分会议经费。⑶凡参加会议的人员能回原单位的一律不安排食宿，不能赶回原单位的，一律安排在区委招待所吃住。是年，区委、区管委取消无明确目的、无实在内容的会议30次，节约会议经费6.8万元；区各单位分别制定对口部门负责接待、内部饭堂安排就餐的规定有35个，其中：⑴特殊情况到外面饭店接待要经主要领导批准，餐票才能报销；⑵按规定标准接待，省部级领导每天每人伙食标准60元，地厅级领导标准50元，县（处）级以下领导标准40元；⑶酒水一律不准上洋酒和名贵香烟，不准安排到营业性娱乐场所活动；⑷接待单位如有违反规定的，费用由责任人支付；⑸干部下乡，一律到乡镇饭堂、招待所食宿，不得到餐馆、酒楼开餐、开房。是年，全区1–6月的接待费（含干部外出公干接待费用）为24.2万元，比上一年同期减少8.8万元；1–6月会议费为5.3万元，比上一年同期减少9.6万元。全区接待费用同去年同期相比节约45万多元（其中区管委接待费节约16万多元）。

1998年初，区委重新制定接待标准，对区直委办的接待一律规定在区委招待所进行，接待经费包干由原来拨给各委办改为区接待科单列设账，单列核算，其他部门和各镇接待费同样单独列项。与上一年相比，全区接待费节约48万元，会议开支节约经费23万元。

1999年，大部分单位接待费账目都实行单列账户单列开支。区领导的公务接待，按规定标准进行，接待经费实行定额包干，具体为：区书记、副书记每人每月开支1500元；常委、副区长每人每月1000元。外出公务接待经费开支每月由区行政科核销，节余部分划下月使用，超支部分自理。

2000年，区各单位的财务管理按新的《中华人民共和国会计法》执行，对招待费在财务账上单列作账。各镇以及有接待场所的各部门，接待上级来人基本都在内部饭堂接待就餐。据不完全统计，全区共节约接待费100多万元，其中升平镇接待费为38.9万元，比1999年节约1.2万元（其中镇政府饭堂接待30.2万元，外面饭店接待8.7万元），连江口镇节约50万元，黎溪镇节约10万元，水边镇节约8万元。

第三节　治理“三乱”

一、教育乱收费整治

1995年起，区纠风行动的治理“乱收费、乱罚款、乱摊派”，尤其是针对“中小学乱收费”“向农民乱收费乱摊派”等，通过信访举报、案件检查、案件审理、宣传教育等举措，进行专项治理。

因办学经费的不足，区内的少数学校时有存在乱收费现象，区纪委和相关部门每年均进行检查治理。

1996年，按清远市纪委《关于进一步治理我市中小学乱收费问题的决定》，区教育部门对全区各镇中小学收费进行检查清理，黎溪中学取消自设收费项目3个、涉及金额2万多元。

1997年初，实行中小学乱收费管理领导责任制，校长签订责任书。区纪委、物价、教育部门抓开学前收费项目、收费标准核定。是年内，区纪委对全区各中小学收费情况进行检查，大部分学校做到开学前公布收费项目、收费标准，开学后接受物价部门的财务检查，并将检查情况予以公布。是年，检查发现5个中小学校有不合理的收费项目及标准，并进行处理，清退金额213473元。其中，黎溪中学乱收费9万多元，除了责令限期退还学生，物价部门处还以1000元罚款，通报全区。

1998年，区物价部门对全区中小学收费情况进行检查，查处2宗不合规收费行为，清退金额13850元。

2000年6月和9月，区纠风办组织相关部门对全区中小学收费进行检查，发现有“建校费、围墙费、老师统筹费、厕纸费”等违规收费项目。其中，水边镇有4间小学在春季学期乱收课室扩建费4500元，围墙费2300元，维修费420元，老师筹集费7.5万元。全区共清退违规金额60多万元。从秋季学期起，全区58所中小学校全部实行收支两条线管理，统一使用财政部门印制的收费票据，实行中小学收费许可制度、中小学收费公示制度、学校代收收支情况定期公布制度。

2001年，区物价和教育部门对春季学期收费的进行一次检查，发现少数镇在征收教育费附加过程中不够规范，出现向学生直接收费的错误做法，发现后立即对其进行纠正。据教育部门统计，是年上半年全区共减轻中小学生费用负担44.76万元。

二、农村乱摊派乱收费整治

区纪委每年都开展“向农民乱收费、乱摊派，截留和挪用农民的移民资金”专项整治。主要围绕建设公益事业、提供服务、达标升级、要求赞助、报刊订阅、教育培训等名义向村级组织摊派和乱收费的情况，进行检查。对向农民、村级组织和农民合作社违规违纪收取的各种款项，予以退还；对擅自出台、设立涉及加重农民负担的文件和收费项目、建设项目，予以撤销；对擅自提高的收费标准，予以降低；对违反减轻农民负担政策、随意加重农民负担的有关责任单位和人员，按照有关规定处理。

1996年4月，根据清远市监察局、清远市农委《关于开展对减轻农民负担工作执法监察的实施方案》，区纪委开展“向农民乱摊派、乱收费工作，制止搭车收费和无偿集资”专项清理工作，制订打分制度、定期检查制度。

1997年，区管委结合农建工作，发出《全面清理农村财务账目，健全财务制度通知》，对全区经济社、经济联社的财务进行清理、审计。同时，建立农民收费卡制度，共发放农民收费卡17000份。

1998年，区纪委把治理“向农民乱收费、乱收摊”作为纠正行业不正之风的重点，发出监督卡18757份，一户一卡，并实行收费“两公开一监督”。是年，区管委组织一次全区性“减负”工作自查自纠和达标升级活动，自查发现有的镇个别管理区办证时，有收手续费、自立收取建设费等现象，于是进行处理，清退金额26.7万元；开展整治生猪税费工作，取消每头2元的生猪屠宰物价调节费，增值税从原来的每头24元降至16元，该项工作全年减轻农民负担20多万元；部署农电“两改一同价”的工作，整治农村电价，实行两级管理，直接抄表，服务到农户。升平、黎溪两镇农电价从年9月份起电价降至最高不超过每千瓦时0.99元，最低0.79元，连江口、水边两镇农电改造工作由英德市负责，从11月1日起农电实行每千瓦时0.995元。据统计，当年全区农民人均负担占个人总收入的2.5%，比上一年下降了0.8%。

1999年，全区贯彻中央、国务院关于“提留统筹费一定三年不变”的要求，是年全区人均村提留预算额为5元，比1997年人均村提留费减少0.6元，其中连江口镇全部减免村提留费；全区乡镇统筹费预算额为每人平均21元，比1997年人均乡镇统筹费减少1元。这两项减轻农民负担14.54万元。实行农民负担预决算制度和专项审计制度。全区共发放负担监督卡18757份，每户一卡，实行“收费依据公开、收费标准公开、设立举报”的两公开一监督制度。全区减轻农民负担的项目6个，减轻负担额123.9万元。是年，全区没有出现自行出台涉农乱收费、乱集资、乱摊派行为和各种涉农的达标升级活动。

2000年，纠正部分镇教育附加费直接向学生收取的错误做法，取消部分学校违规收取建校费、围墙费、民师费。继续推行农村电力“两改一同价”工作，全区农村到户电价每千瓦时为0.96元，比上年下降0.035元，整顿农村电价，减轻农民用电不合理负担106万元。做好涉农收费、审核、公示和规范各项收费标准，全区镇村统筹（含教育附加费），控制在农村人平收入的5%以下。制止报刊征订中的不正之风，压缩农村征订报刊3种，减少征订报刊数量127份，金额1.55万元。

2001年，各镇普遍建立涉农收费公示牌，建立涉农收费的监督机制。工商、农业等部门对农药、化肥、种子质量检查中发现的问题及时处理。1–5月份，全区减轻农民负担185万元。

三、企业负担整治

飞来峡管理区内厂矿企业较少，区有关部门对企业实行收费许可证和企业交费登记制度，区纪委每年都组织开展减轻企业负担的检查，防止向企业强行收费或变相收费等。

1998年，陈运镜副区长主持为企业减负“切一刀”会议，区经委、两委办、物价局、财政局、审计局、纪检、公安、供电、交通、工商、教育等11个部门主要负责人参加，取消城市建设绿化费、建筑物验费、教育设施配套费、测量放线费、失业证费、用工许可证费等8个项目，其中4个属区内自定自消项目。年底，对取消的项目进行检查，发现个别单位不执行“切一刀”规定，区物价检查部门共查处案件3宗，其中2宗当年结案，处罚49621元，作上缴财政处理；另一宗涉及违纪金额7257元。全年减轻企业负担50多万元。

四、医药购销整治

设区以来，区纪委对医药价格、“九不准”、虚假违法医药广告、制售假药、医疗器械等开展经常性检查，规范医药购销行为，完善各卫生院药品集中采购工作的指导意见；开展医药购销和医疗服务行业信用建设，以核实票据资金流向与药品物流向一致性为抓手，整治“挂靠走票”行为；推动医疗机构与纪检、公安、工商、物价等部门的协调配合机制，治理医药购销领域商业贿赂。

1999年，各镇卫生院全面落实药品收支两条线管理规定，降低虚高定价的药品6种，降低药价总金额0.3万元；对3间无证经营、5间证件不全的药店给予取缔，销毁假、伪、劣药品一批；取缔虚假广告3条，是年全区卫生战线的药品收入比1998年同期减收4万元，下降2.2%，业务总收比1998年同期增长3.4%。2001年4月，在全区卫生系统开展药品价格和生产流通秩序的自查自纠工作，发现个别医院和部分诊所存在虚高定价、药品购进渠道不规范的现象，并进行清理，销毁假劣和过期药品价值0.5万元。

五、执行“收支两条线”

1995年开始，区委、区管委执行将收入和支出分开的核算资金管理模式（简称“收支两条线”），对区内各单位的行政事业性收费、罚没收入等政府非税收入，规定纳入区财政专户，部门不得截留、坐支；支出由区财政部门根据各单位履行职能的需要，按标准核定。

1996年，区内各部门全面推行“收支两条线”，全区完成工商税收1500万元，比上一年增长45.2%，财政收入1159万元，比上一年增长14.2%，预算内支出1470万元，收支平衡。年内，区纪委组织财务大检查，发现的某些单位存在私设“小金库”，存在罚没收入未全额上缴财政的问题。

1997年初，按照省政府有关规定，区管委与各镇政府负责人、区物价局及各单位负责人签订《飞来峡管理区收费管理责任书》，明确对行政事业性收费、罚没收入的监督与管理的职责。是年，全区实行“收支两条线”的单位占80%以上。年间，针对移民资金数额大的情况，区委、区管委成立移民资金审核领导小组，先后制定财务、审计等制度，移民专款实行“一支笔”审批。区管委组织一次财税抽查、检查，未发现坐支、挪用等现象，但存在不按规定收费的现象：⑴一些部门事业性收费不规范。如区计生局存在写便条违规收费，不使用统一发票等问题。⑵一些部门事业性收费不按标准收。如区建委利用工程项目执法监察工作，对承建工程者每项工程多收 2000 元捐款。区纪委均进行纠正，并按有关政策规定进行处理。

1999 年，区管委研究制定《飞来峡管理区关于进一步加强公安、法庭、工商等部门收支两条线管理工作的实施办法》，在行政、执罚部门全面实行“收支两条线”。据财政部门统计，到 11 月 30 日，全区行政和执罚部门收入 263 万元，支出 196.8 万元。是年，区预算外资金 1 月至 11 月收入累计 108 万元，支出累计 106 万元，对预算外资金管理开始走向正轨。年末，分阶段进行对全区党政事业单位的“小金库”进行清理检查，自查自纠单位 34 个，自查率 100%，未发现违规单位。

2000 年，全区有行政事业性收费和执收执罚单位 69 个，其中实行委托银行代收单位 22 个，实行财政一个窗口收费单位 22 个；实行财务公开制度的单位 49 个。年间，进行“收支两条线”清理工作，取消收费（基金）和罚没项目 1 个，审计执收执罚单位 4 个，审计出违规金额 102 万元。

2001 年初，区委、区管委发文：⑴取消不合法、不合理收费项目，需要保留的行政事业性收费必须由区物价部门核批，严格实行“收支两条线”管理。⑵规范政府采购行为，清除分散采购的弊端，提高财政资金的使用效率。是年，区属机关、事业单位和社会团体使用财政性资金购买物品（含办公用品），都由区财政分局委托市政府采购中心集中进行招标采购。1-5 月，实行政府采购中心招标采购物品 4 件，其中小车 2 辆，电脑 2 台，物品总价值为 63.8 万元，节约资金 12900 元。

第四节 专项管理

一、移民资金管理

移民资金是一笔数目相对较大的生产安置发展基金，每笔多的上千万元，少则也有数十万元。1995 年，区委、区管委成立移民资金审核领导小组，资金实行“一支笔”审批。同时，各镇也专门成立“移民资金使用审核领导小组”，负责对移民资金的管理、使用、审批。各村发展用于再生产的项目，需要使用移民发展基金的，10 万元以下要经镇人民政府批准，10 万元以上要报区移民办审核，50 万元以上经区移民资金使用审核领导小组批准。

1999 年 12 月，移民安置工作重点转向搬迁扫尾，移民资金减少，移民资金审批使用管理制度依然坚持执行。

二、公车管理

1996 年，区纪检部门对区各单位公务用车定编和领导干部用车管理作出两项规定：⑴购车方面，有定编指标的，方可购买公车。发不出工资的单位，一律不得购买公车。⑵用车方面，各部门主要领导不固定用车，用车均由车辆管理部门或办公室统一调派使用，不准超标准用车。是年，区直各部门区购买小汽车 36 辆，完成办理定编 30 辆，正在办理 6 辆。入私人户牌照 3 辆。年中检查，区纪检部门对违反规定，入公安警车牌照车辆的单位进行处理。

1997 年，区纪检部门规定：⑴各镇、区直各单位的车辆全部纳入编制管理，由区小汽车定编办和控购办根据其机构编制、职能、领导职数以及经费来源等情况，对车辆进行入编审批。⑵各镇、各单位领导干部不得配备专车和使用相对固定用车，不得以任何理由借用或占用下属单位或企事业单位的车辆，已借用、占用的要一律清退。⑶不准用借款、银行贷款、集资购买小汽车，严禁挪用救灾款、救济款、扶贫款、教育基金购买和更换小汽车。⑷严禁把公家车辆入私人户牌照，对过去已入私人户牌照的公家车辆，迅速办理转户手续，自觉接受监督管理，违者追究单位主要负责人责任。

1998 年 8 月，全区开展公务用车大检查工作，检查情况：⑴全区各单位均实行小车定编制度。⑵实行用车、派车制度。大部分单位对公务车的使用，都实行由办公室统一调配使用，维修、用油制度完善。⑶完成清查乘坐超标准进口豪华小轿车工作，制定特种车号牌的发放管理制度。⑷有少数单位车辆管理比较混乱，部分单位因经济困难，购买旧车，但又怕占用定编指标，存在不按规定及时办理定编手续情况，全区共有 6 辆公车入私人户牌。⑸有违规使用警车牌照的事件。如水边镇政府的一辆公务用车，违规使用警车牌照。

1999 年，区直各单位购买公车能执行“经区长办公会议同意并报区经委备案后方可购买”的规定。区委印发《区领导小汽车经费若干管理规定》，区领导使用的公务用车分，实行分三类经费包干管理，三类车每年 3 万元，二类车每年 2.8 万元，一类车每年 2.6 万元。

2000 年，明确区直各单位购置公务用车，必需符合 3 项要求：⑴各单位根据工作需要，书面报告区纪委审核；⑵有小汽车定编依据；⑶购置国产车，购车金额每台不得超过 25 万元。在车辆管理方面，区委、区管委制定出领导干部车辆使用定额油费开支制度，车辆管理由车管部门统一管理，统一调配使用，领导干部没有相对固定小车，严禁公车私用，因工作需要用车的，由车管部门安排。年间，区纪委对全区各级领导干部廉洁自律工作情况进行登记和清理，未发现有干部违规违规借用小汽车的现象。

三、公费出国（境）管理

1999 年，区设有专门机构，对公费出国（境）进行管理，实行签发责任制度，层层把关，明确规定：区委副书记出国（境）由区委书记签发；区常委、副区长和区直单位、乡镇人员出国（境）及外出考察，由区长、副书记签发；同时建档备查，规范管理。当年，全区公费赴港澳 6 批 20 人次，其中参加高新技术洽谈 6 人，参加清远海外联谊会 5 人，参加建国 50 周年活动 2 人，商谈飞来峡中学建设事宜 3 人，从事经贸进出口业务 4 人。当年，区各党政机关人员出国（境）活动中，没有发现向下属单位和其他单位摊派费用的现象。

四、新建和装修办公楼规定

1997 年，区委制定《严格控制新建和装修办公楼实施意见》，对新建、扩建和购买、装修办公楼作明确规定：⑴各镇、各单位现有办公楼已达到规定面积指标的，一律不准新建、扩建和购买办公楼；⑵未达到指标的单位，在“九五”期间原则上不准新建或购买办公楼；⑶新增机构或因水利枢纽工程需要搬迁的镇，须建新办公楼的，需报上级有关部门批准，按规定程序办理立项，报建手续。年间，进行“严格控制新建和装修办公楼清查”工作，了解到从 1993 年以来，区各单位新建办公楼 2 幢，面积 4709.87 平方米。其中区管委办公楼 1 幢，面积 1433.62 平方米；黎溪镇政府办公楼 1 幢，面积 3276.25 平方米，没有发现违规装修情况。

1999 年，区内有部分党政机关和事业单位的办公楼，有少量附属工程进行兴建和装修，按政策和规定，实行逐级报批。

2000 年，全区行政机关和事业单位，没有出现兴建办公大楼、宿舍楼及装修楼房情况。

五、各种庆典活动规定

1997 年，区委规定：⑴举办庆典活动实行申报制定。举办庆典活动单位要把庆典活动时间、内容、规模、经费预算及来源等情况，提前一个星期报区委、区管委审批，并报区纪委备案。⑵经批准的庆典活动，要本着厉行节约的原则，严格借庆典活动发放礼品，不准向单位和个人拉赞助、搞摊派、乱收费。⑶党政机关领导干部不擅自应邀参加各种庆典活动，确实需要参加的，要由区统一安排，主办单位不要直接向领导本人发请柬。

是年，区内各部门成立与挂牌，都能执行规定，不搞庆典，不发礼品。

六、公款购置通信工具管理

1996年，区长办公会议制定《区直行政事业单位电话管理规定》，单位电话费在包干的办公费中解决，领导住宅电话费补贴标准为：正科75元、副处85元、正处95元、副厅105元、正厅115元。

1997年，区纪委对公款安装住宅电话和购买移动电话情况进行清查，各镇机关用公款安装住宅电话51部，移动电话45部，其中处级10部，镇（科级）干部35部，安装费用全面实行限额规定。

1998年4月，区委制订《通信工具管理规定》。8月，按上级纪委文件精神，区纪委、区财政分局对所辖的单位用公款安装配备通信工具进行清理，经造册登记，作折价处理，上缴财政账户的通信工具折价款10.39万元。同时，执行电话费“实行个人限额，超额自负，节余归公”制度。

2000年，对区纪委对通信工具管理进行检查，纠正个别镇“人大主席话费报销和党政第一把手的话费在工资直接发放”的错误做法。

七、办公经费和公费医疗管理

1997年，办公经费实行按编核定，包干使用。区直机关单位由区编委核定的人数，以每人700元的标准核发，包括办公用品、差旅费用等支出，部门经费实行包干，自行支配，节约部分归部门，超支部分自行解决。

是年，按照《清远市直公费医疗暂行管理办法》，区制定有关公费医疗、大病医疗保险等管理规定。

八、农村财务清理

设区以来，为解决区内各村级集体资金、资产、资源管理中存在的问题，实现农村资金运行的有效监督，维护农民群众的合法权益，区纪委多次组织开展农村财务清理工作。

1999年，由纪委牵头，组织开展农村财务清理工作，各镇成立相应机构，26人次参加。清理内容：村级财务管理制度的执行情况、村集体资产、资金、资源的管理使用情况；审计各村账目是否清楚，各项开支是否合理合法合程序，各项惠农资金是否发放到位，有无侵占、挪用、私分集体资金和私设“账外账”“小金库”的问题，有无非法转让、转卖和侵吞集体资产的行为，移民征地补偿费的使用、分配是否符合有关规定，有无虚报冒领、贪污挪用现象等。年内，清理农村财务的管理区35个，占全部管理区的76%，清出违纪金额14.6万元。清理结束后，全区范围内，全面推行村委会一级和村民小组一级村务公开和民主管理制度，各村委会普遍将5个有关制度上墙，每月或每季对村委会财务账目进行审计，并向群众张榜公布。2001年下半年，历时3个月，区和各镇两级纪委部门对各村委、村民小组财务账目，进行一次大清查，纠正村级基层财务管理中的漏洞和问题。

第五节　案件查处

一、纪监信访

设区以来，区纪委通过规范制度建设、抓教育培训、配齐硬件设施、加强监督检查等措施，逐步完善信访工作程序和管理制度，按规定处理来信、接待来访。1997年，形成镇、区、村三级信访网络，全区有兼职纪检信访干部5人，信访网络员977人。区、镇纪委不定期对信访员进行业务培训，其中1997年区培训信访网络员60多人次，镇培训信访网络员124人次；1999年举办信访干部培训班9期，培训信访干部1097人次。1996—2000年，共受理群众来信来访178宗。

1996年，全区纪检监察机关共受理群众来信来访53件，其中镇、区直部门30件；涉及科级干部2人，一般干部3人，农村管理区、村级干部12人，初步核查线索3件。1997年，区内关于移民问题和来信、来访较多。4月，成立由区委副书记徐觉荣任组长，区委常委、区纪委书记张细珠任副组长的飞来峡管理区信访工作领导小组，每星期一为区纪委领导接待日。是年，接到群众来信和上级转办的各种信函23宗，信访中涉及党员21人，行政监察对象1人，副科以上干部3人，科级单位1个；重要信访件14宗。当年办结23宗，经初查发现线索10条，立案的4宗，挽回经济损失7000多元。1998年，接待集体上访2次7人，协调疏通办理2件，交办案件6件（其中发函报结果1件，报情况的5件），追缴赃款3.7万元，挽回经济损失3.7万元。自办信访案件14宗，追缴赃款5.2万元，挽回经济损失5.2万元；交办和自办非检查立案3宗，给予党纪处分2人。1999年12月，对区内所辖4镇的纪检信访达标情况进行自查，共接到群众来信49宗，其中区纪委收到群众直接来信30宗，上级转来19宗。到12月10日，受理信访25宗，已办结21宗，属重复来信21宗，不属区受理的3宗，办结率84%；信访立案11宗，办结10宗，立案件办结率90.91%；在办结的信访件和信访案中，8宗由镇纪委办结，13宗由区纪委办结；在办结的21宗信访案中，属基本属实的3宗，部分属实4宗，失实的14宗，集体越级上访4宗，信访移送检查2宗，澄清保护干部5人，其中科级干部4人。如群众来信举报区财政分局负责人贪污公款30万元，区纪委组织人员多方调查取证，未发现其有贪污行为，澄清了事实。2000年，全区各级纪检监察信访办共接到群众的来信51件，来访6宗，其中属于检控类的49宗，属于申诉类的1宗，其他类的7宗，重复来信来访共8宗。在信访件中，当年办结57宗，其中信访立案8宗，办结8宗，办结率100%。在已办结的8信访案件中，镇级纪委办结4宗，区纪委办结4宗。经初查核实，属实的5宗，失实的3宗，澄清保护干部12人，其中科级干部4人，查处职工2人。

二、违纪违法案件查处

1996—2001年，先后查处党政干部违纪违法案件35件。

1996年，区纪委查案发现线索3件，其中立案2件，办结2件，核查1件；立案涉及科级以上干部3人，党员3人。镇纪检部门查处违纪案件12宗，12人，其中党员1人，监察对象11人；属经济类9宗，违反计划生育1宗，其他2宗，其中开除党籍1人，行政处分11人，结案率100%。1997年，区纪委严格按照“事实清楚、证据确凿、定性准确、处理恰当、手续完备”20字办案要求，查办的案件，先由承办人草拟出审理报告，汇报案情，提集体讨论，一致同意后，连同审理报告送书记批准。全年立案查处党员干部违纪案件9宗11人，结案7宗9人，其中开除党籍6人，留党察看2人，党内警告1人。各镇纪委共立案查处8宗10人，挽回经济损失36.5万元，其中升平镇纪委立案查处6宗（万元以上大案4宗），涉及违纪人员8人，违纪金额达27元，开除党籍6人，留党察看2人，追回违法违纪金额25万多元。1998年，区纪委立案2宗，涉及干部2人，党员2人（其中基层站所1人），结案2宗2人，其中严重警告1人，留党察看1人，挽回经济损失1.3万元；各镇纪检部门共办案信访案12件，立案1宗，同相关部门清理查德处违纪案件一批，典型案例有“黎溪镇纪委立案查处该镇铁溪管理区办事处主任朱X雄经济案”，开除朱X雄党籍，为集体挽回经济损失10多万元。朱X雄自1996年以来，利用职务之便（主任兼出纳），挪用公款10.5万元给他人经商，收入不报账25865元，违纪金额共130865元。1999年，区纪委查处案件工作重点放在查处党政机关、行政执法机关、经济管理部门等领导干部违法乱纪案件，全年办案5宗6人，其中司法机关移送3宗3人，自办案件2宗3人，结案4宗，受党纪处分4人（严重警告1人，开除党籍3人，行政处分2人，行政记大过1人，撤职1人），挽回经济损失3.3万元。2000年，区委专门成立“反腐败协调领导小组”，由纪委、审计局、公安分局、法庭等单位组成，重点查处以权取谋移民宅基地案件、挪用移民生产发展基金案件、移民工程招投标违纪违法案件、基层干部违纪违法案件、党员干部损害群众利益违法案件、党员干部参与赌博的案件等。是年区纪委办案7宗7人，其中司法机关移送2宗2人，自办案件1宗1人；各镇纪检部门办案3宗3人，战线办案1宗1人；结案6宗（积案1宗），党纪处分4人，其中警告1人，严重警告2人，开除党籍1人；行政处分2人，其中行政记过1人，降职1人，挽回经济损失25万元。2001年，区纪委查案、办案的重点放在：⑴镇村基层领导干部中发生的违纪违法案件，特别村委级财务问题的案件；⑵执法部门发生的贪污、侵吞、私分公款案件；⑶各级领导干部严重铺张浪费、吃喝玩乐的案件；⑷涉及库区移民工程、移民资金、补偿款等方面问题的案件。1–5月，纪检部门以查处移民资金的归垫、使用、管理为查处手段，立案5件，其中有2个镇纪检部门自办案件，占总数的50%。5月，区纪检监察机关对几年来查结案件处分决定执行情况进行检查，受党纪处分的18名党员，受政纪处分的5名干部、职工，全部进行自查，查出问题2个，纠正2个。9月，区纪委对区宣教办副主任陆X基立案，给予党内严重警告处分。

第十编　组织　人事

Di Shi Bian　Zu Zhi　Ren Shi

第一章 组织人事机构

1995 年 8 月 29 日，清远市机构编制委员会批复，批准设立飞来峡管理区组织人事办公室（含组织、人事、劳动、纪检、监察、党校、党史、工会、共青团、妇女，并负责人大、政协联络工作）。11 月 20 日，孔宪君任组织人事办公室主任。1996 年 6 月 28 日魏振龙兼任组织人事办公室主任。1997 年 5 月 15 日，飞来峡管理区机构编制委员会发文，明确区组织人事办公室行政编制 11 名。

飞来峡管理区组织人事办公室主任、副主任：

主　任　孔宪君（1995.11—1996.6）
　　　　魏振龙（兼，1996.6—2001.10）
副主任　罗琼标（正科，1996.1—1999.2）
　　　　梁润江（正科，1996.1—1999.1）
　　　　石辉成（1999.12—2001.10）
　　　　王健康（又名王宁琛，2001.2—10）
常务副主任　莫剑波（主任科员，1999.12—2001.10）

第二章 组织工作

第一节 党组织概况

一、区直机关党组织

1996 年，全区共有基层党委 5 个，党总支 4 个，党支部 109 个，党小组 380 个。

区直各单位成立后，陆续建立党组织。1996 年，区直机关共设有基层党委 1 个（区直机关党委），党支部 16 个：区两办党支部、清远市建行第二支行党支部、区劳动服务公司党支部、区教育局党支部、区宣传教育办公室党支部、区政法统战民政办公室党支部、区计划统计卫生办公室党支部、区经委党支部、区林业局党支部、区农业技术推广中心党支部、清远市国家税务局飞来峡管理区分局党支部、区国土分局党支部、区建委党支部、区畜牧水产局党支部、区粮食储备局党支部、飞来峡中学党支部。

二、乡镇党组织

1996 年，全区乡镇有基层党委 4 个，党支部 93 个，党小组 380 个。是年，开展农村支部班子调整工作，区组织人事办抽调人员组成考察工作组，以“选谁、配齐、管细、教好”为目标，采取以点带面，点面结合的办法，对管理区党支部进行考察、整顿，共调整管理区支部书记 18 人。

第二节　党员人数和结构

一、1996年党员人数和结构

1996年12月30日统计，全区有党员2906名，其中，区直各单位124名，乡镇2782名。

1.区直单位党员人数和结构。（1）按党员身份统计：正式党员118名，预备党员6名。（2）按性别统计：男性党员116名，女性党员8名。（3）按年龄统计：25岁以下8名，26～35岁42名，36～55岁74名。（4）按学历统计：大专以上75名，中专24名，高中21名，初中3名，小学以下1名。（5）按职业统计：124名党员均属于国家干部或职工。

2.乡镇党员人数和结构。（1）按党员身份统计：正式党员2664名，预备党员118名。（2）按性别统计：男性党员2447名，女性党员335名。（3）按年龄统计：25岁以下65名，26～35岁296名，36～55岁1250名，56～60岁370名，61岁以上801名。（4）按学历统计：大专以上108名；中专178名；高中329名；初中746名；小学以下1421名。（5）按职业统计：国家职工732名（含离退休95名），乡镇企业和个体工商110名，农牧渔民1934名，其他6名。

二、1997年党员人数和结构

1997年，全区有党员2966名，其中区直各单位184名，乡镇2782名。区直各单位的184名党员中：区两办党支部13名，纪检武装党支部5名、组织人事办党支部13名、清远市建行第二支行党支部8名、区劳动服务公司党支部5名、区教育局党支部9名、区宣传教育办公室党支部6名、区政法统战民政办公室党支部9名、区计划统计卫生办公室党支部7名、区经委党支部18名、区林业局党支部10名、区农业技术推广中心党支部7名、清远市国家税务局飞来峡管理区分局党支部4名、区建委党支部20、区农林水办14名、公安公局党支部29名、区移民办党支部7名。

1997年，乡镇2782名党员中，党员身份、性别、年龄、学历、职业等结构情况与1996年基本相同。

三、党员发展

各党组织按照“坚持标准、保证质量、改善结构、慎重发展”的方针，每年通过重点跟踪回乡的高中毕业生、退伍军人，重点培养，成熟一个，发展一个。1996年，全区共发展党员82人，其中35岁以下39人，占47.6%；高中以上学历的50人，占62%，在农业第一线的65人，占79.3%。

第三节　机关党建

一、区直机关党委

1996年5月13日，成立区直属机关党委，党委书记、副书记由组织人事办公室主任、副主任兼任。其中，首届党委书记孔宪君，副书记罗琼标（分管纪检工作）、梁润江（分管组织建设、党员工作），委员傅立全（分管纪检工作）、梁伟赟（分管宣传工作）、陆国基（分管党员教育工作）。

二、党员培训

1996年下半年，根据省、市组织部的要求和部署，区组织人事办克服场地、资金等方面的困难，举办农村管理区党支部书记、办事处主任任职资格培训班，全区46个管理区的党支部书记、办事处主任共78人参加培训。

1997年9–10月，区先后在连江口镇、黎溪镇、升平镇、水边镇举办4期农村党员、基层干部实用技术培训班，410多人参加，培训内容为种果、养殖等知识。

1997年，全区共征订《支部生活》1550份，比上一年增加98%。

三、民主评议党员

1996年起，区组织人事办建立并全面推行“民主评议党员制度”。民主评议党员每年进行一次，一般结合党支部工作总结进行。民主评议党员工作，通常在党委（党总支）的指导下，以支部为单位，有计划有步骤地进行，评议基本方法是：⑴学习教育；⑵自我总结、自我评价；⑶）召开党小组会或党支部大会进行民主评议；⑷组织考察；⑸表彰和处理等程序。评议内容包括：党员是否具有坚定的共产主义信念，能否坚持四项基本原则，是否做到个人利益服从党和人民的利益，是否严守党纪、政纪、国纪，是否密切联系群众等。党员的民主评议等次为：优秀、合格、不合格。

1996年4月，全区各单位开展第一次民主评议党员工作，采取“三先三后”（即先党支部，后党员；先领导，后一般党员；先自评，后互评）和“评两头”（即评出优秀党员和不合格党员）的方法进行，评议党支部109个，参加评议党员2732名，占党员总数的95.6%，评出优秀党员25名，合格党员2853名，不合格党员4名；评出先进支部10个，优秀党务工作者5名。1997–2001年，民主评议党员如常开展。

四、党员电化教育

飞来峡管理成立后，区内各镇党委按照“六有”（有机构、有场地、有人员、有设备、有制度、有片库）要求，推进电教工作。各镇党委每年研究党建工作时，有电教议题；在安排部署党建工作时，有电教内容；考核党建工作时，有电教指标；按照规定完成上级组织安排的电教活动和指定的电教片。

1996年以来，全区的农村管理区都配备“两机一室”（电视机、放像机、电教室），建立电教播放点45个，每镇党委均配备2～3名专（兼）职电教播放员，对“两机”的实行专人管理。是年，4个镇播放电教片215场次，观众达2.06万人次。1997–2001年，区内90%以上的党员、100%的党领导干部每年都接受电化教育。

五、党员表彰

1996年“七·一”期间，清远市委表彰属于飞来峡管理区直机关党委的党员1名，飞来峡管理区委表彰区直机关党委的党员3名。

1998年6月29日，区直属机关委员会印发通知，表彰区公安分局党支部、区经委党支部、区劳动服务公司党支部、区林业局党支部、区建行清远市分行第二党支部等5个先进党支部；表彰欧勇、陆神才、涂永良、李顺标、唐建琪、黄国擎、刘东桂、张廷修、江学伟、植成旺、邹鸿、陆二友、陈海生、谭土德、欧新泉等15名优秀共产党员。

六、制度建设

1996年起，组织人事办先后建立《工作人员岗位责任制》《会议制度》《两公开一监督制度》《档案管理制度》《请销假制度》以及干部调配的基本要求和工作程序等，理顺部门与部门之间、部门上下之间的关系，初步实现组织人事工作的规范化、制度化。

第三章　干部编制管理

第一节　干部管理

一、干部管理权限

1996年，区委制定《清远市飞来峡管理区干部、工人管理暂行规定》，明确干部、工人管理的原则：党管理干部，任人唯贤，竞争择优，管好、管少、管活。

1996年3月，区委制定规定干部管理办法，干部任免权限规定为：⑴镇党委正副书记，镇纪委书记，镇党委委员，镇人民武装部部长的任免，由区委常委讨论决定，区组织人事办公室办理任免手续。⑵区直机关正科级单位的正、副职，正、副科长级干部，副科级单位的正职，由区委常委讨论决定，区组织人事办公室办理任免手续。⑶镇人大正副主席、镇正副镇长由区委常委提名，按照法律程序提交镇人代会选举与罢免。⑷镇纪委副书记及纪委委员，镇人大秘书，镇委镇政府办公室主任，镇团委书记、妇联主席，镇人民武装部副部长，由区组织人事办公室讨论决定并办理任免手续。⑸各委、办、局（分局），人事股（人秘、人保）股长，由区组织人事办公室讨论决定并办理任免手续。⑹区直属企业单位的正职，由区委常委讨论决定，区组织人事办公室办理任免手续。区直属企业单位的副职及各委办局下属企业的正职，由区组织人事办公室讨论决定并办理任免手续。⑺镇计生办、教办主任、各部门助理员，镇委镇政府办公室副主任，镇团委副书记、妇联副主席及其他除区组织人事办管理任免外的股级干部和副股级干部，由镇党委讨论决定，并办理任免手续，分别报区组织人事办及有关部门备案。⑻各委、办、局（分局）内设股（室）除人事（人秘、人保）股股长外其他股长、主任以下的股级干部，各委、办、局下属企业单位的副职，由各委、办、局讨论决定并办理任免手续，报区组织人事办备案。⑼企业内设股（科、室）股长（科长主任），由企业党政领导班子集体讨论决定并办理任免手续，然后由厂长任（聘）免，报区组织人事办及主管部门备案。1996-1999年，区组织人事办公室共办理干部任免手续123人次，其中副科级以上干部115人次，股级干部8人次。

二、干部配备

区直机关正科级单位，一般配备1正2副，最多配备1正3副。区直机关副科级单位，一般配备1正1副，最多配备1正2副。区直机关3人以内的股室，只配正股长或副股长1名；4人以上的股室，一般配备1正1副，最多配备1正2副。独立核算的企业单位，最多配备1正3副。

三、镇级班子换届考察选举

1996年初，飞来峡管理区所辖各镇党政班子需要换届选举。到1月30日，4镇全面完成。4镇的党代会和人代会分别选举产生新一届镇的党政领导班子成员：4个镇党委班子成员38人，其中书记4人，副书记12人、委员22人；纪委委员14人，其中纪委书记4人，副书记4人；镇长4人，副镇长16人；人大主席5人，副主席5人。新一届镇领导平均年龄42.2岁，35岁以下的11人，大专毕业以上文化程度的29人，妇女5人，非党干部1人。

1998年，区启动新一轮乡镇党政班子换届选举工作。区委、区管委采取的措施有：⑴早部署。区组织人事部门从1998年5月开始，对区直单位领导和各镇领导班子进行考察，考察办采取民意测验、个别谈话和答卷三种形式，对区直委、办、局和4个镇的领导班子进行一次全面的考察。民意测验426人，谈话88人，较全面地掌握全区委、办、局及4个镇领导班子成员在思想、学习、工作等方面的情况，为区委、区管委选人、用人提供依据。其中4个镇349人参加民主测评和民主推荐，与115人进行个别座谈，新进班子干部于1997年1月前到位。⑵加强领导。区委主要领导对换届工作进行具体指导，各镇相应成立“两会”筹备领导小组，指导开展工作。⑶酝酿选好人选。区委对新一届镇领导班子的人事安排、干部配备使用，作统一考虑，换届工作程序化和规范化。⑷培训骨干。1998年11月，区组织人事部门举办“乡镇换届工作培训班”，培训换届工作人员。⑸依法进行换届选举。区委、区管委把换届选举工作作为加强基层民主政治建设的一项大事来抓，按照有关法规做好具体程序安排。各镇在开展党委、人大、政府进行换届工作中，通过充分的酝酿，依法依规选出党代会代表379名和镇人大代表226名。⑹加强监督。区委安排纪委书记专门负责处理投诉问题，选举中没有出现违纪行为。

1999年3月26日，升开、连江口、黎溪、水边4个镇的党委、政府、人大换届选举工作严格按照《中国共产党章程》《中国共产党基层组织选举工作暂行条例》以及《中华人民共和国地方各级人民代表大会和地方各级人民政府组织法》规定的程序进行，分别产生新一届党委、人大、政府领导班子。这次换届选举工作基本实现组织的意图，党委推荐的各项职务候选人总的当选率93.8%，其中党委书记、副书记、人大主席、副主席、镇长全部换组织意图当选。全区共调整领导班子成员45人，占70%；党政班子成员交流14人、占23%，其中书记2人、占50%，镇长4人、占100%。任职地域回避的21人，占36%，交流后全区各镇已没有本地籍的党政“一把手”。乡镇党政班子成员平均年龄从上一届的44岁降至40岁，党委书记平均年龄从44岁降至41岁；班子成员具有大专以上学历的33人，占56%，4个镇领导班子都配备妇女干部；党外领导干部的数量从上一届的1人增加到3人。

第二节　编制工作

一、机构编制管理

1995年12月5日，成立飞来峡管理区机构编制委员会办公室，主要工作职能包括：贯彻执行中央、省、市行政管理体制改革和机构改革、事业单位改革及机构编制管理的方针政策和法律法规，制定相关政策并实施；研究拟订全区行政管理体制改革和机构改革方案，审核区级各部门“三定”方案、乡镇的机构改革“三定”方案，负责全区行政事业编制总量控制和机关事业单位机构编制管理工作，会同有关部门严格控制财政供养人员，对全区机关事业单位使用空缺编制补充人员进行核批。组织人事办按照“国家机关人员实行精简”的原则，严格控制行政编制，把好“入口关”。至1996年12月，区委、区管委各部门机关人员没有突破区编委下达的100名指标。

1997年5月15日，区机构编制委员会印发通知，确定区直各委办机关行政编制108名：区委、区管委行政编制11名；区委、区管委办公室，行政编制14名，其中行政接待科行政编制4名；组织人事办公室，行政编制11名；宣传教育办公室，行政编制7名；移民安置办公室，行政编制11名；农林水办公室，行政编制9名；规划基建委员会，行政编制12名；经济建设委员会，行政编制13名；纪检监察办公室，行政编制5名；政法统战民政办公室，行政编制9名，其中政法2名、统战2名、民政2名、人武部3名；计划统计卫生办公室，行政编制6名，其中计划统计2名、卫生2名、物价2名。确定区直各委办机关事业编制29名。

二、机构改革

1996 年初，区组织人事办对区直机关各部门的职能进行分解归类，并广泛征求各方意见，研究制定《清远市飞来峡管理区主要任务、内设机构和人员编制方案》。是年，完成对全部区直各机关的“三定”方案和升开、连江口、黎溪、水边 4 个镇“三定”方案的审批。

第四章 人事 劳动

第一节 人 事

一、干部年度考核

按《国家公务员暂行条例》和清远市人事局关于干部年度考核的相关文件的要求，区组织人事办从 1996 年起，每年均对全区机关、事业单位的工作人员进行考核。考核内容包括德、能、勤、绩四个方面，重点考核工作实绩。考核结果分为：优秀、称职、不称职三个等次。被确定为优秀等次的人数，掌握在本单位工作人员总人数的 10%以内，最多不超过 15%。年度考核一般在每年年末或者翌年年初进行。考核的基本程序有：1.被考核人个人总结；2.各考核单位主管领导人根据平时考核和个人总结写出评语，提出考核等次意见；3.各考核单位考核小组对主管领导人提出的考核意见进行审核；4.区组织人事办研究、审批各单位上报的考核等次；5.区组织人事办将考核结果以书面形式通知被考核单位。工作人员在年度考核中被确定为优秀、称职等次的，具有晋职、晋级和晋升工资的资格，并发给一定数额的奖金。具体由区组织人事办按照下列规定办理：1.连续三年被确定为优秀等次或连续五年被确定为称职以上等次的，在本职务对应级别内晋升一级；2.在现任职务任期内，年度考核连续两年被确定为称职以上等次的，在本职务工资标准内晋升一个工资档次；3.依据年度考核结果按本规定晋升级别和工资档次的，从考核年度的下一年一月份开始执行。4.年度考核被确定为称职以上等次的，以其本年度十二月份基本工资额为标准，发给一个月的奖金；5.连续两年被确定为优秀等次或连续三年被确定为称职以上等次的，具有晋升职务的资格。年度考核被确定为不称职等次的，按照下列规定处理：1.当年考核被确定为不称职等次的，予以降职。降职后，其职务工资就近就低套入新任职务工资档次。其原级别在新任职务对应级别范围内的，不降低原级别；原级别高于新任职务对应级别的，降到新任职务对应的最高级别，并执行相对应的级别工资。2.连续两年考核被确定为不称职等次的，按规定予以辞退。

1996 年，全区各单位工作人员中，经考核确定为 1995 年度优秀等次的有 149 人，确定为称职（合格）等次的有 927 人，分别占总人数的 13.85%和 86.15%。

二、干部惩戒

区组织人事办按国务院《关于国家机关工作人员的奖惩暂行规定的实施办法》的规定，对有《实施办法》所列的违法失职行为，尚未构成犯罪的，分别给予警告、记过、记大过、降级、降职、开除留用察看、开除的纪律处分。处分的批准权限如下：给予各级人大常委会任命的国家行政机关工作人员警告、记过、记大过、降级处分，由各级政府决定，报任命机关备案；降职、撤职、记过、记大过、降级处分，由各级政府决定，报任命机关批准，并报上一级行政机关备案；区委、区管委所属各部门，给予自行任命的本部门工作人员及自行任命的下属单位工作人员警告、记过、记大过处分，由各该工作部门决定，报上级政府备案。降级、降职、撤职、开除留用察看处分，由各该部门报区委批准，并报上一级政府备案；镇政府给予工作人员降级、降职、开除留用察看、开除处分，报区一级政府批准；经地方各级人民代表大会选举担任国家行政职务的人员的警告、记过、记大过、降级处分，由上级行政机关决定，对于严重违反纪律，不适合担任现职的人员，由本级人民代表大会罢免，并报上级行政机关备案。1996-2000 年，有多名干部被处理。

三、公务员培训

1996 年起，区组织人事办有计划地对区内公务员进行培训，按《国家公务员暂行条例》规定，培训的种类有四种：初任培训，任职培训，专门业务培训，在职培训。培训的课程设置一般分为公共必修课、专业必修课和选修课等，公共必修课包括建设有中国特色社会主义理论，法律法规和政策，市场经济知识，科学技术知识，公共行政管理知识和国家公务员行为规范；专业必修课是据相关业务工作的需要而设置的专业知识和技术科目。对参加培训并经考试、考核合格的国家公务员，发给相应的培训证书，培训期间的学习成绩和鉴定作为任职、定级和晋升职务的重要依据之一。1996 年，区组织人事办举办国家公务员初任培训班 1 期，参加初任培训公务员 76 名，考试合格率 100%。

四、干部调动

1996 年 3 月起，区委对干部、工人调动的调动批准权限作出具体规定。

区内干部调动：（1）副科级（含副科级）以上干部调动的，由区委常委讨论决定，区组织人事办公室办理调动手续；（2）行政事业单位股级（含正股级）以下干部、工人的调动，由区组织人事办公室讨论决定并办理调动手续；（3）企业单位除正副职按管理任免权限办理外，其他干部、工人在主管理委、办、局（分局）本系统内调动的，经双方企业同意后，报主管委、办、局（分局）讨论审批并办理调动手续。跨企业调动的，经双方委、办、局（分局）同意后，由区组织人事办公室办理调动手续；（4）从企业调行政、事业单位或从事业单位调行政单位的股级（含正股级）干部、工人，若该单位已满编，经区组织人事办公室讨论同意后报区编制委员会讨论审批，区组织人事办公室办理调动手续。

调入调出本区：（1）副科级经上干部和具有高级职称的专业技术人员的调动，由区委常委讨论决定，区组织人事办公室办理调动手续；（2）股级（含正股级）以下干部工人、和具有中级以下职称的专业技术人员的调动，由区组织人事办公室讨论决定并办理调动手续；3.从外县（区）调入区行政事业单位的，若该单位已满编，经区组织人事办公室讨论同意后，还须报区机构编制委员会讨论审批，区组织人事办公室办理调动手续。

1996 年，全区共办理干部、职工调动手续 193 人次。

五、工资制度

区组织人事办严格执行国家统一制定的工资政策、工资制度和工资标准，按上级人事部门制定的《机关工作人员工资制度改革实施办法》《事业单位工作人员工资制度改革实施办法》和《机关、事业单位艰苦边远地区津贴实施办法》，落实国家的工资政策。

（一）公务员工资

区组织人事办对区内各级党政机关、行使国家行政职能、从事行政管理活动并实行国家公务员制度或参照国家公务员制度管理、使用事业编制的单位、参照国家公务员制度管理的群众团体组织（如工会、共青团、妇联等部门），除工勤人员以外的工作人员实行职务级别工资制。区内公务员工资的构成有 4 个部分：（1）基础工资；（2）级别工资；（3）职务工资；（4）工龄工资。每年，区组织人同办对符合以下条件的公务员，按规定办理正常增加工资：（1）晋升职务工资。工作人员在现职务的任期内连续两年考核为优秀或称职的，在本职务工资标准内提高一个工资档次并从下一考核年度的第一个月起兑现工资；（2）晋升级别工资。工作人员年度考核连续五年为称职或连续三年为优秀的，在本职务对应级别内晋升一级。晋升级别的工作人员，均从级别晋升的下月起提高级别工资；（3）增加工龄工资。工作人员的工龄工资逐年增加，工作年限每增加一年，工龄工资增加一元，一直到离退休当年为止。工龄工资从参加工作当年起计发；（4）定期调整工资标准。自1995年10月1日起，每满两年调整一次，至2001年10月1日，共调整3次。调整工资标准，由上级人事部门统一制定。

（二）工人工资

对机关单位的工人，按技术工人和普通工人两大类，分别实施分岗位技术等级（职务）工资制和普通工人岗位工资制。（1）技术工人执行岗位技术等级（职务）工资制，工资由岗位工资、技术等级（职务）工资和奖金三部分组成。技术工人的岗位工资，根据工作难易程度和工作质量确定。岗位工资按初级工、中级工、高级工三个技术等级和技师、高级技师二个技术职务分别设置，各设八至十个档次。（2）普通工人执行岗位工资制，工资由岗位工资和奖金两部分组成。普通工人的岗位工资共设十三个档次。

每年，区组织人事办对符合以下条件的工人，按规定办理正常增加工资：（1）正常晋升岗位工资档次。通过年度考核，连续两年为合格的工人，晋升一档岗位工资并从下一考核年度的第一个月起兑现工资；（2）晋升技术等级（职务）工资。技术工人晋升技术等级（职务）后，执行晋升后技术等级（职务）的工资标准。

调整工资标准。在调整职级工资标准的同时，相应调整工人的工资标准。自1995年10月1日起，每满两年调整一次，至2001年10月1日，共调整3次。调整工资标准，由上级人事部门统一制定。

组织人事办按国家政策规定，先后建立公安干警值勤岗位津，监察、纪检部门办案人员外出办案补贴。对年度考核为称职以上的人员，年终发放一次性奖金，奖金按本人当年十二月份的月基本工资（职务工资、级别工资、基础工资和工龄工资四项之和）计发。直接从各类学校录用的工作人员实行试用期工资，试用期满后，按所确定的职务、级别领取相应工资。

（三）离退休人员的待遇

（1）实行职级工资制离退休的人员，离退休费按下列办法计发：离休人员的离休费，按本人原基本工资全额计发；退休人员的退休费，基础工资和工龄工资按本人原标准的全额计发，职务工资和级别工资按本人原标准的一定比例计发。其中，工作满35年的，职务工资、级别工资两项之和按88%计发；工作满30年不满35年的，职务工资、级别工资两项之和按82%计发；工作满20年不满30年的，职务工资、级别工资两项之和按75%计发。

（2）退休的工人，退休费按下列办法计发：退休技术工人，按本人原岗位工资、技术等级（职务）工资、奖金三项之和的一定比例计发。其中，工作满35年的，三项之和按90%计发；工作满30年不满35年的，三项之和按85%计发；工作满20年不满30年的，三项之和按80%计发。退休技术工人的原奖金是指以本人退休前岗位工资和技术等级（职务）工资为基数计发的数额。退休普通工人，按本人岗位工资和奖金两项之和的一定比例计发。其中，工作满35年的，两项之和按90%计发；工作满30年不满35年的，两项之和按85%计发；工作满20年不满30年的，两项之和按80%计发。退休普通工人的原奖金是指以本人退休前岗位工资为基数计发的数额。

六、干部录（聘）用

区组织人事办贯彻落实省、市人事部门的有关精神，抓好干部录（聘）用工作。每年，按公开、平等、择优和德才兼备的原则，认真把好报名资格审核关，公开招聘干部。

1995年10月，通过向社会公开招聘和到人才市场上招聘的办法，向社会公开招聘24名具有大专以上学历的专业技术干部。1996年，录（聘）用干部20名，其中录用干部3名，聘任干部17名，民办教师转为公办教师116名。1996年，接收安排大中专生79人。当年，区直机关35岁以下的干部共有47人，大专以上文化程度的干部63人，分别占干部总人数的48.5%和64.9%。

1996年向社会公开招聘部分厂长、经理，解决当时区有关单位人才奇缺的问题。

七、干部退休

区组织人事办贯彻落实中央、省、市的有关政策规定，落实干部离退休制度。1996年3月，区委制定《清远市飞来峡管理区干部、工人管理暂行规定》，凡达到国家规定退（离）休年龄的，由各单位报区组织人事办公室，并按有关规定核准并提前一个月通知单位和其本人，到龄后的一个月内办完手续，不再列入在编人员。单位不办理的，追究单位负责人责任。1996年，为19名到龄的干部及时办理了退（离）休手续。

八、退伍转业军人安置

1996年，按有关政策，安置复员退伍军人9人。

九、干部档案管理

区组织人事办按《干部档案工作条例》规定，按集中统一的原则，对区内干部档案进行管理。1996年，设专门的干部档案室1间，配置铁质档案柜，并建立《关于查阅干部档案的规定》《保密守则》等制度。1997年，共接转英德市和清新县移交的干部档案249袋，工人档案110袋。1996—2001年，干部档案工作开展情况：⑴保管干部档案；⑵收集、鉴别和整理干部档案材料；⑶办理干部档案的查阅、借用和转递；⑷登记干部职务的变动情况；⑸为干部工作提供情况；⑹调查研究干部档案工作情况等。

第二节 劳 动

一、招工规定

1996年3月13日，区管委会办公室制印发《清远市飞来峡管理区企业单位用工暂行规定》，规范招收合同制的工作。1.区内用工单位招收全同工的程序：（1）报送用工计划。用工单位先向区劳动服务公司报送用工计划，由区劳动服务公司上报组织人事办，凭组织人事办下达的招工指标办理招工手续；（2）公布招工简章。招工单位在公布报名10天时间内，将招工简章送区劳动服务公司审查，经同意后，按指定地点公布招工简章，内容含招工人来源、工种、条件、工资、福利待遇、男女比例、报名和考试时间及地点等；（3）录用手续。经录用的合同制工作，办理手续时，填写“招用合同制工人呈批表”“合同制工人花名册”“劳动手册”“合同书”“待业证”“培训班结业证”“体检表”等材料，送区劳动服务公司审查后，转区劳动争议仲裁办公室进行用工鉴证；（4）收费。根据清远市物价部门批复，招收合同制工人，办理用工手续时收费每人5元，其中手续费2元、工本费1.5元、劳动手册1.5元；2.区内用工单位招收临时工的程序：（1）临时工审批。在区劳动服务公司领取“招用临时工审批表”“临时工花名册”“临时工工资呈报表”，由用工单位主管部门加具意见后，送区劳动服务公司审批；（2）办理相关手续。经批准同意后，领取“临时工工资计划手册”“用工许可证”“职工劳动手册”“务工证”，同时签订劳动者合同；（3）缴交管理费。根据省府办函〔1998〕616号文规定，招用临时工时，用工单位按月工资历总额的2%缴管理费。

1996年11月20日，区管委会办公室制定《关于实施外来人员就业证、就业登记卡制度》，规定：凡属区内所有国家机关团体，国营集体企事业；联营股份制企业，中外合资、外商投资企业；外地进行区内的建筑运输企业，个体商业户、矿山、采石场、煤矿、砖厂；私房建筑、承包种养项目专业户；旅业饮食服务业，招用临时工的，均需申领、发放“就业证”“就业登记卡”，区劳动主管部门每年 12 月对证件进行年检。

1996 年，共发“就业证”500 个。

二、用工管理

1996 年 1 月 12 日，区管委会印发《关于飞来峡管理区用工管理的规定》，明确：1.区劳动服务公司及其下属的升开、连江口、黎溪、水边劳动管理所，统一负责辖区内（包括飞来峡工程指挥部）临时工（包括常年工、轮换工季节工）的调配工作；2.所有到区内承建工程的施工队，统一到辖区内的用工管理劳动部门办理临时工用工手续；3.用工管理劳动部门向用工单位收取一定费用：（1）临时工工资总额 2%的调配费（工资总额包括：计时工资、计件工资、奖金、津贴、补贴、加班工资、特殊情况下发放的工资）；（2）临时工每人每月 1 元的调配费，由用工单位代扣；（3）任何非劳动管理单位不得向承建飞来峡水利工程的施工队摊派或收取用工费用。

1996 年，区劳动主管部门举办 1 期“矿长安全知识培训班”，全区采石场的有关负责人参加，对具备安全生产资格的矿长发给“矿长安全资格证书”。1996-2001 年，在全区厂、矿、场中，区劳动主管部门经常组织开展安全生产知识宣传、检查工作。

第十一编　宣传　统战　群团

Di Shi Yi Bian　Xuan Chuan　Tong Zhan　Qun Tuan

第一章　宣　传

第一节　宣传机构

1995 年 8 月 29 日，清远市机构编制委员会批准设立飞来峡管理区宣传教育办公室（含宣传、文化、教育、卫生、科技、体育、广播电视、新闻）。1997 年 5 月 15 日，飞来峡管理区机构编制委员会核定区宣教办行政编制 7 名。1998 年 5 月 15 日，宣教办有人员 9 名。

飞来峡管理区宣传教育办公室主任、副主任：

主　任　刘东桂（1996.9—2001.10）

副主任　陆国基（正科，1996.9—2001.10）

　　　　吴承位（1998.12—2001.10）

　　　　曾志权（　—2001.10）

第二节　宣传工作

一、时事宣传

1995 年 9 月 8 日，举办飞来峡管理区成立大会暨十二个项目奠基仪式，省人大常委会副主任凌伯棠、副省长欧广源、清远市市委书记骆雁秋等参加，区委办、管理委办制作一批宣传横幅、编印有关材料，并邀请省、市的多家媒体到场进行宣传。

1996 年，区宣教办制作宣传横幅 76 条，固定标语 28 条，张贴宣传标语 2462 条，发放《清远市飞来峡管理区移民安置政策汇编》8350 份，宣传飞来峡管理区“九五”规划，包括移民安置、发展“三高”农业、加工业、科技兴农和社会经济建设等内容。对区内实施“三五”普法、社会治安、计划生育、环境保护等时事内容，进行专项宣传。1997 年，先后举办“九七香港回归”“中共十五大成就”“广东省两个文明建设成”等多个图片展；编印法律、法规知识小册子 500 多份，宣传婚姻法、国土法、妇女权益保障法、计划生育管理条例、社会治安管理条例等法规；采取贴宣传标语方式，宣传环境保护法。1998 年，宣传工作形成以党委为主导，政、工、青、妇等部门齐抓共管的局面，制定《飞来峡管理区农村基层宣传思想工作岗位责任考核考评制度》，开展“创建文明小康村镇”活动宣传，重点宣传移民政策和移民发展的情况。1999 年，宣传“学习邓小平理论”、宣传“贯彻中共十五大精神”“纪念建国五十周年”和区内组织的“道德风尚建设活动”“党员干部读书活动”“创建文明小康村镇活动”。

二、典型宣传

1996 年，飞来峡管理区首次组队参加清远市“龙舟”比赛，取得好成绩，名列全市第四，区宣教办对此对外宣传飞来峡新区人民团结进取的精神。

1998 年，清远市委宣传部、市妇联组织的“模范文明家庭标兵户”评选活动中，飞来峡管理区钱金带家庭入选，并参加清远市演讲报告团，到各县区进行巡回演讲，展示新区家庭伦理道德建设新貌。

三、新闻报道

区委、区管委办编印《飞来峡通信》，1995年出版3期，1996年出版9期，主要宣传区移民、计生、农业、治安等各项各业的工作情况。1996年起，区移民工作团每月出版一期《移民工作简报》。1998年10月28日至12月29日，区理顺农村体制办公室编印《工作简报》4期，宣传区内顺农村体制工作开展情况。2001年，区纪委编制《党廉纠风工作情况月报》3期。

四、出版书画

1996年，编印《北江明珠——飞来峡》《飞来峡招商指南》等宣传手册。

1998年8月3日，清远市广播电视局出版的《回眸十年》画册中介绍了飞来峡管理区广播电视事业发展的情况。

五、理论教育学习

1996年，区、镇两级分别党委成立理论学习中心组，健全理论学习制度，重点抓副科以上干部的理论学习。分发理论资料860册，参加学习2768人次，主要组织学习中共十四届五中全会会议精神、《邓小平文选》（第三卷）、《中共中央关于加强社会主义精神文明建设若干问题的决议》。同时，利用有线电视和农村各支部电教室，通过上党课的形式，对区内党员、干部进行教育，党员教育面积95%以上。

1997年，以学习《邓小平文选》第三卷和中共十五大会议报告为主要内容，重点抓好区、镇两级党委中心组理论学习。⑴成立中心组学习机构，由区、镇党委书记任组长，分管副书记任副组长。成立学习秘书组，由宣传部门和党委办有关人员组成，负责组织协调及准备有关学习资料。⑵建立定期学习制度。中心组每月组织学习1～2次，其中，区委中心组组织学习12次，累计24天，每次参学率都在95%以上。③丰富学习形式。平时与集中学习相结合，中心组学习对集中学习、自学内容、辅导专题、讨论重点都作出具体布置。6月和10月，先后两次组织全区党员干部分别学习邓小平“一国两制”理论和中共十五大会议报告精神。对贫困村党员干部重点进行“贫穷不是社会主义”“发展才是硬道理”教育。⑷检查考核。按照“自学有摘录，听课有记录，发言有提纲，体会有文章”的要求，对各部门的干部参加学习的情况进行检查。

1998年，区委对全区党员干部理论学习进行统一部署，对学习制度、内容和要求都作了较细致的安排，具体有邓小平理论、中共十五大、省八次党代会、李长春在清远调查研究报告、十五届三中全会5个专题的内容。区理论中心组组织学习13期，由宣教办理论教员辅导，班子成员参加学习138人次，出席率96.4%；镇理论中心组组织学习班25期，班子成员参加学习321人次，出席率99.2%；各镇党校举办党员干部培训班16期，培训党员干部5806人次。是年，区委在理论学习中，结合工作实际，提出“农业稳区、工业立区、旅游旺区、人才兴区、科技富区”的发展战略。

六、精神文明建设

1996年，以“八城四线”文明系列工程为龙头，进行“文明镇”“文明单位”“文明村”“文明户”的评比、验收活动。全区评出“文明镇”1个，“文明单位”22个，“文明村”132个，“文明户”4714户，其中升平镇的黄洞管理区、连江口镇的南坑小学被评选为区精神文明建设先进单位；黎溪镇党委书记陈廷康被评选为区精神文明建设先进个人。

1997年，在全区范围开展以“为人民服务，树行业新风”为主题的职业道德建设活动。建立职业道德建设示范点12个，窗口行业社会承诺制覆盖率75.63%，落实“便民、利民、为民”措施和“两公开一监督”的单位比例为75.75%，文明安全小区覆盖率50%。继续开展“八城四线”文明系列工程。全区参加“八城四线”文明系列工程创建文明村镇的镇有3个，占全区乡镇的75%。是年统计，全区历年获省、市、区级表彰的“文明单位”37个、“精神文明建设先进个人”185人、“文明村”159个、“文明户”6894户。

1998年，区宣教办以创建示范点“一镇三管理区”的建设活动为突破口，抓“文明小康村镇”创建活动。是年，全区建有37个文明小康村示范点；升平镇在创建活动中，投入专项经费336260元，义务工6050个，积累工1460个，12个村达到“六好”“七化”的文明小康标准。

1999年，全区继续开展创建“文明小康村镇”活动，各镇解决城乡生活环境脏、乱、差的问题，破除封建迷信等陈规陋习，倡导遵纪守法，倡导健康、文明、科学的生活方式等方面下功夫。

七、党报党刊订阅

1995年，全区订阅1996年度的《人民日报》127份、《南方日报》974份、《羊城晚报》273份、《清远报》568份、《求是》67份、《文明导报》149份。1996年，全区订阅1997年度《人民日报》107份、《南方日报》957份、《羊城晚报》225份、《清远报》408份、《求是》66份。1997年，全区订阅1998年度的《人民日报》142份、《求是》77份，分别完成任务数的127%、117%；《南方日报》828份，《清远报》316份。1998年，全区订阅1999年度的《人民日报》154份、《南方日报》982份、《清远报》502份、《求是》86份，分别比上一年增加11.7%、8.5%、18.6%、58.9%。

八、文化市场管理

1996年，区宣教办对书报刊零售业、音像投影等文化娱乐场所进行突击检查，收缴黄色书刊217册，淫秽录像带6盒。全年接待外地文艺演出团体演出52场，观众23800多人次。配合省文物考古研究所对区内水库淹没区进行文物勘探工作，对连江口镇的明代砖窑群、清代祠堂和“万人城遗址”进行清理，挖掘出一批有价值的古代文物。

1998年，全区组织群众文艺晚会11场，开展4次清理文化经营活动场所，40人次集中参加行动，清查文化经营活动场所72处，收缴盗版和不健康VCD100多盘。

九、广播电视

1996年7月，飞来峡管理区机构机构编制委员会批复，同意成立飞来峡广播电视局，为副科级事业单位，编制3名。区广播电视局下属有区有线电视台、黎溪镇有线电视站、连江口有线电视站和水边镇广播电视站4个有线电视台，干部职工15人。

1996年，区有线电视台使用佛山市东迅厂生产的前端设备播放10套电视节目，有1800多用户。1998年1月，开通与清远市的微波联网，更换部分前端设备，有线电视用户增加18%，区和4镇可收看清远市的新闻节目。“村村通广播电视工程”开如期实施，“村村通”前端设备在区连江口、水边、溪镇设备开始安装，共16套。

十、政工队伍

1996年，区宣教办评定政工师20人，助理政工师10人。

第三节 主题活动

一、“五个一”纪念活动

1998年8月，为纪念“真理标准问题讨论二十周年”“中共十一届三中全会召开和改革开放二十周年”

“飞来峡管理区成立三周年”等，区委、区管委组织开展“五个一”活动：组织一场文艺晚会、举办一场报告会、出一本书、出一本画册、拍一部电视片。

二、“三个迎接”主题活动

1999年，以“迎接建国五十周年”“迎接澳门回归”“迎接二十一世纪”为主题的宣传、教育、文化系列活动：8月，举办学习邓小平理论知识竞赛。9月，举办中华人民共和国成立五十周年体育竞赛活动，组织篮球、乒乓球、拔河等项目的比赛。9月29日，举办庆祝中华人民共和国成立五十周年文艺晚会；9月30日，举办中华人民共和国成立五十周年理论报告会。12月17日，举办澳门回归理论报告会。

第二章 统战

第一节 统战机构

1996年12月，成立飞来峡管理区政法统战民政办公室（挂统一战线工作部、对台办牌子），负责对台事务和外事工作，同时负责工商联、民族宗教等部门的业务。1997年5月15日，区机构编制委员会明确政法统战民政办公室，行政编制9名，其中统战部编制2名。1998年3月21日，区组织人事办公室批复，政法民政统战办公室公务员职位设置6个职位，其中领导职位为1正2副，副主任科员1名、科员1名、办事员1名。

飞来峡管理区政法统战民政办公室主任、副主任：

主 任 空缺

副主任 李顺标（主持日常，1997.4–2001.10）

谭小王（1997.4–2001.10）

吴柱桥（1997.4–2001.10）

第二节 统战工作

一、民主党派成员政治安排

根据中共中央《关于坚持和完善中国共产党领导的多党合作和政治协商的意见》，区统战部每年都注重有政治洞察力、坚定不移坚持中国共产党领导的各民主党派先进分子的推荐培养工作。同时，选送年轻、思想素质和文化素质都比较高的党外干部，到省、市参加党外干部培训班。

1998年，协助清远市工商联完成第三届会员代表大会代表的推荐工作。1999年初，经区统战部推荐，党外干部李慧萍（女）被区组织部任命为区计划统计卫生办主任；升平镇党外干部何诚威当选为副镇长。

二、协助建立民盟小组

1998年7月，经民盟清远市委、区统战部的人事考察、推荐和安排，成立民盟清远市委直属飞来峡管理区小组。

三、非公有制人士工作

区统战部对个体、私营等非公有制经济给予鼓励、引导，在实际工作中为非公有制人士排忧解难。

1998年10月，区统战部召开全区非公有制经济代表人士座谈会。会议讨论贯彻清远市政府《关于加快发展个体私营经济的决定》，明确：⑴重点抓好京广铁路、银英公路沿线个体、私营经济的发展。⑵坚持“四个放宽”“一个简化”，放开投资经营领域，除国家法律明文禁止的领域和行业外，都允许个体私营业主投资经营。⑶放宽登记开业条件，放开许可证限制。⑷政务公开。各行政执法部门将执行的法律政策、办事程序等公布于众，对办证、年审、收费等要简化手续。因体制问题，是年区与工商、税务部门的关系未理协调理顺好。至底止，全区共有个体工商户1424户，从业人员1914人，注册资金900.3万元，分别比建区前增长17.2%、19.2%和68.3%；个体工商户的营业额和缴纳税收为4574万元和173万元，分别占全区商品零售额的80.3%和税收总额的24.9%。

1999年初，区统战部对区内非公有制经济情况进行调查，了解全区个体和私营企业的基本状况、结构分布、经济实力、发展动态、发展方向情况和存在问题。7月22日，召开全区个体私营经济工作会暨表彰会，对陈金华等16名个体工商户予以表彰，授予1998年度“先进个体工商户”荣誉称号。

四、民族宗教工作

针对区内有大量人口需进行搬迁，农村中的祠堂问题突出，人心不稳的情况，开展民族宗教工作，适时开展社会主义精神文明教育，解决农村中的祠堂问题，防止宗族械斗，消除封建迷信活动。

按清远市清理乱建庙宇宗祠电话会议的部署，1998年10月22日至23日，对全区各镇乱建庙宇宗祠情况进行调查。10月29日，在升平镇北新居委会，召集冯氏村村中的族长及有影响力的老人座谈，对冯姓祠堂提出处理意见。

第三节 联谊引资

一、联谊活动

区统战部邀请外地的一些社团和海外人士到区参观考察，实地了解飞来峡管理区改革开放、精神文明建设和投资环境，引导其到飞来峡投资办企业或捐款捐物支持社会福利事业建设。

1997年8月，国际狮子总会港澳303区访清视察团一行12人，在团长翁瑞明带领下，到区内参观访问。10月，香港清远工会一行70人，在理事长陈锦添带领下到区内参观访问。

1998年1月，在升平镇，召开“港澳台属、民主人士、群众团体代表人士的座谈会”，升平、黎溪、连江口、水边4镇均有代表参加，商讨、引介一些海外社团到区内捐资办学事宜。3月，区委书记欧勇为团长、区长谭建成为副团长，率团到香港参加“粤北地区投资环境介绍会和高新技术洽谈会”。8月，欧勇书记为团长、谭建成区长为副团长，率团到香港参加“高新技术洽谈会”。

1999年，区内共接待香港清远公会、国际狮子会、香港通济商会等华侨、华人、港澳同胞和社团400多人次。1月，“香港九龙各界庆祝香港回归活动委员会”一行30多人，到区内参观访问，团长陈鉴林，副团长叶德安。5月，“吐露港扶轮社创立社社长刘敬恒先生”一行40多人，实地考察了飞来峡中学，答应捐资兴建飞来峡中学。8月份，以香港新界坑口乡事委员会主席、西贡临时区议会议员成汉强先生为团长的访问团，一行40多人，到区内参观，并向升平敬老院捐赠4900元。10月份，以香港通济商会理事长郑学贤先生为团长的"香港通济商会文化观光团"一行46人，到区内参观访问。3月，区委副书记徐觉荣等赴港参加"清远市政府春茗暨清远海外联谊会十周年庆典"。7月，徐觉荣副书记应邀参加清远公会成立50周年活动。8月23日至9月4日，区委书记欧勇赴台湾考察。是年，直接引进捐赠社会福利事业资金95000元，其中，香港新界坑口乡事委员会向升平敬老院捐赠5000元资金，香港加华狮子会向升平敬老院捐赠价值5万元的物资一批。

二、引资办学

1997年5月，香港城北扶轮社到区连江口镇，向该镇中心小学、小樟小学捐赠价值3万元的教学用品一批。同月，香港警察协会到升平镇考察学校建设情况，捐赠30万元兴建黄洞小学。12月，广州慈善会到飞来峡管理区考察访问，实行"一帮一"扶助，资助50名困难学生从就读小学一年级起至初中三年级，每人每年扶助500元，每年支持扶助金25000元。

1999年1月，香港吐露港扶轮社创立社一行40多人，实地考察飞来峡中学，答应捐资兴建飞来峡中学，并捐赠一批教学用品给连江口镇中心小学、小樟小学，价值40000元。8月，广州市慈善会对区内83名学生进行"爱心助学"，8月5日至8日，组织50名山区学生参加"爱心助学"夏令营活动。年内，经区统战部协助引进资金兴建的学校有2间；9月，香港鲍思高基金会捐资83万元兴建的水边镇黎头咀学校奠基；10月份，由BP石油公司捐资兴建的BP希望小学在连江口镇落成。另外，香港吐露港扶轮社创立社长刘敬恒答应捐赠600万元兴建飞来峡中学。

第三章 群 团

第一节 工 会

一、工会组织

1995年8月29日，清远市机构编制委员会批复，批准设立飞来峡管理区内设组织人事办公室，其中含工会工作职能。1996年5月16日，成立清远市飞来峡管理区总工会。1997年5月8日，罗琼标任区总工会主席。1997年6月10日，各单位开始筹建工会组织。1998年，区直机关单位新建工组织7个。1999年全区建立基层工会女职工委员会22个。2000年全区建立基层工会组织18个。

飞来峡管理区总工会主席、副主席：

主 席 罗琼标（1997.5-1999.2）

石辉成（-2001.10）

副主席 陆二友（1997.9- ）

朱梓彬（ -2001.10）

二、会员会费

1998年，全区入会工会会员1605人，收缴工会经费21515.58元。1999年，全区入会工会会员1648人，共收缴工会经费16800元。2000年，全区共收缴工会经费16800元。

（三）工会代表大会

1997年8月18日，召开飞来峡管理区工会第一次代表大会，全区各战线的61名工会代表出席会议，审议通过罗琼标作的清远市来峡管理区总工会工作报告，选举清远市来峡管理区总工会第一届委员会和第一届经费审查委员会。1997年9月12日，区组织部批复罗琼标、陆二友、梁雪梅、周赴国、陆光锦、何曹生、李洋生、林卓平、左元华为区总工会第一届委员会委员，罗琼标为主席，陆二友为副主席。

（四）工会主要工作

1.组织学习

组织时事学习。1998年，组织学习中共十五大精神、全国总工会十三大精神，学习人次3120人。1999年，组织会员围绕“什么是社会主义，怎样建设社会主义”的内容进行学习讨论，参加职工6580人。2000年，组织职工中开展“致富思源，富而思进”教育活动。

技能学习。1998年，全区各工会组织举办各种技能学习班16期，参加人数2570人次。1999年，举办各种学习技能班18期，参加人数8536人。2000年，区工会组织以“加强企业管理、职工提高管理水平”为内容，举办工会干部培训班14期。

2.组织劳动竞赛

1998年，区各级工会组织在机关事业单位开展“岗位立功、岗位成才”活动。1999年，区总工会在企业中组织开展开展“青年岗位能手”竞赛活动。9月13日，区自来水公司植全同，参加全市“青工绝技演示会”竞赛，获“清远市青年岗位能手”称号。

3.帮助解困和维权

1998年，全区建立基层工会女职工委员会22个。1998–2000年，区总工会、基层工会分别处理职工来信3宗、接待上访职工9人，处理职工来信2宗、接待上访职工5人，理职工来信来、接待访职工9人。

4.下岗职工再就业

1998年，区内国有企业有下岗职工65人。是年11月3日，区管委会制定《关于国有企业职工基本生活保障和再就业工作的实施意见》，采取“三三制”（财政预算安排三分之一，企业负担三分之一，在企业管理费中列支，社会筹集三分之一）的办法，筹集用于保障下岗职工基本生活和缴纳社会保险费的资金；成立再就业工作领导小组及其办公室，由区组织人事办、区经委、区财政分局、宣教办、社保局、区劳动服务公司组成。制定多项分流和再就业优惠政策：（1）鼓励企业安置下岗职工，当年安置下岗、失业人员超过企业从业人员总数30%以上，并签订劳动合同的，减半征收企业所得税2年；达60%以上的，减半征收企业所得税3年。（2）鼓励下岗职工自谋职业。下岗职工与原用人单位解除劳动合同，从事个体经营或开办私营企业的，凭“企业职工下岗证”和与企业解除劳动关系的证明，到工商、卫生、税务、公安等部门优先办理批准登记手续，领取证照，并在经有关部门批准后，减免收取治安管理费、排污费、占道费、绿化费。凡新办从事个体经营的企业的用电、用水，由供电、供水部门安装，免收报装和安装费。下岗人员报装电话，邮电部门按现行价收取初装费减20%。（3）下岗职工开发荒山、荒地、荒水、荒滩，从事种植业、养殖业，5年免收土地使用费，投产后5年后，免征农业税。（4）下岗职工进入企业再就业服务中心后，其基本生活费标准原则上可按略高于当地失业救济金标准安排，并按适当比例逐年递减，但最低不得低于当地失业救济金标准。（5）进入再就业服务中心满三年后，仍未再就业的下岗职工，不再领取基本生活费，按有关规定享受失业救济或社会救济。区国有企业下岗职工基本生活保护费为每月180元。

同时，落实下岗职工再就业工作：（1）按《中华人民共和国劳动法》规定，对国有企业、城镇集体企业安排下岗职工进行审批。（2）建立区下岗职工名册表，建立档案，发放全区统一的“下岗职工证”，对下岗职工实行凭证管理。（3）制定再就业工作计划。（4）对特困职工，重点帮扶。区经委、区粮食局相应成立再就业领导小组和再就业服务中心，开展向下岗职工发放基本生活费；为下岗职工筹措和代缴养老、失业、医疗等社会保险费。组织下岗职工再就业培训和生产自救等工作。

5.送温暖活动

区总工会建立困难职工档案，从1998年起，每年组织开展“送温暖活动”。

1998年，区总工会协助再就业服务中心安排就业的有5人，帮助下岗职工承包门店做个体户生产自救8人。与团区委联合开展“青年志愿者送温暖行动”，参加活动青年志愿者1650人次，捐款、物3400多元。1999年，各级工会会同有关部门规范职工下岗程序，筹集和发放下岗职工基本生活费，建立再就业中心1个，实现再就业21人，发放下岗职工基本生活费45000元。开展“青年志愿者送温暖行动”，慰问困难企业2家，慰问困难职工31人。2000年，筹集资金9600元，慰问困难企业2家，困难职工31人。

6.组织文体活动

1998年，组织举办全区“五一”职工运动会，比赛是项目设有乒乓球、象棋、扑克、拔河4项。1999年，组织举办“五一”篮球赛、拔河比赛、联欢晚会。2000年3月8日，组织举办区直单位女职工环飞来峡水库长跑活动，参加活动女职工100多名；5月，组织举办区直单位“五一”象棋赛、扑克比赛、职工联欢会。

第二节　共青团

一、共表团组织

1995年8月29日，清远市机构编制委员会批复，批准设立飞来峡管理区组织人事办公室，其中含共青团工作职责。1996年5月16日，成立中国共产主义青年团清远市飞来峡管理区委员会。

青年团清远市飞来峡管理区委员会书记、副书记：

书　记　梁润江（1997.3-1999.1）

副书记　陈茂奕（1996.9～　）

　　　　梁金鉴（　-2001.10）

二、共青团干部

1996年，区内各镇共青团进行换届工作，共调整配备团干部6名。

三、团代会

1997年3月20日，召开共青团清远市飞来峡管理区第一次代表大会，全区各战线的60名团员代表出席会议，会议选举产生共青团清远市飞来峡管理区第一届委员会，选举梁润江为第一届委员会书记。

1997年10月7日，召开飞来峡中学第一次团员大会，148名团员参加大会，选举毛有先、袁桂洲、何北源、陈亚活、李思念为共青工团飞来峡中学委员会委员，选举毛有先为团支部书记，袁桂洲为副书记。

四、共青团主要工作

1996年，区团委协助有关部门做好技校招考工作，组织50多名考生报考各类学校。经考试，有8位考生考入省属技校，10多位考生考入市属技校。1996-2001年，协助教育部门组织中、小学学生开展各具特色的教育和活动。

第三节 妇 联

一、妇联组织

1995 年 8 月 29 日，清远市机构编制委员会批复，批准设立飞来峡管理区组织人事办公室，其中含妇联工作。1996 年 5 月 16 日，设立清远市飞来峡管理区妇女联合会。1997 年，新建立妇代会组织 5 个。2000 年 3 月统计，全区各级妇联组织有：区一级妇联 1 个；镇（街）妇联 4 个；基层妇代会 63 个，其中，城镇基层妇代会 16 个、农村基层妇代会 47 个；乡镇企业妇代会 1 个；个体劳动协会及专业市场妇代会 2 个。区直属机关妇工委 1 个；区直属机关所属各部门及事业单位妇委会（妇工委）5 个。

清远市飞来峡管理区妇女联合会主席、副主席：

主　席　空缺

副主席　陈坚英（1997.4–1999.10）

　　　　袁少丽（　–2001.10）

二、妇女干部队伍

2000 年 4 月统计，区妇联、镇妇联、村妇代会、居委妇代会中，妇女干部总数有 61 人。按年龄统计：30 岁以下 10 人，其中村妇代会 7 人、居委妇代会 3 人；31～40 岁 33 人，其中镇妇联 9 人、村妇代会 23 人、居委妇代会 1 人；41～45 岁 16 人，其中区妇联 1 人、镇妇联 1 人、村妇代会 13 人、居委妇代会 1 人；46 岁以上 2 人，均在村妇代会。按学历统计：大学本科以 1 人；大专 6 人，其中区妇联 1 人、镇妇联 5 人；高中中专 16 人，其中，镇妇联 6 人、村妇代会 8 人、居委妇代会 2 人；初中 38 人，其中村妇代会 36 人、居委妇代会 2 人。已经取得岗位证书 37 人，其中区妇联 1 人、镇妇联 6 人、村妇代会 27 人、居委妇代会 3 人。

三、妇女代表大会

1997 年 4 月 15–16 日，在升平镇召开飞来峡管理区妇女第一次代表大会，全区社会各界妇女代表 53 人，到会代表 51 人，请假 2 人。陈坚英作题为《抓住机遇，开拓进取，把我区妇女工作推上新台阶》的大会工作报告。大会选举产生飞来峡管理区妇联第一届执行委员会，陈坚英、黄秀兰、李秀珍、吴秀群、袁少丽、李观娣、陈秀珍、黄志容、田秀梅 9 人为飞来峡管理区妇联第一届执行委员会委员，陈坚英、黄秀兰、李秀珍、吴秀群、袁少丽 5 人为飞来峡管理妇联第一届执行委员会常委，陈坚英为来峡管理妇联第一届执行委员会副主席。

四、妇联主要工作

1.参政

1995 年 9 月 8 日至 1998 年 10 月，飞来峡管理区干部总数为 218 人，其中妇女干部占 23.37%；1999 年 3 月，农村改制工作完成，选出新一届村民委员会干部 180 人中，妇女干部总数有 42 名，占 22.78%。1996 年 1 月 30 日，各镇先后召开党代会、人代会，选举产生新一届镇的领导班子，4 个镇党委班子成员中，配备女领导干部 5 名，配备率 100%。1997 年 1 月 8 日，区委召开党委（扩大）会议，区推荐出中共十五大代表候选人预备人选 39 名，其中女党员 9 名，占 23%。

1999 年，4 个镇党委、政府班子中，均配备女干部，配备率 100%。1999 年，全区范围内，在各村党支部中任职的女党员干部有 18 名，其中党支部书记有 2 名、党支部副书记 3 名、党支部委员 13 名；在村委会中任职的女干部有 73 名。

2.经济社会活动

（1）“双学双比”活动

1997 年，区成立农村妇女“双学双比”活动协调小组，开始实施“双学双比”活动，即在全区农村妇女中开展的“学文化、学技术、比成绩、比贡献”竞赛活动。活动立足科技兴农，对妇女进行文化科技知识培训；围绕发展高产、优质、高效农业，组织妇女开展生产竞赛；面向市场，为参赛妇女提供社会化服务。

1997 年，区“双学双比”活动协调小组组织举办“两个 100%”培训：①农村管理区妇代会主任岗位、技术培训，全区各管理区 49 名妇代会主任 100%参加轮训；②农村管理区开办“一专多能”技术培训班，共开办 60 期，参训人员 1390 人，45 个管理区、4 个居委会开班面 100%。通过培训，帮助一批农村妇女吸取科学技术知识和生产技能，如升平镇产生钱金带、黄金燕等一批女专业户。1998 年，“双学双比”活动内容有：①举办实用技术培训班。办班 82 期，参训人数 6772 人次，全区农村妇女开班率 100%，女劳动力受教育率 33%。如连江口镇下步管理区刘招娣，在培训后掌握了水稻塑盘抛秧技术及科学的管理方法，当年种植水稻 37 亩，全部实行抛秧、播种丰收菌，科学管理，全年收稻谷 20499 公斤，亩产 544 公斤。②开办妇女学校。办试点班 1 期，培训法律知识、冬种蔬菜栽培技术，参加学习妇女 80 余人。③建立人才档案。共建立“四种大户”人才档案 21 份。据不完全统计，是年全区以妇女为主的收入万元以上的家庭有 759 户，5 万元以上的有 79 户，10 万元以上有 16 户。1999 年，“双学双比”活动围绕“科技兴农”开展：①调整充实领导小组，明确全年的工作任务和目标；②开办农村妇女学校，抓农村妇女的综合素质的提高。当年办起农村妇女学校 13 间，占村（居）委总数的 22%，参加上课学员 1323 人。开设课程有农科知识讲座、法律知识、“三优”知识等；③抓“四种大户”的宣传，建立“四种大户”人才档案 52 份；④区、镇两级层层表彰先进，树立典型，发挥示范辐射作用，是年，全区以妇女为主的收入 5 万元以上的家庭 60 户，10 万元以上 24 户。2000 年，“双学双比”工作的重点是全面铺开创办妇女学校。全区开办农村妇女学校 49 间，占村（居）委总数的 96%，家长人数 10983 人，参加妇女学校学习的学员 6696 人次，占全区成年妇女的 12.2%。每间学校开课在 4～8 次之间，接受技术培训人数 4709 人，获绿色证书 8 人，获“女农民技术员”39 人，其中妇代会主任是“女农民技术员”的 36 人，建立各类农业科技指导合作性组织 2 个。凡是办起妇女学校的村子，村风和家风都得到一定的改善，出现“四少四多”，即吸毒、赌博、打麻将、闲聊是非的少了，学习、打工、抓孩子教育、家庭和睦的多了。

（2）“巾帼扶贫”活动

区各级妇女组织，动员、组织女能手、女专业户、扶贫协调单位参与以扶贫为主的“手拉手、奔小康”妇女扶贫、扶助活动。

1997 年，全区各级协调小组共帮扶（挂扶）贫困管理区 4 个，贫困户 249 户，当年脱贫人口 998 人。

（3）“巾帼建功”活动

1998 年，区妇联号召区内城镇广大妇女发扬“四自”（自尊、自信、自立、自强）精神，在各自的岗位建功立业：①开展妇女教育培训，提高城镇妇女素质；②帮助下岗失业妇女创业与再就业。如区妇联开展“巾帼创新业”活动，对下岗女职工进行帮助、涌现出陆焕连、李秀珍、谢娇等一批“巾帼创新业”的典型；③以树立行业新风，促进行业文明为重点，开展“巾帼文明岗”创建活动。如在卫生系统，组织女医护人员开展“为人民献爱心，为创建爱婴医院贡献力量”活动，激发妇女活力。2000 年，在“巾帼建功”活动中，评选出“巾帼文明示范岗位”数 3 个，“巾帼建功”标兵 16 名，其中连江口第一小学副校长张群翠“巾帼建功”

是活动先进典型之一。

（4）“三优”知识教育

“三优”即“优生、优育、优教”。区各级妇女组织主动配合计生、卫生等部门，开展“生一个聪明健康的孩子，防止先天性畸形和遗传性疾病；采取母乳喂养、定期做小儿检查的一系列措施使孩子体格发育正常；加强孩子的早期教育，培养良好的个性及道德品质”为内容的一系列培训、宣传活动。1997 年，区妇联举办“三优”知识学习班 11 期，参加学习的妇女 1636 人。是年 4 月，在全区范围内开展“家族美德教育活动比赛”，1000 多个家庭参加比赛。1999 年，区妇联在计生服务月动员广大儿童家长收视、收听“三优”知识家教节目，对参与学“三优”活动家长及婴幼儿，进行跟踪，造册登记。

3.制定《飞来峡管理区妇女发展规划》

1998 年 8 月 27 日，飞来峡管理区妇女联合会制定《1998−2000 年飞来峡管理区妇女发展规划》（下称《规划》），目标主要有 9 项：（1）加强妇女干部的选拔培养工作。到 2000 年，全区女干部总数在当前的 16.5%的基础上提高 7～8 个百分点。全区女干部要达到高中以上文化程度。科级以上女干部基本达到大专以上文化程度；1998 年底，40 岁以下的管理区妇代会主任达到中专、高中文化水平；实现乡镇到区各级党政班子中，都要有 1 名以上女领导，力争达到 2 名。区直属机关中，60%的局级单位有女领导。（2）提高区内妇女就业率和劳动保护水平，在全区城镇中基本实现女职工生育费用的社会统筹。（3）提高妇女的科学文化水平，加快普及九年义务教育和发展高中阶段教育。1998 年，小学适龄女童入学率 99%以上，女小学毕业生升学率达 95%，女初中生毕业率 90%以上，辍学率控制在 2%以下。到 2000 年，力争 60%以上的女初中毕业生接受高中阶段教育，全区干部、职工全员培训率达 50%。（4）提高妇女健康水平。区内孕产妇保健覆盖率和接受健康教育率达到 90%，农村住院分娩率 80%，高危妊娠住院分娩率达 95%，产后出血死亡率降至 20/10 万以下，孕产妇死亡率降到 45/10 万，积极开展育龄妇女破伤风类毒素免疫接种，消除新生儿破伤风，开展妇女病筛查了防治工作，使妇女常见病复发病发病率在三年内有明显的下降。（5）保障妇女享有实行计划生育的权利，提高妇女生殖健康水平。到 2000 年，全区平均人口自然增长率控制在 11.9%。（6）依法保障妇女的人身权利、财产权利和婚姻家庭权利，有效遏制对妇女的暴力侵害及拐骗、买卖妇女的犯罪行为和卖淫嫖娼违法活动。（7）重视和扶持边远贫困和少数民族地区的妇女发展。至 1998 年底，在 100%管理区开办“一专多能”培训班，100%的管理区妇代会主任参加培训，并取得“农民技术员”证书，在全区妇女中消除绝对贫困。（8）改善妇女发展的社会环境。搞好社区服务，至 2000 年，建立社区服务中心 4 个，乡镇敬老院、光荣院 4 间；社会福利企业 2 个，安置 95%有劳动能力的女残疾人员上岗。（9）扩大与港澳台地区妇女的友好交往。

主要从 8 个方面来实施：（1）政治权利和参与决策方面：通过各种途径，提高对妇女政治权利的认识，使妇女平等参与管理国家事务、社会事务、参与重大问题的决策。（2）就业和劳动保护方面：开发适合妇女特点的就业领域和就业方式，指导妇女就业，试行女工弹性工作制，非全日工作制及阶段性就业。全区 80%乡镇采取多种形式开展妇女就业训练，实施“再就业工程”，使失业女职工再就业率达到 75%。到 2000 年末女性待业率控制在 2.5%左右。到二十世纪末女职工较多的企业大部分建立起配套的女工卫生冲洗室、孕妇休息室、哺乳室，以及建立完善的妇检制度。把女职工的劳动保护纳入安全生产领导责任制，逐步推行女职工生育保险费用由企业管理改为社会统筹管理。（3）妇女教育方面：区、镇两级政府要设立“普九”任务。积极帮助解决女童因家庭经济困难不能入学的实际问题。（4）卫生保健方面：加强区妇幼保健机构“一无三配套”建设，全面推行妇幼保健保偿责任制（有偿服务）；提高孕产妇、0～6 岁儿童保健系统管理率，以区为单位覆盖率分别达到 90%和 80%，入保率分别达到 80%和 70%，孕产妇和儿童保健系统管理率分别达到 85%

和80%；对女童期、青春期、生殖调节期、围绝经期、老年期的妇女分别进行健康教育，传播性科学；开展妇女病普查普治，重点筛查和治疗严重危害农村妇女健康的疾病，巩固防治产科尿瘘、Ⅱ度以上子宫脱垂的成果；建立卫生监测网络和常规报告系统，建立和健全孕产妇死亡、婴儿死亡、肉眼可见残废儿、性病及艾滋病的报告制度；（5）计划生育方面：开展人口与计划生育宣传教育，各级综合医院、妇幼保健院（所）建立“三室”，即妇保室、儿保室、宣教室，配备电视机、放像机、放音机、照相机等必要的宣传器材。建立和健全已婚育龄妇女季度查环查孕服务制度，到2000年，全市对已婚育龄妇女的季度查环查孕率达90%以上。（6）法律保护方面：落实《中华人民共和国妇女权益保障法》和《广东实施〈中华人民共和国妇女权益保障法〉规定》《中华人民共和国母婴保健法》等有关妇女的法律法规，开展《中华人民共和国婚姻法》、国务院《婚姻登记管理条例》以及《广东省婚姻登记管理实施细则》的宣传，制止不办理婚姻登记就以夫妻名义同居、早婚、买卖婚姻、近亲结婚等违法行为。打击强奸、拐骗、绑架、买卖、遗弃、虐待、污辱妇女以及组织、强迫、介绍、容留妇女卖淫等犯罪活动。查处溺弃、买卖、残害女婴的犯罪行为。（7）改善生存和发展环境方面：改善妇女发展的社会文化环境，加强妇女文化活动设施的建设。到2000年，区一级建立妇女儿童活动中心；镇、管理区建立文化馆（站、室）；扶持妇女兴办“生态农业工程”“三八绿色工程”等活动；全面普及农村节能卫生灶，改善农村妇女生活、生产条件等。（8）扶持贫困地区妇女事业的发展方面：组织妇女参加“绿色证书”的培训，发展“三高”农业，支持妇女参加“一乡一品”活动。

从1998年至2000年，在《规划》实施过程中，区妇联建立每年一次的检查、审评制度，建立健全劳动监察、卫生监测、教育督导、统计评估、法律监督机构。1999年5月中旬，全区召开《规划》中期监测评估工作会议，区监测评估工作领导小组成员，评估所的涉及的十个部门的办公室负责人、各镇妇联主席参会。经过数据、资料收集、分析、评估，9月初，完成《规划》中期监测评估报告、工作总结。

4.制定《家庭教育工作“九五”计划》

1998年3月5日，区妇联和区教育局制定《清远市飞来峡管理区家庭教育工作“九五”计划》。主要目标：（1）提高广大家长教育子女水平。（2）提高家长受教育率。1998年，全区家长受教育率达到70%，2000年，家长受教育率达到96%。按分类指导原则，全区确定以区、镇、管理区为单位分为三类、两个阶段目标：区直、升平镇为一类区，1998年家长受教育率达到85%，2000年家长受教育率达到95%；黎溪、连江口、水边三个镇为二类区，1998年家长受教育率达到75%，2000年达到90%；各镇下辖管理区为三类区，1998年家庭受教育率达到50%，2000年达到85%。（3）提高各类型家长学校办校率。1998年全区家长学校办校率达到70%，2000年全区办校率达到90%。全区90%以上的幼儿园、小学、中学都要办起家长学校。一类区1998年办校率达到90%，2000年达到100%；二类区1998年办校率达到70%，2000年达到90%；三类区1998年办校率50%，2000年达到80%。全区各镇办起新婚夫妇、孕妇学校，1998年办校率达到80%，2000年达到95%；参加学习人数占新婚、孕妇人数95%。实施的措施：（1）加强对家庭教育工作的领导。家庭教育工作纳入当地精神文明建设总体规划，纳入文明单位的评选条件，宣传、共青团、司法、卫生、民政、计生等部门支持和密切配合。（2）加强家庭教育宣传普及工作。“九五”期间，区及各镇政府所在地建立固定的家庭教育咨询服务机构，开设家长热线电话；利用假日、中小学、幼儿园家长接待日，开展家庭教育科学知识的普及宣传和咨询服务活动；在乡镇利用圩日开展流动、巡回咨询活动。加强家庭教育有关资料的编写工作。根据《广东省小学生家庭教育指导纲要》《广东省幼儿家庭教育指导纲要》的要求，编写适合当地的家庭教育宣传资料、科普读物及乡土教材。（3）深入调查研究。区成立家庭教育研究会，组织力量针对家庭教育的重点、难点、热点和普遍存在的问题进行深入的社会调查研究。（4）办好各种类型的家长学校。根据不同年龄阶段儿童家长的需要，办好新婚夫妇学校、孕妇学校、婴儿家长学校、幼儿园家长学校、小学生家长学校、中学生家长学校及特殊儿童（聋哑、弱智）家长学校。年间，按市妇女儿童工作委员会对全市家庭教育工作“九五”计划作出的评估标准，区妇联对该项工作开展检查评估，“家长受教育率、各类家长学校办校率、新婚夫妇、孕妇受教育率”三大指标均达标。

5.维护妇女合法权益

区妇联运用《中华人民共和国婚姻法》《中华人民共和国妇女权益保障法》《中华人民共和国未成年人保护法》等法律法规，以《广东省妇联系统信访目标管理条例》为准则，发挥信访工作的“窗口”作用维护妇女儿童合法权益。1997 年，共接待来信来访案件 70 宗，调解处理 66 宗，调处率 94.3%。1998 年，处理妇女群众反映的问题来信、来访案件 42 宗，占应调处的 90%。1999 年，处理妇女群众来信来访案件 39 宗，调处率 94%。2000 年，区委、区管委建立和健全妇女儿童工作机构，成立区妇儿工作委员会，组长由区委副书记担任，成员单位有 12 个，兼职工作人员 13 人。是年，处理妇女群众来信来访案件 67 宗，调处率 91%。

6.关心青少年儿童工作

1997 年，区妇联协助卫生防疫部门落实四苗（卡介苗、糖丸、百日破、麻苗）基础免疫 6079 人，接种率 98.2%。年间，穿针引线，先后引来黄浦新港海关的干部和广州法制报社的员工，赠送升平镇社岗小学和竹园小学教学仪器、书包一批，价值 10 多万元；与竹园小学 30 个贫困家庭的孩子“手拉手”结对，资助现金数万元，解决 30 个孩子的学杂费。2000 年，制定“献爱心、春蕾女童助学行动”计划，计划在 2000–2004 年，区妇联每年资助 10 至 20 名贫困女童，镇妇联每年资助 3～5 名女童。2000 年，筹措资金 1.8 万元，资助贫困女童 30 名。

7.纪念“三八”妇女节

每年“三八”妇女节，区妇联、各单位妇女均组织开展一系列纪念活动，活动形式主要有召开座谈会、为贫困妇女送温暖活动、为下岗特困女工捐款、组织妇女干部健康检查、组织妇女外出参观、组织联欢晚会或卡拉 OK 等。

8.购买“妇女安康保险”

“妇女安康保险”是省妇联根据全省妇女患妇科病人数逐年递增、发病率较高的状况，于 1999 年专门为全省妇女开设的一项保险。经宣传、发动，至 2000 年 10 月底，全区有 306 名妇女购买“妇女安康保险”，占市下达任务数的 61.2%。

9.妇女“三禁”自治

1998 年，全区建立村（居）委妇女“三禁”（禁黄、禁赌、禁毒）自治组织 49 个；区妇联向全区家庭发出倡议书，开展“不让黄赌毒进我家”群众教育活动。1999 年，指导全区“三禁”组织，动员广大妇女群众配合有关部门参与扫除“黄、赌、毒”行动，破除封建迷信。

10.组织妇女学习

1999 年，区各级妇女组织采取多种形式，学习邓小平理论，学习内容突出：关于“解放思想、实事求是”的理论；关于社会主义本质和“发展就是硬道理”的理论；关于“社会主义初级阶段”的理论；关于群众观点的论述；关于“两手抓，两手都要硬”的理论。2000 年，区妇联组织开展学习江泽民总书记“三个代表”重要思想教育活动，学习的妇女 4060 人次。

第十二编　计划　统计　物价

Di Shi Er Bian　Ji Hua　Tong Ji　Wu Jia

第一章 计 划

第一节 计划机构

1996 年 12 月，成立区计划统计卫生办公室。

飞来峡管理区计划统计卫生办主任、副主任：

主　任　李慧萍（1998.12–2001.10）

副主任　李慧萍（主持日常，1997.4–1998.12）

　　　　植成旺（1997.4–2001.10）

　　　　陈传继（1997.4–2001.10）

第二节 计划工作

一、计划编制

1996 年，根据对历史数据的整理，草拟“九五”经济和社会发展计划及长远规划。

2000 年底，完成《飞来峡国民经济和社会发展“十五”规划和 2015 年远景目标》的编制工作。

二、建设项目申报审批

1996 年，全区审批投资项目 10 项，基建项目 2 项。其中区招商局的飞来峡商业城投资项目，在 2 天时间内讨论审批完毕，并按照优惠的办法办理立项手续。

1997 年，检查发现部分工程项目没有办理立项报批手续，对违纪项目进行整改，补办报批手续项目 22 个，涉及投资金额 1 亿元。

三、上级资金支持

1996–1997 年，区计划统计局与上级主管部门沟通联系，争取省、市建设资金 500 万元，解决升平镇水厂的建设资金缺口问题。

四、农村小康达标验收

根据省政府要求，从 1995 年起全省各县（区）每年均要开展农村小康达标验收工作。区计划统计局协同各镇有关人员及区直有关部门，开展认真细致的调查，每年较好地完成该项工作任务。1999 年，全区的九年义务教育 5 项指标已经达标，农房改造、乡村道路建设正在进行，其他各项指标接近达标，农民人均纯收入指标与小康目标差距较大。

第二章 统 计

第一节 统计机构

1995年12月，区编委同意成立区计划统计局，属正科级行政单位，定编4名，其中行政编制1名，事业编制3名。1996年3月18日，区计划统计局挂牌成立，于4月3日启用公章。与区计划统计卫生办公室合署办公。

第二节 统计工作

一、普查工作

（一）第一次全国农业普查

1996年11月，区组织开展镇、管理区、村民小组第一次全国农业普查业务培训班。1997年1月1日，开展第一次全国农业普查入户登记工作。

普查主要内容包括：1997年全区农业生产经营单位的数量、规模和结构，农业用地在各生产经营单位的分布和使用情况，农业生产性固定资产的数量、结构和性能，农村劳动力的数量、素质、从事的行业和流动情况，乡镇企业和建制镇的基本概况5大项。

至1998年，经过近两年时间，完成普查登记、质量检查、手工汇总、录入等工作。3万多张普查表，经过多次反复抽样，全面核实无误后，全部通过光电录入机录入。

（二）第一次全国基本单位普查

1996年12月8日，开展全国第一次基本单位普查工作。1997年12月25日，基本完成此项工作。全区200多个单位的基本情况全部收录入经济管理数据库，补充了新建区的历史数据，并按时、按质上报上一级普查机构。

（三）全国第五次人口普查

2000年8月28日，区组织各镇有关人员举办全国第五次人口普查工作业务培训班。2000年11月1日，开展全国第五次人口普查入户登记工作。

二、调查工作

（一）"光明工程"调查

1997年9月8日，根据国家计委的有关文件精神，对全区年各镇的无电村、无电户进行全面调查，简称"光明工程"。经调查，全区3个镇存在无电村，7个管理区24个自然村属无电村，占全区自然村数的15%，其中无电户354户、人口2268人。区计划统计局会同有关部门对无电村作出具体的通电规划，并将调查结果和规划上报上级计委，请求给予解决资金缺口，早日消灭无电村，实现光明。

（二）工业抽样调查

2000年开始，区工业统计逐步采用抽样调查的方法替代普查。为此，首先在全区范围内开展一次普查活动，把全面而准确的工业单位和工业产值统计出来，再由清远市具体随机抽样调查。

三、统计报表

1996年，飞来峡管理区主要统计报表种类有核算、农业、工业、交通运输、固定资产投资、物资能源、商业物价、外经旅游、财政金融、劳动工资、文教卫生体育、环境保护共12大项113小项内容。

同时，统计部门定期向社会发布统计分析，向区党政部门（领导）、市场主体（单位）和社会公众提供统计信息。

表12-2-1　　飞来峡管理区1995年和2001年国民经济和社会发展情况统计表

指标	单位	1995年	2001年	对比增长%
总人口	人	104120	109915	5.566
国内生产总值	万元	10717	18148	69.338
其中：第一产业	万元	8601	13299	54.622
第二产业	万元	1307	2669	104.208
第三产业	万元	809	2180	169.468
工农业总产值（90价）	万元	15669	22320	42.447
其中：农业	万元	12011	17764	47.898
工　业	万元	3658	4556	24.549
社会消费品零售总额	万元	2430	8900	266.255
财政总收入	万元	1315	3500	166.160
财政总支出	万元	1331	3400	155.447
农民年人均纯收入	元	1357	2900	113.707
职工年人均纯收入（国有）	元	5581	8050	44.239

四、统计执法

根据《中共中央办公厅、国务院办公厅关于坚决反对和制止统计上弄虚作假的通知》，保证《中华人民共和国统计法》在区内贯彻执行，区计划统计局组织各镇、区直单位的有关人员进行宣传动员，学习上级有关文件精神、《中华人民共和国统计法》和《广东省统计管理条例》。从1998年起，每年都开展统计执法大检查，对发现的统计违法行为，进行及时整改，推动法治统计。

第三章　物　价

第一节　物价机构

1995年12月，区机构编制委员会同意成立飞来峡管理区物价局，在计划统计局挂牌，同时成立物价检查所，为正股级事业单位，定编3名，经费自筹解决。1996年3月18日，飞来峡管理区物价局、区物价检查所挂牌成立。3月26日起，物价局、物价检查所公章启用。1998年7月8日，区物价检查所由事业单位转为行政机构。

区物价局是价格主管部门，行使价格监督检查职能：⑴贯彻执行国家价格方针、政策和法律、法规。编制价格改革规划和年度计划，提出全区价格总水平年度控制目标建议及相关的调控措施，并组织实施。⑵组织、监督、实施国家、省、市物价部门及业务主管部门制定的商品价格和收费标准，组织实施收费许可证制度和审验制度，提出相应价格和收费调整的建议。⑶贯彻实施《广东省行政事业性收费管理条例》，管理区内行政事业性收费、对收费管理员实行培训和发证工作。会同财政、审计部门组织一年一次的收费年审，管理好经营服务性价格、收费，审核其成本、核发收费“许可证”，制止各种乱收费。⑷抓好农村各项目收费管理，减轻农民负担，促进农村经济基础发展。⑸管好区内土地转让、房屋出租、出售价格和房地产交易市场的价格。⑹协调处理毗邻市、县、部门、企业界之间重大商品和服务价格及行政事业性收费争议，做好毗邻地区价格衔接。⑺指导、监督区有关部门、行业的价格管理工作。⑻组织开展价格争议的调解处理工作。⑼依法管理重要的商品价格、服务价格以及国家行政机关收费。⑽规范经营者价格行为，制止价格垄断、低价倾销、价格欺诈、价格歧视等不正当价格行为，维护公平竞争的价格秩序。⑾依法组织、指导全区价格和收费的监督检查工作。⑿健全对价格违法行为的举报制度；依法查处价格违法和乱收费案件及不正当价格行为；推行明码标价，开展价格诚信活动。⒀依法开展涉案财产价格鉴证工作，对各类商品和服务价格进行价格认证。⒁承办区委、区管委和上级价格主管部门交办的其他工作。

飞来峡管理区物价局局长：

局　长　植成旺（1996.4-2001.10）

第二节　各类收费

一、医疗收费

根据《中华人民共和国价格管理条例》和广东省价格管理条例的有关规定，区内各医疗机构的基本医疗服务的收费项目（包括诊治、检查、检验、住院护理、手术、理疗等），由区物价、卫生、财政部门统一管理；基本医疗服务收费标准，除计划生育手术费收费标准上报省物价、卫生、财政部门审批外，收费标准由区物价部门会同卫生、财政部门审核后，报同区管委审批，并报上级物价、卫生财政部门备案。区内个人自筹资金开办的社会医疗机构，收费标准按照区内基本医疗服务收费标准执行。

区内各类医疗单位，基本配备与本单位收费管理业务相适应的专（兼）职人员，主要医疗收费项目和标准（包括特需服务收费），按省卫生部门统一制定的表格公布于众；多数医院设有价格举报箱或投诉电话，接受群众监督。1996年后，区内各部门实行“收支两条线”管理，各公办医疗机构的收费，使用财政部门统一印制的医疗收费收据。

二、教育收费

根据《广东省教育收费管理规定》，区内各学校教育收费实行许可证制度。1996年8月中旬，全区59所中小学全部领取“广东省教育收费许可证”。

1999年，区物价局把教育收费分为应收费和代收、代管费。上半年，重新制定1999-2000年度课本资料费的收费标准，每位学生每学期降低交费 20 元，全区学生共减轻负担 60 万元。

三、行政事业性收费

区物价部门执行《广东省行政事业性收费管理条例》的规定，行政事业性收费实行许可证管理制度，经批准收费单位，在区物价部门申请领取“广东省行政事业性收费许可证”后，实施收费。行政事业性收费的收支，按照资金性质分别纳入财政预算或预算外管理。物价部门每年定期进行审查换证，并将审查后收费项目和收费标准变更情况予以公布。1996 年 7 月，区物价局印发《关于行政事业性收费单位申领、重新核发行政事业性收费许可证的通知》，按照《广东省行政事业性收费管理条例》中有关收费项目和收费标准的立项规定，对于不符合规定的收费项目和收费标准一律废除，对于符合规定的收费项目和收费标准的 68 个行政事业，发给“行政事业性收费许可证”。

四、清理整顿行政事业收费

按照省、市的有关文件精神，区委、区管委、区物价局不定期清理、整顿、重新核定现行规定的行政事业性收费项目。取消收费依据不充分的项目；合并繁杂、交叉重复的收费项目；取消或予以调整降低未经国家和省政府批准的行政事业性收费，包括各区自定的收费项目，擅自扩大收费范围或提高标准的收费。

1997 年，区物价局、区财政局飞来峡分局联合发文，取消 16 项收费项目：⑴交通部门：①营业运输管理费（城乡联户从事机动车、船、竹木排）。此收费项目取消后，交通部门的收费内容分别并入“公路运输管理费”和“水路运输管理费”中；工商部门的收费，按粤府办〔1992〕67 号文件规定的项目和标准执行。②装卸搬运营业管理费（厂矿企事业单位、农村社队企业及农民个人、联户）并入“公路运输管理费”。③汽车摩托车维修行业管理费，为维修收入的 0.5%。④二运企业管理费。⑤养路费特许免费证费。⑵公安部门：①边境管理区通行证办证点代办费。②航行港澳船舶通行证费。③违章驾驶员驾驶证违章处理通知书邮寄费。⑶农业部门：犬类免疫注射费。此收费项目取消后，有关收费标准按原国家物价局、财政部〔1992〕价费字 452 号附件四有关规定执行。⑷工商部门：外来企业（人员）经营许可证费。⑸文化部门：①营业演出许可证费。②电影放映人员技术等级证书费。③电影放映人员放映证费。上述三项收费项目取消后，证件工本费分别在相应的管理费收入中列支。⑹经贸部门：①机电产品进口登记费。②技术引进合同批准证书费。⑺证券部门：证券发行监督管理费（对定向募集股份公司收取的）。发文后，各有关收费部门，均按规定到物价部门办理“广东省行政事业性收费许可证”注销手续，缴回领用的财政部门印制的收费票据。

1998 年 1 月 4 日，区管委对区内行政事业性收费、经营性收费项目，进行重新审核，对依据不足和不合理的 25 个收费项目予以取消：用电燃料附加费，县电网建设费，农村建房管理费，地籍转让管理费，乡镇建房管理费，绿化费，临时用地管理费，房屋租赁管理费，教育设施配套费，测量放线费，建筑物验线费，建房档案保证金，教育住房集资，用水、电教育附加费，师资培训费，调离本区具有中专以上学历收取师资培训费，边防证押金，征地粮食差价款，外来人口暂住证管理费，建设用地许可证工本费，粮食入户费，住宅区公地临时占用费，普通发票保证金，新生入学军训费，居民用电电表损耗费。发文后，各有关收费部门均按规定到物价部门办理“广东省行政事业性收费许可证”注销手续。

1998 年 1 月 15 日，区物价局公布取消第二批 63 项收费项目，涉及公安、文化、交通、建设、工商、财政、卫生等部门：文化部门活动组织费，委托检测单位评审费，成果公告审查费，医械准许证申请资料费，医械准许证申请（备查）费，产品标准修改费，华侨投资企业优惠免税年审工本费，毕业生调配费，机动性车驾驶员照相费，法医验伤费，外来人员城市增容费，交通事故财物损失鉴定费，境外人员居住证费，境外人员临时居住证费，尸体外表检验费，尸体解剖检验费，开棺检验费，活体检验费，法医物证检验费，体格检验费，化验检验费，痕迹检验费，文件检验费，照相录像费，车辆痕迹检验费，（强制）驾驶员学习资料费，计算机安全上岗证费，非刑事技术检验费，（强制配带）故障车三角警告标志牌费，农转非指标卡服务成本费，农转非审批表格工本费，招收合同制职工手续费，退管活动费，电脑打印报关单费，审单咨询服务费，电脑改单（错单）费，出租小汽车里程计价表检测安装费，安装营运汽车计程器收费，咨询费，公路汽车客运线路标志牌费，维修技能考核鉴定费，抵押房产贷款手续费，燃气经营、使用许可证费、年审费，表后给水工程审查、检测费，（强制性）水表维修费，市政公用设施配套费，竣工档案整理装订费，档案整理装订费服务费，整理档案所需表格、档案袋、档案盒、保管费等，船舶牌号工本费，特殊行业社会综合管理专项资金，私营企业管理费，滑冰场管理费，保龄场地管理费，音像制品出租、销售（管理）费，卫生建设附加费，印刷行业管理费，规范账户管理咨询、印刷工本费，打印报关单费，输入来料加工合同费，教育事业费，诉讼复议工作执照年审代办费，咨询费服务费。发文后，各收费单位均及时按规定办理收费许可证和收费收据的缴销手续，凡是管理和服务性质、内容相同，且项目名称相同或相似的自定收费，全部取消。

1999 年 1 月 20 日，区物价局印发《关于取消、降低和变更部分省定行政事业性收费的通知》，取消收费项目 50 项：进出沙头角镇内学生证费，来澳门贸易证费，深圳经济特区临时下海证费，深圳市过境耕作证费，民间对外交流团组国际通信联络费，国有企业领导干部岗位任职资格培训证书费，广东省企业管理干部岗位职务培训证书费，果菜塘鱼出口放行证费，经营进口物品许可证费，户外广告管理费，个体户验证费，对外加工（装配）“特准营业证”费，外来驻穗门市（展销）部管理费，乡村卫生站证书费，乡村卫生站管理费，体开业医生、联合医疗机构管理费，核发“药品生产企业许可证”“药品经营企业许可证”“制剂许可证”评审费，出生证费，药品广告审查费，食品企业开业许可证费，澳门游管理费，旅游涉外定点单位牌匾费，营业性娱乐管理费，中小学教师自考毕业证书费，兽药广告审查费，犬类准养区管理费，植保员上岗证费，农药经营上岗证费，沙、石场绿化费，测绘管理费，公路基础设施增容费，补（换）发进出深圳、珠海特区客运证费，临时客运证费，非营运车辆使用的行车路单费，外商投资企业外汇登记证费，工业企业计量合格证费，食盐生产许可证费，食盐批发许可证费，宗教活动场所登记证费，宗教活动场所法人登记证费，宗教活动场所临时登记证费，核发“药品生产企业合格证”“药品经营企业合格证”评审费，营业性游艺管理费（对电子游戏场（室）收取部分并入“营业性娱乐管理费”中征收），电影放映管理费，营业性演出管理费，录像放映管理费，受理捐赠报批工本费，市镇近郊地区出租房屋管理费，甘蔗技术改进费，地方口岸管理费。降低收费标准的收费项目、标准 3 项：燃气管理费，劳动服务公司管理费，证券发行监督管理费。变更收费事项的收费项目 2 项：⑴营业性娱乐管理费。取消营业性游艺管理费后，将其对“电子游戏场（室）”收取的部分并入营业性娱乐管理费中征收，标准降为营业总收入的 1%（原为 2%）。⑵音像制品销售管理费。7 月 22 日，区物价局公布取消第四批收费项目，共计 10 项，纠正收费 1 项，分别涉及党校、房管、财政、粮食、外事等部门：党校教学设备购置费，英德市各镇中小学“普九”欠款，房地产经纪机构资历质审查费、经纪人和经纪机构年审费、经纪机构管理费，公管房租赁证管理费，客货运输种类牌照工本费（营运证、经营许可证、道路运输标志、运输标志牌），代办因公护照签证综合服务费，持有多次往返证件人员上缴费，持三个月二次、多次往返港澳台护照人员上缴费，粮食价差款，专业资格评审费。发文后，各收费单位，凡是管理和服务性质、内容相同，且项目名称相同或相似的自定收费，全部取消。

2000 年 1 月 10 日，区物价局公布取消 19 项省定行政事业性收费项目，涉及建设、水利、劳动、计划、交通、文化、卫生等部门：外国设计机构设计管理费，房产托管费，小水电管理费，外来人员就业证费，固定资产投资项目投资许可证费，广东省“农转非”计划指标卡费，换（补）发养路费缴讫证费，补（换）发跨省客运核准证费，前往边防禁区特许通行证费，营业性娱乐管理费，文物出境鉴定费（此收费项目取消后，出境文物鉴定的收费按文物鉴定费标准执行），文物出境复检费（此收费项目取消后，出境文物鉴定的收费按文物鉴定费标准执行），商品报验准销证费，个体医师（士）资格考试费，食品企业卫生年审费，家属统筹医疗验证费，律师事务所管理费，期货监督管理费，出入保税区通行证费。发文后，各收费单位均按规定办理收费收据的缴销手续。

五、价格调整

1996年6月20日，区长办公会议，同意按水库移民800元/人，非水库移民100元/人的标准收取城市增容费和粮食风险金。50%作为财政预算外收入，50%由公安分局和粮食储备局分成。1996年7月15日，区长办公会议研究同意，理顺水土保持补偿费征收和使用由原来国土部门负责改为区水利局负责，同意区建设工程项目收取1.5‰的管理费，对移民建设工程中公益事业、公共设施项目，免收立项费，移民建设其他项目，收0.5‰的管理费。1996年8月30日，区长办公会议同意，区宣教办收取有线电视初装费。1997年5月13日，区管委会办公室印发《区城镇住房制度改革实施方案》，规定：区内出售1996年度（1996年7月1日至1997年6月30日）框架结构住房的成本价为每平方610元，混合结构在框架结构基础上降低10%；出区内出售1995年度建成的框架结构住房的最低限价不得低于每平方170元。超标面积市场价为每平方670元。从1997年6月1日起，凡租公房，包括单位自管房、直管公房，标准面积内，住房租金为每平方米2.28元/月，超过标准使用面积的，住房租金为每平方米5.10元/月。

设区后，区自来水公司筹集共450万元，铺设45公里管网，未收过总管工程费费用。1997年12月6日，区办公会议同意，居民用水，自来水公司按每户300收取总管工程费，单位用水每立方收300元。因私接乱接多，造成供水浪费，扰乱正常供水秩序。8日，区物价局核定，居民用水按户（套）按15元收取，单位用水按该项给水造价5%收取。区内供水用户有600户。

1998年4月10日，区长办公室会议决定：⑴将财政分局收取的生猪检疫费返还给畜牧水产局，标准由原来85.5%调整为90%。⑵区屠宰办的返还标准，由原来1元调整为1.5元。⑶畜牧水产局对生猪检疫费按每头2元收取。⑷同意地税分局将区土地使用税年税额标准由原来每平方0.4元调整为1元。1998年10月26日，区长办公会议对移民工程收费问题进行讨论，决定：⑴甲方对医院、政府机关、移民房不收报建费；⑵对乙方报建费，均按工程量收；⑶设计费、质检费、按规定收取。

2000年上半年，区物价局对升平镇政府《关于调整清洁费收费标准的请示》作批复，同意升平镇政府对区内省、市、区驻镇单位、商店每月收20元清洁费，酒家、饭店、发廊每月收20元清洁费，村民居民每户收取收5元清洁费。2000年10月11日，区管委同意：区自来水公司对供水价格进行调整，对区内居民生活用水、工业用水、行政事业用水、经营用用水等，每立方用水提高0.01元，报市物价局审批。

2001年1月1日，区物价局对区供销社烟花爆竹经营费率作批复，全区从2001年1月1日起，实行统一批发价，零售价、区专营公司与镇代理批发点共享一个批发环节费率，实行调拨、送货制。管理费统一由专营公司上缴区、镇两级供销社，作整顿市场、稽查、管理费用。经营费率：⑴批发环节：管理体制费5%，其中区级2%、基层3%；利息1.5%，其中区公司1%，代理批发点0.5%；利润2%，其中区公司1%，代理批发点1%；仓储运杂费13%，其中区公司10%，代理批发点3%。⑵零售环节综合费率10%。2001年2月27日，区物价局对区粮食储备局《关于更换粮食供应证收费问题的函》作出批复，同意区粮食储备局对每户城镇居民更换粮食供应证，收取10元工本费、管理费。

六、收费管理责任

根据省、市政府的要求，1996 年 12 月 13 日，飞来峡管理区区长谭建成与各镇负责人签订《飞来峡管理区收费管理责任书》。12 月 28 日，区物价局局长植成旺与区直各单位负责人，签订《飞来峡管理区收费管理责任书》。责任书分“责任目标”与“考核奖惩”两部分。“责任目标”：“各镇、各收费单位必须全面落实完成省政府提出的治理乱收费‘三项’指标，做到‘十无’，达到‘七个’100%”。“考核奖惩”：①对拒不执行收支两条线的实行“一票否决权”，对不达标镇和收费单位，由区管委会通报批评；②对责任人当年年度考核不合格，并依照《广东省违法收费行为处罚规定》有关条款，分别给予经济处罚与行政处分。

第三节　物价监督检查

一、收费年审

根据《广东省行政事业性收费管理条例》规定，区物价局每年实行综合年审制度，对区内各收费单位进行年审，重点检查收费单位的收费项目、收费标准和票据使用情况。

1996 年 4 月 9 日至 6 月底,先后对 4 个镇和区直 18 个收费单位进行年审,改变原对乡镇的收费从未年审、管理较为混乱的现象。共清理乱收费项目 14 个，降低收费标准 6 个，当年减轻被收费单位和个人负担 37.5 万元，查出超标准收费违纪金额 3 万元。在收费年审过程中，检查发现水边镇计生办和国土所存在收费的违法行为，按《中华人民共和国价格法》进行处罚。1997 年，区物价局会同区财政分局、区审计分局，于 4 月 15 日至 6 月底，先后对 4 个镇和区直收费单位进行年审，年审重点：⑴收费单位是否按规定收费，有否越权自定收费项目、提高收费标准、扩大收费范围或附加各种名目乱收费。⑵收费单位是否按规定早换或换领“广东省行政事业收费许可证”并做到亮证收费。⑶收费单位是否使用财政部门统一制定的收费收据和按规定“收支两条线”。经统计，是年全区行政事业性收费总额为 603 万元。1998 年，行政事业性收费年审工作分两个阶段，3 月份为收费单位自审时间；4 月份至 6 月份为会审、反馈意见和年审时间。据统计，1998 年度全区行政事业性收费总额为 385.4 万元，其中行政性收费 250.3 万元，事业性收费 135.1 万元。

1999 年 4 月，区物价局对有关单位行政事业性收费进行年审，审核内容：⑴收费单位有无自立收费项目和自提收费标准。⑵对中央、省、市公布取消、降低标准的收费等是否落实。多数单位能按规定的项目和收费标准收费，统一使用财政发票；存在个别单位不亮证收费、开具发票不规范、乱收费、个别单位截留收费问题。

2000 年 4 月至 6 月，对全区的行政事业性收费单位进行年审，主要内容：⑴收费单位有否使用财政部门统一制定的收费收据。⑵有否实行“收支两条线”。⑶国家、省政府历次明令取消或纠正的收费项目（包括减轻企业和农民负担的收费项目）是否已贯彻执行等。大部分收费单位能亮证收费，按规定的项目和标准进行收费，实行“收支两条线”，乱收费和乱支的现象减少。

二、“收支两条线”工作

1996 年 7 月起，全区行政事业性收费单位开始实行“收支两条线”，所有收费单位均领取、使用财政部门统一印制的票据。8 月，区物价局结合清理预算外资金工作，会同区财政分局，对区计生局、区建委、升平劳动管理所、水边镇计生办、水边镇国土所、连江口镇派出所和黎溪镇派出所等 8 个实行“收支两条线”管理的单位进行检查。

1998 年 11 月 6 日，区办公会议研究并制定《关于进一步加强公安、法庭、工商等执收、执罚单位和部门“收支两条线”管理工作的实施办法》。

三、物价检查

区物价局每年都进行物价检查，尤其是1998年5月1日《中华人民共和国价格法》实施以来，物价监督、检查力度加大。1996-2001年，共查处违法金额1076273元，其中没收上缴财政316380元，退回用户759893元。按年度统计，1996年查处违纪案件8宗，违纪金额236552元，其中没收上缴财政23079元，退回用户213473元。对水边镇计生办、国土所乱收费的违法行为，区种子公司乱收费、乱罚款的违法行为查处，并把罚款上缴财政。对全区中小学校收费问题进行全面检查，发现自主收费项目和擅自提高收费标准21.3万元，给予全部清退，并对有关单位进行罚款和教育。完成全区68个行政事业单位的收费许可证换发工作，对不符合规定的收费项目和收费标准一律在换发证中废除。完成全区59所中小学校的“广东省教育收费许可证”的发证工作。至年底，全区所有收费单位均使用财政部门统一印制的票据，全部实行“收支两条线”。1998年查处违法金额65041元，其中没收金额49621元，清退15420元。1999年处罚违法金额84740元，其中没收金额63740元，清退21000元。2000年，处罚违法金额689940元，其中没收金额179940元，清退510000元。

1.农业生产资料价格检查

1996年，按清远市治理乱收费工作办公室转来群众举报的线索，区物价局对飞来峡管理区种子公司的乱收费情况进行检查，发现其违规，进行处罚，按规定依法将罚款上缴区财政。1997年，区物价局重点管理农业生产资料（包括化肥、农膜、农药、种子等）价格。

2.教育收费检查

1996年，根据清远市纪检会、市物价局、市教育局、市监察局《关于进一步我市中小学乱收费问题的决定》文件精神，区物价局对全区中小学收费情况进行检查，发现少数学校有增加自主收费项目、擅自提高收费标准违情况，进行清退、罚款处理。至10月底，共清退213473元；对违规的单位进行罚款，共罚款4000元，其中对升平镇第二中学、升平镇中心小学各罚款500元，对黎溪镇教办、黎溪镇中心小学、水边镇中学各罚款1000元。1997年，成立“区治理中小学乱收费工作领导小组”，区物价局印发《飞来峡管理区1997年秋季中小学收费标准》，各中小学挂牌收费、学生凭册交费。年间，区教育局与物价局进行联合检查，共查出9个擅自收费项目，多收187631元；2个擅自提高收费项目，多收25842元，进行清退处理，共减轻学生负担213473元。1998年，全区对教育收费进行2次专项检查：⑴5月16日，区物价局组织开展“教育收费专项检查”。发现水边中学擅自提高考务费，每名学生提高30元，违规收费3420元；连江中学擅自收取校警费，每名学生8元，违规收费12000元。责令水边中学、连江中学全部清退违规收费，共15420元，并对水边中学负责人作书面检讨、对连江中学负责人进行通报批评处理。⑵下半年，区减负办组织各有关单位开展“减负自查、减负升级检查”。发现黎溪镇的学校向学生违规收取“建校费”，每人50元；水边镇的学校向学生违规收取“民办教师代课费”，每人70元，责令相关单位进行清退处理，黎溪镇清退20万元，水边镇清退6.7万元。1999年，区物价局对全区中小学校代收代管费进行一次专项检查，发现：⑴有4间学校扩大收费范围，收取一年级至六年级的注册费，多收金额13585元；⑵连江口中学擅自收取课桌费，共29940元；⑶升平中心小学擅自提高课本资料费，并把代收代管收入转入其他收入用，违纪金额为30000元。区物价局对4间学校多收的注册费作清退处理，分别对连江口中学、升平中心小学开出行政处罚决定书。2000年，水边镇中心小学对每位学生每学期收取30元“民师统筹费”，经省、市物价局的意见，区物价局会同与区教育局研究，进行清退处理。至6月30日，共清退民师统筹费510000元。区物价局对上一年度连江口中学和升平中心小学违规收费的处罚金进行追缴，共追缴59940元，其中上半年追缴39940元，下半年追缴20000元。

3.药品价格监督

1997年，区开展药品价格改革，整顿医药价格秩序，药品价格管理体制初步形成。1999年，区物价局以国家计委《关于完善药品价格政策，改进药品价格管理的通知》为依据，推进药品价格改革：⑴适当放宽部分药品销售利润率；⑵部分普通药品实行优质优价；⑶控制药品销售费用在销售价格中的比重；⑷规范药品销售折扣行为；⑸适当提高医疗服务价格，扩大药品批零差率；⑹按照管大、管少、管好的原则合理确定省定价目录；⑺严格按照药品价格管理办法审定药品价格；⑻完善药品价格登记公布制度；⑼加强药品价格监督检查。区物价局对区内各医疗单位的价格行为进行监督检查，对于违反上述规定，不按实际进价加规定差率顺加作价，不按规定进行药品价格折扣，擅自提高药品销售利润率，提高药品销售费用率，扩大药品进销售差率、批零差率以及不按规定进行药品价格登记、备案等行为，予以查处。

4.电价检查

1997年，按照省政府办公厅《关于加强全省电价管理的若干规定》精神，从1月1日起，规范全区的电力价格；根据省物价局、省电力工业局、省监察厅《转发国家计委、电力工业部、监察部关于开展全国电价检查的通知》精神，受清远市物价检查所的委托，区物价检查所对辖区内的农电管理所、供电所进行电价检查，发现部分供电部门擅自收取线损费，变相提高用户电价和重复收取电网建设费、燃料附加费，违纪金额合计246900元，作上缴财政处理。1998年，区物价局、升平镇政府、区经委、清远电力工业局飞来峡供电所制订《升平镇农村用电和电价管理暂行办法》和《升平镇农电管理总站管理暂行办法》，整顿农村用电和电价，实行农村统一电价，住宅电价为1.10元/千瓦时，低于当年广东省政府农村用电最高限价标准0.40元/千瓦时，升平镇农民一年减轻负担40万元。1999年1月25日，区物价表局、区供电所发文：⑴取消附加费。包括省电力建设费2.5分/千瓦时附加费、市电力建设费1.5分/千瓦时附加费、镇电力建设费3分/千瓦时附加费；⑵燃料附加费按现行分类标准减半并入电价；⑶直供范围的电力价格；⑷对农业排灌、抗洪救灾等用电免征电力建基金2分/千瓦时，对稻田排灌用电按0.417元/千瓦时执行。1999年，区物价局、区供电所发出降低农村住宅电价的通知后，6月，升平镇农村电价降至1元/千瓦时以下；9月，黎溪镇村住宅到房电价降至1元/千瓦时以下；12月10日前，全区农村电价全部降至1元/千瓦时以下，完成省政府下达的任务。

5.建设项目收费检查

1997年10月，根据国家计委、监察部《关于在全国开展建设基项目收费检查的通知》精神，区物价检查所先后对区建委、区质检站、区国土分局、区房管局和基层国土所进行收费检查。检查发现有些单位违规收取“测量放线费”“建筑物验线费”“教育设施配套费”，违纪金额58143元。1998年2月，区建委缴交上述违规收费48141元，入区财政专户。

6.劳动系统收费检查

根据省物价局、劳动局《转发国家计委、劳动部关于在全国开展劳动系统收费检查的通知》精神，1998年4月中旬，区物价局对区劳动服务公司作收费检查，发现：1996年6月至1997年12月间，区劳动服务公司超标准收取广东省外出人员就业登记卡费，违规收取失业证费、用工许可证费，违规金额1480元，作行政处罚，违规收费上缴区财政。

7.政府定价的商品价格管理

（1）成品油价格管理

1997年，整顿成品油价格后，每公升的成品油价格比整顿前下降5%。1998年下半年，国家对成品油价格进行改革，广东省实行全省统一零售价。区物价局在区内各加油站（点），发放《广东省成品油零售价格表》，各加油站（点）随即按全省统一零售价执行。

（2）粮食价格管理

1998 年，国家粮改政策出台后，区物价局与粮食部门对国有粮食经营企业“以保护价敞开收购农民的粮食”和“顺价销售”政策执行落实情况，实行监督。1999 年，区物价局制定粮食购销价格。

8.交通收费检查

根据省物价局、省交通厅《转发国家计委、交通部关于开展全国交通收费检查的通知》精神，1999 年 6 月中旬，区物价局对清远市交通委员会飞来峡交通局自 1999 年 1 月 1 日以来收费情况进行检查，发现违规收取属于取消收费项目的“汽车维修行业管理费”，违规金额 3800 元，作行政处罚处理，上缴财政专户。

9.居民委员会的收费检查

1999 年，区物价局针对群众投诉“居民委员会收费多”的问题，与区监察局对此开展专项检查，联合下发《关于开展居民委员会收费检查的通知》文件。发现部分居民委员会存在违规行为：⑴收取证明费。居民到一些居委会开证明，居委会收取证明费，金额在 20 元至 50 元之间；⑵收取户口管理费。如黎溪镇居委会向居民收取户口管理费，每年每人按 10 元标准收取，共收取 78441.312 元，且使用一般收款收据，用作单位发补贴和饮食消费；⑶超标准收费。一些居委会在换发居民户口薄时，存在超标准收费的现象。

10.春运票价检查

1997 年春节期间，区物价检查所与区交通局组成联合检查组，对春运客车进行一次票价检查。共查 25 车次，发现违规加价行为严重，如清远至英德客车票价，物价部门核定为 20.20 元/人（含春运上浮 60%价格），查处的大部分客车收费 30 元/人，对此当场对各违价车主作处理，罚没金额共 3000 元，责令退还乘客金额共 5000 元。

11.旅游门票价格管理

1999 年，区物价局核定飞来峡水利枢纽工程旅游门票价格。

12.生猪税费的检查

2000 年，区物价局根据省物价局的统一安排，对全区生猪屠宰办的生猪收费情况进行检查，发现区生猪屠宰办在 1997 年 7 月至 1999 年 12 月期间共截留生猪工商费和检疫费 53000 元，未缴交工商、畜牧和财政部门，违反《广东省行政事业性收费管理条例》和“收支两条线”的规定。

13.对区质监站的收费监督检查

2000 年 8 月份，区物价局对区质监站的收费、价格行为进行监督检查，发现：①收取档案保证金 13000 元；②用税费开具的各种报建费 236900 元；③收取技术服务费 21735 元；④提高建筑材料试验费收费标准。违反了《中华人民共和国价格法》和《广东省行政事业性收费管理条例》，决定罚没款 120000 元。

14.飞来峡枢纽船闸过闸费管理

2000 年 1 月 31 日，经省、市物价局同意，委托区物价局对飞来峡水利枢纽船闸过闸费进行管理，并进行收费年审，每年收取年审费 0.5 万元。

15.价格举报案件的查处

2000 年，区物价局共收到群众来信反映的乱收费问题的件数 7 宗，处罚违法金额 689940 元，其中没收金额 179940 元，清退 510000 元。

四、实行明码标价

设区以来，全区明码标价工作一直未开展。1998 年 3 月 31 日，根据国家计委《关于商品和服务实行明码标价的规定》，区物价局联合工商分局印发《关于认真开展商品和服务实行明码标价的通知》，在全区推行明码标价工作。4 月 20 至 24 日，清远市物价局统一组织明码标价检查情况评比，由于飞来峡管理区建区时间短、移民经商多等，明码标价工作未达到预期目的。2000 年 12 月 22 日，区物价局向升平镇的个体户发放宣传资料，开展商品和服务实行明码标价的宣传活动。

五、清费治乱减负

设区以来，由于区财政经费短缺，部分单位财政拨款不足，加上制度不完善，少数单位时有存在无证收费、收费不公示、任意扩大收费范围、随意提高收费标准、搭车收费、坐收坐支、只收费不服务等现象。区物价局及时公布涉企行政性事业收费目录、政府制定价格的经营性收费目录，开展“清费、治乱、减负”工作，减轻企业、农民负担。

1997 年，根据省、市的要求，废止涉及企业、农民收费文件 5 份、收费项目 91 个，减轻企业、农民负担 80 万元。1998 年，落实国务院《关于治理向企业乱收费、乱罚款和各种摊派等问题的决定》精神，区管理委员会印发《关于公布第一批取消收费项目的通知》：⑴对依据不足和不合理的 25 个收费项目予以取消；⑵全部转发国家、省、市关于取消收费、基金和降低收费标准的文件；⑶取消“城市建设绿化费”“建筑物验线费”“教育设施配套费”“测量放线费”4 个收费项目。是年，为企业减轻负担 50 万元。1999 年 1 月 1 日起，取消电力建设费 2.5 分/千瓦时、市电力建设费 1.5 分/千瓦时、县电网建设费 1.5 分/千瓦时、镇电网建设费 3 分/千瓦时，燃料附加费按现行分类标准减半并入电价。清理电价外收费，每一年减轻企业和农民负担 115 万元。2000 年 12 月，区内开始推广涉农收费公示制度。按根据省物价局、省纠正行业不正之风办公室、省农业厅《关于加强农村价格管理全面推广涉农收费公示制度的通知》精神，区物价局先首在升平镇进行试点，全区各镇的涉农收费公示制度在 2001 年 1 月全部完成。

六、价格评估

1998 年，区物价局派员参加省人事厅、省物价局联合举办的广东省价格评估员资格认证培训，办理工商营业执照、税务登记证，成立区价格事务所。是年，区价格事务所为公检法等部门办理案件进行涉案物品的评估，为一些企业和个人提供核价服务，共收取中介服务费 22000 元。1999 年，收取中介服务费 3 万元，比上年增加 36.4%；2000 年 1 月 10 日，省物价局批准：飞来峡管理区价格事务所获取“价格评估机构资格证书”，12 月 12 日，区物价局向区编委提交“关于成立清远市飞来峡管理区物价局价格认证中心的请示”，原价格事务所仍保留。

七、价格法宣传

1998 年，区物价局在各行政、企事业单位张贴《中华人民共和国价格法》宣传资料 150 张，组织价格法知识竞赛，全区 1500 人参加。1999 年，区物价局举办一期收费员培训班，学习价格法等内容，全区 39 人参加培训，都取得收费员的资格。

第十三编　公安　武装

Di Shi San Bian　Gong An　Wu Zhuang

第一章　公　安

第一节　公安机构

1995年8月29日，清远市机构编制委员会批准设立清远市公安局飞来峡管理区分局，为正科级事业单位。1996年2月6日，清远市公安局政治处批复，飞来峡管理区公安分局内设政工办、办公室、治安股、刑警大队。3月9日，清远市机构编制委员会批复，同意清远市公安局飞来峡管理区分局暂定事业编制30名，经费由飞来峡管理区内自筹解决。5月6日，区公安分局挂牌成立。10月9日，清远市机构编制委员会批复，同意增加清远市公安局飞来峡管理区分局事业编制10名，经费由区公安分局与飞来峡管理区协商解决。

公安分局工作职能：⑴预防、制止和侦查违法犯罪活动；⑵维护社会治安秩序，制止危害社会治安秩序的行为；⑶维护交通安全和交通秩序；⑷组织、实施消防工作，实行消防监督；⑸管理枪支弹药、管制刀具和易燃易爆、剧毒、放射性等危险物品；⑹对法律、法规规定的特种行业进行管理；⑺警卫国家规定的特定人员，守卫重要的场所和设施；⑻管理集会、游行、示威活动；⑼管理户政、入境出境事务；⑽指导和监督区内行政机关、企业事业组织和重点建设工程的治安保卫工作，指导群众性组织的治安防范工作；⑾法律、法规规定的其他职责。

区公安分局配有警车、通信设备、计算机、摄像机、照相机、桌椅等基本办公及取证设备，但办公、办案经费和干警工资常年不足，一直没有建立110报警台，没有建立看守所、行拘所，羁押嫌疑人和违法人员要送到清远市看守所。设有职工饭堂。2000年，区公安分局有民警65名。

清远市公安局飞来峡管理区分局领导成员：

局　长　陆神才（1996.5–1999.10）
　　　　王辉国（1999.10–2001.10）
政　委　陆神才（　–2001.10）
副局长　许福春（1996.5–　）
　　　　许又峰（正科，　–2001.10）
　　　　邹　鸿（主任科员，　–2001.10）
副政委　刘朝田（1996.5–　）

第二节　刑事犯罪侦查

一、侦查机制

区公安分局刑警大队负责区内刑事犯罪侦察和调查活动：针对区内发生的刑事犯罪活动，经常性地开展立案、现场勘察、部署侦察计划、实施侦察活动、侦察询问、缉拿罪犯等活动，实行侦察破案；同时，在上级公安部门的领导、指导下，每年进行专项刑事打击行动。

1998年6月15日，区公安分局制定《清远市公安局飞来峡分局刑侦改革方案》：实行侦审合一。组建四个中队及一个办公室，一、二中队为刑警中队，三中队为技术、特情、情报资料中队，四中队为政内保、经侦、缉毒中队，办公室负责文秘、案件的起诉审核把关和执法监督。辖区划分为两个破案责任区，即连江口、水边镇为北区，由一中队负责；黎溪、升平（包括飞来峡派出所辖区）为南区，由二中队负责。同时，各派出所建立刑侦分队，每分队由2～3名民警组成。

二、打击刑事犯罪

1996-2000年，全区（包括连江口、升平、黎溪、江口4个镇派出所）共立刑事案436宗。

1996年，立刑事案件57宗，破获45宗，破案率78.8%。其中，重大案件38宗，破获26宗，破案率68.4%。共抓获作案人员60人，摧毁作案团伙9个成员32人，缴获赃款赃物折合人民币70万元。

1997年，立刑事案件86宗，破获65宗，破案率75.6%。其中，重大案件46宗，破获31宗，破案率67.4%。抓获犯罪嫌疑人97人，摧毁作案团伙11个成员41人，缴获赃款赃物折合人民币115.6万元。此外，破获往年积案3宗，其中1宗为劫车杀人案；协助外地警方破获案件8宗，抓获嫌疑案犯12人，其中配合广东省三水市公安局抓获特大杀人犯罪嫌疑人苏某，配合湖南省慈利县公安局抓获杀人犯罪嫌疑人杨某某、程某某。

1998年，立刑事案件96宗，破获76宗，破案率79.2%。其中，重特大案件58宗，破获44宗，破案率75.9%。抓获违法犯罪嫌疑人99人，打掉作案团伙27个，成员47人。缴获赃款、赃物折合人民币19万元，包括汽车1辆，摩托车25辆。立、破案件中，投毒案立1宗破1宗，杀人案立2宗破2宗，伤害案立8宗破8宗，非法拘禁案立1宗破1宗，抢劫案立11宗破8宗，盗窃案立67宗破48宗，诈骗案立5宗破5宗，敲诈勒索案立1宗破1宗。

1999年，立类刑事案件91宗，破获64宗，破案率70.3%。其中重大案件44宗，破获23宗，破案率52.3%。抓获犯罪嫌疑人84人，其中重大犯罪嫌疑人31人，流窜犯17人。摧毁作案团伙23个成员45人。缴获赃款赃物折合人民币7万多元。升平镇发生刑事案件数占三分之一，有35宗，其中破案23宗、破案率65.7%。黎溪镇发生的刑事案件15宗，破案13宗，破案率86.7%。

2000年，立刑事案件106宗，破获刑事案件50宗，破案率47%。其中，抢劫案17宗破6宗，盗抢机动车案23宗破9宗。抓获犯罪嫌疑人80名；依法逮捕10名；查获犯罪团伙19个，抓获成员57人，破团伙案件27宗。

三、严重暴力案件

1996-2000年，区内故意杀人、故意伤害致人重伤或者死亡、强奸、暴力抢劫、贩卖毒品等暴力犯罪案件时有发生，严重的放火、爆炸、投毒等暴力犯罪案件亦偶有发生。侦破典型的案件主要有：

1996年，侦破连江口“9·15”特大劫车杀人案。9月15日，罗某某被杀抛尸、劫车。10月2日，区公安分局刑警大队抓获犯罪嫌疑人张某某。

1997年，侦破飞来峡“8·18首宗抢劫杀人案”。8月18日李某某在升平镇被杀，被劫3000元。8月21日，区公安分局刑警大队抓获杀人犯罪嫌疑人张某某，缉获盗窃犯罪嫌疑人唐某某。11月，侦破“11·17银英公路粤RQ0476司机伤害致死案”，抓获犯罪嫌疑人，追缴财物物品一批，包括：汽车1辆，摩托车3辆，VCD影碟机2台，人民币25900元，木材、柴油机物品一批，挽回群众损失123690元。

1998年，区内发生故意伤害致死人命案2宗，均为犯罪嫌疑人精神病发作而作案。

1999年，发生杀人案3宗和特大绑架案1宗。7月4日，黎溪镇城樟村附近杀人案1宗，案情为蓝某某与石某某因上山砍木发生争执，蓝被石用刀砍死，石作案后逃窜，被追缉。9月3日，升平镇发生杀人案一宗，案情为路某某与李某因结算工钱发生争执，路被李砍死，当晚4时，分局刑警大队将犯罪嫌疑人李某抓获。12月6日，升平镇发生杀人案1宗，案情为吴某某与同村村民朱某某因装运木材发生争执，吴被朱用刀砍死，朱作案后逃窜，被追缉。8月18日，升平镇居民谢某某、罗某某之子谢某某在升平镇移民村文明路被绑架，次日被勒索5万元，后被撕票。经数月侦查，分局刑警大队抓获、批捕犯罪嫌疑人黎某某、冯某某。

2000年，发生杀人案2宗，破1宗；强奸案1宗（未破）。4月11日，升平镇新村居民李某某（女，13岁，五年级学生）在家中被杀案，分局刑警大队和升平派出所民警在市局刑警支队的大力协作下，用8天时间破案，将犯罪嫌疑人潘某某抓获归案。

四、专项斗争

由于区交通发达、京广铁路、银英公路、北江河水路贯穿全境，加上飞来峡水利枢纽工程大规模建设，外来人员逐年急剧增多，外来人员抢劫和盗窃案件逐年增多。针对实际情况，区公安分局每年适时开展“打黑除恶”“双禁”“追逃”等“严打”专项斗争。

1996年5月，区公安分局开展为期三个月的“严打”专项斗争。5月13日，破获银英公路飞来峡路段客车被持械抢劫案，犯罪嫌疑人何某某、袁某某、蒋某某、刘某、方某某5人全部抓获，追回人民币6000元，手提电话1台、BB机、手表等物品一大批，折合人民币价值17000元。12月20日起，在升平镇、连江口镇等地，开展为期两个月的“冬季行动”，重点打击盗抢机动车行为和实施“破大案、抓团伙、追在逃犯罪嫌疑人”，共破获8宗刑事案件，其中重大案件3宗；缴获被盗摩托车2辆，查扣无牌无证或证照不全的机动车辆30辆，其中汽车10辆。

1997年3月起，在升平、黎溪两镇，开展“反抢劫”和“反入室盗窃”专项斗争，至12月，共破获抢劫案件8宗，入室盗窃案件28宗，破获犯罪嫌疑人47人，缴获赃款赃物折合人民币35.7万元。

1998年，开展“打击走私、盗窃、抢机动车犯罪”专项斗争，重点打击抢劫和盗窃。组织警力设卡堵截，巡逻伏击，共破获案件42宗，其中重、特大案件破获21宗，抓获犯罪嫌疑人65人，追逃8人，打掉团伙18个，起回赃款赃物折合人民币10多万元。如：破获“4月13日深夜飞来峡大坝建设工地电缆被盗案”，抓获犯罪嫌疑人邓某某和冯某某，破系列工地电缆被盗案；破获“6月29日深夜连江口镇一辆东风牌自卸大货车被盗案”，7月14日在花都起回赃车，抓获犯罪嫌疑人人张某某、张某某、黄某某。

1999年3月起，开展“打黑除恶”和“破大案、追在逃犯罪嫌疑人”以及除“七害”专项斗争，共破抢夺案件3宗，盗抢机动车案件4宗，破其他案件17宗，抓获犯罪嫌疑人26人，缴获汽车、摩托车等赃款赃物折合人民币4万余元。抓获在逃犯罪嫌疑人14名，其中协助外地公安部门抓获在逃犯罪嫌疑人4名，完成追逃任务的56%，并带破刑事案件17宗，其中属重大案件14宗，缴获赃款财物折合人民币6300元。

2000年2月，开展打击“人贩子、解救被拐卖妇女儿童”专项斗争，共破获刑事案件17宗。4月至7月，开展“两打一扫”统一行动，进行“打黑、打拐、扫除黄、赌、毒”和打击严重暴力犯罪。其中，7月18日，连江口派出所解救被拐卖到连江口镇的外地妇女1名。

五、禁毒行动

20世纪90年代，区内吸毒、贩毒现象沉渣泛起，在各镇时有发生，设区经来，区公安分局经常组织清查行动，进行禁毒。

1996年，区公安分局使用特情和、发动群众举报，查破贩毒案件4宗，抓获贩毒分子6名。1997年4月25日、9月7日，区公安分局先后两次制定《关于我区开展“严打禁毒”统一清查行动的方案》，开展禁毒统一清查行动，出动力量257人次，其中公安干警132人次、党政干部38人次、治保人员95人次，抓获吸毒人员 20 人，送戒毒所 18 人。其中，4 月 26 日至 28 日，黎溪派出所出动所内全部警力和治安队员，分成 5 个小组统一行动，抓获 8 名吸毒人员。

2000 年，区公安分局制定《打击贩卖冰毒和贩卖服食摇头丸专项斗争方案》，在 9 月至 11 月间开展为期两个月的专项斗争。9 月 14 日，连江口派出所民警在移民二区抓获正在吸毒人员 11 名，查出白粉 6 小包。2001 年，各镇派出所对吸食毒品的行为进行打击。如：3 月 29 日，连江口镇派出所在连江口镇发廊，抓获正在吸毒的人员 1 名；5 月 15 日，在连江口一景旅店，抓获正在吸食、注射毒品的人员 1 名。7 月 17 日，黎溪镇派出所在黎溪镇移民七区抓获正在吸毒的人员 1 名。

第三节　治安管理

一、治安机制

飞来峡管理区的日常治安管理由区公安局分局治安股及连江口、升平、黎溪、江口 4 个镇的派出所负责。日常工作职责主要包括：⑴收集、掌握、区内影响社会政治稳定和治安稳定的情报信息；⑵管理辖区内的实有人口；⑶管理辖区内的重点行业、公共娱乐场所和枪支、弹药、爆炸、剧毒等危险物品；⑷指导区内的行政机关、企业、事业单位的内部治安保卫工作；宣传、发动、组织、指导群众开展安全防范工作；⑸处理辖区内发生的因果关系明显、案情简单、一般无须专业侦查手段的刑事案件，并协助区公安分局侦查部门侦破其他案件；⑹办理治安案件，调解治安纠纷；⑺参与火灾、交通、爆炸、中毒等治安灾害事故的预防工作；⑻接受群众报警、求助，为群众提供服务。

二、治安概况

区公安部门，实行打防结合、预防为主的工作方针，遵循属地管理、谁主管谁负责、公安工作与群众性工作相结合的原则，运用法律、经济、行政、教育等多种手段，预防和减少违法犯罪，加强辖区社会治安综合治理。主要措施：⑴各镇成立社会治安综合治理办公室，由一名副书记抓，开展经常性工作；⑵发挥公安、司法等职能部门的作用，调解各类民事纠纷；⑶加强政法队伍建设，充实警力、改善装备、建立治安巡逻队；⑷针对社会治安的突出问题，进行专项整治，治安案件的查处主要由区公安分局治安股、各镇派出所负责；⑸围绕各个时期的不同特点，开展经常性的法制宣传，特别加强对青少年的法制知识教育。

1995 年 9 月，区公安分局对辖区内的重点人员重新列表造册，明确列管对象。区内 4 镇、各村普遍建立治安巡逻队、治安联防小组、调解委员会、禁毒小组，妇女禁赌会等，进行治安管理，调解各类民事纠纷。如：连江口镇各村建立群防群治的治安联防小组 230 个，调解委员会 18 个，禁毒小组 18 个，调处各种民事纠纷 56 宗，占应调处的 93%。其中，6 月，成功调处“江口庙纠纷”案，打击封建迷信活动；升平镇发生治安案件 97 宗，查处率 83%，治安处理 162 人，教育 15 人，送劳教 2 人；黎溪镇发生治安案件 11 宗，查处 11 宗，民事案件 5 宗，查处 5 宗。

1996 年，全区共发现、受理治安案件 68 起，查处 64 起，查处率 94.1%，查处各种违法人员 250 人，其中警告 84 人，罚款 113 人，拘留 36 人，其他处理 17 人。其中，经公安分局治安股裁决的案件 33 起，处罚违法人员 113 名，分别占全部案件和人数的 48.5%和 45.2%。当年各镇治理情况：升平镇查处治安案件 45 宗，破案率 77.6%，共抓获违法人员 82 人，其中送劳教 2 人，治安处理 63 人，警告 5 人，其他方式处理 12 人。调解各类民事案件 28 宗，其中离婚案件 4 宗，建房纠纷 4 宗，继承权纠纷 3 宗，其他民事纠纷 17 宗；黎溪镇建有治安巡逻队17个，建立治安联防队17个，妇女禁赌会17个，在4月至5月间，镇派出所、司法办、综治办等单位部门共出动150多人次，清查旅店2间，发廊10间，工棚50间，出租屋20家，清查出无暂住证外来人员50人，无身份证20人，“三无”人员10人，配合全省扫黄打非工作，清查出非法音像制品光盘37张，黄色书刊6本；连江口镇出版法制宣传专栏12期，调解各类民事纠纷27件，调解率100%；水边镇根据移民山林、土地、房屋纠纷较多，青苗款补偿时有争执的实际，发挥司法所、派出所的职能作用，调处山林、土地、民事纠纷17宗，遏制矛盾的激化。是年区分安分局筹资金17万元，购买一批自动报警防盗器材，安装在金融部门、企事业单位财会室。

1997年，按《中华人民共和国治安管理处罚条例》和各种行政法规，全区共受理治安案件140起，查处135起，查处率96.4%，查处各类违法人员370名，并依法作出处理，其中警告29人，罚款211人，治安拘留55人，其他方式处理75人。其中，经分局治安股裁决的案件共135起，处罚违法人员295名。全区共受理调解民事纠纷38宗，成功率95%，处理民事诉讼案件6宗，经济纠纷5宗，为事主挽回经济损失7万多元。代理非诉讼案件5宗，办证件18件，解答法律咨询235人次。如：连江口镇组织公安、司法部门，到各校进行法制教育，受教育的有4000人次，当年共调处民事纠纷17宗，比上一年减少了10%；水边镇派出所在问题多的案发地和社会治安较差的地方进行整顿，设立3个安全文明小区，巡逻值班点5个，当年处理治安案件30宗，拘留8人，罚款20人，警告10人。

1998年，由于大量外工流入，再加上下岗人员的增多，造成社会治安不稳定的因素，盗窃、抢劫、打架、斗殴等现象有所抬头。公安机关加强治安巡逻，特别是夜间巡逻，加强治安管理。当年，发现受理治安案件177起，查处170起，查处率96%；查处各类违法人员496名，并依法作出处理，其中：警告73人、罚款325人、治安拘留27人、送劳教1人、其他方式处理70人。升平镇查处理治安案件63宗，查处57宗，查处率90.5%，调解大型民事纠纷3宗，共抓获违法人员92人，其中送劳教5人、治安处理65人、警告11人、教育7人；调解各类民事案件、合同见证、协办公证等共324宗，调解民事案件成功率100%；镇司法部门与区内24家企业单位签订法律顾问合同，全年为聘方单位挽回经济损失15万多元。连江口镇查处治安案件25宗，破案率95.4%，查处违法人员147人，调解各类民事纠纷26起，调处率100%。水边派出所全年共查处治安案件43宗，抓获各类违法人员71人，其中治安拘留8人，罚款50人，警告21人，协助有关部门调整群众纠纷3宗。

1999年，全区共受理治安案件155起，查处148起，查处率95.4%。查处各类违法人员434名，并依法作出处理，其中警告28人，罚款238人，治安拘留79人，其他方式处理87人。是年，均没有出现当事人提出复议和上诉的现象。升平镇和水边镇发生治安案件相对较多，升平镇发生治安案件63起，查处57起，查处率90%，抓获各类违法犯罪人员127人，其中送劳动教养2人、治安处罚98人、警告9人、教育具结悔过12人，追回赃物手扶拖拉机2台，CP机2部，赃款人民币2.8万元以及其他物品一批；水边镇破获治安案件57宗，端掉窝点5个，处理赌博人员51人次，调处民事纠纷2宗，办公证2宗。

2000年，全区共发生各类治安案件189起，查处164起，查处率86%。对违法人员送劳教2人，治安处罚370人，其中警告47人、罚款161人、行政拘留44人、其他处理115人。是年，升平镇开展“基层安全创建活动”，调解大型民事纠纷5宗，调解成功率100%；创建安全文明小区9个；开展法制宣传教育，举办法制课72场次，受教育32000人次，教育率98%；印发法制知识小册子7000多份，设立法制宣传栏6个，出版法制专栏28期。连江口镇发生治安案件47宗，破案44宗，破案率93.6%，为群众挽回经济损失126000元，调处各类民事纠纷23起，调处率100%。水边镇发挥公安、司法所职能部门作用，举办法制课24场，接受法制教育 6324 人次，解答法律咨询 328 人次；处理治安案件 15 宗，调处民事纠纷 4 宗。黎溪镇发生治安案件 64 起，查处 64 起，查处率 100%，先后取缔麻雀店 8 间，停业整顿发廊 5 间，游戏机室 8 间，限期整改酒店 4 间，旅店 3 间，出租屋 16 间。

三、群体性事件处置

每年，辖区内各镇因移民所涉及的搬迁、补偿、征地、就业等诸多因素，诱发、激化移民不满情绪，从而引起的群体性事件，每年均有发生。区公安分局对各种纠纷和闹事苗头，采取“教育疏导、果断处理、积极预防”三者相结合的原则，把问题解决在萌芽状态中；对已发生的群体性事件，坚持“可散不可聚，可顺不可激，可解不可结”的原则，运用法律武器果断予以处置，尽量避免事态的扩大。1998 年 5 月 8 日，区公安分局制定《处理突发性群体性治安事件的工作预案》，成立领导小组，日常工作由治安股负责，19 名警员参加，实行每天 24 小时值班制度，统一配备防弹衣、配制头盔、防暴手枪、对讲机等装备，应对、处理突发性群体性治安事件。

1996–2000 年，处置主要的群体性事件情况如下：

1996 年，发生村民群体性事件 5 宗，均得到较好的处置。其中：8 月，在黎溪镇分配移民宅基地时，先后出动警力 20 人次到现场；10 月 15 日，黎溪镇黎洞村民到新镇建设指挥部群聚，区公安分局接报后，迅速派干警前往处理，平息事态。

1997 年，发生群众性事件 5 起，均及时处置。其中，3 月 18 日，升平镇移民新村的 400 余名移民以“向政府要生活”为由，聚集在区管委和省水电二局指挥部大门前，在银英公路区管委门前路严重阻塞交通，长达 5 小时，移民在民警疏导下陆续散去，事态得到平息。6 月中旬，黎溪镇初溪管理区 600 余名群众，在少数人的策划操纵下，打着“反对（宅基地）后靠”“金斗角是黎溪人民宅基地”等标语，在升平镇金斗角附近集合，要求区管委允许他们搬迁至金斗角，区公安分局民警通过教育、疏导群众，及时平息事态，随后又先后派出工作团，进驻村镇，较好地解决该管理区的移民问题。8 月 22 日，黎溪镇大湖、湖溪两管理区数百名群众聚集在镇政府大楼，经民警前往调处、疏导，事态得到暂时的平息，后通过工作组多次的教育疏导，事态得到彻底平息。

1998 年，全区共发生群体性事件 4 起，均得到及时和较好的处置。主要有：4 月 17 日，连江口镇小舍村委会发生 2000 余名群众以“要求镇政府发放青苗补偿费”为由，聚集连江口镇政府，少数人员还转到镇政府门前的银英公路，拦截过往车辆，严重阻塞交通 3 小时。在市公安局和英德市公安局防暴大队的大力协助下，平息事态。8 月，连江口镇部分村民在少许人组织和煽动下，利用飞来峡枢纽工程截流的时机，到区管委游行群访，经教育，平息事态。

1999 年，全区共发生群体性事件 2 起。主要有：2 月 19 日下午 5 时，连江口交警在黎溪镇湖溪移民区银英公路处理一宗交通事故，遭到湖溪部分移民围攻和阻挡，至第二天凌晨 5 时。接报后，区公安分局在市防暴大队协助下，得到妥善处理。4 月 7 日至 8 日，连江口镇群联、下步、银坑、三井、南坑等村有 1000 余名群众以“解决移民随迁和青苗费补偿”为由，聚集镇政府。之后，到银英公路设置路障，阻塞交通 3 小时。在市公安局和英德市公安局防暴大队的协助下，平息事态。

2000 年，共发现或预防制止的群体性事件、苗头 7 起，其中移民上访 3 起。6 月 9 日，水边镇黄竹村 100 多名移民以“镇政府拖欠青苗补助费和征地赔偿款”为由，到镇政府进行群体性上访，经区公安分局机关教育疏导，平息事态。8 月 22 日，区供电所 6 名工作人员到黎溪镇寨下村收取部分村民欠交的电费，少数村民抗交电费，并扣留工作人员，经 2 个多小时教育疏导，平息事态。

四、“七害”治理

1995年以来，区公安分局、各镇派出所以治乱为突破口，每年均开展打击卖淫嫖娼、制作贩卖传播淫秽物品、拐卖妇女儿童、聚众赌博、利用封建迷信骗财害人和黑社会组织等除“七害”行动，净化社会风气。

1995年，区公安分局重点抓“卖淫嫖娼、聚众赌博、吸毒贩毒”“三害”，净化全区社会环境。其中，针对年初升平镇案件发案多且治安混乱，群众反映强烈的情况，实行重点打击，破赌博团伙7个，抓36人；破吸毒团伙2个，抓7人；抓获嫖娼卖淫12人。

1996年，全区查处“七害”案件30起117人。其中打掉带黑社会性质的团伙3个，抓14人；端掉赌博团伙4个，抓12人；卖淫嫖娼9起23人，强迫卖淫1起1人，播放黄色录像3起7人，赌博13起80人，吸贩毒案件4起6人。如：10月中旬，有群众举报水边镇黎头咀竹林有一个大赌场，赌徒不分日夜地赌，在当地影响极坏。接报后，刑警大队会同水边镇派出所干警迅速出击，当场抓获正在用扑克打“三公”的赌徒12人，缴获赌资9000元。

1997年，通过采取大规模的统一清查行动和小分队出击的办法，全区查处“七害”案件47起176人，其中卖淫嫖娼13起30人，传黄播黄5起5人，赌博15起121人，吸毒13起20人。

1998年，查处“七害”案件47起262人。其中卖淫嫖娼11起22人；传黄播黄2起3人；吸毒3起3人；赌博31起234人，打掉赌博团伙11个167人。其中，6月，端掉一赌博团伙，抓获赌徒22人。

1999年，各地派出所注意结合日常管理工作，调摸“黄赌毒”活动的线索，并通过伏击、守候等抓获“黄赌毒”违法分子。年内共抓获和查处“黄赌毒”人员48起152人，其中卖淫嫖娼案件13起38人，传黄播黄1起3人，赌博案件28起105人，吸毒案件6起6人。

2000年，开展“PG”行动，查处“七害”案件30起146人，其中卖淫嫖娼案件7起22人，赌博案件19起112人，吸贩毒案件4起12人；开展“两打一扫”专项斗争，打掉黄某某等拐卖妇女团伙，成功解救陈某某等被拐妇女。

五、易燃易爆物品管理

因建设飞来峡水利工程的需要，辖区内遍布众多小石场，作业中需要的雷管、炸药数量较大。治安管理部门对易燃、易爆物品在运输、储存、销售和作业使用等方面，每年都严加管理，消除不安定因素。对于炸药购买，一律由各单位的爆破安全员凭单位的爆炸物品使用许可证到公安机关开购买炸药许可单，限量购买。

1996年10月至12月，区公安分局组织力量，对辖区内所有储存、使用易燃易爆物品的单位进行安全大检查，共查获并收缴违法使用炸药144公斤，对违法使用单位作出停业整顿的处罚。年内，举办一期培训班对区内42名爆破员进行培训。1997年，区内有22个爆炸物品的单位和个人。1998年，查出收缴非法购买的炸药1500公斤，雷管200枚，导火线400米，查处违反爆炸品管理规定的案件4起，处理违法人员5名。1999年，查获收缴违法使用炸药10.5公斤。检查烟花爆竹销售网点4个，专营门市部5间，没有发现事故隐患。1999年6月27日，区公安分局制定《关于加强爆炸品管理，大力收缴非法枪支的工作意见》。治安股组织60人次进行15次检查，对区内4个石场进行停业整顿处理，侦破炸药被盗案1宗。

六、枪支管理

1996年，开展收缴非法枪支弹药活动，收缴非法枪支20支。1998年，收缴各种气枪15支。1999年6月27日，区公安分局制定《关于加强爆炸品管理，大力收缴非法枪支的工作意见》。2001年5月16日，区公安分局制定《治爆缉枪专项行动方案》。

七、公共娱乐业管理

1997年，区公安分局列册管理的公共娱乐场所有54间，其中电子游戏机室25间、卡拉OK歌舞厅10间、发廊13间、电影院1间、录像投影室5间。每年，公安分局经常会同文化、工商、消防等部门，对区内公共娱乐场所进行检查，实行经营许可证及资格审批制度。

八、特种行业管理

1996年，区公安分局年内对旅业、收购业、刻印业等特种行业，进行多次定期或不定期安全大检查，督促单位和个人落实各项安全防范措施；对辖区内从事特种行业的从业人员举办培训班1期，36人经考试取得及格证。

1997年，区公安分局列册管理的特种行业经营场所有52间，其中旅馆业33间、废品收购业16间、刻字业2间、印刷业1间，组织特种行业人员培训36人次。1999年，区公安分局列册管理的特种行业经营场所增至83间，其中旅馆业42间、废品收购业21间、刻字业2间、印刷业1间、机动车修理业17间。是年，区公安分局进行15次检查，发现特种业进行不法活动的现象的8起，无证经营5起，均进行处理和取缔。

九、安全保卫

1995–2001年，区公安分局组织、参加的大型安全保卫工作主要有5起，均顺利完成。

1996年，中央领导到飞来峡视察省重点水利枢纽工程，区公安分局进行周密部署，进行“保卫‘2080’和‘2125’专列”的专项工作。1997年“七一”前夕，区公安分局和升平派出所的民警及治安积极分子共400余人，在辖区京广线40公里沿线进行安全保卫工作，对“香港回归庆典专列”进行安全保卫工作，确保参加活动的代表团安全经过区内地域。1998年8月28日，举行大江截流仪式，参加的仪式的人员有省五套班子成员和广州、佛山、清远3地市委、市政府领导，以及各单位代表、群众1000多人。区公安分局对此进行安全保卫工作，警卫级别为一级，参加保卫民警67名、各镇、各部门干部350名，消除隐患件5件、处理民事纠纷案3起。1999年10月8日，举行飞来峡水利枢纽建成试运行仪式，中央政治局委员、省委书记李长春及省市有关领导800多人参加，区公安分局对此进行安全保卫工作，警卫级别为一级，并顺利实施。2000年7月1日，中央和省委主要领导率省直有关单位、市委市政府共300多名领导干部，参加区内环库公路黎溪镇松柏村委会寨下路段乡村公路建设大会战劳动，区公安分局制定《“七一”安全保卫工作方案》，警卫级别为一级，并顺利实施。

十、侦破香港天主教专案

2000年9月，香港天主教协会谢某某神父等人利用捐资办学之名，欲在区内水边镇流寨犁头咀小学河边的“尊师亭”册封2名死于70年前的西方神甫为“圣人”，准备非法举办“封圣大典”，违反国家法规、政策。区公安分局成立专案组，从讲政治的高度，采取预防和控制措施，阻止“封圣大典”活动的进行。12月23日，将“尊师亭”处理。2001年1月9日，清远市公安局给予飞来峡公安分局侦破香港天主教专案专案组记集体三等功一次。

十一、预审

飞来峡管理区没有设立检察院、法院，预审办案由区公安分局刑警大队负责，对经过侦查有证据证明有犯罪事实的刑事案件进行预审，并对收集调取的证据予以审核，行使讯问犯罪嫌疑人、询问案件受害人及证人等办案职能。

1996年，区刑警大队负责向上一级人民检察院办理提请批准逮捕和案件移送审查起诉手续，共办理刑事案件7宗17人，提请批捕7宗17人，检察院批捕7宗17人，当年全部案件审结，审结率100%；移送起诉7

宗16人（另1人脱逃），批捕率、起诉率100%。1997年，受理刑事案件12宗17人，提请批捕12宗17人，上一级人民检察院批捕12宗17人，批捕率100%；审结移送人民检察院起诉11宗16人，未审结1宗1人。1998年，受理刑事案件10宗20人，向检察院提请批捕10宗20人，检察院批准逮捕10宗19人，批捕率95%，起诉10宗19人。1999年，受理刑事案件15宗25人，向上一级人民检察院提请批捕15宗25人，人民检察院批准逮捕12宗20人，批捕率80%；起诉9宗13人。是年，法制审核工作开展顺利，审核刑拘28宗43人，取保候审5宗6人，监视居住1宗1人，劳动教养5宗62人。

1995年至2001年，均没有出现冤假错案。

第四节 户 政

一、常住户口管理

区行政区域范围内，办理户口登记，户口迁移，以及申请、签发“居民户口簿”“户口迁移证”“户籍证明”等事项，由公安分局治安股负责办理。

1998年，完成农村户口城市化管理工作，全区所有常住人口全部录入电脑，全区4镇区共发放户口薄20588本，户口全部实行电脑管理。1999年，全区4镇区发放户口薄25811本。

1996年统计，全区4镇常住人口101109人。1998年，完成农村户口城市化管理工作，全区所有常住人口信息全部录入电脑。1999年统计，全区4镇常住人口107805人。

二、流动人员管理

自飞来峡水利枢纽工程开工以来，因施工的需要，每年均有大量流动人员进入飞来峡各建设工地，区公安分局按实际情况，加强流动人口、出租屋治安管理工作。

1996，清查补办暂住证236张/次，查获“三无”人员17人。

1997，全区共发出暂住证4500张/次，查获“三无”人员57人，给予遣返。

1998年，全区共发出暂住证5000张/次，查获“三无”人员56人，给予遣返。

1999年，发放发出暂住证4000张/次，进行13次流动人口清查，查获“三无”人员48人，给予遣返。对区内142间出租屋进行建档登记，与屋主签订治安承包责任书。

2000年3月，制定《清远市公安局飞来峡分局关于加强流动人口、出租屋治安管理工作的实施方案》，建立暂住人口信息系统，对区内流动人口、出租屋进行一次全面清理，并造册登记。

三、身份证管理

区公安分局负责户口管理和居民身份证受理登记发证工作。1997年，完成16周岁人员初次领证974件，换发居民身份证5941件。1998年，受理居民身份证4916件，发放身份证4916件，填打身份证底卡1229张。1999办理居民身份证5140件，填打身份证底卡1285张。

四、出入境管理

1996年4月12日，清远市公安局授权，同意区公安分局办理辖区内居民出入境业务。

1996年，受理公民出入境申请67人，其中去香港61人，澳门4人，出国2人。上级批准31人，其中单程赴港4人，双程赴港27人，办理因公往港澳34人。办理边境通行证1800人次。1997年，受理公民出入境申请147人，上级批准117人，其中因私出国11人，单程赴港4人，双程赴港53人，办理因公往港澳49人次。办理边境通行证 8000 人次。1998 年，受理申请出入境 134 人次，上级批准 127 人，其中受理出国申请 16 人，上级批准 15 人；受理出港探亲 105 人，上级批准 99 人；受理往澳门探亲 2 人，上级批准 2 人；受理往台湾探亲 3 人，上级批准 3 人；受理单程出港定居 7 人，上级批准 7 人。办理边境通行证 2000 多张。1999 年，受理公民因私申请出国、港澳台共 220 人，当年获批准 162 人，其中批准出国 13 人，双程往澳门探亲 3 人，单程往澳门定居 1 人，赴台探亲 1 人，商务多次往港 36 人，商务多次往澳门 6 人。办理边境通行证 3000 多张。

第五节　公安内务

一、干警培训

分局成立以来，按照省公安厅《关于加强新干警培训工作的决定》和《广东省公安机关人民警察培训工作暂行规定》的要求，经常开展新警培训、公务员培训、警衔晋升培训、电脑培训、情报资料培训等。1996 年，选送 10 名民警参加市局组织的“新警培训班”、选送 4 名干警参加省厅组织的“警衔培训班”，选送 2 名干警参加省厅组织的“刑警大队长、预审员培训班”。是年，区公安分局首次授予二督警衔 1 人、一级警司 1 人、二级警司 1 人、三级警司 2 人、一级警员 1 人，正常晋升三督警衔 3 人、一级警司 1 人、二级警司 5 人、三级警司 7 人。1997 年，选送 5 名民警参加公安部物证鉴定中心举办的“新技术学习班”、选送 12 名民警参加市局组织的“公安专业证书学习班”、选送 2 名兼职督察队员参加市公安局组织“警务培训班”、选送 6 名民警参加其他学科的函授大专学习。同年，区公安分局举办 4 期“普法学习班”、3 期“教育整顿纪律学习班”。1998 年，举办 2 期“业务骨干培训班”；组织开展 1 期“警察基本素质考试考核”，训练民警擒敌拳、推铅球、跳远、手枪射击等；组织政治辅导课 28 场，举办学习班 5 期。1999 年，公安分局从刑警大队选派 1 名副大队长到省厅参加“查缉战术培训班”，选送 1 名民警参加省厅举办的“刑事技术培训班”，选送 6 名民警参加“警衔晋升培训班”，分局领导干部全部参加省公安厅举办的“公安干部法律学习班”。2000 年，选送 2 名民警参加市公安局组织的“警衔培训班”，选送 2 名派出所领导参加省公安厅组织的“所长指导员培训班”，选送 14 名民警参加“刑警资格学习考试”，8 名民警就读中央党校政法专业本科班学习并全部毕业。

二、纪律作风建设

设区以来，区公安分局围绕打造一支政治坚定、纪律严明、作风优良的高素质的警察队伍，抓纪律、作风、廉政建设。

在制度建设方面，规范用警，制度束警，责任治警。除执行上级颁布的条例，条令和各项规定外，还结合实际，于 1996 年制订《干警请销假制度》《值班制度》《车辆管理制度》《财务制度》等的规章制度。1998 年，区公安分局实行上班点名制度。

政治思想教育方面。1996 年 7 月，全区公安系统开展“向济南交警学习”的活动。1997 年，开展“为人民服务，树公安新风活动”和“学济南交警活动”。年内，有 5 个单位 26 位个人受到通报嘉奖；获上级嘉奖集体三等功 1 个，个人三等功 2 个。1999 年，定出每月 3 日作为学习日，对民警中的好人好事及时以各种的形式予以表扬。是年，表彰 3 个先进单位、19 个先进个人，通报表彰 4 人。2000 年 4 月至 5 月，开展“讲宗旨、尽职责、反特权”教育；9 月至 12 月，开展“三项教育”，分动员学习、查摆剖析、整改建制三个阶段。

实行警务公开制度，分局7个单位共设立警务公开宣传栏5个，印制公开知识小单张4000份，举行警务公开咨询活动1场次，召开公开座谈会5次，走访19个单位40人，征求群众批评意见30条，建议120条。

反腐倡廉方面。1996年发现公安分局原副局长潘某，调入分局任职时，在原公司有违反财经纪律等行为，按照《公安机关人民警察辞退办法》规定，上报市公安局，给予辞退处理。1998年3月至11月，进行“从严治警”教育整顿工作，分动员学习、自查自纠、整改三个阶段，接受群众投诉18件，查处5个，其中给予取予行政处分3人，辞退2人。1999年，共受理群众来信来访投诉民警案件2宗，经查实作出处理2宗。2000年，印发《关于警务公开责任制的通知》，严肃工作纪律，保证及时出警。据统计，区公安分局成立以来，干警拒贿拒礼56人次，价值人民币28000元。

三、信息档案

1997年，区公安分局办文45份，其中情况反映10份，公安简报15份，电传11份，其他报告、请示9份。被清远市公安局选用公安简报6份，情况反映2份，公安要情1份，《清远治安》杂志刊登2份，在《清远报》刊登1份，重大情况均及时上报，典型、影响大的案件均写进公安简报。1999年，办文25份，起草重要文稿4份，编发《公安简报》6期（其中被市局转发4期，《清远报》转登3期）。2000年，完成25份文件，编发7期《公安简报》，其中被市局转发3期，《清远日报》登载3期。

1995年，立档案10卷，其中永久8卷，长期3卷，短期4卷。1999年，立档案11卷，其中文书档案10卷，业务档案1卷。2000年，立档案18卷，其中文书档案11卷，业务档案7卷。

第二章　民兵武装工作

第一节　武装机构

1996年2月24日，根据清远市委、市政府议军会议精神，清远市机构编制委员会批复，同意设立飞来峡管理区人民武装部，为副处级建制，部长由区委常委、纪检书记张细珠兼任，设专职副部长1名，干事2名。人员编制在市下达区行政编制中解决。区人民武装部门是区的军事指挥机关，既是党委员会的军事部门，又是同级人民政府的兵役机关，接受同级地方党委、人民政府和上级军事机关的双重领导。

1997年5月15日，区机构编制委员会印发通知，明确区人民武装部行政编制3名。

飞来峡管理区人民武装部部长、副部长：

部　长　张细珠（　-2001.10）

副部长　李启同（1995.10-2001.10）

第二节　兵役工作

一、现役征集

1996年，完成兵役登记统计。

二、征兵工作

区人民武装部门每年开展征兵工作，1995 年至 2000 年，每年都能完成当年征兵任务。一般经过兵役登记、确定预征对象、确定应征青年（报名）、初检初审、体格检查、政治审查、审批定兵、发放服装、交接新兵等到环节，并且执行《征兵工作条例》“八个不准”规定：不准放宽征兵条件、降低标准，利用工作之便为不合格兵员或合格边缘兵员“开绿灯”；不准接受应征青年家长和亲友的请吃、送礼和索贿受贿及谋取其他不正当利益；不准变相向应征青年及其家庭收取费用；不准在封闭式体检期间用手机等通信工具与应征青年家长和亲友谈论体检事宜，找体检医生说情、通融，任何人不准擅自换表重检；不准单独约见应征青年及其亲友进行家访、政审；不准向应征青年及其亲属许诺、“打包票”；不准让应征青年及家长提供交通工具、安排住宿、购买物品和应邀到营业性娱乐场所消费娱乐；不准授意下级为不合格青年办理入伍手续。

三、预备役登记

1996 年，全区服预备役人员登记工作全面完成。

第三节　民兵工作

一、民兵组织工作

1996 年 9 月，区人民武装部对辖区 4 镇的民兵组织进行一次调查摸底，把符合条件的人员吸收入民兵组织，超龄的民兵转入普通民兵序列。

二、民兵军事训练

1996 年，区人民武装部设立民兵军事训练点，从各镇抽出 4 名有教学经验的专武干部组成教学组，组织 1 期民兵军事训练班。按《民兵军事训练大纲》的内容训练，经考核全部合格，合格率 100%。

第十四编　民政扶贫　社会保险

Di Shi Si Bian　Min Zheng Fu Pin　She Hui Bao Xian

第一章 民 政

第一节 民政机构

1995 年 12 月，区机构编制委员会批复，设立飞来峡管理区民政局，为正科级行政单位，内设办公室、优抚救济股 2 个股室，行政人员编制 1 名，事业人员编制 3 名。1995 年 12 月 20 日，区民政局与人民来信来访办公室正式挂牌成立，二块牌子、一套人马。1996 年 5 月 16 日，区机构编制委员会批复，成立飞来峡管理区残疾人联合会，挂靠区民政局。1997 年 5 月 15 日，区机构编制委员会核定政法统战民政办公室行政编制 9 名中，民政组编制 2 名（其中组长 1 名，工作人员 1 名）。

主要职能如下：⑴负责救灾工作。发生自然灾害时进行核灾报灾和组织救灾，接收、管理、发放救灾捐赠的款物。⑵负责城乡社会救济工作。组织实施城乡居民最低生活保障制度，指导慈善事业，救济特困城乡居民。⑶负责社会福利工作。指导社会福利机构、各类福利设施、福利生产企业，负责福利彩票发行和福利彩票基金管理使用。⑷负责优抚安置工作。组织开展拥军优属和优抚活动，抚恤优待烈属、军属、病故军人家属、伤残军人和老复退伍军人，管理烈士纪念建筑物；办理转业士官、复员退伍军人的安置工作，开发使用军地两用人才，接收安置退役军人。⑸指导老区建设工作，组织协调对老区的扶建工作。⑹负责社会行政管理工作。进行婚姻登记、民间组织登记和管理、儿童收养登记。负责地名管理和行政区划、市镇级行政区域界线工作。⑺负责指导基层群众性自治组织建设和社区建设。⑻负责殡葬管理工作，推进殡葬改革，指导各镇殡葬事业的建设和管理。⑼承办区委、区管委会交办的其他事项。

飞来峡管理区民政局局长：

局　长　李顺标（　–2001.10）

副局长　李顺标（　–1997.4）

第二节 救灾救济

一、自然灾害救济

1995 年 10 月 3 日，受 15 号台风影响，北江和小北江出现历史上罕见的秋季洪涝灾害，全区受灾管理区 15 个，受灾自然村 45 个，受灾群众 8940 人，受灾浸房屋 4336 间，受灾晚稻 13930 亩，经济作物 10981 亩，冲坏道路 25 公里，冲毁水利设施 102 宗，造成直接经济损失 2690.3 万元。10 月 15 日，受台风影响，北江和小北江再降大雨，北江和小北江流域水位大涨，受灾管理区 29 个，受灾自然村 150 个，受灾浸房屋 3370 间，受灾晚稻 14152 亩，冲坏道路 21 公里，冲毁水渠 18 公里，造成直接经济损失 272.5 万元。区各镇民政部门积极做好当年救灾救济工作，受灾群众顺利度过灾荒。

1996 年 3 月 31 日、4 月 19 日，区内 4 镇北江沿岸，分别 2 次受到不同程度的水灾。据统计，全区受浸的管理区 25 个、自然村 63 个，受灾人口 23100 人，损坏房屋 1300 间，受灾面积 14700 多亩，损失粮食 32

吨，稻种22吨，加上农作物、水利、公路等，直接经济损失153万元。区民政部门争取上级拨款10多万元，组织群众进行生产自救。

1997年7月3日至13日，大、小北江上游地区及本地区连降大到暴雨，北江河水急剧上涨，水位超过警戒线3.5～5米，灾情遍及4个镇、43个管理区、617个自然村，涉及62136人，被洪水围困人口一度达42000人，受浸房屋8342间，损坏民房2946间，倒塌913间；农作物受灾面积0.293万公顷，其中粮产作物0.21万公顷，经济作物0.083万公顷，造成粮食减产31500吨，损失15360吨；水产养殖损失面积0.01万公顷，死亡牲畜460头，“三鸟”5000余只；冲毁陂头205个，山塘1个，冲垮电泵站4个，水电站6个，桥梁67座，公路基136公里；主要交通干线银英公路塌方30多次，断塌80多米，银英公路交通中断；损坏通信线路32公里，输电线路86公里，通信中断，停电64小时，全区直接经济损失12165.32万元。灾后，区委区管委采取系列紧急措施抗灾，组织受灾群众进行生产自救，清远市下拨济款15万元，调拨大米8吨，价值13万元药品一批，并派医疗队4批12人到灾区救济。至7月15日，全区共解决受灾群众粮食49.5吨，发放救济衣物360件，搭救建简易工棚3315间，解决就医1004人，抢修房屋3730间，抢修公路484公里，抢修桥梁15座，抢修通信线路27120米，抢修供电线路21850米，抢修水利工程178宗，恢复浇灌面积8036亩，洗苗21850亩，保苗2247亩，抢收早稻630亩，犁耙田7211亩，播种1794亩，解决晚造种子17.2吨，化肥112吨、汽油3.2吨，柴油菜6吨。共接受区干部职工的捐款7万多元、社会各界捐助近10万元，接受各界捐衣物199件、大米5.5吨、蔬菜0.5吨，各种食品一大批，保证受灾群众有衣穿、有饭吃、有屋住。

1998年3月10日，北江大、小北江上游连续降雨，升平镇水位从18米上涨为22米，连江口镇水位从23米上涨为24米，黎溪镇水位从22.5米上涨为24.48米，水边镇水位从26米上涨为34米，全区经济损失171万元。6月下旬，区内及大、小北江上游再连续降雨，区内4镇的水位超过警戒线1.2～2.8米，水边、连江口两圩镇受浸，灾情遍及4镇27个管理区，493个自然村，受灾人口达10260人，有4个自然村的476人，一度被洪水围困；受浸房屋4768间，损坏1382间，倒塌38间，造成170人无家可归；受农作物面积达24150亩，成灾面积22050亩，其中水稻15600亩，玉米1010亩，花生2300亩，湘莲780亩，木薯3150亩，蔬菜1310亩；鱼塘过水损坏510亩，因灾死亡大牲畜113头，“三鸟”950只；公路23损坏公里，桥梁损坏2座，水利设施损坏26宗，通信线路损坏14.3公里，变压器损坏4台，电杆损坏14条，直接经济损失516万元（其中农业损失254万元）。灾后，全区开展灾害救济，参加救灾12130人次，其中受灾群众参加抗洪救灾8200人次，出动舟船1780艘次，投放资金271000元（含物资捐款），受灾一个月内，消灭灾痕。至12月，区内4个镇用于自然灾害救济事业费26.4万元,其中落实自然灾害救济事业14.5万元,落实救济粮站差补贴款11.9万元。完成倒塌房屋重建38间，建筑面积988平方米。

1999年，因洪涝灾，自然灾害损失情况统计：损坏房屋137间，粮食减产276吨，区民政部门及时做好当年救灾救济工作。

2000年，没有发生较大的自然灾害。清远市财政局按常年下拨20000元特大自然灾害救济补助费。

二、社会救助

（一）农村“五保”户供养

区内民部门对区内持有农村户口的老年、残疾或者未满16岁的村民，无劳动能力、无生活来源又无法定赡养、抚养、扶养义务人，或者其法定赡养、抚养、扶养义务人无赡养、抚养、扶养能力的，经民政部门审核、审批享受农村“五保”待遇。“五保”入保对象经费实行镇统筹，供养标准由各镇政府核定，按不低于当地村民的平均生活水平的原则确定，并按照当地村民平均生活水平的提高作适时调整。民政部门一般在接到申报对象的申报材料后，对其材料的进行审核、重点调查、审批，符合条件的发给“农村五保供养证”，并凭证发放供给。

1997-2000 年，全区五保户供养人数和金额：

1997 年，全区 4 个镇“五保”人数 558 人，供给金额 53.56 万元，供给标准为人年均口粮 300 公斤，人年均生活费 960 元。1998 年，“五保”人数 556 人，供给金额 53.38 万元，供给标准为人年均口粮 300 公斤，人年均生活费 960 元。1999 年，“五保”人数 556 人，供给金额 56.71 万元，供给标准为人年均口粮 300 公斤，人年均生活费 1020 元。2000 年，“五保”人数 497 人，供给金额 62.92 万元，供给标准为人年均口粮 300 公斤，人年均生活费 1266 元。497 人中，国家救济 212 人、救济金额 4.6 万元，其中定量救济 193 人、救济金额 2.9 万元。

（二）农村特困户救济

1996 年 8 月，区建立《农村特困户定期定量救济制度》，主要对区内农村特困户实行救助，救助对象包括：①未享受“五保”待遇，基本丧失劳动能力生活特别困难的鳏寡孤独家庭。②因家庭主要成员痴、呆或肢体残且子女未成年造成生活特别困难的家庭。③因灾、因病等其他原因丧失主要劳力，如不救济就无法生存的家庭。按清远市人民政府（清府〔1996〕15 号）文精神，结合飞来峡管理区实际，制定区内农村特困户定量救济标准，定为每人每月定期救济 30 元。此后，标准按照当地村民平均生活水平的提高作适时调整。所需经费分别由区、镇两级财政各负担 50%。1996-2000 年，农村特困户定期定量救济实施情况如下：

1996 年，经区、各镇民政部门组织人员入户调查，发放《农村特困户定期定救济登记表》对区内各镇民政对象进行摸底，核定需救济家庭的成员、家庭收入，认定特困原因，审核确定救助对象 165 户，其中升平镇 62 户、黎溪镇 22 户、连江口镇 48 户、水边镇 33 户。是年，发放救济金 59400 元，其中升平镇 22320 元、黎溪镇 7920 元、连江口镇 17280 元、水边镇 11880 元。

1997 年，农村特困户定期定量救济对象 165 人，每人每月平均救济 50 元。

1998 年，农村特困户农村特困户定期定量救济户有 147 户，165 人，救济标准提高至 70 元，比上一年提高 17.7%。救济经费都按季发放。

1999 年，全区确定保障对象 154 人，保障经费按季发放，每人每月平均救济 80 元，比上一年提高 12.5%。

2000 年，区民政局加强农村特困户生活保障线制度建设，着重抓好“三个落实”，完善“三个程序”，实行“三个公开”。全区享受差额补助的对象 137 户，农村特困户定期定量救济标准为每人每月 82 元，救济经费按季发放。

（三）城镇居民特困户救济

1997 年 3 月 27 日，区委出台《建立城镇居民最低生活保障线制度的实施意见》，对区内常住非农业户口的居民家庭，人均收入低于 140 元最低生活保障标准的持有非农业户口的城市居民，实行救济。救济对象主要有四类人员：⑴无生活来源、无劳动能力、无法定赡养人或抚养人的居民。⑵领取失业救济金期间或失业救济期满仍未能重新就业，家庭人均收入低于最低生活保障标准的居民。⑶在职人员和下岗人员在领取工资或最低工资、基本生活费后以及退休人员领取退休金后，其家庭人均收入仍低于最低生活保障标准的居民。⑷由于各种原因，一定时期生活水平低于最低生活保障线标准的其他居民。1997-2000 年，全区最低生活保障救济金发放情况如下：

1997 年，核定全区低于最低生活保障线标准的居民有 15 人，其中升平 2 人、黎溪 2 人、连江口 3 人、水边 8 人，民政部门对其发放“社会救济金发放证”，享受最低生活保障，每人每月救济 140 元。全年救济金

25200 元，其中区财政负担 12600 元、镇财政负担 12600 元（升平 1680 元，黎溪 1680 元，连江口 2520 元，水边 6720 元），支付医疗救助款 0.085 万元。

1998 年，保障对象 13 户 15 人，每人每月 140 元，保障经费按季发放。

1999 年，全区确定保障对象 10 人，每人每月救济 182 元，全年发放保障经费 2.184 万元。另外，发放下岗职工、离退休人员生活补助款 9.35 万元。

2000 年，享受差额补助的对象共 8 户 10 人，每人每月救济 182 元。全年发放保障经费 2.184 万元，财政支拨 1.092 万元，镇级财政支拨 1.092 万元，保障经费按季发放。另外，支付医疗救助款 0.085 万元。

（四）农村救灾扶贫互相储金会

1998 年开始，在区、镇政府倡导与扶助下，区内各镇建立储金会。储金会是村民通过资金借贷方式开展互救互助，共同解决生产生活困难的民间合作性基层社会保障组织，一般以村民委员会为单位建立，村民加入储金会以户主为代表，投交储金，经储金会管理委员会批准，均可成为储金会会员。实行入会自愿、退会自由的原则。储金会资金由 7 部分资金构成：①会员投交的储金；②乡、村集体自愿补助的资金；③国家救灾款中有偿用于扶持受灾群众开展生产自救的资金；④社会捐赠资金；⑤老区建设扶贫到户回收的有偿发展资金；⑥储金会资金在银行、信用社的存款利息，借款收取的管理费，投资经营的利润分成等增值资金；⑦其他合法集资收入等。

1998−2000 年，储金会开展救灾备荒、扶贫助困，帮助部分会员解决因灾造成的生产、生活困难和其他临时性困难；有计划有重点地扶持会员中的受灾群众、贫困户、残疾人发展生产；扶持救灾部分扶贫经济实体；在确保救灾扶贫的前提下，帮助会员发展生产，开展社会化服务。

各年的基本情况：

1998 年，全区农业人口 17481 户 91724 人，其中加入会农户 16956 户，占总户数的 97%，总股份数 35848 股，积累资金 217600 元。是年，投放 185300 元，其中用于救灾 89100 元、支持农户发展生产 72000 元、解决群众生活 3700 元、农户应急治病等 71000 元，帮助 155 户家庭摆脱贫困。到期回收储金 29000 元。

1999 年，入会积累资金 219700 元，全年投放 151300 元，其中救灾 19100 元、支持农户发展生产 99900 元、解决群众生活 6300 元、农户应急治病等 26000 元。到期回收资金 27500 元。

2000 年，全区建立储金会 46 个，储金投放 10.83 万元。其中用于救灾 1.38 万元、55 户受益，用于生产 8.67 万元、206 户受益，用于生活救济 0.42 万元、16 户受益，用于应急救济 0.36 万元、12 户受益。到期应回收储金 4.6 万元，实际收回 4.4 万元，回收率 95.6%，储金增值 0.13%。

第三节　社会福利

一、福利彩票

从 1996 年开始，区民政局开展有奖募捐活动。1996−2000 年，在升平、连江口镇、黎溪镇设立 3 个传统型中国社会福利彩票销售点，共发行传统型中国社会福利彩票 110 万多元；在升平（旧横石）火车站广场和连江口电影院门前等地进行二次即开型揭开式社会福利彩票大奖组销售活动，共发行即开型中国福利彩票 136 万元。

表 14-1-1　　1996 年至 2000 年飞来峡管理区民政局开展有奖募捐活动情况表

年度	发行传统型福利彩票（万元）	发行即开型彩票（万元）	筹集福利资金（万元）
1996	28	50	13.1
1997	22	26	
1998	25	5	4.65
1999	15	40	
2000	20	15	6
合计	110	136	23.75

二、福利企业

1996 年 7 月 15 日，飞来峡管理区机构编制委员会批复，成立飞来峡管理区社会福利厂，不定编，不定级，归口区民政局管理。

各镇没有专门的福利生产企业，“盲、聋、哑、残”等人员以自谋职业为主，区民政局和各镇政府民政部门根据实际情况，在生产、生活中给予一定的帮助。

三、捐款活动

1996 年，区开展“国际消除贫困年”捐款活动，共收捐款 80169 元，按财政拨款人员计，人均超额完成 160 多元，受到省政府的通报表扬。1998 年 7-9 月，长江、松花江、嫩江流域受到特大洪水的袭击，到 8 月底，区民政局共接受捐款 130000 多元并及时转送到灾区。

第四节　优抚安置

一、优待抚恤

飞来峡管理区建立初期，区财政十分困难，各种关系没理顺，民政事业费得不到落实，优抚定恤对象的抚恤、补助款有时得不到保障。1996 年，区财政下拨民政事业费 20 万元，作为优抚定补对象的生活费，但优抚定补每人平均不足 2 元，达不到省每人平均 6 元的要求。

1997 年，全区优待抚恤对象 211 人，发放优待、定补、定救金 157840 元。其中，“三属”人员（烈属、因公牺牲、病故军人家属）21 人，发放金额 21660 元；特一、二、三等伤残军人 13 人，发放金额 18628 元；在乡复员退伍军人 143 人，发放金额 90960 元；城镇定补人员 34 人，发放金额 15852 元；其他 10740 元。

1998 年，全区优待抚恤对象 215 人，发放优待、定补、定救金 196828。其中，“三属”人员（烈属、因公牺牲、病故军人家属）20 人，22620 元；特一、二、三等伤残军人 12 人，15686 元；在乡复员退伍军人 147 人，99720 元；城镇定补人员 36 人，19680 元；其他 39122 元。

1999 年，区财政全年拨给民政事业费为 20 万元，优待抚恤对象人数 211 人。其中，“三属”人员（烈属、因公牺牲、病故军人家属）17 人，发放金额 19260 元；伤残军人 11 人，发放金额 11438 元；在乡复员退伍军人 148 人，发放金额 100380 元；城镇定补人员 35 人，发放金额 19080 元。

2000 年，区财政支拨给民政事业费 22 万元，优待抚恤对象 244 人。其中，“三属”人员（烈属、因公牺牲、病故军人家属）21 人、伤残军人 12 人、在乡复员退伍军人 177 人、城镇定补人员 34 人。“三属”人员的补助，从每月人平125元提高到150元；复员退伍军人定补，从每月人平55元提高到82元。区民政局还拨出3000多元资金，支持连江口镇伤残军人张神添搞种养业，拨出2000元资金解决给病故军人家属钟树秀发展生产，拨出一定资金在“八一”“春节”慰问军烈属。全年发放抚恤费近25万元。

2001年2月，区民政局对全区优抚定补进行统计，人员和所需经费是：复员军人211人208272元，烈士家属15人27000元，伤残军人17700元，城镇定补人员274人286272元。

二、拥军优属

飞来峡管理区内没有驻军。设区后，成立区“双拥工作领导小组”，区委的主要领导担任组长，民政、组织人事、劳动、公安、武装、卫生、财政、工商、宣教等部门的负责人为成员，下设办公室，专门负责“双拥”的日常事务。1996年10月11日，设立“清远市飞来峡管理区拥军优属基金会”，区直各单位所有干部均从当年11月工资中，扣出部分资金作为“双拥”基金。标准为：处级每人400元，科级每人200元，股级每人150元，其他干部每人100元，教师每人50元。到12月31日，共募集到拥军优属基金13万元。拥军优属基金主要用于：①对优抚对象在遭遇严重自然灾害、患重大疾病等造成生活困难时的资助；②开展“双拥”专题活动的开支。1998年4月，筹集“双拥”基金70000多元，超额完成清远市政府分配的筹集任务。是年，“双拥”基金增值3500元，使用10000元，重点帮助解决优抚对象在出行、治病、住房的“三难”问题。

每年“八一”建军节前夕，区委区管委均组织慰问团（组），对区内军属、烈属、复员退伍军人、伤残军人进行走访慰问。另外，黎溪镇一等伤残军人李国深，参加对越自卫反击战时头部遗留弹片，1998年，区民政局为其解决医疗费8.8万元。

三、军人安置

1996–1999年，区内退役军人共安置61名。

1996年，全区有退伍、转业军人37名，其中符合国家安置政策的8名，均作转业安置。另外，推荐其余退伍兵到珠江三角洲工作。

1997年，接收安置复员退伍军人46人，其中城镇义务兵17人，转业志愿兵1人，农村兵28人。到7月底，共安置24名，其中镇企业单位2人、行政事业单位18人、担任管理区干部4人。另外，推荐就业15人，自主从事种养业7人。

1998年，接收退伍转业军人40人，其中城镇户口9人、农村户口31人。到7月底，共安置17名，其中县级单位4人、镇级单位5人、管理区干部8人、企业管理人员2人、自主从事种养业6人，推荐到珠江三角洲等地工作15人。

1999年，接收退伍军人34人，其中城镇户口10人，农村户口24人。到7月底，共安置12名，其中区直单位6人、镇级单位4人、企业单位2人、村委会挂职6人，支持从事“三高”农业开发5人，推荐到珠三角地区就业11人，退伍军人安置率100%。

2000年，接收退伍军人47人，其中城镇户口22人、农村户口25人；属于“两用人才”退伍军人25人：正副班长8名、汽车司机6名、汽车修理1名、机电修理1名、无线电修理工3名、厨点心师1名、炊事员2名、报务员1名、其他2名。安置“两用”人才23名，其中区以上集体2人、镇干部2人、村干部6人、乡镇企事业2人、联合体3人、个体8人。

第五节 社会事务

一、撤区设县调研

区民政局根据清远市委市政府和区委、区管委的指示精神，1996 年 5 月，进行撤飞来峡管理区设县的调研。6 月，草拟《设立清远市飞来峡管理区（县级）的请示》，提出要求设立飞来峡管理区（县级）的理由具体有五点：⑴有利于集中精力，按期完成飞来峡水利枢纽工程移民的迁安任务。同时，对在实施移民安置和遇到有关司法行政方面的问题，能有自主权进行理顺和处理。⑵飞来峡设区，有专门机构管理移民的遗留问题，有利于安定人心、顺应民意，保证移民地区长治久安。⑶有利于行政管理，加强飞来峡库区上下游两岸地区的领导，保证下游 600 万人防洪安全和 1000 多亿固定资产安全。⑷有利于统筹规划，突出重点，加快库区经济的繁荣与发展。⑸有利于加快城市化建设，推动城乡一体进程。以中心城区（升平镇）的建设，辐射、带动其他镇，形成中心城区—次中心—一般城镇的三级城镇体系。7 月，《设立清远市飞来峡管理区（县级）的请示》呈报清远市人民政府转报省人民政府，再由省人民政府呈报国务院审批。其后，区民政局积极跟踪情况，及时反馈信息，努力做好理顺飞来峡管理区体制的相关事宜。

二、婚姻登记管理

区民政局对符合《中华人民共和国婚姻法》《婚姻登记管理条例》和《广东省婚姻登记管理实施细则》规定，其中一方在区直属单位工作，申请办理结婚登记手续的，证件齐全，当即办理，收取 9 元婚姻登记费和工本手续费；对没达到法定婚龄或其他不符合结婚条件的一律不予登记；对申请办理离婚手续的，婚姻登记员倾听双方的意见，做双方的思想工作，对各种证明材料齐备的，30 日内作出书面答复。

1997 年 5 月，区民政局对全区民政员进行《中华人民共和国婚姻法》《婚姻登记管理条例》和《广东省婚姻登记管理实施细则》等有关法规考核；11 月，对全区婚姻登记员进行《中华人民共和国国家赔偿法》等五个法律知识的考试。1998 年，对全区婚姻登记员进行“三五”普法的法律法规考核。

表 14-1-2　　1996 年至 2000 年飞来峡管理区办理结婚登记情况统计表

年度	结婚登记（对）	合格率（%）	晚婚率（%）
1996	858	100	90
1997	997	100	90
1998	987	100	90
1999	820	100	80
2000	931	100	80

表 14-1-3　　1996 年至 2000 年飞来峡管理区办理离婚登记情况统计表

年度	提出离婚（对）	调解后和好		办理离婚手续	
		（对）	占%	（对）	占%
1996	67	48	72%	19	28%
1997	110	81	73.6%	29	26.4%。
1998	126	109	82%	23	18%
1999	104	74	71%	30	29%
2000	112	82	73.2%	30	26.8%

三、殡葬改革

1998 年 3 月开始，区内推行殡葬改革，主要内容为“推行火葬，改革土葬，破除旧的丧葬习俗，节俭办丧事”。区民政局是殡葬管理的主管部门，区宣教办、侨办、公安分局、工商行政管理、组织人事办、卫生、国土分局、财政分局、环保局、交管站等为主要协调部门。4 月，全区开展“殡葬改革宣传月”活动，大力宣传国务院《殡葬工作管理条例》和省、市殡改工作实施细则。6 月，区管委办公室制定并颁布《清远市飞来峡管理区殡葬工作管理规定》：区内公民死亡后的遗体一律实行火葬，严禁以任何借口毁林、毁竹、毁茶、毁果或占用山林、茶果园、水利设施、道路和生活的“五边地”建造坟墓；禁止土葬，禁止出售棺木；升平、连江口、黎溪、区直单位的死亡公民遗体，一律由清远市殡仪馆接运、火化，水边镇的由英德市殡仪馆接运、火化；对违反规定和在火葬区将遗体土葬的，殡葬主管部门会同国土部门处以每宗 200 元至 3000 元的罚款，限期将遗体运至清远市殡仪馆或英德市殡仪馆火化；对违反规定不实行火葬的，区劳动、人事、财政部门和所在单位不向其亲属发放丧葬费和一次性抚恤金；对承办地从事封建迷信活动，违规制造、销售封建迷信丧葬用品，由区工商行政管理部门没收其生产工具、材料、产品和全部销售收入，并处以 200 元至 2000 元的罚款；对办理丧事活动妨害公共秩序、危害公共安全、侵害他人合法权益的，由区民政部门予以制止，构成违反治安管理行为的，由公安机关依法给予治安管理处罚，构成犯罪的，依法追究刑事责任。

1998 年，区领导与各镇主要领导签订殡葬改革责任书。各镇共推出殡改宣传栏 9 期，张挂横额 11 条，张贴标语 560 张。出动干部、职工 220 人次，清理铁路、国道、省道、名胜风景区、城镇规划区的乱葬乱埋问题。是年，殡葬改革处于起步阶段，全区死亡遗体火化量 31 具，火化率 5.3%。

1999 年，全年推出殡改宣传栏 25 期，张挂横额 63 条，标语 750 张，编印《殡改简报》11 期，召开大小会议达 10 多次。区、镇层层签订殡改工作责任书，制定殡改奖罚规定。筹措资金购置 1 辆殡葬运尸车、3 条殡葬船。是年，死亡遗体火化量 310 具，火化率 55%。

四、行政区划管理

（一）勘界工作

1996 年至 1999 年，清远市上级部门安排，要求在 3 年时间内完成各地各级的勘界工作。区民政局协调区内各镇与周边各镇的关系，处置边界纠纷，基本完成勘界工作。

（二）区域管理

1996 年 5 月 12 日，区管委会批准，同意设立升平镇北新居民委员会，管辖北寮管理区搬到新的移民点的上一、上二、北一、北二、北三、新村、格江、石牌坑村。

五、敬老院建设

区各级政府把敬老院建设作为奉献社会、体恤民意、关爱老人、为民解忧的一项民生工程来实施。设区以来，区各级政府和民政部门从实际情况出发，按分步实施的原则，多渠道筹措资金，抓好敬老院的建设。

1997 年，黎溪镇敬老院落成，建有 2 层钢筋混凝土结构楼房 1 座，有 24 套房。同年，升平镇敬老院开始推土动工兴建，连江镇、水边镇敬老院完成选址工作。年内，区内共建有敬老院 2 间，入院人数 27 人。敬老院有电视机 3 台、洗衣机 3 台、电风扇 12 台，人年均生活费 960 元，人年均口粮 300 公斤。1998 年，水边镇 2 座敬老院落成，均为 2 层钢筋混凝土结构楼房；升平镇敬老院落成并安排五保老人入住。1999 年 2 月，连江口镇敬老院落成，建有 2 层钢筋混凝土结构楼房 1 座，1300 多平方米。

至 2000 年，区内建有敬老院 4 间，房屋全部达到楼房化。各级政府还投入 10 万多元资金，开展敬老院园林化和生活设施方便化、配套化建设。2000 年，全区敬老院入院人数 53 人，集体统筹收入 67100 元，有电视机 4 台、洗衣机 4 台、电风扇 35 台，人年均生活费 1266 元，人年均口粮 300 公斤。升平镇敬老院被省评为“二级敬老院”，黎溪镇、连江口镇敬老院，向上级申报了“二级敬老院”。区内敬老院基本跨入省级先进敬老院行列。

六、收养与社团登记

区民政局安排 1 名专职人员，根据《中华人民共和国收养法》《中国公民收养子女登记办法》，宣传收养法律法规，办理：收养登记、解除收养登记、撤销收养登记、补发收养登记证和解除收养关系证明、出具收养关系证明、办理寻找弃婴（弃儿）生父母公告等具体业务。同时建立和保管收养登记档案。

区民政局安排 2 名专职人员，按《社会团体登记管理条例》的规定，开展社团登记工作。对申请筹备成立社会团体的，自收到完成筹备工作的社会团体的登记申请书及有关文件之日起，30 日内完成审查。对筹备工作符合要求、章程内容完备的社会团体，准予登记，发给“社会团体法人登记证书”。对不符合规定和要求的，不予登记。登记事项包括：①名称；②住所；③宗旨、业务范围和活动地域；④法定代表人；⑤活动资金；⑥业务主管单位等。每年对社团进行一次年度检查，检查社团依照条例履行登记手续的情况、按照章程开展活动的情况、人员和机构变动的情况以及财务管理的情况。

七、革命老区建设

飞来峡管理区的革命老区涉及 3 个镇、24 个村民委员会、414 个村民小组，人口 40678 人。“飞来峡管理区革命老根据地建设委员会办公室”为革命老区日常工作管理机构，设在区民政局。办公室根据老区的分布、人口、耕地、山林、交通、文化等情况，制定具体解决“五难”方案。1996 年 12 月，飞来峡管理区管委与清远市人民政府签订《清远市扶持革命老区脱贫达标和解决“五难”（通电、通水、读书、看病、通话难）责任书》。

1999 年，共发放老区资金 67000 元，帮助 1 个管理区解决通信问题，帮助 2 个老区村庄解决行路难的问题，帮助 1 个管理区发展养殖业和种植业，与供电部门协商帮助 18 条老区村庄通电。是年，老区的工农业总产值 1.818 亿元，其中农业总产值达 0.988 亿元，工业总产值达 0.83 亿元，老区人民的人平年收入 2006 元。2000 年各级财政对老区投入 14 万元，其中省 5 万元、市 4 万元、区 5 万元；上级有关部门对老区投入 694 万元，其中交通部门 220 万元、电力部门 86 万元、水利部门 41 万元、邮电部门 120 万元、教育部门 160 万元、卫生部门 22 万元、民政及其他部门 45 万元。老区内办工厂企业 5 宗，办第三产业 13 宗，办电站 1 宗（装机容量 120 千瓦），种果 515 公顷、仲茶 80 公顷、造林 1860 公顷、其他经济作物 675 公顷、水产 31 公顷，修公路 303 公里，建供电线路 38 公里，建自来水工程式 1 宗，建水利工程 7 宗，受益面积 520 公顷，修建校舍 4950 平方米，修建卫生院 3900 平方米。培训大中专生 49 人，一般技术培训 112 人。解决 2 个行政村通公路、2个行政村通电，受益人口169人；解决3个村庄的饮水难问题，受益人口1210人，新建管理区卫生站3个。是年，老区工农业总产值达2.0012亿元，其中工业0.86亿元、农业1.1412亿元，老区人平年收入2176元，比上一年增加170元，比全区人平收入少432元。

至2001年，基本上解决各个革命老区村的通电、通信、交通问题，帮助部分村民小组发展养殖业和种植业。在飞来峡水利工程下闸蓄水发电后，因水位上涨，原来已通公路的村委会，有部分公路受浸，部分通电设施受浸，部分邮电、卫生、学校也因移民搬迁，为此又出现一些新的“五难”问题。

八、理顺农村基层体制

1995年9月8日至1998年10月，飞来峡管理区共有管理区干部218人。1998年，根据省人民政府文件和中共清远市委、清远市人民政府关于加强扩大基层民主的精神和要求，区、镇两级先后成立理顺农村基层管理体制工作领导小组和办公室，区一级由徐觉荣副书记任组长，理顺农村基层管理体制领导办公室设在区民政局，从区直各有关单位抽调12名干部驻各镇，作为理顺工作联络员，开展撤销管理区办事处、设立村民委员会工作，在农村基层实行民主选举、民主决策、民主管理、民主监督，目的是逐步实现村民自我教育、自我管理、自我服务。从是年10月开始，区、各镇开展调查摸底，摸清农村基层干部和群众的思想状况、管理区办事处的干部状况、经济状况以及管理区办事处的管辖现状，制订各村民委员会的设立方案。明确村民委员会由主任、副主任和委员共3至7人组成，各村的具体职数由乡镇政府根据村的规模大小、经济实力和工作任务确定。村民委员会成员候选人依法由本村村民提名。村民小组长候选人由村民推荐或村民委员会推荐。推荐村党支部领导成员经过民主选举进入村民委员会，实行交叉任职。村民委员会的选举和村民小组长的推选工作同步进行。选举工作严格依法实行无记名投票、秘密写票、公开计票，选举结果当场公布。

1998年10月下旬至11月下旬，按“管辖区域不变、农村集体经济权属关系不变、农村基层干部队伍相对稳定”的三个原则，在连江口、升平、黎溪、江口镇4个镇的4个管理区开展试点工作。4个试点共有人口4678人，选民3221人，参加投票人数3209人，收回有效选票2962张，选出村委会主任4人、副主任4人、委员10人，原管理区干部落选的4人。12月初起，又在14个管理区推开，共选出村委会主任14人、副主任14人、委员44人。

1999年初，全区范围内全面铺开撤销管理区办事处、设立村民委员会工作。到3月底，全区44个管理区办事处全部进行首届村民委员会的过渡民主直选，6个居民委员全部进行镇居民委员会过渡民主直选。共选出村委会主任44个、副主任44人、委员180人，居委会主任6人、副主任6人、委员19人。6月上旬，全区理顺农村基层体制工作全面完成。

全区农村基层共有法定选民59277人，占全区人口总数的64.44%，其中外出选民为6534人，占选民总数的11.02%。全区实际参选人数为56805人，参选率95.83%，其中：村民直选一次成功的有29个村，占65.91%；经第二次选举产生村委会的有14个村，占31.82%；经第三次选举产生村委会的有1个村，占2.27%。经民主直选，依法选举产生44个村委会，占应选的100%。同时选举产生新一届村民小组长789人，占参选村民小组长的100%。第一届村民委员会共选出成员180人，比原管理区干部精简38人，原管理区干部落选的比例为17.93%。新一届村民委员会委员中，党员所占比例为67.73%、比原管理区干部上升6.66个百分点，妇女总数占22.78%、比原管理区妇女干部下降0.593个百分点；初中以上文化所占比例为98.33%、比原管理区干部上升34.95%，平均年龄为39.6岁、与原管理区干部平均年龄下降1.8岁。

九、民政经费

1995年，清新县财政局下拨民政各项经费637388元。1996年，区财政下拨民政各项经费445000元，只占上一年的70%，造成五保户、军烈、复退军人、特困户的救济金、抚恤金不能按原标准发放，五保户、特困户的保险停止投保。1997年后，区财政下拨民政的各项经费逐年增多，基本保障区民政工作的运作。1998年，完成下岗职工、离退休人员生活困难的调查摸底工作，发放下岗职工、离退休人员生活补助款共86800元。

第二章 扶贫开发

第一节 扶贫攻坚

一、扶贫政策措施

1985年，广东召开全省第一次山区工作会议后，广东省委、省政府相继制定支持山区发展林业、“三高”农业、乡镇企业、开发小水电资源，加快山区公路、通信等基础设施建设，发展山区对外经贸，实行财政补贴，增加信贷资金投入，经济发达地区与山区对口扶持和省直机关挂钩扶贫，山区企业税收优惠，实施“异地开发、异地安置、异地就业”，人力资源发展与培训以及建立和完善农村合作医疗保障制度等一系列扶持山区发展经济的政策措施。1996年3月，省委、省政府作出《关于进一步扶持山区加快经济发展的若干政策规定》。

1995年飞来峡管理区成立后，区内的大部分农村经济底子薄，集体经济不强，基础设施不足，经济发展缓慢，贫困农户收入较低、家底瘠薄，没有过多资金投入现代产业发展，扶贫工作任务重。省、市都派出扶贫工作队到来开展挂钩工作。飞来峡管理区利用省建管局返回的1000多万元资金，兴办有规模、有效益的龙头企业，如航运总公司，旅游公司，淡水养殖总公司等。

二、扶贫攻坚概况

1997年2月21日，区委、区管委召开领导班子会议，专题研究部署全区扶贫攻坚工作，并决定成立区扶贫攻坚总指挥部，区委书记欧勇、区长谭建成为总指挥，设办公室，区两套班子成员以及各部、委、办、局分别与4个镇的15个特困管理区挂钩办点。接着，各镇成立相应的机构，各镇由镇委书记、镇长担任扶贫攻坚总指挥。3月11日，飞来峡管理区召开三级干部会议，部署扶贫攻坚工作，提出“四结合”的扶贫攻坚思路：扶贫攻坚与移民经济开发相结合，与发展“三高”农业相结合，与抓好两个文明相结合，与机关思想作风建设相结合，制定具体措施，实行区领导包片挂扶，部门与镇领导包点扶持，干部包户扶持，规定区、镇干部“把扶贫工作和个人年度实绩考核结合起来，不脱贫不脱钩”。

区委两套班子领导成员负责全区15个年收入不足3万元的管理区。全区抽调47名工作队员，由副科级以上干部带队，分别驻到纯收入未达到3万元的15个特困管理区；各镇抽调100多名工作队员，会同省、市、区工作队到特困管理区开展工作。组织全区副科以上干部和部分干部职工，对全区2269户特困户实行“一帮一”对口扶贫，分别签订贫困户解决温饱问题登记卡，对贫困户造册登记，张榜公布，制订方案，实行“四帮”（帮定项目、帮筹资金、帮做思想、帮科技辅导）。规定挂扶单位、包户干部每月不少于二次到扶持对象中帮扶、指导，及时了解反映情况。各镇将责任制细化，如：连江口镇政府制定《扶贫攻坚领导挂点、干部职工挂户制度》，规定“如果年终检查验收不合格，绝对贫困户不能达标脱贫，从1998年1月起每月扣除挂点挂户干部个人月工资额的50%，直到脱贫为止”；水边镇政府制定《扶贫工作队员守则》《扶贫工作汇报制度》；黎溪镇政府要求本着“三依靠”作风（即依靠上级党委、依靠基层和群众、依靠自重和自律）和“三多”精神（多办实事、多办好事、多作奉献），落实责任制，战线包管理区，党政四套班子成员包片，干部挂钩到户。

同时对贫困户开展“专业户、亲朋帮带扶持”和科技扶贫活动。其中，区农技部门推广水稻杂优插植、抛秧和丰收菌培植，提供优质果苗等良种、良法；区农办、扶贫办编印《农业技术简易读本》13000册发给干部和特困户，组织1100多人特困户和进行技术培训。升平镇的种养专业罗汝潮，帮带扶持8户绝对贫困户，无偿提供宿舍、提供场地、提供技术，帮助贫困户饲养生猪700头，安排贫困户做临工，帮扶的贫困户当年人均纯收入达到2200元。

资金方面采取“五个一点”（省支持一点，区、镇补助一点，扶持单位帮助一点，干部职工帮助一点，群众自筹一点，社会捐助一点）的办法，多形式、多渠道筹集和落实资金。区对每修路1公里补助1万元，每造水田1亩补助100元，每年拨款15万元用于农村干部科技培训。区扶贫办、区财政局联合发出《关于管好用好绝对贫困人口解决温饱启动资金的通知》，对扶贫资金的使用等方面作出具体规定。

1997年，全区投入帮扶资金357.1万元（其中省拨款226.9万元、区支持30万元、各镇筹集13.5万元、对口扶持单位捐赠72.9万元、社会募捐5.35万元、干部职工捐资8.5万元），先后落实特困管理区、特困户养殖、种植、加工等帮扶项目3250个，其中新增加种植粮食作物1050亩，种植竹类2658亩，种植水果427亩，种植姜220亩，其他经济作物1970亩，养殖生猪4824头，养殖肉牛277头，养殖“三鸟”1.9万只，其他家畜146头，饲养塘鱼460亩，开办2个加工厂，除种果、种竹等部分周期稍长的项目外，其他短期项目都达到一定的经济效果，增加特困户的收入，实现特困户脱贫、特困管理区脱帽的目标。在357.1万元启动资金中，1997年投入236万元，其中对15个特困管理区的投入资金140多万元、上马项目52个。如：区长谭建成帮助挂扶的黎溪镇松柏管理区办起猪场、牛场、鱼塘，年初投资68000元，年底收入40000元。华南理工大学、中国机电设备总公司广州分公司扶持水边镇乌城管理区，支持5000元安装电话，解决通信问题；筹集12万元启动资金解决村集体经济困难，帮助兴办养猪场、综合种养场各1个，发展种养项目。华南理工大学与管理区签订大米产销合同。当年，乌城管理区年纯收入5.3万元，41户202人绝对贫困人口人均年纯收入1340元，全部脱贫。帮扶黎溪镇湖溪管理区的飞来峡工程移民局和市卫生局、科委（科协）、体委6个市直单位，以及市军分区捐款15.8万元帮助该村发展集体经济，建成三层楼的办公楼，发展养殖黑山羊，种植竹、姜等项目，种笋竹70亩、种生姜7亩、养殖黑山羊50只。同时为遭受“7·4”洪涝灾害的群众捐资54265元、衣物4000多件。

表14-2-1　　1997年区委区管委主要领导挂钩扶贫联系点一览表

姓　名	职　务	扶持联系点	参加挂扶单位
欧　勇	书记	升平镇竹园管理区	金融系统
谭建成	副书记、区长	黎溪镇松柏管理区	财政分局、综治办
徐觉荣	常委、常务副区长	黎溪镇高朋管理区	区委办、区管委办、行政接待科、国税分局
张细珠	常委、纪委书记	连江口镇小舍、群联管理区	宣教办、纪检会、武装部、地税分局、教育局、卫生局

续表

姓　名	职　务	扶持联系点	参加挂扶单位
魏振龙	常委、组织人事办主任	黎溪镇新塘管理区	组织人事办、劳动服务公司、民政局
陆神才	常委、公安分局局长	水边镇白坑、乌城管理区	公安分局、国土分局
龚石武	副区长	黎溪镇大坪、红光管理区	农林水战线、农办等
植东林	副区长	黎溪镇松岗管理区	建委战线
孔宪君	副区长	水边镇流寨、黄竹管理区	移民办、计生局
陈运镜	副区长	水边镇五角、六九管理区	经委战线、工商分局

全区农村管理区46个，1995年达标20个，1996年达标10个，1997年规划达标15个。全区1997年脱贫8890人，1998年脱贫186人，两年内完成全区绝对贫困人员9076人全部脱贫。

三、扶贫攻坚检查验收

1997年12月初，全区统一制定《飞来峡管理区价格参考表》和《飞来峡管理区农村绝对贫困人口温饱达标验收申请表》，进行“扶贫攻坚”自查和抽查。⑴自查各项数据为：到1997年底，全区2269户绝对贫困户、9076人的年人平纯收入100%超过1000元以上，其中1000～1200元的952户3821人，1201～1500元的873户3492人，1501–2000元的有325户1302人，2001元以上的119户461人。⑵按省规定“七项指标”对全区3个镇、5个管理区的20户绝对贫困户97人进行抽查的各项数据为：①抽查20户绝对贫困户，年底人均纯收入都超过1000元，占100%，其中人均1000～1200元4户，1201～1500元5户，1501–2000元7户，2001元以上有4户，超过省要求的80%的20个百分点；②抽查的20户绝对贫困户已全部达标，即全区总人口在1997年底已全部解决了温饱问题；③省拨的启动资金，全部足额无偿用于绝对贫困户；④全区筹集资金357.1万元，户平资金1573元，抽查的20户户平1120元；⑤抽查20户都留有下一年的启动资金1000元以上，最高的是水边镇乌城管理区陈朋友留有资金6000元。

1997年12月17日，以省水利厅副厅长彭泽英为组长的省“扶贫攻坚”验收小组，对飞来峡管理区扶贫攻坚工作进行验收，得分111分，被评为优秀。验收的具体情况是：1997年全区共落实扶贫资金357.1万元，帮助驻点管理区开发扶贫项目87个，投产项目总值456.3万元，纯收入97.4万元；15个管理区年纯收入达到3万元以上，实现脱贫达标；全区2269户贫困户、9076人口在1997年底年人平纯收入100%超过1000元以上，其中1000～1200元的952户3821人，1201～1500元的873户3492人，1501–2000元的325户1302人，2001元以上的119户461人。人平年纯收入为1386元。完成省、市下达的扶贫攻坚任务。

1998年，区委政府对1997年扶贫攻坚工作突出间单位和个人进行表彰。扶贫攻坚先进单位有：黎溪镇，升平镇横石管理区，黎溪镇湖溪、高朋管理区，连江口镇小舍、群联、银坑管理区，水边镇乌城、五角管理区；区扶贫办、移民办、建委、工行、公安分局、供电所。

四、两大会战

2000年上半年，飞来峡管理区共有14个行政村未通公路（里程117公里），3个村未通电话，27个村未通闭路电视，1个行政村和19个自然村未通电；未达“半亩保命田”的农户有11347户52661人，其中2000元以下的贫困户有2951户（升平镇225户、黎溪镇1157户、连江口镇1091户、水边镇478户、合计11536人），需造田4050亩，才能解决贫困户“半亩保命田”的问题。是年8月至年底，区委、区管委集中时间、集中领导、集中力量，实施以解决部分村通车、通电话、通广播电视、通电（“四通”）扶贫开发会战，以解决“半亩保命田”为主的“四个一工程”扶贫开发会战（简称“两大会战”）：⑴区成立扶贫“两大会战”指挥部，区委书记欧勇担任总指挥，区长谭建成、副书记徐觉荣担任副总指挥。相关各镇成立相应的指挥机构。同时明确各级责任，实行包路包村包镇——区领导负领导责任，各镇主要领导为第一责任人，各有关业务部门负重要责任，对口扶持单位负连带责任。⑶各镇把两大会战的底子摸清，张榜公布，并制表公布两大会战的进度，接受监督检查。⑷采取“五个一点”办法筹集资金（省、市支持一点，区、镇补助一点，扶持单位帮一点，干部捐资一点，群众自筹一点），对乡村公路每公里补助 1 万元，造田 1 亩补贴 100 元，同时利用“两工两费”发动群众投工投劳。⑷各有关部门各司其职，通力合作，重点会战。交通部门在以村村通公路为主的“四通”会战中，按照省的四级路 6.5 米宽的标准，把好质量关；邮政部门解决连江口 3 个村通电话和尽快恢复黎溪西岸的行政村通电话问题；广播电视部门加大闭路电视的普及工作，完善广播电视设施；供电部门解决南坑村委会和全区 19 个自然村生产、生活用电；劳动服务部门帮助贫困户每户输出一个以上的富余劳动力；农林牧副渔等业务部门积极向广大农户推广先进技术；“龙头”企业以“公司+农户”的方式，发展特色农业。⑸在解决贫困户半亩旱涝保收的“保命田”方面，采取多种方法：建设引水工程改旱地为水田；建设田头蓄水池，确保旱地经济作物旱涝保收；充分利用山地资源改造低坡度山地发展水果、笋竹等经济作物和改造蔬残林发展速生丰产林；对本区原来种植的果园完善蓄水引水设施，铺设浇注、滴灌管道，修筑耕作运输道路，加强管理，确保稳产丰产；在条件许可的村则利用土地补偿资金，开垦耕地。⑹区总指挥部以简报形式，每半个月一次，通报大会战进展，突出战绩和好人好事，季度末一次小结，年底按规定验收。

飞来峡管理区“两大会战”共投入资金 1637 万元，其中省支持 702 万元，区补助 117 万元，镇自筹 234 万元，村自筹 117 万元，区干部捐资 56.4 万元，市直单位捐助 45 万元，群众和社会捐资 60.05 万元；当中投入“四通”资金 1405 万元，投入“四个一”资金 232 万元，群众投工 14.58 万个工日，开通 14 个村的公路，总里程 123.5 公里；开通 17 个村的电话；为 2038 户贫困户造地 828 亩，改造地 808 亩，建造蓄水池 122 个，发展水果、笋竹等经济作物 2855.7 亩，贫困户输出劳动力 693 个，挂靠“龙头企业”的 788 户，举办 65 期科技培训班，培训人次 2995 人次。是年 12 月 21 日，通过省扶贫办领导组成的验收组的验收。

表 14-2-3　　飞来峡管理区 2000 年“两大会战”“四通”情况表

“两大会战”通机动车任务表			
镇　别	数量（段）	起止地	里程（公里）
黎溪镇	5	松岗-高朋 寨下-松柏 松柏-围坪 大埔-红光 环库路-大埔	24
连江口镇	6	小舍-严村 严村-蓝山 南山-水边 环库路-群联 环库路-银坑 松岗-高朋	61
水边镇	3	中围-红连 环库路-三井 白坑-热水	32

续表

“两大会战”通电话情况表		
镇　别	行政村数（个）	名　称
黎溪镇	6	新塘村、铁溪村、新村村、大樟村、大埔村、高朋村
连江口镇	6	蓝山村、连樟村、严村村

“两大会战”通广播电视情况表		
镇　别	行政村数（个）	名　称
黎溪镇	11	新村村、大坪村、恒昌村、黎明村、黎新村、松岗村、松柏村、高朋村、围坪村、红光村、大埔村
连江口镇	13	南坑村、城樟村、连江村、群联村、三井村、下步村、初溪村、红溪村、蓝山村、严村村、小舍村、银坑村、连樟村
升平镇	3	黄洞村、升平村、共星村
水边镇	7	流寨村、黄竹村、六九村、五角村、乌城村、白坑村、热水村

第二节　扶贫项目

一、移民搬迁

1998 年，黎溪镇完成大埔、黎新、新塘、水上渔民以及大湖、湖溪移民 913 户 11098 人，全面完成全镇 2748 户 15436 人移民搬迁任务。连江口镇全面完成 11 个管理区 2 个居委会共 1156 户 5787 人的线下移民搬迁任务。

1999 年，全区有 7600 户移民约 3.8 万人搬进新居，住上钢筋水泥楼，移民人均居住面积 28 平方米。

二、一乡一品

1994 年全省山区工作会议的主题是发展“三高”农业。1995 年，飞来峡管理区各镇根据当地实际，发展一批颇具特色的“三高”农业项目，至 2001 年初步形成一镇一品的发展格局。

表 14-2-2　　2001 年各镇“一乡一品”项目发展一览表

乡　镇	项　目
升　平	荔枝、龙眼、砂糖橘、网箱养鱼、清远鸡、湘莲、甜玉米
连江口	节瓜、反季节蔬菜、网箱养鱼、砂糖橘、笋竹、水竹、湘莲、甜玉米
黎　溪	砂糖橘、反季节蔬菜、网箱养鱼、丰收菌、湘莲、甜玉米
水　边	黑皮冬瓜、粉葛、笋竹、水竹、湘莲、甜玉米、优质米

三、科技扶持

飞来峡管理区在实施“科技兴农”战略中，利用科技网络对农户进行培训，推广良种良法和杂优、抛秧、丰收菌、巴西陆稻、湘莲的种植；组织种养专业户、重点户到外地参观、学习“三高”农业先进经验，助推农民脱贫致富。

1995-2001 年，全区举办种养等各类科技培训班 140 期，参加人数 1.5 万人次，组织 7000 多人次外出参观学习，在升平、黎溪、连江口、水边 4 镇建立果、粮、菜、鱼的科技示范基地。水边镇引导农民创办蔬菜基地，利用水田种植冬瓜，经济效益比水稻提高 5~6 倍。其中热水、乌城管理区春秋种植冬瓜面积 500 亩，总产冬瓜 250 多吨，总收入 150 多万元；热水管理区李亚春种植冬瓜 3.5 亩，总收入 1.5 万元。

四、扶贫基地

1999 年，飞来峡管理区确定建设粮食、优质水果、畜牧水产、林业、蔬菜、农贸市场等 6 个基地目标，到 2001 年基本建成，其中：水果种植面积 4.4 万亩，蒿水竹种植 8 万亩，湘莲 1 万亩，巴西陆稻 0.4 万亩，旱地玉米 0.1 万亩，鱼塘养殖 0.4 万亩，生猪、耕牛、“三鸟”饲养量分别接近 10 万头、2 万头、120 万头。

五、扶贫设施建设

1995-2001 年，相继在连江口、黎溪建成两座北江大桥，建成 80 公里环库公路、168.5 公里机耕道路、建成银英公路和升平、黎溪 11 万伏变电站。

六、农房改造

飞来峡管理区的农房改造工作层层落实责任，领导干部、机关单位挂镇、挂村、挂户，做到村村有单位支持、户户有干部扶持，年头有布置，年终有奖罚。采用政府、集体、社会、农户“四个一点”的方法筹集资金。2001 年，全区农房改造率超过 70%，基本实现人人住新房，户户奔小康的目标。

附记：制定实现脱贫奔康目标

1997 年，飞来峡管理区虽然完成消除绝对贫困的任务，但农民收入仍然低下。1999 年，飞来峡管理区委、区管委按照广东省人民政府提出全省农村要在 2001 年实现小康达标的要求，成立脱贫奔康指挥部，由区委书记任总指挥，下设奔康办公室，由区 10 大委办抽调 57 人专职负责指导、协调、组织全区的奔康工作。同时，根据 1998 年全区农业总产值 35507 万元，农民人均纯收入 2150 元，离小康标准（1990 年价 1900 元，1999 年价 3400 元）相差 1250 元；人口 106340 人中有 4 万人是库区移民、农业人口 91267 人；原有耕地 69815 亩，水库下闸后剩余 4.82 万亩的实际，制定全区用 4 年时间实现实现脱贫奔康达标的规划：2002 年全区达到小康目标，其中升平镇 2000 年达标，黎溪、连江口 2001 年达标，水边镇 2002 年达标。农业方面，抓粮食基地、优质水果、畜牧水产、林业、蔬菜、农贸市场等 6 个基地建设，到 2002 年全区人均果 1 亩、竹 1 亩、林 1 亩和半亩高产保命田。从 1999 年起，在水库湾种植湘莲 2000 亩，到 2002 年发展到 10000 亩；利用果场空地种植巴西陆稻 1000 亩，至 2002 年发展到 4000 亩；利用旱地种植高产玉米 300 亩，至 2002 年发展到 1000 亩；1999 年人均纯收入增 14%，2000-2002 年每年递增 12%。工业、企业方面，利用省建管局返回区的 1000 多万元资金，举办有规模、有效益的龙头企业，如建立航运总公司、旅游公司、淡水养殖总公司等。基础设施建设方面，早日建成连江口、黎溪两座北江大桥，迅速建成 80 公里环库公路，168.5 公里机耕道路，加快银英公路的建设，抓好农村电网改造，升平、黎溪 11 万伏变电站的建设。农房改造方面，以层层落实责任，领导干部、机关单位挂镇、挂村、挂户，做到村村在单位支持、户户有干部扶持，年头有布置，年终有奖罚的方式推进工作；采用政府、集体、社会、农户几个一点的方法筹集资金，到 2002 年全区农房改造率 80%以上，实现人人住新房，房奔小康的目标。

第三章 社会保险

第一节 社保机构

1995 年 12 月 5 日，区编委批复设立飞来峡管理区社会保险事业局。1996 年 2 月 6 日，区社会保险事业局正式挂牌，办公地点在升平银英公路旁，与劳动服务公司一起临时办公，人员 2 名，开办经费 5000 元。4 月 1 日搬迁到升平镇中行大厦四楼办公。1996 年 3 月，区管委会下发通知决定，从 4 月起，区内 4 镇及省、市、区县驻区各单位的社会保险业务（包括养老保险、工伤保险、生育保险、待业保险）由区社会保险事业局统一管理。当年，区社会保险事业局大力进行“养老保险，失业保险，生育保险，工伤保险，机关个人专户保险及大病医疗保险”共六个险种的有关知识宣传，共发放宣传资料近 500 份，开展咨询活动合计 300 多人次。1995 年，辖区有 70 多个单位，2400 多人参加各类社会保险。

1996 年，全区的社会保险基金收缴率 94.7%，企业参保人数比建区前参保人数增加 27.8%。是年，开展全区“大病统筹医疗保险”业务，为患大病的个人及有关单位提供医疗经费。

飞来峡管理区社会保险事业局领导：

负责人　朱卓森（1996.3—2001.10）

第二节 社会保险种类

一、养老保险

根据广东省社会保险局粤社保〔1995〕4 号文和飞来峡管理区清峡区办〔1996〕36 号文的精神，从 1996 年 7 月份起，区社会保险事业局调整全区社会保险待遇及征集基数，连江、黎溪、水边、铁溪 4 个镇场的离休人员的月基础养老金从原来的 152 元调整为 158 元，退休人员月基础养老金从原来的 130 元调整为 135 元，附加养老金比原来提高 11%。升平镇的离退休人员的月基础养老金从原来的 129.5 元调整为 157.5 元，退休人员的月基础养老金从原来的 111 元调整为 135 元，附加养老金比原来提高 10.2%。

二、医疗保险

1996 年 7 月份起，全内医疗保险的待遇计发基数按 1995 年全区社会平均工资 450 元执行。

三、失业保险

1996 年 7 月份起，区内失业保险的待遇计发基数按 1995 年全区社会平均工资 450 元执行。

四、工伤保险

1996 年 7 月份起，区内工伤保险的待遇计发基数按 1995 年全区社会平均工资 450 元执行。

五、生育保险

1996 年 7 月份起，区内生育保险及丧葬费的待遇计发基数将按 1995 年全区社会平均工资 450 元执行。

六、职工大病医疗保险

1996 年 5 月 24 日，飞来峡管理区管委办发布《清远市飞来峡管理区职工医疗保险试行办法》，对区内企业、事业单位、国家机关、社会团体、城镇集体企业和三资企业单位的干部、职工、固定工人、合同制工人和退休人员，实行职工大病医疗管理：⑴患国家认定的特殊病种、精神病、癌症、活动性结核、需手术治疗的，经主治医生鉴定一次性住院治疗费用 10000 元以上的、全年住院治疗费用 30000 元以上的，列入医疗保险对象。⑵基本医疗保险费由单位和个人共同缴纳筹，在职人员每月缴纳 5 元，用人单位为每人每月缴纳 10 元，于每月 15 日前足额缴纳。⑶大病基本医疗保险基金的使用，由单位和个人按一定的比例负担：10 年工龄以下者大病医疗费报 80%（其中统筹 50%，原单位 30%），11−20 年工龄者大病医疗费报 85%（其中统筹 55%，原单位 30%），21～30 年工龄者大病医疗费报 90%（其中统筹 60%，原单位 30%），31～40 年工龄者大病医疗费报 95%（其中统筹 65%，原单位 30%），41 年工龄以上者大病医疗费报 98%（其中统筹 68%，原单位 30%）。⑷实行定点医疗，各单位人员到当地镇卫生院治疗。经医疗部门认定的大病医疗保险机构批准，可到清远市人民医院、清远市中医院、英德市人民医院或省级人民医院治疗。从是年 6 月 1 日起执行。

第十五编　教育　卫生

Di Shi Wu Bian　　Jiao Yu　　Wei Sheng

第一章 教 育

第一节 教育机构

一、教育机构设置人员

1995年8月29日，清远市机构编制委员会批准，飞来峡管理区内设宣传教育办公室（其中含教育工作职能）。1996年3月29日，区机构编制委员会同意成立飞来峡管理区教育局，从宣教办单列出来，归宣教办管理，内设办公室、人事监察股、招生普教股、教研督导室、成人教育体卫股、计财股6个股室。4月30日，区教育局正式挂牌成立。1996年，有干部职工12人。1998年，区教育局编制2名，实有人数11人。2000年，区教育局实有人数10人。

飞来峡管理区教育局局长、副局长：

局　长　曾志权（1996.4—2001.10）

副局长　杨荣新（1996.4—2001.10）

二、主要工作职能

工作主要职能是对区内各镇教办及中小学的教学实施管理，对教育系统人员进行管理。具体如下：⑴全面贯彻党和国家的教育、德育、体育工作方针，落实国家有关教育、体育的法规，研究起草全区有关教育、体育的政策和规定，并负责实施。⑵研究制订全区教育事业、体育事业的发展规划及年度计划，并指导、协调、组织规划和计划的实施。⑶统筹规划、协调指导教育体制和办学体制的综合改革。⑷综合管理全区基础教育（含学前教育）工作，指导、协调各镇的教育工作，负责教育督导、检查。⑸负责全区教育系统人员工资、人事管理、考核和调配工作，统筹规划并指导教师队伍的建设工作。⑹提出财政预算内教育经费预算方案的建议，并会同区有关部门草拟教育拨款、教育收费、教育经费筹措、教育基建投资等方面的政策规定，负责统筹区下达的教育经费使用。⑺指导全区各级各学校思想政治、精神文明建设、德育、教育教学、体卫等工作。⑻主管全区中小学的招生和学籍管理工作，组织中考工作。⑼规划、指导并推动全区教育系统的教育科研工作。⑽负责区举办大型体育比赛和参加市以上运动会的组织、管理及统筹安排工作。⑾统筹规划并指导学校教学仪器装备、指导学校后勤改革。⑿承办区委、区管委交办的其他事项。

第二节 教育管理

一、德育

每年区教育局均制定各项措施，健全德育工作队伍，开展德育教育。各中、小学普遍建立党支部、团支部、少先队组织，开展学校教师、学生的德育教育工作。2000年，全区设有党支部的中学5间中学、小学52间，设有团支部的中学5间、小学4间，团员人数1323人，少先队员人数10676人（其中中学553人、小学10123人）。

1996–1997年，区教育局对全区教师开展以“立高尚师德，树教育新风”为主题的职业道德教育，对全区学生开展以“迎接香港回归祖国”为主题的一系列爱国主义教育。1997年，全区师生开展《学法律、讲道德》读书活动，在教师中进行有奖征文比赛，在中学生中开展命题作文写作，在小学生中则按高年级和低年级分组，开展思想品德教育，受到广东省、清远市的表彰和奖励，全国“学法律，讲道德”宣传教育组委会授予飞来峡管理区教育局“组织优秀奖”。1998年，各中小学开展“一个坚持、两个保障、三项评选、四项活动”的德育教育：①坚持以《中小学德育大纲》主，每周校会或班会抓德育。②保障德育学习内容、学习时间。③开展“三好学生”“优秀团员、优秀少先队员”“优秀班主任、优秀少先队辅导员”评选。④组织电影队到全区各中小学播放爱国主义题材的电影教育片；在全区中、小学生中开展“热爱我们共有的家园”读书征文、演讲比赛，区教育局获得全国“热爱我们共有的家园”宣传教育组织优秀奖；组织中小学生参观飞来峡水利枢纽工程坝址。1999年4月9日，区教育局成立“三讲”教育领导小组，全区中、小学教师中，开展以“讲学习、讲政治、讲正气”为内容的党性、党风教育；全区中小学生中，结合“中华人民共和国成立50周年、改革开放20周年、澳门回归祖国”三个主题，开展爱国主义教育活动：①开展秋季学期“礼仪教育”；②开展“青少年跨世纪的教育工程”，各学校实行升国旗、唱国歌制度；③组织学生开展“三个一百”（即百歌颂中华、百书育英才、百片扬国威）德育教育活动。2000年，区教育局深化“立高尚师德、树教育新风”活动，多次组织全区中小学教师学习江泽民《关于教育问题的谈话》以及全国第三次教育工作会议精神。6至10月，开展行风评议工作，首先是成立“飞来峡管理区教育系统行风自评领导小组”，接着制定《飞来峡管理区教育系统行风评议实施意见》和《飞来峡管理区教育系统行风建设目标规划》下发到各镇教办及中小学。再次是进行问卷调查，全区发出问卷调查表422张，收回415张，其中满意的348张，基本满意的65张，不满意的2张。最后是实行整改。经清远市行风评议团和政务公开检查团对区教育系统的行风评议和政务公开进行检查、评议，各学校对存在问题进行整改，普遍实行政务公开、校务公开，学校“改薄”规划、中小学收费标准、中小学财务管理规定、师范生竞争上岗及新教师考核转正等信息透明化。2001年2月22日，飞来峡管理区各中小学师生分别在各镇中学或中心小学集中，举行“崇尚科学文明，反对封建迷信愚昧，校园杜绝邪教，愤怒声讨法轮功”签名大会。其中，区教育局、区团委在水边镇中心小学设主会场，1500多名水边中小学师生、10多名原邪教“法轮功”练习者，在印有“崇尚科学，反对邪教”的红布条幅上签名。3月9日，在升平中学举办少先队辅导员培训班，聘请市新北江小学的教师上辅导课，全区37名青年教师接受培训。

二、体育

1996年，区教育局开始建立全区中、小学运动员档案，并组建体育运动队，推动学校体育活动。12月，组建飞来峡中学运动代表队，参加清远市首届重点中学田径运动会，初中组分别取得男子标枪第2名、女子铅球第3名、男子铁饼第3名、男子跨栏第5名、男子跳高第6名，高中组取得男子铁饼第6名。1997年11月23日至1998年1月1日，区教育局组织全区首届教工男子篮球赛，飞来峡中学队、升平镇教办队、黎溪镇教办队、连江口镇教办队、水边镇教办队5支球队参加比赛。1999年12月24日，在升平中学举办全区首届中学生田径运动会，4个镇的初级中学和飞来峡中学5个体表队190名运动员参加比赛。运动会设高、初中男女子100米、200米、400米、800米、1500米、3000米、5000米赛跑，110米栏、100米栏、跳高、跳远、三级跳远、铁饼、标枪、铅球等项目，升平中学获得20枚金牌、12枚银牌、13枚铜牌，总分175，居团体总分第一名；连江中学获3枚金牌、6枚银牌、6枚铜牌，总分65分，居团体总分第二名；黎溪中学获2枚金牌、7枚银牌、5枚铜牌，总分49分，居团体总分第三名；水边中学获一枚铜牌，总分8分；黎溪中学获“体育道德风尚奖”。同时评出“最佳运动员”10名。同月，组建飞来峡中学运动代表队，参加清远市第二届重点中学生田径运动会，其中在标枪、100米赛跑、200米赛跑、500米赛跑、1500米赛跑、3000米赛跑等项目中成绩较好。2000年初，组织举办飞来峡管理区教工男子篮球赛。12月，组建飞来峡管理区中学生运动代表队，参加清远市第三届重点中学田径运动会。

三、艺术

1997年6月1日，区教育局组织举办“飞来峡管理区首届中小学文艺会演”，各镇中小学选送20多个优秀节目参加会演；组织举办“教师卡拉OK大赛”，各镇中小学有20名教师参赛。1998年5月28日，升平中心小学、连江口中心小学、黎溪中心小学分别举办“六一”文艺会演。5月29日，区教育局在升平中心小学举办“飞来峡管理区首届师生书法、美术竞赛”，全区27名教师、100名中小学生参加，经广东省美术书法考研会和清远市美术（书法）家协会4位专家评选，升平代表队获得8个一等奖、11个二等奖、20个三等奖，黎溪代表队获得7个二等奖、29个三等奖，连江口代表队获得1个一等奖、6个二等奖、15个三等奖，水边代表队获得1个一等奖、2个二等奖、13个三等奖；升平、黎溪、连江口代表队分别获得集体一、二、三等奖。1999年6月1日，区教育局在横石木材厂礼堂举办“中小学第二届艺术节文艺会演”，全区4个镇400多名师生参加演出，会演分小学组、中学组、教师组表演，有大合唱、舞蹈、讲故事、朗诵、表演讲等35个节目，升平镇代表队获得9个一等奖。6月，举办中小学青年音乐教师教学基本功比赛、少年儿童书画比赛和飞来峡管理区首届中小学生艺术节。是年，区教育局组队至佛冈赛区参加清远市第二届艺术节，升平中学的合唱节目、舞蹈节目分别获二等奖，升平中学梁丹丹获美术银奖，升平中心小学郭婉莹获美术铜奖，升平中心小学李文忠、黎溪中学陆育秋获书法优秀奖，升平中学冯芬芳、升平中心小学罗金松获美术优秀奖。2001年5月29日，区教育局、团委、关工委联合举办“飞来峡管理区中、小学‘党在我心里’演讲比赛”，水边中学陈丽君获中学组第一名，黎溪中心小学黄凤仙获小学组的第一名。6月1日，区教育局在升平中学运动场举办“飞来峡管理区各小学庆‘六一’暨少先队鼓号花标操检阅大赛”，升平黄洞小学获得第一名，升平中心小学获得第二名，连江口一小获得第三名。6月13日，区教育局在升平中学举办“全区中学教师普通话比赛”，飞来峡中学获团体总分第一名，水边中学获团体总分第二名。

四、“普九”工作

（一）基本情况

普及九年义务教育，即是实行小学六年、初中三年共九年的义务教育。1996年9月24日，经广东省、清远市“普九”检查验收，区内各学校区初中、小学入学率分别为98.3%和99.65%，毕业率分别为99.69%和99.42%；连续两个学年，小学辍学率小于1%，初中辍学率小于3%；残疾儿童入学率84.17%；中小学师资合格率分别为87.84%和92.66%；区级财政对教育拨款连续3年增长，教育经费预算合理，全区校舍基建投资6286.73万元，教学仪器、体育器材按广东省统一标准配齐配足，图书拥有量初中、小学分别为90348册和152775册，学校危房隐患能及时消除；建立教师工资由区级财政统一发放制度。各项指标达到“普九”要求。

（二）“普九”的各项数据指标情况

1.入学普及率

⑴初中五率。入学率97.03%，其中升平镇97.05%、黎溪镇98.48%、连江口镇96.3%、水边镇96%。辍学率1.78%，其中升平镇1.68%、黎溪镇1.85%、连江口镇1.73%、水边镇1.92%。完成率95.26%，其中升平镇96.16%、黎溪镇94.4%、连江口镇95.19%、水边镇95.7%。毕业率99.69%，其中升平镇99.25%、黎溪镇100%、连江口镇99.65%、水边镇100%。文盲率0。

⑵小学四率。入学率 99.65%，其中升平镇 99.5%、黎溪镇 99.57%、连江口镇 99.88%、水边镇 99.5%；辍学率 0.41%，其中升平镇 0.33%、黎溪镇 0.77%、连江口镇 0.1%、水边镇 0.45%；毕业率 99.49%，其中升平镇 99.7%、黎溪镇 100%、连江口镇 98.62%、水边镇 100%；完成率 99.42%，其中升平镇 100%、黎溪镇 100%、连江口镇 98.18%、水边镇 99.71%。

⑶三残儿童入学率 84.17%，其中升平镇 91.7%、黎溪镇 83.6%、连江口镇 72.72%、水边镇 83.37%。

2.师资达标情况

全区小学专任教师 545 人，学历合格 505 人，合格率 92.66%；初中专任教师 222 人，学历合格 195 人，合格率 87.84%。

3.图书资料配备、体育器材和仪器设备配置

初中有图书 90654 册，生均 20.51 册；小学图书有 153300 册，生均 10.49 册，且有足够的书架书柜，有专人登记保管。

体育器材和仪器设备两项均按广东省的标准配齐配足。其中两个项目达标率小学 85.37%、初中 87%，数量均为 100%。

（三）“普九”经费

全区共筹集“普九”资金 1802.64 万元，其中政府拨款 1014.82 万元，征收城乡教育附加 310.35 万元，学校自筹、港澳、华侨捐资和群众集资 477.47 万元。

表 15-1-1　　飞来峡管理区财政对教育的拨款与区财政收入同步增长情况表

年　度	财政收入（万元）	比上年增长比例	财政拨款（万元）	比上年增长比例
1993 年	470.15	20.97%	336.59	45.47%
1994 年	730.2	55.3%	592.41	76%
1995 年	1374.8	88.27%	1218.74	105.7

表 15-1-2　　飞来峡管理区学生人均教育经费增长情况表

年　度	小　学	中　学
1993 年	189 元	379.3 元
1994 年	276 元	510 元
1995 年	287.7 元	554.7 元

3.学校公用经费占当年教育经费支出比例

1993 年为 21.1%，1994 年为 22.4%，1995 年为 23.2%。

（四）“普九”校舍建设

受飞来峡水利枢纽工程规划的制约，相关学校的搬迁和规划要随移民点的规划定点而定。从 1995 年底开始，飞来峡管理区教育局组织人力，经全面调查，制定各学校的搬迁规划和建设。至 1996 年 9 月，新搬迁的学校，用地面积达标，布局合理，有足够的教学用品，有综合实验大楼和符合标准的运动场，有较完整的配套设施，有绿化覆盖和园林小景的规划，办学条件基本符合广东省的办学标准，达到“普九”硬件建设标准。

1.升平镇。搬迁升平第一中学，拆建升平第二中学，组成升平中学。总投资1500万元，占地面积31357.42平方米，总建筑面积25698平方米。其中教学大楼2幢，建筑面积8120平方米；教工宿舍楼2幢48套，建筑面积5350平方米；学生宿舍1幢（七层），建筑面积2730平方米。投资953万元，搬迁新建中心小学，占地面积16786.4平方米，总建筑面积10968平方米，建成中心小学教学大楼1幢、建筑面积4000平方米，教师宿舍2幢、建筑面积3650平方米。

2.水边镇。共筹集575.73万元，建起11幢教学大楼，总建筑面积5040平方米；2幢32套教职工宿舍大楼，拆建改造实验室、仪器室、图书阅览室；改造中学校道及兴建200米环形跑道的运动场及2个水泥球场。

3.连江口镇。集资158万元，征地70亩，投资1100万元，在连江口第二中学的校址，建设新连江口第二中学，总建筑面积40000平方米。

4.黎溪镇。“普九”校舍总投资3100万元，其中采取“一捐二集三借四征收五争取”的办法，筹措资金692.76万元，搬迁新中学、中学小学、教办。其中中学占地40000平方米，中心小学30000平方米，新建教学大楼2幢，教室58间（其中中学30间、小学28间），学生宿舍楼2幢100间，教工宿舍楼9幢148套，综合大楼4幢，学生饭堂一幢，总建筑面积38482平方米。

五、教育督导

（一）督导概况

1995年以来，区教育局对区内各镇政府实施教育、法规和履行教育职责的情况，各学校的办学方向、办学条件、办学质量、办学效益和实施素质教育的情况进行督导检查，以及对区内教育工作中的出现的问题进行调查研究。对素质教育督导，主要是检查各中小学的课程总表、教师备课教案、学生作业等，对没有按教育部颁发的课程计划开课的学校，予以通报批评，并限期纠正。

（二）中小学校等级评估

1999年10月，按广东省教育厅粤教督〔1998〕19号文和清远市教育局关于学校等级评估的有关文件要求，区教育局组织开展中小学校等级评估工作。评估内容包括办学条件和学校管理两方面，评估程序：⑴学校自查。申报等级的学校建立由校长负责的学校等级评估自查领导小组，组织教职工学习等级评估管理办法、评估方案和实施细则，明确要求；按评估方案要求，查漏补缺，认真整改，同时收集整理与等级评估有关的各种档案资料表册；按指标逐项进行评议打分，汇总自查结果，写出自查报告。学校自查报告包括学校概况，学校自查整改工作情况简介和自查结果，改善办学条件和学校管理的主要成绩、经验和特色，存在的主要问题及原因分析和今后努力方向、措施等方面内容。⑵教育行政部门组织评估组对学校进行评估。评估步骤：①听取学校自查报告和办学单位意见。②分成若干指标小组，采取各种方式对学校工作，通过听取汇报（即听取学校校长、党支部书记、各年级、科组等工作汇报），查阅各种档案资料，召开各类座谈会（级组或科组座谈会、班主任座谈会、教师座谈会、学生座谈会、后勤人员座谈会等），对学校班子成员、教师（职工）、学生或学生干部进行个别访问，察看校容校貌，随机抽样对教职工和学生进行无记名问卷调查，听课（评估人员人均听课2节以上）等方式对各个学校进行评估。③对获取的各种信息进行汇总整理，评议打分。④经综合分析，与学校和办学单位交换意见，提出改进学校工作的意见和建议。⑤写出督导评估意见，按等级评审权限送评定单位审批。

全区共55所中小学校参加评估，按《广东省中小学校等级评估管理办法（试行）》，综合评定的总（满分）为500分，办学条件与学校管理两个方面的分值比例为3∶7（即分别占150分、350分），评估结果为：①基本达标（“办学条件”90分，“学校管理”210分，“办学条件、学校管理与效益加分合计”350分）

的学校有8所：升平中学、升平中心小学、黎溪中心小学、连江口二中、小樟小学、红溪小学、小舍小学、三井小学。②不达标（“办学条件”75分，学校管理175分，“办学条件用学校管理与效益加分合计”205分）的学校有15所。③与达标标准差距较大（“办学条件”74分以下，学校管理174分以下，“办学条件与学校管理与效益加分合计”249分以下）的学校有32所。

六、学校“防流控流”工作

飞来峡管理区每年都有不少学生辍学，寒暑假期间，是中小学生流失的高峰期，尤其是初中生的辍学率相对较高。1995年起，区教育局年年都开展“防流控流”工作：组织召开全区教办主任、中学校长会议进行部署；明确各级党政领导及中小学校长的责任，校长为第一责任人；在放寒暑假前，组织教师深入学生中，摸清学生动态并制定相关防控措施；每学期开学后，组织教师下乡，动员学生回校，实行“包干负责制”（每位教师都负责若干名学生），同时摸清班内“动摇生”“家困生”“学困生”底数，发现流失苗头，及时家访，使学生“进得来，留得住，学得好”。此外，制定各村委和镇驻队干部“三包”（包发动、包入学、包留得住学校）政策。1999年区教育局制订《飞来峡管理区义务教育阶段学籍管理规定》，2000年区管委制定《关于严格控制中小学生流失的意见》。

1995–2001年，全区各镇中、小学非正常流动率控制都在2%以下，中、小学辍学率控制在“普九”要求的范围内。

第三节　中小学教育

一、学校设置和学生人数情况

1995年9月，全区中小学教师共1064人，中小学58所，学生19243人。其中，中学7所：升平中学、木材厂中学、升平第二中学、黎溪中学、连江口中学、连江中学、水边中学，有师生6153人；小学51所：升平中心小学、升平黄洞小学、升平旧横石小学、升平社岗小学、升平小学、升平共星小学、升平竹园小学、黎溪中心小学、黎溪红光小学、黎溪松柏小学、黎溪大坪小学、黎溪高朋小学、黎溪铁溪小学、黎溪新塘小学、黎溪黎明小学、黎溪黎新小学、黎溪新村小学、黎溪光亮小学、黎溪大埔小学、黎溪大湖小学、黎溪五星小学、黎溪恒昌小学、黎溪湖溪小学、连江口中心小学、连江口蓝山小学、连江口严村小学、连江口小舍小学、连江口银坑小学、连江口初溪小学、连江口群联小学、连江口红溪小学、连江口腰古小学、连江口白沙小学、连江口下步小学、连江口三井小学、连江口渔业小学、连江口西洞小学、连江口南坑小学、连江口城樟小学、连江口连樟小学、连江口小樟小学、水边中心小学、水边黄竹小学、水边流寨小学、水边一片小学、水边二九小学、水边五角小学、水边乌城小学、水边白坑小学、水边热水小学、水边文洞小学。师生人数14154人。

1996年，飞来峡管理区有学生19121人。区内设高级中学1所（1996年9月创办），师生100人；初级中学5所（木材厂中学、升平一中并入升平二中，比上一年减少2所），学生4420人，专任教师222人（其中民办代课教师4人）；完全小学52所，学生14614人。是年，需搬迁学校有37所，其中初中4所、占全区初中80%，完全小学33所（分教点19所）、占全区小学66%；搬迁的校舍建筑面积16.94万平方米。全区初中毕业生人数有846人。

1997年，全区初中毕业生人数有1144人。

1998年，全区有中小学63所。其中，高中1所、初中4所、小学53所、幼儿教育5所；班级601个，其中高中6个、初中84个、小学460个、幼儿教育51个；在校学生21840人，其中高中学生181人（一年级63人、二年级69人、三年级49人）、初中学生5588人（一年级2122人、二年级1895人、三年级1571人）、小学学生14295人（一年级2197人、二年级2428人、三年级2386人、四年级2438人、五年级2488人、六年级2358人）、幼儿教育1690人、特殊教育86人。5所幼儿园共51个班，入园就读学生1690人，其中：学前班43个1503人，教职工37人（园长5名，教师32名）。是年，在校住宿生人数1299人。毕业学生总数4513人，其中初中1163人、小学2307人、幼儿教育1026人，特殊教育17人。全区中、小学、幼儿招生总人数6077人，其中高中63人、初中2122人、小学2197人、幼儿教育1690人，特殊教育5人；教职工人数1013人，其中高中22人、初中244人、小学710人、幼儿教育37人，任教教师853人。

1999年，全区有中小学64所（大湖小学与湖溪小学合并，小学比上一年减少1间；幼儿园增加2间）。其中，高中1所、初中4所、小学53所、幼儿教育6所；班级数574个（高中4个、初中86个、小学430个、幼儿教育54个）；在校学学生21108人：高中学生143人（一年级47人、二年级38人、三年级58人）、初中学生5560人（一年级1705人、二年级1960人、三年级1895人）、小学学生13617人（一年级1815人、二年级2197人、三年级2388人、四年级2380人、五年级2405人、六年级2432人）、幼儿教育1720人、特殊教育68人。在校住宿生人数1132人。当年毕业学生5036人，其中高中45人、初中1571人、小学2354人、幼儿教育1049人、特殊教育17人。全区中、小学、幼儿招生总人数5131人，其中高中47人、初中1705人、小学1815人、幼儿教育1564；教职工1080人，其中高中21人、初中252人、小学599人、幼儿教育52人，任教教师924。

2000年，小学基础教育情况：7～12周岁儿童数13323人，在校学生13617人，7～12岁小学或小学毕业人数13272人，学龄儿童入学率99.62%，15周岁人口小学学业完成率98.61%，小学升学率72.43%。初中基础教育情况：13～15周岁少年数6464人，在校学生5560，13～15岁初中学或初中毕业人数5590，学龄少年入学率92.67%，17周岁人口初中学业完成率97.47%，初中升学率29.28%。

表15-1-3　　1998-2000学年全区普通初中班额情况表

	班数	班额		
		46～55人	56～65人	66人以上
1998-1999	84	0	28	56
1999-2000	86	24	41	17

表15-1-4　　1998-2000学年全区普通小学班额情况表

班数			班额					
			10人以下	11-20人	21～30人	31～40人	41～50人	51人以上
1998-1999	460		22	95	118	101	56	68
其中	镇	81			1	8	20	52
	农村	379	22	95	117	93	36	16
1998-1999	430		23	93	114	79	57	64

续表

班数			班额					
			10人以下	11-20人	21～30人	31～40人	41～50人	51人以上
其中	镇	87				2	29	56
	农村	343	23	93	114	77	28	8

表 15-1-5　　1998-2000学年全区普通小学分年龄人口入学情况表

学年		校内外学龄人口总数	在校学龄人口总数	在校学生数						
				合计	一年级	二年级	三年级	四年级	五年级	六年级
1998-1999	总计	13747	13706	14295	2197	2428	2386	2438	2488	2358
	6岁			523	523					
	7	2013	1992	1992	1586	406				
	8	2299	2289	2289	88	1892	309			
	9	2414	2214	2214		130	1925	159		
	10	2404	2404	2404			152	2114	138	
	11	2429	2429	2429				165	2198	66
	12	2388	2378	2360					152	2208
	13			84						84
1999-2000	总计	13323	13272	13717	1815	2197	2388	2380	2505	2423
	6岁			32	32					
	7	1980	1980	1980	1732	248				
	8	2013	2013	2013	51	1910	52			
	9	2299	2299	2299		39	2192	68		
	10	2214	2179	2179			144	1913	112	10
	11	2404	2388	2488				399	1960	129
	12	2413	2413	2398					433	1965
	13			328						328

表 15-1-6 1998-2000 学年全区普通中学分年龄人口入学情况表

年度	年龄（岁）	校内外学龄人口总数（人）	在校学龄人口总数（人）	在校学生数（人）			
				合计	一年级	二年级	三年级
1998-1999	总计	6315	6191	5416	2122	1895	1399
	12			18	17	1	
	13	2312	2228	1983	1899	84	
	14	2112	2087	1717	200	1517	
	15	1891	1876	1520	6	286	1228
	16			166		7	159
	17			12			12
1999-2000	总计	6464	5990	5560	1705	1960	1895
	12 岁			12	12		
	13	2141	1813	1813	1673		
	14	2235	2172	1866	20		
	15	2088	2005	1734			94
	16			135		68	1666
	17						135

二、教学

（一）中小学课程设置

根据国家、广东省有关课程设置和清远市全日制义务教育学校的有关规定，中小学 9 年义务教育课程设置：思想品德、语文、数学、外语、自然、地理、历史、体育、音乐、美术、劳动。⑴每学年上课时间按 35 周计算（初三 33 周），九年总课时量 9592 课。⑵小学每课时 40 分钟，初中每课时 45 分钟。⑶地方特色课程主要包括班团队活动、文体活动、兴趣活动、专题教育等。⑷每周安排有音乐、美术课。⑸普遍在周一至周五上午安排 25～30 分钟的大课间体育活动。

1998-1999 年，区内开设外语课的学校有 58 所，其中小学 53 所 140 个班，学生 4612 人；初中 4 所 84 个班，学生 5588 人；高中 1 所 6 个班，学生 181 人。各学校均没有开设计算机课。1999-2000 年，开设有外语课的学校有 59 所，其中小学 54 所 172 个班，学生 7215 人；初中 4 所 86 个班，学生 5560 人，高中 1 所 4 个班，学生 143 人。没有开设计算机课。

（二）高中课程设置

1996 年 9 月，飞来峡管理区内设高级中学 1 所，学制 3 年。课程有：政治、语文、数学、英语、物理、化学、生物、地理、历史、体育、卫生、音乐、美术、劳动、实用技术。另外，安排一些综合实践活动课程。

（三）教学研究

1997 年 4 月 12 日至 5 月 4 日，由区教育局挑选 10 名优秀教师，组建“青年优秀教师报告团”，在全区各学校巡回辅导报告，内容涉及教材处理、教学方法、班主任工作等，听课教师共 1000 多名；5 月 23 日，成立飞来峡管理区政治、语文、数学、英语、物理、化学、历史、地理、体育、音乐、美术等学科的教学研究会。1999年初，区教育局教研督导室，首次组织教学研究会的会员对中小学各学科的单元、期中、期末考试进行统一命题。4月，在升平中学举办一期“全区中小学素质教育研讨会”。年间，组织一次中小学多种学科的知识竞赛和青年教师教学基本功比赛；教育局教研室分别邀请及广东省沿海版教材编写组的教授、专家和清远市新北江小学等学校的教师来讲课。2000年2月，区教育局落实国家教育部《关于在小学减轻学生过重负担的紧急通知》和广东省教育局《关于贯彻教育部关于在小学减轻学生过重负担的紧急通知的意见》精神，制定减轻学生过重负担的规定：①加强学生用书管理，凡未经国家教育部和广东省教育厅审批的中小学教学用书，一律不得向学生征订；②严格执行国家教育部规定的课程计划，控制学生的活动总量和课外作业总量；③严禁节假日组织学生集体补课或上新课；④严格控制考试答题卡和次数，取消小学升初中考试和期末全区质检考试；⑤严格控制各种竞赛、比赛活动；⑥禁止向学生滥印滥发各种学习辅导资料。

（四）教学管理

区教育局的对各中小学的教学管理方针是：加强常规教学管理，全面推行素质教育，推行应试教育向素质教育全面转轨。在常规教学管理方面，1997年12月区教育局召开飞来峡教育工作会议，制订学校内部管理评估量化标准，对各中小学及教师的工作进行量化评估、考核，实行目标管理，形成制度管人，激发调动师生的积极性。旧横石小学、水边中心小学等学校，每学期都设单元测试追踪登记、教师教案登记、学生作业的批改情况记录簿。1998年，升平镇实施“奖教奖学”的办法，投入奖教奖学资金8万元。在素质教育管理方面，1997年3月20日至30日，区教育局组织各镇分管教育的领导、教办主任、中学校长、中心小学校长一行20多人，到全国率先实行素质教育的湖南省汨罗市，学习其开展素质教育的基本要求和做法。接着，区内各校建立健全一系列的教育教学评价体系，力求克服把学生考试分数或“升学率”作为衡量教师、校长、学校工作的唯一标准。2000年，区教育局考研督导室组织升平中学素质教育研讨会及黎溪英语、小学作文指导考研会，取消小学升初中的统一考试和全区性统考。

1997年11月18日至21日，区教育局组织一次全区教育工作大检查，重点检查各镇的中学和中心小学，抽检一所乡小。其中，升平中实行“一月一检查、一登记、一小结、一公布”，黎溪中心小学实行校领导“三个一”（即校领导管一线、蹲一级、教一科），教师“四个定”（即以人定岗、以岗定量、以量计分、以分定奖）制度；升平中心小学、旧横石小学教学制度、计划、措施等较为完善；各中小学均能按国家教委颁发的教学大纲和课时计划，开齐科目，开足课时；升平中学、升平中心小学按学生的特长、爱好，成立兴趣组（队）。

1998年12月7日至11日，区教育局组织进行第二次全区教育工作大检查，重点检查各镇中学、中心小学以及1~2所乡小，全区各中小学硬件、软件管理有所进步，学校管理初步走上制度化、规范化、科学化的轨道。如黎溪中学实行政教、教导、后勤三线管理模式；连江中学实行按年级分级管理；黎溪中心小学坚持校领导“蹲一级”“管一线”“教一科”管理制度；升平中学则实行“天检”“月检”制度；飞来峡中学采用“条块交叉管理”方式等，针对性强，有成效。

（五）教学成果

1996年，水边镇中小学的入学率、巩固率、升学率达标，升学率78.5%，小学升中率100%，中考成绩破历史纪录，为全区之冠。

1997年11月13日至14日，区教育局举办“飞来峡管理区青年教师教学基本功比赛”，升平、黎溪、连江口、水边镇4个镇的11名中小学教师参赛，比赛内容包括基本技能和教学技能两部分，经量化评分，连江口中学邓志雄获得中学语文组第一名，升平中心小学蓝健清获小学数学组第一名。

1998 年，区教育局举办“飞来峡管理区第二届中小学青年教师教学基本功比赛”，通过学校、镇、区层层比赛，廖幸谊获小学语文科一等奖，苏伟新获中学数学科一等奖，朱科亮获历史科一等奖。这 3 名教师参加清远市青年教师教学基本功比赛中，廖幸谊获小学语文科二等奖、苏伟新获中学数学科三等奖、朱科亮获历史科三等奖。年间，各学校教师撰写的“考研教改”论文中，《在高一物理教学中如何克服山区学生的脱节问题》（付三妹）获清远市一等奖；《激发学生情感、增强教学效果》（李穗光）、《浅谈作文指导》（邓日杨）、《浅谈小学写作教学的“三部曲”与“三板斧”》（植瑞光）、《怎样利用波的图象判断质点的运动方向》（付三妹）、《浅谈周朴园性格的虚伪》（李利祥）、《与学生欣赏杜甫的绝句的图画美》（潘文波）、《中考语文度量的变化给我的思考》（谭习雄）获清远市三等奖。尤其是升平镇各学校，是年在参加广东省、清远市各类学校的比赛活动中，1 人获广东省级化学竞赛一等奖，2 人获广东省级化学竞赛三等奖，2 人获广东省级物理竞赛三等奖；5 人获市级化学竞赛奖，1 人获市级小学美术竞赛一等奖，2 人市级小学美术竞赛二等奖，47 人获区各类活动奖。

1999 年 5 月 27 至 28 日，区教育局在连江口中学、连江口镇第二小学举办“全区第三届青年教师教学基本功比赛”，16 名中小学教师参加角逐，竞赛内容包括课堂教学、说课、教案三项，升平中学张国才、黎溪中学何道廷、连江口镇红溪小学李继杰分别获得中学英语、中学物理、小学思想品德第一名。是年，升平镇各学校在各类竞赛中，1 人获全国化学竞赛三等奖，1 人获全国数学竞赛三等奖，2 人获广东省物理竞赛三等奖，1 人获清远市语文竞赛一等奖，1 人获清远市英语竞赛二等奖。

2000 年，区教育局组织举行“第四届全区青年教师教学基本功比赛”。是年，升平镇各学校参加各类竞赛中，1 人获全国物理三等奖，8 人获广东省、清远市英语、化学竞赛三等奖，周炳新被评为广东省先进教育工作者，郭学森被评为广东省劳动模范，植炎桃等 2 名教师被评为南粤教坛新秀和先进班主任；黎溪镇适龄儿童入学率 99.5%，九年义务教育普及巩固率 98%，中考上重点中学人数 26 人，各项指标位居全区各中学前列。6 月 13 日，在升平中学举行“全区中学教师普通话比赛”，飞来峡中学获团体总分第一名，水边中学获第二名。

（七）中招考试工作

区教育局每年十分重视中招考试工作，在报名、体育考试、考生体检、文化考试、评卷、过分、划分数线、调档、送档、招生录取等各环节，严格按规定程序进行操作，每年均顺利完成中招考试工作。

1996 年，全区参加中考考生 859 名，录取 498 人（不含 150 中技生），录取率 58%。其中，广东省属中专录取 71 人，清远市属中专录取 41 人、中师录取 34 人，清远市第一中学录取 6 人，清远市第二中学录取 72 人，清远市华侨中学录取 14 人，清远市职中录取 39 人，清远市电大录取 125 人，飞来峡中学录取 89 人，其他 7 人。超额完成清远市下达的招生指标。

1997 年，全区参加中考考生 1100 名，中考招生录取 600 人，录取率 54.5%。其中，广东省、部属、跨市中专录取 72 人，清远市属中专录取 51 人、师范类录取 28 人，清远第一中学录取 10 人，清远市华侨中学录取 16 人，清远市田家炳中学录取 21 人，清远市第一职业中学录取 31 人，清远市电大录取 30 人，广州旅游职中录取 29 人，江南中专学校录取 40 人，回澜职中录取 90 人，中技录取 86 人，飞来峡中学录取 96 人，超额完成清远市下达的招生任务。

1998 年，升平镇参加中考人数 255 人，进入广东省、清远市属中专、重点中学录取分数线的有 104 人，其中 800 分以上的 24 人，区前十名有 8 人，是建区以来成绩最好的一年。

1999 年，全区报名参加中考考生 951 名，其中报考中专 375 人、高（职）中 267 人、中师 94 人、中技

73 人、无升学意向 142 人。是年中考各科总分满分为 890 分（语文、数学、英语每科 150 分，政治、化学、物理每科 130 分），全区中考成绩为：800 分以上 45 人、占 4.73%，700 分至 799 分 253 人、占 26.6%，600 分至 699 分 296 人、占 28.29%，400 分至 499 分 122 人、占 12.83%，399 分以下 79 人、占 8.31%。各科的平均分和合格率是：语文 108.1 分、86.22%，数学 91.47 分、56.94%，英语 95.74 分、61.11%；政治 105.97 分、91.87%，化学 86.23 分、70.41%，物理 93.06 分、75.11%，体育 84.69 分、97.27。其中，升平镇中考成绩列全区第一，总分 800 分以上的考生有 20 名，综合分全区前十名的考生中有 6 名，单科成绩均有 5 人进入全区前十名。

（八）新建和部分迁建学校介绍

除新建了飞来峡中学外，在飞来峡水利枢纽工程建设过程中，区内有 33 所学校（含分教点）进行搬迁新建，其中初中 4 所、小学 29 所，搬迁面积 170000 平方米，搬迁资金 12459.8 万元。

1.飞来峡中学

飞来峡中学是区内唯一的一所高级中学。1996 年，区委、区管委决定创办飞来峡中学。同年 2 月 25 日，经清远市机构编制委员会批准，同意设立清远飞来峡中学，为副科级事业单位，暂配编制 10 名，经费从教育事业费中解决。7 月 17 日，区管委会同意设立清远飞来峡中学。8 月，由于时间非常紧迫，且无资金，租用广东省横石木材厂子弟学校作为飞来峡中学临时校舍，从外广东省、外县（市）、本区招聘、借调 8 名本科学历以上，且有 5 年以上工作经验的骨干教师任教，杨荣新任校长。9 月 9 日，飞来峡中学挂牌，区委书记钟梅坤、清远市教委副主任谭炳和等领导出席挂牌仪式暨飞来峡首期招生开学典礼。是年开办 2 个高中班，录取 89 名学生。1997 年，完成学校的规划、图纸设计和征地等工作；有高一、高二学生 165 人。1998-2000 年，飞来峡中学仍租借场地办学，校园小，教学设施设备较差。2000 年，有 40 人参加高考，入本科线 2 人、大专线 26 人，录取率 67%。2001 年，搬迁到升平中学，办学条件有所改善。

2.升平中学

1995 年，升平镇委、镇政府开始筹建符合国家校舍建设标准的升平中学，新校址从横石搬迁至升平移民规划区内，占地面积 25408 平方米，规划建筑面积 13872 平方米、投资 719 万元，设有 24 个班、可容 1600 人就读。1996 年，升平镇中学第一期工程竣工，建有学生宿舍 1 栋、教学楼 1 栋和标准运动场 1 个，其中教学楼设实验室、仪器室、体育器材室、图书阅览室、音乐室、美术室、资料室、模型教具室。当年有学生 950 人。

3.黎溪中学

1997 年，黎溪中学校址从黎洞搬迁至黎溪新镇中部，镇政府东则，占地面积 30000 平方米，建筑面积 13686 平方米，建有教学楼、实验楼、办公楼、学生宿舍各 1 栋和 400 米环形跑道运动场 1 个。实验楼设有实验室、仪器室、体育器材室、图书阅览室、音乐室、美术室。是年，设有 24 个班、1440 人就读。2001 年，办学占地面积 54800 平方米，建筑面积 18296 平方米，东面为生活区，有教职工宿舍楼 2 栋，学生宿舍 2 栋，学生饭堂 1 个；中部为教学区，包括教学楼、科技楼、综合楼，有学生电脑室、物理实验室、化学实验室、生物实验室、阅览室；西面为运动区，有标准 400 米环形运动场 1 个，篮球场 4 个。校园有雕塑、花池、草坪、文化长廊、校园板报专栏。

4.连江中学

1997 年，连江一中、连江二中合并为连江中学，校址从连江口街迁至移民三区，占地面积 80000 平方米，建筑面积 20823 平方米。当年有学生 1528 人。此后，陆续建成一批教学及教辅用房，其中建有标准课室 30

间，2间电脑室，4间多媒体多功能室，物理实验室和物理仪器室各2间，化学实验室、化学仪器室、生化实验室、生物仪器室、综合档案室、历史室、语音室、音乐舞蹈室、荣誉室、美术室、体育器材室和科技活动室各1间，1个300米环形运动场，4个标准篮球场。

5.升平中心小学

1995年，升平镇委、镇政府开始筹建升平镇中心小学。新学校校址从横石搬迁至升平镇移民规划区内，投资500万元，按国家校舍建设标准建设，占地面积14108.94平方米，建筑面积7590平方米，设24个班、可容1500人就读。1996年，小学第一期工程竣工，建有教学楼1栋、办公楼1栋、教工宿舍2栋、教学楼设仪器室、体育器材室、图书阅览室、美术室、多功能活动室和400米标准运动场1个。当年，有学生1061名。

6.黎溪中心小学

1997年，黎溪中心小学校址搬迁校址从黎洞搬迁至新黎溪镇中部，占地面积25200平方米，建筑面积4030平方米，设有24个班、课室28间。建有教学楼、办公楼、学生楼各1栋，教学楼设、图书阅览室、教具仪器室、体育器材室、音乐室、美术室电脑室各1间，以及200米环形跑道运动场1个。当年，有学生1277名。

7.连江口镇第二小学

1997年，连江口镇第二小学新校址从连江口街搬迁至移民三区，占地面积30000平方米，建筑面积6900平方米。当年，有学生1136名。

8.连江口小樟小学

1997年，连江口小樟小学从竹园笼搬迁至移民南村。占地面积11724平方米，建筑面积1080平方米。当年，有学生108人。

第四节　教育经费

一、来源

区教育经费来源主要四部分：⑴财政预算内教育经费（包括教育事业拨款、基建拨款、其他经费）；⑵各级政府征用于教育的税费，主要有城市教育费附加、农村教育事业附加费；⑶社会捐助、集资办学经费；⑷事业收入，主要是学校杂费和其他专项收入。

1995年之前，区辖四镇因属不同地区管辖，各学校教育经费来源不同，教师及教办工作人员的工资、福利补贴来源和标准亦不同，1995年，区宣传教育办公室召开3次计财会议，统一全区教师工资及福利补贴水平。1996年5月15日，区长办公会议决定：①区、镇两级每年增加“普九”经费，区每年不少于20万元、镇每年不少于10万元。②区内干部职工按基本工资征收2%教育附加费，每半年征收一次。各镇征收的，归镇用，区直单位征收的，归区教育局用。③向农民征收的农村教育附加费，征收标准为上一年人均收入的1.2%~1.5%，由各镇征收。

1998-1999学年，全区教育经费总收入为1747.8万元，其中：⑴国家政财政性教育经费收入872万元。①预算内教育经费821.5万元（教育事业拨款744.6万元、基建拨款12万元、其他经费64.9万元）；②各级政府征用于教育的税费50.5万元（城市教育费附加25.5万元、农村教育事业附加费25万元）。⑵社会捐助、集资办学经费275万元；⑶事业收入585.3万元，其中学杂费438.7万元。⑷其他收入15.5万元。

1998-1999学年，全区教育经费总收入1747.8万元中：

（一）高级中学教育经费收入

公办教师 25 人，年末学生 180 人，年末固定资产 90.4 万元。教育经费总收入 71.1 万元，其中教育事业拨款 14.8 万元，城市教育附加费 25.5 万元，事业收入 17.8 万元（其中学杂费 9.9 万元），其他收入 1 万元，基建拨款 12 万元。

（二）初中教育经费收入

公办教师 274 人，年末学生 5688 人，年末固定资产 4910 万元。教育经费总收入 398.3 万元，其中教育事业拨款 177.8 万元，其他经费拨款 15.2 万元，农村教育事业附加费收入 10 万元；事业收入 151.3 万元（其中学杂费 126.8 万元），捐、集资收入 41 万元，其他收入 3 万元。

（三）小学教育经费收入

公办教师 699 人，年末学生 14223 人，年末固定资产 9770 万元。教育经费总收入 1232 万元，其中教育事业拨款 547 万元，其他经费拨款 497 万元，农村教育事业附加费收入 15 万元；事业收入 380 万元（其中学杂费 300 万元），捐、集资收入 234 万元，其他收入 6.3 万元。

表 16-1-7　　1998-1999 学年飞来峡管理区教育经费收入情况表　　单位（万元）

学校类别	总计	预算内教育经费拨款			教育附加拨款			事业收入		捐、集资收入	其他收入	基建收入
		小计	教育事业拨款	其他拨款	小计	城市附加	农村附加	小计	其中学杂费			
总计	1747.8	809.5	744.6	64.9	50.5	25.5	25	585.3	436.7	27.5	15.5	12
高级中学	71.1	14.8	14.8		25.5	25.5		17.8	9.9		1	12
初级中学	398.3	193	177.8	15.2	10		10	151.3	126.8	4.1	3	
农村小学	1232	596.7	547	49.7	15		15	380	300	23.4	6.3	
其他	46.4	5	5					36.2			5.2	

二、支出

区教育经费支出主要分两部分：⑴教育事业性经费支出。包括①个人部分（含基本工资、补助工资、职工福利费、社会保障费）；②公用部分：公务费，业务费，设备购置费，修缮费，业务招待费；③其他费用。2.基建支出。

1998-1999 学年，教育经费总支出为 1709.3 万元，其中：⑴国家财政性教育经费支出 858.4 万元。①预算内教育经费 809.5 万元（教育事业拨款 744.6 万元、其他经费 64.9 万元）；②各级政府征用于教育的税费 48.9 万元（城市教育费附加 24.7 万元、农村教育事业附加费 24.2 万元）。⑵社会捐、集资办学经费 267.1 万元。⑶学杂费 424.2 万元。⑷其他支出 159.6 万元。

1998-1999 学年，教育经费总支出 1709.3 万元中：

（一）高级中学教育经费支出

教育经费支出为 32.6 万元，均属教育事业性经费支出总数为 32.6 万元。其中，⑴个人部分支出 14.8 万元（基本工资 10.5 万元，补助工资 2.7 万元，其他工资 0.6 万元，职工福利费 0.2 万元，社会保障费 0.8 万元）。⑵公用部分支出 17.8 万元（公务费 4.3 万元，业务费 3.5 万元，设备购置费 0.4 万元，修缮费 8.5 万元，业务招待费 0.4 万元，其他费用 0.7 万元）。

（二）初级中学教育经费支出

支出总额为 398.3 万元：⑴教育事业性经费支出总数为 278.3 万元，其中个人部分支出 206.7 万元（基本工资 152.3 万元、补助工资 47.1 万元、职工福利费 3.7 万元、社会保障费 3.6 万元），公用部分支出 71.6 万元（公务费 22 万元、业务费 16 万元、设备购置费 19.5 万元、修缮费 12 万元、业务招待费 0.5 万元、其他费用 1.6 万元。⑵基建支出 120 万元。

（三）农村小学教育经费支出

支出总额为 1232 万元：⑴教育事业性经费支出总数为 987.7 万元，其中个人部分支出 630.7 万元（基本工资 348.1 万元、补助工资 110.7 万元、其他工资 60 万元，职工福利费 13.4 万元、社会保障费 98.5 万元），公用部分支出 357 万元（公务费 104 万元、业务费 150 万元、设备购置费 25 万元、修缮费 68 万元、业务招待费 5 万元、其他费用 5 万元）。⑵基建支出 244.3 万元。

（四）非留学生教育经费支出

公办教师 10 人，年末学生 6 人，年末固定资产 3.6 万元。教育经费支出为 24.4 万元，均属教育事业性经费支出。其中：⑴个人部分支出 9.9 万元（基本工资 3 万元、补助工资 6.2 万元，职工福利费 0.7 万元）。⑵公用部分支出 14.5 万元（公务费 3.3 万元，业务费 1.8 万元，设备购置费 3 万元，修缮费 1.4 万元，业务招待费 3 万元，其他费用 2 万元）。

三、教育基本建设和修缮专项经费

（一）教育基本建设经费

1997 年，全区投资 1291 万元，用于教育基本建设和中小学校舍修缮，当年实际完成基本建设投资 1237 万元，未完工程 54 万元。用于教育基本建设的资金来源分别为：国家投资 4 万元，自筹 1138 万元（其中清远市划拨 5 万元、区划拨 6 万元、镇自筹 981 万元、村 18 万元、学校自筹 45 万元、群众集资 83 万元），华侨捐款 95 万元。教育基本建设经费的使用情况，⑴按构成分：用于建设安装工程 1215 万元，用于设备器材购置 22 万元。⑵按用途分：用于非生产性建设 1170 万元，用于住宅建设 67 万元。⑶按性质分：用于新建房屋 160 万元，扩建房屋 111 万元，改建房屋 966 万元。当年，完成施工面积 14936 平方米，按用途分：①教学、行政房屋面积 12772 平方米，生活及福利附属用房 2164 平方米。②按学校分：中学房屋 8935 平方米，小学房屋 5481 平方米，其他房屋 520 平方米。增加教室面积 12225 平方米，增加学生席位 6113 个。增加教工和学生住宅 1722 平方米。

（二）教育基本建设和修缮专项经费

至 1997 年底，全区共完成中小学修缮专项投资 508 万元。其中，1997 年增加中小学修缮固定资产投资 102 万元（广东省财政拨款 3 万元、市财政拨款 3 万元、区财政拨款 8 万元、镇财政拨款 26 万元、学校自筹 45 万元、群众集资 17 万元）。①按构成分：建设安装工程投资 102 万元，无设备器材购置投资。②按用途分：非生产性建设投资 102 万元，无住宅投资。③按性质分：新建投资 5 万元，改建投资 97 万元，无扩建投资。当年，竣工教学、行政房屋修缮面积 1900 平方米，生活及福利附属用房 1868 平方米，其中竣工单身教工宿舍 470 平方米，学生宿舍 1398 平方米，增加教室面积 1500 平方米，增加学生席位 750 个。

第五节 学校设施

一、校舍建设

（一）基本情况

1.1997—1998学年基本情况。区内各镇学校的占地总面积449744.2平方米，校舍建筑总面积129271.6平方米，其中：⑴升平镇学校校舍占地面积81423平方米、建筑总面积26742平方米，其中教学及辅助用房12114平方米、行政办公用988平方米、生活用房13640平方米，校舍中无危险房。⑵黎溪镇学校校舍占地面积116236.2平方米、建筑总面积53960.6平方米，其中教学及辅助用房20565.9平方米、行政办公用3796.2平方米、生活用房29739.3平方米。校舍总面积中危险房面积1193平方米。⑶连江口镇学校校舍占地面积180572平方米、建筑总面积33271平方米，其中教学及辅助用房20964平方米、行政办公用825平方米、生活用房11482平方米，校舍中无危险房。⑷水边镇学校校舍占地面积71513平方米、建筑总面积15298平方米，其中教学及辅助用房8802平方米、行政办公用328平方米、生活用房6686平方米，校舍中无危险房。

表 15-1-8　　1997-1998 学年飞来峡管理区各学校校舍情况一览表　　单位：平方米

学校	学校占地面积	校舍建筑面积	教学及辅助用房面积				行政办公用房		生活用房				其中危房面积
			小计	其中			小计	其中	小计	其中			
				教室	实验室	图书室		教师办公室		学生宿舍	教工宿舍	教工住宅	
升平中心小学	16786	3641	1456	1344	56	56	360	260	1825			1825	
升平黄洞小学	5000	1492	1060	1024		36	48	48	384		384		
升平旧横石小学	4002	606	392	372		20	60	60	154		154		
升平社岗小学	7003	2389	1841	1817		24	68	68	480				
升平小学	4500	732	572	552		20	20	20	140	140			
升平共星小学	4275	1011	524	504		20	20	20	467				
升平竹园小学	8500	2210	1914	1842		72	72	72	224		224		
升平中学	31357	14661	4355	4069	160	126	340	300	9966	4046		5920	
黎溪中学	40000	25700	7100	2100	509.1	214	2200	1250	16400	4019.9		3536	
黎溪中心小学	30000	12782.6	5260	4000	108	216	1300	430	6222.6	1260		3022	
黎溪红光小学	3333	1634	1280	1080	120	80	75	75	279	182	97		
黎溪松柏小学	2000	1175.2	473	473					702	124	578		
黎溪大坪小学	4800	1000	570	570			21	21	469	112	357		
黎溪高朋小学	2176	812	585	585					370	30	277		
黎溪铁溪小学	6182.5	2116.8	813.6	785		28.6	51.2	31.2	1252	305.3	820		180
黎溪新塘小学	3000	482.3	315.3	315.3			101		101		101		
黎溪黎明小学	1980	750	324	324					426	50	226		150
黎溪黎新小学	1332	620	360	360					260	60	200		200
黎溪新村小学	3880	934	514	504		10			420	82	330		
黎溪光亮小学	1600	827	438	428					389	100	254		309

续表

学校	学校占地面积	校舍建筑面积	教学及辅助用房面积				行政办公用房		生活用房				其中危房面积
			小计	其中			小计	其中	小计	其中			
				教室	实验室	图书室		教师办公室		学生宿舍	教工宿舍	教工住宅	
黎溪大埔小学	2496	648	320	320					338	92	246		
黎溪大湖小学	6500	1851	870	870					872	220	652		120
黎溪五星小学	1446.7	575	375	375					200	50	150		150
黎溪恒昌小学	2330	885	450	450					435	125	310		84
黎溪湖溪小学	3180	1167.7	518	518			48	48	601.7	140	461.7		
连江口连江中学	90420	10190	3689	2590	885	214	420	360	6081	3351	1181	1549	
连江口中心小学	6980	4014	2629	2524	70	35	105	70	1280		866	414	
连江口蓝山小学	1828	690	590	560		30			100		100		
连江口严村小学	6198	1144	926	896		30	30	30	188		188		
连江口小舍小学	6646	1036	670	640		30	30	30	336		336		
连江口银坑小学	9990	1850	1550	1520		30	30	30	270		270		
连江口初溪小学	6989	1319	990	960		30	30	30	299		299		
连江口群联小学	4285	750	590	560		30			160		160		
连江口红溪小学	5735	1020	830	800		30	30	30	160		160		
连江口腰古小学	2725	630	530	500		30			100		100		
连江口白沙小学	5379	1110	830	800		30	30	30	250		250		
连江口下步小学	2288	670	520	490		30			150		150		
连江口三井小学	3120	1240	860	800		60	30	30	350		350		
连江口渔业小学	1573												
连江口西洞小学	1851	540	450	420		30			90		90		

续表

学校	学校占地面积	校舍建筑面积	教学及辅助用房面积				行政办公用房		生活用房				其中危房面积
			小计	其中			小计	其中	小计	其中			
				教室	实验室	图书室		教师办公室		学生宿舍	教工宿舍	教工住宅	
连江口南坑小学	11253	3150	2270	2240		30	30	30	850		850		
连江口城樟小学	4971	1758	1360	1330		30	30	30	368		368		
连江口连樟小学	6386	1110	930	900		30	30	30	150		150		
连江口小樟小学	1955	1050	750	720		30			300		300		
水边中心小学	12032	2704	1774	1640	70	64	80	80	850		650	200	
水边黄竹小学	4397	1379	1016	1016					381		381		
水边流寨小学	4300	710	360	330			30	30	320		320		
水边一片小学	7150	680	640	640					40		40		
水边二九小学	1400	476	360	330					116		60	56	
水边五角小学	2007	950	700	700					750		750		
水边乌城小学	3000	907	624	624					283		283		
水边白坑小学	3400	720	720	720									
水边热水小学	5500	1150	780	700	40	40	82	82	288		288		
水边文洞小学	2775	245	182	182					63		63		
水边教办	200	240					60	60	180		180		
水边中学	25352	5137	1646	1420	150	76	76	76	3415	623	315	2468	
合计	449744.2	129271.6	62445.9				5937.2		61547.3				1193

2.1998-1999 学年基本情况。⑴普通中学校舍占地面积 187129 平方米，小学校舍占地面积 286483 平方米，幼儿园舍占地面积 250 平方米。⑵普通中学校舍建筑面积 46781 平方米，小学校舍建筑面积 126099 平方米，幼儿园校舍建筑面积 570 平方米。⑶普通中学教学及辅助用房面积 16816 平方米，小学教学及辅助用房面积 94733 平方米，幼儿园教学及辅助用房面积 190 平方米。其中，普通中学教室面积 12979 平方米、小学教室面积 92540 平方米、幼儿园教室面积 190 平方米。⑷中学实验室面积 3011 平方米，小学实验室面积 1009 平方米；中学图书室面积 826 平方米，小学面积 1184 平方米。⑸普通中学行政用房面积 3095 平方米，其中教师办公室 1986 平方米；小学行政用房面积 2874 平方米，其中小学教师办公室 1281 平方米。⑹普通中学生活福利用房面积 26870 平方米（其中学生宿舍 11506 平方米）、小学生活福利用房面积 28492 平方米（其中学生宿舍 2647 平方米）、幼儿园生活福利用房面积 380 平方米（其中学生用房 380 平方米）。⑺普通中学单身宿舍面积 1496 平方米、小学单身宿舍面积 15085 平方米。⑻普通中学教工宿舍 12396 平方米、小学教工宿舍 10257 平方米。

3.1999-2000 学年基本情况。⑴普通中学校舍占地面积 187129 平方米，小学校舍占地面积 286483 平方米，幼儿园舍占地面积 250 平方米。⑵普通中学校舍建筑面积 48545 平方米，小学校舍建筑面积 126099 平方米，幼儿园校舍建筑面积 570 平方米。⑶普通中学教学及辅助用房面积 17650 平方米，小学教学及辅助用房面积 94969 平方米，幼儿园教学及辅助用房面积 190 平方米，其中普通中学教室面积 12979 平方米、小学教室面积 92828 平方米、幼儿园教室面积 190 平方米。⑷中学实验室面积 3011 平方米，小学实验室面积 1009 平方米；中学图书室面积 826 平方米，小学面积图书室 1112 平方米。⑸普通中学行政用房面积 3155 平方米，其中教师办公室 2031 平方米；小学行政用房面积 2827 平方米，其中小学教师办公室 1741 平方米。⑹普通中学生活福利用房面积 27830 平方米（其中学生宿舍 11816 平方米）、小学生活福利用房面积 28213 平方米（其中学生宿舍 2647 平方米）、幼儿园生活福利用房面积 380 平方米（其中学生 380 平方米）。⑺普通中学单身宿舍面积 1696 平方米、小学单身宿舍面积 12960 平方米。⑻普通中学教工宿舍 14318 平方米、小学教工宿舍 12106 平方米。

（二）中小学校“改薄建设”

1995 年，经区教育局组织各学校自评，上报广东省市教育部门确认，全区有 41 所薄弱学校，占全区学校总数的 70%。从是年开始，区管委签订责任书，进行中小学校“改薄建设”：⑴新建、改建和修缮必要的教室、实验室、图书室。⑵改建、新建必要的运动场设施。⑶新建、改建和修缮农村小学必要的学生宿舍、食堂、开水房、厕所等生活设施。⑷新建、改建必要的校园安全附属设施。⑸购置适合中小学生阅读的图书等。⑹购置教学实验仪器、音体美器材、信息化设备等。资金来源有上级拨款、区镇筹集、社会捐助等三方面。根据《广东省关于改造薄弱学校规范化的通知》精神，广东省教育厅每年对区内进行“改薄建设”的学校给相应的补助，初中补助 1 万元，小学 0.5 万元；区管委鼓励各中小学建语音室，每室补 3 万元。

1.1995 年“改薄建设”。区教育局对列入“改薄”的学校，进行调整布局，对规模小、方圆不超过 5 公里的进行学校撤并。⑴升平镇。升平镇委、镇政府按国家校舍建设的标准，计划投入 1192 万元，筹建升平中学、升平中心小学，总建筑面积 21925 平方米，可容纳 2100 名学生就读。同时，升平镇政府利用港澳同胞捐资和多方筹集的 82 万元，改造镇部分学校校舍，全镇校舍基本实现楼房化。⑵连江口镇。连江口镇政府拨款 6.1 万元，维修连江二中、银坑学校的教学楼和教师宿舍。

2.1996 年“改薄建设”。⑴升平镇。升平镇中学、升平镇中心小学第一期工程竣工。升平镇政府投资 130 万元，对竹园小学、共星小学的校舍进行建设。香港同胞肖炎坤先生捐资 35 万元，支持竹园小学兴建教学大楼1幢，设有13间课室、8间科组室。⑵连江口镇。连江口镇新中学开始动工兴建，计划投资为1000多万元、占地面积70亩、可容纳学生2000多人。同时，连江口镇政府投入7.5万元，对镇内部分边远学校的基础设施进行改建。是年，香港洋务工会捐资59万港币，开始在小樟管理区兴建一所希望小学。连江口镇小舍小学建起1幢7套教师宿舍楼。⑶黎溪镇。黎溪镇按“三区分开”的原则，动工兴建新的黎溪中学、黎溪镇中心小学。其中中学占地30000平方米，中心小学占地25200平方米。⑷水边镇。水边镇党委、政府投入资金30万元，建设水边镇中学教学楼和教师宿舍楼、教学楼、教师宿舍，建筑面积共800平方米。同时，通过社会捐资集资，建成水边中心小学教学大楼1幢，有12间课室。

3.1997年“改薄建设”。⑴连江口镇。9月，连江口中学新建教学楼、综合楼、饭堂各1幢，改建校内的水电设备、道路、篮球场地等配套工程，共投入850万元。是年，连江口镇南坑小学新建教工宿舍楼1幢；香港洋务工会捐资兴建的、在小樟管理区希望小学落成，建筑面积为1172平方米；在广东省农建工作队的支持下，对连江口镇的部分小学进行建设，维修教学楼、建设围墙和校门、更换课室门窗和桌椅等。⑵水边镇。水边镇党委、镇政府投入154.536万元，其中：56.1万元用于中学新建4层综合楼1幢，建筑面积990平方米，新建水泥校道、挡土墙、排水沟，建筑面积850平方米；68.3万元用于新建中心小学教学楼1幢，建筑面积1200平方米；5.1万元用于改建白坑小学新建宿舍楼2套，建筑面积为130平方米；1.67万元用于热水小学新建厕所1个，建筑面积48平方米；2.98万元用于乌城小学新建水泥标准球场1个、围墙1段，建筑面积共643平方米；4.8万元用于五角小学新建水泥标准球场1个、围墙1段、厕所1个，三项工程建筑面积613平方米；0.63万元用于黄竹小学新安装自来水（含新建自来水塔、水管等）；3.75万元用于水边中学、流寨小学、文洞小学、五角小学和黄竹小学的校舍、教师宿舍维修，维修面积共2310平方米；5.196万元用于部分中、小学购置教师办公台凳58套，学生台凳共750套（其中教师办公台凳支出0.696万元、学生台凳支出4.5万元）；2.76万元用于部分中、小学购置图书9200册；3.25万元用于部分中、小学购置一批体育器材、教学仪器等。

4.1998年“改薄建设”。⑴升平镇。镇委、镇政府拨款165万元，用于升平中学、升平镇中心小学的校道、校门、围墙等建设，同时改建升平中学、升平镇中心小学的物理、化学实验室。⑵连江口镇。9月，连江口镇连江第二小学交付使用，投资额为300万元，建筑面积3853平方米。10月18日，经广东省和区团委牵引，英国BP石油公司捐资25万元，动工兴建红溪希望小学新教学楼。是年，连江中学宿舍楼交付使用，投资额458万元，建筑面积5876平方米；连江口镇政府投资42万元，对镇内各农村小学的教学楼进行维修。⑶黎溪镇。黎溪镇政府投资230万元，兴建黎溪中学和黎溪中心小学的球场、校门、运动场和校道，黎溪中学理化生实验室；建设大湖小学、湖溪小学的基础设施；改造镇内3所薄弱学校，并通过清远市的评估验收。

5.1999年“改薄建设”。全区有40所薄弱学校。秋季，区教育局对全区中小学校布局进行调整，撤并了一些规模较小的小学分教点。年底，升平中心小学、黎溪中心小学、连江口二小、小樟希望小学、三井小学、红溪小学（飞来峡BP阿莫科希望小学）、小舍小学七所薄弱学校完成改造任务，并初步通过清远市的评估验收。⑴升平镇。投入300多万元，完善升平中学、升平中心小学校道、围墙、篮球场建设；计划投入100多万元，兴建黄洞铭源希望小学教学楼（香港永浣集团捐款25万元、当地政府群众集资43万元，建筑面积1152平方米）和教师宿舍楼，对共星小学、竹园小学的体育场进行改建；投入30万元，配备完善升平中学、中心小学的语音室、电脑室、音乐舞蹈美术室、物理化学实验室。⑵连江口镇。由英国BP阿莫科石油公司捐款25万元、当地政府群众集资31万元兴建的红溪小学新教学楼落成，建筑面积970平方米。⑶黎溪镇。镇政府和大湖、湖溪的村委投资72万元，在镇第二小学建成教学楼1幢，建筑面积1548平方米。⑷水边镇。

筹集资金 80 万元，建成水边中学学生宿舍楼 1 幢，建筑面积 2010 平方米。引进鲍思高基金会资金 84 万元，新建犁头咀完全小学。

6.2000 年**"改薄建设"**。⑴升平镇。共投资 130 万元的黄洞小学教学大楼和教师宿舍楼落成，建筑总面积 2720 平方米。投入一定资金，建设竹园小学教学大楼、围墙、校门、篮球场等学校硬件设施。是年，全镇学校基本实现楼房化。⑵连江口镇。初溪希望小学、银坑希望小学动工兴建。⑶黎溪镇。镇政府挤出资 50 多万元，用于改善镇内各学校办学条件。⑷水边镇。镇政府投入 92 万元，完善水边中学学生宿舍楼、运动场和中心小学的厕所、运动场、文化长廊、舞台建设。镇政府投入 20 多万元，对各小学的校舍进行维修，添置教学设备。引进资金 40 万元，动工兴建五角希望小学和白坑希望小学。水边中学、水边中心小学、流寨小学、二九小学通过上级"改薄"验收。

2000 年 12 月，区教育局再次对全区中小学校布局进行调整，合并黎溪镇的大湖小学、湖溪小学，撤并连江口镇的渔业小学、下步小学、三片分校、沈坌分校、上营分校和水边镇的下吉水分校。全区有 17 所薄弱学校的改造任务，通过清远市的评估验收。

表 15-1-9　　1995-2000 年港澳同胞和有关组织在飞来峡管理区捐资建校情况统计表

捐赠人（团体）	受助单位	捐款所用项目	金额（万元）	时间
港澳同胞	升平镇部分学校	改造部分学校的校舍		1995 年
肖炎坤	升平镇竹园小学	兴建教学大楼 1 幢	35	1996 年
香港洋务工会	连江口镇小樟希望小学	兴建小学一所，建筑面积 1172 平方米	59 万港币	1996-1997 年
英国 BP 阿莫科石油公司	连江口镇红溪小学	兴建教学楼 1 幢，建筑面积 970 平方米	25	1998
香港永浣集团	升平镇黄洞小学	兴建教学大楼 1 幢，建筑面积 1152 平方米	25	1999
鲍思高基金会	连江口镇犁头咀小学	建校	84	1999
广州新华书店集团，花都新华书店	升平中学、飞来峡中学	赠送图书	5000 册	1999

（二）中小学"四室一场"建设

从 1995 年起，区各中小学对"四室一场"进行建设，完善各种办学设施。1995-2000 年，各学校建设的情况如下：

1995 年，升平镇各学校按"普九"要求，分别购置一批教学设备，完善"四室一场"设备。

1996 年，黎溪镇各学校按"普九"要求，加强"四室一场"建设。⑴购置教学设备。初中学校购置教学仪器 4260 件，仪器柜 24 套，图书 22417 册；小学各学校区投入 106467 元，购置教学常规仪器。⑵购置图书。其中，初中学校购置图书 22417 册（其中全镇干部、职工、学校师生捐书 9763 册），学生人平 19 册；小学各学校新购图书 11075 册，学生人平 10 册。

1997 年，区教育局投入 36 万元，购进一批教学仪器和体育器材，分拨给各镇中小学；年间，各镇中学、中心小学亦分别投资几万元至十几万元，购置图书一批、仪器一批，充实图书室、实验室。是年，水边镇各学校共投入 5.196 万元，新购置教师办公台凳 58 套、购置学生台凳共 750 套；投入资金 2.76 万元，购置图书

9200册；投入资金3.25万元，添置体育器材、教学仪器一批。

1998年，区内各中小学“四室一场”建设步伐加快，升平中学、黎溪中学、水边中学分别建有物理、化学实验室；连江中学、升平中学、水边中学分别建有音乐室；连江中学、连江一小、升平中学分别建有语音室；飞来峡中学建有电脑室；升平中学、升平中心小学、飞来峡中学建有美术室；黎溪中学建成400米环跑运动场，升平中学、水边中学、黎溪中心小学建成200米环跑运动场。

1999年，区内各中学的物理化学实验室、图书室、体育器材室均全部建好；连江口二小、升平中心小学装配建成语音室；连江中学、升平中学装配建成电脑室；黎溪中心小学建成200米环跑运动场，连江中学400米环跑运动场，连江口二小200米环跑运动场正在施工；9月14日，广州新华书店集团和花都新华书店分别向升平中学、飞来峡中学图书室赠送图书5000册图书，充实两所图书室；是年，升平镇中小学“四室一场”建设力度较大，共投入30万元，在升平中学、中心小学配备建成语音室、电脑室、音乐舞蹈美术室、物理化学实验室。

2000年，区教育局投入100万元，购置大批的教学仪器分拨给各中小学，全区中小学“四室一场”条件大为改善。是年，各镇中学、中心小学的实验室，图书室、语音室、音乐室、体育器材室全部建成；黎溪中学装配建成电脑室；连江口二小建成200米环形运动场，各校的运动场全部建好。

三、教学设施、实验室、图书室、田径场

按国家住房和城乡建设部《农村普通中小学校建设标准》，全区中小学中，学校占地面积达标、实验室面积达标、图书室藏书达标、体育场面积达标、仪器设备达标数和电脑、实验室、图书室、语音室、计算机房、田径场个数，各年度情况如下：

1.1998年。小学：占地面积达标学校数25间、实验室面积达标学校数4间、图书室面积达标学校数28间，体育场面积达标学校数28间，理科教学仪器设备达到标准的学校数2间，音乐教学仪器设备达到标准的学校数2间，美术教学仪器设备达到标准的学校数2间，体育器材仪器设备达到标准的学校数27间，教学分组实验达到标准的学校数2间，图书室藏书达标的学校26间、图书藏量171785册。中学：占地面积达标学校数3间，实验室面积达标学校数3间，图书室面积达标学校数3间，体育场面积达标学校数3间，理科教学仪器设备达到标准的学校数3间，音乐教学仪器设备达到标准的学校数3间，美术教学仪器设备达到标准的学校数3间，体育器材仪器设备达到标准的学校3间，教学分组实验达到标准的学校数3间，图书室藏书达标的学校3间、图书藏量108437册。

全区各学校共有电脑8台，其中普通中学6台，小学2台；有实验室23间，其中普通中学16间，小学7间；有阅览室24间，其中普通中学6间，小学18间；有图书室12间，其中普通中学4间，小学8间；有仪器室38间，其中普通中学18间，小学20间；有语音室2间，其中普通中学2间，小学无；有计算机房1间，其中普通中学1，小学无；有200米田径场9个，其中普通中学2个，小学7个；有300米田径场9个，其中普通中学2个，小学7个；有400米田径场4个，其中普通中学2个，小学2个；有体育室38间，其中普通中学6间，小学32间。

2.1999年。小学：占地面积达标学校数28间，实验室面积达标学校数4间，图书室面积达标学校数28间，体育场面积达标学校数28间，理科教学仪器设备达到标准学校数2间，音乐教学仪器设备达到标准学校数2间，美术教学仪器设备达到标准学校数2间，体育器材仪器设备达到标准学校数27间，教学分组实验达到标准的学校数2间，图书室藏书达标的学校26间，图书藏量203775册。

3.2000年。全区各学校有电脑38台，其中普通中学36台，小学2台；有实验室22间，其中普通中学16

间，小学6间；有阅览室24间，其中普通中学6间，小学18间；有图书室12间，其中普通中学4间，小学8间；有仪器室31间，其中普通中学18间，小学13间；有语音6室间，其中普通中学3间，小学3间；有计算机房1间，其中普通中学1间，小学无；有200米田径场10个，其中普通中学3个，小学7个；有300米田径场2个，其中普通中学1个，小学1个；有400米田径场3个，其中普通中学2个，小学1个；有400米田径场3个，其中普通中学2个，小学1个；有体育室38间，其中普通中学6间，小学32间。

三、教师住房建设

1996年10月，区内学校通过"普九"验收后，校舍建设主要以教师住房建设为主。

设区后至1998年底，全区建成教师住房241套，建筑面积21296平方米，解决356名教师的住房。其中，解决双职工45人，政府统筹解决住房的教师248人，由外单位解决住房的教师39人，自有住房的教师69人；升平镇94套，黎溪镇85套，水边镇35套，连江口镇27套。未解决住房的带眷教职工491人，其中双职工教师57人。1998年，全区各学校教职工的为混凝土或砖木结构的住房面积35029.24平方米，其中：升平镇各学校9595平方米、94套，入住130户720人（带家属居住人数663人，单身教师居住人数57人），人平均居住13.3平方米，为混凝土和砖木结构，总造价605万元。黎溪镇各学校11445.4平方米、81套，入住230户1022人（带家属居住人数969人，单身居住教师人数53人），人平均居住11.2平方米，总造价605.998万元。连江口镇各学校9595平方米、94套，入住130户720人（带家属居住人数663人，单身教师居住人数人数57人），人平均居住13.3平方米，总造价605万元。水边镇各学校4393.84平方米、95套，入住103户331人（带家属居住人数265人，单身教师居住人数66人），人平均居住23平方米，总造价201.8万元。住泥砖屋教职工人数432人，人均居住面积5平方米以下教职工180人，住房不成套的教职工人数491人。未列入解决教职工的住房计划的教职工50人，列入解决教职工的住房计划但未完成的教职工有150人，建房经济有困难教职工368人。

2000年后，由教师住房由福利分房过渡为货币分房。

第六节　教师队伍

一、队伍结构

1997-1998学年，全区中小学教职工有924人。

1998-1999学年，⑴全区正式教职工有976人：①中学教职工306人，其中任课教师266人（高中任课教师22人、初中任课教师244人），行政人员14人，工勤人员26人。②小学教职工670人，其中任课教师555人，行政人96人，工勤人中19人。⑵全区代课教师和临时工有178人：①中学代课教师10人，临时工31人。②小学代课教师129人，临时工8人。是年，全区带眷教职工637人，双职工的教职工102人。

1999-2000学年，全区教职工1080人，其中任课教师924人。全区教职工中，有中共党员229人，其中中学63人，小学165人，幼儿园1人。有共青团员325人，其中中学123人，小学197人，幼儿园5人。

2000-2001学年，全区小学教师710人，其中任课教师599人，行政人员97人，工勤人员14人。另有代课教师33人，临时工12人。

表 15-1-10

1998-2000 学年全区高中分课程专任教师学历情况表

单位：名

年度/学历/课程/人数		合计	政治	语文	数学	物理	化学	生物	地理	历史	英语	体育	卫生	音乐	美术
1998-1999	合　计	22	2	3	3	3	2	1	1	2	3	1			1
	本科以上毕业	15	2	3	3	2	2			1	2				
	其中师范专业	15	2	3	3	2	2			1	2				
	专科毕业	7				1		1	1	1	1	1			1
	其中师范专业					1		1	1	1	1	1			1
1999-2000	合计	21	2	2	3	3	2	1	1	2	3	1			1
	本科以上毕业	12	2	2	2	1	2			1	2				
	其中师范专业	12	2	2	2	1	2			1	2				
	专科毕业	9			1	2		1	1	1	1	1			1
	其中师范专业	9			1	2		1	1	1	1	1			1

表 15-1-11

1998-2000 学年全区初中分课程专任教师学历情况表

单位：名

学年/学历/课程/人数		合计	政治	语文	数学	物理	化学	生物	地理	历史	英语	体育	卫生	音乐	美术	劳动	其他	不任课
1998-1999	合　计	244	19	56	46	15	9	6	5	6	42	17	2	7	6	1	2	5
	本科以上	13	2	3	1						1	6						
	其中师范专业	9	2	2	1						1	3						
	专科毕业	195	14	49	42	14	9	5	2	3	40	6	1	3	2	1	2	2
	其中师范专业	156	10	39	31	14	7	3	2	3	32	6		2	2	1	2	2
	中专毕业	31	3	3	2	1		1	3	2	1	4	1	4	4			2
	其中师范专业	16	1	1	2	1					1	3		2	3			2
	高中以下毕业	5		1	1					1		1						1
	其中取得专业合格证	2			1													1

续表

学年/学历/课程/人数		合计	政治	语文	数学	物理	化学	生物	地理	历史	英语	体育	卫生	音乐	美术	劳动	其他	不任课
1999-2000	合　计	252	25	54	47	21	9	6	5	7	43	16	2	7	7			3
	本科以上	15	3	3	1		1				1	6						
	其中师范专	10	2	2	1		1				1	3						
	专科毕业	196	21	46	42	20	8	5	2	2	39	5	1	3	2			
	其中师范专业	157	17	36	32	16	7	4	2	2	33	5		1	2			
	中专毕业	37	1	4	4	1		1	3	4	3	4	1	4	5			2
	其中师范专业	29		3	4					2	3	4		4	5			2
	高中以下毕业	4		1						1		1						1
	其中取得专业合格证	2		1														1

表 15-1-12　　1998-2000 学年全区小学分课程专任教师学历情况表　　单位：名

学年/学历课程/人数		合计	思想品德	语文	数学	语文数学	外语	自然	地理	历史	体育	音乐	美术	劳动	计算机	其他	不任课
1998-1999	合　计	555	17	175	145	155	18	6	2	2	17	7	5			2	4
	本科以上	1		1													
	其中师范专业																
	专科毕业	42	1	20	11	2	3				4	1					
	其中师范专业	2		1	1												
	中专毕业	475	16	144	123	138	15	5	2	2	13	6	5			2	4
	其中师范专业	303	10	83	81	91	11	2	2	2	12	6	3			2	2
	高中以下毕业	15		4	3	7		1									
	取得专业合格证	22			6	8	8										

续表

学年/学历课程/人数		合计	思想品德	语文	数学	语文数学	外语	自然	地理	历史	体育	音乐	美术	劳动	计算机	其他	不任课
1999-2000	合　计	599	11	203	154	174	20	5	1	3	15	6	3				4
	本科以上																
	其中师范专业																
	专科毕业	55		31	12	5	4				2	1					
	其中师范专业	30		16	7		4				2	1					
	中专毕业	524	11	167	142	156	16	4	1	3	13	5	2				4
	其中师范专业	416	11	136	111	110	16	4	1	3	13	5	2				4
	高中以下毕业	12		3		8		1									
	取得专业合格证	8		2		5							1				

表 15-1-13　　1998-2000 学年全区幼儿园园长、教师学历情况表　　单位：名

学　年	类　别	合　计	中师毕业	其中幼师毕业	职业高中幼教专业毕业	非师范专科毕业
1998-1999		27	27	13		
	园　长	5	5	5		
	教　师	8	8	8		
	学前班老师	24	24			
1999-2000		58	56	20	2	
	园　长	6	6	3		
	教　师	17	17	17		
	学前班老师	35	33		2	

表 15-1-14　1998-2000 学年全区高中专任教师专业技术职务、年龄情况表　单位：名

学年/职务/年龄/人数		合　计	25 岁以下	26～30 岁	31～35 岁	36～40 岁	41～45 岁	46～50 岁	51～55 岁	56～60 岁
1998-1999	合　计	22	6	4	7	3	1	1		
	中教高级									
	中教一级	9			4	3	1	1		
	中教二级	8	1	4	3					
	中教三级									
	未评级	5	5							
1999-2000	合　计	21	3	6	7	4		1		
	中教高级									
	中教一级	9		1	3	4		1		
	中教二级	5		1	4					
	中教三级	3	1	2						
	未评级	4	2	2						

表 15-1-15　1998-2000 年全区初级中学专任教师专业技术职务、年龄情况表　单位：名

学年/职务年龄/人数		合　计	25 岁以下	26～30 岁	31～35 岁	36～40 岁	41～45 岁	46～50 岁	51～55 岁	56～60 岁
1998-1999	合　计	244	53	65	47	34	13	16	11	5
	中教高级									
	中教一级	50			5	13	9	12	6	5
	中教二级	125	4	48	40	20	4	4	5	
	中教三级	39	26	10	2	1				
	未评级	30	23	7						

续表

学年/职务年龄/人数		合计	25岁以下	26～30岁	31～35岁	36～40岁	41～45岁	46～50岁	51～55岁	56～60岁
1999-2000	合　计	252	52	63	56	31	10	13	15	12
	中教高级									
	中教一级	56			11	10	6	10	11	8
	中教二级	125	4	43	44	19	4	3	4	4
	中教三级	48	26	19	1	2				
	未评级	23	22	1						

表15-1-16　　1998-2000年全区小学专任教师专业技术职务、年龄情况表　　单位：名

学年/职务年龄/人数		合计	25岁以下	26～30岁	31～35岁	36～40岁	41～45岁	46～50岁	51～55岁	56～60岁
1998-1999	合　计	555	146	89	52	49	104	65	32	18
	小教高级	42				1	10	14	13	4
	小教一级	227	16	23	22	25	75	42	19	5
	小教二级	198	67	43	30	22	19	8		9
	小教三级	21	9	10		1		1		
	未评级	67	54	13						
1999-2000	合　计	599	181	100	66	58	77	69	33	15
	小教高级	54				4	13	19	11	7
	小教一级	277	3	41	50	44	60	44	22	8
	小教二级	186	91	59	16	10	4	6		
	小教三级	30	30							
	未评级	52	52							

二、荣誉

1997 年，区教育战线妇委会向女教师发出“讲文明、比贡献、争当优秀教师”的倡议，号召女教师为飞来峡教育事业多作贡献。9 月 7 日，区管委表彰 1997 年度“尊师重教”先进单位 4 个、“师德建设”先进单位 4 个、“师德建设”先进个人 11 人、“教书育人”优秀校长 4 人、“教书育人”优秀教师 23 人。1997 年，黎溪镇中心小学校长李穗光被授予广东省“劳动模范”称号。1998 年区妇联组织开展“巾帼建功”活动，蓝健清、朱建珍被评选为先进人物。2000 年，周炳新被评为广东省“先进教育工作者”、郭学森被评为广东省“劳动模范”称号、植炎桃等 2 名教师被评为“南粤教坛新秀”和“先进班主任”称号。区妇联组织开展“巾帼建功”活动，连江口第一小学副校长张群翠被评选为“巾帼建功”活动先进典型。

三、人事管理

（一）公办教师

公办教师的管理由区教育局人事股具体负责，主要办理业务包括教职工年度考核、继续教育工作、专业技术职务评聘、工资调整、人事档案、调动手续等事项。1998–1999 学年，新增加教师 70 人（应届毕业生 34 人，民办转公办 27 人，广东省外调入 3 人，其他部门调入 6 人），减少教师数 13 人（退休 6 人，退职 1 人，自动离职 3 人，调离教育部门 3 人）。

（二）民办教师

1995 年，经清远市教委审批审核，全区有 47 名教师民办教师转为公办教师，其中升平镇 4 人、黎溪镇 8 人、水边镇 3 人、连江口镇 32 人。1996 年至 1999 年，共有 169 名民办教师转为公办教师。

1998–1999 学年，年初全区集体办教工有 129 人，年末 14 人，减少 115 人（不合格辞退 88 人，转为公办教师 27 人）。

（三）代课教师

1998–1999 学年，年初全区代课教师数 126 人，年末 139 人，增加 13 人。1998 年 10 月 26 日，区委办公会议决定，区内代课教师工资定级为第一年每月 320 元，每年增加 20 元，第五年增至 400 元后封顶。1999–2000 学年，年初全区代课教师数 139 人，年末 15 人，减少 124 人（自动离职 3 人，不合格辞退 121 人）。

四、教师培训

1997 年，清远市电视大学在飞来峡管理区设分教点，开办小学师资大专班，全区有 127 名教师参加培训。1999 年 10 月，区教育局启动教师“全员培训”工程。经清远市人事局批准备，区教育局与区组织人事办公室联合举办“计算机专业培训”班，对全区 45 周岁以下的教师进行培训，至次年 6 月共办班 6 期，360 名教师参加培训，取得计算机应用初级证书。2000 年，区教育局继续实行教师“全员培训”工程。年初，169 名在 1996 年至 1999 年期间民转公的教师，到清远市教师进修学校进行业务培训。是年，全区中小学校长全部参加“校长提高班培训”。1999 年至 2000 年，全区有 300 多名中师学历以下教师参加相关院校的函授进修、电大培训或自学考试，全区教师的学历基本达到国家教育部的要求。

第二章 卫生

第一节 医疗卫生机构

一、行政机构

1995 年 8 月 29 日，清远市机构编制委员会批复，批准飞来峡管理区内设宣传教育办公室，其中含卫生工作职能。同年 12 月 21 日，区机构编制委员批复，设飞来峡管理区卫生局，正科级行政单位，定编 5 人，行政编制 1 名由区宣传教育办调剂，事业编 4 名，归口宣教办管理，同时挂计生局、卫生防疫站两块牌子。1996 年 2 月 6 日，区卫生局挂牌成立，从各镇卫生院借调人员 4 名，正式开展工作，管辖原英德市的水边镇、连江口镇、黎溪镇及清新县的升平镇的卫生医疗机构。1996 年 3 月 29 日，区机构编制委员会批复，区卫生局从宣教办单列出来。

1996 年 6 月 5-6 日，区卫生局组织全区医疗机构人员进行培训学习，参训人员 118 人；按《医疗机构管理条例》规定，对全区卫生院、门诊部、诊所、卫生所（室）进行申请、变更、补办登记等执业登记。12 月 14～15 日，举办全区医技人员、赤脚医生学习班，参训人员 254 人，培训内容为“加强乙肝、丙肝、疟疾、艾滋病的防治，避免医源性经血传播性疾病传播”。1997 年，选送各卫生院、技术人员 12 名专业技术人员到有关医疗机构进修，其中急诊科医生 2 人，妇幼医生 5 人，外科医生 3 人，心电图、B 超医生 1 人，检验医生 1 人。1999，选送 6 名妇幼骨干技术人员，到清远市人民医院、清远市妇幼保健院、清远市中医院进修学习。

飞来峡管理区卫生局局长、副局长：

局　长　李慧萍（1998.12-2001.10）

副局长　李慧萍（1996.1-1998.12）

何兴正　（　-1997.4）

二、卫生医疗机构

（一）卫生院

区内有升平、黎溪、连江口、水边 4 个卫生院。因经常受水浸，各镇卫生院的房屋和医疗设备十分落后。从 1996 年起，省、市和各镇分别投入一定的资金，对部分卫生院院址进行搬迁重建，按照“一无三配套”（无危房，人员、房屋、设备配套）的要求进行扩建，配备人员与设备。至 1998 年，4 个卫生院基本消灭危房，配备有门诊大楼及住宿大楼；有专业技术人员 132 人，乡医及卫生员 114 人；有病床 38 张。

1996 年 5 月 23 日，何正兴院长调离，龚振提为连江口镇卫生院负责人，主管全面工作。1997 年 9 月 1 日，任命林志明为黎溪卫生院负责人（1998 年 9 月 8 日任副院长），主管全面工作；任命汪忠诚为升平镇卫生院副院长，主管卫生院业务工作；10 月 21 日，区卫生局与水边镇政府研究决定，任命付日耀为水边镇卫生院负责人，主管全面工作。1998 年 9 月 8 日，邱志鹏接任水边镇卫生院负责人职务，主管全面工作。

1.升平镇卫生院。1995 年，升平镇政府投资 500 万元，建设升平卫生院。1996 年，升平镇政府把水库移民搬迁赔偿款15万元，投入到卫生院的建设。1997年，卫生院新建门诊大楼1栋，住宿大楼1栋，建筑面积共45000平方米；添置B超、200毫米X光机、检验设备一批；并引进急诊科、外科、妇幼、X光、B超的技术人员若干。1996年业务总收入592321.37元，1997年业务总收入803221.43元、结余84609.80元。1999年上半年，升平镇卫生院投入资金3万元，购置婴儿床、病床、新生儿抢救台、新生儿吸痰机、抢救车、空调机等设备。

2.连江口镇卫生院。连江口镇政府规划新卫生院基建用地15000平方米。1996年，镇政府把水库移民搬迁赔偿资金100万元，全部投入到新卫生院的建设。年间，建成留医部大楼1栋，建筑面积3600平方米，住宿大楼2栋，建筑面积278平方米，门诊部3间。1999年，卫生院投入资金7万元，添置B超机及手术室仪器设备一批。

3.水边镇卫生院。1999年，水边镇卫生院建成留医部大楼1栋，建筑面积共7500平方米。

4.黎溪镇卫生院。1999年10月黎溪镇卫生院住院大楼动工兴建，2000年上半年建成，建筑面积1600平方米。

（二）诊所

1996年2月6日，区卫生局开设飞来峡管理区直属门诊部，有医疗技术人员4名；清远市卫生局拨给部分医疗仪器，区卫生局购置部分急用设备，用于治疗部分干部职工的常见病、多发病。

三、医疗概况

1997年，全区各卫生院诊病人数66481人，收留住院病人315人，健康体检人数9623人，业务总收入247万元。

1999年，升平、黎溪、连江口3间卫生院完成剖腹产、人流引产手术及胃、肠疝气、腹部普外等农村常见病多发病手术71多例。是年，全区诊疗病人87000人次，医疗业务总收入3846225元，比上一年同期增长8.5%。

2000年，升平、黎溪和连江口3个镇卫生院能开展宫外孕、子宫肌瘤等手术。

四、卫生荣誉

1997年，区卫生局被清远市卫生经济学会评为“清远市卫生经济学会先进集体”；1999年2月5日，区委区管委表彰1998年先进单位和先进个人，区卫生局获“先进单位一等奖”；黎溪卫生院被清远市卫生局评为“清远市卫生先进集体”。1999年5月31日，升平镇卫生院被清远市卫生局评为“农村三项建设先进单位”；2000年12月13日，升平镇卫生院工会、黎溪镇卫生院工会分别获“清远市卫生系统1999-2000年工会先进单位”称号，林志明、蓝兴利分别获“清远市卫生系统1999-2000年工会先进个人”称号；2000年4月21日，孔宪君、何正兴被清远市卫生局评为“清远市农村初级卫生保健工作先进个人”。

第二节　医政药政

一、医疗机构管理

飞来峡管理区卫生局负责对区内从事疾病诊断、治疗活动的医院、卫生院、疗养院、门诊部、诊所、卫生所（室）等医疗机构，实施管理。区卫生局监督管理的主要内容是：①负责医疗机构的设置审批、执业登记和校验。②对医疗机构的执业活动进行检查指导。③负责组织对医疗机构的评审。④对违反《医疗机构管理条例》的行为给予处罚。1998 年 3 月，区卫生局下发《关于对我区医疗机构药品使用统一规定的通知》，明确规定：全区乡村卫生站的药品种类，乡村卫生站及个体诊所一律禁止开展静脉滴注和销售静脉滴注的液体、器械，对不具备抢救条件的乡村卫生站，禁止使用青霉素、安苄青霉素、连霉素、卡那霉素等药品，不得销售和使用生物制品等。是年，查出存在问题有三方面：①由于监督人员不足，对乡镇医疗机构监督检查不够完善，使一些无证行医、游医能立足于医药市场。②少部分医疗机构，未办理医疗机构变更手续，借移民搬迁之机，至墟镇开展诊疗活动，严重扰乱辖区的医疗秩序。③部分医护人员着装欠整洁，处方、病历及护理记录的书写不够规范，甚至部分卫生院未建立病历书写制度。1999 年初，区卫生局下发《关于对我区医疗机构药品使用统一规定的通知》，明确规定区内乡村卫生站的药品种类。3 月，对全区医疗机构进行执法大检查，出动执法人员 8 人次，检查医疗、医药机构共 26 间，发现有违法行为的机构 12 间，其中擅自变更执业地址的 1 间，未取得“医疗机构执业许可证”开展诊疗活动的 3 间，超出诊疗科目范围的 9 间，部分医疗机构使用过期药品或配备药品超出所核准诊疗科目规定的范围。区卫生局对有违法行为的机构进行处罚，共处罚金 5400 元，没收药品一批，没收牙科器械一批，价值约 2400 元。下半年，进行医疗机构执业许可证审核、发证工作。至 12 月，领取“医疗机构执业许可证”的乡村卫生站 71 间，占乡村卫生站的 61%；个体诊所 15 间，占 94%；药品经营店（档）12 间，比 1998 年同期增加 2 间。

二、药品监督管理

飞来峡管理区卫生局依照国家和省有关药品、医疗器械监督管理工作的政策、法律、法规和规章，经常对区内各医疗卫生机构、个体行医人员、个体诊所经营的药品、医疗器械、麻醉药品、医疗用毒性药品、精神药品、药品类易制毒化学品等，进行监督管理检查、整顿，严禁无“药品经营企业许可证”的单位或个人从事药品经营活动。

1995 年 5 月 9 日至 10 日，区卫生局组织人员，对全区部分医疗、医药机构进行药品质量抽检，抽检品种 66 种，发现部分医疗机构使用销售过期失效药品和无进口批文药品，甚至假、伪劣药品，严重违反《药品管理法》有关规定。1996 年 11 月 15 日至 11 月 23 日，区卫生局对全区墟镇的医药市场进行大检查及整顿，发现无证有经营药品、麻醉药品现象，查处无证摊档及卫生站、个体诊所 65 档，无证经营药品 18 档，查封及没收药品一批，价值 10000 元；烧毁假伪劣药品及过期失效药品 203 种，价值 800 元。1999 年，各卫生院开展纠正医药购销不正之风行动。各卫生院分别成立药品采购和管理小组，院长为组长，会计、仓库管理人员和各科组长为组员，设立药品购销会计账，保证药品通过正当渠道采购，控制药品销售价。

1999 年 8 月，区卫生局对各医疗机构检查，取缔 5 间证件不全的药品生产经营药店、医疗机构，查封假、伪、劣药品一批。11 月 9 日至 10 日，在清远市卫生局药政科、市药品监督所的协助下，对全区部分医疗、医药机构进行药品质量抽检，抽检品种 36 种，发现部分医疗机构使用销售过期失效药品、无进口批文药品，甚至假、伪劣药品，严重违反《中华人民共和国药品管理法》的有关规定。是年，全区各卫生机构的药品收入比上一年同期减收 4 万元，下降 2.2%，医疗业务总收入比上一年同期增长 3.4%。

三、卫生院管理和内涵建设

1998 年，飞来峡管理区卫生局制定《飞来峡管理区乡镇卫生院目标管理考评方案》，卫生院管理和内涵建设，内容有：①在各卫生院开展“以病人为中心”的医德医风教育。②规范医护人员的工作行为。③设立病人意见箱和投诉电话，并记录资料。④杜绝受“红包”和多收费、乱收费事例发生。⑤保证药房无伪劣、过期药品情况，各科室无私自进药事例发生。⑥消除门诊病人有“三长一短”（挂号、收费、取药时间长、就诊时间短）现象发生。⑦对急诊病人要及时抢救，对各项检查项目要及时报告。⑧坚持住院医师查房制度。

12月，成立区医疗质量管理检查小组，李慧萍、何兴正为正、副组长，对各卫生院进行一次医疗管理质量检查，涉及对处方书写、药物剂量、病历书写、护理文书书写、病案资料保存、院容院貌、消毒卫生等方面。

第三节　农村合作医疗保健

一、农村合作医疗保健补偿规定

飞来峡管理区是以农村为主的边、远、穷、交通不便的移民山区，农村人口占85%，农民看病难、因病致贫、因病返贫的现象在不同程度上存在。1998年5月，区成立飞来峡管理区农村合作医疗领导小组，推行农村合作医疗保健制度。由多方筹集医疗保健资金，对参加农村合作医疗保健的人员，实行医疗保健补偿政策：①凡在区内作医疗站就医就诊者，每次免收1元，并免收注射费。②到镇卫生院就诊的或住院的，免收医疗费用的30%。③到区外医院就诊的或住院的，免收医疗费用的10%。④对就诊或住院人员，补偿最高限额为每人每年2500元以内，重病、大病的可酌情再给予补助。⑤对全年未就诊的，镇卫生院给予免费50%体检一次。

二、参加合作医疗人员情况

1998年12月，全区有11087人参加农村合作医疗，涉及升平、黎溪、连江口3镇的7个管理区，占全区管理区总数的15%，占全区农村人口的10.4%。1999年1月，参加农村合作医疗总人数12816人，占全区总人口的12.1%。其中，升平镇参加人数3261人，占该镇农村人口13.9%；黎溪镇参加人数6821人，占该镇农村人口21%；连江口镇参加人数2734人，占该镇农村人口8%。1999年2月，全区总人口106340人，有16710人参加农村合作医疗，涉及升平、黎溪、连江口3镇的10个管理区，占全区管理区总数的15.7%，参加人数占农村总人口18.5%。其中，连江口3152人，占该镇农村人口11.5%；黎溪6991人，占该镇农村人口28%；升平6467人，占该镇农村人口31%。

三、合作医疗资金运作情况

合作医疗保健由镇、区两级监管、举办，从四方面渠道筹集资金：①区财政为每人每年出资1元。②镇政府为每人每年出资1元。③管理区为每人每年出资0.5元。④个人每人每年出资28元。筹集到的资金由镇农村合作医疗办公室管理专户储存管理。1998年，全区投入启动农村合作医疗保健资金23万元，其中区13万元、镇10万元。至1999年10月31日，全区农村合作医疗保健资金收入358848元，合作医疗费支出96614.86元，占总收入的26.9%，人均用去资金10.30元，每人每月平均用去资金1.10元。其中，在卫生站4927.00元，占总支出的5%；在卫生院支出68685.60元，占总支出的71.1%；在区外支出15344.75元，占总支出的15.8%；其他支出7675.51元，占总支出的7.9%。1999年11月25日统计，各镇农村合作医疗资金剩余224875.05元，各镇运作的资金收支情况是：①升平镇合作医疗运作7个月，收入资金91308元，支出11373.87元，占总收入的12.46%，其中：支卫生院10669.03元，占总支出的93.8%；区外支出704.84元，占6.2%；全镇管理费1826.16元，储备金2%（1826.16元），风险金5478.48元，结余61672.53元，人均结余19.18元。②黎溪镇合作医疗运作10个月，收入资金190988元，支出66940.79元，占总收入的35%，人均支出9.81元。其中：支卫生站1693.00元，支卫生院56891.00元，支区外8356.79元；结余104948.41元，人均结余15.38元。③连江口镇合作医疗运作11个月，收入资金76552元，支出18297.89元，占总收入的23.9%，人均支出6.69元。其中：卫生站支出3234.00元，卫生院支出1125.57元，区外支出6283.12元。按区方案中的管理费2%、储备金2%和风险金6%，合计资金7655.20元，占合作医疗总收入的10%。结余58254.11元，人均结余21.30元。

第四节　公共卫生服务

一、环境卫生

（一）公共场所卫生宣传和“四害”防治

1995年以来，区内4镇都有移民搬迁，苍蝇、蚊子、老鼠、蟑螂（“四害”）问题不少，区卫生局每年都组织人员，定期到乡镇圩镇、码头、农贸市场、车站、企业场所等流动人口集居地及各管理区、中小学校，进行计划免疫接种、传染病防治、寄生虫病和地方病防治、食品卫生等卫生知识的宣传。其中，1996年共印发宣传品25000份，出墙报300版，出黑板报65期，张贴卫生标语1500条，到各中小学校召开师生座谈会30次。

1998年，连江口镇制定《连江口镇市容和环境卫生管理实施办法》《连江口园林绿化管理实施办法》，投入51万元整治环境，在银英公路连江口圩镇路段两旁、防洪堤边和各街道安装路灯156盏、种植绿化树340棵。1999年，升平镇投资5万多元，新建能容纳15万吨垃圾的填埋场1个，扩建垃圾堆放点6个，在北新移民区安装路灯14盏，补种树苗1000多株，防治“四害”。

（二）医疗机构消毒

根据《消毒管理办法》及《消毒技术规范》，区卫生局每年组织开展对区内医疗机构、托儿机构等有关机构、场所和物品的消毒工作；消毒产品生产企业执行《消毒产品生产企业卫生规范》情况；消毒产品的卫生质量；消毒服务机构的消毒服务质量进行监督检查。对违反《消毒管理办法》的行为采取行政控制措施。据统计，1998年，全区监测各类医疗机构13间，监测样品46份，合格42份，合格率91.3%；监测托儿机构3间，监测样品78份，合格69份，合格率88.5%。1999年，在推行农村合作医疗制度期间，区卫生局调整乡村卫生站6间，调整后的各个卫生站诊疗室、药房、治疗室（“三室”）分开，配置高压灭菌设备、紫外线灯等，污水、污物排放处置合理的要求。

（三）库区环境卫生整治

1998年下半年，各镇开展飞来峡水库库底清理工作。连江口镇计划拆除清理的房屋197962平方米、应清除厕所1328间、清理坟地1380穴、清理医疗站10处。年间，拆除清理房屋84576平方米，完成43%；清除厕所717间，完成54%；清理坟地1240穴，完成89%；清理医疗站4处，完成76%。1999年1月中旬，连江口镇全面完成清理任务。1999年，水边镇投入3万元对圩镇卫生脏、乱现象进行治理，初步通过“岭南杯”达标验收；升平镇投入60多万元，对库底进行清理、消毒，共清理果园87亩、林地248亩、竹林555亩、清拆房屋及其他建筑物20万平方米。

（四）食品生产经营场所卫生管理

区卫生局对食品生产、经营场所的新建、扩建、改建工程实管理，在设计、施工、验收三个环节，都进行审查。1997年10月至1998年9月底，应监督523户，实监督493户，新发、换发食品卫生许可证493个；监测食品38件，合格36件，合格率94.74%，监测餐具485件，合格388件，合格率80%。1999年，对区内食品市场进行一次检查，检查食品生产加工店7间、食品批发零售业58间，饮食店25间，发现问题并提出警告、要求限期改进食品行业45户次，责令公告收回已售出的食品8户次、收回食品45公斤，责令停止生产经营6户次，责令销毁食品35户次，销毁不合格食品380公斤。

二、饮水卫生

区卫生局按《广东省及清远市生活饮用水卫生管理办法》，参加供水单位新建、改建、扩建的饮用水供水工程项目选址、设计审查、竣工验收，对符合卫生要求的，发放卫生许可证。开展生活饮用水水质的卫生监督、监测，其中1998年抽检区自来水出厂水6份、管网末梢水6份，均合格，合格率100%。对直接从事供、管水的人员，进行健康检查，取得体检合格证的，发上岗证。其中1998年组织全区生活饮用水供水人员及宝晶矿泉水厂的从业人员，全部参加体检，并进行卫生知识培训。

三、饮食行业食品卫生

区卫生局每年定期开展食品从业人员体检、发证工作及食品、餐具的卫生监测、监督工作。由于区卫生局属清远市派出机构，区卫生局对食品卫生没有独立的监督权，对食品卫生方面的违法人员存在难监督，处罚难落实、难执行的情况。

1996年，区卫生局对全区的饮食行业摊档的食品检查，全区饮食行业糖烟酒店共530间，检查符合卫生标准发证406间，占76.6%；公共场所296间，符合卫生标准207间，占79%；对从业人员健康体检726人，检出乙肝阴性625人，占87%，乙肝阳性94人，占13%。年间，对饮食行业有关人员进行培训，对有疾病的人员进行调离及治疗，对阴性的人员进行乙肝接种预防，全区未出现食物中毒事故。1997年10月至1998年9月底，食品从业人员进行体检、培训，体检、培训人数728人，合格661人，合格者全部发放健康合格证和培训合格证；查出“五病”（痢疾、伤寒、病毒性肝炎等消化道传染病<包括病原携带者>、活动性肺结核、化脓性或渗出性皮肤病）人员67人，均作调离食品行业工作处理。1999年，监督监测饮食行业摊档477间，监督覆盖率100%；监督1742间次，其中合格1572次，合格率90.24%；新发和换发食品卫生许可证共435间，发证率91.19%；组织从业人员进行体检，应体检773人，实际体检711人，体检率91.98%，合格659人，对合格的人员，发健康合格证进行卫生知识培训，培训合格率100%；查出“五病”人员15人，均作调离饮食行业处理，调离率100%；抽检餐具共636件，合格528件，合格率占83.02%；抽检食品174件，合格159件，合格率91.38%。

四、学校卫生

区卫生局实施对学校卫生监测，掌握本地区学生生长发育和健康状况，掌握学生常见病、传染病、地方病动态；制定学生常见病、传染病、地方病的防治计划；对各镇学校卫生工作进行技术指导；开展对各学校的卫生服务，每年对中小学生进行一次健康体检。1998年，成立“飞来峡管理区学生常见病综合防治领导小组”，区卫生防疫站站长何兴正任组长。6月9-12日，对全区四镇中学生（包括普通高中、中专、技校）进行健康检查，参加检查831人，其中健康人数521人、占62%，部分体检指标不合格人数319人、占38%；10月，对各镇小学的学生进行体检，参加检查13000人，对有疾病的学生，给予指导治疗处理。1999年，组织医务人员对全区中小学生进行健康体检，体检学生17736人，其中高中生144人、中学生4310人、小学生13092人，对检出有疾病者，给予发出通知进行治疗处理。另外，每年对全区所有学校饭堂及幼儿园饭堂的从业人员，进行健康体检，领取健康合格证和卫生许可证后才准许上岗。

五、化妆品卫生管理

1998年7月，按清远市卫生局《关于对全市美容美发场所和化妆品经营单位进行检查通知》要求，组织监督人员检查化妆品经营单位11间、美容美发店6间，查出违规经营单位2间，违例化妆品156件，其中国产的62件、进口的94件；查出有违例化妆品的美容美发店2间，共计违例化妆品13件，其中国产的8件、进口的5件。同月，根据清远市卫生局《关于加强桑拿按摩行业卫生监督管理的通知》要求，组织各镇卫生防疫人员，对区内桑拿按摩行业进行一次检查整顿。

六、劳动卫生管理

区卫生局按《广东省劳动安全卫生条例》和《广东省劳动卫生许可证办法》，1996年起，在区内各企业中，逐步实施劳动卫生许可证制度。不时开展各项劳动卫生检查、监督、监测工作，对接触有害作业人员进行健康体检。由于区内没有大型企业、厂矿，唯一的一间水泥厂也经常不能进行正常的生产，经常出现停工的现象，因此劳动卫生管理没有经常开展。

七、放射卫生管理

根据《放射性同位素与放射装置放射防护条例》的有关规定，1998年，区卫生局对区内3个有放射单位进行卫生监督，检测X光机2台，被查单位基本具有与所从事的放射工作相适应的场所、设施和装备，并能提供相应的证明资料。年间，对放射工作人员进行健康体检和防护知识的培训1次。

八、突发公共卫生事件应急

1997年7月3日，区内及大小北江上游连降大暴雨，造成区各地洪水泛滥，而且浸的时间长，其中有3个镇卫生院房屋严重受浸，人员被围困，全区医疗卫生、防疫工作处于被动状态。区立即启动突发公共卫生事件应急预案，成立以区卫生局成员为主的“飞来峡救灾防病治病领导小组”，清远市卫生局也及时派出由人民医院、妇幼保健院、市卫生防疫站等单位组成防病治病医疗队4支队，共21人，帮助救灾防病治病。医疗队支持药品一批，价值2万多元，消毒药品一批，包括漂白粉1000公斤、漂精片10000片、消毒片50000片。全区各镇卫生医务人员和市医疗队为群众防病治疗2915人次，消毒饮用水受益63993人。是年，区内无大疫情发生。

1997年，黎溪、升平两镇有大量农村移民进入墟镇经营食品、公共服务行业，存在无证经营、贩卖变质过期食品、餐具不消毒，有传染病者而从事食品和公共服务行业情况，公共卫生风险大。由卫生局、卫生防疫站牵头，会同公安分局、工商分局、法庭、财政分局及各镇政府等单位组成检查队，于1997年10月21～24日，在全区范围内，联合进行一次对食品、公共场所的大检查，检查食品公共场所162间，其中食品行业店128间、公共服务场所84间，查出未领取有效卫生许可证的店56间，占检查数的43.8%；查出贩卖过期食品的食品行业店2间。检查从业人员196人，查出未领取有效的健康证的从业人员73人，占检查人数的46.8%；处罚有违法行为的食品行业店31间，共罚款2.21万元。

第五节　疫病防治

一、计划免疫

（一）工作概况

区卫生防疫站按上级卫生部门规定，负责制订计划、培训人员、发放生物制品、处理异常反应、进行免疫水平的监测，全区基本建立预防接种登记卡（簿）各项规章制度。对各镇儿童的基础免疫工作，由区卫生防疫站统一安排，包括：百日咳菌苗、白喉类毒素、破伤风类毒素混合制剂（简称百白破混合制剂）、卡介苗，脊髓灰质炎活疫苗、麻疹活疫苗。另外，对部分人群，不时开展流行性乙型脑炎疫苗、流行性脑脊髓膜炎多糖菌苗等制品的预防接种。所需生物制品经费、接种器材消耗补助费和劳务补贴费，由区卫生局统筹安排。1999 年，区卫生局制定《1999 年飞来峡管理区卫生防疫工作目标考评方案》，组织开展“以病人为中心，优质服务，树行业新风”及创建“百家文明医院，百家文明卫生院”“青年文明号”“文明行业”等系列活动。

（二）预防接种

1997 年，全区 1 周岁儿童 1708 人，卡介苗应接种人数 1400 人，实际接种人数 1383 人，接种率 98.79%；糖丸应服食 4458 人，实际服 4441 人，服食率 99.62%；麻苗应接种 1477 人，实际接种 1461 人，接种率 98.92%；百白破应接种 4497 人，实际接种 4477 人，接种率 99.56%。加强接种方面，百白破应接种 1450 人，实际接种 1430 人，接种率 98.62%；糖丸应服食人数 1543 人，实际服食 1527 人，服食率 98.96%；麻苗应接种人数 1673 人，实际接种人数 1644 人，接种率 98.27%。年间，根据省、市卫生部门《97/98 年消灭脊灰炎强化免疫活动实施计划》，全区统一开展第一轮消天脊灰炎强化免疫工作，第一轮全区登记儿童数为 2592 人，其中登记零剂次儿童 230 人，外出儿童 155 人，应服苗 2437 人，实服苗 2410 人，服食率 98.89%，其中零剂次儿童服食率 100%。

1998 年 1–12 月，全区基础免疫合格接种率：卡介苗 98.52%（1531/1554）、脊灰糖丸疫苗 96.44%（5170/5361）、百白破疫苗 98.15%（5158/5255）、麻疹疫苗 95.81%（2124/2217）。加强免疫接种率：1.5 岁糖丸疫苗 32.29%（2084/2258）、百白破疫苗 32.19%（2053/2227），4 岁糖丸疫苗 93.84%（1768/1881）、麻疹疫苗 97.02%（1857/1914），7 岁麻疹疫苗 97.06%（989/1019）、白破二联疫苗 95.47%（1981/2075）、乙脑疫苗 91.83%（4146/4515）。9 月，组织开展一次全区范围的麻疹预防接种，4～7 岁应种儿童 5862 人，实种 5699 人，接种率 97.22%。其中，连江口镇应种 1660 人，实种 1599 人，接种率 96.33%；黎溪镇应种 2166 人，实种 2151 人，接种率 99.31%；升平镇应种 1569 人，实种 1498 人，接种率 95.47%；水边镇应种 467 人，实种 451 人，接种率 96.57%。年间，根据省、市《98/99 年消灭脊灰炎强化免疫活动实施计划》，开展第二轮消灭脊灰炎强化免疫活动，全区登记儿童数为 2649 人，其中登记零剂次儿童 174 人，外出儿童 174 人，应服苗 2475 人，实服苗 2456 人，服食率 99.23%，其中零剂次儿童服食率 100%。

1999 年 1～11 月，全区基础免疫合格接种率：卡介苗 99.15%，脊灰糖丸疫苗 98.67%，百白破疫苗 98.45%，麻疹疫苗 98.07%，乙肝疫苗 89.22%，乙型脑炎疫苗 95.26%。加强免疫合格接种率：1.5～2 岁糖丸疫苗和百白破疫苗均为 97.69%，4 岁糖丸疫苗和麻疹疫苗均为 97.03%，7 岁白破二联疫苗 98.69%，7 岁乙脑疫苗 91.15%。强化糖丸普服工作，全区儿童 2520 人，外出儿童 309 人，应服苗儿童 2228 人，实服苗儿童 2200 人，服食率 98.74%。1999 年 7 月，区卫生局制定《飞来峡管理区流动儿童计划免疫工作方案》，开展一次对 7 岁以下流动儿童的调查、登记、接种工作。共抽查 4 个乡镇 25 名 7 岁以下的流动儿童，建册 21 人，建册率 84%；建证 23 人，建证率 92%；各苗合格接种情况：卡介苗合格接种 22 人，合格接种率 88%；糖丸疫苗合格接种 20 人，合格接种率 80%；百白破苗合格接种 19 人，合格接种率 76%；麻疹疫苗合格接种 19 人，合格接种率 76%；乙脑疫苗合格接种 17 人，合格接种率 68%；乙肝疫苗合格接种 12 人，合格接种率 48%。其中，升平镇抽查 7 名，建册率 100%、建证率 100%，卡介苗合格接种 7 人、合格接种率 100%，糖丸疫苗合格接种 6 人、合格接种率 85.7%，百白破苗合格接种 6 人、合格接种率 85.7%，麻疹疫苗合格接种 6 人、合格接种率 85.7%，乙脑疫苗合格接种 5 人、合格接种率 71.4%，乙肝疫苗合格接种 4 人、合格接种率 57.1%。黎溪镇抽查 6 名，建册率 66.7%、建证率 66.7%，卡介苗合格接种 3 人、合格接种率 50%，糖丸疫苗合格接种 3 人、合格接种率 50%，百白破苗合格接种 3 人、合格接种率 50%，麻疹疫苗合格接种 3 人、合格接种率 50%，乙脑疫苗合格接种 2 人、合格接种率 33.3%，乙肝疫苗合格接种 1 人、合格接种率 16.7%。连江口镇抽查 6 名，建册率 100%、建证率100%，卡介苗合格接种6人、合格接种率100%，糖丸疫苗合格接种6人、合格接种率100%，百白破苗合格接种5人、合格接种率83.3%，麻疹疫苗合格接种5人、合格接种率83.3%，乙脑疫苗合格接种5人、合格接种率83.3%，乙肝疫苗合格接种3人、合格接种率50%。水边镇抽查6名，建册率66.7%、建证率100%，卡介苗合格接种6人、合格接种率100%，糖丸疫苗合格接种5人、合格接种率83.3%，百白破苗合格接种5人、合格接种率83.3%，麻疹疫苗合格接种5人、合格接种率83.3%，乙脑疫苗合格接种5人、合格接种率83.3%，乙肝疫苗合格接种4人、合格接种率66.7%。是年全区基本消灭免疫空白点，存在问题：各苗接种率不高（除卡介苗合格接种率达85%以上外，其他各苗合格接种率均未达到85%，乙肝疫苗接种率最低）；全区流动儿童调查、登记、接种等管理制约机制不完善，有漏册、漏种的现象。

（三）防疫检查

1996年，清远市卫生部门组织全市防疫交叉抽检，飞来峡管理区在计划免疫、传染病防治、寄地防治、劳动卫生、放射卫生、学校卫生、环境卫生、卫生宣传、科研工作方面，得分39分，存在防疫力量薄弱、对边远地区的防疫工作抓得不紧的问题。其中，水边镇接种免疫率十分低，并有虚报，有可能出现传染病流行的严重局面，区卫生局、卫生防疫站为此进行紧急处理。1997年，清远市防疫交叉检查中，飞来峡管理区在计划免疫、传染病防治、寄地防治、劳动卫生、放射卫生、学校卫生、环境卫生、卫生宣传、科研工作得分为55分，受到表扬。1998年3月，区卫生局制定《飞来峡管理区1998年卫生防疫工作任务目标考评方案》。7月2日至9日，进行全区计划免疫工作检查，总分设为30分，按计划免疫部分任务指标逐项评分，连江口镇得22.65分、黎溪镇得21.4分、升平镇得19.9分、水边镇得10.81分，各镇计划免疫工作发展很不平衡，薄弱镇防疫人员不稳定，工作质量、效率和效益不高。12月上旬，区卫生局组织一次全区计划免疫接种率调查工作，调查30个抽样单位（管理区），210名周岁儿童，建册率100%，建证率100%，各种疫苗合格接种率分别为：卡介苗100%、脊灰糖丸疫苗96.67%、百白破疫苗92.38%、麻疹疫苗94.76%、四苗全程合格接种率90.00%、乙肝疫苗82.86%、乙脑疫苗89.52%，全区儿童免疫接种率维持在85%的基础上，原来计划免疫管理薄弱的乡镇，接种工作也大有改观。

二、传染病防治

区内传染病防治主要以预防霍乱为主。1998年8月，全省霍乱疫情流行十分严峻，在邻近的英德市白沙管理区也发现多例。对此，区镇两级相应成立“防治霍乱工作领导小组”，由政府牵头制定防治措施，卫生部门负责加强饮食卫生的监督管理，封闭或者封存被传染病病原体污染的公共饮用水源、食品以及相关物品；财政、公安、工商、城监、教育、供水、商业、医药等部门，开展疫情的监测、控制或者扑杀染疫家畜家禽、封闭可能造成传染病扩散的场所、切断传染病的传播途径等工作，历时一个月，防止霍乱疫情在区范围内发生和流行。

1997年，全区报告甲、乙类传染病发病数320例。1998年1−12月，各镇上报传染病疫情旬报表和月报表136份，报告甲、乙类传染病14种、315例，发病率298.41/10万，比上一年下降1.6%。

三、地方病的防治

（一）寄生虫病

1997年，区内发现本地感染的疟疾3例。1998年4月、8月，区卫生防疫站分别开展“防疟突击月”活动，开展防蚊、灭蚊，给不明原因发热病人做疟原虫血检等防疟工作。是年，发现本地感染的疟疾1例，发病率0.9/10万，比上一年递减66.7%，该种病例占当年传染病构成的1.1%。同年，开展肝吸虫和肠道寄生虫病的查治和群防群治工作，共查109人，查出肝吸虫2例，发现率1.8%；肠道寄生虫病15例，发现率13.76%，均进行治疗。

（二）碘缺乏病防治

1998 年 11 月 6 日，区卫生防疫站对 8～10 岁学生开展甲状腺肿大的监测，共检查学生 462 人，发现生理性甲状腺肿大 5 人。检测学生从家中带来的食盐，发现一份样本不含碘，发现率 0.3%。此后，区卫生防疫站定期对区批发、出售食盐的副食品摊店进行碘盐监测，杜绝无碘上市、出售。

（三）狂犬病防制

1998 年，全区被动物致伤 172 人，伤口处理 133 人，注射狂犬疫苗 172 人，易感者免疫注射 21 人，扑杀狗 3 只。

四、急性弛缓性麻痹监测工作

1998 年，在清远市卫生防疫站的指导下，开展急性弛缓性麻痹（AFP）监测工作，完善 AFP 监测报告制度。成立区 AFP 监测小组，区卫生防疫站站长何兴正任组长。各级各类医疗卫生机构和人员发现 AFP 病例后，将发病地点、家长姓名、患者姓名、性别、出生日期、麻痹日期、临床初步诊断等信息，在 24 小时内报区防疫站，区卫生防疫站建立 AFP 病例专报记录本，登记接到报告时间、报告人、报告单位、报告内容、记录人等内容。1–12 月，区报市、全区四镇报区的脊灰疫情旬报告和月报告完成率均为 100%，及时率 98.8%。是年，全区发现 AFP 病例报告 1 例，已死亡，分布在黎溪镇，对此 AFP 病例，经省卫生防疫站实验室的粪便标本报告，证实脊灰病毒Ⅰ、Ⅱ、Ⅲ型均阴性，排除脊髓灰质炎。

五、慢性病站防治

1997 年，区卫生局委托英德市慢病站及清新县慢病站代管区内慢性病防治工作。是年区内发生水灾，区委区管委对世界银行贷款结核病控制项目拨给足够的资金，区卫生局、卫生防疫站开展结核病控制项目工作，传染病控制率达标。

六、精神病防治

对区内精神精神病人的防治、管理，由卫生防疫站、各镇卫生院防疫组分别指定专人或兼职负责。1998 年 5 月 18 日统计，全区有精神病人 23 人，其中升平镇 7 人，黎溪镇 10 人，连江口镇 3 人，水边镇 3 人。由于区内没有人民医院、中医院、慢病站，且缺乏经费支持，对照《广东省精神卫生工作 1996–2000 年规划》的要求，2000 年，区内精神病人年登记率、管治率、治愈率、显好率，没有达到 30%、35%、30%、70%的标准。

第六节　妇幼保健

一、基本情况

1996 年，全区有妇幼保健人员 10 人。

二、妇女保健

（一）孕前产妇管理

区内卫生院对孕产妇进行建卡管理，实行定期检查制度。1996 年，全区孕产妇人数 1233 人，建卡人数 1022 人，建卡率 83%；早孕检查人数 253 人，孕期受检率 20%。对妊娠早、中、晚期实行保健和系统监控，筛查出高危孕妇 31 人，高危孕妇住院分娩 28 人。是年，早产儿死亡 11 例。分娩时没有发生孕产妇死亡个案。

同时，均对产妇专册登记，随访、随诊、随治，产后访视883人，访视率82%。1999年，全区产妇总数1008人，建卡人数596人，建卡率59%；早孕检查人数414人。对妊娠早、中、晚期实行保健和系统监控，筛查出高危孕产妇37人，对高危孕产妇全部实行专册登记、专人随访、专人随诊，高危住院分娩率95%，没有孕产妇死亡个案发生。产后访视805人，访视率80%。

（二）新法接生和住院分娩

针对区内各村多地处山区，受交通、经济等因素制约，农村孕产妇住院分娩率相当低，接生工作多由乡村接生员完成，无菌观念差，新生儿破伤风时有发生的情况，区卫生部门大推行新法接生，即在新生儿接生时，将剪刀用火烧红、冷却后或用2%碘酒涂剪刀待干后断脐，线绳用2%碘酒消毒后结扎脐带，并多留脐带残端数厘米，争取在24小时内脐带按严密消毒方法重新处理，剪去残留脐带的远端再重新结扎。1996年，出生人数1168人，其中新法接生1056人、占90%，旧法接生112人、占10%。新法接生中无出现破伤风病例。旧法接生中破伤风发病3例，占出生人数的0.25‰。

1996年，全区住院分娩率相当低，仅142人。1999年，区内推行住院分娩，制定《飞来峡管理区推行住院分娩确保母婴安全实施细则》，成立飞来峡管理区农村住院分娩领导小组，副区长孔宪君为组长，负责住院分娩工作的领导、组织管理等日常工作；各镇政府制定相应的实施细则，开展广泛社会宣传，倡导群众住院分娩；各卫生院投入一定经费，增加设备，改变产科设备破旧、简陋，一床多用、一室多用的落后局面；采取优惠政策，孕妇提前到卫生院待产期间免收住院床位费，对农村确实贫困的孕妇家庭给予照顾，对已参加农村合作医疗的孕产妇家庭根据规定给予报销。是年全区产妇1008人，卫生院住院分娩623人，住院分娩率62%；开展剖腹产、宫外孕、子宫肌瘤71例。

（三）妇女病普查普治

区卫生局以防病、防癌为重点，对区内妇女宣传妇科疾病防治知识，对相关妇女对象进行定期检查及治疗。1996年，全区普查人数1724人，占妇女总人数的11%；查治妇科疾病437例，滴虫性阴道炎160例，宫颈糜烂547例，淋病3例，尖锐湿疣1例，无发现子宫脱垂及内瘘病人。

三、儿童保健

（一）爱婴卫生院创建

飞来峡管理区建立初期，区内没有妇幼保健机构，没有建立爱婴医院。爱婴工作以宣传为主。1996年8月15日，举办《中华人民共和国母婴保健法》及《实施办法》学习班，各镇卫生院院长、妇幼保健人员20人参加，培训率100%，经专项技术和法规理论考核，成绩全部合格，合格率100%。1996年，升平镇卫生院新门诊综合大楼落成后，设产科，占地400平方米。在市卫生局妇幼科及市保健院专家的指导下，升平镇卫生院建立爱婴区，增置新生儿复苏台、新生儿复苏囊、新生儿吸痰机、婴儿床、空调机、急救车、急救箱和产后聚血器等设备。1997年，升平镇、黎溪镇在新卫生院内创建爱婴医院。1998年11月2日，清远市卫生局组织妇幼保健院专家对飞来峡管理区的产科建设进行考评，有2间卫生院基本符合爱婴医院及母婴保健技术服务管理的要求。1999年，黎溪镇卫生院对产科进行升级改造，增置新生儿黄疸治疗仪、新生儿复苏囊、不锈钢产床、产床垫、空调机和产科手术器械等设备，选送2名妇幼人员到上级医院、保健院进修，能开展住院分娩、剖腹产、卵巢囊肿、宫外孕、子宫肌瘤等手术，该院爱婴医院达到省、市标准。是年，连江口镇卫生院和水边镇卫生院均建成新住院大楼，卫生院的工作用房与产房、爱婴区实行分开，购置新生儿呼吸囊、新生儿体重磅、多普勒胎心听诊器、B超等设备，选派部分妇幼人员到上级医院、保健院进修学习，完成爱婴医院创建。

（二）新生儿破伤风预防

1996 年以来，因旧法接生操作不当的原因，区内有数例因新生儿破伤风而造成婴儿死亡的个案，区卫生局通过利用墙报、标语和给育龄妇女一封信，或发放接种通知单等方法，提高育龄夫妇对“破类接种”的认识，在育龄妇女开展接种“破类”疫苗。1998 年 8 月，全区铺开对 18～35 岁育龄妇女破伤风类毒素常规免疫接种工作。1999 年 9 月，召开全区育龄妇女开展接种“破类”和消除新生儿“破伤风”工作会议，各镇主管卫生工作镇长或副书记、区妇联主任、各卫生院院长、防疫组组长和妇幼组组长共 20 多人参加会议，制定区育龄妇女“破类”接种工作计划及实施办法。是年，全区育龄妇女共 23000 人，接受“破类”疫苗接种 733 人。

（三）儿童系统管理

1996 年，全区 0～6 岁儿童数 13973 人，其中 5 岁以下 9636 人，3 岁以下 6045 人；新生儿访视 883 人，保健管理 1598 人，其中 3 岁以下 1322 人，新生儿死亡 5 人，婴儿死亡 2 人，1～4 岁儿童死亡 6 人。6 月 1 日，对全区 0～6 岁儿童进行健康检查，应检人数 13973 人，实检 836 人，检出疾病 87 人。年间，对检出疾病的儿童进行医疗预防。1999 年，全区 0～6 岁儿童 11830 人，其中 5 岁以下 5062 人，3 岁以下 958 人，5 岁以下儿童死亡 28 人；保健管理 7480 人，其中 3 岁以下 2822 人。6 月中旬，对部分 0～6 岁儿童进行健康体检，检出贫血 4 人，佝偻病 2 人，均给予指导和治疗，降低新生儿发病率和死亡率。

（四）流动儿童保健

1998 年，区卫生局制定《飞来峡管理区流动儿童计划免疫工作方案》，各卫生院每季都开展一次对 7 岁以下流动儿童的调查、登记、接种工作，发现外来未完成“四苗”接种的儿童，给予计免相应疫苗的接种。1999 年 7 月 27 日至 30 日，区卫生局对各镇开展 7 岁以下流动儿童的调查、登记、接种工作的检查，分别对各镇随机抽查一个管理区的 7 名 7 岁以下流动儿童的计划免疫和乙肝疫苗接种情况，规定时间内检查抽查流动儿童调查、登记、接种资料。（合格接种的判断标准：1.免疫起始月龄正确。2.针次间隔时间正确。3.在规定月龄<即 12 个月龄>内完成全程基础免疫。4.乙肝疫苗按“0、1、6”<接种当日，一个月以后，六个月以后>免疫程序完成基础免疫程序。5.有准确的出生和接种时间记录。6.家长承认或卡证相符。）是年，经检查，各镇都按市、区方案要求，每季开展一次 7 岁以下流动儿童的调查、登记及定点接种工作，升平镇的流动儿童接种专册健全，黎溪镇有专册但各项流动儿童资料不健全，水边镇和连江口镇均未建立流动儿童接种手册。

四、计划生育技术服务

1996 年，完成“四术”总数 1875 例，其中女扎 499 例，男扎 74 例，上环 474 例、取环 101 例，引产 7 例，人流 720 例。在人流中，手术中出现一例子宫穿孔，后经英德市人民医院抢救无效死亡的事故。

1997 年，完成“四术”总数 3934 例，其中男女结扎 1249 例，二孩结扎 1044 例（其中二女户结扎 192 例），人流引产 1284 例，放环 1401 例（其中一孩放环 1372 例）。

1998 年，完成“四术”总数 3234 例（上级下达任务 3060 例），其中男女结扎 903 例，二孩纯女户结扎 130 例，放环 1428 例（其中一孩上环 1397 例），人流引产 903 例。

1999 年，完成“四术”总数 2726 例，其中人流引产 580 例，结扎 873 例（其中纯二女结扎 130 例），放环 1273 例。

2000 年，完成有效“四术”2065 例，其中一孩上环 1134 例，结扎 515 例（其中二女扎 83 例），人流引产 416 例。

第十六编　计划生育

Di Shi Liu Bian　　Ji Hua Sheng Yu

第一章　计生机构队伍

第一节　区计划生育局

1995年8月29日，清远市机构编制委员会批复，批准飞来峡管理区内设农林水办公室，承担计划生育工作职能。12月21日，飞来峡管理区机构编制委员批复，设飞来峡管理区卫生局，同时挂计生局牌子。定编5人，行政编制1名，由区宣传教育办调剂，事业编4名。1996年2月6日，飞来峡管理区计划生育局正式挂牌。1996年8月22日，成立飞来峡管理区计划生育领导小组，区长谭建成任组长，陈传继兼任区计生领导小组办公室主任。同时，成立飞来峡管理区计划生育“三结合”工作协调小组，设在区计生局，谭建成任组长，陈传继兼任办公室主任。1997年8月23日，成立秋季计划生育集中服务活动总指挥部，区委书记欧勇任总指挥，办公室设在区计生局，陈传继任办公室主任。1997年12月5日，飞来峡管理区机构编制委员会批复，飞来峡管理区计划生育局单独设置，与卫生局分开办公。

1998年6月30日，区计生局将流动人口计划生育证明下放到各乡镇计生办办理。

飞来峡管理区计划生育局局长：

局　长　陈传继（1996.2—2001.10）

第二节　各镇计生队伍

1995年9月飞来峡管理区成立前，连江口、水边、黎溪、升平4镇均已成立计划生育办公室、计划生育服务所、婚育学校，进行新婚前、孕产期、育儿期、更年期等方面知识教育。

1996年，全区各镇计划生育服务机构配备1～2名技术人员，各村委会配备专（兼）职计划生育指导员。

1997年，遵照区委、区管委的指示，各镇普遍建立计划生育专业队，每镇均有10人以上，专职、专责、专用，专业队队员工资由镇政府负责，经费使用、补助奖励与工作实绩挂钩，配备有专用车和统一服装。是年，区计生局制定《乡镇计划生育专业队工作管理规定》，对专业队的工资、报酬、待遇作规范。黎溪镇于1997年6月13日正式成立计划生育专业队，由主管计划生育工作副镇长任专业队队长、镇计生办主任副队长，从各部门抽调8人，从退伍军人中招聘5人，共有13名队员。计生队员的基本工资每月500元，另外补贴一定的误餐费、车船费、差旅费等。从是年起，村委会一级相继建成婚育分校，开展孕产期、育儿期、更年期知识教育。

1998年初，区、镇计生局（办）全部配齐计算机，并选派人员到市组织的电脑学习班进行业务培训。黎溪、水边、连江口、升平4镇启动改建和新建计生服务所、婚育学校、婚育分校工作，同时健全各镇服务所、室、各项管理制度和配备B超、手术床等医疗器材设备以及宣传教育设备，配有相应的具有专业知识、技能的医技人员，达到“三有一配套”。

1999年，投资250多万元建成黎溪（500平方米）、水边（320平方米）、连江口（700平方米）、升平

（200 平方米）计生服务大楼。全区计生医技人员 15 人，计生工作人员 30 人，另聘请专业计生人员 45 人，配备有 B 超机 6 台，开展查环查孕业务。

2000 年，采取多种形式吸收有文化、年纪轻、责任心强的人员充实到村级计划生育专干队伍，并为各村小组配备育龄妇女小组长。按照 2000 人以下配 2 名计生专职人员，2000 人以上每增加 1000 人多配一名计生专职人员的原则，共配备 115 名村级计生专职人员，平均每个村委会的计生办人员为 2.25 人。派送 25 人次参加市级及以上培训，派送 30 人参加区级培训。全区有计划生育工作人员 180 人，其中镇级 49 人，村级 115 人；有计划生育技术员 16 人。

2000 年，全区 51 个村委会设立计划生育工作办公室（简称村计生办），作为村委会开展经常性计划生育工作的专设机构，同时建立村计划生育服务室。全区计划生育工作实现重心下移到村一级目标，形成两室（计生办公室、计生服务室）、一校（婚育分校）、一橱窗和有牌子、有印章、有人员、有制度、有场地的一体化村级计划生育阵地。

第二章　计划生育工作

第一节　计划生育宣传

一、婚育学校

1996 年起，区、各镇两级分别成立“人口与计划生育基础知识教导领导小组”，制定《镇级人口学校工作管理规范》，建立婚育学校、婚育学校分校。各镇婚育学校对不同年龄和不同婚育状况的人群，进行人口理论知识、人口形势、计划生育政策法规宣传；开展晚婚晚育、优生优育、避孕节育和夫妻性生活等科学知识教育，以及“五期”（青春期、新婚期、孕产期、育儿期、更年期）教育。

二、政策宣传

1996 年前，黎溪、水边、连江口、升平 4 镇计划生育宣传教育工作主要通过文艺宣传、广播、张贴宣传标语（画）、放电影、出墙报、办班讲课、接受咨询等形式进行，宣传内容有计划生育政策法规、避孕节育、生殖健康、优生优育等基本常识，消除育龄群众对实行计划生育出现的“难为情”“影响身体健康”“影响夫妻感情”的思想顾虑。

1996 年开始，飞来峡管理区各级计生部门利用各种会议、中学和婚育学校、婚育分校等，重点对党员干部、青少年和育龄群众开设人口理论课，进行青春期人口与计划生育政策法规、基础知识教育，传授新婚期性生活、避孕节育、优生优育优教知识、更年期应注意事项等。区和各镇的计生部门，在各镇基层主要街道和人群集中的公共场所，设立固定的计划生育宣传标语口号等方式，宣传计生政策。

1997 年 5 月 29 日，区、镇计生部门开展“广东省 7000 万人口日系列宣传服务活动”，利用广播、横额、标语、会议、宣传车，对流动人口进行计生宣传教育，提倡优生优育。

1998 年 9 月 18 日，广东省九届人大五次会议审议通过的《广东省计划生育条例》颁布实施后，区集中力量，开展学习、宣传《条例》活动。区、镇共召开会议 15 次，张贴大幅标语横额 100 多条，固定性宣传标语 100 多条，永久性搪瓷计生条例节录标牌 60 件。水边镇、连江口镇新建“三位为一体”计生服务所，配备彩电、录像机、挂图、课室、台凳等教学设备，婚育学校宣传教育工作逐步走上正规化、规范化。

1999 年，区计生局在开展"完成人口计划目标和开展清理清查工作"期间，组织各镇宣传《广东省计划生育条例》。按照《广东省农村独生子女父母和纯二女结扎夫妇养老保险实施办法》，组织人员到镇村向群众宣传推行农村独生子女父母和纯二女结扎夫妇养老保险工作，宣传解释计生政策和要求。以升平镇为试点，开展推行一对夫妇生育一个子女的宣传，召开群众大会对自觉办领独生子女的夫妇披红戴花进行大力宣传，当场颁证，兑现奖励。首批为 327 对农村只生一男孩和 2 对只有一女孩的夫妇办理独生子女证。年底，全区已生一孩夫妇办理独生子女征 1883 对，办理独生子女父母和纯生二女结扎夫妇养老保险和纯二女结扎夫妇养老保险 2182 对，投入保险金 21.7 万元。

2000 年，开展以贯彻落实中共中央、国务院《关于加强人口与计划生育工作稳定低生育水平的决定》和以"婚育新风进万家"活动为主线，开展计划生育宣传教育，区内各单位计生宣传"三栏"内容，全部进行更新，计生宣传品入户率 99%。发挥婚育学校和婚育分校为阵地，开展"五期"教育，规范计划生育宣传标语，健全"三栏"工程，定期更换新内容，计划生育宣传品入户率 99%。其中升平镇投入计生宣传经费 5 万多元，永久性的宣传标语随处可见，形成计划生育宣传一条街，计划生育宣传栏普及到自然村，宣传内容做到每月 1 期，在户均 1 本《条例》的基础上，编成采中计生政策的小册子 5000 份发送到每个育龄妇女家庭手中。

2001 年底，全区建立有连江口、黎溪、水边、升平 4 所婚育学校和 51 间婚育分校，4 所婚育学校技术和宣传教育一体化基础服务网络建设达到省的丙级管理水平。各镇利用镇（村）婚育学（分）校开展"五期"（青春期、新婚期、孕产期、育儿期、更年期）教育。同时，计划生育部门结合实际情况利用广播、墙报、标语、横额、学习班等形式，以及开辟计划生育专栏，举行《广东省计划生育条例》等专题宣传活动，有针对性、不定期地开展人口计划生育工作宣传。

1996-2001 年，区每年投入 10 多万元编印计生宣传品入户和工具书，如《计划生育知识集》《婚育新风进万家》《避孕节育知识》《男性生殖健康知识》《生产生活生育服务知识手册》《广东省计划生育条例》《计划生育工作指南》等，制作计划生育政策宣传袋、计划生育知识挂历、计划生育知识宣传裙、宣传杯、宣传画等，免费送给广大育龄群众。给每对育龄夫妇一封公开信等。每年投入 1O 多万元，开展计划生育户外宣传，制作搪瓷、不锈钢牌计划生育宣传标语，计划生育电脑喷图安装在主要公路和城镇内两旁电线杆及道路上；对全区 4 镇 52 个村（居）委会共 100 多座计划生育"三栏"（读报栏、计生政务公开栏、计划生育宣传栏）进行全面改版。同时在城区、镇、村人口密集处制作计划生育知识宣传长廊，还开设优生优育知识和计生政策法规流动咨询点，举办有奖测验、知识竞赛、文艺演出、送戏下乡、书法展览等活动，宣传计划生育知识、政策法规。在"婚育新风进万家""春风送温暖"系列活动中和在孕后、产后和术后随访慰问过程中及在查环查孕、普查普治优质服务活动过程中宣传计划生育知识和政策、婚育新风。

三、培育婚育新风

1998 年起，区内开展"婚育新风进万家"活动，在农村，宣传"传晚婚晚育、少生优生、生男生女一样好""女儿也是传后人""男女平等""计划生育丈夫有责"等新型婚育观念，普及计划生育和生殖保健知识；在城镇，宣传"优育优教、增强自我生殖保健能力、提高家庭生活质量和讲求健康的生活方式"等内容。1998 年，各镇建成婚育新风进万家一条街，区计生局统一制作、并在各镇安装《广东省计划生育条例》摘录大型搪瓷标牌 52 块、计划生育宣传标语牌 500 块，发放《广东省计划生育条例》4300 册。

1999 年，区计生局在中华人民共和国建立 50 周年、10 月 12 日"世界人口日"、迎接新世纪活动日等重大纪念活动中，推动“婚育新风进万家”宣传教育工作。2000年，以“婚育新风进万家”活动为主线，各镇开展“五期”教育，规范计划生育宣传标语，健全计生宣传“三栏”内容。

第二节 计划生育政策措施

一、生育政策

1979年8月，连江口、水边、黎溪、升平公社开始提倡晚婚晚育，英德、清远县革委会规定女性23周岁和男性农业人口25周岁、非农业人口26周岁的为晚婚年龄。1980年2月，按照《广东省计划生育条例》，执行女性25周岁以上生育为晚育规定。1981年，国家颁发新的婚姻法后，英德、清远县政府又重新规定比法定年龄推迟4周岁的为晚婚年龄。1986年6月，新修订的《广东省计划生育条例》实施后，执行“按法定婚龄推迟3年结婚为晚婚，已婚妇女24周岁以上生育第一个孩子为晚育”的规定。

1993年7月，清远市委、市政府根据1992年11月修订的《广东省计划生育条例》，作出晚婚晚育的要求和规定：城镇人口（国家干部、职工、城镇居民）提倡晚婚，实行晚育；农村人口提倡晚婚，推行晚育。按法定婚龄（男22周岁，女20周岁）推迟3年以上初婚为晚婚，已婚妇女24周岁以上生育第一个子女为晚育。作出一对夫妇只生育一个子女的规定：国家干部、职工、城镇居民，除特殊情况经批准外，一对夫妻只生育一个孩子；农村提倡一对夫妻只生一个孩子，某些群众确有实际问题的，经过审批可以有计划地安排生育第二胎。明确城镇人口符合下列情况之一者，经批准，够间隔期可安排生育一个子女：经市残儿医学鉴定，第一个子女患非遗传性残疾不能成长为正常劳动力的；再婚夫妻一方只生育过一个子女，另一方未生育过的，或再婚前双方各生育过一个子女的，离婚时依法判决或离婚协议在确定子女随前配偶，新组合家庭无子女的；婚后5年不育，经县（区）以上医院鉴定患不孕症，依法收养一个子女后又怀孕的；独生子与独生女结婚的；在矿山下、海洋水下的工作岗位作业连续5年以上，申请时仍从事应该项工作的。当年，还调整了农业人口的生育政策，规定夫妻双方均属农业人口所生第一个子女是女的，以及第一个子女属非遗传性病残等6种情况的，可按规定生育第二个子女。

1995年，飞来峡设区后，根据《广东省计划生育条例》（1992年修正）规定，提倡晚婚，推行晚育。按法定婚龄推迟三年以上初婚的为晚婚，已婚妇女二十四周岁以上生育第一个子女的为晚育。国家干部、职工和城镇居民，一对夫妻只生育一个子女。符合下列情况之一者，由本人申请，经区计划生育局批准，可按人口计划指标及间隔期安排再生育一个子女：⑴经市病残儿医学鉴定组鉴定，第一个子女患非遗传性残疾不能成长为正常劳动力的。⑵再婚夫妻，一方只生育过一个子女，另一方未生育过的；或再婚前双方各生育过一个子女，离婚时依法判决或离婚协议确定子女随前配偶，新组合家庭无子女的。⑶婚后五年不孕，经县（区）以上医院鉴定患不孕症，依法收养一个子女后又怀孕的。⑷独生子与独生女结婚的。⑸在矿山井下的工作岗位作业连续5年以上，现仍从事该项工作的。农村人口，提倡一对夫妻生育一个子女，要求生育第二个子女的夫妻，必须本人申请，由镇人民政府按人口计划指标及间隔期统筹安排，并列出名单，报区计划生育局审批。再婚夫妻一方已生育两个以上子女的，不再安排生育。凡符合生育第二个子女规定的，间隔期应在4周年以上。夫妻中一方是国家干部、职工或城镇居民，另一方是农民的，按女方户籍所在地的生育规定执行。女方属农村自理口粮到城镇落户或合同制干部的，按城镇人口的生育规定执行。

1998年9月18日起，执行新修订的《广东省计划生育条例》，飞来峡管理区按法定婚龄推迟3年以上初婚为晚婚，已婚妇女23周岁后怀孕生育第一个孩子的为晚育。推行一对夫妇生育一个子女。农业人口夫妻双方均属农业人口，如第一个孩子是男的，不能再生育第二个子女；夫妻双方中有一方是非农业人口的，按非农业人口生育政策执行。推行一对夫妻生育一个子女。符合下列特殊情况之一者，由夫妻双方共同申请，经区计划生育局审批，可按人口计划及间隔期规定安排再生育一个子女：⑴经市（不含县级市）以上病残儿医学鉴定组织鉴定，独生子女患非遗传性残疾不能成长为正常劳动力的。⑵再婚夫妻，一方生育过一个子女，另一方未生育过的；或再婚前双方各生育过一个子女，离婚时依法判决或离婚协议确定子女随前配偶，新组合家庭无子女的。⑶婚后五年以上不孕，经县级以上医疗保健机构鉴定患不孕症，依法收养一个子女后又怀孕的。⑷独生子与独生女结婚的。⑸夫妻中一方在矿山井下的工作岗位作业连续五年以上，现仍从事该项工作的。⑹夫妻双方均属农业人口，第一个孩子是女孩的。

二、奖励办法

从1996年起，区对实行计划生育的个人和单位，有以下优待与奖励：⑴干部、职工（包括临时工）实行晚婚者，增加婚假10日；实行晚育者，增加产假15日。⑵领取“独生子女优待证”者，可享受以下优待：干部、职工（包括临时工）每月发给独生子女保健费10元，从发证之日起至子女14周岁止，并由夫妻双方单位各给予一次性100元以上200元以下奖励。独生子女保健费由夫妻双方所在单位各负担百分之五十。一方是干部、职工，另一方是农民的，由干部、职工所在单位全部负担。夫妻双方属城镇待业人员、农民、个体经营户，由当地人民政府统筹解决；夫妻一方亡故，另一方未再婚的，由未再婚的一方所在单位全部负担；离婚夫妻，由子女判随一方所在单位全部负担，再婚后未生育的，由夫妻双方所在单位各负担50%。凭“独生子女优待证”就医优先；在购买公房时，由夫妻所在单位一次性各补贴150元，一方是干部职工的，由干部职工一方全部负担；在调整责任田、责任山，安排宅基地时，可按两人份额分配。干部职工已办证的独生子女可以参加其父母一方单位的统筹医疗（按夫妻双方单位轮换负责1年的办法进行）。医疗费用按夫妻双方单位制定的具体报销办法执行。企业单位的，按劳保、医疗福利待遇有关规定执行。产妇除享受国家规定的90天产假外，还增加30日的产假，产假期间照发工资，不影响原有福利待遇和全勤评奖。⑶终身只生育一个子女或没有生育只收养一个子女的干部、职工，退休金加发百分之五（按工资百分之百发给的除外）。无子女的干部、职工退休金按本人工资百分之百发给。无子女的农民年老丧失劳动力时，可列为“五保户”，按省人民政府的有关规定以及本地乡（镇）人民政府制定的具体优待办法，给予优先照顾。⑷区内各单位对农村的独生子女户和已采取结扎措施的纯生二女户，在招工时予以优先；兴建房屋时优先解决宅基地；结合扶贫工作积极扶持其发展生产。农村人口，办理“独生子女优待证”，已落实节育措施的计生户，可以享受一次性奖励500元，其子女每月享受医疗费10元，至14周岁止。⑸农村妇女与城镇居民、国家干部、职工结婚的，其户口按国家有关管理规定执行。女方户口留在原居住地的，在当地领取生育证，所生子女随母入户。纯生二女的夫妻可随女儿迁入女婿所在村居住。⑹对完成人口计划的各级人民政府及其主要领导人、对模范实行计划生育和在计划生育工作中做出显著成绩的单位和个人，给予奖励。行政、事业单位的计划生育奖励金，按单位职工年标准工资总额的百分之零点五计算，在单位年度预算内列支。企业按当年计税所得额千分之二以内提取计划生育奖励金。

三、保障措施

接受节育手术的人员，是行政单位、企业事业部门的，在规定休息时间内工资照发，不影响原有福利待遇和全勤评奖。节育手术费用的开支：享受公费医疗的在公费医疗费中开支；享受劳保医疗的在劳保医疗费中开支；集体所有制单位的在单位医疗费中开支；合同工、临时工由雇工单位支付；城镇待业人员、农民及其他人员在当地计划生育事业费中开支；干部、职工的农村配偶在探亲期间施行节育手术的，由干部、职工所在单位支付。

经区以上计划生育技术小组鉴定，确定为节育手术并发症的，由区计生局审核后，指定医院治疗，医疗费按节育手术费用开支。因节育手术并发症丧失劳动能力的，干部、职工参照工伤事故处理；城镇待业人员、农民及其他人员因此而导致生活困难的，由当地人民政府给予适当补助。因节育手术或治疗节育手术并发症出现医疗事故的，按国家及省有关医疗事故处理规定执行。

全区推行农村独生子父母和纯生二女结扎户的养老保险制度，区财政每年为农村独生子女父母和纯二女结扎户的养老保险投入资金，其中1998年全区投入保险经费71877元，1999年投入保险经费21.7万元；1999年升平镇对253对夫妇进行披红戴花宣传表彰，购买1000元的养老保险和发放一孩化保健费。全区还制定一系列对实行计划生育者的优惠、倾斜政策，如对纯女户主动落实结扎措施的一例奖励300元等。

四、处罚措施

（一）征收计划外生育费

对计划外生育者，依照《广东省计划外生育费管理办法》，由所在镇政府按下列规定征收计划外生育费。

各镇政府征收的计划外生育费，一般用于计划生育事业支出，具体使用范围包括：农村困难地区的独生子女保健费、计划生育服务网络的业务建设费用、个别生活困难的计划生育受术者的营养费或误工补贴费、个别计划生育受术者和节育并发症患者的路费补助、各镇聘用计划生育临时工作人员的生活补贴、各镇计划生育宣传教育和干部培训支出等。

（二）其他处罚

对藏匿违反计划生育对象的；虚报、瞒报本人生育情况的；擅自作胎儿性别鉴定的；医务人员无节育技术合格证书擅自施行节育手术或摘取宫内节育器的；骗取计划生育证明的；医务人员、计划生育工作人员或其他有关人员，利用职务之便，施行假节育手术、进行假医学鉴定或出具假结扎手术证明及其他计划生育证明，尚未造成计划外生育的，实施以下处罚措施：⑴由当地计划生育部门处一千元以上三千元以下罚款，没收非法所得，收缴工具。⑵属干部、职工的，并由所在单位给予行政处分。⑶属个体行医的，并由卫生行政部门吊销开业执照。⑷构成犯罪的，由司法机关依法追究刑事责任。另外，有下列行为之一的：①阻碍计划生育工作人员依法执行公务或干涉他人实行计划生育，造成严重后果的。②威胁、殴打计划生育工作人员或故意毁坏其财产、严重干扰其家庭正常生活和生产的。③造谣惑众、煽动闹事，扰乱计划生育工作秩序，毁坏计划生育部门财物的。④非医务人员为育龄妇女摘取宫内节育器或施行计划生育手术的。⑤伪造、变造、盗卖计划生育证明、公章的。由公安机关处以一千元以上三千元以下罚款，并可根据情节轻重依法予以拘留或收容劳动教养；构成犯罪的，由司法机关依法追究刑事责任。应落实节育措施，经教育仍不落实的，镇计划生育部门或所在单位可以预收五百元以上三千元以下的节育保证金，并责令限期落实等。

五、党政正职负总责

区委、区管委每年把人口计划纳入飞来峡管理区国民经济和社会发展总体规划，实行人口与计划生育目标管理责任制。区主要领导人是飞来峡管理区人口计划的第一责任人。层层签订人口计划目标，落实领导责任制，推行区直机关与镇计生工作挂钩制度，各单位对口挂钩镇对全年计生工作负责，共同进退；镇对各管理区挂钩包片负责；各级干部对管理区计生对象和工作任务负责，层层分解，明确责任。建立奖惩监督机制，设立举报电话。完成人口计划和做好计划生育工作是考核区、镇政府及其领导人政绩的一项重要指标。

1996年5月8日，在区1996年夏季计生集中服务活动动员会上，区委书记钟梅坤作动员讲话，要求相关部门结合实际，精心组织安排部署全区的夏季计划生育集中活动。

1997 年 4 月 2 日，召开全区计划生育工作会议，区长谭建成主持，部署当年全区计划生育工作，要求做到移民、扶贫、计生工作三不误。5-10 月，开展"计生集中服务月"活动，区委、区管委于 5 月 5 日、5 月 20 日、6 月 5 日、8 月 25 日、9 月 1 日、9 月 3 日、9 月 24 日，先后召开 7 次计生工作会议。区成立飞来峡计划生育集中服务总指挥部，区委书记欧勇任总指挥，副书记、区长谭建成，副书记、常务副区长徐觉荣和副区长龚石武任副总指挥；各镇相应成立集中服务活动指挥部。党政一把手任总指挥，其他分管领导分片负责抓。5 月 29 日，区和升平、连江口、黎溪、水边 4 镇开展"广东省 7000 万人口日系列宣传服务活动"。

1998 年，因清远市再次被省委、省政府列为计划生育重点管理地区，为确保飞来峡管理区不进"笼子"，区和镇两级党委、政府分别设有 2 名领导分管计划生育工作，实行区直机关与镇计生工作挂钩的制度。贯彻落实省委、省政府《关于进一步加强计划生育工作的决定》和《关于认真落实"三为主"的方针改变我省计划生育工作被动局面的意见》，召开全区性计划生育工作会议 6 次。其中 4 月 23 日，区委、区管委召开计生工作会议，区长谭建成，副区长龚石武要求各级党委、政府和区直有关部门学习贯彻省、市第三次计生工作会议精神，正确分析区的人口与计划生育形势，树立更大的决心，采取更得力的措施，坚持对象就是任务这个原则，一抓到底，确保全区人口计划目标的实现和各项计生工作任务的全面完成。区委下发《关于进一步抓紧抓好我区计划生育工作的通知》，用"三为主""三结合"的方式开展计生工作，在"三不变"（坚持各级党政一把手亲自抓、负总责不变，计划生育政策不变，既定人口控制目标不变）的前提下，逐步改变工作思路和工作方法，以宣传教育为主、避孕为主、经营性工作为主，全区计划生育工作从孕后型向孕前型转变，从突击性向经常性转变。根据省纪委、省监察厅、省计生委《关于清理党员、干部违反计划生育政策问题的通知》，成立清理党员、干部违反计划生育领导小组，由区委、区管委领导和计生局、组织人事办、纪委等部门领导组成，并设立举报电话和信箱，对 1980 年 2 月以来违反计划生育的人和事进行一次全面清理。各镇、各单位均分别成立清理小组，举报电话和信箱。经查：全区党员违反计划生育政策 397 人，违反计划生育 526 人次，违反计划生育时未加入中国共产党 212 人，免于党纪处分 93 人，作出党纪处分 83 人，征收计划生育外经费 21.33 万元，作出经济处罚 5.5 万元，落实节育措施 397 例，其中一般干部违反计划生育 288 人，违反计划生育 377 人次、作出政纪处分 37 人，乡科级长干部违计 23 人，27 人次人，作出政纪处分 13 人；县处级违计 1 人，违计 2 人次，作出政纪处分 1 人。为了摸清全区育龄妇女的底子，从年初开始开展全区范围育龄夫妇生育情况的摸底调查工作，并重新新建卡立档，各镇的育龄妇女按照登记卡册对号入座，做到该上环的上环，该结扎的结扎。至年底全区已婚育龄妇女节育率 92.49%，比 1997 年上升 5.89 个百分点。被由省计生委、省水利厅等单位组成的督查组给予"知难而上、狠抓落实迎头赶上，成绩斐然"的肯定。

1999 年，召开全区性计划生育工作会议 4 次，传达贯彻全省计划生育工作电话会议和省政府办公厅《关于在全省开展计划生育工作情况清理清查工作的意见》，以及市计划生育工作会议精神。在开展计划生育工作中，水边镇结合实际制定 6 条工作措施，促使对象对号入座落实"四术"措施：对拒不落实"四术"，有意外逃对象，采取对其父母兄弟集中办学习班，督促该对象回来落实措施；对没有完成计生手术任务（包括查环查孕）的村委会，首先是采取警告处分，警告之后的工作仍上不去的，由村委会组织村民评议，对村委会的班子成员进行降级或免职处理；对有意窝藏或知情不报的人和事将进行严厉的经济处罚；对威胁、殴打计生工作人员，或构成犯罪的，依法追究刑事责任；对镇干部、村干部外出不报告、不请假的，超过 3 天作降级处理；设立举报信箱和举报电话，举报一例纯儿女落实结扎的奖励 500 元，纯儿女自动落实结扎措施的奖励 300 元。

2000年，召开全区性计划生育工作会议6次，其中3月3日，区委、区管委在水边镇召开计划生育工作会议，区委、区政府主要领导要求参加会议的各镇镇长、分管计划生育工作的领导、计生办主任，区直各机关单位的主要领导认真总结经验教训，找到主要矛盾，摸清底子，抓重点难点，齐心协力，真抓实干，努力完成全年人口与计划生育工作目标，把党政"一把手"负总责落实到实处。全区完善各镇服务所、服务室、婚育学校、婚育分校软硬件配套设施，全区4个镇服务所经清远市考核全部达到丙级要求。全区51个村委会均设立计划生育工作办公室，建立村计划生育服务室，建成婚育分校，形成两室（计生办公室、计生服务室）一校（婚育分校）一橱窗和有牌子、有印章、有人员、有制度、有场地的一体化村级计划生育阵地。建立村级计生工作责任制，村党支部书记和村委会主任是村级计划生育工作第一责任人，专抓计生工作的支部副书记是本村计划生育工作直接责任人，村计生办人员与村委干部一起，与对象挂钩，实行贴户跟踪管理；工作实绩与工资报酬挂钩，实行动态责任管理；对象与任务挂钩，实行孕前和孕后、避孕措施及补救措施、计划外生育的结扎与经济处罚、生育指标安排与执行情况检查落实等全方位管理。

六、一票否决

1997年，开始执行计划生育"一票否决"制度。

1997年初，区计生局制订《1997年至2000年全区人口计划目标管理规划方案》。1998年，根据省纪委、省监察厅、省计生委《关于清理党员、干部违反计划生育政策问题的通知》精神，对违反计划生育政策的党员、干部，一票否决。

七、一证否办

1997年，区制定计划生育"一证否办"制度，各部门统一行动，清理流动人口，查证验证，落实"一证否办"。

1998年，区设立"一证否办"举报电话。

2000年，根据清远市委、市政府印发《关于认真落实单位和部门计划生育责任制的通知》，区内推行"一证先行，无证否办"制度。规定：在调动、加入中国共产党、入学、招工、招干、提拔、晋升、农转非、承包或租赁经营、核发营业执照、评先进等方面，经同级计划生育部门审核把关，凡不实行计划生育和不落实计划生育节育措施，给予"一票否决"。计生部门对于审核、审批发放计划生育奖励金事项，对违反计划生育情况的单位，予以"一票否决"。

第三节 计划生育概况

一、生育状况

1996—2001年，全区累计结婚3824对，其中晚婚女性2821人，已领独生子女证1557人。全区人口出生率、自然增长率1996年最高，分别是18.62‰、13.39‰；2000年最低，分别是10.30‰、5.02‰。6年间全区共出生9274人、死亡3287人。

1998年起，根据《广东省计划生育条例》关于"实行全省统一的生育证管理制度"的规定，区、镇计生部门规范《生育证》领取、登记、审核、发放工作。是年，全区的持证生育率100%。

2001年，全区人口出生数从1996年1955人降至1213人，出生率从1996年18.62‰降至10.85‰；计划生育率由1996年61.94%提高到85.41%；人口自然增长由1979年1406人降至735人，自然增长率由13.39‰

降至 6.58‰。

表 16-4-1　　1996-2001 年飞来峡管理区计划生育情况统计表　　单位：人

项目 年度	出生数	出生率（‰）	其中			计划生育率（%）
			一孩	二孩	三孩以上	
1996	1955	18.62	1016	682	257	61.94
1997	1840	17.48	958	719	163	74.73
1998	1697	15.97	968	615	114	79.79
1999	1416	12.73	884	486	46	81.50
2000	1153	10.30	817	318	17	85.17
2001	1213	10.85	826	354	33	85.41

续上表

	人口死亡数	人口死亡率（‰）	自然增长人数	自然增长率（‰）	结婚情况	
					对数	其中：晚婚
1996	549	5.23	1406	13.39	770	655
1997	502	4.77	1338	12.71	730	484
1998	614	5.78	1083	10.19		
1999	553	4.97	863	7.76	768	575
2000	591	5.28	562	5.02	806	610
2001	478	4.28	735	6.58	750	497

二、开展节育情况

1996 年起，飞来峡管理区开始实行“一孩上环，二孩结扎，计划外怀孕人流引产”的节育措施，具体为：⑴一对有生育能力而无生育指标的夫妻，采取节育措施。⑵对已生育一个子女的育龄妇女应上宫内节育器。⑶已生育两个以上子女的育龄夫妻，一方采取结扎措施。⑷计划外怀孕的妇女应及早采取补救措施。⑸经计划生育服务站证明夫妻双方均不宜采取结扎措施的育龄夫妻，经计划生育服务所证明不宜上宫内节育器的育龄妇女，以及有其他特殊情况的，经区计生局批准的育龄夫妻，可采取其他避孕措施。

每年，区将”四术”总数每年分解到 4 个镇。同时，注重孕前管理，规定已生育一个子女的育龄妇女首选使用宫内节育器，已生育二个以上子女的，一方首选结扎措施，对经医学检查暂不能上环或结扎的，通过签订管理合同，采用药具避孕，不强行上环或结扎，任何情况下不准生育第三胎。

1996-2001 年，全区累计完成“四术”措施 17420 例，其中结扎 5291 例（女结扎 4246 例），放环 7655 例，采取措施 4474 例，节育率由 1996 年的 87.46%增到 2001 年的 89.58%。

表 16-4-2　　1996-2001 年飞来峡管理区已婚育龄人口实施“四术”情况统计　　单位：人、例

年度	已婚育龄妇女	四术合计	其中				节育率（%）	领取独生子女证
			结扎	女结扎	放环	采取措施		
1996	17369	3815	1296	947	1429	1090	87.46	53
1997	18971	3934	1249	917	1401	1284	86.60	
1998	19639	3234	903	741	1428	903	92.49	48
1999	20023	2726	873	787	1273	580	92.20	1208
2000	20334	2065	515	452	1134	416	90.76	112
2001	20664	1646	455	402	990	201	89.58	136

1997 年，清远市计生局下达全区计划生育手术任务为：“四术”总数 3525 例，其中结扎 1054 例（二女户结扎 151 例），一孩上环 1201 例，人流引产 1270 例。是年，开展“四术”3934 例，占市下达任务的 111.60%。其中，男女结扎 1249 例，二孩结扎 1044 例（二女户结扎 192 例，是年任务 127.15%）；人流引产 1284 例，是年任务的 101.10%；放环 1401 例，其中一孩放环 1372 例，是年任务的 116.65%。超额完成市下达的”四术”总数。

1998 年，清远市计生局下达计划生育手术任务为：“四术”总数 3060 例，其中结扎 860 例（二女户结扎 157 例），一孩上环 1200 例，人流引产 1000 例。年终报表统计，共开展“四术”3234 例，是市下达任务 106%。其中，男女结扎 903 例，是年任务 105%（二孩纯女户结扎 130 例，是年任务的 82.83%）；放环 1428 例（一孩上环 1397 例），是年任务的 116.42%；人流引产 903 例，是年任务的 90.49%。

1999 年初至 1999 年 9 月 30 日，全区累计落实“四术”2726 例，是年任务 103.25%。其中，人流引产 580 例，是年任务的 111.53%；结扎 873 例，是年任务的 101.51%（纯二女结扎 130 例，是年任务的 100%）；放环 1273 例，是年任务的 101.03%。

2000 年，全年开展有效“四术”2065 例，其中一孩上环 1134 例、结扎 515 例（二女扎 83 例）、人流引产 416 例。

在历年落实节育措施当中，1996 年，全区已婚育龄妇女为 17369 人，至是年累计落实措施 15195 人，按分孩次落实措施情况为：一孩夫妇 2466 人，二孩夫妇 6438 人，三孩及以上 6291 人；按镇落实措施情况分：连江口 5100 人，黎溪 3959 人，水边 2496 人，升平 3640 人。2001 年，全区已婚育龄妇女为 20664 人，至是年累计落实措施 18150 人，按分孩次落实措施情况为：一孩夫妇 4255 人，二孩夫妇 6569 人，三孩及以上 7686 人；按镇落实措施情况分：连江口 5858 人，黎溪 5498 人，水边 2888 人，升平 4266 人。

表 16-4-3　　1996-2001 年已婚育龄妇女落实节育情况统计　　单位：人

年度	已婚育龄人数	落实措施人数	分孩次落实措施情况			分镇落实措施情况			
			一孩夫妇	二孩夫妇	三孩及以上夫妇	连江口	黎溪	水边	升平
1996	17369	15195	2466	6438	6291	5100	3959	2496	3640
1997	18971	16429	2736	6956	6737	5320	4561	2699	3849
1998	19639	18165	3439	7629	7097	5835	5348	2928	4054

续表

年度	已婚育龄人数	落实措施人数	分孩次落实措施情况			分镇落实措施情况			
			一孩夫妇	二孩夫妇	三孩及以上夫妇	连江口	黎溪	水边	升平
1999	20023	18461	3870	6573	8018	5722	5417	3076	4246
2000	20334	18406	3935	6736	7735	5817	5333	2988	4268
2001	20664	18510	4255	6569	7686	5858	5498	2888	4266

表 16-4-4　　1996-2001 年飞来峡管理区人口自然变动情况统计　　单位：人

年度	全区合计	其　中			
		连江口	黎溪	水边	升平
1996	104656	32685			24245
1997	105898	33055	31582	16942	24319
1999	111625	35637	32450	17609	25929
2000	112314	35835	32669	17691	26119
2001	112180	36030	33061	17796	25293

注：1998 年的数据缺

三、人口计划目标完成情况

每年年初，清远市计生局均下达人口计划目标。年末，区计生局对当年计划生育状况作统计，完成《飞来峡管理区计划生育年报》。

1997 年，清远市下达的人口计划目标为：出生率控制在 19.00‰以内，计划生育率 73.00%，多孩率控制在 9.71%以下。是年，全区人口出生实际人数 1840 人，出生率 17.48‰，比上一年同期少生 115 人，出生率比上一年同期对比少 0.52‰。其中，一孩出生 958 人，占 52.07%；二孩出生 719 人，占 39.08%，其中计划内人数 431 人，占二孩出生的 59.94%；多孩出生 163 人，占 8.85%，比上一年同期少生 94 人，多孩率下降 3.72%。对比市下达的人口计划指标，出生率少 1.67‰，计划生育率高 1.84%，多孩率少 0.88%。完成 3 项人口计划指标。

1998 年，清远市下达的人口计划 4 项指标为：出生率 17.5‰，计划外多孩率 7.00%，计划生育率 79.00%，人口自然增长率 11.80‰。是年，全区人口出生实际人数 1697 人，出生率 15.97‰，与市下达的指标对比少 1.53‰，比上一年同期对比下降 2.51‰。其中，一孩出生 968 人，占 57.04%；二孩出生 615 人，占 36.24%；多孩出生 114 人，占 6.72%，与市下达的指标少 0.28%，多孩率与上一年同期对比下降 2.14%。计划生育率 79.79%，与市下达的指标提高了 0.79%，比上一年同期比提高 5.06%，人口自然增长率 10.19‰，比市下达的指标少 1.61 个千分点。完成 4 项人口计划指标。

1999 年，清远市下达的人口计划 4 项指标是：计划生育率 79.00%，出生率 16.79‰，多孩率 3.50%，人口自然增长率 10.89‰。是年，全区人口实际出生人数 1416 人，出生率 12.73‰，与市下达的指标对比少 4.06 个千分点，比上一年同期对比下降 3.24 个千分点。其中，一孩出生 884 人，占 62.43%；二孩出生 486 人，占 34.32%；计划外多孩出生 46 人，占 3.25%，比市下达指标少 0.39 个百分点，计划外多孩率与上一年同期对比下降 3.33 个百分点。计划生育率 81.50%，比市下达的指标高 2.50 个百分点，与上一年同期比提高 1.71 个百分点。人口自然增长率 7.76‰，比市下达的指标降低 3.13 个千分点，与上一年同期对比降低 2.43 个千分点。完成 4 项人口计划指标。

2000 年，清远市下达的人口计划 4 项指标为：人口出生率 16.00‰，人口自然增长率 10.43‰，计划生育率 83.00‰以上。年末，全区总人口 112314 人，全年人口出生 1153 人，出生率 10.30‰；自然增长人数 562 人，人口自然增长率 5.02‰；计划外多孩率 1.56%；计划生育率 85.17%。与上一年同期对比人口出生率、人口自然增长率分别下降 2.43 和 2.74 个千分点，计划外多孩率下降 1.69 个百分点，计划生育率提高 3.67 个百分点。全区完成人口计划 3 项指标。

第四节　计划生育综合治理

一、计划生育集中服务

飞来峡管理区为提升计划生育优质服务水平，完成上级下达的各项目标任务，实现一升三降，从 1996 年开始，每年都在春夏秋季利用 1 个月左右的时间开展计划生育集中服务活动，突出抓好“四术”两检、性别比整治、社会扶养费征收和违法生育案件查处等工作。⑴在摸清本地“四术”对象和“四术”库存量的基础上分片包干。抽调镇干部和职工，组成工作队，分片包干落实“四术”对象，不完成任务不休息。⑵必要时对计生对象实行强制措施。⑶实行领导集中、干部集中、人员集中，逐村逐人落实任务。⑷制订奖罚措施。对有亲属不按时落实措施的干部、职工以及工作不力的干部，实行“一票否决”。⑸落实举报制度。设立举报电话，发动群众检举结扎对象，并对予已落实“四术”对象有功者给予重奖。

1997 年，开展全区夏秋两季计生集中服务月，到 9 月 24 日，累计落实“四术”3856 例，是年任务 109.30%。其中，人流引产 1300 例；结扎 1225 例（二女扎 193 例）；一孩上环 1304 例。连江口镇计生人员带着 B 超机到管理区开展“三查”，提高计划生育服务效果。

1998 年，开展春、夏、秋三季计划生育集中服务活动，重点抓二孩结扎，尤其是二女结扎和计划外怀孕补救措施的落实，全面清理历年“四术”库存“欠账”。是年底统计，全区已婚育龄夫妇 19639 对，占总人口 18.40%，已落实节育措施 18165 对，节育率 92.49%，比上年同期上升 5.89 百分点。其中，一孩夫妇 3666 对，落实节育措施 3439 对；二孩夫妇 7795 对，落实节育措施 7629 对；三孩及以上夫妇 7100 对，落实节育措施 7097 对。使用避孕药具 112 对。

1999 年，把贯彻落实新修订的《广东省计划生育条例》、办理农村独生子女证、开展清理清查工作与计生集中服务月有机地结合，通过组织开展新条例的宣传、查环查孕、一孩上环、二女户和计划外补救措施，办理独生子女证等工作，全区全党动员、全民动手抓集中服务月活动。⑴以各种形式和渠道，向群众宣传新的《广东省计划生育条例》。⑵以办理独生子女证和清理清查为突破口，带动节育措施的落实。⑶落实干部包干责任制，普遍建立领导包片、干部包户、部门配合的制度。⑷各镇进行“四术”对象清理清查。⑸重点抓好“三查”和流动人口清查验证工作，全年查环查孕 13655 人次。⑹依法对历年拖欠和未按规定征收计划外生育费对象进行全面清理，全年征收计划外生育费 1030206 元。⑺开展计划生育情况清理清查，摸清全区的计划生育状况，出生人口底数：1991 年 1 月 1 日至 1998 年 9 月 30 日，8 年间，全区共漏报出生人口数是 3612 人，其中计划内出生人数 792 人、计划外出生人数 2820 人，多孩漏报出生 2112 人。至 9 月 30 日，在计划生育集中服务活动中，全区累计落实“四术”2726例。其中，人流引产580例，结扎873例（纯二女结扎130例），放环1273例。领取独生子女证1208例，查环查孕13655人次。

2000年，开展春、夏、秋三季计划生育集中服务活动，主要抓二女户结扎和计划外怀孕补救措施的落实。⑴各镇进行“四术”对象清理清查。由主管计生领导带队，到各村委会、自然村进行清查。9月30日，全区落实“四术”2065例，是年任务93.43%。其中，人流引产416例，是年任务80%；结扎515例，是年任务93.36%（纯二女扎83例，是年任务103.75%）；放环1134例，是年任务99.47%。⑵开展流动人口计划生育查验证工作。各镇常年抓每季度一次的查环查孕工作，区公安、工商、城管、劳动、计生、卫生等部门，对拒不按通知进行“三查”的对象给予经济处罚。是年，查环查孕15584人次。

二、创建计生合格村

1997年，按中共广东省委办公厅、广东省人民政府办公厅《关于在全省农村进一步开展计划生育“三结合”工作的通知》要求，各镇围绕6条标准，分别制订《计划生育合格村三年规划》，指定专人负责，推行计划生育“三结合”（计生工作与发展农村经济相结合，与帮助群众勤劳致富奔小康相结合，与建设文明幸福家庭相结合），在一些基础比较好的村（管理区）开展“合格村”创建工作。区计生局当年安排3000元，扶持两户农户发展生产，改变以往单纯抓计划生育的做法。1998年初，区委下发《扎实抓好我区计划生育合格村创建活动和计划生育“三结合”推广工作的通知》，年末有35%以上的管理区建成合格村。1999年，区委把创建计划生育合格村工作和开展“三结合”工作内容列入计划生育工作年度考核内容，把各项奖励、优惠政策和社会保障措施落实到计划生育家庭。年终验收，全区共创建计生合格村25个，占40%以上的村委会，每镇有7户至8户以上计划生育户落实“三结合”扶持项目。

三、落实计生“三为主”

1998年开始，为改变区计划生育工作被动局面，区计划生育工作从孕后型向孕前型转变，从突击性向经常性转变，计划生育工作推行“以宣传教育为主、以避孕节育为主、以经常性工作为主”的方针。⑴年初，开始开展一次全区范围育龄夫妇生育情况的摸底调查工作，重新建卡立档，各镇的育龄妇女按照登记卡册对号入座，做到该上环的上环，该结扎的结扎。⑵按省委、省政府《关于进一步加强计划生育工作的决定》和《关于认真落实“三为主”的方针改变我省计划生育工作被动局面的意见》，对育龄夫妇生育第一孩已上环或结扎后一年内使用避孕药具和暂未落实措施的育龄妇女，每季度定期进行B超“三查”（查环、查孕、查病）。如发现有计划外怀孕的，及时采取补救措施。

1999年，区计生局参照其他计生先进县、市的做法，宣传推行农村独生子女父母和纯生二女结扎夫妇养老保险工作。⑴开展一对夫妇生育一个子女的宣传活动。以升平镇为试点，对自觉办领独生子女证的夫妇，进行披红戴花宣传，当场领证，兑现奖励。上半年，全区办理首批独生子女证农村夫妇329对，其中只生一男孩夫妇327对、只生一女孩的夫妇2对。年底，共办理独生子女证夫妇1883对（包括机关干部职工一孩夫妇）。⑵推行农村独生子父母和纯生二女结扎户的养老保险。4镇共投入保险金217000元，办理独生子女父母和纯生二女结扎夫妇养老保险2182对。

四、流动人口计生管理

按上级要求规定，凡区内外出的育龄流动人员，必须在户籍所在地领取全省统一的流动人口计划生育证明；外省流入区内人员，须持有其户籍所在地县（区）计划生育委员会或乡（镇）政府、街办的计划生育证明；流动人员在区内现居住地生育的，须持有户籍所在地的生育证；育龄流动人员到现居住地镇或街道计划生育办公室办理登记验证手续后，有关部门、单位和业主方可办理暂住证、营业执照、务工许可证、车辆驾驶执照、购买或租借住房、承包或租赁经营、招聘雇用等。

各镇政府主要对区内流动人口，主要开展：⑴进行计划生育宣传教育；⑵检查育龄人员的计划生育情况；⑶查验计划生育证明；⑷检查、督促节育措施的落实；⑸记录生育、节育情况并通报其户籍所在地政府或街办等 5 项管理工作。每年，各镇政府还会同区公安、卫生、建设、工商、劳动、计生等部门，经常开展统一行动，清理流动人口，查证验证。各镇计生办经常组织镇属的计划生育专业队，不定期到车站、码头、工棚、街道、集市等地开展查验流动人口计生证明，组织人力到外市、县跟踪计生出走户，促使计主对象落实计生节育措施。1997 年 7 月起，区计生局将把流动人口发证、验证工作下放到各镇计生办办理、管理。是年，全区流动人口计划生育证明流出地发证率和流入地验证率达 80%以上，流动人口已婚育龄妇女每季查环孕率达 90%以上。1999 年，各镇对流动人口开展“定人、定点、定时间”的“三查”行动，对拒不按通知进行“三查”的对象，给予经济处罚和重罚，全年查环查孕 13655 人次。

五、计生“六公开”

2000 年，全区实行村级计划生育事务公开，把计划生育纳入村民自治、村务公开和民主监督范畴。以村为主要场所，实行计划生育“六公开”：计划生育政策公开，生育指标及安排生育对象名单公开，人口出生情况公开，已婚育龄妇女落实节育措施情况公开，征收计划外生育费情况公开，已婚育龄妇女查环查孕情况公开。

第五节　计划生育设施

一、计生硬件设施

1996 年起，区计生局、各镇政府投入一定资金，各镇建立起婚育学校、计生服务所，计划生育的硬件和软件建设逐步完善。

1997 年，黎溪镇新建计划生育服务所楼 1 栋。各镇计生服务所配备计生医疗器械、B 超机等设备。

1998 年，区计生部门、各镇政府共投入资金 100 多万元，新建水边、连江口镇计生服务所楼各 1 栋；对各计生服务所、婚育学校及婚育分校进行“三有一配套”建设，配备 B 超、手术床等医疗器材，配备彩电、录像机、挂图、课室、台凳等教学设备。是年，区计生局、镇计生办的计生工作实现信息化管理；4 个镇计生宣传教育一体化基础服务网络建设经清远市验收，被评定为丙级。全区 95%以上的管理区建立计生服务室。到 1999 年，全区建有计划生育服务室 51 间、婚育分校 51 间。4 个镇计生服务所经清远市考核，全部达到丙级要求，其中，升平、黎溪服务所具备做男女结扎手术的条件，各镇均能开展人流手术、上环及查环查孕。

二、计生软件设施

1997 年，区计生部门制定《计生服务所工作制度和工作人员守则》，逐渐完善基层计划生育工作制度。各镇计生服务所建立计生服务技术服务档案。年间，经清远市计生委“三位一体”建设大检查，各镇计生服务所全部达到“五个一”（一个服务场所、一套检查设备、一个图书室、一套服务制度、一套工作台账）的标准，建有已婚育龄妇女档案卡，有存放档案的专柜；设有反映近年本地区计生情况的动态板和反映人口与土地、人口与粮食、人口发展状况、已婚育龄妇女节育状况的座标图。1998 年，95%以上的管理区建立计生服务室和婚育分校，并且利用这两个阵地进行人口理论、计生政策以及晚婚、晚育、优生优育、避孕节育和夫妻性生活等科学知识“五期”教育。1999 年，计划生育工作重心下移到村一级，各地建立以行政村为主体、镇为依托的计划生育工作新机制：①村委会新设立计划生育工作办公室，形成两室（计生办公室、计生服务室）一校（婚育分校）一橱窗（计生村务公开栏），有牌子、有印章、有人员、有制度、有场地的一体化村级计划生育阵地。②各镇按照 2000 人以下配 2 名计生专职人员，2000 人以上每增加 1000 人多配 1 名计生专职人员的标准，共配备 115 名村级计生专职人员，平均每个村委会的计生办人员为 2.25 人。③建立村级计生工作责任制。村党支部书记和村委会主任是村级计划生育工作第一责任人，专抓计生工作的支部副书记是本村计划生育工作直接责任人。村计生办人员与村委干部一起，与对象挂钩，实行贴户跟踪管理。各责任人和计生办人员的工作实绩与工资报酬挂钩，实行动态责任管理。④对村一级的人口计划、统计、档案进行“三位一体”的规范化建设。各镇党委、政府抽调人力、物力，投入资金，进村入户抽查，核对计生报表、档案、卡册，开展省人口计划目标责任制的考核，升平镇完成“三为主”考核验收，黎溪镇完成“四项指标”的考核验收工作。

第十七编　人物简介

Di Shi Qi Bian　　Ren Wu Jian Jie

欧 勇 男，汉族，1946 年 6 月出生，乐昌人。1964 年 6 月参加工作，1965 年 5 月加入中国共产党。大专学历。

1964 年 6 月至 1969 年 3 月，在部队服役，历任战士、班长、文书。1969 年 3 月至 1978 年，任某军后勤部会计、助理员。1978 年至 1982 年 8 月，任某师后勤部军需科副科长（代理科长）、战勤科长、党委常委。1982 年 8 月至 1984 年 8 月，在后勤学院中青班学习（后勤指挥系）。1984 年 8 月至 1985 年 9 月，任某军后勤部军需处长。1985 年 9 月至 1990 年 8 月，任某师后勤部长、师常务委员、后勤部党委书记。1990 年 8 月至 1994 年 2 月，任兰州军区后勤军需部副部长。1994 年 2 月至 1997 年 3 月，任清远市人民政府副秘书长。1997 年 3 月至 2000 年 9 月，任清远市人民政府副秘书长、飞来峡管理区区委书记、清远飞来峡水利工程移民开发局局长。2000 年 9 月至 2002 年 11 月，任清远市政府秘书长、政府党组成员。2002 年 11 月至 2003 年 6 月，任清远市委、市政府副秘书长、办公室主任、市政府党组成员。2003 年 6 月至 2007 年 3 月，任清远市人大常委会党组成员、秘书长。2007 年 4 月，退休。

黄卫星 男，汉族，1958 年 4 月出生，和平人。1974 年 8 月参加工作，1976 年 10 月加入中国共产党。社科院研究生学历。

1974 年 8 月至 1977 年 2 月，在清远县附城公社当知青，后抽到知青办协助工作。1977 年 3 月至 1979 年 9 月，在中山大学哲学系马列主义基础专业学习。1979 年 9 月至 1981 年 3 月，任清远县委组织部干事。1981 年 3 月至 1984 年 3 月，任清远县委宣传部理论教员。1984 年 3 月至 1984 年 5 月，任清远县委宣传部副科级干部。1984 年 5 月至 1988 年 2 月，任清远县委常委、宣传部部长。1988 年 3 月至 1989 年 1 月，任清远市委宣传部副部长。1989 年 1 月至 1991 年 9 月，任清远市社科联副主席。1991 年 9 月至 1993 年 8 月，任清远市委办副主任。1993 年 8 月至 1994 年 11 月，任清远市委副秘书长兼办公室主任。1994 年 11 月至 1999 年 1 月，任清远市委秘书长，其间：1995 年 3 月至 1998 年 7 月在广东省社科院政治经济专业研究生班学习。1999 年 1 月至 2000 年 9 月，清远市委副秘书长兼办公室主任。2000 年 9 月至 2001 年 11 月，任清远市飞来峡管理区委书记，清远飞来峡水利工程移民开发局党组书记、局长。2001 年 11 月至 2003 年 4 月，任清远市公路局党委书记、局长。2003 年 4 月至 7 月，任清远市发展计划局党组副书记、局长。2003 年 7 月至 2003 年 12 月，任清远市发展计划局党组书记、局长。2003 年 12 月至 2004 年 2 月，任清远市发展计划局党组书记、局长，清远职业技术学院党委副书记（主持全面工作）、临时党委书记（副厅级）。2004 年 2 月至 2005 年 6 月，任清远职业技术学院临时党委书记（副厅级）、学院新校园筹建领导小组组长。2005 年 6 月至 2012 年 1 月，任清远职业技术学院党委书记。2012 年 1 月至 2016 年 1 月，任政协清远市第六届委员会副主席。2017 年 1 月起，任清远市政府党组成员、清远市省级职教基地筹建领导小组副组长兼筹建办主任。

清远市第二、四、五届市委委员，第四届市人大代表。

谭建成 男，汉族，1955 年 10 月出生，连州人。1974 年 7 月参加工作，1975 年 3 月加入中国共产党。广东民族学院中文系汉语言文学专业本科学历，文学学士。

1974 年 7 月至 1978 年 9 月，任连县山塘公社团委副书记、潭岭公社党委委员。1978 年 10 月至 1982 年 7 月，在广东民族学院中文系学习。1982 年 8 月至 1983 年 9 月，在韶关地委办公室工作，曾任书记秘书。1983 年 9 月至 1988 年 3 月，任共青团韶关市委副书记。1988 年 3 月至 1991 年 7 月，任共青团清远市市委书记。1991 年 8 月至 1995 年 8 月，任英德县（市）委副书记兼常务副县（市）长。1995 年 9 月至 2001 年 11 月，任飞来峡管理区区委副书记、区长。2001 年 12 月至 2003 年 6 月，任清远市委政策研究室主任。2003 年 7 月至 2013 年 9 月，任清远市民政局局长。2013 年 9 月至 2015 年 5 月，任清远市民政局党组书记、调研员。2015 年 6 月退休。

1993 年 7 月，被省委、省政府授予“广东省绿化达标先进工作者”称号。1998 年 7 月，被省委授予“广东省优秀共产党员”称号。2012 年，被省人民政府授予“全省民政工作模范”称号。清远市第一、三、四、五、六次党代会代表，第一届清远市委候补委员，第五、六届清远市委委员。3 次当选市人大代表，3 次当选市政协委员。

郑从导　男，汉族，1953 年 10 月出生，英德市青塘镇人。1973 年 1 月参加工作，1974 年 4 月加入中国共产党。

1973 年 1 月至 1974 年 1 月，在青塘公社工作。1974 年 1 月至 1975 年 9 月，参加英德县路线教育运动工作队。1974 年 12 月至 1977 年 7 月，任大镇公社党委常委、党委副书记。1977 年 7 月至 1982 年 2 月，任黄陂公社党委副书记。1982 年 2 月至 1984 年 4 月，任共青团英德县委员会副书记。1984 年 4 月至 1995 年 9 月，任英德县大镇公社党委书记、英德市英城镇党委书记，1994 年 4 月任中共英德市委常委。其间：1984 年至 1987 年在韶关师专中文系进修毕业。1995 年 9 月至 1996 年 4 月，任清远市飞来峡管理区委副书记、区管委常务副区长。1996 年 4 月，在广东省地球物理勘探院花都分院工作，同年 5 月辞职后自谋职业。

徐觉荣　男，汉族，1948 年 8 月出生。1968 年 1 月参加工作。广东省委党校行政管理函授大专毕业。

1968 年 1 月参加中国人民解放军，为某部队战士。1969 年调梅县军分区任新闻战士、班长。1970 年，调五华县人民武装部任副政治指导员、秘书、政工科副科长、副部长、部党委委员。1976 年参加广州军区绍水“五七”干校锻炼一年，1982 年抽调广州军区查处军队走私、经济贪污工作组，负责广东省军区第一小组副组长工作一年。1985 年抽调到广州军区团以上单位党委整党，担任湛江、茂名军分区联络组副组长一年。1986 年，调到清远县人民武装部任政治委员、党委副书记。1988 年，任清远市清郊区委常委，区人武部部长、党委书记。1993 年，清郊区改清新县，任清新县委常委，县武装部部长、党委书记。1996 年，调任清远市飞来峡管理区区委副书记，区管委会常务副区长，期间为清远市第四、五届政协委员，第五届政协常委。2001 年 10 月撤销飞来峡管理区，任清远飞来峡水利工程移民开发局局长、党组书记，后调任清远市水利移民办公室主任（正处级）、党组书记。2003 年，任市水利局副局长（正处级）、党组成员。2005 年，改任市水利局调研员。2008 年 8 月退休。

张细珠　男，汉族，1952 年 6 月出生，江西新余人。1969 年 1 月参加工作，1974 年 4 月加入中国共产党。大专学历。

1969 年 1 月至 1971 年 3 月，在广东某师服役，先后任战士、文书。1971 年 3 月至 1976 年 8 月，任广东某师排长。1976 年 8 月至 1980 年 1 月，任广东某师某团司令部军务部参谋。1980 年 1 月至 1981 年 4 月，任韶关军分区司令部副营职参谋。1981 年 4 月至 1983 年 5 月，任韶关军分区司令部副营职教导员。1983 年 5 月至 1987 年 10 月，任韶关军分区司令部动员科正营职参谋。1987 年 10 月至 1992 年 11 月，任韶关军分区司令部副团职参谋。1992 年 11 月至 1995 年 8 月，任清远军分区司令部副参谋长。1995 年 8 月至 1999 年 2 月，任清远市飞来峡管理区区委常委、纪委书记。1999 年 2 月至 2001 年 10 月，任飞来峡管理区党委常委。2001

年10月至2012年6月，任清远市残疾人联合会副理事长。2012年6月，退休。

陆神才　男，汉族，1946年出生，英德人。1963年11月参加工作，1968年5月加入中国共产党。

1963年1月至1968年5月，在中国人民解放军某团服兵役。1968年6月至1972年5月，在广东省连山县公安机关保卫组工作。1972年6月至1975年3月，在连山县城派出所任副指导员。1975年4月至1980年2月，在连山县公安局政教室任助理员。1980年3月至1982年5月，在连山县城派出所任指导员。1982年6月至1988年6月，任连山县公安局刑警队队长（副科级）。1988年6月至1990年11月，任连山县公安局副局长。1990年12月至1993年3月，任连山县公安局党组书记、局长。1993年4月至1995年12月，任连山县委常委、政法委书记、公安局党组书记、局长。1996年1月至1999年11月，任飞来峡管理区区委常委、公安分局局长。1999年12月至2001年10月，任飞来峡管理区公安分局政委、副处级调研员，其间：1995-1997年兼任水边镇、连江口镇移民团团长。2001年11月至2007年1月，任清远市公安局市区交警大队教导员（副处级）。2007年2月，退休后任市区驾驶员协会会长。

魏振龙　男，汉族，1954年12月出生，五华人。1972年12月参加工作，1974年2月加入中国共产党。广东广播电视大学党政干部基础专修科毕业（大专）。

1972年12月至1974年12月，在广东五华县横陂公社近江大队任团支部书记、民兵营营长、党支部书记。1974年12月至1979年8月，任中国人民解放军某军某师独立高炮营战士、班长、排长。1979年8月至1987年10月，先后在清远县武装部、韶关军分区政治部、翁源县武装部、韶关军分区政治部工作。1987年10月至1988年6月，在韶关市纪律检查委员会任干事。1988年6月至1991年8月，任清远市纪律检查委员会办公室副主任。1991年8月至1994年3月，任清远市纪律检查委员会办公室副主任、正科长级纪检员。1994年3月至1996年5月，任清远市委组织部办公室副主任、正科长级组织员。1996年5月至2001年10月，任飞来峡管理区区委常委、区组织人事办公室主任，其间：1997年5月至2001年10月，兼飞来峡管理区直属机关党委书记。2001年10月至2003年8月，任清远市民政局党组成员、副局长。2003年8月至2009年12月，任清远市民政局党组成员、副局长、纪检组组长。2009年12月至2010年8月，任清远市民政局党组成员、副局长。2010年8月至2012年2月，任清远市民政局党组成员、调研员。2012年2月至2015年1月，任清远市民政局调研员。2015年1月退休。

梁伟赟　男，汉族，1962年6月出生，兴宁人。1984年7月参加工作，1984年3月加入中国共产党。

1980年9月至1984年7月，在华南农学院农学系农学专业读书。1984年7月至1985年4月，在英德大站区公所工作。1985年4月至1986年4月，在英德县委组织部工作。1986年4月至1987年12月，任团英德县委副书记。1987年12月至1989年7月，任英德县明迳乡党委副书记。1989年7月至1990年6月，任团英德县委副书记。1990年6月至1994年5月，任团英德市委书记。其间：1993年12月至1994年5月，挂任广州白云区乡镇企业管理局副局长。1994年5月至1995年12月，任英德对外经济发展公司经理。1995年12月至1996年3月，在飞来峡管理区经委工作。1996年3月至1996年9月，任飞来峡管理区经委副主任、区招商局局长（正科级）。1996年9月至1997年4月，任飞来峡管理区经委副主任、区招商局局长、连江口镇委副书记。1997年4月至1999年2月，任连江口镇党委书记、区经委副主任。1999年2月至2001年10月，任飞来峡管理区委常委兼连江口镇党委书记。2001年10月至2003年9月，任飞来峡水利工程移民开发局党组成员、副局长。2003 年 9 月至 2004 年 11 月，任清远市民政局党组成员、副局长。2004 年 11 月至 2010 年 5 月，任清远市劳动和社会保障局党组成员、副局长，市社会保险基金管理局局长。2010 年 5 月至 2010 年 9 月，任清远市人力资源和社会保障局党组成员、副局长，清远市社会保险基金管理局局长。2010 年 9 月至 2012 年 6 月，任清远市住房和城乡建设局党组成员，清远市住房制度改革领导小组办公室主任。2012 年 6 月起，任清远市住房和城乡建设局（2014 年 8 月改为市住房和城乡建设管理局）党组成员、副局长。

王耀国　男，汉族，1962 年 5 月出生，河北曲周人。1981 年 7 月参加工作，1990 年 5 月加入中国共产党。广东省政法学院大专毕业。

1981 年 7 月至 1989 年 3 月，在广东省连南公安局工作，任办事员、科员、秘书股副股长。其间：1986 年 9 月至 1988 年 7 月在广东省政法学院公安管理专业学习（大专）。1989 年 3 月至 1990 年 6 月，任连南公安局政保股副股长。1990 年 6 月至 1990 年 12 月，任连南司法局副局长。1990 年 12 月至 1991 年 9 月，任连南公安局副局长。1991 年 9 月至 1991 年 11 月，任连南公安局副政委。1991 年 11 月至 1992 年 8 月，任连南公安局党组副书记、副政委。1992 年 8 月至 1993 年 5 月，任连南公安局党组副书记、副政委、正科长级侦察员。1993 年 5 月至 1997 年 11 月，任连南公安局政委、党组副书记。1997 年 11 月至 1998 年 5 月，任连南公安局局长兼政委、党组副书记。1998 年 5 月至 1999 年 10 月，任连南县委常委、政法委书记、公安局局长。1999 年 10 月至 2001 年 12 月，任飞来峡管理区区委常委、公安分局局长。2001 年 12 月至 2003 年 9 月，任清远市公安局政治处主任。2003 年 9 月至 2006 年 11 月，任清远市公安局党委委员、副局长。2006 年 11 月至 2010 年 3 月，任清远市公安局党委委员、副局长、正处长级干部。2010 年 3 月至 2015 年 3 月，任清远市公安局党委副书记、副局长、正处长级干部。2015 年 3 月起，任清远市公安局调研员。

杨德银　男，布依族，1967 年 10 月出生，云南昭通市巧家县人。1989 年 8 月参加工作，1992 年 10 月加入中国共产党。中山大学哲学系学士，江西财经大学 EMBA 硕士学历。

1989 年 8 月至 1993 年 12 月，任清远市委宣传部副科长。1993 年 8 月至 1995 年 8 月，任阳山县高峰镇党委副书记、副镇长。1998 年 1 月至 2000 年 12 月，任清远市委宣传部外宣办（市政府新闻办）主任。2000 年 12 月至 2001 年 11 月，任飞来峡管理区委常委兼撤区建县办主任。2001 年 11 月至 2003 年 8 月，任清远市旅游局党组成员、副局长。2003 年 8 月至 2006 年 11 月，任清远市委宣传部副部长。2004 年 11 月至 2009 年 3 月，任清远市委宣传部副部长兼清远市新闻工作者协会主席、市委外宣办（市政府新闻办）主任。2009 年 3 月至 2016 年 5 月，任清远市广播电视台党组书记、台长、广电集团董事长、总裁、省广电网络清远公司总经理。2016 年 5 月起，任清远市委宣传部副部长（正处级）。

清远市第六届党代会代表。政协清远市第七届常委。1998 年，被评为全国“五五”普法中期先进个人。2007 年，被评为广东省卫星电视转星调整工作先进个人。

植东林　男，汉族，1953 年 10 月出生，清城区江口人，1975 年 5 月参加工作，1974 年 4 月加入中国共产党，北京大学函授国际经济学专业大专学历。

1975 年 5 月至 1986 年 10 月，任清远县江口区罗塘大队副书记、书记。1986 年 10 月至 1989 年 8 月，任清远县（清郊区）升平镇共星村党支部书记。1989 年 8 月至 1991 年 3 月，任清郊区升平镇开发区副总指挥。1991 年 3 月至 1992 年 10 月，任升平镇副镇长。1992 年 10 月至 1993 年 11 月，任升平镇镇长。1993 年 11 月至1997年10月，任升平镇党委书记。1995年9月至2001年10月，任飞来峡管理区副区长。2001年11月至2007年11月，任清远飞来峡水利工程移民开发局副局长。2007年11月至2013年10月，任清远市水利局副调研员、调研员。2013年11月，退休。

孔宪君　男，汉族，1954年5月出生，佛山市南海区人。1974年8月参加工作，1984年3月加入中国共产党。大学本科学历，学士学位，讲师。

1972年7月，高中毕业。1972年10月至1974年7月，在韶关地区师范学校数学科读中专。1974年8月至1978年2月，在韶关市乐昌新秦学校教书，任教导处副主任。1978年3月至1982年1月，在华南师范大学数学系读本科，获学士学位。1982年2月至1988年1月，在韶关市第六中学工作，任数学科组长、教导处副主任、主任。1988年2月至1994年10月，在清远市教育委员会工作，任办公室副主任、人事科副科长、科长。1994年11月至1995年8月，任清远飞来峡水利工程移民开发局规划基建办副主任。1995年9月至2001年10月，先后任清远市飞来峡管理区组织人事办主任、副区长。2001年11月至2003年12月，任清远市广播电视大学副校长。2004年1月至2014年5月，任清远职业技术学院综合办主任、组织人事处处长、继续教育学院院长、院长（校长）助理。

2014年6月退休。

陈运镜　男，汉族，1946年9月出生，英德市明迳镇人。大专文化程度。

1964年9月至1965年12月，任明迳村小学教师（民办教师）。1965年12月至1969年4月，参加中国人民解放军，先后在广西军区合浦县服役和梧州军分区苍梧县服役，任文书。1969年4月，退伍回英德明迳镇办公室工作兼公社广播员，1970年任明迳武装部干事、副部长。1971年至1985年，历任英德大洞公社办公室副主任、主任、副书记、书记。1986年至1990年1月，任英德浛洸镇委书记。1990年1月至1995年9月，任英德县副县长，英德成立市后任副市长。1995年9月至2001年10月，任清远市飞来峡管理区副区长。2001年10月至2005年，在清远飞来峡水利工程移民开发局工作，任调研员。2006年，任清远市水利局调研员（正处级），当年10月退休。

利国振　男，汉族，1962年9月出生，佛冈县人。1981年9月参加工作，1986年7月加入中国共产党。大学学历。

1981年9月至1983年9月，任佛冈县农机厂机修员。1983年9月至1987年6月，任佛冈县经委生产科办事员。1987年6月至1988年12月，任佛冈县水泥二厂副厂长。1988年12月至1993年5月，任佛冈县水泥二厂厂长。1993年5月至1995年7月，任佛冈县经委副主任、水泥二厂厂长。1995年7月至1998年3月，任佛冈县人民政府副县长。1998年3月至2001年10月，任清远市飞来峡管理区管委会副区长。2001年10月至2007年8月，任清远市经济贸易局党组成员、副局长。其间：2002年6月至2004年12月，兼市安全生产监督管理局局长。2007年8月至11月，任清远市经济贸易局党组副书记、副局长。2007年11月至12月，任清远市经济贸易局党组书记、副局长。2007年12月至2010年4月，任清远市经济贸易局党组书记、局长。2010年4月至2010年9月，任清远市经济和信息化局（中小企业局）党组书记、局长。2010年9月至2012年2月，任清远市委、市政府副秘书长。2012年2月至2012年6月，任清远市人民政府国有资产监督管理委员会党委副书记、主任。2012年6月至2012年7月，任清远市人民政府国有资产监督管理委员会党委副书记、党组书记、主任。2012 年 7 月至 2016 年 4 月，任清远市人民政府国有资产监督管理委员会党组书记、主任。2016 年 4 月至 2016 年 10 月，任清远市人民政府国有资产监督管理委员会党委书记、主任。2016 年 10 月起，任清远市人民政府国有资产监督管理委员会调研员。

李司俭　男，汉族，1962 年 10 月出生，英德市人。1997 年 9 月加入中国共产党。博士研究生学历，工商管理硕士、管理学哲学博士学位，中南财经政法大学兼职教授、硕士生导师，比利时欧洲大学副教授。

1981 年 7 月至 1984 年 2 月，在英德白沙中心小学任教师。其间：1983 年 2 月至 1984 年 2 月，在英德教师进修学校读书。1984 年 2 月至 1985 年 8 月，任英德白沙二中教师。1985 年 9 月至 1988 年 6 月，在广东韶关大学英语专业学习。1988 年 7 月至 2000 年 10 月，在清远市对外经济贸易委员会工作，历任清远贸促会办公室副主任，市对外经济贸易委员会外资科副科长、科长，主任助理、办公室主任。其间：1990 年 12 月获全国高等教育自学考试英语大专毕业。2000 年 12 月至 2001 年 11 月，任清远市飞来峡管理区副区长。2001 年 11 月至 2010 年 10 月，任清远市委台湾工作办公室副主任、清远市委统战部副部长、清远市委台湾工作办公室主任（清远市人民政府台湾事务局局长）。其间：兼任清远市生态工业园区建设工作办公室副主任。2010 年 10 月至 2011 年 6 月，任清远职业技术学院党委副书记、纪委书记，兼继续教育学院院长。2011 年 6 月至 2015 年 8 月，任清远职业技术学院党委副书记、纪委书记。2015 年 8 月起，任清远市残疾人联合会调研员。

2012 年 4 月，主持全国教育科学规划课题一项：两岸高职教育“校-校-企”合作办学模式研究。2015 年 5 月，主持广东省德育创新项目研究课题：建构“三核”融合的高职学生干部培养平台，获广东省财政厅重点资助。

附　录

Fu　Lu

一、重要文件

（一）关于设立飞来峡管理区有关事项的通知

（清发〔1995〕18号）

英德市委、市政府，清新县委、县政府；市直各单位：

根据广东省人民政府粤府函〔1995〕154号批复，为有利于飞来峡水利工程的管理和库区移民安置工作，同意设立飞来峡管理区，管辖清新县的升平镇，英德市的黎溪、连江口、水边镇，不设一级政权，只作为市政府派出机构，不具司法权。为落实省府文件精神，加快飞来峡管理区设立工作，现将有关事项通知如下：

一、飞来峡管理区为县处级单位，区址设在升平镇。

二、成立飞来峡管理区筹建工作领导小组，由赵伯杰同志任组长，邱诗忠、黄伙荣、钟梅坤同志任副组长，英德市、清新县派一名主管移民工作的领导，升平、黎溪、连江口、水边四镇党委书记，清远市委组织部、人事局、民政局、财政局各派一名领导为筹建领导小组成员。

三、从发文之日起，冻结4个镇的人员编制，干部、职工一律不得调进调出，不得提职提干，以避免人员机构膨胀，待管理区组织人事部门成立，干部管理工作交接后再行解冻。

四、筹备建区期间，任何单位和个人不得以任何理由调走4个镇的钱、财、物，也不得突击花钱，更不得借设区之机滥发财物，奢侈浪费，一经发现，严肃查处。

五、从文件发出之日起，4个镇要在筹建工作领导小组的领导下正常开展工作，英德市、清新县和市直各有关部门，要顾全大局，积极配合，做好协调，保证4个镇各项工作顺利过渡。

中共清远市委

清远市人民政府

一九九五年八月七日

（二）广东省飞来峡水利工程移民安置办法

（粤府〔1995〕84号文颁布，1995年9月26日）

第一章 总 则

第一条 为了做好飞来峡水利工程移民安置工作，保证飞来峡水利工程建设的顺利进行，促进移民安置区经济发展，根据国务院《大中型水利水电工程建设征地补偿和移民安置条例》以及国家和省有关规定，结合飞来峡水利工程库区实际情况，制定本办法。

第二条 飞来峡水利工程移民安置，必须按移民规划组织实施，为移民提供一个生产、生活设施基本配套，有利于移民长期安定的生存环境，使移民的生活不低于原有水平，并具备与安置区居民同步发展的条件。

第三条 飞来峡水利工程移民安置实施开发性移民方针，通过多渠道、多产业、多形式妥善安置移民：移民安置与当地经济开发相结合，合理开发当地资源，优先就地后靠；以农业安置为主，同时结合城镇迁建，适当扩大城镇容量；适应市场经济要求，大力发展第二、三产业；飞来峡水利工程管理单位和下游受益区在同等条件下对移民优先招工招干；鼓励投亲靠友、自谋职业等。

第四条 飞来峡水利工程移民安置工作，由清远市人民政府实行总承包，承包合同由省人民政府与清远市人民政府签订。

第五条 建立健全各级移民安置机构。

省级移民安置机构主要负责宏观决策，拟定有关政策，指导、监督、检查移民安置工作。

市级移民安置机构，在市政府领导下，负责编制移民安置总体规划，组织、协调、检查、监督各承包单位实施移民安置规划。

飞来峡管理区、英德废旧移民安置机构，负责实施本辖区移民安置规划，组织移民搬迁和做好移民生产生活安置工作。

省属企业（横石木材厂）负责本企业安置工作。

第六条 移民安置可采取以下办法进行：

（一）当地耕作和居住条件许可，居民生产生活有发展余地的，在处理好土地、山林等基本生产资料权属关系的基础上，组织就地后靠。

（二）当地确实无地可耕及耕作条件差的地方，可组织移民异地农业安置或就近在圩镇或县城安置，从事二、三产业。

（三）投亲靠友的，经批准一次性发给迁移费用，并以合同形式确定今后的抚养安置关系，成为投靠地的合法居民，不再享受移民待遇。

（四）市政府在靠近县城和市区的地方，划出一片土地，供移民集中连片开发。

第七条 库区开发必须注重水土保持和环境保护，改善库区生态环境。

第八条 飞来峡水利工程移民安置和库区开发，必须依靠科学技术，重视教育和智力开发，培养和引进专业人才，鼓励科学技术研究，推广先进技术。

第二章 移民安置

第九条 清远市人民政府负责会同水利部珠江水利委员会设计研究院及库区所在地县级人民政府，按照下列原则编制移民安置规划大纲和移民安置规划：

（一）按照国家有关规定制定移民安置规划大纲，并根据大纲分别编制移民安置规划。

（二）在对全库区淹没实物指标进行核查后，根据安置规划和经批准的移民经费概算编制移民实施规划。

（三）移民实施规划必须科学合理和具体化。后靠安置的，应考虑环境容量并为以后发展留有余地；城镇迁建，应配合城建规划部门做好城建规划设计；第二、三产业安置的项目，必须通过有关技术论证；专业项目，必须达到技术设计水平。

第十条 飞来峡水利工程建设用地和移民安置用地，按照经批准的规划逐项审批，由县级以上国土部门负责征用，并依法办理土地权属登记和发证手续。

第十一条 后靠安置、迁入城镇和外迁异地的移民，自迁入之日起成为安置区合法居民，由当地政府负责管理。

第十二条 库区后靠安置移民，在当地政府领导下，由移民安置机构按照规划，统一组织，合理开发可以利用的土地，改造中低产田，建设稳产高产粮田和经济园林，发展林业、牧业、渔业、副业等。

安置移民的集体经济组织，应在使用移民经费统一开发后进行移民安置，同时依法办理有关土地所有权手续或调整土地承包经营权，必要时建立新的集体经济组织，对被安置的移民与原有居民一视同仁。

搬迁农村居民点，应当按照有利生产、防洪安全、方便生活的原则，依法编制新居民点的建设规划，并报经主管部门批准后，有组织、有领导地分期分批实施。住宅拆迁，按当地近期农村房屋建筑价格计算补偿标准，包干到户。住房建设应按照统一规划，采取政府组织统建和农民自建相结合的办法。

第十三条 对农转非安置的移民，应经县级人民政府审查，报市人民政府批准后，在省下达的飞来峡水利工程专项农转非指标内安排。

第十四条 飞来峡水利工程建设需要迁移城镇的，应当做好新城镇选址工作，按照实用、效能和便于管理的原则，依法编制城镇规划，其中对需要新建的主要企事业单位和公共建筑、港口、码头等要确定具体位置，报规划主管部门批准。需要迁移安置的城镇居民，应随城镇迁建迁移，原则上在原单位就业，对个别行业就业有困难的，由移民安置机构和当地政府共同协助解决。

迁建的新城镇可适当安置部分农村移民。安置移民以从事商业、服务业为主，鼓励自谋职业。当地政府和移民安置机构应协助农村移民解决就业问题。在招工、招干、征兵、子女入学和就业时，移民与原有城镇居民享有同等权利。

按照移民安置规划迁移建设的城镇，应按原规模、原标准、原功能重新设置、留有余地的原则计算迁建补偿经费（包括按规划扩容安置移民的经费），列入移民经费。其他扩大部分由有关单位自行解决。

飞来峡水利工程建设需要拆迁的城镇房屋，其补偿标准按照广东省有关城镇房屋拆迁补偿标准执行。

第十五条 凡利用移民经费（土地补偿费和安置补助费的一部分）兴办的经济实体，应以安排移民就业为主，其产权和收益归移民集体所有。合资兴办的，按投入移民经费的比例确定移民集体拥有产权和收益的比例。利用移民经费兴办或合资兴办的经济实体可采取股份合作制组织形式，其收益按移民集体所占股份分给移民，也可征得移民同意，用于扩大再生产或兴办新的经济实体。各级移民机构负责指导和监督。

第十六条　飞来峡水利工程运行管理单位在招收职工时，除特殊工种外，应在库区移民中择优录用。

第十七条　投亲靠友或通过其他途径外迁安置的移民，由迁出和安置地的县级人民政府有关部门办理有关安置、户口迁移手续，相应的移民经费交付安置地的政府部门，用于安排移民的生产和生活。移民安置后即为当地合法居民。

第十八条　飞来峡水利工程建设需迁建学校、医疗卫生院（所）、文化娱乐设施、社会福利院、敬老院等生活基础设施，必须按不低于原标准重建。

第十九条　飞来峡水利工程蓄水所淹没、损坏的公路、铁路、桥梁、港口、码头、水利工程、电力设施、广播线路等专业设施和文物古迹，需要复建的，应列入安置区建设规划，提前在淹没线收上复建。按原规模和原标准或者为恢复原功能复建所需的投资，列入移民经费；扩大规模和提高标准需要增加的投资，由有关单位自行解决。

第二十条　飞来峡水利工程建设需要迁移的企业事业单位，应按照移民安置规划组织迁建，按照原规模和原标准建设所需的投资，按照重置价格计算，列入移民经费；扩大规模和提高标准需要增加的投资，由有关单位自行解决。

第三章　移民经费使用及管理

第二十一条　飞来峡水利工程移民经费的使用应注重实效。属于移民生产安置的资金，应全部用于生产资料和配套设施重置以及生产开发；属于重建移民房屋及其生活设施和移民搬迁补助等方面的资金，应按规划逐项落实，为移民重建房屋、生活设施或以金额补偿移民。

第二十二条　飞来峡水利工程移民经费，由飞来峡水利工程建设总指挥部按照移民总承包合同，分期分批拨付，由清远市人民政府按计划安排使用和管理。移民经费必须专款专用，各项支出费用应严格遵守计划概算，符合开支标准。

移民经费使用单位应严格执行国家财经纪律及有关规章制度，强化内部财务管理，加强经济核算，提高资金使用效果，并实行内外部审计制度。省有关部门及建设单位应严格监督移民经费的使用，对有关政府和部门负责人实行移民经费管理、使用的任期审计制度。

第四章　淹没区、安置区的管理

第二十三条　在飞来峡水利工程设计淹没线以下的区域，任何单位和个人不得擅自新建、扩建和改建建筑物、构筑物。

在 1993 年 12 月 31 日《清远市人民政府关于飞来峡水利工程库区管理和群众搬迁有关事项的通告》（以下简称《通告》）发布后，违反规定建设的项目，一律按违章建筑处理，由建设单位或个人自行拆除，不予补偿。

第二十四条　飞来峡水利工程库区有关公安机关，应当加强户籍管理，严格控制非淹没区人口迁入淹没区。除按照国家有关规定，因出生、婚嫁、军人复员置业退伍以及高等院校、中等专业技术学校毕业分配、原籍劳教释放人员等经市、县公安机关批准允许入户的以外，对在《通告》发布后擅自流入的人口，不得作为移民搬迁安置。

飞来峡水利工程库区各级人民政府和有关单位应当加强计划生育工作，严格控制人口增长，保证库区人口自然增长率不超过规定标准。

第二十五条　按照移民安置规划必须搬迁的移民，不得借故拒迁或者拖延搬迁；经安置的移民和单位，不得返迁。

土地大部分或全部被征用但房屋不需要搬迁的居民，由当地政府会同设计部门根据实际情况，分别落实生产生活安置。

第二十六条　飞来峡水利工程库区的单位和个人，凡已经得到补偿和安置的，其原使用的土地和建筑物由当地县级人民政府移民安置机构依法处理，不再予以补偿。

第五章　优惠措施

第二十七条　飞来峡水利工程移民搬迁所需的钢材、木材、水泥、油料等物资，有关部门应优先优惠供应。

第二十八条　因安置移民而调整土地或被征用土地的农村经济组织，其兴办的二、三产业，享受移民办企业的有关优惠政策。

第二十九条　飞来峡电站建成后，在20年内每年按发电量每千瓦时提取2分（列入发电成本），作为移民安置发展资金，扶持移民发展生产。

第三十条　飞来峡水利工程建成后形成的水面和消落区，其所有权属国家，由工程管理单位统一管理开发和利用，在服从水库统一调度、保证工程安全和保护库区生态环境的前提下，可组织移民使用，并与移民签订使用协议。

第三十一条　工程用地、水库淹没区土地和移民安置用地，应依法办理征用手续，其耕地占用税、土地垦复金、基本农田保护基金可依法申请减免。移民安置区开发农用土地所需资金，经按有关规定程序办理，可在省土地开发基金中优先予以安排。移民建房、企事业单位迁建及移民新建项目，在迁建安置期间享受固定资产投资方向调节税税率为零的优惠政策。农业安置的移民，开垦从事农业生产的土地，从有收入之年起，免征农业税、特产税5年；库区原有工矿企业自迁建恢复生产之日起，移民新建工矿企业（含中外合资、私营企业和个体工商户）及加工、运输、建筑、商业、服务业等从投产之日起，经批准可按产业政策在一定期限内减征或免征所得税，减免期限按现行税法和规定办理。

根据库区实际情况调整清远市、英德市的财政收入上缴或财政补贴。

第三十二条　飞来峡水电站建成后，对移民生产生活用电应当按核实电量给予保证和优先安排。移民用电应照章交纳电费。

第三十三条　飞来峡水利工程下游受益区应积极支持飞来峡水利工程移民安置，建立对口挂钩扶持关系，主动安排库区劳动力，为库区引进项目和科技人才，促进库区发展。

第三十四条　省人民政府及其有关部门在安排建设项目、分配支农、扶贫、救灾、水土保持等资金和交通、文化、教育、卫生、公共安全、环境保护等资金时，应当对飞来峡水利工程库区优先照顾，增加投入，促进该地区的经济和社会发展。

第三十五条　对库区和安置区迁建、改建企业和生产开发项目，金融部门在信贷计划中，应予优先安排指标和资金，必要时视项目情况由省给予贴息照顾。

第六章 奖励与处罚

第三十六条 对在飞来峡水利工程移民安置工作中做出显著成绩的单位和个人，给予奖励。具体办法由省、市移民安置机构制定。

第三十七条 任何单位非法占用移民经费的，由有关县级以上人民政府责令退赔，并处以罚款；对主管人员和直接责任人员，由其所在单位或者上级机关给予行政处分；构成犯罪的，由司法机关依法追究刑事责任。

第三十八条 国家工作人员在移民安置工作中滥用职权、徇私舞弊的，由其所在单位或者上级机关给予行政处分；构成犯罪的，由司法机关依法追究刑事责任。

第三十九条 在移民搬迁和安置过程中，违反法律、法规的规定，扰乱公共秩序，致使工作、生产不能正常进行，尚不够刑事处罚的，依照《中华人民共和国治安管理处罚条例》的规定处罚；构成犯罪的，由司法机关依法追究刑事责任。

第七章 附 则

第四十条 本办法自颁布之日起施行。

（三）《清远市飞来峡管理区库区淹没实物指标补偿标准》

（清峡区〔1995〕7 号文，1995 年 12 月 15 日由区长办公会议讨论通过，1995 年 12 月 19 日印发）

一、土地补偿和安置补助费标准

土地的补偿和安置补助费标准是按省市有关文件确定的。并根据清府办函〔1995〕90 号文，市、县（区）、镇可在库区、坝区征地补偿费（不含青苗费）总额中提留 15%作为各级移民经济发展基金。此款设立专户，专款专用，主要用于扶助移民发展经济和为移民办实事，需要开支这笔费用时必须经上一级政府批准，除此之外，任何单位和个人不得以任何借口增加提留或占用、挪用、截用截留、借用移民土地补偿安置补助费。现将土地补偿和安置补助费标准及提留 15%后的标准叙述如下：

项 目	标准元/亩	提留 15%后的标准元/亩
双造水田	8939	7598
单造水田	5363	4558
旱 地	7151	6078
果 园	7680	6528
鱼 塘	9526	8097

续表

项　目	标准元/亩	提留 15%后的标准元/亩
桑　地	8680	7378
竹　林	3316	2818
用材林	2750	2337
幼　林	825	701
疏灌林	1375	1168
河滩地	511	434
荒　地		434

二、青苗补偿费标准

项　目	标准元/亩
水　田	550
旱　地	420
桑　地	714
果　园	1234
鱼　塘	800
林　地	253
竹　林	225
甘　蔗	500
柴草山	120
其他经济作物	420

三、零星果木

结果　　80 元/株

未结果　20 元/株

竹　　　15 元/丛

四、房屋迁建补偿标准

为了科学地规划好移民新区，加强移民新区建设和管理工作，对新区进行统一规划设计，移民房屋基础进行统一施工。根据市政府有关文件精神，从房屋补偿费中提取 20%作为移民房屋基础费用，其余 80%付给搬迁户。现将房屋补偿标准及预付单价如下表。

（一）农村部分

项　目	补偿标准单价元/平方米	按应付补偿单价付 80%元/平方米
框架结构	446	357
混合结构	395	316

续表

项　目	补偿标准单价元//平方米	按应付补偿单价付 80%元//平方米
红砖木瓦结构	250	200
泥砖木瓦结构	180	144
杂房	103	83
简易混合结构	/	160

（二）城镇部分

项　目	补偿标准单价元//平方米	按应付补偿单价付 80%元//平方米
框架结构	484	387
混合结构	430	344
红砖木瓦结构	300	240
泥砖木瓦结构	200	160
杂　房	103	83
简易混合结构	/	160

（三）附属建筑物补偿标准

项　目		补偿单价
晒坪		10 元//平方米
围墙（包括浆砌石、干砌石）		19 元//平方米
砖瓦窑		800 元/座
水　井	1.5 米口径以上生产用井	800 元/口
	家用小口径水井	320 元/口

五、移民搬迁补助综合单价

（一）农村部分

农村移民搬迁生产、生活综合补助费人均 400 元。其中，100 元发放到移民个人，其余 300 元用于供水、供电及其他公共设施建设费用，由镇移民办管理。

农村灌溉设施的补偿标准

项　目	数量单位	综合单价（元）
小水电站	处/KW/台	6000
抽水站	处/KW/台	5000
水轮泵站	处/KW/台	4000
电灌站	处/KW/台	2000

（二）城镇部分

移民搬迁生产、生活综合补助费按人均600元发放，100元发放到个人，其余500元用于城镇道路、供水、供电、排水、绿化及其他公共设施建设费用，由镇移民机构管理。

六、宅基地平整与处理费用标准

项　目			综合单价元/平方米	备　注
农村宅基地平整与处理			40	按搬迁人口50平方米/人发放
城镇	用地平整	黎溪、连江	48.5	
		升平	62.2	
	地基处理	黎溪、连江	21	
		升平	24	

七、专业设施迁建补偿标准

项　目		数量单位	综合单价（元）	备　注
交通设施改建	四级公路	KM	595000	
	机耕道路	KM	120000	
	港　口	座	3600000	
	码　头	座	120000	
库周交通恢复	农村大道	KM		
	乡村便道	KN		
	乡村渡口码头	处		
	过渡船只	只		
输电线路改建		杆、KM		

八、其他细则

1.淹没补偿的实物指标以珠委概算为标准，任何超出珠委概算的实物数量，必须有专题报告逐级上交到区，待有关单位调查核实并经区政府批准后方能承认。

2.移民的安置应严格按区管委会批准的安置规划报告执行。

3.投亲靠友或通过其他途径外迁安置的移民，由迁出地和安置地的县级人民政府有关部门办理有关安置、户口迁移手续，相应的移民经费交付安置地的政府部门，用于安排移民的生产和生活。移民安置后即为当地合法居民。

4.所有移民都应服从安置规划。安置规划中没有安排到圩镇的移民，如强烈要求到圩镇安置的，可向当地政府提出申请，得到安置地政府的同意后，签订有关协议。当地政府可根据实际情况安排宅基地，价格给予优惠（可按圩镇宅基地的成本价与农村宅基地成本价的差价收取）。

5.随迁人口的数量按各级移民部门调查核实后，统筹规划，但不能超出珠委概算的控制数。

6.外迁移民剩余土地（包括耕地、山林），由当地政府统筹调剂给后靠移民耕种及管理。

7.宅基地分配标准按清府办函〔1995〕89号文执行。

8.移民资金的使用及管理按工程建设监理的《移民资金使用和管理办法》执行。

九、以上标准和规定，从公布之日起执行。

（四）清远市人民政府关于飞来峡水利移民安置若干问题的暂行规定

（清府〔1996〕57号文颁布，1996年9月20日）

为做好飞来峡水利工程移民安置工作，根据国务院《大中型水利水电工程建设征地补偿和移民安置条例》和省人民政府颁发的《广东省飞来峡水利工程移民安置办法》等规定，结合清远市的实际情况，对飞来峡水利工程移民（以下简称移民）安置工作中的若干问题作如下规定：

一、移民安置实行就地后靠为主的安置原则

移民安置必须贯彻就地后靠为主、以农为主、发展“三高”农业、辅助发展二、三产业的指导方针。在剩余土地和其他资源具备移民后靠安置容量的地方，应因地制宜，努力组织后靠安置。

（一）属于移民安置范围的自然村，同时具备以下两个条件的，应当实行就地后靠安置：

1.水库淹没后剩余的土地，加上调整的耕地或其他土地，达到人平均水田（或具有灌溉条件的旱地，下同）0.7亩或可垦标准茶果园地1亩以上（含本数，下同）的；

2.人平均必备资源参考虑达到宜农林地2亩或半宜农林荒地5亩以上（含本数）的。

（二）对能用以发展畜牧业、水产养殖业等的库湾边缘浅水水面和消落区，可在不影响水库调洪、工程安全的前提下，由清远飞来峡水利工程移民开发局（以下简称清远移民局）报经广东省飞来峡水利枢纽建设管理局（以下简称省飞来峡管理局）同意后，由清远移民局与省飞来峡管理局签订使用该浅水水面和消落区协议，并分级统一规划后，由移民安置机构优先安排给后靠移民发展生产。

（三）后靠安置的移民应合理使用土地补偿费，发展“三高”农业和二、三产业。投资兴办移民实业，必须落实资源和产供销条件，搞好市场调查研究和科学论证，并按规定程序报有关部门审批。移民兴办二、三产业，可享受移民办企业的有关优惠政策。

（四）库区各村、管理区和各镇、县级政府及其移民安置机构等部门，应做好本地区的移民安置计划及其实施工作，做好土地调整的协调工作，把投亲靠友、迁入圩镇、易地农业安置等离乡离土移民的土地和离乡不离土移民的不便耕作的土地，按规定收回后调剂给就地后靠安置的移民使用。在土地调整时，涉及土地经属变更的，应按有关法律法规办理土地权属变更登记手续。

（五）库区各级政府、各部门应主动争取飞来峡水利工程受益地区的对口扶持，积极引进人才、技术、资金、项目，使后靠移民在动迁两、三年内恢复、超过原有的生活水平。

二、随迁人口的主要范围、确定依据和安置办法

（一）随迁人口主要包括以下四个范围：

1.建立飞来峡水库（以下简称建立水库）后形成孤岛、岛上房屋虽不受淹，但居民在原地已无法进行正常生产和生活的；

2.自然村90%以上的住房或人口属受淹范围必须迁出居住地，搬迁地点较远的，村里其余的住户、人口也可以随迁；

3.自然村的房屋虽然不受淹、但耕地大部分受淹，原地生产安置环境容量不足、交通条件差、不具备生产发展条件的，居民可以随迁；

4.圩镇的部分街区受淹必须搬迁，剩下的街区虽然不受淹，但受水库影响已丧失其圩镇功能，因而无法进行正常的政治、经济活动的居民可以随迁。

（二）各镇随迁人口的确定，应以清远移民局批准的移民安置规划方案为依据，按照实事求是、合情合理的原则，由镇政府提出具体方案，报上级人民政府的移民安置机构审批。

（三）对随迁人口可根据当地实际情况和移民意愿，采取就地后靠安置、迁入圩镇安置或鼓励投亲靠友、自谋职业等形式安置。随迁人口的移民费用可按珠江水利委员会勘测设计研究院所定的补偿标准控制使用。各镇应根据移民的不同的安置途径分别办理好移民的有关迁移安置手续。

三、农村移民迁入圩镇安置的条件和办法

（一）农村移民迁入圩镇安置，必须同时符合以下三个条件才能办理：

1.移民必须是生活安置人口或经批准的随迁人口；

2.移民户的主要劳动力必须具备在圩镇赖以谋生、使全家生活有保障的一技之长；

3.须由移民户提出书面申请，经迁出地管理区和镇移民安置机构统一规划，并经镇政府审查同意，报上级人民政府的移民安置机构批准后，由移民户、迁出地镇政府、镇移民安置机构等有关各方签订《飞来峡水利枢纽工程移民迁入圩镇合同书》，并按合同规定办理好户口等有关手续。

（二）农村移民迁入圩镇前在迁出地所作的经济投入应得的补偿，由有经济利益的各方协商解决。农村移民原使用或承包的属于原村或原管理区集体的一切生产资料必须退归原村、原管理区，由原村、原管理区统一调配使用。上述补偿和退归完成后，移民与原村、原管理区不再存在任何必产资料的权属关系，原村、原管理区对该移民不再负有任何生产、生活的安置责任和其他经济责任。

（三）经批准迁入圩镇安置的农村移民，原则上在批准迁入地的圩镇安置。该移民可将其房屋补偿费和其原所在村人平均土地补偿费和其原所在村人平均土地补偿费的70%作为生产发展基金带入圩镇，并参加圩镇移民安置宅基地分配。

四、投亲靠友安置的条件和办法

（一）投亲靠友安置的移民，必须是生活安置人口或经批准的随迁人口。移民必须把投靠亲友的有关资料提供给迁出地镇移民安置机构，并与迁出地镇政府、被投靠者共同签订《飞来峡水利枢纽工程移民投亲靠友安置合同书》。

（二）投亲靠友安置的移民原来参加经济实体、承包山林等所作的长期投资，可按生产的经济效益，由原所在村给予适当的补偿，具体事项由其本人与其原所在村协商解决。

（三）投亲靠友安置后，移民原来使用的属于原村或原管理区集体的生产资料（土地、山林等）由原村、原管理区收回，并由原村、原管理区调剂给后靠安置的移民使用，移民可以带走其原所在村人平均土地补偿费的70%，此后原村、原管理区对该移民不再负有任何经济责任。

（四）投亲靠友移民办妥一切迁移安置手续后，可以按规定领足房屋补偿费、青苗补偿费、搬迁补助费和搬迁后一次性生活补贴，此后不再享受移民待遇。投亲靠友的移民将户口转移到安置地（需农转非的费用由其本人自行解决）后，成为当地的合法居民，应服从当地政府部门的管理，此后其自谋职业，一切生产、生活出路自行解决。

五、离乡不离土安置的条件及有关问题的处理

（一）邻近圩镇的农村移民要求迁入圩镇居住、又继续拥有水库淹没后剩余土地的权属、延续其原生产方式的，对同时具备以下条件者，经移民安置机构规划、批准后，可作为离乡不离土安置：

1.建立水库后剩余土地的数量、质量不能满足就地后靠安置的需要，但剩余土地、山地较多集中，利于规模化进行林果业生产的；

2.经规划论证，离乡不离土安置比就地后靠安置的各项投资（道路、教育、卫生、水、电等投资）节省、对总计划投资和移民安置建设全局有利的；

3.离乡不离土安置应以满足就地后靠安置移民的土地使用、生产、生活需要为前提；

4.离乡不离土安置仅限于成建制迁出的移民。

（二）对移民离乡后的较边远的不便于耕作的土地，应由当地镇政府统一调整，安排给就地后靠安置的移民使用。离乡不离土的移民迁入圩镇后不再耕种或无力耕种的原有土地，当地镇政府也应及时进行调整，不得闲置或丢荒。

离乡不离土的移民新村的选址和规划，由镇政府统筹安排，所需费用从这些移民的迁建费、公共设施补助费中开支。

零星迁入圩镇或投亲靠友安置的移民，不享受离乡不离土安置的各项政策，必须按规定将土地调整给就地后靠安置的移民使用。

六、移民易地农业安置的有关规定

（一）进行移民安置应综合考虑环境容量，留有发展余地，自下而上，从管理区到镇、县级、市级逐级消化安置。可通过土地调整等办法，使能在本管理区安置的移民在该管理区安置，管理区安置不下的由该镇安置，镇安置不下的由英德市或飞来峡管理区安置，英德市或飞来峡管理区安置不下的由清远移民局统一规划、联系好合适的地区，报经清远市人民政府批准作易地农业安置。

（二）移民易地农业安置应以自然村为整体外迁、成建制在接受地安置。清远移民局、外迁移民、迁出地镇政府、接受地镇政府应共同签订《飞来峡水利枢纽工程移民易地农业安置合同书》，分别履行合同书规定的职责，办理好有关手续。

（三）易地农业安置的移民应把水库淹没后剩余的土地退出，由当地镇政府安排给就地后靠安置的移民使用。易地农业安置的移民可将其土地补偿费、房屋补偿费、青苗补偿费、搬迁补助费和搬迁后一次性生活补贴全部带走，并可带走部分公共设施补偿费，迁出地政府再给予一定的经济扶持。

（四）移民安置机构应为易地农业安置的移民在安置地办理好生活、生产用地的土地权属登记手续，帮助移民妥善使用移民经费发展生产、建设新的家园。易地农业安置的移民安置后成为接受地的合法居民，应处理好与当地居民的关系，服从当地政府的领导，不准再回迁到建立水库前的原居住地。

七、本规定自颁布之日起施行。

（五）飞来峡水利工程移民迁安进度奖罚办法

（清峡委〔1996〕21号文颁布，1996年11月4日）

为了确保飞来峡水利工程移民迁安工作能按计划完成，现根据《广东省飞来峡水利工程移民安置办法》有关精神，结合本地区移民迁安工作的实际情况，特制定飞来峡水利工程移民迁安进度奖罚办法。

一、工程进度奖罚办法

1.“三通一平”、房屋基础等项目，在工程发包签订合同时，甲、乙双方应就工期进行充分协商，工期必须符合移民安置工作计划和本办法有关规定要求。

2.土方工程在10万m^3内，工期不得超过45天；10万m^3（不含10万m^3）至20万m^3，工期不得超过60天。任何单项石方工程（含基础处理、道路等项）总工期不得超过90天。

3.房屋基础工程工期均不得超过45天，并按工程总价预留10%作为工期保证金。按时完工者及时支付工期保证金，不能按时完工者罚没工期保证金。

二、移民自建房屋及拆迁的奖罚办法

1.房屋补偿款中每户预留1000元作为建房进度保证金，在房屋基础分到移民户后，移民必须在5天内开工，并在90天内完成建房。若按时开工、按期完工，拨付进度保证金；若不能按时开工、按期完工，罚没进度保证金。

2.对抓紧完成建房并提前完成拆迁者给予重奖，按规定的工期完成拆迁者（以拆除旧房之日为准），每户奖励1000元，提前一个月奖励1000元，直到每户最高奖励3000元为止。对少数作出特殊贡献的农户，每户最高奖额5000元。

3.对个别无理要求，不按时开工，拒绝、延迟搬迁者，除罚款外，情节严重者将采取行政手段或法律手段强制拆迁。

三、对移民工作中做出成绩的个人和单位的奖罚办法

1.对参加移民工作的成员建立考评制度，并把考评结果与评选先进、任用挂钩。

2.对各主要项目（“三通一平”、房屋基础、房屋建设及拆迁）负责人，根据任务完成情况给予奖励。按计划完成者可奖励1000—3000元；组织有力，工作出色，提前完成者可奖励3000—5000元。

3.升平镇移民迁安工作完成时间，以1997年3月18日为限，黎溪镇圩镇以1997年6月30日为限，黎溪镇湖溪、大湖管理区和连江口镇、水边镇全镇以1998年6月30日为限，按时或提前完成任务的每镇奖励150万元，其中奖励四套班子成员50万元。对主要负责人根据任务完成情况，最高奖额5万元。对每个管理区奖励10万元，其中5万元用于奖励镇分片包干的干部和管理区班子成员。

4.对移民工作团的奖励，可参照上述办法执行，由区政府直接兑现奖励。

5.在移民迁安工作中，对组织不力的各级干部应及时调整，不能按期完成任务的，要追究直接责任人的责任，并给予调岗、降级直到撤职处分。

四、奖励经费来源和兑现办法

1.有关奖罚平衡后，缺口经费在价差预备费、有关工程费下浮（9%）和征地费留成（15%）中列支。

2.本办法规定的各种奖罚均由奖罚核查领导小组验收后兑现。奖罚核查领导小组，由飞来峡工程移民局、区移民办和各镇抽调人员组成。

3.各管理区奖励办法和时间要求，由各乡镇在本办法规定内具体制订。

五、本办法从颁布之日起执行。

（六）飞来峡水利工程移民迁安进度奖罚办法实施细则

（清峡委〔1996〕21号文颁布，1996年11月4日）

第一条　为了便于《飞来峡水利工程移民迁安进度奖罚办法》（以下简称《办法》）顺利实施，特制定本细则。

第二条　移民迁安进度奖罚对象包括从事移民工作的区直机关单位、各镇各管理区及其工作人员、移民工程承包者和移民户。

第三条　清远飞来峡水利工程移民开发局、飞来峡管理区移民办及各镇抽调专门人员，成立奖罚核查领导小组，负责本细则的实施。

第四条　奖罚核查领导小组应根据《办法》及本细则所规定的具体奖罚要求分门别类负责验收核定。

第五条　承包者承包移民工程，其工期必须服从移民安置工作计划的安排，规定土方工程在10万立方米以内的不得超过45天，在10万立方米以上20万立方米以内不得超过60天，任何单项石方工程（含基础处理、道路等项）总工期不得超过90天。

第六条　施工队伍承接房屋基础工程，其建设工期不得超过45天，签订承包合同或协议时，要明确完工日期，并按工程总价预留10%作为工期保证金。

第七条　施工队伍按时完工，经验收后，及时支付工期保证金；施工队伍不能按时完工或工程质量不合格，罚没其工期保证金。

第八条　各移民点“三通一平”、房屋基础建房建设和拆迁等主要工程项目按计划按时保质保量完成者，经奖罚核查领导小组验收合格后，视工程大小予以工程负责人1000—3000元的奖励；对组织得力、工作出色，提前完成工程任务的视工程大小予以工程负责人3000—5000元的奖励。

第九条　无论何种工程，承包者不能按期完工或工程质量不合格而导致延误工期者，除按第七条规定罚没工期保证金外，其延误时间另处每日500元以下的罚款；因工程质量而造成的损失由承包者全部负责，触犯刑律者依法追究刑事责任。

第十条　对移民自建或拆迁房屋的，每户移民的房屋补偿款预留1000元作为建房进度保证金，在房屋基础分到户以后，移民户必须在5天内开工，90天内完成建房工作。经奖罚核查领导小组验收，按时完工者，其进度保证金按时拨付，如不能按时开工、按期完工，罚没其进度保证金。

第十一条　对抓紧完成建房并完成拆迁的移民户予以重奖。根据移民安置计划的安排，按规定的工期完成拆迁者（以拆除旧房之日为准），经奖罚核查领导小组核定后，每户奖励1000元，每提前一个月多奖励1000元，直至最高奖励3000元为止。

第十二条　移民户如不能按时开工，拒绝或延误搬迁，每延误一天处以100元罚款，直至最高罚款3000

元。对个别情节严重者将采取行政或法律手段强制搬迁。

第十三条　如因基础延误移民户拆迁建房，除按第九条规定对工程承包负责人处罚外，对移民户迁建工期应相应推后，仍照第十一条、第十二条进行奖罚。

第十四条　区属各镇应积极推进移民工作的深入，各镇完成移民迁安任务的时限为：

（1）升平镇以 1997 年 3 月 18 日为限；

（2）黎溪镇圩镇以 1997 年 6 月 30 日为限；

（3）连江口镇、水边镇、黎溪镇湖溪、大湖管理区以 1998 年 6 月 30 日为限；

第十五条　以镇为单位，按计划完成移民工作给予 150 万元的奖励，其中 50 万元奖励给镇四套班子成员。对主要负责人根据任务完成情况，最高奖励可达 5 万元。

第十六条　以管理区为单位，按计划完成移民工作给予 10 万元奖励，其中 5 万元奖励给管理区领导成员及驻片镇干部。

第十七条　对移民工作团及各分团的奖励办法可参照上述标准，由区政府直接兑现奖励。

第十八条　对在移民迁安工作中组织不力的各级干部，应予以调岗、降级撤职处分。

第十九条　本细则所列奖励经费在有关奖罚平衡后，其缺口经费在价差预备费，有关工程费下浮（9%）和征地费留成（15%）中列支。

第二十条　本细则所列奖罚由移民户或有资格享受奖励条件者向奖罚核查领导小组申请，由奖罚核查领导小组验收合格签好验收单交区工作团审批，由总团团长审批后兑现。

（七）飞来峡水利工程库区农村随迁人口界定及其安置的有关规定

（清府〔1998〕89 号颁布，1998 年 11 月 28 日）

第一章　总　则

第一条　为保证飞来峡库区淹地不淹房的人口具备一定的生产条件，根据《广东省飞来峡水利工程移民安置办法》和《北江飞来峡水利枢纽移民安置规划大纲》以及《清远市人民政府关于飞来峡水利工程移民安置若干问题的暂行规定》制定本规定。

第二条　农村随迁人口是批符合本规定而界定的需要安置的农村生产安置人口。

第三条　界定农村随迁人口应实事求是，原则上不能突破清远市人民政府与市飞来峡管理区、英德市签订的飞来峡水利工程征地及移民迁安承包协议中农村随迁人口数量指标和相应的补偿概算指标。

界定农村随迁人口时采用的淹没实物指标和其他相关数据，以 1993 年 12 月 31 日以前普查造册登记的为准。水利部珠江水利委员会设计研究院普查核定有数据的，原则上按其数据确定；没有具体数据的，由英德市、飞来峡管理区按照实物普查的原则确定。

第二章 农村随迁人口的界定

第四条 农村随迁人口的界定，以村民小组为单位，采取以下办法进行：

（一）在一般情况下，根据环境容量计算来界定农村随迁人口。

（二）在特殊情况下，可根据飞来峡水库建库后所造成的不利于群众生产、生活的条件来界定农村随迁人口。

第五条 本规定述及的环境容量，是指以村民小组为单位，按能够满足建库后农业人口基本的农业生产条件所要求达到的人均占有耕地面积或人均占有山地面积的最低控制数，即按安置容量指标来换算的所能容纳的留村人口。建库淹没前人均占有耕地多于0.7亩（含0.7亩）的，建库后的安置容量指标为人均占有耕地0.7亩；建库淹没前人均占有耕地少于0.7亩的，建库后的安置容量指标为建库淹没前人均占有耕地面积；有山地的村，建库后的安置容量指标为人均占有山地20亩。

第六条 以村民小组为单位，建库淹没后的剩余耕地，减去淹没人口按淹没后人均剩余耕地计算所需的安置耕地，为该村可调配剩余耕地。

第七条 建库淹没后人均占有剩余耕地达到0.7亩的村，其农业安置人口即已具备基本的农业生产条件，不属于农村随迁人口。建库淹没后人均占有剩余耕地不足0.7亩的村，可通过环境容量的计算来确定可容纳的人口，从而界定该村农村随迁人口的数量：

（一）安置容量指标确定为人均占有耕地0.7亩的村，其可容纳的留村人口，为可调配剩余耕地按每0.7亩一人换算的人口数；

（二）安置容量指标确定为人均占有耕地采用建库淹没前人均占有耕地面积标准的村，其可容纳的留村人口，为可调配剩余耕地按该标准换算的人口数；

（三）有山地的村，山地环境容量可容纳留村人口，为山地面积按每20亩一人换算的人口数。但该项换算的人口数，不得超过该村留村人口的40%（含40%）。

第八条 以村民小组为单位，该村除淹没线下采取后靠、离乡不离土、投亲靠友等移民安置方式安置后的剩余人口，减去按环境容量计算的留村人口后的人口，可以界定为农村随迁人口。

第九条 建库淹没后造成特殊不利的生产、生活条件，并属于以下情况之一的，可以界定为农村随迁人口：

（一）以村民小组为单位，淹没人口与环境容量确定的随迁人口之和占原有人口90%以上（含90%），且该村剩余人口少于该村所在的管理区原有最少人口的村，又无法形成整体的，剩余人口为农村随迁人口。

（二）建库后成为孤岛的村，且无法恢复其正常生产、生活条件的，该村孤岛上的人口为农村随迁人口。

（三）对建库后需要恢复原交通、供电设施功能的村，其投资额大于农村随迁人口补偿额时，可以界定为农村随迁人口。

第十条 以村民小组为单位界定的农村随迁人口，按以下办法落实到户；以房屋地面高程由低至高顺序排列，房屋地面高程相同时以同一高程的主房面积的大小比例顺序排列，主房面积比例较大的户为先。随迁人口的人数原则上不能超过该村的农村随迁人口指标，确因情况特殊要突破的，也不能超出二人。初步选定的名单由村张榜公布，由镇人民政府汇总。镇人民政府按本规定进行核实平衡，将平衡核准后的名单返回各村再次公布。二榜公布后的名单逐级上报，经清远飞来峡水利工程移民开发局核实后，分别由英德市、飞来峡管理区审定批准。各村应将批准名单作第三榜公布。

第三章　农村随迁人口安置和补偿

第十一条　农村随迁人口的安置，可以采取以下方式进行：

（一）根据自愿原则鼓励村民不搬迁，实行就地农业生产安置。采用就地农业生产安置的农村随迁人口必须分别与村民小组、镇政府签订有关合同，并报经县级人民政府备案。

（二）经界定和批准为农村随迁人口而外迁的必须由本人提交书面申请，并与村民小组、镇政府签订有关合同。并报经县级人民政府备案。农村随迁人口的外迁，是指脱离原建制村的非农业安置。外迁人口原承包的耕地、山林由留村人口统一调剂使用；原有房屋及附属设施归所在镇移民安置机构所有。农村随迁人口外迁时领取规定的补偿后，不再享受移民待遇。

第十二条　农村随迁人口补偿按其规定标准给予补偿。采取就地农业生产安置的，其农村随迁人口补偿费全部归村民小组集体所有，作为发展农业生产资金，专款专用。采取外迁安置方式的，其实际外迁人数多于该村农村随迁人口指标的，以该村农村随迁人口指标计算的补偿金额为限安排补偿；其实际外迁人数少于该村农村随迁人口指标的，以实际外迁人口数计算的补偿金额为限安排补偿，剩余的补偿费归村民小组集体所有，作为生产发展基金。

第十三条　农村随迁人口外迁的搬迁补偿，为房屋迁建补偿、附属建筑物迁建补偿、宅基地征用费、宅基地平整与处理费用、搬迁补助和搬迁后生活补贴。其补偿标准与淹房人口补偿标准相同，但每户人均房屋和附属建筑物迁建补偿合计最高不得超过 5000 元。农村随迁人口外迁安置确有特殊困难，由英德市、飞来峡管理区核准上报，经市批准给予适当补贴。

第十四条　农村随迁人口办妥外迁手续后，可以领取其原所在村人均淹没土地补偿费的 70%，由其自谋职业，一切生产、生活自行解决。外迁的移民将户口转移到安置地后，成为当地合法居民，应服从当地政府部门的管理。

第四章　附　则

第十五条　本规定由清远飞来峡水利工程移民开发局负责解释。

第十六条　本规定自颁布之日起实施。

（八）飞来峡水利工程移民安置经费会计制度

（清峡移字〔1997〕19 号文印发，广东省清远飞来峡水利工程移民开发局，1997 年 6 月 8 日）

飞来峡水利工程移民安置经费（以下简称移民安置经费）是为了配合飞来峡水利工程而进行的移民迁安工作所需的经费，是省人民政府与清远市人民政府关于飞来峡水利工程征地移民迁安总承包协议书中一项重要内容。移民安置工作既是水利工程的一个重要组成部分，但又有同工程区别的地方。因此，移民安置经费的管理与核算和工程建设资金的管理与核算有着很大差别，应按照其资金活动的特点和形式进行会计核算。我局清峡移字〔1994〕46号文印发的《飞来峡水利工程移民安置资金会计核算办法》、清峡移字〔1995〕43号文《关于调整和补充飞来峡水利工程移民安置资金核算科目的通知》、清峡移字〔1995〕47号文《关于一九九四年～一九九五年移民安置经费年终决算有关结算原则和会计处理事项的通知》等系列文件和通知对搞好移民安置经费的会计核算起了很大的作用，其基本原则是本制度的组成部分。

从上述文件规定的会计核算工作来看，我们对移民安置经费核算采用了预算会计的原理，并结合移民安置经费的自身特点设计了一些新的核算内容，以适应移民安置经费核算的需要，进而达到管好用好移民经费的目的。

一、移民安置经费会计概念

移民安置经费会计采用了预算会计的原理，因此，我们先简述一下预算会计原理的主要内容。预算会计是以国家预算为基础，为预算收支服务，对无偿供给的全部预算资金活动进行核算和监督。它具有计划性和政策性、统一性和广泛性和以收付实现制为会计基准等特点。预算会计原理总的说来适用于移民安置经费会计，不仅仅是由于各级移民安置机构尤其是县级以上移民安置机构在编制上属行政事业单位，更重要的是移民安置经费的特点同预算资金的特点有许多相似之处所决定的。

（一）移民安置经费的特点和比较

移民安置经费是由省（具体操作是省飞来峡水利工程建设总指挥部，下同）拨付给市（具体操作是清远飞来峡水利工程移民开发局，下同），然后由市拨给县级移民安置机构，县级移民安置机构拨付给镇级移民安置机构等这样一个程序进行的。因此，由市、县、镇三级移民安置机构和其他相关的移民安置单位共同组成了一个移民安置机构系统，这与总预算会计中的预算级次和单位预算会计中的核算单位分（三）级很相似。

移民安置经费支出属于水利工程建设投资的一部分，严格按照水利部珠江水利委员会勘察设计院编制的《北江飞来峡水利枢纽技施设计水库淹没及工程占地补偿投资修正概算报告》来执行。这个《修正概算报告》是省人民政府与市人民政府签订的移民安置总承包协议中的组成部分，具有法律效力。此外，在市人民政府对市飞来峡管理区、英德市及省横石木材厂，以及市飞来峡管理区管委会、英德市人民政府对所属有关移民安置乡镇等的移民安置工作层层分包协议书中所列相应的补偿投资概算表，都是经市、县（区）人民政府批准的，也具有一定的法律效力。上述这些资金还具有补偿性质，即所谓的“打烂一个碗赔回一个碗”。因此，换一个角度也可以说，这些资金是无偿的。这与预算资金分配的无偿性和预算具有法律效力，是具有强制力的指令性计划的特点很相似。

此外，上述《修正概算报告》中淹没补偿投资修正概算表与《国家预算收支科目》也有相似之处。同样是执行支出中必须遵循的法规性文件，反映着国家和省对飞来峡水利工程移民安置补偿的政策和方法，具有较强的计划管理指导作用。表中的项目、范围、标准等是设置移民经费会计科目的基本依据。

移民安置经费管理是移民安置工作中的一项重要内容，由于其数额较大，政策性较强，是各级领导和移民群众以及社会各有关方面关注的热点。因此，提供移民安置经费的会计信息，满足各方面对这些会计信息的要求，就成为移民安置经费会计的一个主要目的。而要达到此项目的，必须建立和明确统一的账目，实施分级管理的办法。这与预算会计组织关系明确，以及不同级次单位之间的工作关系的特点很相似。

移民安置经费是补偿性质的资金，我们主要考核其收支及其结果，即领拨、支出和结余，不需要计算损益。因此，我们在对移民安置经费的核算时，采用了“收付实现制”为结账基础。这与预算资金的核算只能实收实支，其资金活动的方式既没有周转循环过程，也不存在着资金的核算只能实收实支，其资金活动的方式既没有周转循环过程，也不存在着资金形态的转化的特点很相似。

综上所述，移民安置经费具有在一个共同的系统内分级次下拨，并由下逐级往上报结，其支出预算具有较强的计划性、法律性和补（无）偿性，其活动方式没有周转循环过程等的特点。这些特点的存在，决定了移民安置经费的会计核算可以采用预算会计的原理进行设计。

（二）移民安置经费会计的定义及组成

顾名思义，移民安置经费会计是为移民安置经费服务的会计。而移民安置经费又是移民迁安的先决条件之一。所以，移民安置经费会计是为飞来峡水利工程移民及其安置经费的执行服务的部门会计。它可以看成是预算会计的一种特殊形式，具有预算会计中的性质和特点。

飞来峡水利工程是新中国成立以来我省最大的水利工程，淹没土地和移民迁安的人数也是最多的。因此，移民迁安工作及其经费的执行是一项比较繁杂和涉时较长的系统工程。尤其是在当前我国正处于改革不断深化，市场经济不断发育、发展的历史阶段，水利工程建设和移民迁安工作也不可避免地受到市场经济生活的带动和影响，使飞来峡水利工程移民迁安工作及其经费的执行更具有特殊性和艰巨性。为了组织好移民安置经费的执行，我们以市、县、镇三级移民安置机构的会计为主体，对移民安置经费进行全面、连续、系统地反映和监督。镇以下管理区和村集体会计，接受补偿的大型企业和专业项目（单位）中涉及移民安置经费的会计部分，各新镇建设和移民新村建设所设的指挥机构会计，移民安置基地或经济实体涉及移民经费的会计部分，与移民安置工作有关的部门和单位涉及移民安置经费的会计部分等，都是移民安置经费会计的组成部分，都要执行国家和省、市人民政府关于水库移民的有关方针、政策和各项有关的法律、法规，都要执行省、市人民政府对飞来峡水利工程移民迁安工作所制定的各项资金管理，经费核算的办法和规定，执行统一的会计核算（制度）办法，共同完成好飞来峡水利工程移民安置经费的执行和会计核算任务。在具体核算内容上，又分为领拨款，办公经费收支、基金专户等几个方面。

（三）移民安置经费会计的对象

会计的对象是指会计所核算和监督的内容，即资金及其运动。也可以看成是具体的经济业务和经济业务的发生所引起资金的增减变化。预算会计的具体对象主要是集中和分配预算资金过程中所引起的预算资金收支活动及其结果。而移民安置经费会计的对象，就是各级移民安置机构在移民迁安工作中移民安置经费的领拨、使用、报支和结存。在整个过程中，表现为移民安置经费的来源、移民安置经费的运用、移民安置经费的结存三个阶段。

（四）移民安置经费会计的任务和作用

1.移民安置经费由于采用了预算会计的基本原理，并且要定期汇总编报飞来峡水利工程移民安置经费执行情况，决定了它具有核算、反映和监督的基本职能。

2.移民安置经费会计是管好用好移民安置经费的基础工作，也是一项专门性、技术性较强的工作。其基本任务如下：

（1）根据国家和省关于水库移民安置的方针、政策和上级签订的移民安置承包协议，及时合理地领拨移民安置经费，正确执行本级移民安置经费投资概算。尤其要按照移民安置总进度计划和本级移民安置经费投资概算的要求供应资金，充分发挥移民安置经费的社会效益和经济效益。

（2）根据移民安置经费资金管理的规定和会计核算办法，认真做好经费领拨、报支和各项提留基金、专项资金收入的记账、算账、对账、报账等日常会计核算工作。按照规定妥善保管会计凭证、会计账簿、会计报表等会计档案资料，以及积累和保管好与移民安置经费有关的合同、协议、工程预结算书、竣工验收报告等材料。

（3）参与拟订本级和所属下级移民安置经费年度和月度执行计划，定期检查和分析移民安置经费计划的执行情况，当好领导的助手和参谋。

（4）根据有关的财务会计制度和内部审计制度，认真进行会计监督和内部审计。定期或不定期对本级和下属单位移民安置经费的使用进行跟踪检查，维护国家财经纪律，维护移民安置经费使用的专用性，维护移民群众和受偿单位（项目）的利益。对发现的问题，轻者批评教育，予以改过；重者执行纪律，或将资金归还原渠道，或不予列支和结报，并追究单位领导人的行政责任；触犯刑律者追究其刑事责任。

（5）根据有关规定，组织领导和指导所属移民安置机构及有关单位的会计工作。即市、县、镇级移民安置机构要管好包括本级和下属两级共三级的账目。要不断提高业务素质和会计工作管理水平，以适应移民安置经费会计核算工作的需要。

各移民安置机构应当领导和组织好财会人员努力完成好上述会计任务，赋予财会人员应得的权利，明确他们的职责。单位领导人对财会工作负有直接的领导责任。

二、移民安置经费会计的方法

移民安置经费会计的方法，从总体上说，仍然是会计核算的专门方法和预算会计的核算方法在移民安置经费会计上的运用，即设置会计科目、复式记账、填审会计凭证、登记会计账簿、财产清查和编制会计报表等。

为适应移民安置经费的特点，结合移民安置经费管理的实际，在方法上也设计了一些特殊的内容。

（一）会计科目

对移民安置经费的会计科目，按照移民安置经费资金活动的基本形式和不同的业务内容进行了分类，作为设置账户和核算业务内容的依据。

移民安置经费业务在资金活动形式上表现为资金来源、资金运用和资金结存的变化。因此，在上述三种基本形式中将会计科目分成三大类，即资金来源类科目、资金运用类科目和资金结存类科目。按上述分类所设置的会计科目，又叫总账科目，其科目编号、名称和核算内容如下表：

移民安置经费会计科目表

编号	会计科目	核算内容
	一. 资金来源类科目	
101	固定资产基金	核算固定资产的资金来源。
102	拨入经费	核算上级单位（县、镇级单位不含总指挥部）拨入的各项承包的移民安置经费拨款
103	利息收入	核算移民安置经费存款的入息，年终结算时可冲减行政管理费支出。
104	下级上交收入	核算下级单位按规定上交的各项收入。
106	与上级往来	核算与上级单位除承包移民安置经费拨款以外的有关移民安置的往来账款。
107	与信用社往来	核算与城市信用社第二营业部贷款以外的往来账款。
108	借入款	核算从各专业银行和其他金融机构等借入的有偿资金。
109	暂存款	核算各种暂存、应付、代管等的款项。
110	专项资金收入	核算按有关规定提取的各项专项资金收入和拨款。

续表

编号	会计科目	核算内容
111	专用基金收入	核算从收益和收入等渠道提取的单位自用的基金收入。
112	收益	核算经批准可由本级支配的各项收支的结余。
113	待处理经费补超	核算下级单位报来超过开支定额的合理超支部分，虽予核销，但不予冲减拨出经费科目形成的待处理资金来源。
	二. 资金运用类科目	
201	拨出经费	核算拨给下级单位的各项承包的移民安置经费拨款。
202	征地补偿费	核算平时本级经办的征地补偿的实际支出（包括安置补偿费和青苗费）；年终结算时核算下级报来和上报上级的征地补偿实际支出数。
203	房屋补偿费	核算平时本级经办的房屋补偿的实际支出（包括附属建筑物的补偿支出）；年终结算时核算下级报来和上报上级的房屋补偿实际支出数。
204	专项设施补偿费	核算平时本级对专项设施补偿的实际支出数；年终结算时核算下级报来和上报上级的实际支出数。
205	三通一平费用	核算平时本级经办的移民新镇（村）场地平整和地基处理，以及圩镇道路、绿化、供排水、供电等公共设施复建的实际支出数；年终结算时核算下级报来和上报上级的实际支出数。
206	移民搬迁补助	核算平时本级经办的对农村、墟镇移民按规定发放的各项搬迁补助；年终结算时核算下级报来和上报上级的实际支出数。
207	移民生活补偿	核算平时本级经办的移民动迁期间按规定应发给的生活补偿；年终结算时核算下级报来和上报上级的实际支出数。
208	随迁人口补偿	核算经上级单位批准支出的随迁人口各项补偿，包括土地平整支出，房屋补助、搬迁补助等补偿；年终结算时核算下级报来和上报上级的实际支出数。
209	其他移民经费	核算平时本级经办的乡镇企业迁建、农村技术培训费、塌岸浸没处理工程、库底清理、环境影响补偿、防洪保险金等的实际支出数；年终结算时核算下级报来和上报上级的实际支出数。
210	办公经费支出	核算平时本级各项人员经费和公共经费的实际支出数；年终结算时核算下级报来和上报上级的实际支出数。
211	基本预备费	核算平时本级经办的水灾补助支出、二次搬迁费用、不用搬迁群众的生活补助、拆屋补助以及上级通知列支的其他补偿支出；年终结算时核算下级报来和上报上级的实际支出数。
212	价差预备费	核算经上级批准各项补偿投资的价差支出。
213	税、费、金	核算平时本级经办的征地发生的各项税收、费用和专项资金的支出；年终结算时核算下级报来和上报上级的实际支出数。
214	勘测设计费	核算平时本级经办的移民新镇（村）工程的勘察设计费用的实际支出（包括移民安置普查、规划工作中按规定可列支的费用；不含移民单位、农村房屋建设等的勘测费支出）。年终结算时核算下级报来和上报上级的实际支出数。
215	借出款	核算转借出的银行和各金融机构等的贷款或周转金。
216	与下级往来	核算与下级单位承包移民安置经费拨款以外的有关移民安置的往来账款。
217	暂付款	核算各种暂付、应收或待核销的结算款项。对移民安置机构以外又与移民安置经费有关的有关部门和单位的拨款也在本科目核算。
218	专项资金支出	核算正常经费开支以外的专项资金支出。

续表

编号	会计科目	核算内容
219	专用基金支出	核算用专用基金收入开支的有关支出。
220	调剂支出	核算本单位及调剂给下级单位的支出。
222	待处理经费支出	核算上报给上级单位超过开支定额的合理超支部分，虽予核销，不予冲减拨入经费科目留待处理的资金运用。
	三. 资金结存类科目	
301	固定资产	核算固定资产的增减变动情况。
302	银行存款	核算移民安置经费在各专业银行的存款收支。
303	信用社存款	核算移民安置经费在市城市信用社第二营业部的存款收支。
304	现金	核算移民安置经费的各项现金收到数。
305	库存材料	核算和监督用移民安置经费或其他资金购入的材料增减变动情况。
306	在途款	核算上级单位在本年度拨予，但在下年度才收到的各项移民安置经费的拨入。

注：以往规定中与本表有抵触者，以本表为准

上述一些总账科目应按以下原则分设明细科目：

（1）对拨入经费和拨出经费除按单位外，还要按照珠委《修正概算报告》设定的项目设置明细专栏核算，即征地、房屋、专项设施、三通一平、办公经费，以及移民搬迁补助、移民生活补偿、乡镇企业迁建等其他项目拨款。对与上级往来和与下级往来，除与下级往来按单位外，还要设置勘察设计费、专项设施、基本预备费、农村技术培训费等明细专栏核算。各项补偿支出除按珠委《修正概算报告》的补偿投资项目设置外，也分别按农村、墟镇、专业或相关的项目设置明细账户。

（2）对待结算资金，要按结算单位或个人名称设置明细账户。

（3）对财产物资，要按实物类别或名称设置明细账户。

（二）账户和记账方法

移民安置经费会计的账户按上述会计科目为名称开设借贷结构式账户，分别核算各总账和明细会计科目的具体内容。因此，采用借贷记账法。

账户的借方登记资金来源科目的减少和资金运用类科目、资金结存类科目的增加；账户的贷方登记资金来源类科目的增加和资金运用类科目、资金结存科目的减少。红字表示相应的反方向记录。

资金来源科目一般表现为贷方余额，其期末余额=期初贷方余额+本期贷方发生额-本期借方发生额；资金运用类科目和资金结存类科目一般表现为借方余额，其期末余额=期初借方余额+本期借方发生额-本期贷方发生额。

（三）会计凭证、会计账簿和会计报表。

1.会计凭证。各单位发生经济业务应取得和填制原始凭证。拨入拨出款项和未结算的款项可使用收款收据。凡兑现给个人的款项要取得个人签章的书面凭证。结算的款项和工程结算等应取得发票。各单位可使用借贷式记账凭证，格式可以是统一的记账凭证或收款、付款、转账凭证。

记账凭证的日期必须和经济业务发生的日期一致。明细科目列在记账凭证上时，应把其名称和金额同时记在“科目名称”栏或“摘要”栏内，但金额数不能列在“金额”栏。

会计凭证的其他事项按会计的有关规定办理。

2.会计账簿。各单位应当设置总分类账，现金和银行存款序时账，拨入拨出经费明细账，与上级往来和与下级往来明细账，移民安置经费明细账、办公经费支出明细账、固定资产和材料明细账、暂存暂付款项明细账、专项资金收支明细账、专用基金收支明细账等账簿。

此外，根据实际情况设置必要的备查账簿。

3.会计报表。各单位应按有关规定和要求统一使用和编报移民安置经费会计报表。这些报表是：①资金活动情况表（移会表一），②移民经费支出明细表（移会表二），③拨出经费明细表（移会表三），④与上级往来和与下级往来明细表（移会表四），⑤暂存、暂付款款项余额明细表（移会表五），⑥办公经费支出明细表（移会表六），⑦移民安置经费固定资产盘存表（移会表七）。

上述报表中表一、表二、表三、表四、表五、表六为月度报表；表七年度报表。表一、表三、表四仍需编制年报。

此外，各单位应随报送的会计报表上报会计报表说明和财务情况说明书。

（四）账务处理程序和结账基础

移民安置经费会计在核算中，在填制会计凭证、登记会计账簿到编制会计报表这个有机过程中，可采用记账凭证账务处理程序或科目汇总表账务处理程序。

移民安置经费会计采用收付实现制为结账基础，并统一以实际支出数为付出实现的标准，本级经办的支出以及上报上级的支出均以实际支出数为准。所谓收付实现制，指以款项收付的时间为标准来确定本期收入或支出的一种制度和方法。即凡在本期内实际收付款项，无论是否属于本期的收入或支出，都在本期作账处理。与其相对称的是企业使用的权责发生制。

对确需要使用权责发生制来反映的经济业务，可采用权责发生制。

三、移民安置经费的收支核算

各级移民安置机构的经费由上级拨出后，形成领拨和支出两个阶段。无论是领拨或支出阶段，都必须按承包经费和暂未列入承包经费两个部分进行管理与核算。

（一）领拨阶段

1.领拨移民安置经费应遵照以下几项原则：

①按移民工作的总进度和年度工作计划核定的年度资金计划，编制分月拨款计划。按分月拨款计划办理拨款。

②按《修正概算报告》设定的补偿投资项目（用途）结合承包经费或暂未列入承包的经费进行拨款。各单位应按上级拨款时规定的项目（用途）使用，不得随意变更支出用途。项目之间需要调整的应报上级单位，经同意后用书面正式通知下级单位变更。

③正常拨款按市、县、镇及管理区、村的次序拨付。同级移民安置机构之间的资金调整非经共同的上级单位同意，不得发生横向关系。重要账务事项的调整需经市移民局通知办理。征地管理费、逐级下拨或专项资金和征地提留基金等资金的提取和分配由市移民局统一办理，拨款时可直接拨付到各单位，但各单位均应按市移民局的通知办理有关会计账目，以保证各级单位账目的一致。

2.该阶段各级移民安置机构对承包经费使用“拨入经费”科目和“拨出经费”科目进行核算。这两个科目适用于移民安置机构系统内的市、县、镇三级使用，对暂未列入承包的经费使用“与上级往来”和“与下级往来”科目进行核算。对移民安置机构系统外的单位拨付但与移民安置有关的经费不在“拨出经费”中核算，可在“暂付款”科目核算。

“拨入经费”科目核算上级单位拨入的各项承包移民安置经费。收到经费时记贷方；缴回经费或调整时红字记贷方。年终结算时，本级经办的各项补偿支出的全年实际支出数（不含超过开支定额的合理超支部分），连同下级报来的各项补偿支出的全年实际支出数（不含超过开支定额的合理超支部分），经上级单位批准决算后，转入本科目的借方。超支的部分记“待处理经费支出”科目的借方。

“拨出经费”科目核算拨给下属单位的各项承包移民安置经费。拨出经费时记借方；收回拨款或调整时红字记借方。年终结算时，对下级报来的各项补偿支出的全年实际支出数，在开支规定限额内的部分转入本科目的贷方，超过开支规定的合理超支部分记“待处理经费补超”科目的贷方。

“与上级往来”科目核算上级单位拨入的各项暂未列入承包的经费；“与下级往来”科目核算拨给下级单位的各项暂未列入承包的经费。这两个科目应按前述规定设置明细账和项目专栏进行核算。

核算实例：

〔例1〕某县级单位年终结算时本级全年经办各项补偿支出35万元，其中5万元超过开支规定属合理超支部分。某下级单位报来全年各项补偿支出47万元，其中6万元超过开支规定属合理超支部分。

对下级单位报来的支出：

借：各补偿支出科目　　470000

贷：拨出经费——某下级单位　　410000

　　待处理经费补超——某下级单位　　60000

连同本级经办的支出一齐上报上级单位时：

借：拨入经费——上级单位　　710000

　　待处理经费支出——本单位　　50000

　　　　——某下级单位　　60000

赁：各补偿支出科目——某单位　　350000

　　　　——某下级单位　　470000

3.移民安置经费的拨款和支出，采用按层层分包负责，按上级人民政府批准的各级移民迁安补偿投资概算实行总控制，分年拨付、结算、移民安置工作结束时总决算的原则进行管理。节余留用，超支自补。

（二）支出阶段

1.移民安置各项补偿支出的内容，按支出的用途分类，即是按珠委勘设院《修正概算报告》所列的各项补偿项目，我们把它们归成以下13个项目：

（1）土地征用与安置补助。是补偿给土地权属单位由于坝区工程占地、库区淹没土地、移民安置点（新镇和农村）用地等征地或转让的土地征用补偿和安置补偿费、青苗费的支出。其中土地补偿和安置补偿费支付给集体，青苗费支付给个人。

（2）房屋迁建补偿。是补偿给农村移民，需迁移墟镇的单位、企业、居民等的房屋迁建支出。附属建筑物补偿也包括在内。该项补偿支付给房屋的产权单位或个人。

（3）专项设施迁建补偿。是补偿给受淹没影响的交通、供电、通信、省横石木材厂、航道、水文站、水利水电设施等专业项目的迁建补偿。这些补偿支付给各专业项目所属的部门或单位。

（4）三通一平费用。是移民新镇（村）建设中墟镇用地平整、墟镇地基处理，农村宅基地平整与处理，墟镇公共设施迁建的补偿和复建的投资支出。这些支出按移民安置工程建设的有关规定，由各级移民安置机构安排。

（5）移民搬迁补助。是支付给需搬迁的农村移民、墟镇居民的各项搬迁补助费支出。这些支出应根据实际情况分别由各级移民安置机构统筹掌握或发放到个人。

（6）搬迁后生活补贴。是支付给农村移民动迁期间按规定发放的生活补贴。

（7）随迁人口补偿。是支付给农村淹地不淹房移民和墟镇因失去墟镇功能需搬迁居民的补偿支出。随迁人口的确定按有关规定办理。

（8）其他移民经费。包括乡镇企业迁建补偿、塌岸浸没处理工程支出、库底清理支出、环境影响补偿、农村技术培训费、防洪保险金等支出。

（9）行政管理费。又称办公经费支出，是指市、县、镇三级移民安置机构在开展移民安置各项工作中实际消耗的资金和材料。这项支出按支出对象又可分为人员经费和公用经费两类。人员经费指用于个人方面的开支，包括工资补贴，职工福利费等；公用经费指用于移民安置公共事务方面的开支，包括公务费、修缮费、设备购置费、业务费等。

（10）基本预备费。是指移民安置工作中不可预见的补偿支出，以及《修正概算报告》上没有列项，经上级批准需开支的款项。

（11）价差预备费。是指各项补偿投资由于物价上扬而需要增加的支出。

（12）税费金。主要核算按规定交纳的耕地占用税或土地垦复基金支出以及经批准可以交纳的其他税款，费作和专项资金。

（13）勘测设计费。是指水库淹没处理设计，移民新镇（村）勘察、设计、移民安置普查、规划工作等按规定可以开支的勘测设计费。这部分支出按规定支付给各级移民安置机构和有关设计单位。

2.移民安置各项补偿支出按经办单位分类，主要分为市、县、镇三级。分级办理划分的原则是：将移民安置资金支付给移民安置机构系统以外的受偿单位或个人的移民安置机构（单位），为该项补偿支出的经办单位，负责将该项补偿支出向上一级移民安置机构结报。将移民安置经费拨给下级单位的拨款数，不能作为本级经办的支出，应由下级单位办理支出或再行下拨。

勘测设计费、专项设施迁建补偿（非承包部分）、塌岸浸没处理工程支出、库底清理支出、环境影响补偿、农村技术培训费、防洪保险金、基本预备费、价差预备费等暂未列入承包经费项目的支出，必须经清远移民局的同意，才能办理支出，并按规定结报。

3.移民安置各项补偿支出报销的口径规定如下：

（1）对发放给个人的青苗费、房屋补偿、搬迁补助、生活补贴等应按规定发放的人数和标准，取得有个人签收实发金额的凭证，作为相应补偿支出的列支凭证。

（2）对补偿给单位或集体的征地补偿、房屋补偿、专项设施迁建补偿、其他补偿支出等应取得收款单位开立的收款收据，作为相应补偿支出的列支凭证。

（3）对三通一平费用、勘测设计费等支出应取得有关单位的发票作为相应补偿支出的列支凭证。

（4）按有关规定提取的基金支出，按《修正概算报告》列示的标准，编制有关提取基金计算表，经领导批准后，作为相应补偿支出的列支凭证。有关基金的开支，另行制定管理办法。

（5）行政管理费列支的口径，参照清远移民局有关文件和上述规定的要求办理。

（6）对在“拨出经费”“与下级往来”和“暂付款”等预付性质科目的款项，应以移民安置业务的每一宗合同、协议或一项整体业务为单位转列支出，不得以拨出或暂付数列支。

以上各项支出中按规定要取得合同、协议书、工程预结算书、验收报告、清单等书面凭证的，应当送交财会部门。

4.各项补偿支出的核算按上述所列《会计科目表》的要求进行，平时发生各项补偿支出记有关支出科目的借方；年终结算向上级单位结报时的冲减数记有关支出科目的贷方，贷方转销的开支数中，在开支规定限额内的在“拨入经费”或“与上级往来”科目冲销，超支的合理部分转到“待处理经费支出”科目的借方。各项补偿支出科目年终结账后应无余额。年终结账的核算实例参见〈例 1〉。

四.移民安置经费结算资金的核算

各级移民安置机构在组织领导移民迁安工作中，除在本系统内发生拨入拨出资金外，经常与移民安置工作有关的单位和个人发生各种暂存、暂付、应收、应付等结算往来业务。这些业务占用的资金叫结算资金。

移民安置经费结算资金按发生的范围，可以分为移民安置业务结算资金和办公经费业务结算资金两类。无论哪一类的结算资金，都必须贯彻严格控制，及时结算的管理原则进行管理。各单位还要建立健全这方面的管理与核算办法，保证移民资金的使用落实到实处。

（一）核算移民安置经费中的各项结算资金，在资金来源方面使用“暂存款”等会计科目；在资金运用方面使用“暂付款”等会计科目。

1.“暂存款”科目核算因移民安置事项形成在本单位暂存的款项。它与经费领拨中的拨入拨出核算的一个主要区别是不要求上、下级单位的账目一致。发生或收到暂存款项记本科目的贷方；转出或付出记本科目的借方。

2.“暂付款”科目主要核算预付给移民安置机构系统以外，但又与移民安置有关的单位和个人待结算的资金。预付给国土部门由该部门兑现给土地权属单位（集体）的征地补偿费和安置补偿费、青苗费，以及征地管理费；预付给承担移民安置工作（程）勘察设计部门或单位的勘测设计费；预付给承担移民安置工程施工单位的工程进度款；预付给各项专业项目迁建所属主管部门的包干迁建补偿款等，记本科目的借方。结算收回或核销转列相应的补偿支出时，记本科目的贷方。核算转列支出应按一宗合同或一个整体业务为单位进行，不得以预付数列支。

（二）从各专业银行和金融机构或上级单位借入有偿使用的直接或间接用于移民安置的款项，在“借入款”和“借出款”科目核算。

1.“借入款”科目核算上述借入的款项。借入时记本科目的贷方；归还时记本科目的借方。

2.“借出款”科目核算用上述款项来源转借给下级单位的款项。借出时记本科目的借方；收回记本科目的贷方。

银行贷款利息或上级周转金占用费的核算，按实收实付的原则通过有关暂存暂付科目进行。

五.移民安置经费财产物资的核算

移民安置经费的财产物资主要包括以下几项内容，一是各级移民安置机构为了做好移民迁安工作，经批准购置自己使用的固定资产。如房屋、建筑物、专用设备、一般设备、图书等。二是为了完成移民安置工作所需要消耗性的物资。如各种材料、低值易耗品等。

（一）固定资产的管理和核算

固定资产按以下标准确定：单价在 500 元以上、使用年限在一年以上的一般设备属于固定资产核算范围；凡使用年限在一年以上的房屋、建筑物、专用设备等属于固定资产的核算范围。通信工具中的移动电话按安装时的实际支出列作固定资产；普通电话机和传呼机安装时的实际支出可不作为固定资产核算，但应列册登记加强管理。

1.移民安置机构的固定资产均按固定资产的原始价值作为计价标准，不提取折旧。其管理按如下原则进行：

（1）购置单价5000元（含）以上的固定资产需报请清远移民局批准；购置单价5000元以下固定资产要经本单位领导批准，属于基本建设范围或“专控商品”的，还应按国家有关规定办理。

（2）不能使用和修复的固定资产，按第（1）点的原则分别由清远移民局或本单位领导批准后作报废注销。有变价款收入的留给本单位作重置固定资产使用。

（3）撤并单位或移民安置机构之间有偿调拨固定资产，由清远移民局作出有关的调整处理。

（4）固定资产的对外转让、出售要按第（1）点的原则分别报清远移民局和本单位领导批准。固定资产原则上不得无偿调拨，确需无偿调拨的一律报经清远移民局批准。

（5）要加强对固定资产的清查工作。每年年终结算前至少要进行一次清查，并按规定上报有关报表。

2.固定资产的核算

移民安置机构对固定资产增加、减少的核算，是通过“固定资产基金”和“固定资产”两个对应科目进行的。其中对于增加的核算要通过两笔会计分录完成，一是费用的列支，二是固定资产的账务处理。

核算实例：

〔例2〕某单位经清远移民局批准购置汽车一辆，购价20万元，以银行存款付讫。

借：固定资产——专用设备——汽车　　200000

贷：固定资产基金　　200000

同时：

借：办公经费支出——设备购置费　　200000

贷：银行存款　　200000

固定资产减少的核算，主要有固定资产报废、转让、出售、调拨等，要注销固定资产账面原值，并视具体情况作或不作其他处理。

〔例3〕某单位经批准报废一批固定资产，原值10000元，残料收入200元。注销账面原值：

借：固定资产基金　　10000

贷：固定资产——一般设备　　10000

收到实价款时：

借：银行存款（或现金）　　200

贷：专用基金收入——固定资产变价收入　　200

〔例4〕甲单位经上级批准，有偿调整一台专用仪器给乙单位，仪器原值5000元。

甲单位：

借：固定资产基金　　5000

贷：固定资产——专用设备——专用仪器　　5000

同时：

借：拨入经费——上级单位——办公经费拨款　　5000

借：办公经费支出——设备购置费　　5000

（经费超支时，贷：处理经费支出　　5000）

乙单位：

借：办公经费支出——设备购置费　　5000

（经费超支时，借：待处理经费支出　　5000）

贷：拨入经费——上级单位　　5000

同时：

借：固定资产——专用设备——专用仪器　　5000

贷：固定资产基金　　5000

有偿调拨考虑成新程度时，按原价增减固定资产，按实际转让价增减拨入、办公经费支出。

〔例 5〕某单位年终盘点，盘亏公文柜 2 个，每个 700 元共 1400 元，经批准核销。

借：固定资产基金　　1400

贷：固定资产——一般设备——公文柜　　1400

（二）材料的管理和核算

对移民安置工作所消耗的材料，应建立健全材料购进、验收、领料和回收等环节的规章制度。一般不需库存的材料、物品应随用随买。材料的发出计价一般采用个别计价法、先进先出法和加权平均法计算。

“库存材料”科目核算材料的收、发、余变动情况。购买和盘盈材料时记本科目的借方，领用、发出和盘亏材料时记科目的贷方。

六.移民安置经费专项资金的核算

（一）专项资金的内容

移民安置经费中的专项资金指专项资金收入，它与专项资金拨款既有相同之处又有不同之点。专项资金收入主要不是上级拨入，而是从已上报核销的有关补偿支出中提取，由清远移民局拨予的有一定用途、专款专用、专项结报的资金。主要包括征地提留基金、待处理经费补超形成的专项资金收入等。

（二）专项资金的管理要求

移民安置经费专项资金的管理应当做到以下几点：

（1）专款专用。如征地提留基金应作为移民生产生活出路的投入使用，或者为移民办实事的支出。

（2）按实列支。专项资金支出应以实际支出数列报支出，原则上不能以拨代支，不能以领代报。征地提留基金收支还应单独设账核算。

（3）专项结报。专项资金支出年终结算时，要专项办理报销手续，其全年实际支出数冲转相应的收入项目，余额一般留在用款单位在下年度使用。专项资金收入不得出现赤字。

（三）专项资金的核算

为了核算移民安置经费专项资金的提取、拨出和使用情况，设置：“专项资金收入”“专项资金支出”两科目。提取和收到上级单位拨入的专项资金记“专项资金收入”科目的贷方，支用专项资金记“专项资金收入”科目的借方。如果平时支用专项资金记入有关的补偿支出科目，则年终结算时应按实在“专项资金收入”科目中冲低，以冲抵专项资金支出内容后的余额向上级结报有关的补偿支出。

七.移民安置经费专用基金的核算

（一）专用基金的内容

移民安置经费中的专用基金是指从收益、收入等渠道提取的单位自有自用的基金收入。主要内容包括按规定标准提取的职工福利基金、工会经费、事业发展基金、固定资产变价收入等。

（二）专用基金的管理要求

（1）按规定提取、专款专用。职工福利基金、工会经费、事业发展基金的提取应按清远移民局的有关规定办理。已在办公经费中按实支付了福利基金支出内容的单位，不再提取职工福利基金。

（2）先收后支，量入为出。各项专用基金必须先提（收）后支，量入为出，不得出现赤字。有条件的单位应将专用基金单独设账核算。

（三）专用基金的核算

为了核算移民安置经费基金的收入，设置“专用基金收入”和“专用基金支出”两个科目。提取和收入各种专用基金数记“专用基金收入”科目的贷方，冲减和年终冲销数记“专用基金收入”科目的借方。发生支出时记“专用基金支出”科目的借方，支出收回和年终冲销数记“专用基金支出”科目的贷方。年终结账后，“专用基金收入”科目有贷方余额即为结余数，“专用基金支出”科目应无余额。

八.待处理经费补超和待处理经费支出的核算

移民安置经费会计由于要逐级反映各项补偿支出的实际支出数，使各级政府和移民安置机构能及时了解本级移民安置经费投资的完成情况，因此，在年终结报各项补偿支出时，采用了有别于预算会计年终结账的方法。即主要是上级批准下级年终支出时，不直接将“拨入经费”与“拨出经费”两个科目对冲转，而是一方面将下级的支出反映在本级的账上，冲销“拨出经费”；另一方面，将下级报来的支出（连同本级经办的各项支出）向上一级结报，冲销“拨入经费”和账上的全部支出。

但是，以上所述只是上级单位对下级单位的各项补偿支出不予以控制时的账务处理情况。事实上，由于飞来峡水利工程移民安置工作实行层层分包责任制，层层控制包干投资，加上为了贯彻国家的各项财经纪律和制度，贯彻省、市有关移民安置资金的管理办法，对违反财会制度的开支予以控制和约束，对一些超过开支计划的合理开支得到充分的反映，我们为此相应设计了对应的核算处理办法，主要是通过“待处理经费支出”和“待处理经费补超”两个科目进行核算。

（一）待处理经费支出

待处理经费支出主要是指各单位年内超过上级规定的开支定额的合理支出部分，这部分支出既要加以控制，逐年消化，以利移民工作的开展，又要让其在账上得到反映。我们在上级对批复各项补偿支出结算时，将这部分待处理支出单独在“待处理经费支出”科目中反映。

“待处理经费支出”是资金运用类科目，借方记发生转入的待处理经费支出的实际数，贷方记核销处理数。借方余额表示尚未核销处理的经费支出数。本科目按各补偿支出科目分设相应的明细账户进行明细核算，县级以上移民安置机构（或有下一级单位的上级单位）还要按本单位和各下级单位设专户核算。

核算实例：

〔例 6〕某镇级移民安置机构年内实际开支办公经费 10 万元，上级规定可开支定额为 7 万元，合理超支 3 万元。该单位的上级单位年内办公经费支出 15 万元，核定的开支定额为 10 万元。

镇级移民安置机构年终上报，上级批复结算时：

借：拨入经费　　70000

　　待处理经费支出——办公经费超支　　30000

贷：办公经费支出　　100000

上级单位将下级单位的开支反映在本级账上：

借：办公经费支出——下级单位　　100000

贷：拨出经费　　　　　　　　　　　　70000
　　待处理经费补超——下级单位　　　30000

同时：连同本级经办的办公经费支出一齐上报，并经上级批复后：

借：拨入经费　　　　　　　　　170000
　　待处理经费支出——本级　　50000
　　　　　　　　　——下级　　30000
贷：办公经费支出——本级　　　150000
　　　　　　　　——下级　　　100000

对于既有上级单位又有下级单位的移民安置机构（如县级移民安置机构），账上的“待处理经费补超——下级单位”的贷方余额与“待处理经费支出——下级单位”的借方余额额数总是相等，并按上级单位的通知进行对冲转调整。

（二）待处理经费补超

待处理经费补超是待处理经费支出对称的资金来源。即上级单位对下级单位报来的各项补偿支出超过开支定额的合理超支部分，予以核销并逐级上报，但不予冲减拨出经费（下级单位则不得冲减拨入经费），而形成的资金来源。这项资金来源在“待处理经费补超”科目单独反映。

“待处理经费补超”是资金来源类的科目，由县级以上移民安置机构（或有下级单位的上级单位）设置，并按各下级单位设置明细账户。贷方记上述形成的资金来源的增加数，借方记该项待补超资金的减少数或转到其他专项资金的实际数。其减少或划转的核算有以下几种情况：

1.下级单位上年度发生超支，本年度实际支出少于当年规定的开支定额，即当年有节约定额。按该节约定额，上级单位借记本科目，贷记“拨出经费”科目。下级单位则借记“拨入经费”科目，贷记“待处理经费支出”科目。等于用当年的节约弥补以前年度的超支。

〔例 7〕接例 6，镇级单位当年节约额 1 万元，县级单位当年节约额 2 万元，均用于弥补上年超支。

市级单位处理：

借：待处理经费补超——县级单位　　30000
贷：拨出经费——县级单位　　　　　30000

县级单位处理：

借：拨入经费——市级单位　　　　　30000
贷：待处理经费支出——本级　　　　20000
　　　　　　　　　——镇级　　　　10000

同时，处理下级补超：

借：待处理经费补超——镇级单位　　10000
贷：拨出经费——镇级单位　　　　　10000

镇级单位处理：

借：拨入经费——县级单位　　　　　10000
贷：待处理经费支出　　　　　　　　10000

2.下级单位交回固定资产或其他财产，这些交回的财产按确定的价值可用于冲销其办公经费超支（或支出）。上级单位可按其确定的价值借记本科目，贷记“拨出经费”科目。下级单位则借记“拨入经费”科目，贷记“待处理经费支出”（或“办公经费支出”等）科目。上述财产下级单位在购置时已作办公经费支出，这里相当于将下级单位的支出划转给上级单位列支，但由于这些支出在移民安置机构系统内来说总数没有变化，因此不必作办公经费支出在上、下级单位之间的分录。但如果是固定资产或材料时，应作相应的会计分录。

3.下级单位上年度已超支，本年度将支出划转移民安置机构内的其他单位，而该接受单位也是超支单位时等于将超支数划转。上级单位可借记本科目（超支单位），贷记本科目（接受单位）。如果接受单位原来未超支则贷记“拨出经费（接受单位）”科目。同时，借记“拨出经费（接受单位）”科目，贷记“拨出经费（原超支单位）”科目。

原超支单位则借记“拨入经费”科目，贷记“待处理经费支出”科目。接受单位则借记“待处理经费支出”科目（未超支时借记相应的支出科目），贷记“拨入经费”科目。

4.若对下级单位超支不再控制，上级单位可全额借记本科目，贷记“拨出经费（超支单位）”科目。下级单位则借记“拨入经费”科目，贷记“待处理经费支出”科目。

5.若对下级单位超支用其他应属于该单位的分成收入弥补，或者不再考虑补超，由该超支单位用自有资金自行解决超支时，上级单位可将此笔待补超资金来源转入“专项资金收入”等科目，用于其他单位或其他方面的移民安置补偿、补助等。下级单位则借记“专项资金收入”等科目，贷记“待处理经费支出”科目。

九.年终清理结算和结账

移民安置经费会计的年终清理结算和结账，是各级移民安置机构编报年度决算的一个重要环节，也是保证各级单位决算报表数字准确、真实、完整的一项重要基础工作。要根据上级和清远移民局的年终决算的有关要求，有步骤地认真做好此项工作。

（一）年终清理

各级移民安置机构年终决算前应对年内移民安置经费的各项收支进行全面的清查、核对、整理和结算。年终清理的基本内容如下：

1.清理核对年度移民安置经费领拨款数字。年终前，各单位要认真清理和核对与上级、下级单位之间的移民安置经费领拨款数，保证上下级之间数字的一致性和准确性，上级单位对年内需拨付下级单位的款项，要求在 12 月25 日前拨出，逾期一般不再下拨。下级单位对上级本年度的拨款，由于银行转汇原因在下年度才收到的，应记入本年度账上。即借记“在途款”科目，贷记“拨入经费”或“与上级往来”科目。

2.清理核对各项移民安置补偿支出。凡按支出规定和列报口径可以列报的支出，都要及时入账，在年度移民安置经费支出明细表中上报。

3.清理各项专项资金收支和专用基金收支。各项专项资金收支和专用基金收支都要按规定及时入账，应在专项资金收入中列支的支出，应按实列支，不得将应由专项资金收入中列支的支出编入补偿支出上报。

4.清理各项往来款项。对各单位的各种暂存、暂付款项要分类清理，对按支出规定和列报口径可以列报的支出应及时从往来款中转出。

5.清查货币资金和财产物资。年终，要对库存现金、银行存款、固定资产、库存材料等进行一次财产清查，以保证账实相符。

（二）年终结账的环节和程序

1.年终清理完毕，即进行 12 月份的结账工作。结计出各账户借方或贷方 12 月份合计数和全年累计数，并结出 12 月份末各账户的余额，编制年终结账前的（即 12 月份）“资金活动情况表”“移民经费支出明细表”上报上级单位，待上级单位批复决算。有下级单位的上级单位，连同下级单位报来的各项补偿支出汇总上报，待上级批复。

2.上级批复年终决算后，按上级的批复要求，填制12月31日记账凭证，作冲销“拨入经费”科目和“与上级往来”科目各项补偿支出科目的分录。有下级单位的上级单位，还要先补作第1点要求的冲销“拨出经费”科目和“与下级往来”科目，以及将下级报来的支出反映到本级账上的分录，然后才作上述分录。有超支的单位，要按照待处理支出和待处理经费补超的核算要求，对这部分内容作出正确的分录。

3.在上述年终转账的基础上，对转账后年终没有余额的账户（各补偿支出科目和专项资金支出、专用基金支出科目应无余额），结出全年总累计数，结束本年核算。年终转账后有余额的账户，要结出总累计数和结转下年数。此时旧账（本年度账）结束。

4.根据本年度账（即旧账）各个总账、明细账、日记账各有余额的账户的余额，再编制年终决算结账后的“资金活动情况表”“拨出经费明细表”“与上（下）级往来明细表”，以及编制“暂存、暂付款项余额明细表”和其他属于年报范围的会计报表上报上级备核。

此外，将上述表列（或旧账所列）各账户的年终余额数，不编制记账凭证直接记入新年度总账、明细账和日记账中各账户预留第一行的余额栏内，并标明余额方向。

新年度经上级通知批准调整上年度的有关数字时，按上级的通知要求办理。

十.移民安置经费报表的编审

（一）移民安置经费会计报表的作用和编报原则

移民安置经费会计报表的种类如前面第二节所述，其中“资金活动情况表”“移民经费支出明细表”是主表，“拨出经费明细表”“与上（下）级往来明细表”“暂存、暂付款项余额明细表”“办公经费支出明细表”“移民安置经费固定资产盘存表”等为附表，共同构成系统、完整地反映移民安置经费资金活动和收支状况的指标体系。因此，会计报表为各级和各部门提供移民安置经费方面的会计信息，至少具有以下几个作用：

（1）利用会计报表，可以分析和检查移民安置经费的执行情况，发现资金管理上和会计核算中存在的问题，以利改进，管好用好移民安置资金。

（2）各上级单位对下级单位报来的会计报表，既是供审核各项补偿支出的一个主要凭证，也可以借以考核、控制分级承包补偿投资概算的执行情况，督促各单位执行省、市对飞来峡水利工程移民安置工作的各项法规、规章和制度，遵守各项财经制度和结算纪律。

（3）各上级单位对下级单位的会计报表汇总后，还可以分析和检查全面的移民经费执行情况，并作为反映本级各项资金情况的主要凭证。

为了充分发挥移民安置经费会计报表的应有作用，各单位必须按照统一规定的格式、内容和编制方法编制会计报表，并按以下三项原则进行编制：

①真实性。各单位编制的会计报表必须真实可靠，数字准确，如实反映本单位移民安置经费的执行情况。

②完整性。移民安置经费会计报表必须内容完整，表种不能漏报。规定的格式栏次无论是表内项目还是补充资料，应填列齐全，不能任意取舍。必要时，应随报相应的文字说明书。

③及时性。各单位应按清远移民局和上级单位规定的期限和程序将移民安置经费会计报表报送上级单位。

（二）移民安置经费会计报表的编制方法

1.资金活动情况表

资金活动情况表是反映各级单位一定时期（如月末、季末或年末）移民安置经费资金状况的静态报表。该表分左、右两方，左方为资金来源部分，右方为资金运用和资金结存部分，左右两方平衡。编制资金活动情况表应当遵守下列编制方法：

（1）根据总账各账户的余额直接填列，其中“拨入经费”和“与上级往来”项目还要根据明细账户的余额分项填列各补偿项目拨款。“各项补偿支出”项目则根据各项补偿支出科目（征地补偿费、房屋补偿费、专项设施补偿费、三通一平、勘测设计费、移民生活补偿、移民搬迁补助、其他移民经费、办公经费支出、税费金、基本预备费）的余额合计数填列。

上述项目均按要求分别填列“年初数”（按上年决算后转本年的各账户“期初数”）和“期末数”。年终决算后的年报的“期末数”，按年终总账后的各账户余额填列。

（2）资金来源合计数（年初数或期末数，下同）减去资金运用合计数，应该等于资金结存的合计数。

（3）“固定资产基金”项目的数字应与“固定资产”项目的数字一致。

（4）上级单位在汇总本表时，应将本级单位“拨出经费”与所属下级单位报表内的“拨入经费”的数字冲销。其余项目的数字则根据本级和所属下级单位的报表数字直接相加汇总。

（5）本表项目的有关明细数字在各相关的附表上反映，相关的数字应一致。

2.移民经费支出明细表

此表是反映一定时期内各单位移民安置经费（包括承包经费和暂未列入承包的经费）各项补偿支出情况的报表，也是考核、控制各项补偿支出具体执行情况的依据。编制方法如下：

（1）各补偿支出项目根据总账各补偿支出科目的余额整理填列，“本月数”是当月实际支出余额，“累计数”是年初累计到当月为止的实际支出合计数余额。

（2）本表的“合计”等于资金活动情况表的“各项补偿支出”项目数。

（3）本表“办公经费”项目的明细情况，在办公经费支出明细表中反映。

3.拨出经费明细表

此表反映对移民安置机构系统内的下级单位拨出各项承包经费拨款情况。编制方法如下；

（1）按各拨出单位分列，“年初数”为年终决算后结转本年度的期初数；“本月拨出”为本月拨出（或收回）的实际数；“本年累计拨出”为年初至本月止累计拨出的实际数；“累计余额”是包括“年初数”加上“本年累计拨出”的实际数；“累计未冲销余额”是包括“年初数”加上“本年累计拨出”的未冲销的累计拨出余额合计。

（2）“年初数”合计应与资金活动情况表的“拨出经费”项目的“年初数”一致；“本月拨出”合计是“拨出经费”科目本月借方发生额合计数；本年“累计拨出”合计是“拨出经费”科目年初至本月止借方发生额合计数；“累计余额”应与资金活动情况表的“拨出经费”项目的“期末数”一致。

此外，应参照上述方法编制“与上（下）级往来”明细表。

4.暂存、暂付款项余额明细表

此表反映暂存、暂付款项期末或年终余额明细内容，用于分析说明单位债权与债务情况。本表分左右两部分，左方反映单位的债务即暂存款项，右方反映单位的债权即暂付款项，填列方法如下：

（1）根据各往来款项明细账填列，但当暂存款项出现借方余额或暂付款项出现贷方余额时，不能与其他正常余额相互冲销填列，而应分别作暂付款或暂存款填列。

（2）左方暂存款项合计数与右方暂付款项合计数应分别与资金活动情况表的“暂存款”项目数和“暂付

款”项目数一致。

5.办公经费支出明细表

此表反映市、县、镇三级移民安置机构在开展移民安置各项工作中发生的行政管理费开支情况。编制方法如下：

（1）按实际支出数填列，“本月数”栏填本月实际支出数，“累计数”栏填年初至本月止累计实际支出数。

（2）根据“办公经费支出”科目明细账，分“项”“目”“节”填列。本表“经费支出合计”应与移民经费支出明细表中“办公经费”项目数一致。

6.移民安置经费固定资产盘存表

此表反映各级移民安置机构用行政管理费或经批准用其他移民资金购置、建造的固定资产情况。编制方法如下：

（1）向上级填报时，只填报单位价值5000元（含）以上的固定资产或修缮项目支出。本级要按照年终财产清查的要求，填列全部固定资产项目。

（2）有在建工程的，应如实填报。

（三）移民安置经费会计报表的审核与汇总

各单位对已经编就的会计报表应认真审核后报上级单位。无论是本单位或上级单位都应当对移民安置经费各项会计报表进行审核，包括技术性审核和政策性审核两个方面。

1.技术性审核。主要审核会计报表的数字是否正确，表内有关项目是否完整，有无漏报和错报的情况，报送是否及时，印章是否齐全等，在审核会计报表的数字时，应注意审核以下几个方面的数字关系：

（1）上下年度有关数字是否一致。

（2）上下级单位之间的拨入、拨出经费是否一致。

（3）报表之间相关的数字是否一致，即表与表之间的勾稽关系。

2.政策性审核。主要审核移民安置经费的使用是否符合政策、制度：

（1）移民安置经费的列支是否符合投资概算的规定，以及列报口径是否正确。

（2）办公经费支出是否按控制的进度完成，有无不符合开支规定的支出。固定资产的业务是否按规定办理。

（3）专项资金和专用基金的收支是否按规定办理。

（4）往来资金是否挤占、借出或挪用到与移民安置工作无关的方面。

有下级单位的上级单位，对审核无误的本级报表和所属下级单位的报表编制汇总会计报表，向上一级单位报送。汇总会计报表的种类有资金活动情况表、移民经费支出明细表等。其内容和格式与上述的会计报表相同，但应注明“汇总”字样。编制方法如下：

（1）相同项目的金额加计总数后填列。

（2）本级单位的拨出经费应与下级单位拨入经费的合计数相互冲销，即不用汇总，以免重复。有上下级相互冲销的其他拨入拨出资金时，参照拨入经费冲销的方法进行。

二、规划和报告

（一）北江飞来峡水利枢纽技施设计水库淹没处理及移民安置规划大纲

（水利部珠江水利委员会勘测设计研究院，1994年12月）

前言

为了妥善安置飞来峡水利枢纽工程（简称飞来峡工程）水库（含坝区）移民，加快水库淹没处理及移民安置规划编制与移民迁安实施进程，广东省飞来峡水利工程建设总指挥部（简称总指部），多次主持召开有省水电厅有关主管部门和工程涉及的各市、县、镇移民机构、工程监理、设计单位参加的会议，研究部署水库移民工作，要求制定依据现行法规、体现库区实际、适应主体工程施工进度、可操作性强的技施设计阶段水库淹没处理及移民安置规划大纲（简称大纲）。据此，我院提出大纲讨论稿、送审稿，根据总指挥部召开的会议审议和有关单位提出的意见，对大纲进行修改补充，提出本大纲。

本大纲审批后，作为水库淹没处理及移民安置规划工作和进行限额投资规划设计的指导性文件。各市县移民机构可根据本大纲的要求，因地制宜地作某些调整，经批准后实施。

1.枢纽工程特性及水库淹没概况

下列枢纽工程特性及水库淹没概况是初设阶段成果，技施设计阶段核定的有关数据有变化的，均以技施设计的成果为准。

1.1　枢纽工程特性

飞来峡工程系珠江水系北江干流中游的最下梯级，上游与白石窑水电站相接。坝址位于广东省清新县升平镇，上距英德县城50km，下距清远市33km。选定水库正常蓄水位24m（珠基），坝址控制流域面积34097km^2。工程以防洪为主，兼有航运、发电、养殖、旅游等综合效益。飞来峡水库与北江大堤联合运用，可使广州地区防洪标准由100年一遇提高到300年一遇，保护下游城镇人口330万人、农田160万亩；改善库区航道116km；电站装机容量14万kW，年发电量5.54亿kWh；选定坝型为混凝土坝、土坝，坝顶高程34.8m，最大坝高48.8m，坝顶长2102m。

1.2　水库淹没概况

正常蓄水位24m时，相应库容4.32亿m^3，水库面积70.3km^2；汛期最低运行水位18m，库容1.09亿m^3；300年一遇防洪最高水位31.17m，库容14.45亿m^3；校核洪水位33.17m，库容19.04亿m^3。

水库淹没涉及（含社岗防护区内）清新县和英德市共8镇46村（管理区），共计人口2.48万人，其中农业人口1.63万人；耕地3.15万亩，其中水田2.33万亩，房屋76.2万m^2，公路16.9km，中型企业（横石木材厂）一处，输电线101杆•km，电信线200杆•km。

2.任务与要求

2.1 任务

根据广东省人民政府粤府函〔1993〕574 号文，飞来峡工程移民安置，由清远市人民政府总承包。为此，移民安置规划应以当地各级人民政府为主、珠委院配合进行编制，于 1995 年 6 月底前完成。

2.2 规划编制的主要要求

（1）核定水库淹没设计标准，确定移民征地范围，测设永久界桩，编制成果图表，办理永久界桩委托保管手续；

（2）核定淹没实物指标；

（3）进行城镇及专项设施淹没处理设计，编制实施方案；

（4）进行重要防护工程设计和施工组织设计；

（5）进行移民安置需要的主要道路、渡口、桥梁规划设计；

（6）进行库底清理设计和编制清库实施办法；

（7）编制水库淹没处理及移民安置规划报告。主要包括：淹没实物指标、移民安置实施方案、专业项目设计、修正概算和主要设备材料，并附有关图表和来往文件；

（8）提出蓄洪区临时淹没处理措施。

3.设计依据文件和规范、政策法规

3.1 有关本工程的文件

（1）《北江飞来峡水利枢纽初步设计报告》及其附件四：《北江飞来峡水利枢纽库区移民安置规划补充报告》；

（2）初设报告审查意见及批复；

（3）技施设计任务书。

3.2 设计规范

（1）水利电力部 1984 年《水利水电工程水库淹没处理设计规范》；

（2）水利电力部水利水电规划设计院 1986 年《水利水电工程水库淹没实物指标调查细则（试行）》；

（3）水利电力部 1986 年《水库库底清理办法》。

3.3 政策法规

（1）全国人大 1989 年《中华人民共和国土地管理法》；

（2）国务院 1991 年《大中型水利水电工程建设征地补偿和移民安置条例》；

（3）全国人大 1988 年《中华人民共和国水法》；

（4）全国人大 1989 年《中华人民共和国城市规划法》；

（5）广东省人大 1991 年《广东省土地管理实施办法》；

（6）广东省飞来峡工程移民安置办法（待批）。

4.设计基本资料

4.1 现有资料

（1）1：10000 库区地形图；1：2000 和 1：5000 坝区地形图；连江口、黎溪镇 1：5000 地形图；

（2）技施阶段水库干支流回水及运行调度成果；

（3）浸没坍岸预测成果；

（4）1993 年前三年库区社会经济统计资料；

（5）工程施工进度和蓄水计划。

4.2 需进一步收集或补充的资料

（1）测桩调查核定的水库淹没实物指标、调查报告；

（2）农村移民安置区 1：10000 地形图，村庄集镇新址 1：2000 地形图；

（3）移民工程建设项目地质勘探资料；

（4）可供移民开发利用的各种资源的数量、质量、开发利用现状发展规划、环境现状资料；

（5）经测设淹没界桩调查核定的分村或管理区的淹房人口、淹没耕地和需生产安置人口，以及剩余可供利用的生产资源和可安置的人口等；

（6）各种实物补偿标准、单价指标；

（7）国土资源详查资料。

5.淹没标准、实物指标和搬迁建设高程

5.1 淹没标准

根据初设报告审定的标准及广东省水电厅粤水电基字〔1994〕79 号文批复，水库淹没设计标准及永久界桩定线的依据是：

（1）水库淹没处理范围的设计标准：居民迁移采用重现期 20 年一遇、土地征用采用 5 年一遇设计洪水水面线（其中林地采用正常蓄水位平水），并以建库前后同频率流量水位差 0.3m 处作为尖灭点（即水库回水影响的终端点）。建库后水库回水位推算，包括计入建库后水库泥沙淤积影响。

居民迁移线：具体包括以下四种情况的水面线所组成的外包线，即 20 年一遇洪水水库回水尖灭前水面线；以正常蓄水位 24m 为起调水位，按多年平均持续时间两个月以上流量 $345m^3/s$ 计算的回水位并考虑平行加 1.0m 的水面线；电站满负荷运行流量 $1680m^3/s$ 的回水水面线；考虑 20 年一遇回水在 14 断面尖灭后，用垂直封闭会因该断面与上游邻近村庄处理位置的突变而产生矛盾，改为从 14 断面至 16 断面间用斜线封闭。

土地征用线，原则上采用 5 年一遇洪水水库回水线，因 5 年一遇洪水的回水线低于正常蓄水位，故用以正常蓄水位起调和年内持续两个月以上流量 $345m^3/s$ 的回水线平行加 0.5m 与发电时满负荷流量 $1680m^3/s$ 的回水线的外包线为土地征用线。居民迁移与土地征用线高程详见《关于飞来峡水利枢纽库区淹没标准的修改说明》及《补充材料》。

（2）关于库区风浪、浸没、塌岸、滑坡等问题。

除上述平均加 1.0m 和 0.5m 风浪、浸没、塌岸影响综合值外，对主要影响区或有特殊需要者，应作出分析及修正和调整，包括对各支流的回水和浸没、塌岸的补充计算分析作局部修正和调整。

5.2 淹没界桩测设

珠委院负责淹没永久界桩测设，详见我院编测量任务委托书。

5.3 实物指标调查及成果

调查范围、项目、方法和回水成果，详见水库区淹没实物指标调查细则。要求以珠委院为主、库区市县各级政府及有关部门配合，于 1994 年底完成实物指标统计汇总，报总指挥部审批后作为计算补偿和编制移民安置规划及专项复建的依据。

5.4 搬迁建设高程

飞来峡水库担负着下游防洪的任务，为减少水库蓄洪带来的临时淹没损失，库区新安置区居民点及其他工程项目，原则上应高于100年一遇洪水回水位，具体实施时应结合当地条件确定。

6.农村移民安置规划及实施计划

6.1 安置规划指导思想和规划主要原则

农村移民安置规划的指导思想是：遵循法规、适时迁出、妥善安置、富有前景，后靠为主、以农为主、发展“三高”农业、辅以二、三产业。主要原则是：

（1）实行开发性移民方针，逐步适应市场经济体制，坚持合理补偿、政策优惠、各方支持、受益地区对口扶持、自力更生，移民达到或超过搬迁前生活水平；

（2）以发展大农业和后靠安置为主，异地安置和投亲靠友为辅，多渠道、多产业、多形式、多方法妥善安置移民；大力发展二、三产业、广开就业门路；

（3）生产开发规模，原则上应以土地补偿费和安置补助费，以及小型水利水电设施补偿费的总和为限额；

（4）移民安置与地区发展规划相协调，资源开发、经济发展与环境保护相结合，做到经济效益、社会效益、环境效益三者的统一；

（5）在移民服从统一规划安置的前提下，适当考虑移民对安置地点和就业门路的意愿，尽可能做到移民与接受安置方的自愿双向选择；

（6）规划目标：根据县（市）经济发展规划，制定1997年人均收入目标作为发展生产的主要目标。

6.2 规划内容与方法

6.2.1 居民点规划

（1）迁房安置人口数核定：包括1994年测设永界桩淹没线下淹房人口（含浸没、塌岸区及规划必须迁房的孤岛人口）和房屋不淹而因土地或其他生产生活条件受淹而通过规划定出必须迁房的人口，分户列出，分市县乡（镇）村汇总。人口数以村为单位，从1994年底起计，以12‰的年递增率计算至1997年底，即为规划迁房安置人口；

（2）淹地不淹房的迁房安置人口计算：以村为单位，先确定淹地需进行生产安置的人口与可后靠人口，然后以村为单位进行平衡。如果库边剩余现有和规划利用的土地能够容纳淹地不淹房的人口，可不计算迁房安置人口；本村库边剩余土地不能容纳的人口，计列为迁房安置人口。计算时，需典型调查各类土地按其产量或产值折算为标准耕地面积；并典型调查考虑库边剩余土地与库内土地的质量差别；还需扣除水库蓄水后库边剩余土地难以利用的面积（含规划放弃利用的孤岛），实施时应当通过实地调查，会同当地干部决定；

（3）居民点选择标准应相对集中，先初步定向，后分户定点，确定建房区范围与占地类别及面积；人均宅基地和公共建筑及道路的平均总用地面积按50m²控制（不包括企业用地）；用电负荷每人150W；100人以上村庄，需测1：2000地形图，提出详细规划图；

（4）选择居民点考虑的因素：除考虑安置高程外，还需密切结合生产开发条件，方便生产生活；注意地形、地质、水源、用电、交通、文教卫生布局；尽量少占耕地；

（5）计算总用地征用面积、平整和基础设施工程量及投资额，与限额补偿投资对比分析，超过时应进一步选点；

（6）做出移民房屋标准设计图供选用。

6.2.2 生产安置规划

6.2.2.1 生产安置人口：是指水库淹没失去耕地，需要重新安排生产出路的人口。以村为单位，按淹没涉及村实际人均占有耕地和测界桩核定的淹没耕地数计算1994年底需进行生产安置的农业人口；并以12‰

的年递增率计算至1997年底，即为规划生产安置人口；

6.2.2.2 生产安置方针：面向市场、发挥优势，广开门路、兼顾意愿，一业为主、多种经营；

6.2.2.3 生产安置类型（模式）与资源数量：后靠或迁至外地，都应进行环境容量的分析平衡，具体模式与每一个移民平均所需资源数量，需根据移民生产安置标准和规划目标补充修正，以下仅列举参考模式和作为安置依托基础的资源量：

（1）耕作业：现有（或开垦）水田或具有灌溉条件的旱地0.7亩。依本村→本管理区→本乡镇→邻近乡镇→本县的顺序逐级延伸；并按利用弃耕地→在城镇已有一定基础而愿意有条件地放弃其承包地而迁往城镇的农户耕地→现承包户水田加旱地面积（标准亩）超过1亩的耕地等顺序筹划。以上耕地调整以及其他土地的调整，均不属所有权由集体所有转为国有的征用土地，也不改变原农业利用的产业性质，但均应按水库征用的各种标准补级被征用的业主，补偿后重新划定业主权属，并办好有关法定手续；

（2）茶果园业：可垦标准园地1.0亩；

以上（1）、（2）各业安置的必备辅助资源参考量：半宜农林荒地5亩或宜农林地2亩。如果（1）、（2）两项人均资源量不足或超过，可用辅助资源参考量进行调整。

（3）二、三产业：地点可以在农村、集镇或县城，但必须同时具备：自愿承担风险、具有初步技能、具备必要的资源与发展条件、不增加淹没补偿补助费者；

（4）其他行业：如招工、招干、自谋职业、投亲靠友等，应具备条件与（3）同；

（5）库区形成的水面和消落区，在服从水库统一调度和保证工程安全前提下，由工程管理单位统一管理开发利用。鉴于飞来峡水库运用调度的复杂性，在开发利用时应进行专题论证并报经批准后实施。

6.2.2.4 安置措施规划

（1）对耕作、养殖和茶果园业安置类，应提出具体的开发项目、规模和采取改土、治水、耕作、栽培、养殖等方面的技术措施和与生产开发配套的基础设施建设项目及其规模、标准与投资；

（2）对二、三产业安置，应提出项目可行性论证。

6.2.2.5 经济分析

进行补偿费、开发项目投入产出分析，并预测移民安置后的生活水平。开发投入超过补偿费时，需进一步调整规划。对于经过方案优化仍要突破补偿投资或达不到原有生活水平，经专题研究论证后，用后期扶持资金考虑解决。

6.2.3 其他设施规划

6.2.3.1 交通设施：农村移民安置点的道路、码头、渡口，按原功能、标准、规模进行恢复，提出复建线路、位置、工程量及投资；

6.2.3.2 农村移民电力设施：按每人150W的用电负荷选择电源和布置线路，提出建设项目、规模、标准及投资；

6.2.3.3 农村移民水利设施：生活用水，按人均日耗水量100升计算，大的居民点提出取水供水方式和工程措施与投资，分散居民户可以典型调查推算；排泄、灌溉水利设施，在生产开发项目规划中考虑。

6.2.4 分年实施计划

根据工程施工进度计划，提出分年度人口迁出的高程和村庄位置、数量和生产开发、其他设施完建计划，以及相应的投资额。经批准后，作为工程单位按时、按量拨付资金的依据。

6.2.5 移民安置规划工作组织与进度

移民安置规划工作由清远市人民政府总负责，珠委院密切配合积极指导。1995 年 1 月 25 日前核定淹没实物指标及初定补偿投资；2 月底前，进行安置规划资料等各项准备，开始规划试点工作；4 月底前全面开展并完成外业实地规划；6 月底编制出版规划报告。

6.2.6　成果

移民安置规划报告和分年度实施进度计划，包括：总体规划图、大村庄设计平面布置图、房屋标准设计图、主要建设项目规划设计图；工程量、单价、修正概算、文字说明及有关附件。

7.集镇迁建规划

建制镇其镇区受淹或大部分受淹的有连江口、黎溪、升平三个镇。

7.1　规划任务

（1）旧横石镇迁升平、黎溪镇迁对岸已选定镇址。继续完成连江口镇的选址。完成三镇新址地质初勘和新址建设区地质详勘；

（2）根据移民搬迁要求，编制迁建建设规划；

（3）计算迁建补偿投资。

7.2　迁建建设规划

规划内容包括受淹的行政、事业、公共建筑、居民、工厂、学校进行定点、定位、定界。按照有利生产、方便生活、节约用地的原则，集中紧凑、合理确定建筑密度、依山就势、避免大挖大赶填，经济合理地确定各项技术指标。

7.2.1　迁建人口规模

（1）直接受淹人口：淹没调查时在册非农人口和原镇区内经生产安置规划需要随镇搬迁的在册农业人口；

（2）随迁人口：淹没线上余留非农业人口，如小于淹没线下非农人口的 5%，则全部计入搬迁；

（3）机械增长人口：按（1）+（2）的 5%计算；

（4）新镇区占地原有人口；

（5）常住无户籍人口：按直接受淹的非农和随迁人口之和的 10%计算；

以上前四项人口按年递增 12‰计算至迁安完毕的 1997 年，加上第（5）项人口作为迁建占地和基础设施人口规模。

7.2.2　主要技术指标与标准

（1）用地面积：控制人均面积不超过 $90m^2$；

（2）住宅建筑：按农业户和居民户不同需求采用不同类型；

（3）道路：主干道宽 18m、次干 12m、支路 6m；

（4）供水：人均供水按 160 升/人·日计算；

（5）排水：除有条件者外，一般采用雨污合流制。工业污水处理按《工业企业设计卫生指标》规定执行；

（6）供电：生活、工业企业、市政、公建用电负荷按省规定；

（7）邮电：以县域电信规划为依据，按原标准、原规模，恢复原有功能。

7.3　集镇迁建补偿投资

集镇迁移建设，应区分恢复原城镇功能和集镇自身发展两者的投资。前者属于水库淹没集镇迁建补偿投资，其项目与计算原则如下：

（1）淹没房屋按重置价计算补偿费；

（2）搬迁区的基础设施，按详细规划精度分项计算工程数量和补偿投资；搬迁区外与总体规划相衔接的部分和超过规定补偿标准的部分，由地方政府或有关单位自行筹资；

（3）分析计算搬迁费、搬迁损失补助费、经营性单位的停业补助费；

（4）集镇迁建与专业项目复建有交叉关系的应予分开，避免重复计算；

（5）经批准确需进入集（城）镇的农村移民，其占地和基础设施与集镇居民标准相同。

7.4　集镇迁建规划设计

由市县人民政府，委托城镇规划建筑设计单位承担，有关城镇规模、标准、投资等，应与总指挥部、监理、珠委院等协调。

8.横石木材厂生产区迁建

该厂生产区受淹需搬迁，生活区位于已确定的社岗防护保护区内。根据就地后靠要求，珠委院委托专业设计院，进行厂区（生产区）后靠地点的超可行性阶段精度的规划设计，其用地规模和厂房、设施按原标准、原规模的重置价计算补偿；其余：可搬迁设备计算拆卸、运输、安装调试费；不可搬迁设备计算复原重置价；合理停产期的停产损失等均计入水库淹没补偿；提高标准和扩大规模部分不计入淹没补偿；生活区因地下挖防空洞产生塌陷而需加固的投资分摊，因属防护区，需由珠委院进一步确认水库蓄水后的影响性质和程度而定。

9.专业项目复建规划

库区交通、电信、输电、水利等受淹项目，按原规模（等级）、原标准、恢复原功能，并结合移民搬迁安置生产布局调整的需要，提出复建规划。按水库淹没处理技施设计阶段的技术要求，由珠委院委托有关专业设计单位进行复建设计或规划。

（二）飞来峡水库库底清理环保调查监测评估

（区环保局，1999 年 1 月）

一、前言

飞来峡水利枢纽工程是广东省最大的水利工程，发电装机容量 14 万千瓦，该工程是兼有防洪、航运、养殖、供水、旅游和改善生态环境等多种效益的综合性水利工程。该工程的建成将形成一个库容 19 亿立方米，面积 70.3 平方公里的人工湖。湖上将建设水上俱乐部、度假村、游乐设施，将成为广东的又一旅游圣地。因此，保护库区生态环境尤为重要。同时，由于飞来峡地处北江中下游，控制流域面积 34097 平方公里，占北江流域面积的 73%。水库水质的好坏直接影响清远市及珠江三角洲等中下游城市的饮水质量。保护库区环境，保护库区水质量，成为开发库区所不能轻视的重要工作。为此，有关部门周密地组织水库截流前的库底清理工作，库底清理不彻底，达不到环保要求，将留下污染隐患，对水库库区水质产生不良影响和后果。为保证库底清理达到环保要求，保证水库在蓄水后不因库底污染而影响水库水质，受飞来峡管理区管委会的委托，区环保局对飞来峡管理区范围内的库底进行环境调查监测评价，属飞来峡管理区的水位线以下的移民拆迁点共有 4 个镇，26 个管理区，152 个村 5697 户。在该范围内有厕所 4681 间，猪牛栏 91100 平方米，坟墓 4463 个，另外可能残留有农药、化肥、化学毒害品、重金属污染物。为保证库底清理达到有关国家环保标准，区环保局从 1998 年 10 月开始，对库底清理开展全面的调查采样、监测分析和评价工作。现就以上工作结果作综合分析评价。

二、调查评价范围、标准

1.评价范围

对飞来峡管理区所属的升平、连江口、黎溪、水边 4 个镇移民拆迁点以及水位线以下所有其他污染源清理点开展调查评价。

2.评价标准

《国家地面水环境质量标准》（6B3838—88）中类水标准，《国家污水综合排放标准》（GB8978—88）中的一级标准。

三、调查方法及监测点布点方法

1.调查方法：采取全面调查现场勘察方法，凡水位线以下的移民拆迁点，按镇、管理区、村分别进行调查，登记《飞来峡管理区水库库底清理环保调查监测记录表》共 5697 户，由各镇负责清理，卫生部门负责对厕所、猪牛栏、坟墓进行消毒，每平方米洒 1—2 公斤石灰，并充分混合，区环保局对升平、连江口、黎溪、水边 4 镇发现有农药、化肥、油、砷、镉、汞及其他化学毒品等可疑污染物的一律现场取样带回化验监测。

2.调查监测的布点方法

调查监测的布点采用不规则的布点布设法，对飞来峡管理区 4 个镇的所有移民村均设点采样，重点检查对象为猪牛栏、厕所、坟墓，对大部分村庄是猪牛栏和厕所的各选取有代表性的一个点。另外，对污染源较多、特别是圩镇等有卫生站、污水沟的均取回水样进行监测。全区共设采样点 96 个，其中升平 16 个、连江口 14 个、黎溪 48 个、水边 10 个。

北江水质监测断面设在横石，分左、中、右 3 个点采样均匀混合成样监测。

3.具体操作方法

从 1998 年 10 月开始，区环保局在移民、卫生等部门的配合下对移民拆迁点进行环保的检查工作，除重点检查猪牛栏、厕所外还针对农药、化肥、油类、垃圾、污水沟等主要的农村污染物开展详细的检查，全区共采集样品 96 个，分别就 COD、大肠杆菌、AS、NH3—N、pH 值等项目进行化验，并对化验结果进行科学的统计分析，对清理不彻底或卫生消毒不符合要求的均向具体负责消毒清理的部门提出重新处理要求，最后检测绝大部分达到环保标准。

由于个别污染源在清理前就因工程施工需要而被填埋。同时，考虑到水库底清理及消毒工作对江水可能造成一定的影响，在库底清理期间还对北江水质进行常规项目的监测。

四、调查监测的结果分析

1.调查评价的结果

通过四个多月的努力，在检查各处移民拆迁点的同时还采回样品进行监测化验，大肠杆菌项目监测 46 个，其中升平 7 个、连江口 6 个、黎溪 29 个、水边 4 个；进行 pH 值项目监测 22 个，其中升平 7 个、连江口 6 个、黎溪 4 个、水边 5 个；进行 COD 项目监测 14 个，其中升平 7 个、黎溪 7 个；进行 NH3—N 项目监测 5 个，均为黎溪样品；进行 AS 项目监测 4 个，均为连江口样品。

纵观所有项目监测结果，只有 4 个项目超标，其中 pH 值项目 1 个，COD 项目 3 个，表明库底清理效果较好。

水库底清理环保监测汇总表

采样地点	分析项目	项目个数	最高值	最底值	平均值	标准限值	超标率（%）	超标个数
升平镇	大肠杆菌	2	45	10	22	10000	-	0
	COD	7	102	68	82.57	100	76.9	1
	pH 值	7	7.42	6.38	6.82	6.5—8.5	7.69	1
黎溪镇	大肠杆菌	9	45	10	17.62	10000	—	0
	COD	7	72	58	17.62	100	—	0
	pH 值	4	6.89	6.30	6.63	6.5—8.5	3.08	1
	NH3—N	5	4.5	1.85	3.58	15	—	0
连江口镇	大肠杆菌	11	1750	10	353.63	10000	—	0
	pH 值	6	7.4	6.6	6.83	6.5—8.5	—	0
	AS	4	0.042	0.031	0.037	0.05	—	0
水边镇	大肠杆菌	4	45	10	27.5	10000	—	0
	pH 值	5	7.4	5.30	6.85	6.5—8.5	3.08	1

北江河水常规项目监测结果

监测项目	pH 值	悬污物	总硬度	溶解氧	高锰酸钾指数	BOD	非离子氨	亚硝酸盐氨
监测结果	7.69	3.3	55.76	7.4	2.5	1.4	0.0022	0.002
国家地表水类标准	6.5—8.5	—	—	6	4	3	0.02	01
评价结果	合格	合格	合格	合格	合格	合格	合格	合格

续表

监测项目	硝酸盐氨	挥发酚	氯化物	砷	氯价铬	铅	镉	贡	油类
监测结果	0.32	0.001	0.002	0.004	0.003	0.008	0.001	0.00001	0.025
国家地表水类标准	10	0.002	0.05	0.05	0.05	0.05	0.005	0.00005	0.05
评价结果	合格	合格	合格	合格	合格	合格	合格	合格	合格

2.调查监测的结果分析

在本次库清理现场卫生环保调查监测样品中，共 4 个样品的监测结果超标，其中 3 个是 pH 值，另 1 个为 COD。PH 值项目监测结果超标比其他项目较为明显，且都是超下限值，说明样品呈酸性，从其他没有超标的监测结果来看，pH 值也大多偏低，说明整个库底环境略偏酸性，这可能是库底土壤呈酸性所致。另 1 个超标项目是 COD，样品来自升平镇大秧坎村，说明该处样品有机物含量较高，但超标率不高，只有 2%。此现象较为个别，应是卫生清理工作上的忽视所致，对水库蓄水后水质不会有太大的影响。另外的 NH3—N、AS、大肠杆菌三个项目监测结果均没有出现超标现象，表明消毒清理效果较好。

其他化学毒害品，如农药、化肥、贡、镉、砷、毒鼠药等均未有可疑发现，表明库底清理基本达到预期效果。

从对北江水质监测的17个项目的结果来看库底清理期间，北江水质较好，达到国家II类地面水水质标准。

从所进行的北江水常规项目监测中可见，14个项目监测结果均没有超出国家地面水环境标准中的II类标准，表明北江水质较好。

五、调查评价结论

综合以上监测结果，在污染源样品监测所进行的五个监测项目中，有三个监测项目的结果完全达标，另外的COD监测项目只有一个样品超标，pH值监测项目有三个样品超标，超标率比较低，同时还存在库底底质等因素的影响。此外，就库底卫生消毒现场检查情况来看，也基本符合要求，猪牛栏、厕所等重点污染源都作了洒石灰或喷洒其他消毒处理。但从现场检查情况来看，各镇的部分厕所、猪牛栏还存在消毒后再用的现象。望有关部门能给予重视，采取有效措施，以确保库底清理成果，保持库底蓄水后良好的水质环境。库底清理期间对北江水质的监测共17个项目，从监测结果来看，北江水质良好，达到国家Ⅱ类地面水水质标准。

（三）飞来峡管理区森林资源变化分析报告

（区林业局林政股，1997年1月10日）

1996年度，区森林资源数据需要更新工作，由区林业局林政股负责组织，由各乡（镇）林业站的林业员、林政员组成森林资源数据更新调查小组，从12月1日至12月30日对区一年来森林资源变化情况进行外业调查，1997年1月1日至10日进行外业资料整理并将外业资料输入电脑，森林资源调查情况和调查结果报告如下：

一、森林资源外业调查的范围和方法

外业调查的主要范围是：（1）原属有林地、疏林地，现经采伐变成采伐迹地；（2）原属未成林、疏林、灌木林、经封山变有林地；有林地经火灾后变成火烧迹地；（3）原属无林地，今年通过造林后变成未成林地；（4）原属未成林地，现已进入林分；（5）无蓄积的林分进入有蓄积的林分；（6）其他地类变化的小（细）班等。

外业调查方法和标准则参照1994年森林资源二类调查的方法和标准进行。

二、1996年全区的森林资源概况

1.地类情况。

全区总面积81344.6公顷，其中林业用地62441.0公顷，占总面积的77%，非林业用地面积18903.6公顷，占总面积的23%。在林业用地面积中，有林地面积55752.4公顷，占林业用地89%，疏林地1325.8公顷，占林业用地2%，灌木林面积1584.3公顷，占林业用地3%，未成林地面积842.1公顷，占林业用地1%，林分面积53493.1公顷，占有林地面积86%，经济林面积1792.2公顷，占有林地的3%，竹林面积467.1公顷，占有林地的1%；在无林地中，采伐迹地面积819.9公顷，占无林地的28%，荒山荒地面积1123.0公顷，占无林地的38%，火烧迹地77公顷，林中空地18公顷，暂未利用用地243.1公顷，可封育成林荒山654.6公顷。在林业用地中，按效益功能又可分为公益生态林和商品用材林两大类，公益生态林面积5397.6公顷，占林业用地91%，在公益生态林中，特种用材林面积838.6公顷，防护林面积4559.0公顷，自然保护小区803.7公顷，在商品林中，用材林面积55225.5公顷，占商品林的97%，薪炭林面积25.7公顷，经济林面积1792.2公顷。

2.蓄积情况。

全区活立木总蓄积2102398立方米，其中林分蓄积2084786立方米，占总蓄积的99.0%，疏林蓄积14463立方米，散生木蓄积3149立方米，按优势树种来分，杉树蓄积119735立方米，占总蓄积的6%，湿地松蓄积8434立方米，马尾松蓄积246386立方米，占总蓄积的12%，黎蒴蓄积1197204立方米，占总蓄积的57%，针叶混蓄积60915立方米，针阔混蓄积172225立方米，分别占总蓄积的3%、8%。竹林共744659株。

3.活立木蓄积消长情况。

全区蓄积总消耗量为41426立方米，其中木材生产40416立方米，占总消耗量97%，薪炭林消耗1100立方米，培植业消耗84立方米，自用材消耗1441立方米，全区森林资源年总生长量209693立方米，年平均总生长率6.6%。

三、森林资源消长情况

1.地类消长情况。

（1）由于飞来峡水利工程建设征占林地，全区林业用地比1994年二类调查资料显示少了113.3多公顷。但有林地面积有所增加，有林地面积比1995年增加873公顷，其中林分增加163公顷，经济林增加732公顷；（2）疏林地面积的减少，由于1996年增加疏残林的采伐指标，对一部分的疏残林进行皆伐，另外还降低一部分林分的择伐强度；（3）未成林造林地面积的减少，由于1996年全区林业的工作重点已经转移到综合管护上来，加上可供造林的宜林荒山较少，因达到新成林标准原未成林地进入林分，因此未成林面积比1995年减少1300公顷；（4）灌木林地面积与1995年相比较基本保持平衡。

2.蓄积变化情况。

（1）活立木蓄积总量增加，与1995年相比较，减去1996年消耗41426立方米蓄积，仍增长十多万立方，蓄积净增率6%，在林木蓄积量增长中，藜蒴蓄积增长最大，减去1996年消耗的，仍比1995年净增9000多立方米，增长率8%。其次是阔叶树，由于严格控制采伐限额，所以这部分蓄积消耗最少，阔叶树蓄积比1995年增长14779立方米，增长率5%，而松树由于新区建设，多用于自用，所以马尾松蓄积比1995年增加4179立方米，因飞来峡水利工程征占部分林地，所以湿地松蓄积减少2313立方米，而散生木与1995年基本持平。其他经济林有很大幅度的增加。

（2）从龄组结构来看，幼龄林面积比1995年减少91.5公顷，但蓄积增加7674立方米，其原因是有部分的未成林进入幼林后因林分平均胸径已达到5cm成进界木，所以幼林蓄积增加；而中龄林蓄积比1995年增长1962立方米，近熟林有相当一部分被消耗，成过熟林属消耗对象，但由于木材市场疲软，许多基层林业站存材很多，所以成过熟林蓄积比1995年仍有增长。

3.森林资源消耗结构变化情况。

资源消耗可分木材生产消耗、自用材消耗、培植业消耗、烧柴消耗四类，区森林资源消耗结构变化呈以下特征：（1）木材生产消耗占资源消耗的比重最大，在41426立方米的资源消耗总量中，木材生产消耗就有37771立方米，占总消耗的91%；其次是自用材消耗、烧柴消耗、培植消耗，由于新区建设，所以1996年自用材消耗比例大了。（2）在木材生产中，藜蒴资源消耗比重最大，在37771立方米的商品林中，藜蒴消耗2800多立方米，占木材消耗的68%以上。与1995年相比较，木材生产消耗降低，培植业消耗减少，烧柴消耗下降。自用材消耗比1995年略有提高，总消耗呈下降趋势。

4.林地利用变化情况。

区的森林覆盖率70.5%，比1995年提高了1.1%，绿化率和林地栽植率比1995年有所提高。

从以上结果分析看出，全区森林经营效果是明显的，首先是飞来峡管理区成立后，林业工作重点从造林转移到对森林实行综合管护上来，在深化林业改革当中，紧紧围绕着发展森林资源，实现加快资源培育，加强森林资源保护工作，强化林政管理，合理利用资源，促进森林资源持续增长，使森林蓄积不断增长的良好局面。其次，通过各种形式进行宣传教育，增强全区人民的生态环境意识和绿化意识，把绿化大地意识转化为群众的自觉行动。还坚持各级领导干部任期森林资源消长目标责任制，防止急功近利和短期行为。再次坚持森林采伐限额制度，实行限额采伐，控制消耗，提高资源利用率，按照市场经济的要求，实现最大限度地优化资源配置。此外还建立森林资源的监测体系，密切注意资源的消长变化，严格按照消耗量低于生长量的原则管理这有限的森林资源，使森林实现青山常在，永续利用。

在肯定成绩的同时，还应看到森林资源管理存在以下的问题：（1）森林资源的脆弱性，即林种、树种单一，林分质量普遍较差，林种、龄组结构不尽合理，单纯林多，复层林少，森林纠纷和乱砍滥伐时有发生，森林经营水平仍处于较低水平。（2）部分乡镇干部、群众对森林的更新认识不够，只顾眼前利益，不注意培育后备资源，如果这种状况不加以改变，若干年后就有可能出现极其严重的森林资源危机。（3）全区森林资源采伐问题较多，采伐地点多，采伐数量少，主观随意性大，采伐往往是和正确经营森林的原则背道而驰的，如集体林区多数是“拔大毛”的采伐方式，这种状况维持下去，将会严重降低林分质量，出现更多疏残林，最终导致全区林业生产走上一个恶性循环中去。

三、讲　话

（一）谭建成区长在移民工作团学习班上的总结（节选）

（1996 年 8 月 29 日，根据记录整理）

移民工作团学习班从 8 月 27 日开始，到今天已是第三天，下午学习班就要结束了。在这 3 天里，我们听取了区委书记钟梅坤同志的动员报告和区移民办主任黄国擎同志宣读的省市、区有关移民安置的政策规定，听取了水利部珠江水利委员会谢华贤同志作的有关库区移民工作的报告，以及总指挥部移民部刘耀祥同志、工程监理移民部刘志田同志和飞来峡工程移民局计财办刘丁同志的讲话。这些报告和讲话，都讲得很好，对工作团成员下乡工作有较强的指导性、启发性、针对性，观点明确，阐述问题精辟，我完全赞同。希望大家好好地消化，并在今后的工作实践中坚决执行。

这次学习班时间紧，任务重，内容多。同志们学习期间克服困难，排除干扰，认真听取各位领导的报告，并对组织工作团下乡实施移民安置的指导思想、目的、任务、要求和做法进行了充分、热烈的讨论，在讨论中，大家各抒已见，提出自己的看法，有的同志对如何搞好移民安置提出了很好的建议，通过这几天的学习和讨论，我们统一了思想，明确了工作的目的、任务、要求及做法，逐条地理解和掌握了有关库区移民安置的政策和法规，认识到了我们组织工作团下乡实施移民安置的重要性和必要性。我认为这次学习班在区委、区管委的领导下，通过在座各位同志的努力，达到了预期的目的。

下面我就移民安置工作团下乡工作提几点希望，也可以说是要求：

一、提高认识，统一思想，把我们思考的重点转移到如何搞好移民安置工作上来。

飞来峡管理区建区的初衷就是要做好库区3.8万移民的安置工作。如何搞好移民安置工作，是我区发展经济和其他事业的基础和前提。如果这3.8万移民不能妥善，不能达到省里提出“迁得出、安得稳、富得起”的要求，我们其他任何工作都将无从谈起。因此，我们在座的每一位同志，首先必须对移民安置工作的必要性和重要性要有充分的、清醒的认识。我相信，通过这几天的学习和讨论，同志们对这个问题都有了初步的认识，但这还不够。如何把移民工作看成是我们区的首要工作，我们还必须进一步提高认识，统一思想，可以这样说，移民安置工作的好坏，直接影响我们建区的成败。同志们可以设想一下，如果在水库下闸蓄水前，我们还没有安置好应该安置的移民，将会带来怎样严重的后果？我认为，它不仅将影响整个水利枢纽工程的施工、建设、投产，而且将影响我们整个区经济建设的大局，影响我们的政治稳定，影响社会安定。社会不安定，政治不稳定，经济建设也不可能取得多大成效。同时，移民安置工作搞不好，还将给我区其他事业带来无穷的后患。所以，这次区委、区管委下了很大决心，决定从区直各部门抽调大量的精干人员，组成移民工作团，目的很明确，就是要搞好我区目前最紧迫的首要工作——移民安置工作。

我们这次抽调到移民工作团的同志，大都是在原单位担任重要职务或担负重要工作的。学习班结束后，你们必须与区委、区管委保持高度的一致，下决心以不惜背水一战的工作态度，全身心地投入到一年半的移民安置工作之中。这次工作是光荣的，但也是很艰巨的，对此，我们每位同志都必须有足够的思想准备。要集中精力，全力以赴地去做，才能争取做好这一光荣而又艰巨的工作。任何打算在移民安置工作中“三天打鱼，两天晒网”“出勤不出力”的做法，都是不能容许的！

二、端正态度，摆正位置，讲究方法，千方百计地把移民安置工作做好。

工作团下乡以后，一定要注意工作方法。工作方法得当，就会事半功倍；工作方法不当，则会事倍功半，甚至会把事情弄糟。在座的许多同志都有这方面的经验和教训，我相信你们在工作中亦会注意到这一点。但是，我们还有不少同志，尤其是刚刚参加工作的年轻人，可能是第一次下基层，第一次下农村，第一次接触农民，特别是移民。因此，我认为有必要在这里强调一下工作方法问题。

首先，要紧紧依靠当地党政领导班子，在当地党政领导班子的领导下，积极主动地开展工作。在移民安置工作中，每一个工作团的成员，不管其职位有多高，资格有多老，都要摆正自己的位置，即我们要在当地党政班子的领导下开展工作。我们不是钦差大臣，不能将自己看成是当地党政领导的“太上皇”，不能包办代替，更不能凭自己主观想象去发号施令，指挥一切。当地党政领导班子是这次移民安置工作中如何安置好当地移民的决策者，离开了当地党政领导班子的正确领导，不按当地党政领导班子作出的正确决策去行动，自己去另搞一套，势必会影响甚至搞乱移民安置工作。为此，工作团从领导到每个成员都要自觉地接受和服从当地党政领导班子的领导、指挥，这样，我们就能形成合力，达到1+1>2的工作效果。但是，依靠不是依赖，我们同样必须找准自己的角色和位置，认真领会上级党委、政府的有关政策规定，坚决贯彻当地党政领导班子的正确决策，并以自己的模范行动，带动和影响各级领导干部，团结和引导群众按上级党委和政府的要求，圆满地完成移民迁安工作。

我们在自觉接受当地党政领导班子的领导的同时，要在步调一致的前提下，积极主动地开展工作。这就要求工作团的每个成员，积极主动地当好当地党政领导班子的参谋，及时提出自己的设想和建议，以使当地党政领导能适度适时调整思路，作出正确决策。我们还必须充分发挥自己的主观能动作用，在工作实践中以主人翁的态度，以主力军的姿势，想尽千方百计，扎扎实实做好移民迁安工作。

其次，我们要坚持党的群众路线，密切联系群众，依靠和发动群众，使移民安置工作按照党和政府的意图与要求顺利进行。

马克思主义认为，人民群众是历史的创造者。相信群众，依靠群众，时刻同人民群众保持密切的联系，是我们党的优良传统和作风。同志们下去以后，只有坚持党的群众路线，正确解决与群众的关系问题，才能充分发挥工作团的效能，才会推动移民安置工作的深入开展。这里，我想着重谈三点：

第一，要紧密联系群众，与群众打成一片。能否同人民群众保持血肉联系，能否与群众打成一片，直接关系到我们移民安置工作的好坏成败。每个工作团成员都要牢记自己是人民的公仆，是群众的勤务员，并非高高在上的“老爷”。要放下架子，与群众交朋友，向群众学习，认真细致倾听群众的呼声，了解群众的思想、愿望、意见和要求，关心群众疾苦，设身处地为群众着想，真心实意地为群众办实事，帮助群众排忧解难。工作团的每位成员有义务有职责向广大移民群众提供周到的服务，包括移民政策的宣传和解释，以及在生产、生活上提供科学的指导。

第二，要依靠群众，人民群众是力量的源泉和胜利的保证。我们做什么事情都必须依靠群众，发动群众去做。切勿脱离群众，把群众看作“群氓”“阿斗”。我们工作团每个成员都要深入到群众之中，了解群众，熟悉群众，通过座谈讨论、家庭走访、聊天闲扯等方式，掌握群众的脉搏，摸清群众的情绪；并通过自己的宣传鼓动，调动广大群众的积极性。一旦群众真正发动起来，“人心齐，泰山移”，我们的移民安置工作就会开展得既轰轰烈烈又扎扎实实。

第三，要引导群众。我们主张走群众路线，但并不意味着我们一味跟在群众后面，做群众的尾巴。群众可分积极（先进）分子、中间分子和消极（落后）分子三层次。一般来说，先进分子和落后分子都是少数，大多数则属于中间层次。在一个地方，如果积极分子、先进分子活跃起来，占了上风，这个地方的群众就比较容易领导，做工作也比较轻松；反之，如果消极分子、落后分子占了上风，这个地方的群众就难以发动。因此，我们工作团的同志应该了解群众中各种群体以及每个人的不同特点，有针对性的做好引导工作。要引导群众，就要运用党和政府制订的有关政策和法规去宣传群众，发动群众，通过说服、教育的方法去达到自己的目的。要充分地调动群众中的积极分子、积极因素，弘扬正气，培育有利于移民迁安工作的社会舆论，使群众中的落后分子、消极因素不能形成气候，不能左右社会舆论。但是，引导群众不能采取简单压服的方法，群众是压不服的，弄得不好就会出问题，甚至会出大问题。

最后，我们要敢于和善于深入实际调查研究，真正掌握移民工作的第一手材料，使我们的思维方式和工作更加符合移民工作的实际。

调查研究是我们工作中常用、常见的工作方法，是一种有计划、有目的地解决某个问题的前提。同志们下乡从事移民迁安工作，要争取主动权，开创移民工作的新局面，首先要做的应该是调查研究。

所谓敢于深入调查研究，就是要求我们要有勇气面对广大群众，面对生活实际。在工作实践中，我们有可能会发现某个领导或领导班子的某些决策、以及一些规定是脱离实际、脱离群众的，甚至是损害群众利益或违背上级有关政策规定的，遇到这种情况，这类问题，就看我们是否有勇气通过自己掌握的详尽的调查材料和实际情况，向领导或领导班子提出自己的意见和建议。但是，我们还要注意，敢于提意见绝不是叫你在群众中间去乱说、乱表态，而是通过正常的途径如实向上级反映。

善于调查研究，则是指要使自己的调查研究切合实际，符合客观规律，冷静地、客观地了解事实本身，对客观事实不容许有任何一点杜撰和歪曲。我们不能够听到只言片语，或是看到个别现象、表面现象，就把它当作是普遍性、规律性的东西。这样做是以偏概全、主观臆断。同样，我们不能对客观世界中存在的普遍性、规律性的东西视而不见，只懂得死背书本，照搬条条，这样我们说是教条主义。搞调查研究，必须深入实际，实事求是，通过开调查会、个别访问、报表调查、现场调查等途径掌握第一手材料，对事物发展的历史、现状有了充分的了解，然后通过“由此及彼，由表及里”的研究、分析，总结出带规律性东西，这样，我们才可以推测出事物的将来。我们这样做了，就可以为工作方针、政策的制定提供可靠的依据。在移民安置工作中，如果我们能对自己负责的地区的移民安置工作的历史（譬如过去做过哪些工作，群众对此评价如何）、现状有一个清楚全面的了解，我们对自己从事的工作肯定会胸有成竹，一旦工作展开，则会事半功倍。

三、关于工作作风、思想作风和生活作风。

要发扬艰苦奋斗的工作作风，与人民群众同甘苦，共患难；要坚持实事求是的思想作风，谦虚谨慎，言行一致，表里如一；要养成良好的生活作风，廉洁自律，洁身自好，在人民群众中为工作团，为自己树立良好的形象。

艰苦奋斗，与人民群众共呼吸、同甘苦、共患难，历来是我们党的优良工作作风之一。同志们下乡后，要保持和发扬这一优良的工作作风，要深入第一线，深入实际，对自己负责的移民区的每一块土地、每一片山林、每一个村庄，甚至每一户移民，都要有比较清楚的了解；我们不仅要了解移民生产、生活的历史和现状，还要协助他们、引导他们安排自己的将来。同时我们对移民群众的生产出路、生活出路，一定要做到心中有数。移民的土地被淹没以后，他们将来的生活出路靠什么生产项目来安排，移民迁出来以后，他们目前的生活出路在哪里，我们都要积极地去了解、去建议、筹划，并诚恳地帮助移民群众去解决这些问题。这么多的情况需要我们掌握，那样多的工作需要我们去做，如果我们没有不怕艰难困苦的工作精神，没有风里来、雨里去，晴天能涉水、雨天敢爬山的工作精神，那我们无论如何也无法做好工作的。我们要求大家与移民群众同甘共苦，就是说，我们下乡以后，不能脱离实际提出过高的生活条件和工作条件要求，特别是不能向当地领导和群众提一些无法实现的要求。总而言之，我们下去是为群众服务的，不是去享受，不是当官做老爷！

再谈谈思想作风。我们党的思想路线是实事求是，一切从实际出发。在这个问题上，首先要求大家必须培养自己实事求是的思想作风，要如实地向上级反映问题，如实地帮助群众解决问题，不能脱离实际。在移民安置工作中，我们一定要忠实地贯彻党的实事求是的思想路线，不“唯书”“不唯上”，当然也不能做群众“尾巴”，一句话，要“唯实”，要实事求是，要扎扎实实，一步一个脚印，努力争取移民安置任务的圆满完成。我们不能人云亦云，不顾当时、当地的实际情况，一味照搬书本，死背条条。把彼时彼地的工作方法搬到此时此地来，有时效果会适得其反。移民工作的情况是千差万别的，群众的觉悟有高有低，我们不能用这个地方的工作方法去套另外一个地方的工作，也不能用从事这种工作的方法干另外一种工作。实事求是的本质就是不能照搬照套，不能搞教条主义、本本主义。其次，希望大家谦虚谨慎，甘当群众的小学生，向懂行的同志学习。我们在座的有些同志可能会这样想：农民心里怎么想的，我统统都知道啦；农村工作如何搞，我也统统都明白，我没必要谦虚谨慎，到群众中去问这求那。这个想法是不对的，是错误的！你做过十几年甚至几十年农村工作，但你做过水库移民工作吗？即使你在其他地方做过移民工作，在飞来峡这个特定地方和九十年代这个特定的时间，你又是否做过水库移民工作呢？在工作实践中遇到自己不懂的问题并非坏事，不懂就问，不会就学，要虚心向行家学习，向群众求教，正是增长自己的才干的好机会。

要养成良好的生活作风。这个问题，我谈三点意见。第一，要廉洁自律。工作团担负的是移民安置工作，在移民安置工作中我们会接触为数不少的财物，亦有大大小小各种建设工程项目需要我们协助当地党政领导去完成。当地党政领导一般来说对我们还比较尊重，因此，在财物的处置和工程项目的建设上我们还是有些发言权。为此，我在这里再一次强调，无论你是党员、工作团的领导还是普通成员，都不能利用自己的权力去谋取私利！第二，希望大家洁身自好，注意自己的形象。一些不应该讲的东西我们不要讲，一些不应该做的事情我们不要做，一些我们不应该出现的场合我们不要出现。在工作中，无论是男同志还是女同志跟当地异性相处一定要把握分寸，不能过界。更不能利用工作之便泡发廊，搞按摩！我想这一点大家都很清楚，响鼓不用重擂，我在这里就不多费口舌了。第三，希望大家严格遵守工作团的纪律和规定。这次学习班结束后，工作团办公室将制定出工作团守则，印发给大家，让大家有章可循，有法可依。纪律是执行路线的保障，我们一定要按工作团守则去严格要求自己。

四、最后谈谈工作团下乡后应该注意的其他几个问题。

第一，关于政策问题。钟书记在动员报告中着重讲了这个问题，我在这里重复强调一下。在移民安置问题上，省委、省政府、市委、市政府以及飞来峡水利枢纽工程总指挥部下发过许多文件，我区成立以后，也前前后后发了几个文件。对这些文件，我们工作团每个成员都必须认真学习和领会，不能一知半解，要融会贯通。这样，我们在面对移民安置工作，接触实际问题时就容易解释，容易咨询，容易答复群众。有些问题，在政策中没有明文规定，我们可以查找当中某一类似的规定参照执行。移民安置工作是个很严肃的事情，我们决不能离开政策信口开河乱表态，执行政策要不折不扣，要公平，不能有弹性，更不能凭自己的好恶去办事，尤其在涉及具体赔偿问题和决定哪些人属于移民应该搬迁，哪些人不能搬迁的问题上，一定要慎重对待，对于工作中出现的特殊情况，现有政策规定中确实无法解决的，要按正常途径向上级反映以求得解决。

第二，关于移民生产和生活安排的关系如何处理的问题。我们不能把移民安置工作简单地看成是房屋搬迁。房屋迁建工作只是移民安置工作中比较容易做的一部分（当然是比较紧迫的一部分），最难的、最重要的是如何安排好移民的生产，使广大移民今后的生活有出路。也就是说，在移民安置工作中，近期看，生活安置尤其是房屋迁建是最急迫、最直接的，从长远来看，生产安置是最关键的。如果我们不能妥善地搞好移民的生产安置，就会使移民将来生活无着，库区的长治久安就会受到影响。为此，我们一定要处理好移民的生活安置和生产安置的关系问题，把“以生活安置为先导，以生产安置为重点”作为我区移民工作的指导思想。在保证按照指挥部的要求将移民按计划搬迁的前提下，要想尽千方百计并适度超前安排好移民群众的生产，亦即是将来的生活出路。在考虑移民的生产项目上，应该根据当地气候和自然条件考虑长短结合，以短养长的项目。我们要妥善运用移民资金，大力发展“三高”农业，造林种果，使广大移民能够安居乐业。这是我们安置移民的关键，是库区长治久安的关键，是我区经济发展的关键。我们是共产党人，要对人民负责，对广大移民群众负责，那些只为了自己保住乌纱帽，应付了事，是对党的亵渎，对人民极端不负责的行为。在这次移民安置工作中，这种不负责的态度绝不容许在我们的工作中出现！

第三，关于工作团的生活安排、组织生活和休假等问题。

各镇在工作团下乡之前，一定要安排好工作团成员的食宿问题。一般来说，工作团各个分团的领导成员在镇政府食宿，其他成员则应该分配到各管理区和移民点去。如果各分团的全部成员吃住在一起，不但会增加各镇政府的困难，更重要的是脱离了群众，无法切实地了解群众的情况，这样，搞好移民迁安工作也就无从谈起。所以，我们一定要下到管理区，吃住在管理区，生活在群众中间，与群众打成一片，时刻保持密切的联系。同时，为了减轻各镇、各管理区的经济负担，我建议有条件的单位给下去的同志解决一套铺盖，无条件的单位的同志则将现有铺盖搬下去。

其次，工作团各分团要加强思想政治工作。为了做到这一点，各分团要建立起临时党、团支部，过好组织生活，要充分发挥临时支部的核心和战斗堡垒作用，加强民主集中制，为不断提高工作团的战斗力提供有力的保障，从而保证我们的移民工作按计划如期地圆满地完成。

关于工作团成员休假的问题。为了保证移民工作的系统性连贯性，我们不能按常规休假。区委、区管委的意见是，每个月工作团成员集中休息8天，但必须轮流休息，要保持各移民点每天都有工作团成员在工作。这就要求各分团根据具体情况去妥善安排。

同志们，我们这次学习班就要结束了。9月3日，大家就要奔赴各个镇各个管理区，走向新的岗位，接受新的工作。我相信，大家通过这3天的学习，在区委、区管委的正确领导下，一定能够与当地党政领导班子默契配合，与广大移民群众打成一片，使我区的移民安置工作达到省委、省政府提出的“迁得出、安得稳、富得起”的要求。一个移民工作的新局面，将会在在座同志与全区干群的共同努力下很快出现！我也坚信，全体工作团成员一定会以自己扎实的工作，艰苦的奋斗，证明自己无愧时代，无悔于人民！

（二）欧勇书记在全区三级干部会议上的讲话（节选）

（1997年3月11日）

按照市委、市政府的指示，我到飞来峡区任党委书记。因到地方工作时间不长，地方工作经验不足，深感压力重大。为不辜负市委、市政府及全区人民的殷切期望，我将尽最大努力将工作做好，做到虚心学习，努力工作，团结同志，为民服务。

刚才徐副书记、龚副区长与孔副区长已将我区的基层组织建设、扶贫攻坚工作，“三高”农业的发展及移民安置工作进行了具体的部署，我完全同意。下面，我对区今后的工作谈几点意见。

一、今年工作总的思路

今年工作总的思路为：以经济建设为中心，以脱贫致富为目标，以移民工作为重点，以改革求发展，以管理求效益，以稳定求进步，狠抓党的组织建设，狠抓社会主义的两个精神文明建设，狠抓基层组织建设，狠抓领导班子建设，建设一个团结、公道、求实、拼搏、实干、学习的班子。处理好改革、发展和稳定的关系，切实推进两个根本性转变；处理好抓移民工作与发展经济的关系，扎扎实实做好基层基础工作，促进农村经济的快速发展；处理好党群、干群关系，加强基层组织规范化管理，促进社会的稳定；处理好发展工业与农业的关系，优先发展“三高”农业；处理好扶贫与致富的关系，打好扶贫攻坚战，促进尽快脱贫，在上级党委的领导下，充分利用和开发我区的有利条件，集中精力，重点抓好移民工作和“三高”农业，引进和开发一批“短、平、快”项目，大力发展二、三产业，积极稳妥地逐步增强工农业和乡镇企业的经济实力，增大财政收入，同心同德，艰苦创业，奋力拼搏，扎实工作，开拓进取，把我区逐步建设成为一个经济持续发展，社会全面进步，人民生活富裕，充满生机和希望的社会主义新城镇。

二、今年工作的主要措施与任务

为完成今年的各项工作任务，要重点抓好以下几项工作：

（一）抓好领导班子的建设。

我区经济要有一个突飞猛进的发展，实现既定目标，关键是抓好各级领导班子的建设，提高干部的综合素质。要建设一个强有力的班子，应注意抓好以下几个问题：

1.强化学习意识，提高干部的政策理论修养。江总书记早就强调领导干部要学习。我们只有通过学习，才能提高领导班子的马列主义思想素质，提高政策、理论水平，去改造自己的世界观、人生观、价值观。通过学习，掌握市场经济的理论，提高抓经济工作的能力，通过学习来获取丰富的工作经验，提高自己的工作水平，真正将领导干部讲政治落到实处。我们要注意克服事务主义与经验主义思想，克服懒汉思想。现在我们有些人终日事事务务忙这忙那，就是不愿学习，宁愿打麻将也不愿多学点马列的书，多学点业务书籍。把学习理论看成是可抓可不抓，可学可不学的“软任务”是不可取的。对于打麻将赌钱问题，我们飞来峡区要狠狠抓一抓，坚决予以杜绝。要少唱点卡拉OK，少跳点舞，多挤出点时间来学习。学习的内容包括：中央悼念邓小平同志的一些重要文件、材料，马列、毛泽东著作及邓小平同志建设有中国特色社会主义理论，党章，国家的方针、政策、法律、法规等，提高我们的政策、理论水平，以法律来处理事务，以法律为依据行使我们的权利。同时，要加强业务学习，提高我们的工作水平与业务水平，发挥主观能动性，将各项工作做好。

2.强化政治意识。领导干部要讲政治，要善于从政治的高度来观察和处理问题。我们要实现两个根本性转变，关键是要建立一支高效、廉洁、精干的干部队伍。这几年干部的经济意识多了，是件好事，但必要的政治意识不能丢，否则，容易犯错误。我们有的干部革命意识淡薄了，不同程度地滋生了拜金主义，享乐主义和个人主义，有的以权谋私，走上了违法犯罪的道路，严重损害了党和政府的形象。我区是新建区，领导班子更应强调讲政治。如果我们在工作中能时刻保持清醒的头脑，坚持立场，以党和人民的利益为重，坚持为人民服务的宗旨，从政治的高度入手，认识错综复杂的事务，坚持原则，明辨是非，区别真伪，我们的工作将会做得更好。

3.强化权力意识。一是牢记宗旨，就是全心全意为人民服务。各级干部要正确对待权力，树立正确的权力观，充分认识到权力就是责任、义务、奉献与服务，做到勤政、廉政，做到对党，对人民，对历史，对自己负责。要严于律己，艰苦奋斗，努力拼搏，扫除形式主义、教条主义、官僚主义与个人主义，秉公办事，取得人民的信赖。二是管好自己，我们应看到手中权力是人民给的，是党组织给的，哪一天人民不给你那个权力，组织上不任命你那个“官”，你一样是平民百姓，因此我们必须把这权力用来为人民服务，为党的事业工作，当好人民公仆。想问题办事情，必须从人民的利益，党的利益出发，民心为上，人民为重，真正做到“为官一任，造福一方，服务一方”。

4.强化监督意识，强化批评与自我批评。领导干部要注意不要为名利、职务所累，不要为金钱、美女所累，不要为家庭与朋友所累，也不要为安逸所累，学会调整和节制自己的欲望。身在其职，就要为党和人民做点事。干部之间要互相提醒，互相监督，不能将问题积累起来，害了同志。

5.强化民主集中制的意识。个人的力量是有限的，集体的力量才是无限的。因此，领导班子要贯彻民主集中制的原则，实行集体领导，分工负责，重大问题集体讨论，发挥集体的智慧和作用，不随便干扰，不包办代替，不乱批“条子”，使领导班子有职有权，有分有合，心情舒畅，拧成一股绳，共同把工作做好。

6.强化服务意识。中共十四届六中全会再三强调，为人民服务是社会主义道德建设的核心，是社会主义道德的集中体现。在一定意义上讲，领导就是服务，领导机关就是服务机关，这也是社会主义市场经济的必然要求，是市场经济的特点所决定的，市场经济的一个特点就是“服务经济”。因此，要提倡敬业爱岗，勤政廉政，真正做到省提出的“便民、为民、利民”，强化服务意识，提高优质服务，真正做到为人民服务。总之，希望各级领导班子真正成为学习好、团结好、纪律好、廉政好、服务好的领导班子。

（二）要切实完成水库移民任务，打好扶贫攻坚战。

飞来峡水利枢纽工程明年要实现大坝合龙蓄水，因此，今年是移民安置十分关键的一年。根据区委、区管委的决定，今年要完成1.6万人的搬迁，任务十分艰巨。今年又是扶贫攻坚的决战年，我区还有9067人未脱贫，时间紧，任务重，更增添了我区工作的艰巨性。各级干部要以高度的责任感，将移民工作与扶贫工作作为首要任务来抓，确保如期实现目标。为完成各项工作任务，解决移民的生产、生活问题，实现全区脱贫达标，要做到七个落实：

一是领导要落实。要层层实行党政一把手负责制，把移民工作完成情况作为考核干部政绩的重要内容，对成绩显著的要给予表扬、奖励；对表现差的要批评，甚至采取组织措施，该调换的调换，该降职的降职，该免职的免职。

二是责任要落实。要把责任层层分解下去，签订移民及脱贫达标责任书，一级抓一级，明确任务与职责，将责任落实到个人。要落实专门领导去抓，组织力量去管，定期分析、研究、督促、检查。

三是资金要落实。要动员社会方量，多渠道筹集资金，加大扶贫力度，力争按期实现脱贫目标。对筹集到的扶贫资金，要管好、用好，保证专款专用。对扶贫资金，不要搞资金到户，而应采取办公司或建基地的形式，带动农户发展商品市场，建立以发展“三高”农业为主的经济实体，将“短、平、快”的项目覆盖到特困户，为特困户提供社会化服务，做好种子、种苗、肥料、技术等的供应工作，帮助特困户解决产品销路问题，确保扶贫资金当年发挥效益，当年实现脱贫。各镇会后要认真研究措施，确定本镇的扶贫项目，扎扎实实抓落实。对移民资金要按总承包合同落实到移民户，不能滥用、乱用，对违反扶贫资金与移民资金有关管理规定的，要坚决查处。

四是政策要落实。希望全区各级能进一步用好中央、省、市的一些扶贫优惠政策，使贫困户在政策中得到实惠，帮助贫困户尽快脱贫。在安排扶贫资金与项目时，要优先照顾计划生育户。对农户原有的效益较好，发展前途较理想的项目，要加以扶持，采取缺什么补什么的办法，以求尽快发挥效益。

五是扶贫项目要落实。要充分利用我区的气候与资源优势，以发展“三高”农业为重点，结合旅游项目的开发，上一批“短、平、快”的扶贫项目，全方位地实现种、养、加、旅游相结合，既实现脱贫目标，又为今后我区“三高”农业与旅游业的发展打好基础。

六是抓好对口扶贫单位的落实。区、镇各部门都要采取挂钩扶贫的办法，帮助特困管理区脱贫致富。同时，采取“千干扶千户”的办法，扶持特困户。要求每个干部挂钩扶持一个贫困户，不脱贫不脱钩，争取年底前全区基本消除贫困。

七是坚持自力更生的精神，落实各项扶贫措施。脱贫必须靠自力更生，外援是一个条件，但起决定作用的还是内因。因此，我们要引导群众树立“我要富”的自觉性。在此基础上，落实各项扶贫措施，发扬自力更生、艰苦奋斗、奋发图强，靠自己的力量创造富裕的生活。

（三）大力发展“三高”农业，加速农村经济的发展。

农业是社会稳定的重要基础，是脱贫致富的重要手段，是保证国民经济快速、持续、健康发展的根本保证。因此，各级要将农业工作放在经济工作的首位，抓好农业不放松，促进库区经济的发展。

1.要稳定粮食生产。由于水利工程的建设，淹没、占用了我区大量耕地，因此，要采取措施，稳定耕种面积和粮食丰产，确保粮食丰收。同时，发展多种经营，提高农业收入，完成上级下达的目标任务。

2.要提倡科学种田，进行适度的规模经营。要推广良种良法，扩大塑盆抛秧与杂优水稻种植面积，抓好水稻丰收菌的推广、运用。同时，集中力量抓好冬种，改善土壤环境，提高农业效益。

3.大力发展“三高”农业。飞来峡水利工程建成后，我区耕地减少，要解决移民的生产、生活出路，就要靠发展“三高”农业。今年市里下了很大决心抓“三高”农业，我区也应将这一工作做好。今年要在提高粮食单产和总产的基础上，大力开发25坡度以下的山地，发展种、养业，将“三高”农业的发展推上一个新台阶。要大办基地，形成规模，以市场为导向，充分利用我区的资源优势，大力发展一村一品，一乡一品，一镇一业，逐步走向小康。同时，要注意发挥科技示范户的作用，带动全区“三高”农业的发展。要注意做好配套服务，建立服务网络，特别是在开辟市场，解决销路问题方面要多下功夫，尽快创办一批农副产品加工业，大力发展乡镇企业，既解决农产品的销售问题，又可增加地方财政收入。

4.积极稳妥地推动农业产业化。发展“三高”农业，关键是要走产业化的道路。为使农业实现产业化，一是要提高认识，加大对农业产业化的领导力度。各乡镇要确立本镇的主导产品，并组织强有力的领导班子组织实施；二是发展主导产业要面向市场；三是根据主导产业来重点强化和扶持龙头企业阶层；四是要加快商品基地建设；五是要加强农贸市场的建设；六是对农业产业化要研究一些优惠政策，建立科学技术的体系；七是积极引导和推动各种经济联合。

5.大力发展民营经济。我们要坚持走改革求发展，走市场求发展，走外向求发展，走股份合作求发展，走部门求发展，通过各种经济之间的联合，通过股份制，农民之间、专业户、个体户之间联合起来发展民营经济，做到上规模、上档次、上效益，抓住机遇发展自己。

（四）提高认识，采取强有力的措施，抓好今年的春耕生产。

俗话说“一年之计在于春”。春耕生产抓好了，全年的农业工作与扶贫攻坚工作就主动了。为此，各级对春耕生产的重要性要有充分的思想认识。据气象专家预测，今年的天气较好，没有明显的旱涝、春寒、春旱现象，我们一定要抓紧时机，做好今年的春耕工作。要求全区 3 月 20 日前要播完种，4 月 20 日前要插完秧。各镇会后要做好宣传、发动工作，抢时间，抢季节，掀起早造备耕的高潮。同时，做好查荒灭荒工作，确保粮食种植面积，切切实实抓好“米袋子”工作。要大力推广农业新技术，推广良种良法，要求杂优水稻、抛秧面积要占耕地面积的 80%以上。要推广水稻丰收菌。各镇要抓好高产示范片工作，抓好改低创高活动，加大投入，改善生产条件，改良土壤，提高地力。要加大力度，抓好农田、水利建设。农民有句俗话，“有收无收在于水，收多收少在于肥”，我们一定要重视农田水利的建设，对水库水桩线上的农田要加大投入，对水桩线以下的要采取临时措施，适当恢复一些水利设施，保证今明两年的粮食生产。同时，要搞好服务，及时做到农用物资到位。确保早造稳产、高产，为今年粮食生产的丰收打好基础。此外，要抓好经济作物的生产，提高农业经济效益。

（五）改善投资环境，吸引外商到我区投资置业。

我区气候条件、地理位置优越，区内交通便利，旅游资源十分丰富。飞来峡水利工程的建设，更为我区经济的发展带来千载难逢的机遇，而中共十五大的召开，香港回归祖国，省提前三年实现脱贫目标，必将对我区经济的发展起到巨大的促进作用。我们应充分利用这些有利条件，把握机遇，解放思想，拓宽思路，逐步改善我区的投资环境，吸引外来资金和项目。

一是要加快公路建设的步伐。银盏公路改造，环库公路的建设要争取尽快上马，建成我区公路网络，改善交通条件；二是系统地研究、出台、兑现一批优惠政策，吸引外资；三是加快区镇的基础设施建设，完善供水、供电及通信设施。加快医疗卫生事业及旅游项目的建设，加强管理，提高服务质量，提高办事效率，树立新区良好的形象，增强新区的吸引力；四是抓好规划。要有超前意识，严格抓好区镇的规划与建设，形成优美的人文景观，吸引更多的游客到我区观光旅游，以带动其他产业的发展，使我区成为新的经济增长点；五是搞好招商引资。要抓住珠江三角洲产业换代，劳动密集型产业向外扩散和大企业集团向外扩张的机遇，做好衔接呼应工作，大胆招商引资，解决我区移民的生产、生活出路及特困户的脱贫解困；六是增强市场意识，搞活商品流通，促进经济发展。要发动各方面的力量，采取多种措施，开拓农贸市场，搞活商品流通，发挥农副产品的优势，由市场带动农业与整个经济的发展。

（六）花大力气抓好计划生育工作，严格控制人口增长。

计划生育是我国的一项基本国策，是关系到国计民生的大事，各级领导一定要有充分的认识，将这一工作抓紧、抓好。一是坚持一手抓经济建设，一手抓计划生育工作。要将脱贫达标，发展经济、搞好移民安置与计划生育工作结合起来，实行党政一把手负责制，控制人口增长，确保各项工作的顺利进行；二是进一步完善计划生育目标的管理，走“三结合”的道路；三是逐步实现计生工作中的两个转变，即从孕后型管理向孕前型管理转变，从突击性的工作向经常性工作转变；四是建立计划生育活动册，做到心中有数。各镇、管理区要及时掌握管辖范围的计划生育情况，定期进行检查，及时做好人口情况的汇总、上报工作，严禁弄虚作假；五是做好流动人口的管理工作。各级计生部门要会同公安、劳动、工商、税务部门做好流动人口的综合管理，抓好流动人口的计生工作；六是提高计生队伍的政策水平，严格依法办事。要加强计生队伍的教育与管理，使计生工作人员掌握政策，按政策办事；七是坚决执行计划生育一票否决制，对完不成计生工作任务的乡镇、管理区干部要坚决撤换。

四、口述回忆

（一）飞来的“区”因何又飞走了

——写在飞来峡撤区16周年

黄卫星

纵观历史，但凡地级以上城市，要成为一个区域发展的中心和龙头，只有一个区是不正常的，两个区也不够厚重，唯三个区以上利于稳定和发展，如同一个“鼎”也必须有“三足”才能立得更稳一样。清远1988年建市之初，也是按两区设置的，当时是将原清远县分为清城、清郊两区。四年后清郊区改为清新县，市区只剩一个清城区，直到2012年清新再撤县改区，才又恢复两区建制。但回望清远市发展30年的历史，也曾真真切切出现过第三个区，可惜它不是为市区形成“三足鼎立”格局而设的，就如同她的名字一样，“飞来”得快，去得也快！或许这就是飞来峡区的宿命所在。

而从地理学的角度，我们惊讶地发现，在清远穿城而过的北江，河水不是往东而是往西流，这种风水布局带来的影响就是城市拓展会一直往东，向着离太阳最近的地方，而不是往西发展。这也在一定程度上解释了为什么清远市区东扩比西拓更快、价值更高的原因。所以当下市政府谋划的燕湖新区，也是瞄准着向东方向发展的。可以预料，清远市最终要形成“三足鼎立”格局，第三个区一定是出现在东边。

回到曾经在清远城市发展中“昙花一现”的飞来峡区，她是1995年9月，为适应国家重点建设项目——飞来峡水利枢纽工程建设的需要，经省政府批准，将原属清新县管辖的升平镇和原属英德市管辖的黎溪镇、连江口镇、水边镇等四个北江沿线乡镇划出来组建而成的县级管理区，区委、区管委驻升平镇，当时全区面积810平方公里，人口10.1万人。由于该区组建的原因本就不属于区域发展布局的需要，而是为了集中做好北江沿岸四万移民的安置和后续扶持工作，所以决定了她的命运只能是随着飞来峡水利枢纽的建成和正常运转而失去继续存在的意义。飞来峡区从成立到撤销，只存在了短短六年，其间经历了三任区委书记，我是最后一任。继 1988 年 2 月成为清远县的“末代常委”之后，历史又让我再一次成了飞来峡区的“末代书记”，真有点被嘲弄的感觉。我于 2000 年 9 月初走马上任，到 2001 年 10 月底撤区，只做了 13 个半月的区委书记。在飞来峡撤区 16 周年来临之际，翻看一些旧照片，勾起我对飞来峡区工作的回忆，记忆犹新的主要是做了三件事——

一是在 2001 年春节前，争取省市支持，多管齐下，及时控制了移民上访潮，有效稳定了库区大局。2000 年 8 月，省人大常委会曝光了飞来峡区挤占挪用移民安置经费的问题，各路新闻媒体争相报道，引发了全区移民上访潮，一个月之内，出现四批移民集体上访省政府，最多的达一两百人，境外媒体也开始介入。上任伊始，我采取不回避不推诿的对策，坚持坐镇区委主动应对中央和省的媒体，同时积极向省委、省政府汇报，在请求控制新闻媒体的推波助澜后，又争取省拔回已上交的两千万元粮食风险金，在春节前全部发放给移民安定人心；春节后，马上组织区镇两级干部五百人，深入库区全覆盖听取移民诉求，将群众上访改为干部下访，稳住局面，效果立见，上访潮得以有效解决。

二是在 2001 年春节后，通过深入调研，找准重点，引导和转移移民的注意力，在全区大张旗鼓树立了十大种养能手，推动飞来峡区成为全市大面积砂糖橘种植和库湾养鱼的发源地。我在调研中发现，虽然飞来峡水利枢纽建设淹没了一些土地，但却形成了很多库湾，而且很多缓坡地可以发展高质高效种植业。我发现了升平镇有一个叫陆辉南的小青年，早年在佛山南海学艺回来，其种植的砂糖橘特别高产，引起周边很多移民模仿。我如获至宝，一方面将他树为“沙塘桔种植大王”在全区表彰，另一方面让升平镇把他安排到镇砂糖橘推广种植办公室工作。很快，他的砂糖橘种植技术覆盖了飞来峡和清新、佛冈一区两县共两万六千多亩，《南方日报》也作了专门报道。库湾养鱼也在我出面理顺库区管理的关系后推开了，“北江河鲜”成了飞来峡的亮丽名片。

三是在稳定全区局面后，及时谋划发展蓝图，提出撤区建县目标，以从根本上解决库区的长治久安问题（现在看来，当时这种谋划，与清远市区现在的城市东扩战略有点不谋而合）。2001 年 3 月 30 日，市委、市政府在飞来峡区召开现场办公会。拍板同意了我们提出的组建清东县方案：将飞来峡区四镇，加上清城区的源潭、高桥两镇，清新县的高田、江口两镇和华侨场，共八镇一场，整合建立清东县，人口约 26 万（超过连南、连山两县，与佛冈县相当），县城设在源潭镇。次日，《清远日报》登载了有关消息，源潭的土地应声升值。为此，我还专门上京，拜访了国家民政部有关领导，汇报想法寻求支持。后来，出于考虑清远“老、少、山、边、穷”的市情，若县域规模设置过小，不利于降低行政成本，而且当时中央和省对设立新的行政区域控制甚严，所以，这个撤区建县方案不但未能继续推进，反而在综合考虑各种因素后，市委、市政府连飞来峡区也在当年 10 月 31 日以一种非常平静平和的方式撤销了，全区近四百名干部皆大欢喜地被安置到市直和英德市、清新县的机关工作。撤区数年后，清新县将升平、高田、江口和华侨场三镇一场合并为一个镇，并用了我们已经撤销的飞来峡区名作为镇名，导致现在很多不了解历史的人将飞来峡镇与飞来峡区混为一谈，这让已经回归英德管辖的黎溪、连江口、水边三镇情何以堪？！

飞来峡区已成历史，清远也错失了形成“三足鼎立”格局的最好机遇。在飞来峡区消失 16 年后的今天，当我们为清远作为区域中心城市感到扩容提质缺乏更实在的依托、城市化发展步子相对缓慢时，不能不为当年没有保住飞来峡区而扼腕叹息！有人甚至断言，如当年源潭镇成为了清东县（或飞来峡区）的县城，现在清远市就有了第三个区的可能，而且规划发展水平一定会比现在高出很多，就有可能不会出现引进陶瓷城而产生的环境影响问题！我想这不仅仅是飞来峡人的一种个人情结，更是对历史对未来的一种理性反思。经市政府同意，市史志学会于去年启动了《清远市飞来峡管理区志》的编纂工作，历史的得失就让历史来评价吧！我们要将目光向前看，随着中心城区扩容提质战略的实施，燕湖新区的加快建设和崛起，清远市区“三足鼎立”的格局终将形成，未来值得期待，更需要清远市民万众一心去努力创造！

（作者系第六届清远市政协副主席）

（本文原刊于清远市史志学会主办的《清远古今》2017年第2期）

（二）被国家水利部肯定的“飞来峡水库移民模式”

谭建成

1999年3月30日，耗时五年建设的飞来峡水利枢纽水库蓄水，水库淹没土地4.6万亩，搬迁人口近4万人，是广东水利建设史上涉及移民最多的项目。为了妥善安置库区移民，飞来峡管理区在1995年应运而生。飞来峡水利枢纽工程移民安置去向，经历了由规划设计的“后靠为主，分散安置”，向“以城镇为依托，相对集中安置”的转变过程，创造了被国家水利部充分肯定、得到广大移民拥护、并被实践证明行之有效的“飞来峡模式”。

飞来峡水利枢纽建设，近4万水库移民需安置

1994年6月，西江、北江同时发生新中国成立以来前所未有的特大洪水，军民全力以赴，保住了几百万人口的生命安全，保住了100多万亩农田和我省经济最发达的珠江三角洲，但也造成直接经济损失200多亿元。痛定思痛，省委、省政府痛下决心，开工修建我省的“三峡工程”——飞来峡水利枢纽。

在这样的背景下，按照省委“六年工期，五年完成”的目标，1994年10月，飞来峡水利枢纽工程开工建设，建成投入使用后，水库淹没土地将达到4.6万亩，近4万人需要搬迁。

飞来峡管理区于1995年9月8日正式成立，管辖清新县的升平镇，英德市的黎溪镇、连江口镇、水边镇。总人口10.11万人，面积809.7平方公里。区址设在升平镇。

调任飞来峡管理区区长前，我是中共英德市委副书记、常务副市长。在英德工作期间，我曾主管过两年的石灰岩山区移民工作。我想，也许是由于这一原因，市委才考虑调我任职飞来峡的。

飞来峡管理区是为安置好飞来峡水利枢纽建设中产生的工程移民（以下简称水库移民），经省政府特批设立的县级行政派出机构。因此，我到职后第一件事也是最重要的一件事，就是考虑如何安置好近4万名水库移民。

怎样才能使这一广东历史上最大规模的水库移民“迁得出，安得稳，富得起”？这是我和同事及省、市有关部门领导首先要处理好的问题。

珠江水利委员会（水利部对珠江水系进行管理的直属工作机构，设在广州，以下简称珠委）原来对飞来峡水库移民有个初步的安置规划，按照这一规划，飞来峡近4万移民仍将按照移民安置工作的传统思路，进行“后靠安置”。所谓“后靠”，是将需要搬迁的移民就地向后，退至淹没线上的适宜地区进行安置。这是新中国成立以来一直采用并被广泛证明比较合适的移民安置方式。

借鉴英德石灰岩移民经验，建议改变传统水库移民模式

究竟要不要采用这种由上级提出，并在一定程度上被证明是较为有效的移民安置方式？

我根据自己在英德从事石灰岩移民的工作体会，主动向管理区班子和上级领导提出了不同于传统移民安置方式的工作思路——圩镇安置、集中安置。

这一思路是根据飞来峡水库移民主要成分为圩镇居民或圩镇附近的农民而提出的，也是在吸取英德石灰岩移民的经验教训后提出的。

在英德石灰岩移民安置工作中，原规划是将所有移民迁移到农村安置，但在搬迁过程中，不少有一定经济能力的群众要求搬迁到圩镇去，而且只需要政府在圩镇给他们提供宅基地就可以。

出于尊重移民意愿的考虑，当地政府同意了这部分群众的要求，不想政策一确定，就有近 20%的石灰岩移民要求搬到圩镇安居。

经过了解，这些石灰岩移民希望迁入圩镇主要有以下原因：一是他们有一定的经济实力，可以在圩镇建房；二是他们一般是有一技之长的农村“能人”（如理发匠、打铁匠、五金匠、编织匠、修理技工），在圩镇居住更便于发挥特长；三是圩镇基础设施较为完备，与分散偏僻的乡村相比，交通、供电、通信、供水甚至收看有线电视、孩子上学、老人就医等条件更为优越；四是谋生手段多，即使没什么一技之长，也可以出租铺面或外出打工，找到生活出路。换句话说，在圩镇居住谋生的机会比在乡村里多得多。

相比石灰岩移民，水库移民在圩镇从事生产经营活动的能力要强得多，更有条件迁入圩镇居住。

因为大多数水库移民原来都住在圩镇附近（淹没区大多靠近圩镇），圩镇对他们有天然的亲和力。按社会发展进程，圩镇的基础设施建设比乡村更好、更完善，长期生活在圩镇附近，水库移民对基础设施全面配套带来的便利更为了解。

作为政策性水库移民，与一般石灰岩移民相比，他们被征用的房屋、土地、青苗都按政策得到了补偿，同时还享受一定的搬迁补贴。因此，水库移民经济实力更强，在圩镇建房安居的能力也要比石灰岩移民强得多。

同时，库区的四个圩镇所在地基本上都要进行迁移或扩建，基础设施要按照现代化的要求来配套，都要开展征地、“三通一平”，按照现代化城镇建设的要求进行道路、管网的建设，开展文化、通信、教育设施的布局。把水库移民集中安置到圩镇，并不需要额外增加投资。

把大部分水库移民安置到墟镇，不仅可增加圩镇的人气，繁荣圩镇市场，也符合当时中央大力推行的“扩大小城镇”的农村现代化、城镇化发展方向。

最重要的是，如果仍按传统思路安置移民，把他们往后迁至偏僻的山头角落里，不仅当时要花一大笔钱为他们建设交通、通信、供水、供电、文教、就医、就学等基础设施。随着社会的不断发展进步，政府还有义务不断为他们升级有关设施和服务（如光纤通信、电视、交通、学校等）。这些投入是个“无底洞”！因此，采用“后靠”的方式进行安置，在经济上也是不合算的。

有鉴于此，我认为完全可以考虑对库区移民采取不同于传统安置思路的移民安置新方法，即“圩镇集中安置”。

争取上下左右支持，确立“圩镇集中安置”决策

我的观点很快被班子的同事们所接受，接下来的问题是，移民们在想些什么？他们是否愿意进入圩镇？上级领导特别是“珠委”能同意吗？

于是，我们从两方面开始进行工作。一方面，派出绝大多数干部，到水库移民对象中去，充分听取意见。同时做好移民迁移的前期准备、发动工作。另一方面，作为班子主要领导的区委书记和我，主要协调好多方关系，特别是做好向上级的汇报、沟通工作，以争取他们的支持。

最终，在大家的共同努力下，我们用了不到两个月的时间，就基本统一了上下左右各方的思想，并由区委、区管委会作出了飞来峡水库移民采取“圩镇集中安置”模式的决策。

决策定下来后，具体的移民政策也相继出台，为了在宣传时让移民们更容易记住，我们把移民政策进行了通俗易懂的概括，如“两边靠”“离乡不离土”“离土不离乡”等。

所谓“两边靠”，指的是靠圩镇、靠土地，来解决移民的生产、生活出路问题。具体政策是，迁入圩镇的移民，可根据家庭实际情况（主要根据人口数量），分得 80–100 ㎡的宅基地，宅基地基础由乡镇政府统一建好（基建费用在移民补偿费用中扣除）。再由村集体按政策分到各户，再由各户进行地面以上部分建筑的建设。

迁入圩镇的居民，仍按农业户口进行管理，但享受与城镇居民同等的基础设施服务，共享电视、电话、自来水、煤气等公用设施，小孩入学、移民就医，也与城镇居民完全相同。

进住圩镇的移民，完全自己自主进行生产、经营活动，有一技之长的，可以自己开铺，如理发、打铁、五金、修理、编织、做小买卖等，没有一技之长的，也可以出租自己的房子或外出打工，总之，政府不负责安排工作。

所有水库移民（不论是否迁入圩镇），都可以依靠他们剩下的山林土地进行生产经营活动，这就是所谓的“靠土地”。

“离土不离乡”，指的是移民离开了原有居住地，但新的居住点仍在本乡镇。

“离乡不离土”，指的是移民虽然离开了原有居住的乡村，但原有的土地、山林权属仍然属于他们自己。

具体政策确定后，飞来峡移民安置工作就正式开始了。

八成水库移民集中安置，三个万人小镇面貌一新

在上下左右的共同努力下，移民安置工程实施进展顺利，在 1999 年水利枢纽正常试运行前，我们不仅妥善安置了近 4 万移民，而且为移民在新居住地的安居乐业打下了一个良好的基础，也推动了库区基础建设的全面开展。

受水库淹没影响的旧横石镇（搬入现在的升平镇）、连江口镇（现已搬高处扩建）和黎洞镇（已搬迁重建为黎溪镇）都处在北江干流或支流黎洞河边，地形狭窄，地势低洼，过去几乎年年受洪水淹浸。尤其是旧横石镇和黎洞镇，由于受北江河阻隔，对外交通主要依靠摆渡，十分不便。严重制约着当地经济社会的发展。这些地方的自然条件比较恶劣，经济基础十分薄弱，落后的基础设施长期无法从根本上得到改善。

在整个移民过程中，80%的移民集中安置在升平、连江口、黎溪 3 座墟镇，使得城镇的规模与基础设施建设上了新台阶，形成了三个规模在万人左右、可以与我市一些县城媲美的山区小镇。

移民住房区统一规划，房屋全部为砖与钢筋水泥混合结构；街道全面实现硬地化水泥路面；供水、供电与电信服务得到保障；城镇防洪能力达到“50 年一遇洪水”标准，排水、排污系统完备；库周环库公路与北江大桥的兴建，打通了整个库区对外交通通道；医疗卫生机构与中、小学及幼儿教育的功能配套齐全；商业、饮食、邮电、电信、银行、交通运输及文化娱乐等服务功能基本齐全；日用品及肉菜副食品市场基本配套。

后续扶持注重“造血”，移民农民共同致富

为了使飞来峡水利枢纽工程移民安置后经济尽快恢复、社会稳定发展，省政府出台了飞来峡水利枢纽工程移民后期扶持政策，对飞来峡水利枢纽工程移民的后期扶持作出明确的政策规定，同时省政府还批准了《广东省飞来峡水利工程移民后期扶持专项资金管理办法》，作为后期扶持的配套措施。飞来峡水电厂上网售电之日起，省政府按该厂每年的上网售电量，以每千瓦时电量提取 2 分钱的标准，计提移民后期扶持专项资金，用于扶持安置区发展生产，完善基础设施建设。这一长期稳定的移民后期扶持政策和相应的资金来源，无疑是移民安置区经济社会发展的持久动力。

在具体措施上，为了帮助移民致富，区管委会在“扶持”的同时，注重“造血”，推动农民发展“种”“养”。

在这个过程中我们曾走过弯路。管理区曾经组织库区居民种荔枝，使用生产扶持经费补贴移民，实际效果是失败的，种下去的第二年遇上较为严重的霜冻，荔枝全部冻死。

吸取教训，从 1997 年开始，管理区决定发动农民改种砂糖橘，彼时砂糖橘种植已在库区的升平、黎溪等地取得了较好的经济效益。为了推动砂糖橘种植，管理区全员发动，从区管委机关起，到村委会、村小组，各个单位都大力推广砂糖橘种植。仅管理区机关种植的砂糖橘示范场，面积就已接近 500 亩。发展至 2000 年，库区内的砂糖橘种植面积达到十万亩，全区 4 万移民和 6 万农民人均一亩。砂糖橘开始收获后，每亩地可以有少则几千元、多则上万元的经济收入。

此外，管理区发动村民上山种笋竹，到管理区撤销前，已经发展到 3 万亩左右，同样取得不错的经济效益。

库区的养殖业也迅速发展起来。水库蓄水以后出现的小岛、半岛，成为农户养殖的基地。和我熟识的一家养殖户，从几百只鸡开始，到后来发展到每年养殖二三十万甚至上百万只。移民通过自己的努力，走出了有一条可行的致富之路。管理区撤销前后，库区移民养鸡规模已经达到千万只规模，成为清远鸡的主要来源地之一。

数据显示，1999 年，迁入墟镇的移民年人均收入达 2290 元，比搬迁前 1994 年的 1740 元高出 550 元，并高于淹没线上同区域同期农民年收入 2174 元的水平。

到飞来峡管理区撤销时，基本上实现了我们当初提出的“迁得出，安得稳，富得起”的目标。

总体来说，飞来峡水利枢纽工程移民，是以城镇为依托，结合当地经济社会发展的实际，符合社会发展现代化、城镇化的趋势。在移民后期，又支持移民调整生产结构与经济布局，尽快地恢复与发展生产，是社会安定和经济效益较好的移民模式。与传统移民模式相比，飞来峡的移民模式阻力较小，后续问题较少，走上了可持续、协调发展的道路。这种移民模式得到了水利部的充分肯定。当时的“飞来峡模式”是作为一种“圩镇集中安置”的唯一模式被国家水利部所肯定的。（本文原刊于政协清远委员会编：《政协委员看清远 30 年发展》，2017 年 12 月）

（三）飞来峡水利工程征地移民安置工作记实[3]

黄国擎

一、基本情况

改革开放以来，广东经济发展日新月异，特别是毗邻港澳的珠江三角洲地区经济得到迅猛发展，珠江三角洲成为世界制造业基地，是中国经济最活跃的地区之一，人民的生活水平得到快速提高。居安思危：回顾1915年、1931年至1982年历次的北江洪灾给珠江三角洲地区的人民和财产带来巨大的损失，为此曾几何时不知多少仁人志士梦想治理北江洪患，但均因技术和经济能力而未能成事。广东省经过十几年改革开放的发展和经济积累，已具备了建设大型水利枢纽工程的条件，1994年的“6·19”特大洪水，加速了建设飞来峡水利枢纽工程的步伐。经国家计委批准，1994年10月18日，飞来峡水利枢纽工程正式动工兴建。

广东省飞来峡水利枢纽位于北江干流中游的清远市清新县升平镇（现为飞来峡镇）内，上距英德市50公里、下距清远市区33公里、南距广州市区80公里。坝址控制流域面积34097平方公里，占北江流域面积的73%，水库总库容19亿立方米，发电装机容量14万千瓦。枢纽工程与北江大堤并结合滘江天然滞洪区联合运用组成北江防洪体系，可使广州地区的防洪标准由100年一遇提高到300年一遇，实现保卫540万人口及其财产安全、160万亩农田的目的。是治理开发北江的关键性工程，也是中华人民共和国成立以来我省建设规模最大的综合性水利工程。它以防洪为主、兼有航运、发电、养殖、供水、旅游和改善生态环境等综合功能。

飞来峡水利枢纽工程正常蓄水位为”珠基”24米，按珠江水利委员会编制的《北江飞来峡水利枢纽技施设计水库淹没处理及移民安置规划大纲》要求，土地征用线为24.5米，居民迁移线采用25米。淹没涉及2县（市）（清新县、英德市）、11个乡镇（清新县升平镇，英德市黎溪镇、连江口镇、水边镇、英城镇、宝晶区、大站镇、黄岗镇、望埠镇、石灰铺镇、西牛镇）、55个行政村（升平镇的横石、黄洞、北寮，黎溪镇的大湖、湖溪、铁溪、黎洞、新塘、黎新、围坪、大埔、红光，连江口镇的连江、城樟、小樟、红溪、下步、群联、小舍、初溪、三井、南坑、银坑，水边镇的流寨、黄竹、水边、六九，英城镇<含原宝晶区>的桥下、岩前、石尾、裕光、江湾、洋塘、红光、白沙，大站镇的大蓝、波罗坑、大站、江南、大塘、樟滩、螺头、联丰、菜洲，黄岗镇的高山，望埠镇的寿塘、连塘、望河、朗新，石灰铺镇的大田、竹田，西牛镇的西牛、西联、高道、赤米），4座圩镇（升平镇的旧横石圩镇、黎溪镇的黎溪圩镇、连江口镇的连江口圩镇、水边镇的水边圩镇部分街道）和广东省属横石木材厂，淹没及工程占地51374亩，淹没涉及房屋994211.58平方米、港口4座、公路7.9公里、机耕路200.1公里、输电线路101杆·公里及水利水电、航道设施一批。淹没涉及移民人口40484人（必迁人口30723人，随迁人口9761人），其中升平镇8147人、黎溪镇16143人、连江口镇11970人、水边镇1915人、英城镇904、黄岗镇55人、西牛镇44人、大站镇1170人、望埠镇136人。移民迁安总投资经费为169585.029万元。

二、安置情况

随着飞来峡水利枢纽工程的动工兴建，飞来峡库区征地移民安置工作亦在枢纽工程涉及的相关县（市、

[3]作者曾任飞来峡管理区移民办公室主任。此文记载时间至2003年底止

区）全面展开。

1.成立移民安置机构，确保搬迁任务完成

为配合飞来峡水利枢纽工程的建设，1993年12月31日，清远市人民政府为了确保即将动工兴建的飞来峡水利枢纽工程建设的顺利进行，发布了《清远市人民政府关于飞来峡水利工程库区管理和群众搬迁有关事项的通告》（清府【1993】60号），明确了库区管理范围和管理规定，吹响了飞来峡水利枢纽工程移民工作的号角。为确保完成广东省人民政府赋予飞来峡水库移民的搬迁任务，清远市人民政府于1994年1月成立了广东省清远飞来峡水利工程移民开发局（以下简称飞来峡工程移民局），代表清远市人民政府具体负责组织实施飞来峡水利枢纽工程的移民安置工作。1994年10月18日，飞来峡水利枢纽工程正式上马后，广东省人民政府对主体工程要求“六年工期、五年完成”，对移民安置工作要求“搬得出、安得稳、富得起”，并要符合主体工程进度的要求适时完成移民搬迁工作。飞来峡水利枢纽工程的移民安置工作起动较晚（一般情况下水库移民安置工作应在主体大坝工程动工前的1~2年开始），任务重、要求高、时间紧，为了尽快将移民搬迁出来，确保飞来峡水利枢纽工程如期建成（六年工期、五年完成）。清远市人民政府根据形势的要求，经广东省人民政府批准，于1995年9月8日，将飞来峡库区移民人口较多、移民搬迁任务较重的4个镇（即清新县升平镇，英德市黎溪镇、连江口镇、水边镇）划为一个县级行政单位，成立了清远市飞来峡管理区，区机关内设区委区管委办公室（含民政、信访、档案、保密、侨务、外事等，首任主任为吴承位，接任为何松辉、罗琼标）、组织人事办公室（含组织、人事、劳动、工会、妇女等，首任主任为孔宪君，接任由区委常委魏振龙兼任）、移民安置办公室（首任主任为黄国擎）、农林水办公室（含农业、林业、水利、”三防”等，首任主任为唐建琪）、宣传教育办公室（含宣传、文化、教育、卫生、广播电视等，首任主任为刘东桂）、规划基建委员会（含建委、规划、设计、环保等，首任主任为戴强）、经济建设委员会（含计划、经委、粮食、物价、统计等，主任郭乐亮）和纪律检查委员会（含纪检、监察，首任领导由区委常委张细珠兼任）等8个委办，并组建了公安、财政、国税、地税、工商、国土等六个清远市派出的职能分局。首任区委书记为钟梅坤（兼任清远市人民政府副秘书长和飞来峡工程移民局局长），接任欧勇（兼任清远市人民政府副秘书长和市飞来峡移民局局长）、接任黄卫星（兼任清远市委副秘书长和市飞来峡移民局局长）。首任区长为谭建成，副书记徐觉荣（兼常务副区长，2001年10月撤区后接任市飞来峡移民局局长职务，代表市政府负责处理撤区遗留问题和组织飞来峡水库移民安置工作验收及启动并实施飞来峡水库移民后期扶持等工作）。总人口10.8万人（其中升平镇2.4万人、黎溪镇3.2万人、连江口镇3.4万人、水边镇1.8万人），移民人口38175人（其中升平镇8147人、黎溪镇16143人、连江口镇11970人、水边镇1915人），占飞来峡管理区总人口的35.3%，占全库区移民总数的94.3%，在组织措施上保证了移民安置工作的开展。飞来峡水利枢纽工程移民搬迁安置工作过程，从时间和工作内容上分为库区实物指标普查、安置规划论证、实施搬迁安置、实行库底清理、后期扶持提高等阶段。

2.实物指标，细致普查

淹没实物指标普查是关系到库区移民的切身利益，实物普查资料是将来补偿的依据，是移民工作的前提和基础。为了做好这项工作，1994年3月初，飞来峡工程移民局从市县镇三级及有关单位抽调了100名干部组成库区实物普查队，操作前先在英德市举办培训班，组织普查队员学习《飞来峡水利工程淹没实物普查细则》，同时邀请了珠江水利委员会和广东省水利厅的专家讲课。为了提高普查队员的实际操作能力，还特别挑选了几个有代表性的移民村进行实地示范操作，通过办班，使普查队员都能掌握普查工作必备的技能。英德培训班后，所有的普查工作队员均分工驻扎到一线的移民村里实施普查登记工作。库区淹没实物指标普查工作非常辛苦，有些村距离圩镇较远，交通十分不便，从圩镇出发到达这些村，先要坐小木船约1.5小时的水路、后再徒步约2小时的山路；普查工作还要特别仔细，进村入户、按村分户、依法依规登记造册；房屋要用皮尺一尺一尺来丈量，青苗要一棵一棵点数。普查队经过一年的艰辛工作，完成了6000多户近50000人口的登记、超过100万平方米的房屋丈量、征用了51374.81亩各类土地、清点了零星果木17万株、登记了一大批公共设施和专业设施等工作，为后期的移民安置工作打下了坚实的基础。

3.科学规划，依法移民

几万水库移民要从水位线下迁出，不是随意拍拍脑袋就能解决问题的，而是要结合实际、根据环境容量、精心规划、科学论证才能解决的。为积极稳妥地做好飞来峡水库移民安置的规划论证工作，在具体组织移民大规模搬迁之前，飞来峡工程移民局和飞来峡管理区邀请了水库移民安置规划的权威——江苏河海大学的专家对库区的环境容量进行评估，出台了飞来峡水库移民安置规划评估报告。对于库区几个全搬迁圩镇（升平、黎溪、连江口）的建设规划问题，邀请了上海同济大学的专家来进行规划评估，出台了圩镇建设规划评估报告。

3-1　规划标准

3-1-1　农村移民点规划标准

3-1-1-1　用地标准：规划用地按搬迁人口人均50平方米计算，宅基地按照6人以上家庭每户100平方米安排，5人以下家庭每户80平方米安排。

3-1-1-2　供水标准：生活用水按人均每天100升计算。

3-1-1-3　供电标准：生活用电按人均100瓦计算，农业用电按亩均15瓦计算，也可以按人均150瓦计算。

3-1-2　乡镇居民点规划标准

3-1-2-1　用地标准：圩镇人均用地按人均90平方米控制，宅基地按照6人以上家庭每户80平方米安排，5人以下家庭每户60平方米安排。

3-1-2-2　供水标准：生活用水按人均每天160升计算。

3-1-2-3　供电标准：生活用电按省有关规定计算。

3-2　安置方式

飞来峡工程移民局和库区各级党委、政府根据专家的意见，结合库区实际，确定飞来峡水利枢纽工程移民搬迁安置采取五种安置方式。

3-2-1　后靠安置：以村民委员会（行政村）为基本单位，移民不外迁，实行淹没区的移民从地势低的地方搬迁到地势高的地方，相对集中安置，移民以农为主，充分利用剩余土地资源，大力发展“三高”农业。

3-2-2　圩镇安置：圩镇除安置原圩镇的居民外，其镇辖区内愿意到圩镇的农村移民也可以安置到圩镇里，并采取“离乡不离土”的形式，即到圩镇安置的农村移民还可以回到原村民小组（自然村）耕种原属其使用的库区剩余土地。

3-2-3　投亲靠友安置：移民户有亲戚在库区之外，该亲戚具备接纳能力和愿意接纳该移民户，经移民户提出申请和接纳人出具证明及迁入地有关单位的证明后，移民部门通过核实，办理有关手续，移民户领取相关补偿，此后不享受移民待遇。

3-2-4　自理安置：移民在外打工或做生意已有成就，在库区之外已购买房产，生活来源稳定，不需要回到库区生活；也有的在库区两处以上有房产，且有一处没有受淹，不需要移民部门为其安置，由移民户提出申请，经移民机构核实后，办理有关手续，领取相关补偿，此后一切自行解决。

3-2-5 生产安置：主要为随迁人口，属淹地不淹房的移民人口，移民不用搬迁安置，只是改善他们的交通、就医、就学条件。

根据移民的意向和安置类型，确定移民安置点共 18 个，其中农村移民安置点 13 个，圩镇安置点 5 个。除升平、黎溪、连江口三个圩镇的规划由清远市人民政府批准外，其余的移民点规划分别由飞来峡管理区和英德市批准。

飞来峡水利枢纽工程的移民安置工作，采取由清远市人民政府向广东省人民政府总承包，再由清远市人民政府分包给飞来峡管理区和英德市人民政府及横石木材厂，然后再由相关乡镇包干承包责任制。1995 年 8 月广东省人民政府与清远市人民政府签订了《广东省飞来峡水利工程征地移民迁安总承包协议书》；1996 年 11 月清远市人民政府分别与飞来峡管理区、英德市、横石木材厂签订了《广东省飞来峡水利工程清远市飞来峡管理区征地移民迁安承包协议书》、《广东省飞来峡水利工程英德市征地移民迁安承包协议书》、《广东省飞来峡水利工程横石木材厂征地移民迁安承包协议书》。随后，飞来峡管理区又分别与升平镇、黎溪镇、连江口镇、水边镇签订了移民迁安协议书，以协议的形式明确了各级的职责、任务。同时配套出台了相关的法律法规文件。如：1995 年 8 月广东省人民政府与清远市人民政府签订的《广东省飞来峡水利工程征地移民迁安总承包协议书》；广东省人民政府印发《颁布〈广东省飞来峡水利工程移民安置办法〉的通知》（粤府【1995】84 号）；清远市人民政府印发《关于飞来峡水利工程库区管理和群众搬迁有关事项的通告》（清府【1993】60 号）；清远市委员会印发《关于设立飞来峡管理区有关事项的通知》（清市委【1995】18 号）；清远市人民政府印发《关于飞来峡水利工程库区移民安置宅基地分配标准的批复》（清府办函【1995】89 号）；飞来峡管理区管委会印发《关于颁布〈清远市飞来峡管理区淹没实物指标补偿标准〉的通知》（清峡区【1995】7 号）；飞来峡管理区管委会印发《关于颁布〈清远市飞来峡管理区建筑工程招投标暂行规定〉的通知》（清峡区【1995】11 号）；飞来峡工程移民局《关于重印〈飞来峡水利工程移民安置经费会计制度〉的通知》（清峡移字【1997】19 号）；清远市人民政府《关于飞来峡水利工程库底清理的通告》（清府【1998】46 号）等法律法规文件，充分体现依法移民。

4.集中精力，扩大宣传，以点带面，抓好搬迁

飞来峡水库移民安置工作，根据已制定的法律法规和专家的论证规划，飞来峡管理区结合库区实际，适时推进移民迁安工作。

一是集中人力物力投入抓移民工作。区管委成立移民安置工作总团，由区委书记任工作团的总团长，区长任工作团的执行总团长，副书记、常委、副区长任工作团副总团长（并兼任属下一个镇的移民工作分团团长）；飞来峡管理区属下 4 个镇相应成立移民安置工作分团，书记、镇长要亲自挂帅；区机关抽调干部参加工作团工作，实行包干责任制，不完成移民安置工作任务，分管领导及驻镇干部不能回机关上班。全区上下形成了以抓移民工作为主的良好局面，进一步加强了移民工作的行政力度，从组织措施上保证了移民安置工作的顺利推进。

二是加大宣传力度，扩大宣传范围，转变移民“要我搬”变为“我要搬”的思想认识。在移民安置工作的初期，移民的思想是较为复杂的，什么想法都有，如：有些移民提出要搬到珠江三角洲去；有些移民提出要搬到清远市区来；而更多的移民是不愿意离开祖祖辈辈生活的地方，故土难离，不愿搬迁。为了统一移民的思想，移民部门做了大量而细致的宣传工作：邀请珠江电影制片厂来库区拍摄了“北江耀明珠，飞峡起宏图”有关宣传飞来峡移民搬迁的宣传影片，把国家建设飞来峡水利枢纽工程的重大意义传达到移民中去；为

使移民了解飞来峡水库移民政策，飞来峡管理区移民部门把飞来峡水库移民的有关政策编印成《移民政策汇编》小册子，共印1.2万册，发到移民手中，每户移民平均有一册，各级移民干部也平均人手一册，把移民政策公布给每个移民，使之做到家喻户晓、人人佳知；同时结合当时移民村实际，组织电影放映队深入到移民村中去，利用映前映中插播移民政策，向移民宣传解释移民政策，这样既丰富了移民的文化生活，又宣传了移民政策，收到了较佳的效果，这种做法很受移民欢迎。

三是抓搬迁安置，以点带面。为使移民迁安工作稳步推进，我们先是抓了两种迁安的试点：圩镇搬迁及农村移民入圩镇安置；农村移民后靠安置。圩镇安置试点在升平开展，农村移民后靠安置试点在连江口镇的小樟村委会进行。

升平镇8000多移民除黄洞行政村的移民就地（飞来峡水利枢纽西岸）安置外，其余全部搬迁到新圩镇居住。用地标准按人均90平方米控制、宅基地按照6人以上家庭每户80平方米安排、生活用水按人均每日160升计算、生活用电按省有关规定计算。宅基地的划分按行政村、村小组集中安置，便于管理；同时，注意村组公共设施的配套，如村委办公楼及村组文化室等；另外在街镇布局方面，重点还考虑了每家每户都安排一个商用的门面房，拓宽就业门路；为解决移民子弟入学和移民迁后的就医问题，统一由镇政府在新镇所在地新建学校和卫生院，以确保移民搬迁以后子女有书读、有病能就近医治。通过近两年的努力，坝区升平镇8000多移民已适时迁出，保证了飞来峡水利枢纽工程按进度施工。

农村后靠的连江口镇小樟行政村移民安置试点工作于1995年12月开始动工，该村委会是连江口镇在银英公路线上最南端的村委，与库区移民最多的黎溪镇接壤。小樟村委会有四个村民小组，人口680人，耕地面积580亩。1994年人均收入1162元，水库建设淹没人口257人，耕地453.7亩，且集中在坑口、蕉园两个村小组，象小樟村委这种土地资源大部分被淹的状况，在库区特别是在离坝区比较近的黎溪镇的村委相当普遍。为了探索出一条比较适合当地实际的移民安置路子，飞来峡工程移民局和飞来峡管理区研究决定，在连江口镇小樟村委进行农村移民后靠安置试点工作。试点工作的做法是：成立试点工作组，派出移民干部驻点抓落实；通过召开移民安置动员大会，宣传发动群众，移民舍小家、为国家建设出力的热情高涨；在村干部的带动下，依据专家论证，结合当地实际，确定了移民安置点的具体位置，移民工程采取公开招标，在施工过程中严格质量管理；同时号召移民大力发展“三高”农业，种植优质水果要求人平达1亩（尤其是沙塘桔）、种竹10丛、改造疏残林种植丰产林；农村移民点用地标准控制在按搬迁人口每人50平方米计算，宅基地按照6人以上家庭每户100平方米安排、5人以下家庭每户80平方米安排，生活用水按人均每日100升计算，生活用电按人均100瓦计算，农业用电按亩均15瓦计算、也可以按人均150瓦计算。经过一年多的努力，至1996年12月，小樟村57户257人移民已全部迁入了新居。房屋是移民自建的，“三通一平”工程总体控制在预算内，达到了如期目的，飞来峡库区农村移民后靠安置试点工作圆满完成。

小樟村委农村移民后靠安置试点的成功和升平镇绝大部分移民整体入新圩镇的成功搬迁，为整个飞来峡水库移民搬迁安置工作提供了宝贵的经验。

5.全面实施移民搬迁工作

在连江口镇小樟村委农村移民后靠搬迁试点和升平镇农村移民入圩镇安置的做法取得成功后，飞来峡库区的移民搬迁工作全面铺开。为确保移民搬迁任务的按时完成，飞来峡管理区采取强有力的措施，集中精力人力大抓移民搬迁工作：首先与区属4个镇签订征地移民迁安承包合同，明确各镇的任务和肩负的责任；其次在区成立移民安置工作团的基础上，各镇相应成立移民安置工作分团，区镇两级移民安置工作团齐抓共管，以镇为主，区移民安置工作团驻镇工作没有完成任务不能回机关上班；第三是区移民工作团每月通报搬迁进度，并定期不定期出版移民工作简报，表彰先进、鞭策后进，在全区上下掀起了抓移民搬迁工作的新高潮；第四为确保移民工程质量，区成立了由专业人员组成的移民工程进度与质量监督检查小组，聘请移民工程监理，对全库区移民工程进行全程的监控。

飞来峡库区移民安置采用后靠安置、圩镇安置、投亲靠友安置、自理安置、生产安置五种模式进行安置，共安置移民 40484 人，其中：后靠安置 1341 户 6723 人、圩镇安置 4877 户 24634 人、投亲靠友安置 42 户 259 人、自理安置 1032 户 4240 人、生产安置 4628 人（属随迁人口，只是将人口指标分解到自然村而没有分解到户，所以没有户数）。

5-1　农村移民安置点的实施情况（后靠安置）

飞来峡库区农村移民安置点共有 13 个，安置移民 1341 户 6723 人，除连江口镇小樟村外，还有 12 个移民点，主要分布于交通便利的银英公路和环库公路边上。另外，水边镇流寨岭咀头村有 2 户 16 人后靠安置。

5-1-1　升平镇有 1 个农村移民安置点，为黄洞村委，称黄洞移民安置点，安置 195 户 801 人。

5-1-2　黎溪镇有 2 个农村移民安置点，共安置 873 户 4349 人（分别为塘壁岭移民安置点安置大湖、湖溪两个行政村的农村移民 822 户 4097 人；拐塘黄鱼沙安置点安置铁溪行政村拐塘黄鱼沙村小组移民 51 户 252 人）。

5-1-3　连江口镇有农村移民安置点 9 个，共安置移民 260 户 1502 人，除小樟行政村外，还有小舍行政村枫树坪移民安置点安置 13 户 92 人；银坑行政村苟塘山移民点安置 16 户 81 人；初溪行政村庙岭山移民安置点安置 10 户 67 人；下步行政村长岭移民点安置 7 户 35 人；三井行政村南北田、矛步两个移民点共安置 27 户 170 人；连江行政村鹅坑移民点安置 13 户 76 人；城樟行政村大樟坝移民点安置 92 户 594 人。

5-1-4　水边镇流寨岭咀头村有 2 户 16 人，自愿未入圩镇建房，经当地同意在本村水位线上就地作后靠安置。

5-1-5　黄岗镇万公桥移民点安置 11 户 55 人。

5-2　圩镇迁建及移民安置情况

按照珠江水利委员会的设计要求，升平镇的旧横石圩、黎溪镇的黎洞圩、连江口镇的旧圩镇都是整体迁建，水边镇的河边街和镇政府搬迁属部分迁建，英城镇的城南居委会少数移民搬迁属局部搬迁。

5-2-1　升平镇旧横石圩的迁建及移民安置情况

升平镇旧横石圩位于北江西岸，有近千年的历史，圩镇面积 0.2 平方公里，人口 2066 人，1992 年前是升平镇政府所在地，1992 年后镇政府机关陆续从西岸迁往东岸现在的位置，1994 年飞来峡水利枢纽工程正式上马，旧横石圩属于全淹区，需整体迁建。

新圩镇选址在北江河东岸的升平镇政府相邻南边，建设面积 0.6 平方公里，新镇建设于 1994 年 7 月动工，1997 年 7 月竣工。新建了 2 所中学、1 所中心小学、1 间卫生院、1 间日产 3 万吨的水厂，完善了供电、通信、闭路电视等一批公共设施，基本满足了移民生活的需要，共安置移民 1355 户 5787 人，其中原有居民 332 户 1293 人，农村入圩镇的移民 1023 户 4494 人。

5-2-2　黎溪镇黎洞圩的迁建及移民安置情况

黎溪镇旧圩镇称黎洞圩，位于北江西岸，交通极不方便，是广东省当年对镇外不通公路的两个乡镇之一，进出圩镇全靠水上运输，黎洞圩面积 0.25 平方公里，人口有 792 户 4199 人，飞来峡水利枢纽工程上马后，黎洞圩属于全淹区。

黎溪新镇选址在北江河的东岸、银英公路与京广铁路之间的铁溪福田村，新镇建设于 1995 年 1 月动工，

1998 年 6 月竣工，建设面积达 1.048 平方公里，是一座全新建的水库移民新圩镇，新建了中学、小学、卫生院、农贸市场、镇政府办公大楼、职工宿舍，建成了供水、供电、通信、码头、街道等公共配套设施，基本满足了移民生活的需要，新镇共安置移民 2077 户 11267 人，其中原圩镇居民有 729 户 4199 人，农村移民入圩镇 1285 户 7068 人。

5-2-3　连江口镇圩镇的改造及移民安置情况

连江口镇位于北江干流和连江（小北江）汇合处，圩镇处于北江的东岸，银英公路和京广铁路南北贯穿而过，交通十分便利，是商业重镇，旧圩镇面积 0.2 平方公里，移民人口 4927 人。

连江口新镇是在原旧址的基础上进行扩建和改造的，新镇建设于 1996 年 1 月动工，1998 年 12 月竣工，在邻北江的东岸边筑起了一条长 2361 米的防护堤，堤内开发建设面积达 1 平方公里，新建了中学、小学、卫生院、农贸市场、镇政府办公大楼、职工宿舍楼，建成了供水、供电、通信、街道等公共配套设施，基本满足了移民生活的需要，还改建了连江口港口，恢复了原港口功能。新镇安置移民 1216 户 6516 人，其中原居民 629 户 3349 人，农村入圩镇移民 587 户 3167 人。

5-2-4　水边镇部分街道迁建及移民安置情况

水边镇位于连江支流的水边河畔，受飞来峡水库淹没影响的有河边街 154 户 529 人及水边镇政府办公楼、职工宿舍楼，属部分迁建。

水边镇移民点选址在圩镇的东南角地势较高的地段，移民安置工程建设于 1996 年 6 月动工，1998 年 6 月竣工，建设面积 70000 平方米，共安置了移民 204 户 940 人，其中原居民 96 户 338 人，农村移民入圩镇 108 户 602 人。

水边镇政府的新办公楼和职工宿舍楼选址在圩镇的西南面的小山坡上，镇政府建设于 1997 年 10 月动工，1998 年 10 月竣工，建成一幢办公楼、三幢职工宿舍楼，满足了镇政府办公的需要。

5-2-5　英德市英城镇城南居委会的移民搬迁情况

英德市英城镇城南居委会有 25 户 124 人居民属于水位线下的必迁人口，为了安置好这些移民，英德市移民部门在英城镇城西选择地名称仙水塘的作为安置点，建设面积 10000 平方米，移民工程建设于 1996 年 11 月动工，1999 年 1 月竣工，完善了供水、供电、道路、通信等配套公共设施，满足了移民的生活需要，安置移民 25 户 124 人。

从圩镇安置情况可以说明，由于飞来峡水库移民实行了离乡不离土的政策，出现了大量的农村移民进入圩镇安置，圩镇面积加倍扩大，从而加快了农村城市化的进程。

5-3　投亲靠友移民安置情况

5-3-1　1996 年 9 月，清远市政府颁布了《清远市人民政府关于飞来峡水利工程移民安置若干问题的暂行规定》（清府【1996】57 号文），明确规定了移民投亲靠友安置的条件和办法，要求移民必须把投亲靠友的有关资料提供给迁出地镇移民安置机构，并与迁入地政府及被投靠者共同签订《飞来峡水利枢纽工程移民投亲靠友安置合同书》，投亲靠友移民办妥一切迁移安置手续后，可以按规定领取房屋补偿费、青苗补偿费、搬迁补助费和搬迁后一次性生活补贴，此后不再享受移民待遇。

5-3-2　飞来峡水库移民投亲靠友共安置移民 42 户 259 人，其中黎溪镇有 18 户 134 人，连江口镇有 18 户 98 人，水边镇有 6 户 27 人，于 1998 年底全部完成了合同签订工作。

5-4　自理安置移民情况

5-4-1　飞来峡库区靠近珠江三角洲，改革开放后许多移民南下到经济发达的地区发展，经过多年的努力，不少人已通过打工积累劳动致富，并在当地置业发展，已具备了生活的条件，不需再回到库区生活，水库上马后，他（她）们自愿迁出库区，在与移民机构签订《自理移民安置合同》后，按规定领取房屋补偿费、青苗补偿费、搬迁补助费和搬迁后一次性生活补贴，此后不再享受移民待遇。

这种类型的移民库区共安置了1032户4240人，其中升平镇有395户1559人，连江口镇有545户2350人，水边镇有91户327人，大站镇有1户4人。于1998年底全部完成了合同签订工作。

5-5　生产安置移民情况

生产安置人口主要是淹地不淹房的随迁人口，不影响水库下闸蓄水。珠江水利委员会在移民安置规划大纲设计概算中根据各镇淹地情况，计算出随迁人口指标数给各镇，但没有界定到具体的村委、村小组及户，许多水位线上的群众只要有土地被淹没都自认为是移民，争做移民的现象十分普遍，而随迁指标数又不能满足全部淹地群众的需要，因此如何界定随迁人口指标是关键问题。珠江水利委员会、飞来峡水利枢纽工程建设总指挥部都十分关心、重视随迁人口的界定工作，曾多次组织专家研究制定方案，飞来峡工程移民局、飞来峡管理区也派出精兵强将组成随迁人口界定工作组，先后两次进驻连江口镇城樟村委和银坑村委，并选定城樟村委为随迁人口界定工作的试点村。工作组对城樟村委的各村民小组逐一摸底调查，对每村民小组的生活条件及生活环境容量进行归纳分类，并根据珠江水利委员会随迁人口给定指标数的计算方法，整理出一个到村民小组的随迁人口计算公式，根据公式计算出各村民小组的随迁人口指标数。根据确定的随迁人口指标数，按随迁人口的补偿标准，拨付随迁人口资金给村民小组，村民小组人均分配资金较多的可选择搬迁后靠（此类有26户121人）、也可选择入圩镇（此类有251户1235人），而选择不搬迁的，只需改善交通、就医、就学的随迁人口就是生产安置人口，此类有4628人。生产安置人口是以村民小组为单位与镇移民机构签订《生产安置合同书》为依据，签订合同工作于2000年6月底全部完成。飞来峡库区各镇随迁人口生产安置情况：黎溪镇393人，连江口镇1504人，水边镇605人，英城镇304人，宝晶区476人，大站镇1166人，望埠镇136人，西牛镇44人。随着生产安置的随迁人口安置任务的完成，飞来峡水利枢纽工程移民40484人已达到了“搬得出，安得稳，富得起”前面三个字“搬得出”的要求；进而“安得稳”实现“富得起”；移民后期扶持工作任重道远。

另外，省属横石木材厂的生产区受飞来峡水利枢纽工程淹没影响需迁建。该厂经其上级主管部门广东省林业厅批准，已于1998年底前整体搬迁到广州市番禺区揽核镇，已建成了生产胶联聚乙烯管道生产线厂区和职工生活基地，全厂员工家属1397人已随厂迁建安置完毕。

6.水库库底清理工作

为保证水库安全运行，防止水质污染，保护库周及下游人民群众的健康，满足工农业及人民生活用水质量要求，并为水库发展水产养殖、航运、水上运动及旅游等事业创造条件，在水库蓄水前，我们严格按照库底清理技术要求，认真抓好清库工作，全面完成了库底清理的各项指标，具体做了四项工作：一是认真抓好宣传发动工作，发布通告，提高认识；二是召开移民工作动员大会，布置库底清理工作任务；三是签订库底清理承包协议书，落实库底清理承包责任制；四是各级党委政府把库底清理工作摆上议事日程，认真抓落实。

飞来峡水利枢纽工程水库库底清理工作于1998年6月1日开始，在库区各镇党委政府、移民、卫生、环保、防疫等部门的共同努力下，经过8个月深入细致的作业，拆除了所有应拆的建筑物，墙壁推倒推平，破旧土料、杂物、垃圾全部运出库外（或）就地烧毁。对卫生院（站）、猪牛栏、厕所等建筑物，经卫生消毒清理后再拆毁。对桥梁、输电线、电话线、广播线杆、架塔、航标、灯塔、水塔、抽水站、电灌站等一切地面建筑物及一切附属设施也全部拆除烧毁或运出库外处理。清理后的建筑物残留高度没超过规定的0.5米，对森林、竹林、果树、灌木林、桑树等全部齐地砍伐，残留高度不超过 0.3 米，并按卫生清理的要求，对库内污染源及污染物按卫生防疫标准进行清理，保证水质符合质量要求。

库底清理工作于 1998 年 6 月开始至 1999 年 1 月顺利完成，并于 1999 年 2 月经专业部门鉴定全部通过库底清理项目：房屋及附属建筑物拆除清理；林木清理；卫生清理三大类库底清理单元工程验收。库底清理完成的技术指标为：房屋拆除 839845 平方米；填平、消毒厕所（包括积肥池）4723 个；消毒坟墓 5789 穴；消毒拆除牛猪栏 91100 平方米；砍伐清理各类林地 6462.3 亩（其中灌木林 1049 亩、竹林地 5247.3 亩、果园 166 亩）；清理医疗站 23 处；拆除灯塔 48 座；电线杆 2020 杆；桥涵 86 座。

通过各方的努力，飞来峡水库移民提前迁出、库底清理工作按时完成、适时腾出了库容，确保了飞来峡水利枢纽工程于 1999 年 3 月如期下闸蓄水。

7.专业设施工程的建设情况

专业设施改建（或复建）工程包括交通设施改建工程、库周交通恢复工程、输电线路改建工程、通信设施改建工程、大型企业改建工程、航道设施复建工程、水文站迁建复建工程、塌岸处理工程、下游环境影响工程、防护堤工程等。

7-1　交通设施改建工程

交通设施改建工程包括四级公路改建工程、机耕道路恢复工程、港口改建工程、营运码头复建、银英公路维护、黎溪、连江口两座北江大桥工程等。

7-1-1　四级公路改建工程

飞来峡水库淹没的四级公路有 7.9 公里（其中黎溪镇的坑白公路 4.6 公里，连江口镇的南梅公路 2.2 公里和连下线 1.1 公里）。改建工程实际完成 9.5 公里，主要有黎溪的环库公路黎溪北江大桥至黎新段 5 公里路面加宽、铺沙工程，连江口的南梅公路 2.2 公里和连江口至下砝公路其中 2.3 公里的扩建工程。这些工程从 1997 年 5 月开始改建，至 1998 年底完工。

7-1-2　机耕道路恢复工程

飞来峡水库淹没机耕道路 200.1 公里（其中升平镇 25.7 公里，黎溪镇 106.7 公里，连江口镇 50.9 公里，水边镇 0.7 公里，大站镇 6.1 公里，宝晶旅游文化区 6 公里，英城镇 2.9 公里，黄岗镇 1.1 公里）。这些工程已由相关镇（单位）按恢复原功能的基本要求，从 1995 年 10 月开始改建，至 2000 年 5 月完成。

7-1-3　港口迁改建工程

港口迁、改建工程有升平港、连江口左、右港和英德港。升平港于 1997 年 10 月动工，至 1998 年 3 月完成。

连江口港改建工程于 1997 年 3 月动工，至 1998 年 10 月完成。

英德港港口选址在大站镇南头坑，因要服从英城防洪体系工程的建设之需，只完成了 319 米码头岸线到珠江基面 23.5 米高程，其中有 100 米已达到珠江基面 26.5 米高程，原功能的恢复，基本上不受飞来峡水利枢纽蓄水回水的影响，待英城防洪体系工程的建设进程可继续完善此港口建设。

7-1-4　营运码头工程

受飞来峡水利枢纽工程影响的营运码头有 32 座，营运码头的改（复）建工程于 1997 年 3 月开始动工，至 2000 年 5 月全部完工。

7-1-5　码头工程

受飞来峡水利枢纽工程影响的码头有 19 座，其中黎溪镇 3 座、连江口镇 5 座、望埠镇 6 座、石灰铺镇 2

座、英德市南山2座、飞机场1座。这些码头全部作补偿处理，确需要恢复原功能的工程建设均于2001年10月前完工。

7-1-5　银英公路维护工程

银英公路维护工程是对库区段受飞来峡水库影响的30公里（路桩号37公里—67公里）24.5米以下路基进行维护加固。该工程于1997年12月开始动工，至1998年11月完工。完成护坡13.47公里、浆砌石6.8万立方米、砼3458立方米、土方9.4万立方米、抛石2.2万立方米，石渣回填7.3万立方米。

7-1-6　黎溪、连江口两座北江大桥

黎溪、连江口两座北江大桥属库区新建的重点交通工程项目。原来这两个镇北江两岸的交通是靠水运摆渡过江的，给当地群众的生产生活造成极大不便，结合飞来峡水利枢纽工程上马的契机，清远市政府赞同飞来峡管理区的意见，决定新建这两座联通北江两岸的大桥。黎溪北江大桥为中承式单拱桥，主跨160米，桥宽12米，主桥长226.4米，引桥长339米；连江口北江大桥为u形桥台简支预应力砼T梁结构，桥宽13米，主桥长330米，引桥330米；两座北江大桥的造价超过4000万元。两座北江大桥工程于1996年11月同时动工，黎溪北江大桥工程至2000年4月竣工；连江口北江大桥工程至2002年1月竣工。

两座北江大桥的建成，结束了黎溪镇、连江口镇北江东西两岸不通车的历史。这两座大桥建成后形成在库内与环库公路对接，对外与省道银英公路接通，为解决库区移民搬迁后达到“安得稳”实现“富得起”的目标打下了坚实基础。

7-2　库周交通恢复工程

库周交通恢复工程包括农村大道（即环库公路），乡村便道，乡村渡口、船只等。

7-2-1　农村大道工程恢复项目

农村大道工程恢复项目经批准用于环库公路建设。环库公路建设于1997年12月动工，至2000年4月完成。实际完成路基83.5公里、桥梁11座、泥结石硅路面31.72万平方米。

7-2-2　乡村便道工程

乡村便道工程，按珠江水利委员会的概算总长为240公里（其中原飞来峡管理区200公里、英德市40公里）。这些工程于1996年6月开始动工，至2000年5月全部完成。

7-2-3　乡村渡口码头过渡船只工程

为了解决移民的交通问题，除环库公路、乡村便道、机耕道路、码头、港口恢复外，还根据个别乡村的实际情况购买了3艘过渡钢板船（其中升平镇一艘，载重吨位为50吨、功率40马力；黎溪镇一艘，载重吨位为100吨、功率100马力；水边镇一艘，载重吨位为10吨的人工手摇船）。

7-3　输电线路改建工程

受飞来峡水利枢纽工程淹没影响的10千伏输电线路有101杆公里。此工程于1998年8月开始动工，至1999年5月全面完成。

7-4　通信设施改建工程

7-4-1　长话线路改建

受飞来峡水利枢纽工程淹没影响的长话线路有60杆·公里。此工程于1995年4月开始动工，至1996年8月全面完成。

7-4-2　农话线路迁建

受飞来峡水利枢纽工程淹没影响的农话线路有325.2杆·公里。此工程于1998年8月开始迁改建，至1999

年 1 月全面完成。

7-5 大型企业迁改建工程

大型企业迁改建工程为广东省横石木材厂生产区迁建工程。该生产区厂房面积 44736 平方米，各类附属建筑物 56 处，机械设备 301 套，占地面积 291 亩，补偿投资为 8482.3 万元。1994 年 10 月经广东省林业厅批准，同意该厂区迁到广州市番禺区榄核镇。1995 年 1 月开始迁改建，至 1998 年 12 月完成，在榄核镇建成了生产、生活基地，主要生产胶联乙烯管道。

7-6 航道设施复建工程

受飞来峡水利枢纽工程淹没影响的航道设施有航道站（黄洞航道站）一座，航标灯塔 48 座，航道钢管标 30 座，航道角铁灯桩 10 座，电气浮标 140 座。

航道设施复建工程于 1996 年 12 月开始动工，至 1998 年 6 月完工。完成航道站一座，各类航标 252 座，航标灯塔 30 座，航道钢管标 30 座，DF1080 浮标 52 座，DF600 浮标 80 座，LF4.5 米灯艇 30 座，LF607 米灯艇 30 座。

7-7 水文站迁建复建工程

飞来峡水利枢纽工程建库后使横石水文站失去了功能。按广东省水利厅的要求，横石水文站的迁复建工程于 1997 年 1 月开始动工，至 1998 年 12 元完工。

7-8 塌岸处理工程

飞来峡水利枢纽工程蓄水后，北江库周有些出现塌岸状况，这些塌岸特别是对群众生产生活有影响的都要进行除险处理。塌岸处理工程主要是选在有群众居住比较险要的河段进行，包括连江口镇的江口咀村、水边镇高椰村及岭咀头村、西牛镇吉水村、望埠镇河头村河段等五宗塌岸处理工程。这些工程于 2002 年 4 月动工，至 2002 年 12 月完成。共整治河段长度 2658 米，完成土方 7327 立方米，石方 54346.1 立方米，浆砌石 4181.8 立方米，打松桩 42.4 立方米。另外，大站镇江南抽水站塌岸处理工程于 2003 年 7 月 1 日动工至当月底完工。完成整治长度 56 米、土方 304 立方米、石方 1365 立方米、浆砌石 269 立方米。

7-9 下游环境影响处理工程

受飞来峡水利枢纽工程下游环境影响处理的工程有北江河岸护坡和秋堤修建以及水闸改造等多项。实际只对部分河段的坍塌作应急处理。已作处理的工程项目有黄洞堤围，江口镇的石梨围、白鹤讯围、饭店围和鹅寮围，横荷镇的清东堤围、清远华侨场大厂围，高田镇的高田、元山和苍坑水闸改造，清远市七星岗至北江河道清理。这些工程于 2000 年 3 月动工，至 2001 年 10 月完工。完成工程量为：整治长度共 8592 米，护坡长度 5592 秒，完成土石方 17.48 万立方米，石方 12.97 万立方米，浆砌石 1.17 万立方米，混凝土 640 立方米。

7-10 防护堤工程

7-10-1 英德市英德旧城防护工程

英德旧城防护是飞来峡征地移民迁安总协议书中四个遗留问题之一，补偿投资为 5220.81 万元。该工程于 1996 年 11 月动工，至 1999 年 1 月完工，实际完成的防护堤总长 4239 米。该工程以英德大桥划分包括桥北和桥南两段，其中南段是受飞来峡水利枢纽工程建库影响需防护的堤段，主要为 28 米以下的防护以及鹅公坑排涝闸改建，南坝长 1916 米，宽 18.68 米，堤顶高程 35.83 米，排涝闸装机 4X320 千瓦。开挖土方 129.6 万方，砼 12.1 万立方米，砌石 5.7 万立方米，钢筋 1.18 万吨。英德旧城防护工程的建成，改善了英城遇洪水必淹的状况，同时也有力地促进了英德经济的发展。

7-10-2　连江口防护堤工程

连江口防护堤是广东省水利厅于1996年3月以（粤水管字【1996】34号）文批复同意修筑的，总投资为3150万元。该工程于1996年10月动工，1997年11月底竣工。实际完成的防护堤全长2361米，堤顶高程31米，宽5米。堤体填筑土方139.2万立方米，防冲堆块石2.69万立方米，土工织物铺设2.64万立方米，浆砌石3.7万立方米，干砌石（冲沙、抹缝）1.1万立方米，混凝土3332立方米，钢筋制安45吨，砂垫层2.46万立方米，清挖20.6万立方米。

该工程在设计时没有把堤内排涝配套工程及预算纳入防护堤工程，后由飞来峡水利枢纽工程总指挥部追加预算，配套建设了塘坑排洪渠及闸门和皇城口排洪明渠、鸭麻坑排洪暗渠。连江口防护堤及其配套工程的建成，扩大了连江口圩镇的面积，为移民安置提供了用地保障，结束了该圩镇每遇洪水即要受淹的历史。

以上专业设施及公共设施的迁（改、复）建、新建，对已搬迁的移民的稳定起到了十分重要的作用。

8.切实加强对移民资金的管理

飞来峡水库移民资金来源是清远市人民政府向广东省人民政府总承包飞来峡水利工程征地移民迁安工作的各项补偿资金，移民资金总合计为169585.029万元。

为切实加强对移民资金的管理，市、区（县及县级市）、镇三级分别成立移民资金管理领导小组，移民资金使用必须经领导小组集体讨论决定并实行一支笔审批。对于移民资金的使用，清远市人民政府对飞来峡水利工程征地移民迁安工作连同移民资金使用采用分级包干的做法，分别与英德市人民政府和飞来峡管理区管委会及省属横石木材厂签订了征地移民迁安（分包）协议。飞来峡工程移民局根据广东省与清远市的总承包协议及上述分包协议的原则，与受飞来峡淹没影响的专业部门（单位）签订迁（复）建补偿合同（协议）书，或对分包单位下达任务及概算调整文件。

此外，飞来峡管理区管委会也分别与所辖的升平、黎溪、连江口、水边4个镇的人民政府签订征地移民迁安协议，将任务和移民概算分解到镇。英德则按清远市下达的任务和概算组织实施。

飞来峡工程移民局根据上述协议和概算文件，将移民资金分年度拨付飞来峡管理区移民办、英德飞来峡工程移民局和省属横石木材厂及各专业部门，整个概算已执行完毕。移民资金管理主要采取如下措施：

一是建立和完善移民资金管理的各项制度，规范移民资金的运作。飞来峡工程移民局根据国家财会制度和移民补偿投资概算，制定了以下移民资金管理制度，主要有：1994年11月向各级移民安置机构印发了《飞来峡水利工程移民安置资金管理试行方案》和《飞来峡水利工程移民安置资金会计核算办法》，对移民资金的拨付、计划等事项以及会计核算的基本原则和方法作出了统一规定。同年12月又印发了各级移民安置机构办公经费开支的若干原则规定，对移民经费中的行政管理费的支出范围作出了原则规定，以后又补充印发了若干管理文件，进一步加强对行政管理费的支出管理。1996年3月，为贯彻国家审计署关于内部审计工作的规定，印发了《关于在飞来峡水利工程移民安置机构系统内贯彻<审计署关于内部审计工作的规定>的通知》，提出各级移民安置机构要设立内部审计机构，积极开展移民经费内部审计工作。在贯彻移民安置资金会计核算办法一年多的实践基础上，根据财政部有关会计准则和会计制度，印发了《飞来峡水利工程移民安置经费会计管理概要》，进一步完善了移民经费会计核算。1997年6月又进一步修改完善为《飞来峡水利工程移民安置经费会计制度》。

《飞来峡水利工程移民安置经费会计制度》等财会规章制度的施行，统一规范了飞来峡水利工程移民经费的管理与核算，为库区各级政府管理和使用好移民资金提供了比较充分、真实的会计信息和财会支持；同时，制度本身又在保障移民资金安全、落实和保护移民利益、监督移民资金的运行等方面起到了重要作用。

二是积极实施移民经费使用情况检查制度，加强业务指导和监督。为加强移民经费使用的指导和监督，对移民经费管理和指导采取了“管三级”的办法，即飞来峡工程移民局除管理好自身外，代表清远市人民政府指导和监督县（市）、区和各镇使用移民经费的情况。同时定期不定期联同省市审计部门对库区各地使用移民经费进行检查监督。

三是坚持以补偿概算控制设计预算的原则，既使补偿概算具体化、又力争控制超概算运作。特别是农村移民安置点的建设，基本控制在概算内运作，较好地在概算内完成了安置任务。对专业设施迁建项目，也坚持按补偿概算内运作的原则实施。

四是实施移民迁安形象进度签证支付制度，按预付款与进度款相结合的办法安排资金；坚持按概算项目拨付移民资金，以加强支付管理，保证移民迁安任务的顺利完成。

移民经费分年和按项目进度拨付和使用，基本完成了清远市人民政府向广东省人民政府总承包的飞来峡水利工程征地和移民安置各阶段的任务，即保证了工程施工用地需要，保证了移民适时迁出不影响水库按时下闸蓄水，保证了枢纽工程“六年工期，五年完成”目标的实现，保证了移民安置任务的完成。

9.飞来峡水利枢纽工程移民档案工作

飞来峡水利枢纽工程移民安置工作积累了大量宝贵的资料，这些资料对将来解决移民问题，处理移民纠纷，对移民工程质量事故提供法律和历史依据，保证水库安全运行等都具有重要的现实作用和历史意义。为了妥善保存好这些珍贵的历史资料，我们认真贯彻《档案法》和国家档案局、水利部有关移民档案工作管理的条例、规定，从水位线下移民搬迁完毕后，就投入一定的人力、物力、精力，多次召开有关会议，部署移民档案管理工作，建立网络，配备人员，明确责任；举办档案员培训班，邀请专业人员授课，编制了《飞来峡水利工程移民档案管理办法》，规范了库区各地移民档案的归档工作；同时对各级移民档案收集整理归档工作进行检查指导，及时通报进度；通过采取一系列强有力的措施，促使各级移民安置机构对移民档案资料进行认真的收集、整理和归档工作，使曾一度滞后的移民档案归档工作达到了规范化、制度化、标准化管理的要求。

移民档案材料是移民安置工作过程中所发生的事实的记载，主要包括人口、房屋、附属建筑物等实物指标核查、坝区及库区征地、查漏补遗、随迁人口、移民工程、专业设施迁（改）建、移民资金的使用、库底清理、搬迁合同等。我们根据这些材料，结合档案内容和载体形态、特点，进行科学分类、整理归档。

为便于档案的运用，提高利用效果，对移民档案实体实行分级保管，即以镇为基本保管单位，每个镇保存在移民安置过程中所产生的材料从最原始的房屋丈量登记等实物普查资料，领取资金签名以及移民工程等一套完整的档案；市级移民机构主要保存文书、声像及移民科技类的移民安置、移民资金、专项工程、库底清理档案，对原飞来峡管理区、英德市以及各镇的移民档案有完整的目录；原飞来峡管理区、英德市对所辖范围内移民工作所产生的各类档案都保存了一套完整的档案和目录。

飞来峡水利枢纽工程移民档案，按文书、声像、科技三大类十一个属类分别立卷。一共立卷 1396 卷 393 合（不包括原飞来峡管理区 4 个镇的移民安置档案、移民资金档案、移民安置文书档案）。其中：文书档案 120 卷 30 合；声像、照片档案 4 卷 15 合（影片 1 合、录像带 4 合、录音带 10 合）；移民安置档案 378 卷 92 合；专业设施档案 108 卷 49 合；库底清理档案 11 卷 6 合；移民工程档案 652 卷 159 合；移民资金报表档案 6 卷 2 合、账簿档案 33 卷 16 合、凭证档案 84 卷 24 合。

10.移民的生产生活情况

飞来峡水利枢纽工程坝区占地及水库淹没了大量土地，移民的生产生活受到了前所未有的影响。建库前原飞来峡管理区人均有耕地 0.8～1.1 亩，建库后人均耕地不足 0.3 亩。英德市受淹的 6 个镇及 1 个乡镇级旅游文化区建库前人均有耕地 1.2～1.5 亩，建库后人均耕地不足 0.4 亩。为解决移民的生产生活出路问题，库区各级党委政府对此十分重视，采取了以下主要的生产安置措施：

10-1　积极发展“三高”农业

原飞来峡管理区结合本区移民多数后靠和大部分农村移民虽然入圩镇居住，但还必须有较长一个时期依赖剩余土地及山地耕种的实际情况，采取离乡不离土的方式予以安置，发动移民群众积极从事“三高”农业，开发 25 度坡的山地，扩大耕地面积，大搞种植业。至 2002 年底止，移民种植砂糖橘 21549 亩、大红柿 621 亩、篙水竹 45584 亩、笋竹 41483 亩、种桑 5460 亩、蔬菜 9607 亩。

10-2　积极发展牧渔业和养殖业

连江口镇利用库湾积极发展网箱养鱼，至 2002 年 10 月止累计发展网箱养鱼 668 个，每个网箱可产成品鱼 400～500 公斤。黎溪镇利用山多的优势，拓展收入渠道，发动移民养羊，现已办起养场 2 个，有存栏羊 150 头。升平镇扶持 5 个养鸡大户，其中可产成品鸡 10 万只以上的有 2 户、年产成品鸡 2 万只以上的有 1 户、年产成品鸡 6000 只且又饲养蛋鸡 2000 只的有 1 户、饲养蛋鸡 10 万只且又饲养公鸡 2 万只（可产鸡蛋又可孵化小鸡）的有 1 户，这些移民养殖专业户的涌现，促进和增强了库区移民发展经济的积极性。

10-3　扶持发展移民企业

吸取以往水库移民工作的经验教训，确保库区移民实现“搬得出、安得稳、富得起”的目标，尽量减少生产生活的遗留问题，库区各级党委政府贯彻执行国家提出的“开发性移民”方针，努力探索移民生产安置的新路子。

10-3-1　公司+基地+农户（龙头企业—带动农户—生产安置就业—增加收入）

飞来峡工程移民局属下的飞来峡民安公司（原是飞来峡管理区移民办管理的移民生产安置示范基地，2001 年 10 月撤销飞来峡管理区时整体划入飞来峡工程移民局管理）在升平镇兴办了一个以种植水果为主的移民生产安置示范基地，目的是通过基地的示范作用，进而带动库区移民大种果大养殖大力度发展经济，达到增收目的。该基地开发 25 度坡山地 1500 亩，主要种植砂糖橘，撤销飞来峡管理区前该基地种植的砂糖橘有部分挂果，至 2002 年，有近 800 亩挂果（其中有 500 亩进入丰产期），按亩产 5000 元预算，产值可达 400 万元。这个基地种植的砂糖橘于 2002 年 10 月经广东省农业厅检测达到了无公害农产品标准，颁发了证书，指定为无公害农产品生产基地。示范基地的作用，进一步解决了移民“等、靠、要”的思想认识问题，进而带动库区移民大搞种植的积极性调动起来了，移民自觉主动发展生产，向山开垦搞种植，仅砂糖橘一项在库区就发展种植近 3 万亩。几万亩的水果从种植到收获，需要相当的人力予以加强管理，这样移民的就业就跟着来了，三年后砂糖橘挂果上市，移民增加收入。也就是说示范基地带动移民发展生产解决就业增加收入。

10-3-2　引进外资—开发库区旅游资源—安排库区劳力就业—增加收入

黎溪镇引进外资 500 万元，用于开发库区旅游资源，在大湖村开发碧溪漂流项目。2002 年 8 月试业以来至 11 月 30 日，共接待游客 1.5 万人，营业收入达 120 万元。

10-3-3　利用库区资源兴办经济实体

一是利用水利资源兴办小水电站。

二是兴办劳动密集型企业解决移民就业。升平镇 2001 年开始充分利用原飞来峡管理区的工业开发区引进台资兴办铝合金制品厂；同时抓住珠江三角洲产业转移的契机，引进织造厂和生物肥料厂各一间；解决了该镇部分移民的就业问题，同时也增加了移民的收入。

三是大力扶持发展民营企业。水边镇和连江口镇分别办起了四间和一间牙签加工厂，有生产牙签的机器60台套；黎溪镇办起了二间藤椅厂；这些民营企业的兴办，既发展了库区经济，又安排了移民就业，同时还增加了移民的收入。

10-3-4　抓好劳务输出解决移民就业

区镇两级劳动部门结合库区剩余劳力较多的实际，注重抓好劳务输出工作，每年都有意识地组织引导帮助移民外出就业。仅2001年原飞来峡管理区就向外输出劳动力8961人，其中：升平镇450人、黎溪镇5652人、连江口镇2662人、水边镇196人，为库区移民解决了部分生产生活出路问题。

10-3-5　集中农业生产开发安置随迁人口

英德市结合大站镇和望埠镇随迁人口指标比较多的实际，统筹考虑、统一规划、就地安置随迁人口。在大站镇利用波罗坑库湾连片开发建造鱼塘5127亩；同时在望埠镇的江边咀、寿塘两个村委会连片开发山地种植水果达1000亩，形成较大规模的果场。这两个利用随迁人口指标投资建设的移民生产安置项目，为移民的生产生活出路创造了条件，也为库区的稳定打下了良好的基础。

10-3-6　库区移民的生活水平发展情况

建库前的1994年库区是以种植水稻为主的农业落后地区，经济作物很少，工业几乎空白，人均收入才1005元。自水库建设期间以来，库区各级党委政府高度重视抓移民的生产发展工作，号召移民要以这次千载难逢的移民搬迁为契机，切实转变观念，调整产业结构，大力发展“三高”农业，加大招商引资力度，兴办移民企业，并想方设法大量输出劳动力，多渠道宽领域扩大移民就业门路，增加移民收入，使库区的移民生活水平在建库期间及建库之后均有稳定的增长，至2002年底，库区移民人均收入为3057元，人均收入是建库前1994年的3倍。

三、迁安体会

飞来峡水利枢纽工程是治理北江的关键性工程，也是中华人民共和国成立以来广东省建设规模最大的综合性水利工程。其所衍生的水库移民迁安工作，等同人们常说的与计划生育工作属天下第一难的工作，而在地处改革开放前沿的广东从事水库移民迁安工作，更是难上加难。面对如此涉及面广（水库淹没涉及2个县、市11个乡镇55个村委会4座圩镇1个省属企业）、移民人口基数大（水库淹没涉及人口40484人），且工作十分艰巨的移民迁安任务，库区各级党委政府在清远市委市政府的正确领导下，勇于担当，面对现实，想尽千方百计，采取得力措施，不辱使命，不负重托，依时完成了飞来峡水利枢纽工程移民40484人的搬迁任务。2003年9月1～3日，经广东省人民政府组织的专家验收委员会对飞来峡水利工程征地移民迁安工作进行验收审定：认为清远市人民政府按照与广东省人民政府签订的有关协议，完成了飞来峡水利工程移民征地迁安任务，同意通过竣工验收。可以说，清远市向省政府交上了一份合格的答卷。回顾飞来峡水利枢纽工程移民迁安工作的历程，使命光荣，过程艰辛，体会深刻。

1.创新移民工作管理体制，集中精力抓移民安置工作

为使库区移民依时迁出，确保飞来峡水利枢纽工程顺利建成。清远市根据广东省人民政府对主体工程提出“六年工期，五年完成”和对移民工作提出“搬得出，安得稳，富得起”并要符合主体工程进度的需要适时完成移民搬迁工作的要求，结合库区实际，经省政府批准于1995年9月8日成立了飞来峡管理区。该区属清远市人民政府派出机构，属不具司法权的县（处）级行政单位，管辖飞来峡水库移民较多的4个镇，即清新县的升平镇，英德市的黎溪镇、连江口镇和水边镇，总人口10.8万人，移民人口38175人，移民人口占全区总人口的35.3%，占全库区移民人口的94.3%。集中行政资源，统一调度，统一指挥抓移民工作，通过不懈

努力，按要求依时完成了移民迁安工作任务。将移民任务较多的乡镇集中起来成立一个县级区建制，有利于移民迁安工作的顺利开展，这种创新移民工作管理体制的做法，得到时任国家水利部分管移民工作的朱登铨副部长和国家移民开发局李天碧（女）局长的充分肯定；同时在国家水利部召开的在建大型水利水电移民工作会议上还安排飞来峡管理区作创新移民管理体制工作的交流发言。

2.依法移民，使移民安置工作有章可循

飞来峡水利枢纽工程移民安置工作的每步过程，都充分体现依法移民，省、市、区（县）根据库区移民工作之需，适时出台如：广东省政府印发《颁布〈广东省飞来峡水利工程移民安置办法〉的通知》（粤府【1995】84号）、清远市人民政府印发《关于飞来峡水利工程库区管理和群众搬迁有关事项的通告》（清府【1993】60号）、清远市委印发《关于设立飞来峡管理区有关事项的通知》（清发【1995】18号）、清远市人民政府印发《颁布〈清远市人民政府关于飞来峡水利工程移民安置若干问题的暂行规定〉的通知》（清府【1996】57号）、清远市人民政府办公室印发《关于飞来峡水利工程库区移民安置宅基地分配标准的批复》（清府办函【1995】89号）、清远市人民政府印发《关于飞来峡水利工程库底清理的通告》（清府【1998】46号）、清远市人民政府印发《颁布〈飞来峡水利工程库区农村随迁人口界定及其安置的有关规定〉的通知》（清府【1998】89号）、飞来峡管理区委员会印发《关于颁布〈清远市飞来峡管理区库区淹没实物指标补偿标准〉的通知》（清峡区【1995】7号）、飞来峡管理区管委印发《关于颁布〈清远市飞来峡管理区建筑工程招投标暂行规定〉的通知》（清峡区【1995】11号）、清远移民局《关于重印〈飞来峡水利工程移民安置经费会计制度〉的通知》（清峡移字【1997】19号）、清远移民局印发《关于开展移民档案资料收集、整理、归档的通知》（清峡移字【1998】35号）等法律法规文件，规范移民安置工作。为明确移民迁安任务体现分级管理的原则，在省与清远市签订飞来峡水利工程征地移民迁安协议书的基础上，清远市分别与飞来峡管理区和英德市及横石木材厂签订了飞来峡水利工程征地移民迁安协议书；飞来峡管理区又分别与升平镇、黎溪镇、连江口镇、水边镇签订了飞来峡水利工程征地移民迁安协议书；同时搬迁的所有移民户均与当地政府签订了“搬迁合同”，以合同的形式明确了移民的权利和义务。

3.移民相对集中圩镇安置，离乡不离土，效果明显

综观我国水库移民安置的常规做法，由于历史原因，补偿标准均偏低，大都是采用行政手段就地后靠安置，从山下搬到山上，本来原在山下居住生产生活条件相对好一些，如今搬到山上，生产生活条件更为严峻。飞来峡水利枢纽工程移民安置工作，借鉴以往水库移民安置的做法及教训，认为在改革开放前沿从事水库移民安置工作，必须要有长远的眼光和超前的意识来考虑移民安置工作。飞来峡工程移民局、飞来峡管理区急移民之所急，想移民之所想，积极探索移民搬迁的好路子。组织人员调研，并聘请了本市具有农村工作经验的专家深入库区基层，调查摸底、收集民意；同时还邀请了水库移民权威——河海大学的专家对库区的环境容量进行评估；借鉴以往做法，结合库区实际，确定了以集中圩镇安置，离乡不离土为主的安置模式。仅此一项安置模式就安置了库区必迁移民24634人，占必迁移民30723人的80.15%（全库区有移民40484人，其中必迁移民30723人、随迁移民9761人）。迁入圩镇的农村移民不但能与原圩镇居民从事二、三产业，还可以回到原村民小组（自然村）耕种原属其使用的库区剩余土地。实行离乡不离土方式，移民的生产生活出路有多头依靠，宜工则工、宜农则农、宜商则商，还可搞劳务输出，移民子弟就医就学均在圩镇，已经成了名副其实的圩镇居民，交通、通信、自来水等设施配套齐全，可以说这些移民乘着飞来峡水利枢纽工程建设的东风、抓住开发性移民迁安的机遇已提前进入了城镇化的生活。

五、飞来峡水利枢纽工程

飞来峡水利枢纽工程位于珠江水系北江干流中游的清远市境内，上距英德市城区 50 公里，下距清远市 33 公里。控制流域面积 34097 平方公里，水库总库容 19.04 亿立方米，发电装机容量 14 万千瓦，船闸可通航 500 吨级组合船队，是北江流域综合治理的关键工程。飞来峡水利枢纽是以防洪为主，兼有航运、发电、供水和改善生态环境等综合效益的水利枢纽。通过水库滞洪作用和堤库联合运用，可防御 300 年一遇洪水，在库区形成干支流渠化河道 116 公里。电厂设计年发电量 5.5 亿千瓦时，它的兴建对保障广州、佛山、清远市和珠江三角洲其他地区防洪安全，促进粤北山区经济发展，具有十分重要的作用。

飞来峡水利枢纽为一等工程，挡水建筑物为 1 级，按 500 年一遇洪水设计，5000 年一遇洪水校核。正常蓄水位 24 米，设计洪水位 31.17 米，校核洪水位 33.17 米。坝顶高程 34.80 米。水库淹没和工程占用各类土地 48807 亩，迁移人口 40483 人。工程概算为 52.9 亿元。

枢纽由溢流坝、土坝、船闸、电站厂房、副坝等建筑物组成，主坝总长 2358 米。

溢流坝采用混凝土重力式结构，前缘长度 285 米，建于微风化花岗岩基上。最大坝高 52.3 米，坝顶桥面宽 8 米，共设 16 个溢洪孔，采用弧形钢闸门，其中 15 孔为带胸墙的泄洪孔，孔口尺寸 14 米×12 米，堰顶高程 9 米，另一孔为排漂孔，堰顶高程 16 米；设计洪水泄洪流量为 21800 立方米每秒，校核洪水泄洪流量为 28700 立方米每秒。

土坝为均质土坝，坝顶长 1826.3 米（含右联段），最大坝高 34.8 米，顶宽 8 米，防渗采用混凝土连续墙。

副坝共 4 座。1 号副坝最大坝高 18.6 米，坝顶长 160 米；2 号副坝最大坝高 24 米，坝顶长 260 米；3 号副坝最大坝高 24.6 米，坝顶长 137.6 米；4 号副坝最大坝高 8 米，坝顶长 56 米。

船闸位于左岸，采用单线一级布置，按 500 吨级设计，闸室有效尺寸为 190 米×16 米×3 米。

厂房位于船闸和溢流坝之间，为河床式布置，前缘长度 130.5 米，厂内安装 4 台单机容量为 3.5 万千瓦的灯泡贯流式机组，转轮直径 7 米，系奥地利生产。变电站布置在尾水平台上，分别由一台 OSFPS9-160000/220 及一台 SFP9-80000/110 变压器接入系统。

此外，在左岸尚有一项社岗防护工程。防护区内人口 5445 人，土地面积 6390 亩，标准按 100 年一遇洪水设计，不设校核标准。主要建筑物有防护堤、排水渠（涵）等。防护堤长 3675 米，堤顶高程 29.2 米，最大堤高 22 米，排水渠通过 3 号副坝下涵洞直接汇入北江，全长 3640 米，设计最大排水流量 107 立方米每秒。

主要工程量：土石方开挖 1200 万立方米（其中石方开挖 101 万立方米），土方填筑 800 万立方米，砌石 241.9 万立方米，混凝土 108.8 万立方米。需主要建筑材料：水泥 31.6 万吨，钢筋、钢材 2.44 万吨。

省政府于 1993 年 7 月批准建立飞来峡工程建设领导小组，副省长欧广源任组长，省政府秘书长游宁丰、省水利厅厅长关宗枝任副组长。

1993 年 11 月 24 日，经省政府同意成立飞来峡工程建设总指挥部，关宗枝任总指挥，李树坚、孙道华、邱诗忠、李粤安、黄尧先后任副总指挥。

工程于 1994 年 10 月 18 日正式开工兴建。工程采用分期导流，一期导流标准：设计洪水为 20 年一遇，相应流量 15500 立方米每秒，在左岸填筑围堰，利用扩挖右岸河床导流及通航。二期导流系进行大江截流，利用已建成的溢流坝分流，临时通航采用溢流坝部分泄水孔过船来解决，设计截流流量为 1550 立方米每秒。左岸一期围堰于 1995 年 4 月底完成；同年 7 月进行坝基开挖；1998 年 8 月 28 日实现大江截流；1999 年 3 月

30 日水库蓄水；4 月 2 日船闸正式通航；5 月第一台机组具备发电条件，9 月底 4 台机组全部并网发电。1999 年 10 月 18 日省政府在现场主持仪式，宣布广东省飞来峡水利枢纽建成试运行。

飞来峡工程勘测设计由水利部珠江水利委员会勘测设计研究院承担，建设监理由省水电设计院承担，主要施工单位有省水电二局、三局，省水电机械施工公司，省水电机械厂等单位。建设过程中以建设具有现代化水平水利枢纽为己任，用一个枯水期完成导流施工任务，应用外掺氧化镁微膨胀混凝土施工技术等，并创造月浇混凝土 7 万多立方米的纪录。（《广东省志》编纂委员会编：《广东省志·水利卷》第十章第五节，方志出版社 2014 年 8 月第 1 版）

六、原在飞来峡管理区工作，撤区后升任为副处级以上的干部简介

刘泽和　男，汉族，1973 年 9 月出生，清城区人。1996 年 7 月参加工作，1995 年 7 月参加中国共产党。本科毕业于暨南大学生物系环境与科学专业，理学学士；取得中山大学社会医学与卫生管理专业在职硕士学历和管理学硕士学位。

1993 年 9 月至 1996 年 6 月，在暨南大学生物系环境与科学专业读本科。1996 年 6 月至 1998 年 7 月，任清远市飞来峡管理区升平镇党政办副主任、团委副书记。1998 年 7 月至 1999 年 2 月，任升平镇共星村党支部书记。1999 年 2 月至 2003 年 4 月，任飞来峡管理区（清新县）升平镇党委委员、团委书记、党政办主任。其间：1999 年 9 月至 2002 年 7 月，在广东省委党校经济专业研究生班学习；2002 年 4 月至 2003 年 4 月，借调到清新县政府办负责综合调研组。2003 年 4 月至 10 月，任清新县政府办公室综合调研组组长、副主任科员。2003 年 10 月至 2004 年 6 月，全省联合公选为连南瑶族自治县政府县长助理（副处级）。2004 年 6 月至 11 月，任连南县长助理兼寨岗镇党委书记。2004 年 11 月至 2006 年 4 月，任连南县委常委兼寨岗镇党委书记。2006 年 4 月至 2010 年 9 月，任共青团清远市委员会书记、党组书记。其间：2007 年 3 月至 7 月参加中共广东省委党校 2007 年第一期中青班学习。2010 年 9 月至 12 月，任清远市委、市政府副秘书长。2010 年 12 月至 2011 年 11 月，任清远市委、市政府副秘书长，挂任市委书记助理。2011 年 11 月至 12 月，任清远市连州市委副书记、市长，挂任清远市市委书记助理。2011 年 12 月至 2017 年 3 月，任连州市委副书记、市长。其间：2009 年 9 月至 2012 年 6 月，在中山大学社会医学与卫生专业管理专业读硕士研究生；2014 年 3 月至 7 月，参加中共广东省委党校 2014 年第一期中青年领导干部培训学习。2017 年 3 月起，任中共连南瑶族自治县委员会书记，2017 年 4 月兼任连南县人民武装部党委第一书记。

罗琼标　男，汉族，1953 年 10 月出生，龙川县人。1972 年 12 月参加工作，1977 年 9 月加入中国共产党。大专学历。

1970 年 9 月至 1972 年 7 月，在龙川鹤市中学读书。1972 年 12 月至 1983 年 12 月，在中国人民解放军服役，历任战士、会计、副指导员、指导员。1983 年 12 月至 1984 年 10 月，任华南地勘局二九三大队括露一分队党支部书记。1984 年 10 月至 1992 年 4 月，广东翁源县委组织部工作，历任副科级干事、干部组长、副部长、正科长级组织员。其间：1985 年 3 月至 1988 年 3 月，在广东省委党校政治专业读大专（函授）。1992

年4月至1993年5月，任翁源县工商行政管理局局长。1993年5月至1996年1月，任翁源县财贸委员会副主任、正科长级协理员。1996年1月至1999年2月，任清远市飞来峡管理区组织人事办公室副主任、正科级组织员、总工会主席。1999年2月至2001年6月，任飞来峡管理区升平镇党委书记。2001年6月至2002年1月，任飞来峡管理区区委办、管委办主任。2002年1月至2004年，任清远市委办公室、市政府办公室督查科科长。2004年至2005年5月，任清远市委办公室、市政府办公室督查科科长、助理调研员。2005年5月至2010年11月，任清远市史志办公室主任。2010年11月至2013年11月，任清远市史志办公室调研员。

2013月11月，退休。

2010年被评为全国方志系统先进工作者。清远市第五届政协委员。

梁金鉴　男，汉族，1969年9月出生，吴川市人。1988年7月参加工作，1994年9月加入中国共产党。广东教育学院汉语言文学专业本科，中山大学管理学院工商管理专业硕士。

1988年7月至1994年9月，在吴川市小学、中学任教师。1994年9月至1996年9月，在广东教育学院中文系脱产学习。1996年9月至2001年10月，在飞来峡管理区组织人事办工作，任科员、组织组组长、团区委副书记。2001年10月至2006年6月，任清远市委组织部副科级组织员、副科长、正科级组织员、科长。2006年6月至2008年7月，任清远市委办、市政府办主任科员、副主任。2008年7月至2011年8月，任清远市委、市政府副秘书长。2011年8月至2016年8月，任佛冈县委副书记、县长。2016年8月起，任清远市民政局党组书记、局长。

第六届清远市委委员，第七届清远市委候补委员。清远市第六届人大代表。

丘泽军　男，汉族，1968年12月出生，湖南涟源人。1991年7月参加工作，1998年2月加入中国共产党。广东省社科院政治经济学研究生毕业，硕士。

1991年7月至1992年12月，在湖南娄底地区人才培训中心工作。1992年12月至1995年11月，在清远市建筑安装总公司工作。1995年11月至1998年12月，在清远飞来峡管理区建委工作，先后任办公室主任、人秘组组长。1998年12月至2001年1月，任飞来峡管理区规划基建委员会副主任科员、人秘组组长。2001年1月至2002年1月，任飞来峡管理区规划基建委员会副主任。2002年1月至2003年8月，在清远市建设局工作，2002年10月任建筑管理科副主任科员。2003年8月至2005年6月，任清远市建设局建筑管理科主任科员。2005年6月至2007年8月，任清远市建设局建筑管理科科长。2007年8月至2009年3月，任清远市建筑工程质量监督站站长。2009年3月至2010年5月，任清远市建设局（人防办）党组成员、副局长。2010年5月至2012年8月，任清远市住房和城乡建设局党组成员、副局长。2012年8月至2013年8月，任清远市代建项目管理局党组成员、副局长。2013年8月至2016年3月，广东清远经济开发区党工委委员、管委会副主任，挂任清城区委常委。2016年3月至2016年11月，任清远市代建项目局党组书记、局长。2016年11月至2016年11月，任清远市清城区政府区长、党组书记，清城区委副书记。2016年11月起，任清远高新区（清远燕湖新区）党工委副书记，清城区政府区长、党组书记，清城区委副书记。

2012年5月，记公务员三等功一次。2016年11月，当选市第七次党代会代表。2016年12月，当选七届市委委员。2016年11月，当选市七届人大代表。

梁润江（1964–2018）　男，汉族，1964年9月出生，清城区人。1984年8月参加工作，1988年3月加入中国共产党。本科学历。

1984年8月至1987年4月，在清新县升平镇北寮小学教学。1987年4月至1995年10月，在清新县升平镇工作，先后担任党委委员、党委副书记等职。其间：1988年9月至1991年7月，在华南农业大学社会科学系乡镇企业管理专业函授，大专毕业。1995年10月至1999年1月，在清远市飞来峡管理区工作，任组织人事办副主任、直属党委副书记、正科长级组织员、团区委书记等职。1999年1月至2000年10月，任水边镇任党委副书记，1999年3月起任镇长。2000年10月至2001年4月，任黎溪镇党委副书记（正科级）。2001年4月至2003年6月，任黎溪镇党委书记，2002年1月兼任人大主席。2003年6月至2006年3月，任大镇镇（东华镇）党委书记，2003年8月兼任人大主席，2005年5月兼任英德市市长助理。2006年3月至2006年12月，任英德市市长助理兼英城街道党工委书记。其间：2001年9月至2003年12月，在省委党校行政管理专业函授，本科毕业。2006年12月至2008年1月，任英德市人大常委会副主任、市长助理兼英城街道党工委书记，2007年1月任英德市人大常委会党组成员。2008年1月至5月，任英德市委常委、纪委书记兼人大常委会副主任、党组成员。2008年5月至2016年10月，任英德市委常委、纪委书记。2016年10月起，任英德市人大常委会党组书记，2016年11月18日，在英德市第十五届人民代表大会第一次会议上当选为市人大常委会主任。2018年12月去世。

杨运良　男，汉族，1952年11月出生，广东兴宁人，中共党员。1972年12月参加工作。省业余财经学院财政专业大专毕业，助理会计师。

1972年12月至1977年4月，在解放军某部队服役。1977年5月至1979年10月，在韶关地区机械厂工作。1979年10月至1988年11月，任韶关机械工业总公司保卫组织科副科长。1988年11月至1995年10月，任清远市财政局科长。1995年10月至2000年2月，任飞来峡区财政分局局长。2000年3月至2001年10月，任市财政局助理调研员兼飞来峡财政分局局长。2001年10月至2002年2月，任清远市财政局助理调研员兼市住房公积金管理中心主任。2002年2月至2008年5月，任清远市财政局党委委员兼市住房公积金管理中心主任。2008年5月至2009年12月，任清远市财政局党组成员兼市住房公积金管理中心主任。2009年12月至2012年11月，任清远市财政局副调研员。2012年12月退休。

陈桂森　男，汉族，1953年10月出生，清新人。1973年12月参加工作，1977年1月加入中国共产党。大专学历。

1973年12月至1978年4月，在部队服兵役，任文书。1978年4月至1978年12月，参加清远县第六批路线教育工作队。1978年12月至1982年1月，在清远县清城镇政府任干部。1982年1月至1986年11月，任清远县清郊区党委组织委员。1986年11月至1988年6月，任清远县（清效区）升平镇党委副书记。1988年6月至1988年11月，任升平镇党委副书记、镇长。1988年11月至1993年1月，任升平镇党委书记。1993年1月至1996年1月，任清新县旅游局局长。1996年1月至2001年10月，任飞来峡管理区农林水办公室副主任、畜牧局局长。2001年10月至2004年6月，任清远市总工会经审办副主任、主任。2004年6月至2013年11月，任清远市总工会副调研员。2013年12月，退休。

朱国荣　男，汉族，1950年9月出生，广西平南县人。1969年11月参加工作。中国共产党党员，高中学历。

1969 年 11 月至 1976 年 7 月，在韶关仁化县电石厂当工人、采购员。1976 年 7 月至 1977 年 7 月，在广东省七 O 五地质大队四分队当工人。1977 年 7 月至 1985 年 6 月，在广东省七 O 五地质大队供应科当采购员。1985 年 6 月至 1987 年 7 月至 1995 年 12 月，任七 O 五地质大队供应科副科长、科长。1995 年 12 月至 1996 年 12 月，任清远市飞来峡管理区劳动服务公司经理。1996 年 12 月至 2002 年 3 月，任飞来峡管理区供销社副主任（正科）。2002 年 3 月至 2007 年 4 月，任清远市供销社人秘科科长。2006 年 11 月至 2010 年 9 月，任清远市供销社副调研员。2010 年 10 月退休。

罗伟民　男，汉族，1969 年出生，清远人。1985 年参加工作，1994 年 2 月加入中国共产党。广东省委党校函授学院大专学历。

1985 年 10 月至 1989 年 3 月，在工商银行清远县支行工作。1989 年 3 月至 1992 年 12 月，任清远市银信房地产公司驻港经理。1992 年 12 月至 1993 年 7 月，任清远市银商汽车服务公司总经理。1993 年 10 月至 1995 年 10 月，任广州银苑地产公司总经理。1995 年 10 月至 2000 年 1 月，任工行飞来峡办事处主任。2000 年 1 月至 2003 年 5 月，任工行佛冈县支行行长。2003 年至 2004 年 5 月，任佛冈县国土局局长。2004 年 5 月至 2007 年 1 月，任佛冈县石角镇委书记、县长助理。2007 年 1 月至 2010 年 9 月，任佛冈县委常委、副县长。2010 年 9 月至 2013 年 8 月，任市财政局党组成员、公共资产管理中心主任。2013 年 8 月起，任清远市德晟投资集团董事长。广东省十二届人大代表，清远市七届政协常委。

李慧萍　女，汉族，1964 年 2 月出生，英德市人。1982 年 3 月参加工作，无党派人士。华南农业大学成人高等学院农学专业大专毕业。

1980 年 3 月至 1981 年 1 月，在英德县农业技术学校农学专业学习。1982 年 3 月至 11 月，在英德石牯塘农技站工作。1982 年 11 月至 1984 年 3 月，在英德县农业局化验室工作。1984 年 3 月至 1990 年 7 月，在英德农业科学研究所工作。1990 年 7 月至 1993 年 1 月，任英德大站镇妇联干事。1993 年 1 月至 1994 年 5 月，任英德水边镇妇联主任。1994 年 5 月至 1995 年 11 月，任水边镇副镇长。1995 年 11 月至 1997 年 4 月，任飞来峡管理区卫生局副局长。1997 年 4 月至 1998 年 12 月，任飞来峡管理区计划统计卫生办公室副主任。1998 年 12 月至 2001 年 10 月，任来峡管理区计划统计卫生办公室主任、区卫生局局长。2001 年 10 月至 2006 年 8 月，任英德市卫生局副局长、主任科员。2006 年 8 月至 2007 年 2 月，任英德市疾病预防控制中心主任。2007 年 2 月至 2010 年 7 月，任英德市政协副主席兼卫生局局长、红十字会常务副会长。2010 年 7 月至 2016 年 11 月，任英德市政协副主席。2016 年 11 月起，任英德市人大常委会副主任。

吴秀群　女，汉族，1965 年 3 月出生，英德市人。1984 年 12 月参加工作，1990 年 11 月加入中国共产党。广东省委党校行政管理专业本科毕业。

1980 年 9 月至 1982 年 6 月，在英德望埠中学读书。1982 年 6 月至 1984 年 12 月，在家务农。1984 年 12 月至 1993 年 2 月，在英德大站镇政府任妇女干事、监察员，其间：1988 年 9 月至 1991 年 7 月在华南农业大学企业管理专业学习（大专）。1993 年 2 月至 1996 年 5 月，任大站镇党委委员、纪委书记，其间：1993 年 9 月至 1995 年 7 月在广东省委党校行政管理专业本科脱产学习。1996 年 5 月至 1998 年 12 月，任飞来峡管理区纪委（纪检监察办）副科级纪检监察员。1998 年 12 月至 2001 年 10 月，任飞来峡管理区纪委（纪检监察办）正科级纪检监察员。2001 年 10 月至 2004 年 1 月，任清远市纪委监察综合室副主任、正科级纪检监察员。2004

年1月至2007年5月，任清远市纪委监察综合室副主任。2007年5月至2014年8月，任清远市纪委副处级纪检员、监察综合室主任。2014年8月至2017年9月，任清远市纪委第一派出纪检组组长。2017年9月起，任清远市纪委副处级纪检监察员。

2011年6月，获广东省纪检监察银质荣誉奖章。

陈茂奕　男，汉族，1964年3月出生，翁源县人。1984年11月参加工作，1987年7月加入中国共产党。广东省委党校公共管理专业本科学历。

1984年11月至1996年9月，在翁源县乡镇工作，历任生产助理、党委委员。1996年9月至2001年10月，在飞来峡管理区工作，历任团区委副书记、区粮食局副局长。2001年10月至2004年11月，任清远市文化局办公室副主任、市图书馆馆长。2004年11月至2007年5月，任英德市黎溪镇党委书记，2006年11月兼镇人大主席。2007年5月至2008年7月，任英德市人大常委会副主任兼东华镇党委书记。2008年7月至2014年12月，任清远华侨工业园管理委员会党组成员、副主任，2013年7月任英德市政府党组成员。2014年12月至2015年2月，任英德市政府党组成员。2015年2月起，任英德市政协党组成员、副主席。

陈坚英　女，汉族，1967年2月出生，阳山县人。1987年4月参加工作，1991年3月加入中国共产党。

1987年4月至1996年12月，在连江口镇政府办任科员、主任。1996年12月至1999年10月，在清远市飞来峡管理区组织人事办任工作，任区妇联副主席。1999年10月至2001年5月，任黎溪镇政府党委副书记。2001年5月至2003年8月，任水边镇党委书记。2003年8月至2005年12月，任英德市移民办主任。2005年12月至2008年5月，任英德市行政服务中心（招商局）主任（局长）。2008年5月至2014年9月，任清远华侨工业园管理委员会副主任，2013年7月任英德市政府党组成员。2014年9月至2016年12月，任英德市人民政府副市长。2017年4月退休。

郭国新　男，汉族，1966年9月出生，英德人。1986年2月参加工作，1987年7月加入中国共产党。湖南大学工商管理（MBA）研究生毕业，硕士学位。

1986年2月至1995年9月，任国营英德林场副站长、站长、股长。1995年9月至2001年10月，任飞来峡管理区林业局股长、站长、副局长。2001年10月至2005年1月，任清远市野生动植物自然保护站副站长、站长。2005年1月至2008年7月，任清远市林业局科长、国营小龙林场党支部书记、场长。2008年7月起，任清远市林业局科长、副调研员，林业局直属单位党委副书记、工会主席。2008年被评为清远市优秀共产党员。

梁鉴明　男，汉族，1963年6月出生，清城区人。1983年7月参加工作，1994年参加中国共产党。华南师范大学物理系本科，广东省社会科学院政治经济学专业在职研究生学历。

1983年7月至1988年2月，在清远县洲心中学任教。1988年2月至1991年10月，在清远市清城区第一中学任教。1991年10至1993年5月，在清远市饮食服务公司工作。1993年6月至1993年11月，在清远市外经贸公司工作。1993年11月至1995年10月，在清远市国土局工作。1995年10月至2001年12月，任清远市飞来峡管理区国土分局副局长。2002年1月至2005年10月，任清远市国土资源局副科干部。2005年10月至2008年7月，任清远市土地储备中心任副主任。2008年7月起，任清远市土地开发储备局副局长。

莫剑波　男，壮族，1960年2月出生，连南瑶族自治县人。1977年8月参加工作，1986年12月加入中国共产党。广东民族学院大专学历。

1977年8月至1979年1月，在连山壮族瑶族自治县（下简称连山）鱼苗场上山下乡。1979年1月至1986年8月，在连山医药公司工作，其间：1984年9月至1986年7月在广东民族学院政治专业读大专。1986年8月至1996年9月，在连山县委组织部工作，1987年8月任干训组副组长，1990年5月任副科长组织员，1990年12月任干部一组副组长，1993年3月任干部二组组长，1993年6月任干部一组组长。1996年9月，调任清远市飞来峡管理区组织人事办公室副科级组织员。1999年5月至12月，兼任区直属党委副书记。1999年12月至2001年12月，任飞来峡管理区组织人事办公室常务副主任、主任科员兼任区直属党委副书记。2001年12月至2004年1月，任清远市直属机关工作委员会主任科员。2004年1月至2009年3月，任清远市直属机关工作委员会组织科科长。2009年3月至2010年3月，任清远市直属机关工作委员会组织科科长、副调研员。2010年3月，任清远市直属机关工作委员会副调研员。

何伙友　男，汉族，1960年6月出生，英德市人。1978年2月参加工作，1994年10月加入中国共产党。衡阳有色冶金职工大学经济管理专业大专毕业。

1978年2月至1981年1月，在部队服役。1981年1月至1987年7月，在英德二轻公司工作。1987年7月至1996年1月，任英德县（市）政府办公室科员。1996年1月至5月，任飞来峡管理区区委、区管委办公室科员。1996年5月至2001年10月，任飞来峡管理区行政接待科科长（副科级）。2001年10月至2009年4月，任清远市机关事务局办公室副主任、主任。2009年4月起，任清远市机关事务管理局副局长。

钟朝本　男，汉族，1968年10月出生，英德市人。1988年9月参加工作，1994年10月加入中国共产党。本科学历。

1988年9月至1993年5月，在英德县沙口镇冬瓜铺小学任代课教师。1993年5月至1998年12月，在英德市（飞来峡管理区）黎溪镇工作，历任司法办（所）司法员、副主任、主任（所长）。1998年12月至2007年6月，在飞来峡管理区（英德市）连江口镇工作，任镇长助理，1999年3月任副镇长，2001年6月任党委副书记、主持镇政府全面工作，2002年1月任镇长，2003年6月任党委书记，2003年9月兼任人大主席。2007年6月至2011年12月，在英德市望埠镇工作，任党委书记，2008年4月兼任镇人大主席，2009年9月任副处级干部。2011年12月至2016年11月，任英德市人大常委会副主任、党组成员兼英城街道党工委书记（2012年11月后不再兼任）。其间：2001年9月至2003年9月参加广东省委党校行政管理专业函授学习，本科毕业。2016年10月21日，在中共英德市委十三届一次全会上当选为市委常委。

何　明　男，汉族，1956年6月出生，佛冈县人。1974年8月参加工作，1987年7月加入中国共产党。广东省委党校经济专业大专毕业。

1974年8月至1976年11月，在连山大旭林场上山下乡。1976年11月至1978年3月，任连山永和供销社仓管员。1978年3月至1980年1月，在广东省供销学校物价专业中专毕业。1980年1月至1981年4月，任连山供销贸易货栈物价员。1981年4月至1984年3月，任连山供销社物价员。1984年3月至1996年4月，历任连山人民检察院书记员、助理检察员、检察员、副检察长兼反贪局局长。1996年4月至2001年10月，任飞来峡管理区纪委副书记、纪检监察办副主任。2001 年 10 月至 2009 年 11 月，历任清远市纪委正科级纪检员、执法室主任、党廉室主任。2009 年 11 月至 2015 年 4 月，任清远市交通运输局党组成员、纪检组长、副调研员。2009 年 12 月至 2015 年 4 月任清远市交通运输局党组成员、驻局纪检组长、副调研员。2016 年 6 月退休。

1987 年 2 月，被韶关市委、市政府评为严厉打击严重刑事犯罪斗争先进个人。

陈伟奇　男，壮族，1958 年 10 月出生，连山人。1977 年 8 月参加工作，1989 年 12 月加入中国共产党。广东省委党校经济管理专业大专毕业。

1977 年 8 月至 1978 年 12 月，在连山鱼苗场当知青。1978 年 12 月至 1981 年 1 月，在某部服役。1981 年 1 月至 1985 年 8 月，任连山供销社办事员。1985 年 9 月至 1993 年 4 月，历任连山供销社副股长、股长、副主任。1993 年 4 月至 1996 年 10 月，任连山审计局副局长。1996 年 10 月至 2001 年 10 月，任清远市审计局飞来峡管理区分局副局长、局长。2001 年 10 月至 2009 年 12 月，历任清远市审计局行政事业审计科、投资科科长。2009 年 12 月起，任清远市审计局副调研员。2018 年 11 月，退休。

吴世民　男，汉族，1958 年 7 月出生，英德人。1976 年 12 月参加工作，1979 年 6 月加入中国共产党。广东省委党校经济管理专业大专毕业。

1976 年 12 月至 1982 年 1 月，在广西柳州市某部某分队服役。1982 年 2 月至 1996 年 5 月，在英德石灰铺镇工作。1996 年 6 月至 2001 年 10 月，在清远市飞来峡管理区纪检办工作。2001 年 11 月，在清远市纪委工作。2010 年 1 月，任清远市纪委干部室主任。2015 年 12 月至 2016 年 1 月，任清远市纪委组织部部长。2016 年 1 月至 2018 年 7 月，任清远市纪委副级纪检监察员。2018 年 8 月，退休。

何诚威　男，汉族，1973 年 10 月出生，阳山县人。1996 年 9 月参加工作，2000 年 7 月加入中国共产党。广东商学院法学专业本科学历。

1996 年 9 月至 1999 年 3 月，任飞来峡管理区升平镇政府财政所科员。1999 年 3 月至 2003 年 6 月，任升平镇政府副镇长、党政办负责人。2003 年 6 月至 2005 年 11 月，任清新县委办公室副主任科员。2005 年 11 月至 2009 年 1 月，任清远市委市政府办公室综合二科副科长。2009 年 1 月至 2009 年 9 月，任清远市委市政府办公室议案提案办理科科长。2009 年 9 月至 2012 年 4 月，任清远市委市政府办公室行政科科长。2012 年 4 月至 2012 年 6 月，任清远市委市政府办公室综合六科负责人。2012 年 6 月至 2013 年 4 月，任清远市委市政府办公室督查二室主任（副处级）。2013 年 4 月至 2013 年 9 月，任清远市政府督查室主任（副处级）。2013 年 9 月至 2014 年 9 月，任清远市政府督查室主任（副处级）、清远市委市政府办公室党组成员。2014 年 9 月至 2017 年 11 月，任清远市政府督查室主任（副处级）、清远市政府办公室党组成员。2017 年 11 月起，任清远市政府副秘书长、清远市政府办公室党组成员。

王宁琛　男，汉族，1966 年 6 月出生，江西南康人。1990 年 7 月参加工作，1990 年 4 月加入中国共产党。本科学历。

1990 年 7 月至 1993 年 1 月，在江西省赣州地区土产公司工作。1993 年 1 月至 1996 年 8 月，任江西省赣州地区日用杂品公司工业科科长。1996 年 8 月至 2001 年 2 月，任清远市飞来峡管理区组织人事办人秘组组长。

2001年2月至2001年10月，任清远市飞来峡管理区组织人事办副主任、秘书组组长。2001年10月至2015年6月，在清远市委组织部办公室工作，2002年1月至2004年1月任办公室副科长级组织员，2004年1月至7月任办公室副主任，2004年7月至2009年4月任办公室副主任、正科长级组织员，2009年4月至2009年9月任干部一科副科长、正科长级组织员，2009年9月至2011年8月任干部监督科科长，2011年8月至2012年12月任干部监督科科长、举报中心主任，2012年12月至2014年1月任部务会议成员、副处级组织员，2014年1月至2015年6月任部务会议成员、市“两新”组织党工委专职副书记。2015年6月至2017年12月，任英德市委常委、组织部部长。

雷健勇　男，汉族，1976年5月出生，清远人。1997年10月参加工作，2007年3月加入中国共产党。南京大学国际商学院国际经济贸易专业本科学历，经济学学士。

1997年10月至2001年12月，在清远市飞来峡管理区经济委员会任科员。2001年12月至2004年3月，在清远市外经贸局外资科任科员。2004年3月至2005年12月，任外资科副主任科员。2005年12月至2007年10月，任清远市外经贸局外资和加工贸易科副科长。2007年10月至2010年6月，任外资和加工贸易科主任科员。2010年6月至2012年12月，任清远市投资促进中心主任。2012年12月至2014年9月，任清远市外经贸局党组成员、副局长。2014年9月起，任清远市商务党组成员、副局长。

潘海涛　男，汉族，1973年1月出生，连州市人。1996年8月参加工作，2003年8月加入中国共产党。中山大学政治与公共事务管理学院公共管理专业研究生学历，公共管理硕士。

1996年8月至2001年10月，在清远市飞来峡管理区经济委员会任科员。2001年10月至2005年4月，在清远市经济贸易局电力资源科任科员。2005年4月至9月，任清远市经济贸易局经济运行科副科长。2005年9月至2007年4月，任清远市经济贸易局电力资源科副科长。2007年4月至2010年3月，任电力资源科科长。2010年3月至2011年8月，任清远市经济和信息化局电力资源科科长。2011年8月至2012年11月，任清远市经济和信息化局党组成员。2012年11月至2013年1月，任清远市经济和信息化局党组成员、工业二科科长。2013年1月至2014年9月，任清远市经济和信息化局党组成员、副局长。2014年9月起，任清远市商务党组成员、副局长。

吴柱桥　男，汉族，1958年12月出生，英德市人。1978年9月参加工作，1993年5月加入中国共产党。韶关教育学院中文系大专毕业。

1978年9月至1985年8月，在英德大站镇侧塘小学、石洲小学教学。1985年8月至1987年8月，在韶关教育学院中文系读大专。1987年8月至1991年7月，在英德大站中学教学。1991年7月至1996年4月，在英德县(市)政府办公室工作。1996年4月至1997年6月，任飞来峡管理区委、区管委办公室副主任。1997年6月至2001年10月，任飞来峡管理区政法统战民政办副主任。2001年12月至2004年5月，任中共清远市委统一战线工作部办公室副主任。2004年6月至2008年5月，任市委统战部干部与党派科科长。2008年6月至2013年2月任统战部经济科科长。2013年3月起，任市委统战部副调研员。

谭小王　男，汉族，1960年1月出生，连南人。1979年3月参加工作，1983年8月加入中国共产党。中央党校政法专业本科学历，助理经济师，政工师。

1976年9月至1977年7月，在连南民族中学读书。1979年3月至1985年1月，在部队服役。1985年1月至1990年3月，在连南寨岗镇粮所、三江镇粮所工作。1990年3月至1990年11月，任连南三江镇计生办副主任。1990年11月至1995年9月，任连南三江镇副镇长，其间：1988年3月至1991年3月在广东省委党校经济专业大专学习。1995年9月至1996年6月，任连南三江镇党委副书记。1996年6月至1997年4月，任清远市飞来峡管理区综治办副科级干部。1997年4月至2002年2月，任飞来峡管理区政法统战民政办公室副主任，其间：1998年8月至2000年12月，在中央党校政法专业本科学习。2002年2月至2004年5月，任清远市维稳及综治办公室副主任科员。2004年5月至2010年3月，任清远市维稳及综治办公室主任科员。2010年3月至2012年10月，任清远市委政法委科长。2012年10月至2013年7月，任清远市委政法委研究室主任。2013年7月起，任清远市委政法委副调研员。

1994年3月，被省委省政府评为"绿化广东"先进工作者。1998年12月，被省综治办评为广东省刑释解教人员安置帮教工作先进个人。2001年3月，被省普法办评为广东省法制宣传教育先进工作者。2012、2013、2014年度被评为市委、市政府评为扶贫开发双到优秀工作者。

郭蔚丽　女，汉族，1971年8月出生，南雄市人。1991年7月参加工作，1997年10月加入中国共产党。华南师范大学汉语言文学专业本科毕业。

1991年7月至1995年10月，在广东省横石木材厂中学教学，后任厂长办公室秘书。1995年10月至2001年1月，任飞来峡管理区区委、区管委办公室科员。2001年1月至10月，任飞来峡管理区区委、区管委办公室副主任科员。2001年10月至2003年11月，任清远市政府办公室调研科副主任科员。2003年11月至2009年1月，任清远市委、市政府办公室综合二科副主任科员、副科长、科长。2009年1月至2012年6月，任清远市委、市政府办公室副主任、党组成员。2014年8月至2015年12月，任清远市政府办公室副主任、党组成员。2015年12月起，任清远市政府副秘书长、办公室党组成员。

傅立全　男，汉族，1959年11月出生，湖南湘乡人。1976年8月参加工作，1982年8月加入中国共产党。中央党校经济管理专业本科学历。

1976年8月至1978年12月，任韶关市始兴县围溪农场知青（其间：1977年7月借调始兴县供销社）。1978年12月至1987年10月，任韶关市始兴县供销社助理统计师。1987年10月至1988年3月，任韶关市始兴县监察局科员。1988年3月至1990年5月，任清远市冶金矿物资公司副经理、经理（其间：1986年9月至1989年7月，在中国逻辑与语言函授大学党政专业学习）。1990年5月至1993年3月，任清远市冶金矿总公司人秘科科长（其间：1989年12月至1992年1月，在海南特区职业大学公共文秘专业学习；1991年7月至1991年11月，在清远市直属机关学校学习）。1993年3月至1994年5月，任清远市有色冶金工业总公司人事科科长。1994年5月至1996年1月，任清远市粤湘工贸实业公司经理。1996年1月至2001年10月，任清远市飞来峡管理区党委、管委办公室副主任、机关党支部书记，区机要保密办主任，区信访办主任（其间：1995年8月至1997年12月在中央党校函授学院经济管理专业学习）。2001年10月至2003年11月，任清远市委办公室信息科主任科员。2003年11月至2005年4月，任清远市委市政府办公室信息科主任科员。2005年4月至2008年7月，任清远市委市政府办公室议案提案科科长。2008年7月，任清远市应急管理办公室主任。2008年8月至2016年5月，任清远市应急管理办公室主任、市直属机关武装部部长。2016年5月至2017年11月，任清远市政府办公室副调研员、市直属机关武装部部长。2017年11月起，任清远市政府办公室副调研员。

吴一民　男，汉族，1973年10月出生，兴宁市人。1996年7月参加工作，2000年3月加入中国共产党。中国政法大学法律专业本科毕业。

1996年7月至1997年4月，在飞来峡管理区旅游局任科员。1997年4月至2001年10月，任飞来峡管理区政法统战民政办公室科员、综治组组长。2001年10月至2016年9月，历任清远市委政法委科员、副科长、办公室主任。2016年9月起，任中共连南瑶族自治县委员会常委、县纪律检查委员会书记。清远市第七届纪委委员。

陈远忠　男，汉族，1968年5月出生，英德市人。1991年10月参加工作，1994年5月加入中国共产党。广东省委党校经济管理专业本科毕业。

1991年10月至1993年4月，任英德南山水泥厂技术员。1993年4月至1996年6月，在黎溪镇党政办工作。1996年6月至1999年1月，任黎溪镇团委书记。1999年1月至2002年1月，任黎溪镇党委委员。2002年1月至2003年12月，任黎溪镇党委委员、副镇长。2003年12月至2004年7月，任黎溪镇党委副书记、副镇长。2004年7月至2007年4月，任黎溪镇党委副书记、镇长。2007年4月至8月，任黎溪镇党委书记、镇长。2007年8月至2012年11月，任黎溪镇党委书记、人大主席。2012年11月至2016年11月，任英德市街道党工委书记，其中2013年5月起享受副处级生活福利待遇。2016年11月起，任英德市人大常委会党组成员、副主任。2008年6月和2011年6月先后两次被清远市委评为清远市优秀党务工作者。清远市第六次、第七次党代会代表。

后 记

根据《中共广东省委办公厅、广东省人民政府办公厅关于加强地方志工作的通知》《清远市人民政府办公室关于进一步做好地方志工作的通知》和市领导的指示精神，为及时全面地搜集保存飞来峡管理区的珍贵资料，回顾和总结飞来峡水利枢纽工程建设和移民工作的成绩与经验，清远市于2015年下半年成立《清远市飞来峡管理区志》编修委员会，原飞来峡管理区党委书记、市政协副主席黄卫星任主任，成员由市史志办公室、市档案局、市史志学会领导和曾在飞来峡管理区任职的部分领导组成。由于飞来峡管理区已撤销，编修飞来峡管理区志的任务具体由市史志学会承担。四年多来，编辑部想尽千方百计，克服各种困难，筹集编修经费，使《清远市飞来峡管理区志》的编修工作能够有序进行，2018年6月完成初稿，年底完成志书的编纂、审查，2019年初付梓出版。

在本志书编修过程中，得到原飞来峡管理区领导班子成员和广大热心人士的大力支持，得到了原飞来峡管理区所属4个镇的鼎力相助，尤其是梁润江、陈坚英、邱泽军、刘泽和、梁金鉴、利国振等领导千方百计为本书筹集编修经费，使本书的编修工作能够顺利进行，在此表示最诚挚的感谢。

由于档案资料不是很齐全，时间比较紧，编修人员不足并且水平有限，错漏之处实在难免，恳请专家、读者和知情人批评指正。

编　者

2019年1月

索 引

说 明

一、本索引采用主题分析方法，款目按汉语拼音字母（同音字按声调）顺序排序。
二、文中的类目题、分目题用黑体字标明，其余用方正宋一体字排印。
三、索引款目后的数字表示内容所在的页码。
四、同一主题内容在文中多处出现的，在其款目后用相应的主体和不同的页码标明。

D

E

F

G

M

N

O

Q

R

S

T

W

X

Y

Z